Olivier Andrieu

Préface de Sandrine Bertrand
consultante SEO senior
Illustrations de Grifil

Réussir son référencement web

Stratégie et techniques SEO

ÉDITION 2022-2023

Éditions
EYROLLES

ÉDITIONS EYROLLES
61, bd Saint-Germain
75240 Paris Cedex 05
www.editions-eyrolles.com

Préface

Cher lecteur, savez-vous que vous avez un point commun avec M. Anderson, alias Neo dans *Matrix* ? Vous avez suivi le lapin blanc et vous venez de tomber dans le monde merveilleux du référencement.

L'avenir nous dira quelle couleur de pilule vous allez finir par choisir mais ce dont je suis sûre, c'est que vous avez trouvé le bon guide pour vous aider à apprivoiser Google et les autres moteurs de recherche.

Et quel guide ! Aussi loin que je me souvienne, Olivier était là. Déjà en 1998, il décryptait l'actualité du monde de la recherche Internet. Il nous expliquait les moteurs Yahoo! et AltaVista. Il nous racontait Lycos… Il partageait ses premières astuces de référenceur quand je n'osais pas encore toucher à un ordinateur.

J'ai découvert Olivier Andrieu, ainsi que son site *abondance.com* et la quantité d'informations mises à la disposition d'une communauté naissante, quand j'ai commencé le référencement en 2003. Olivier a été pour moi, comme pour beaucoup, un des premiers phares dans cet océan qu'était Internet et plus particulièrement le référencement.

Je me souviens aussi de l'avoir vu en conférence et d'avoir pris beaucoup de plaisir à écouter ses conseils. Sa façon bienveillante d'expliquer des points techniques transporte son audience et, comme tous les experts, il a cette capacité à vous laisser vous imaginer que cela va être facile. Et ne tremblez pas comme moi si vous devez aller lui poser une question, c'est un homme abordable et généreux, comme vous allez le sentir au cours de votre lecture.

Aujourd'hui, vous avez entre les mains la onzième édition de la bible du référencement ! La onzième !

Je ne connais pas votre parcours, je ne sais pas si vous êtes un débutant qui découvre le SEO, si vous avez déjà quelques notions d'optimisation ou si vous êtes un expert mais, dans tous les cas, vous avez fait un excellent choix.

Que vous souhaitiez apprendre le référencement, vous perfectionner ou « juste » mettre cet ouvrage à disposition de vos collaborateurs, ce livre vous conviendra.

Un peu comme *Le Petit Robert* ou le dernier dictionnaire de Larousse que l'on place sur son étagère pour avoir une référence sûre, le livre d'Olivier aura toute sa place dans votre bibliothèque professionnelle. Encore que, ce livre ne devrait pas finir sur une étagère mais plutôt sur le coin de votre bureau parce que vous allez le consulter régulièrement pour vous aider dans les différentes opérations de référencement.

Cette bible, qui a valu son surnom de « pape du référencement » à son auteur, va vous permettre de comprendre les différents points à prendre en compte sur votre site et à l'extérieur de celui-ci. Vous serez alors capable d'appliquer les bases du référencement et de monter en compétences facilement.

Cet ouvrage va également vous permettre d'appréhender plus sereinement les différentes évolutions des moteurs, et bien sûr de Google. Vous allez vite découvrir combien il est nécessaire de vous tenir au courant en permanence car Internet va vite ! Les évolutions des moteurs de recherche pour améliorer la qualité des résultats sont quotidiennes. Pour rester en confiance devant ce tumulte, vous aurez un avantage non négligeable : d'excellentes bases qui vous feront prendre le recul nécessaire face à des mises à jour qui bousculent parfois violemment les positions des sites dans les résultats.

Olivier Andrieu n'est cependant pas un magicien, vous ne serez pas transformé en expert du référencement à la dernière page. Il vous appartiendra de mettre en œuvre et de tester les conseils que vous allez lire. Acheter un livre de cuisine – aussi bon soit-il – ne fera pas de vous un chef étoilé. Il faut tester, rater, vous fâcher et vous réconcilier avec Google.

Pour finir sur une belle ouverture sur l'avenir, je vais offrir cette édition à mon fils, Bastien, qui a choisi de suivre des études dans les métiers du multimédia et de l'Internet et, peut-être, de suivre les pas de sa maman.

Je lui souhaite, tout comme à vous, lecteur, lectrice, débutant ou expert, de très belles positions dans les résultats de Google et de belles réussites professionnelles.

Sandrine Bertrand, consultante senior chez SEO Hackers
https://seohackers.fr
Twitter : @Gdtsb

Remerciements

Je tiens à remercier ici (une nouvelle fois) toutes les personnes qui m'aident depuis plus de 25 ans (ça ne me rajeunit pas…) à suivre le « petit » monde si passionnant des outils de recherche et du référencement. Que de changements dans ce « court » laps de temps et quelques ouvrages écrits au cours des années. Et je ne parle pas de *Internet guide de connexion*, paru en 1994, déjà chez Eyrolles, avec… une disquette permettant de se connecter une heure gratuitement à Internet ! C'était Byzance et Broadway réunis ! Mais je vous parle d'un temps que les moins de vingt ans ne peuvent pas connaître… Alors, si je commence à évoquer le Minitel, un domaine qui a également occupé une bonne partie de ma vie dans les années 1980, je risque de faire fuir quelques-uns d'entre vous.

Merci également aux personnes qui ont collaboré à la rédaction de cet ouvrage (pour certaines, rédactrices de ma lettre professionnelle « Réacteur »). Les voici, citées par ordre alphabétique.

- Jean-Noël Anderruthy, webmaster spécialisé dans les technologies Google (*http://www.anderruthy.fr/*), pour les sections consacrées aux rich snippets (chapitre 11), à l'indexation rapide (chapitre 12) et à la vitesse de chargement des pages (chapitre 14).
- Aymeric Bouillat, consultant SEO senior chez Novalem, pour la partie sur la Web performance et plus particulièrement les Core Web Vitals (chapitre 14).
- Alexandre Diehl, avocat à la Cour, cabinet Lawint (*https://lawint.com/*), pour ses indications sur le statut juridique des liens hypertextes (chapitre 6).
- Olivier Duffez (*https://www.webrankinfo.com/*), qui a contribué aux sections sur l'URL rewriting et les redirections (chapitre 14).
- Emmanuel Fraysse, consultant indépendant (*https://www.digilian.com/*), pour sa collaboration à la section consacrée aux réseaux sociaux (chapitre 8).
- Sébastien Joncheray, de la société Raynette (*http://www.raynette.fr/*), pour l'exemple d'intégration des rich snippets et de Schema.org (chapitre 11).
- Philippe Laine, expert SEO chez Manageo (*https://www.manageo.fr/*), pour les informations sur les Quality Updates de Google (chapitre 15).
- Antoine Mussard, de la société VRDCI (*https://www.vrdci.io/*) et Damien Henckes (consultant indépendant).
- Daniel Roch, consultant WordPress, référencement et webmarketing chez SeoMix (*https://www.seomix.fr/*), pour sa collaboration aux sections relatives aux responsive design et à App Indexing (chapitre 7), ainsi que le référencement des sites en Ajax (chapitre 13).
- Guillaume Thavaud, pour ses informations sur Bing (chapitre 2), le TrustRank (chapitre 6) et les commentaires des internautes (chapitre 7), ainsi que sur le Knowledge Graph et Schema.org (chapitre 11).
- Philippe Yonnet, ancien directeur général de l'agence Search-Foresight, pour ses informations sur Mayday, Caffeine et Jazz (chapitre 2), les critères temporels (chapitre 5), le PageRank (chapitre 6), AMP (chapitre 7), les frameworks JavaScript, le chiffrement HTTPS et les balises hrfeflang (chapitre 14).

Merci également à Sandrine Bertrand, qui a rédigé la préface de cette onzième édition. Son expérience dans le domaine et l'aide qu'elle a apporté à de nombreuses personnes du « milieu » la désignaient de façon évidente pour introduire la lecture de cet ouvrage. Dans cette optique, mon but est également d'atteindre le plus vite possible une parité entre les préfaciers et préfacières des différentes moutures de ce livre, pour être à l'image de ce métier qui s'est grandement féminisé ces dernières années. Et nous ne pouvons que nous en réjouir !

Merci à toutes les personnes proches qui sont mes « fournisseurs officiels en énergie », elles se reconnaîtront.

Merci à mes filles, Lorène et Manon, pour leur soutien. Je vous aime.

Un merci tout particulier aux lecteurs qui m'envoient, à chaque édition, un signalement des petites coquilles qu'ils ont relevées au sein de ces pages. Cela m'aide énormément à proposer, à chaque mise à jour, un contenu le plus « propre » possible !

Et enfin un merci tout spécifique à mon ami Régis, ou plutôt Grifil (*http://www.grifil.com/*). Ta belle amitié m'est chère depuis plus de 20 ans. Merci d'avoir accepté, avec ta gentillesse habituelle, d'illustrer chaque partie et chapitre de ce livre depuis l'édition de 2014. Promis, on s'appelle pour voir si on a réussi et je te dis quoi (les Ch'tis comprendront).

Olivier Andrieu

Table des matières

Préface III

Remerciements V

Avant-propos XXIII

PARTIE A

Les bases du référencement naturel (SEO) 1

CHAPITRE 1

Le référencement aujourd'hui : généralités 3

Petit historique rapide des outils de recherche 4

Référencement *versus* positionnement 6

Liens organiques *versus* liens sponsorisés 7

Les trois étapes à respecter lors d'un référencement sur un moteur de recherche 12

Positionnement, oui, mais où ? 14

Référencement et course à pied… 24

Anatomie d'une SERP 27

Deux écoles : optimisation loyale *versus spamdexing* 31

Le SEO, c'est comme une recette de gâteau ! 33

Les trois étapes à respecter lors d'un référencement sur un moteur de recherche 36

CHAPITRE 2

Fonctionnement des outils de recherche 37

Qu'est-ce qu'un moteur de recherche ? 38

Technologies utilisées par les principaux portails de recherche 39

Principe de fonctionnement d'un moteur de recherche 40

Les robots, crawlers et spiders 40

La phase de Rendering 47

Le moteur d'indexation 48

Le système de ranking 53

Focus sur le fonctionnement de Google 57

CHAPITRE 3

Préparation du référencement 63

Méthodologie à adopter 64

Choix des mots-clés 64

Le concept de « longue traîne » 65

Comment trouver vos mots-clés ? 69

Utilisez Google Suggest pour trouver les meilleurs mots-clés 73

Fautes de frappe et d'orthographe 78

Intérêt d'un mot-clé 81

La prise en compte du nombre de résultats sur Google 84

Méthodologie de choix des mots-clés 86

Un arbitrage entre intérêt et faisabilité 91

Le référencement prédictif 91

Google Trends, un outil indispensable 92

Étape 1 – Définir un univers sémantique simple 92

Étape 2 – Effectuer une recherche prédictive 94

Étape 3 – Détecter le point d'inflexion et commencer à proposer du contenu un mois avant 95

Sur quels moteurs faut-il se référencer ? 97

Partie B

Le SEO en pratique 103

CHAPITRE 4

Optimisation – Les critères in page : balises HTML et URL 105

Regardez vos pages avec l'œil du spider ! 106
Le cache de Google 106
Autres possibilités 109

Zone chaude 1 : la balise <title> 110
Un titre pour chaque page ! 111

Zone chaude 2 : la structuration du texte en balises <hn> 111

Zone chaude 3 : la mise en gras 116
Et si le gras est dans une feuille de styles ? 116

Zone chaude 4 : les liens internes 117

Les balises meta 118
Moins d'importance aujourd'hui 118
Seules comptent les balises meta description et robots 119

Zone chaude 5 : la balise meta description, à ne pas négliger pour mieux présenter vos pages ! 119
Longueur : environ 200 caractères 121

Zone chaude 6 : la balise meta keywords 122
Keywords : n'y passez pas trop de temps ! 123
La balise news_keywords pour Google Actualités : de l'histoire ancienne 124

Zone chaude 7 : les attributs alt et title des images et des liens 125

Zone chaude 8 : le nom de domaine 126
Quelle extension choisir ? 128
L'hébergement est-il important ? 129
L'ancienneté du domaine est-elle importante ? 130
Noms composés : avec ou sans tirets ? 131
Nom de domaine : que choisir ? 132
Stratégie de référencement et nom de domaine 132
Des sites mieux ciblés valent mieux qu'un grand portail 133
Les sous-domaines 134

Référencement international ... 135
Zone chaude 9 : les intitulés d'URL ... 138

CHAPITRE 5

Optimisation – Les critères in page : contenu textuel ... 141
Le contenu optimisé est capital ! ... 143
La notion de texte visible ... 144
La taille d'un texte ... 145
Faut-il souvent répéter un mot ? ... 146
Les différentes formes d'un mot ... 147
La notion de requête principale (RP) ... 147
La casse des lettres ... 148
L'ordre et l'éloignement des mots ... 148
Une thématique unique par page ... 148
Langue du texte ... 149
Localisation du texte ... 150
L'optimisation SEO d'un texte ... 150
Requêtes principales et champ lexical ... 150
Structuration en balises <h1> à <h6> ... 151
Mots en gras (balise <strong>) ... 154
Liens externes ... 159
Quelques exemples ... 160
Insérer des codes ASCII dans le titre : bonne ou mauvaise idée ? ... 170
Balise meta description ... 172
L'EAT, un concept indispensable pour votre SEO ... 175
Plan du site pour les internautes : une arme pour le référencement ... 176

CHAPITRE 6

Optimisation – Les critères off page ... 179
Liens internes et ancrage ... 180
Ancrage d'une page distante ... 181
Soignez les libellés de vos liens ... 182
Le cas des images et du JavaScript ... 183

Les liens sortants présents dans vos pages 185
Le concept de cocon sémantique 186
Étape 1 – Identification des familles de mots-clés 187
Étape 2 – Création d'une mindmap 187
Étape 3 – Création des liens 189
Étape 4 – Création des pages 190
Liens externes, PageRank et indice de popularité 193
Comment le PageRank est-il calculé ? 193
Mode de calcul du PageRank 195
Le PageRank en images 197
Le PageRank seul ne suffit pas 198
Le netlinking ou comment améliorer son indice de popularité 200
Conseils d'ordre général 200
Évitez « l'échange de liens » massif 203
Des liens triangulaires plutôt que réciproques 204
Visez la qualité plutôt que la quantité 204
Acheter des liens : bonne ou mauvaise idée ? 206
Créez une charte de liens 209
Suivez vos liens 209
Spamdexing ou non ? 210
Le linkbaiting ou comment attirer les liens grâce à votre contenu 211
Donnez du sens à vos liens ! 215
La sculpture de PageRank 217
Le statut juridique des liens hypertextes 221
La nature et le statut du lien hypertexte 222
Le régime juridique des liens 223
Le TrustRank ou indice de confiance 226
Définition du TrustRank 226
Le TrustRank sous toutes ses formes 228
Le TrustRank aujourd'hui 229
Les autres critères 230

CHAPITRE 7

Référencement multimédia, multisupport 231

Référencement des images 232
Désindexer ses images 236
L'avenir : reconnaissance de formes et de couleurs 237

Référencement des vidéos 238
Des recherches incontournables sur les outils dédiés 239
Différents types de moteurs de recherche 239
Comment les moteurs trouvent-ils les vidéos ? 240
L'optimisation des vidéos 241
L'optimisation de l'environnement de la vidéo 242
Deux stratégies (plus une) de référencement de vidéos 247
Privilégier HTML 5 249

Référencement de fichiers PDF et Word 250
Prise en compte de ces fichiers par les moteurs 250
Zones reconnues par les moteurs de recherche 251
Contenu des snippets 252

Référencement sur l'actualité et sur Google Actualités 255
Comment se faire référencer sur Google Actualités ? 256
Comment assurer une indexation régulière des articles ? 258
Un Sitemap pour Google Actualités 258
Comment apparaître sur la page d'accueil de Google Actualités ? 260
Comment faire apparaître une image ? 261
Comment mieux positionner un article dans les résultats ? 263
Contrôler l'indexation des pages 264

Référencement local (Google Maps et My Business) 267
Google My Business 270

Référencement mobile 277
Concevoir un site mobile friendly 277
Trois façons de créer un site mobile 278
Optimiser un site mobile 279
SEO et responsive design 280
Sites mobiles dédiés : aspects techniques et gestion des spiders 286
Le projet « Index Mobile First » 290
AMP (Accelerated Mobile Pages) 292

Le référencement des Apps dans les Stores 297
Firebase App Indexing : un mélange entre le moteur de recherche et les Apps 299
Référencement des boutiques en ligne (e-commerce) 303
Optimisation de la page d'accueil 303
Page de liste de produits 304
Fiches produit 305
La recherche vocale 307
Les acteurs du vocal 309
Les supports du vocal 310
Les types de requêtes vocales 310
Les sources d'informations du vocal 310
Les outils du vocal 312
Comment faire pour toucher vocalement les internautes ? 314
De la R&D nécessaire, mais encore de la R&D… 317

CHAPITRE 8

Le SMO 319

Quels réseaux sociaux utiliser ? 320
Twitter, Facebook et les autres : indispensables au SEO ? 321
Corrélation ou causalité ? 322
De nouveaux critères de pertinence 325
Le SMO, concurrent du SEO ? 327

CHAPITRE 9

Suivi du référencement 329

Le retour sur investissement : une notion essentielle 330
Différents types de calculs du retour sur investissement 333
La mise en place de liens de tracking 334
Mesure d'audience : configuration du logiciel 335
Le « not provided », fléau du webmarketeur 335
Les outils pour webmasters proposés par les moteurs 337
La Search Console de Google : un indispensable ! 338
Conclusion 351

CHAPITRE 10

Internalisation ou sous-traitance ? 353

Faut-il internaliser ou sous-traiter un référencement ? 355

Audit et formation préalable 356

Élaboration du cahier des charges 358

Définition des mots-clés 358

Mise en œuvre technique du référencement 359

Suivi du référencement 362

Coûts 363

Préconisations 367

Conclusion 367

Quelles garanties un référenceur peut-il proposer ? 371

Combien coûte un référencement ? 375

Un référencement gratuit est-il intéressant ? 375

Où trouver une liste de prestataires de référencement ? 376

Chartes de déontologie 376

Charte de déontologie du métier de référenceur 376

PARTIE C

Devenir un as du SEO… 379

CHAPITRE 11

Comment obtenir plus de visibilité dans les résultats des moteurs ? 381

Authorship, Author Rank ou la confiance apportée aux auteurs de contenus 382

Les rich snippets et les balises de données structurées : l'avenir des balises meta ? 384

Une implémentation simple 386

Schema.org, pour aller au-delà des rich snippets 390

Un exemple d'intégration des rich snippets et de Schema.org 392

Le Knowledge Graph, de la sémantique dans les SERP 396

Knowledge Graph et SEO 398

La position zéro et les featured snippets 404

Les SiteLinks (liens de sites) de Google 413

CHAPITRE 12

Optimisation de l'indexation 417

Le formulaire de soumission proposé par le moteur 418

Le lien depuis une page populaire 419

Les fichiers Sitemap XML 420

Le concept des Sitemaps 420

Formats du fichier à fournir à l'applicatif 422

Format des fichiers Sitemap 422

Exemples de fichiers 425

Travail sur plusieurs fichiers 426

Cas particulier des sous-domaines 427

Différents types de Sitemaps 432

La prise en compte par d'autres robots que ceux crawlant le Web 433

Le référencement payant (paid inclusion, trusted feed) 434

Optimisez le temps d'indexation d'un nouveau site 434

Mettez en ligne une version provisoire du site 435

Profitez de cette version provisoire 436

Faites des mises à jour fréquentes de la version provisoire 437

Générez les premiers liens 438

Inscrivez votre site sur certains annuaires dès sa sortie 439

Créez des liens le plus vite possible 439

Présentez votre site sur les forums et blogs 439

La fraîcheur des mises à jour des informations 440

La problématique de l'âge et de la fraîcheur 440

Quelles sont les performances des moteurs en matière de fraîcheur de l'index ? 441

Les obstacles à la détermination de l'âge d'une page ou d'un lien 442

Quelles pages favoriser dans l'algorithme : les pages anciennes ou les pages récentes ? 443

L'analyse temporelle des liens (ATL) 443

Les autres critères temporels 444

Un exemple d'analyse temporelle des flux de requêtes : les requêtes QDF 445

L'analyse des tendances 446

La temporalité : un élément à intégrer dans le référencement 447

CHAPITRE 13

Contenu dupliqué (duplicate content) 449

Duplicate content : un mal récurrent… 450

Cas 1 – Contenu dupliqué sur des sites partenaires..... 456

Cas 2 – Contenu dupliqué sur des sites « pirates » 462

Cas 3 – Duplicate content intrasite 463

Cas 4 – Duplicate content par similarité de balises..... 464

Cas 5 – DUST : même code source accessible via des URL différentes 468

Duplicate content : l'évangile selon saint Google… 475

CHAPITRE 14

Freins au référencement et solutions possibles 477

JavaScript et Ajax 478

Comment faire du JavaScript « spider compatible » ? 479

Créer des menus autrement qu'en JavaScript 480

La problématique des sites en Ajax 485

Plates-formes et frameworks JavaScript : un réel obstacle au SEO ? 490

Menus déroulants et formulaires 504

Sites dynamiques et réécriture d'URL 505

Format d'une URL de site dynamique 506

Pourquoi les moteurs de recherche n'indexent-ils pas, ou mal, les sites dynamiques ? 507

Certains formats sont rédhibitoires 508

Le cloaking 508

Création de pages de contenu 509

L'URL Rewriting 510

Balises multilingues et multipays 512

Le problème de la détection de la langue 512

La solution théorique : déclarer la langue du contenu dans le code de la page 512

Mais on ne peut pas faire confiance aux webmasters ! 513

Le problème des variantes locales 514

Des quasi-doublons dus aux différentes versions linguistiques 514

L'annotation hreflang à la rescousse 515

L'indication par défaut : x-default-hreflang 517

Conclusion : dans quels cas utiliser les annotations hreflang ? 517

Le SEO international 518

Étape 1 – Définir son pays cible 518

Étape 2 – Choisir les adresses des sites 519
Étape 3 – Éviter les redirections automatiques 520
Étape 4 – Proposer des liens Google friendly entre les sites 520
Étape 5 – Implémenter les balises hreflang 521
Étape 6 – Proposer une unicité de langue 521
Étape 7 – Configurer les Sitemaps XML avec les annotations hreflang 521
Étape 8 – Créer un compte Search Console pour chaque site 522
Étape 9 – Indiquer le pays cible dans la Search Console 522
Étape 10 – Vérifier les balises hreflang dans la Search Console 523

Identifiants de session 524

Cookies 526

Accès par mot de passe 526

Tests en entrée de site 527

Redirections 527

Connexion sécurisée (HTTPS/SSL/TLS) 530

L'https comme critère de pertinence ? 531
Qu'est-ce que le protocole SSL/TLS ? 531
Pourquoi Google veut-il utiliser ce critère dans son algorithme de classement ? 532
Et qui risque d'être gêné par ce changement ? 533
Les messages dans les navigateurs 533
Quelle est l'importance du bonus accordé par Google aux sites sécurisés via SSL/TLS ? 534
Quels sont les avantages et les inconvénients d'un site en https:// ? 534
L'importance du bon choix du type de clé et du bon fournisseur de certificat 535
Quel fournisseur de certificat choisir ? 536
Comment basculer un site en https:// ? 537
Quels sont les risques liés à la bascule entre les URL en http:// et https:// ? 538
Dans quels délais le « bonus https:// » deviendra-t-il significatif ? 538
Google vous pousse à le faire : préparez-vous 538

Les widgets pour créer des liens 539
Google et les widgets 540

Compatibilité W3C : un réel impact ? 541
Le W3C : pour ou contre ? 543

Temps de chargement des pages, temps de réaction du serveur 544
Quels problèmes pour quelles solutions ? 545

Les outils de test 545
Compressez pour diminuer le nombre de Ko téléchargés 548
Activez le cache du navigateur 549
Activez le préchargement des pages 550
Utilisez des serveurs tierce partie 550
Installez le code Google Analytics asynchrone 550
Les feuilles de styles CSS 550
Les Sprites CSS pour optimiser le chargement d'images 552
Les fichiers JavaScript 554
Optimisation des images 554
Google et les Core Web Vitals 555
Boostez votre référencement en boostant vos pages web ! 560

Les frames 561
Optimisation de la page mère 564
Optimisation des pages filles 564
Conclusion 565

CHAPITRE 15

Spam et pénalités, Panda et Penguin 567

Quelques pistes de réflexion au sujet des pénalités 569
La dénonciation 569

Les pénalités infligées par Google 573
Techniques à ne pas employer 574
Pénalité numéro 1 – Le mythe de la sandbox 577
Pénalité numéro 2 – La liste noire 578
Pénalité numéro 3 – Le déclassement 578
Je suis blacklisté ! Au secours ! 579

Les actions manuelles 583

Les filtres algorithmiques : Panda, Penguin, EMD… 587
Rappel du fonctionnement des filtres algorithmiques de Google 588
Un système de notes négatives 590
Google Panda 591
Google Penguin 604
Google EMD et Page Layout 614
Les Quality Updates et Core Updates (Phantom et autres) 616
Les Core Updates 620

Conclusion 622

CHAPITRE 16

Comment ne pas être référencé ? 625

Pourquoi déréférencer un contenu ? 626
Les risques de la désindexation 627
Fichier robots.txt 628
Balise meta robots 631
Procédure d'urgence sur Google 633
Directive X-Robots-Tag 633
Quel type de désindexation utiliser ? 635
Fonctions spécifiques de Google 637
Balise meta robots spécifique 637
Suppression des extraits textuels (snippet) 637
Suppression des extraits issus de l'Open Directory 638
Suppression de contenu inutile 639
Suppression des pages en cache 640
Suppression d'images 640

CHAPITRE 17

Le futur du SEO 643

L'arrivée de nouveaux acteurs 644
L'arrivée de nouveaux critères de pertinence 644
L'avènement des balises de données structurées 645
L'arrivée de nouvelles façons de rechercher l'information 645
L'importance du crawl et de l'indexation 646
Le Mobile First, évidemment 646
Discover, un affichage à suivre ? 646
Des outils toujours plus nombreux 646
La lutte contre le contenu automatisé 647
Le contenu reste le capital 647
Un SEO de moyenne et longue traîne ? 647
Une prise en compte du développement durable 647
Le SEO a-t-il tant changé que cela en 25 ans ? 648

Conclusion 649

La règle des «4C»: Contenu, Code, Conception et Célébrité 650
Contenu éditorial: tout part de là ! 651
Code HTML: les grands classiques 653
Conception: indexabilité sans faille 655
Célébrité: popularité, ancrage et confiance 659
Conclusion 659

Les 12 phrases clés du référencement 660

ANNEXE
Webographie 663

La trousse à outils du référenceur 664
Add-ons pour Firefox, Chrome… 664
Audit de liens 665
Outils pour WordPress 666
Analyse du header http 666
Sites web d'audit SEO 666
Positionnement 667
Crawlers 667

La météo des SERP 668

Les musts de la recherche d'informations et du référencement 669
En français 669
En anglais 669

Blogs officiels des moteurs de recherche 669

Les forums de la recherche d'informations et du référencement 671
Forums en français sur les outils de recherche et le référencement 671
Forum en anglais sur les outils de recherche et le référencement 671

Les associations de référenceurs 671

Chaînes YouTube 672

Les baromètres du référencement 672
Baromètres français 672
Baromètres anglophones 672

Lexiques sur les moteurs de recherche et le référencement 672

Index 675

Avant-propos

« – […] Je cherche des amis. Qu'est-ce que signifie « apprivoiser » ?
– C'est une chose trop oubliée, dit le renard. Ça signifie « créer des liens… »
– Créer des liens ?
– Bien sûr, dit le renard. Tu n'es encore pour moi qu'un petit garçon tout semblable à cent mille petits garçons. Et je n'ai pas besoin de toi. Et tu n'as pas besoin de moi non plus. Je ne suis pour toi qu'un renard semblable à cent mille renards.
Mais, si tu m'apprivoises, nous aurons besoin l'un de l'autre.
Tu seras pour moi unique au monde. Je serai pour toi unique au monde…
– Je commence à comprendre, dit le Petit Prince.
Il y a une fleur… je crois qu'elle m'a apprivoisé…
– C'est possible, dit le renard. On voit sur la Terre toutes sortes de choses…
– Oh ! ce n'est pas sur la Terre, dit le Petit Prince. »

Extrait du *Petit Prince* d'Antoine de Saint-Exupéry (1943)

Ce livre vous apportera de nombreuses et précieuses informations pour mieux optimiser, de façon « loyale » et honnête, les pages de votre site afin d'acquérir une meilleure visibilité dans les résultats des moteurs de recherche en général et, bien sûr, de Google en particulier. Au fil des années, cet ouvrage a en effet comblé un vide assez important dans ce domaine. En l'an 2000 paraissait la dernière version de mon livre *Créer du trafic sur son site web*, aux éditions Eyrolles. Un autre ouvrage, vendu directement sur le Web au format PDF et intitulé *Référencement 2.0* lui a succédé. Conscient qu'il fallait actualiser les informations que ces livres proposaient, j'avais entrepris l'écriture de *Réussir son référencement web*, dont la première version parut en janvier 2008, la deuxième fin 2009, la troisième fin 2010, la quatrième en janvier 2012, la cinquième en avril 2013, la sixième (pour 2014) en décembre de cette même année, la septième en février 2015, la huitième en juin 2016, la neuvième en février 2018 et enfin la dixième en février 2020. Ces différentes éditions ont connu, selon les dires de l'éditeur, un grand succès. Tant mieux, cela signifie que la demande est forte sur ce créneau. En 2011, il avait été décidé de proposer, environ chaque année puis tous les deux ans, une nouvelle version. Vous avez donc entre les mains le dernier-né pour 2022 et 2023 (il paraîtrait que certains en font la collection et ont une étagère bien garnie…).

L'édition 2014 fêtait également un anniversaire, puisque cela faisait vingt ans que je travaillais (et que je travaille encore) dans le domaine du référencement. J'ai découvert le Web en 1993 au travers d'une démonstration de Mosaic 1.0 (l'ancêtre des actuels navigateurs Chrome ou Firefox) à l'université Louis-Pasteur de Strasbourg. Sortant de plusieurs années de Minitel, je me suis pris de passion pour Internet et je suis immédiatement, comme on dit en dialecte « astérixien », « tombé dans la marmite ». Les moteurs de recherche (et les annuaires, à cette époque) ont tout de suite attiré mon attention et la visibilité d'un site web sur ces outils a très tôt été au centre de mes préoccupations. J'ai alors créé ma société, Abondance (car, en 1996, il fallait être bien placé par ordre alphabétique dans les annuaires !), avec une offre de référencement sur Yahoo!, Lycos et AltaVista. Une autre époque !

Cela fait donc plus de deux décennies (et demie !) que je navigue dans le microcosme parfois tortueux du référencement naturel (qui s'appelle de plus en plus SEO pour *Search Engine Optimization*) et que j'essaie de m'adapter au quotidien aux nouvelles stratégies que nous proposent (ou nous imposent) l'actualité et bien sûr Google depuis plus de vingt ans.

Mon activité de consultant m'a amené à auditer de très nombreux sites, à rencontrer des problématiques parfois complexes, à examiner et analyser les stratégies de mes clients, à former des centaines de personnes, débutantes ou expérimentées. Cette expérience, j'ai essayé de la résumer dans ce livre.

J'espère sincèrement que les versions précédentes de cet ouvrage ont aidé nombre d'entre vous à percer les mystères du référencement et de la visibilité de leur site sur les moteurs de recherche. Au vu des messages que j'ai reçus après leur parution et des témoignages qui me sont rapportés lors de mes conférences et formations, il semblerait que oui et je ne peux que remercier ici toutes les personnes qui m'ont fait part de leur expérience depuis.

Un site web dédié au livre

Vous pouvez obtenir plus d'informations au sujet de cet ouvrage (et des autres que j'ai « commis » également) sur le site qui lui est en grande partie dédié :

https://www.livre-referencement.com/

Et notamment les témoignages des lecteurs des précédentes éditions :

https://www.livre-referencement.com/reussir-son-referencement-web/

Comme je l'ai dit, il s'agit de la onzième édition de cet ouvrage. Au fil des années, il n'a eu de cesse de s'enrichir d'informations supplémentaires. Mais cela a également généré, de façon inévitable, des redites dans certains chapitres. L'édition 2013 avait en partie corrigé ce défaut. Pourtant, il fallait bien, à un moment donné, revoir en profondeur le contenu de l'ouvrage ; c'est ce que j'avais décidé de faire pour l'édition 2014, qui a été remaniée afin de proposer des informations précises, mises à jour et correspondant à une vision actuelle du SEO. La dixième version (2020) était également une mise à jour la plus profonde possible de sa précédente version. Et celle-ci (2022-2023) est une révision « simple » de la précédente mouture.

Il existe aujourd'hui de nombreux ouvrages sur le webmarketing, l'affiliation, les communiqués de presse, les liens sponsorisés, la publicité en ligne et les autres manières de faire connaître son site. Aussi, il ne m'a pas semblé pertinent d'expliquer une nouvelle fois ce qui a déjà été écrit par ailleurs.

Le contenu de ce livre est donc centré sur le référencement naturel (SEO) et ses notions connexes : positionnement, optimisation de site, analyse de l'efficacité d'une stratégie de référencement, etc. Et Dieu sait s'il y a des choses à dire ! Vous vous en apercevrez dans les pages qui suivent…

Cette édition 2022-2023 s'articule en trois grandes parties.

- La première *(Présentation, définitions et généralités)* a pour but d'expliquer ce qu'est le SEO et de vous présenter en détail les différentes stratégies possibles, le mode de fonctionnement des moteurs de recherche, etc.
- La deuxième *(Les fondamentaux)* présente la partie technique (les différentes balises à mettre en œuvre), la rédaction (écrire pour les internautes en pensant aux moteurs) et le *netlinking* (les liens entrants sur un site, si importants aux yeux de Google). D'autres domaines comme les aspects mobiles, le référencement des images, des vidéos, etc., sont également abordés. Le suivi et la mesure d'un bon référencement, phases essentielles d'une stratégie SEO, ainsi que la question de l'internalisation ou de la sous-traitance des actions à mettre en place sont traités. En un mot, tout ce qu'il faut savoir sur le sujet si vous n'êtes pas un spécialiste de ce domaine et si la technique ne vous passionne pas plus que cela.
- La troisième partie *(Pour aller plus loin)* aborde des sujets plus techniques, parfois plus complexes, comme le *duplicate content*, les pénalités, les filtres algorithmiques de Google, la réécriture d'URL, la désindexation, le vocal, etc. En d'autres termes, de nombreux points plus « avancés », que vous pourrez étudier une fois que vous vous serez familiarisé avec les chapitres précédents.

Ce livre regorge également d'adresses, d'outils à utiliser et de sites web à consulter. Véritable mine d'informations, il vous permettra, en tout cas je l'espère, d'offrir une meilleure visibilité à votre contenu grâce aux moteurs de recherche. Quand vous aurez multiplié votre trafic par un coefficient que je vous souhaite le plus fort possible, envoyez-moi un petit message, cela me fera plaisir (et si votre message est sélectionné pour figurer sur le site web du livre, vous y gagnerez un lien *search engine friendly* au passage !).

Pour clore cet avant-propos, il me semble important d'indiquer une chose : le référencement n'est pas une science exacte. Vous pourrez être d'accord ou pas avec certaines affirmations proposées par cet ouvrage. C'est normal. Nous œuvrons tous dans un domaine empirique où seuls les tests et l'expérience nous font progresser. Le dialogue, la concertation font souvent naître de nouvelles idées et permettent de faire avancer les choses. Mais il est difficile d'être toujours totalement sûr de ce que l'on avance dans ce domaine. C'est aussi ce qui en fait sa saveur et son côté passionnant. Le référencement est synonyme de perpétuelle remise en cause de ses acquis ! Une grande école de l'humilité (qui n'est pourtant pas toujours le caractère principal de certains de ses acteurs).

Mais le référencement de votre site sera ce que vous en ferez ! Apprenez les bases et les fondamentaux dans cet ouvrage, puis faites vos propres tests, affinez vos propres approches, innovez, cherchez, soyez curieux d'apprendre chaque jour, parfois même de vos erreurs, peu importe et bien au contraire. Plus vous ferez d'erreurs et meilleur vous serez. C'est ainsi que l'on avance !

Enfin, rappelons qu'à la demande de nombreux lecteurs, les URL sont pour la plupart indiquées dans cet ouvrage grâce à un raccourcisseur d'adresses qui a été créé de toutes pièces (c'est très facile à faire), à l'adresse *https://speeny.fr*. Les URL raccourcies seront ainsi beaucoup plus faciles à saisir à la main (et à maintenir dans le temps), surtout lorsque les versions originelles sont très longues ! Toutes les adresses raccourcies ont été (re)vérifiées pour cette nouvelle édition. Cela dit, si vous en trouvez une qui ne fonctionne pas, n'hésitez pas à nous contacter (contact à la fin de l'ouvrage) pour nous le signaler. Nous pourrons ainsi mettre à jour le fichier des redirections très rapidement, sans attendre la prochaine édition de cet ouvrage ;-). Sinon, êtes-vous certain de les avoir bien saisies ? La règle est en tout cas la suivante pour ce livre : si une URL indiquée correspond à une page d'accueil, elle est retranscrite telle quelle (par exemple, *https://www.abondance.com/*). Mais si cette URL correspond à une page interne (par exemple, *https://www.definitions-seo.com/definition-de-onebox-google/*), nous utiliserons notre raccourcisseur pour plus de lisibilité (car, mise à part l'adresse du site, speeny.fr, l'URL ne comporte que des chiffres). Notez que dans certains cas (URL interne très courte ou liste homogène d'adresses, par exemple), il pourra nous arriver de déroger de façon exceptionnelle à cette règle. Et après tout, c'est notre livre, on fait ce que l'on veut ! ☺

Mais trêve de bavardages : cet ouvrage se veut le plus pratique possible en vous proposant un maximum d'informations en un minimum de pages. Alors, ne tardez pas et entrez de plain-pied dans le « monde merveilleux – et parfois bien mystérieux – du référencement » !

En vous souhaitant une bonne lecture et… une bonne visibilité sur les moteurs de recherche !

Olivier Andrieu
livre-referencement@abondance.com

Partie A

Les bases du référencement naturel (SEO)

1

Le référencement aujourd'hui : généralités

« Je ne sais qu'une chose, c'est que je ne sais rien. »
Socrate

Généralement, le lecteur, avide d'informations, passe assez rapidement le premier chapitre d'un livre dans lequel, pense-t-il, ne seront proposées que des généralités qui lui serviront peu par rapport à ses attentes quotidiennes.

Pourtant, nous ne pouvons que vous inciter à lire assidûment les pages qui suivent. En effet, il est absolument nécessaire, pour bien optimiser son site et réaliser un bon référencement, d'assimiler une certaine somme d'informations au sujet des outils de recherche en général. Vous ne pourrez mettre en place une bonne stratégie de référencement que si vous avez une idée précise de la façon dont fonctionnent les moteurs de recherche et surtout des différents leviers de visibilité qu'ils proposent. Vous pourrez également réagir d'autant plus vite en cas de problème que vous maîtriserez au mieux les méandres parfois complexes de ces outils.

Ainsi, vous trouverez dans ce chapitre des données qu'il vous faudra absolument avoir intégrées avant de continuer votre lecture. Contrairement aux habitudes, nous vous proposons donc de lire ce chapitre plutôt deux fois qu'une, la suite n'en sera que plus limpide…

Petit historique rapide des outils de recherche

Figure 1-1

Yahoo! a été l'un des premiers annuaires du Web avant de connaître un inéluctable déclin. Ici, la page d'accueil de Yahoo! France en 1999.

Au début, Dieu créa Internet, puis le Web (petit clin d'œil à Christian Huitema, auteur d'un célèbre ouvrage sur le sujet)... Dans les années 1990, la Toile commence à croître et les sites web voient le jour. Peu nombreux au début, leur nombre devient chaque jour plus important et le besoin d'outils pour effectuer des recherches se fait rapidement sentir.

Deux types d'outils émergent alors vers 1994 : les annuaires (Yahoo! fut l'un des premiers), répertoriant chaque site dans des catégories, sous-catégories... bref des « tiroirs bien étiquetés », et les moteurs qui recensent de façon plus granulaire des pages web (Webcrawler, Excite, Lycos, Infoseek, puis, un peu plus tard, Altavista, Google, etc.).

Les annuaires (Yahoo! donc, puis l'Open Directory ou Dmoz, en France le Guide de Voilà, Nomade et tant d'autres) ont longtemps été très utilisés avant de péricliter devant la force et la puissance de Google. Ils ont tous disparu à l'heure actuelle, le dernier luttant encore et toujours contre l'envahisseur tel un Astérix digital était Dmoz, qui a fermé ses portes en 2017 (*https://speeny.fr/1*).

Les moteurs de recherche se sont, petit à petit, adaptés à la croissance du Web. Au début des années 1990, il y avait peu de sites et donc peu de pages web. Les algorithmes étaient assez frustes, mais cela suffisait la plupart du temps. Le critère de pertinence majeur était le nombre de fois où la requête demandée était dans la page. Si on tapait « formation référencement », la page qui contenait le plus de fois cette expression dans son contenu était classée première. Vous imaginez les abus (appelés *keyword stuffing* ou « bourrage de mots-clés ») que ce type de fonctionnement a pu induire !

Figure 1-2

Le labrador noir Lycos, vous vous en souvenez ? Et son slogan : « Va chercher, Lycos ! » ou « Lycos, go get it! » en version originale. À droite, la caricature réalisée par le dessinateur Thiriet dans le livre Trouver l'info sur le Web, *éditions Eyrolles, 2001.*

Peu à peu, les moteurs se sont perfectionnés devant la croissance du Web et la complexité toujours plus importante des sites qu'ils devaient référencer. Les algorithmes utilisés aujourd'hui par Google et Bing sont extraordinairement complexes et à base d'intelligence artificielle, d'apprentissage automatique et de réseaux de neurones, et leur fonctionnement est donc devenu de plus en plus difficile à appréhender. Mais c'est également ce qui fait la beauté du métier de référenceur !

Et cela tombe bien, nous avons rendez-vous dans les quelques centaines de pages qui suivent pour étudier tout cela. Mais ne brûlons pas les étapes et allons-y pas à pas...

Référencement *versus* positionnement

Tout d'abord, dans un livre consacré au référencement, il est nécessaire de bien définir les termes employés, parfois de façon impropre ou erronée, par de nombreux acteurs du domaine (et l'auteur de cet ouvrage en premier, faute avouée… vous connaissez la suite).

Commençons avec le terme de « référencement » et tentons une explication de ce mot au travers d'une analogie avec la grande distribution : lorsque vous allez faire vos courses dans un supermarché, vous vous promenez dans les rayons et y voyez un certain nombre de produits. On dit d'ailleurs, dans le jargon commercial, que ces produits sont « référencés » auprès de la grande surface. En d'autres termes, ils sont présents, stockés, « trouvables ». Cependant, ils sont placés parmi des centaines, des milliers d'autres, tous rangés au départ de la même façon dans de nombreux rayons.

Pour mettre en évidence certains d'entre eux, les responsables commerciaux des supermarchés ont alors eu l'idée de les placer au niveau des yeux du consommateur, en tête de gondole, ou encore à proximité des caisses de paiement, ce qui les rend plus « visibles ». Certains produits sont alors mis en avant à des endroits stratégiques, beaucoup plus facilement repérables par les clients potentiels. Ils sont ainsi bien « positionnés »… Vous voyez où nous voulons en venir ?

Pour ce qui est du référencement de votre site web, il en sera de même : lorsque votre site sera « présent » dans les bases de données (que l'on appelle « index ») d'un moteur, on dira qu'il est « référencé » ou « indexé ». C'est une première étape, nécessaire mais pas suffisante, dans le processus de gain de visibilité de votre source d'information. Disons qu'il est prêt à être vu. Mais ce référencement devra déjà être optimisé, ce qui représente un vrai travail préliminaire. De même, un produit sans intérêt pour le consommateur ou obsolète (date de conservation dépassée) pourra être retiré des rayons. Il sera donc « déréférencé » ou « désindexé ». Là encore, il en sera de même pour votre site : vous ne devrez montrer à Google que les pages les plus intéressantes, celles qui ont le meilleur potentiel pour l'internaute. Nous y reviendrons…

Une phase tout aussi importante sera donc, dans un deuxième temps, de mettre votre site en « tête de gondole », en le positionnant au mieux dans les résultats de recherche des mots-clés les plus importants pour votre activité.

Grande surface et galerie marchande

Pour poursuivre l'analogie précédente, on peut estimer que la grande surface représente les résultats « naturels » du moteur de recherche (SEO), alors qu'une galerie marchande propose l'équivalent des liens sponsorisés ou publicitaires (SEA). Un produit peut donc se trouver dans les deux zones d'achat sans qu'il y ait obligatoirement concurrence entre les deux, comme dans la vie réelle.

Enfin, une troisième étape, malheureusement souvent négligée, sera nécessaire pour vérifier *in fine* que le positionnement a porté ses fruits, en évaluant le trafic engendré par vos efforts d'optimisation. Croyez-vous que les responsables de supermarchés ne vérifient pas si leurs produits se vendent mieux – ou pas – en fonction de leur emplacement ? En effet, ce n'est pas parce qu'un produit est placé en tête de gondole qu'il est obligatoirement plus vendu. Tout dépend de l'endroit où se trouve le rayon et du nombre, voire du type de personnes qui passent devant. En d'autres termes, cela ne sert à rien d'être bien positionné sur des mots-clés que personne ne saisit ou sur des moteurs qu'aucun internaute n'utilise… Nous reviendrons bien sûr amplement sur ces notions dans les chapitres suivants.

Figure 1-3

Dans les grandes surfaces, les produits sont également « référencés » et « positionnés »…
Source : D.R.

> **Le référencement, une réalité aux sens multiples**
>
> Le terme de « référencement » est souvent utilisé de manière impropre pour désigner tout le processus d'augmentation de visibilité d'un site web au travers des moteurs de recherche, incluant donc le positionnement, la vérification du trafic engendré, etc., alors qu'en réalité il s'agit uniquement de définir par ce terme le processus d'indexation des pages d'un site web par le moteur de recherche. Et donc la simple connaissance de ces pages par Google et consorts. Le lecteur voudra bien nous excuser le fait de plonger dans les mêmes travers au sein des pages de ce livre, mais il est parfois difficile de lutter contre certaines habitudes. *Nostra culpa, nostra maxima culpa…*

Liens organiques *versus* liens sponsorisés

Dans cet ouvrage, nous allons parler de positionnement dans les pages de résultats des moteurs de recherche. Peut-être est-il important de définir clairement sur quelles zones de ces pages de résultats nous allons travailler.

Liens organiques ou naturels ?

On appelle « liens organiques » (car ils proviennent du cœur même du moteur, ils en représentent la substantifique moelle) ou « naturels » (car aucun processus publicitaire ou financier n'intervient dans leur classement) les résultats affichés par le moteur de recherche, la plupart du temps sous la forme d'une liste de 10 liens représentés chacun par un titre, un descriptif et une URL, en dehors de toute publicité ou promotion pour les services de l'outil de recherche. On les appelle également parfois (notamment chez Microsoft/Bing) les « liens bleus ».

SEM = SEO + SEA

En termes de stratégie de visibilité sur les moteurs de recherche, on parle la plupart du temps de SEM *(Search Engine Marketing)*. Ce terme regroupe le SEO *(Search Engine Optimization)*, ou référencement naturel, et le SEA *(Search Engine Advertising)*, ou gestion des liens publicitaires, souvent appelé improprement « référencement payant », alors que le SEA n'a rien à voir avec une quelconque stratégie de référencement !

La figure 1-4 illustre notre propos pour le moteur de recherche Google France et le mot-clé « référencement ».

- La zone 1 est occupée par des liens sponsorisés, ou liens commerciaux, baptisés Google Ads, et qui sont des zones publicitaires payées par des annonceurs selon un système d'enchères avec facturation au clic. Les résultats sont affichés selon une formule complexe appelée *Quality Score*. Si ces zones ne font pas spécifiquement partie intégrante d'une stratégie de référencement dit « naturel », « organique » ou « traditionnel » (SEO), le système du lien sponsorisé (baptisé SEA pour *Search Engine Advertising*) en est complémentaire. Nous ne l'aborderons cependant pas – ou très peu – dans cet ouvrage. Ces liens pouvaient être auparavant affichés en début de liste de résultats et sur la droite. Ils sont aujourd'hui proposés au-dessus (quatre liens commerciaux au maximum, au moment où ces lignes étaient écrites) et en dessous des liens naturels, mais plus sur la droite.
- La zone 2 représente ce que l'on appelle les liens organiques ou naturels, qui sont fournis par l'algorithme mathématique de pertinence (la formule de classement) du moteur de recherche. Ils n'ont rien à voir avec la publicité affichée dans les zones situées au-dessus. C'est donc dans cet espace que nous allons essayer de vous aider à positionner vos pages au travers de cet ouvrage.

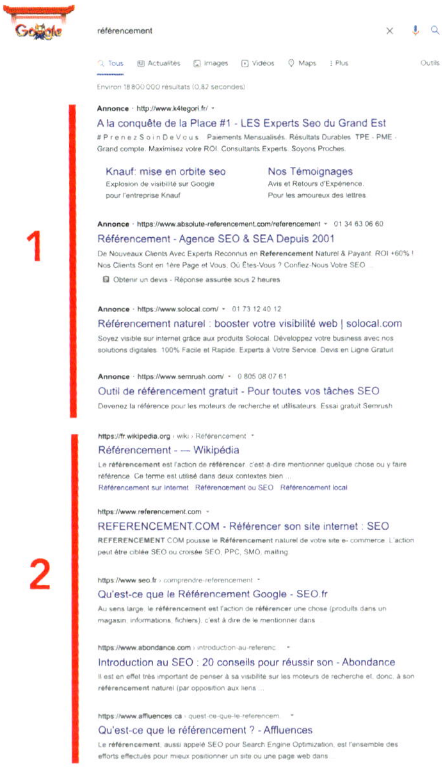

Figure 1-4

Page de résultats sur Google France pour le mot-clé « référencement ».

Tous les moteurs de recherche majeurs proposent sur leurs pages de résultats cette dualité liens sponsorisés/liens naturels ou SEA/SEO.

Les figures 1-5 et 1-6 illustrent des pages de résultats de recherche sur les moteurs de recherche Yahoo! et Bing, principaux concurrents de Google à l'heure actuelle. Comme on peut le voir, les résultats sont également répartis en deux zones distinctes : les liens sponsorisés figurent dans la zone 1 et les liens organiques dans la zone 2. Il en est ainsi sur la majeure partie des moteurs de recherche actuels.

Le référencement naturel est indépendant des liens sponsorisés

Il est important de bien comprendre que les deux sources principales d'information dans les pages de résultats des moteurs (liens sponsorisés et liens naturels) sont indépendantes l'une de l'autre. Être un gros annonceur sur Google ou Bing n'influe donc pas de façon directe le positionnement de votre site web dans les liens naturels du moteur en question. Heureusement d'ailleurs, car la seule manière d'être pérenne pour un outil de recherche est de présenter des résultats objectifs et indépendants des budgets publicitaires. Que de « serpents de mer » n'ont-ils pas été imaginés à ce sujet depuis de nombreuses années...

Cela dit, si par défaut liens naturels et sponsorisés sont indépendants, cela ne signifie pas qu'ils n'ont pas d'influence l'un sur l'autre. Le fait d'arrêter une importante campagne de liens sponsorisés, par exemple, influera sur le trafic engendré sur le site. La notion de trafic étant aujourd'hui prise en compte par Google dans son algorithme de pertinence – ce qui n'était pas le cas dans le passé –, les positionnements en liens naturels pourront donc en pâtir. On a vu de nombreuses situations de ce genre se produire sur le moteur Google : l'arrêt d'importantes campagnes Google Ads peut influencer négativement les positions d'un site en SEO, qu'il regagnera lorsque de nouvelles campagnes seront mises en œuvre. Ceci est logique et représente l'impact indirect d'un gain ou d'une perte de trafic sur un site. Mais une mention du site dans une émission de télévision très suivie, par exemple, et générant un pic de trafic pourrait avoir le même effet, tout comme une campagne d'e-mailing performante. En revanche, l'impact d'une campagne publicitaire ne sera décelable que si les budgets mis en œuvre sont importants. Quelques dizaines d'euros de Google Ads par jour ne devraient logiquement générer aucune fluctuation en termes de SEO.

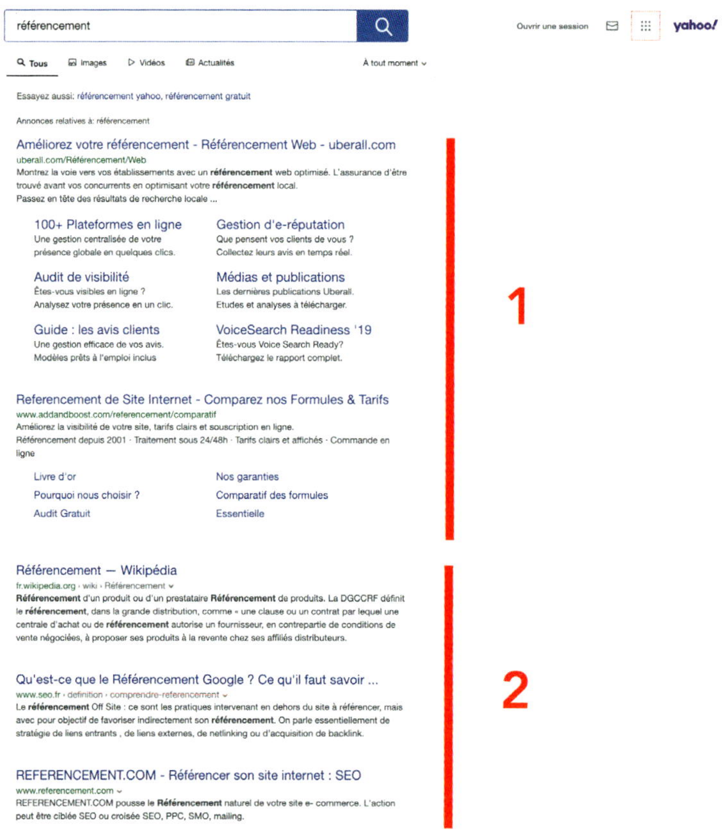

Figure 1-5

Page de résultats sur Yahoo! pour le mot-clé « référencement ». Comment faire la différence entre liens naturels et publicitaires ? Pas évident…

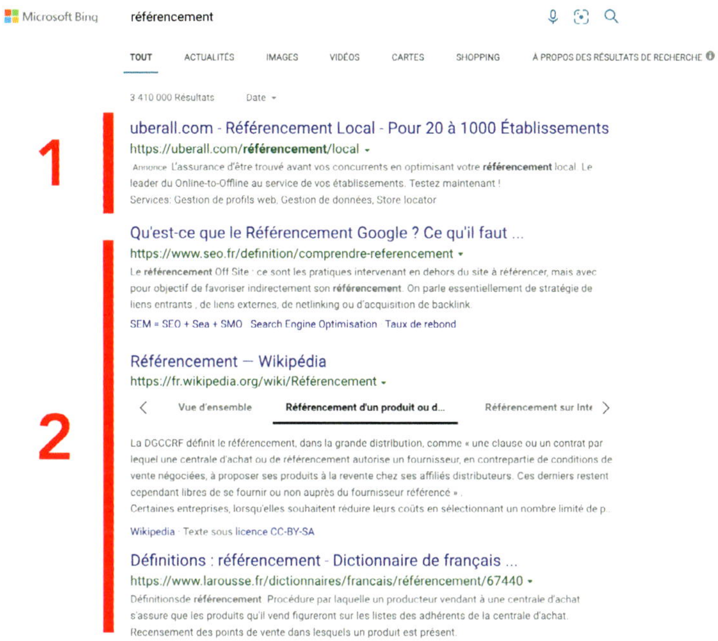

Figure 1-6

Page de résultats sur Bing pour le mot-clé « référencement ». Les emplacements pour les liens publicitaires peuvent varier selon les requêtes.

La distinction se fera, sur un moteur ou l'autre, selon la différenciation plus ou moins marquée des différentes zones. Certains outils indiquent sans ambiguïté ce qui est de la publicité et ce qui n'en est pas, alors que d'autres y sont moins enclins, et ce, essentiellement pour des raisons de profit. En effet, l'internaute, qui pense avoir affaire à un lien organique, va en fait cliquer sur une publicité… Reste à estimer le bienfait pour lui de ce type de pratique. Notons qu'en 2013, le fond pastel utilisé pour les liens sponsorisés en position « premium » (au-dessus des résultats naturels) s'est peu à peu éclairci sur les principaux moteurs (Google, Yahoo! et Bing) et a complètement disparu sur Google en 2014 au « profit » d'une mention intitulée « Annonces », certes en gras mais *in fine* assez peu visible. Des méthodes qui peuvent tromper l'internaute et qu'il faut surveiller de près.

Attention aux sociétés peu scrupuleuses !

Parfois, certaines sociétés vous proposeront, sous l'appellation de « référencement naturel » ou simplement « référencement », l'achat de mots-clés en liens sponsorisés sans le mentionner expressément. Dans ce cadre, des garanties peuvent bien entendu être proposées. Attention aux escrocs qui pullulent dans ce petit monde du référencement (heureusement, il existe également des gens qui travaillent de façon très efficace et professionnelle) et vérifiez bien ce que l'on vous vend !

Une stratégie de référencement naturel, ou traditionnel, aura donc pour vocation de positionner une ou plusieurs page(s) de votre site web dans les meilleurs résultats des liens organiques lorsque les mots-clés importants pour votre activité sont saisis par les internautes.

Les liens sponsorisés apportent-ils une pertinence supplémentaire ?

Aujourd'hui, les liens sponsorisés peuvent amener une pertinence supplémentaire, notamment sur des requêtes à caractère commercial (mots-clés dits « transactionnels »). En effet, ces liens commerciaux sont soumis à une vérification (*a posteriori* ou *a priori*) de la part d'une équipe éditoriale et ils sont censés répondre de la meilleure façon possible à une problématique donnée, mise en lumière par une requête sur un moteur.

La condition *sine qua non* pour que cette pertinence supplémentaire soit réellement efficace sera donc que les procédures de validation des prestataires de liens sponsorisés (Google, Bing...) soient efficaces. Si ce n'est pas le cas, on risque de tomber rapidement dans la gabegie et personne n'aura à y gagner, surtout pas le moteur et la régie. Une raison de plus pour que ces acteurs soignent leurs prestations.

Autre élément important : que les moteurs fassent bien la distinction, dans leurs pages de résultats, entre ce qui est de la publicité et ce qui n'en est pas, comme nous le disions précédemment. Le fournisseur d'accès Internet Free avait, par exemple, lancé en 2007 une page de résultats associant liens naturels et liens sponsorisés sans qu'il soit facilement possible de les distinguer visuellement (*https://www.speeny.fr/529*). Ce type de stratégie peut tuer le marché de la publicité sponsorisée si elle est appliquée en masse et n'est donc clairement pas à encourager. Free est d'ailleurs revenu en arrière quelques mois plus tard, conscient de son erreur stratégique. À surveiller, car on peut voir dans les copies d'écran de ce chapitre que certains moteurs n'ont pas vraiment retenu la leçon...

Pour résumer, on dira que tant que les prestataires de liens sponsorisés et les moteurs de recherche auront comme priorité de servir les internautes avec les meilleurs résultats possibles, tout ira bien et la pertinence s'équilibrera entre liens naturels et liens commerciaux. Toute autre vision du marché risque bien d'être catastrophique pour l'avenir, dans un milieu qui reste fragile et sur lequel aucune position (*sic*) n'est acquise et gravée dans le marbre.

Les trois étapes à respecter lors d'un référencement sur un moteur de recherche

Pour mettre en place un référencement réussi, il est nécessaire de passer par plusieurs étapes successives très importantes qui peuvent être représentées par le processus de traitement d'une requête utilisateur par un moteur de recherche.

L'affichage des résultats par un moteur se décompose donc en plusieurs étapes (figure 1-7).

1. Mise en place par le moteur d'un « index », ou copie du Web à un instant *T* sur ses disques durs, regroupant des milliards de pages web dans lesquelles il effectuera ses recherches. Cet index devra, bien sûr, être le plus « frais » possible afin d'être le plus représentatif du contenu de la Toile et fournir à l'internaute la réponse la plus pertinente à ses questions.
2. Extraction, depuis l'index, des pages répondant à la requête saisie par l'utilisateur.

3. Calcul et classement des résultats par pertinence.
4. Affichage des résultats.

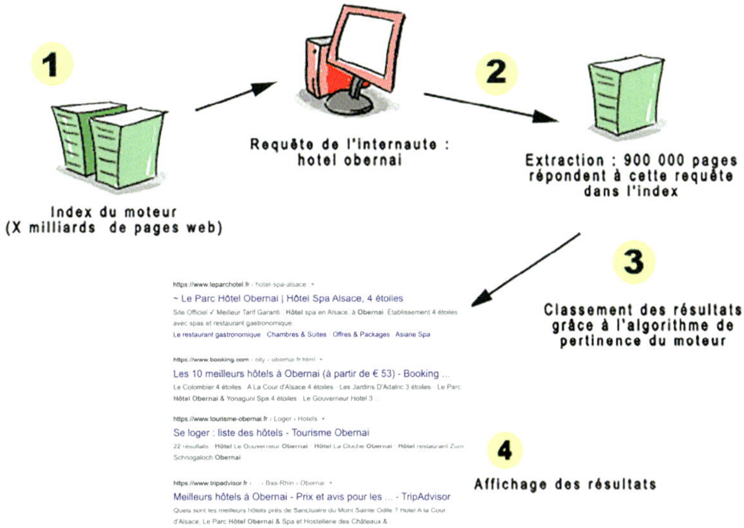

Figure 1-7

Les quatre étapes essentielles d'un processus de référencement.
Source des dessins : Google.

De la même façon, les étapes à mener dans le cadre d'un *bon* référencement suivront cette même logique.

1. Le moteur se sert d'un index, les pages de votre site web devront donc y être présentes. Il s'agit de la phase de « référencement » (ou « indexation ») proprement dite. Si votre site propose 100 ou 1 000 pages web, il faudra idéalement qu'elles figurent toutes dans l'index du moteur, même si le filtre Panda de Google a modifié cette approche puisque ne sont concernées ici désormais que les « pages de bonne qualité », comme nous le verrons dans cet ouvrage. C'est, bien entendu, une condition *sine qua non* pour qu'elles soient trouvées. Et ce n'est pas sans incidence sur la façon dont votre site doit être pensé lors de sa conception…
2. L'internaute saisit ensuite un mot-clé (ou une expression contenant plusieurs mots) dans le formulaire proposé par le moteur. Celui-ci extrait de son index général toutes les pages qui contiennent le mot en question (nous verrons dans la partie consacrée au concept d'« ancrage » que cette affirmation doit être quelque peu révisée). Il faudra donc que vos pages contiennent les mots-clés importants pour votre activité. Cela vous semble évident ? Pourtant, au vu de nombreux sites web que nous ne nommerons pas, cette notion semble bien souvent oubliée. Pour résumer, si vous souhaitez obtenir une bonne visibilité sur l'expression « restaurant caen », il faudra que les pages que vous désirez voir ressortir sur cette requête contiennent ces mots. Il est vrai que c'est le minimum que l'on puisse attendre…

3. Cependant, la présence de ces mots-clés ne sera pas suffisante. En effet, pour l'expression « restaurant caen », Google renvoie plus de 67 millions de résultats… La concurrence est féroce. Il ne faudra donc pas mettre ces mots n'importe où dans vos pages. Pour faire en sorte que vos documents soient réactifs par rapport aux critères de pertinence des moteurs et donc qu'ils soient bien positionnés (depuis les 30 premiers résultats jusqu'au podium, voir ci-après), il faudra insérer ces termes de recherche dans des « zones chaudes » de vos pages : titre, texte, URL, etc. Et bien sûr, il faudra que votre site ait été conçu pour que ces « zones chaudes » soient bien présentes dans vos pages. Nous étudierons tout cela très bientôt.

Les phases essentielles du référencement

Un processus de référencement s'effectue en trois phases essentielles…

1. Le référencement : votre site doit être « trouvable » (« en rayon ») dans l'index du moteur, de la façon la plus complète possible et pour ses pages les plus pertinentes.
2. L'identification : des pages de votre site doivent se trouver « dans le lot » des pages identifiées, car contenant les mots-clés constituant la requête de l'internaute.
3. Le positionnement : vos pages doivent être optimisées en fonction des critères de pertinence des moteurs afin d'être classées au mieux dans les pages de résultats pour vos mots-clés choisis au préalable. Pour cela, il faudra (entre autres) placer les termes désirés dans les « zones chaudes » des pages.

Et son efficacité doit être évaluée lors d'une quatrième étape.

4. Le suivi : comment estimer et mesurer l'efficacité d'une stratégie de référencement ?

Positionnement, oui, mais où ?

Dans les premières années du référencement, on avait tendance à dire que, après saisie d'un mot-clé, le but d'un bon positionnement était d'apparaître dans les trois premières pages de résultats des outils de recherche, soit entre la 1re et la 30e position. Il s'agissait effectivement d'une sorte de « contrat » essentiel qu'il ne fallait jamais dépasser à cette époque-là. Être classé après la 30e position sur un mot-clé donné équivalait à un trafic quasi nul. En effet, très peu d'internautes dépassaient cette fatidique troisième page de résultats lors de leurs recherches. Au-delà, donc, point de salut.

Aujourd'hui, il n'est plus du tout satisfaisant de se situer dans les trente premiers résultats compte tenu du changement des habitudes des utilisateurs de moteurs de recherche. Auparavant, les internautes saisissaient une requête, puis consultaient les pages de résultats consécutives du moteur s'ils ne trouvaient pas la réponse rapidement (page 1, puis 2, puis 3, etc.). Actuellement, l'internaute saisit une première requête, puis, si les dix premiers liens renvoyés ne lui conviennent pas, il modifiera plutôt sa requête initiale : remplacement des mots-clés, ajout de nouveaux termes, etc. Ainsi, l'internaute reste toujours sur la première page de résultats (ou SERP : *Search Engine Result Page*) et ne dépasse jamais les dix premiers liens.

Comment les internautes utilisent-ils les moteurs ?

Les informations qui suivent sont issues d'études menées sur le comportement des internautes sur les moteurs de recherche. D'une façon générale, vous pouvez obtenir de nombreuses informations actualisées sur ce sujet en tapant des requêtes comme « taux de clics google » ou « taux de clics moteur de recherche » sur votre moteur favori.

- Pour effectuer des recherches sur le Web, 54 % des personnes interrogées passent toujours par un moteur de recherche (contre 50 % en 2011), 32 % utilisent en revanche les réseaux sociaux pour trouver de nouveaux contenus en ligne, contre 18 % en 2010 et 25 % en 2011. La découverte des contenus par les liens passe donc en 3e place, avec 28 % de citations (31 % en 2011).

  Source : *Forrester Research* (juin 2013), *https://speeny.fr/2*.
- Lorsque les internautes américains se posent des questions et recherchent des informations sur la santé, 77 % d'entre eux commencent par un moteur de recherche tel que Google.

  Source : *Pew Internet* (janvier 2013), *https://speeny.fr/3*.
- Le taux de clics dans la première page de résultats naturels des moteurs de recherche est passé de 49 à 53 % depuis 2006.

  Source : *Ian Howells* (septembre 2011), *https://speeny.fr/4*.
- 56 % des clics sont récoltés par le premier résultat, 15 % par le deuxième et 9 % par le troisième, soit 80 % des clics pour les trois premiers liens !

  Source : *Compete* (octobre 2012), *https://speeny.fr/5*.
- La taille moyenne d'une requête oscille entre 4,07 et 4,87 mots.

  Source : *Chitika* (janvier 2012), *https://speeny.fr/6*.
- 79 % des internautes interrogés par Yahoo! utilisent plusieurs mots-clés dans la majorité de leurs requêtes. Les internautes sont par ailleurs pressés puisque 61 % d'entre eux ne vont pas plus loin que la 1re page de résultats.

  Source : *Yahoo! Search Academy : comment les internautes utilisent-ils les moteurs de recherche ? (mars 2010), https://speeny.fr/7*.
- Moins d'un tiers des internautes ne consultent que la 1re page de résultats et ils sont 45 % à consulter la 2e et la 3e page ; ils sont moins d'un tiers à dépasser la 4e page de résultats.

  Source : *Journal du Net : comment les internautes utilisent les moteurs de recherche* (mai 2009), *https://speeny.fr/8*.
- 62 % des utilisateurs de moteurs de recherche cliquent sur un résultat proposé sur la première page de leur moteur favori sans aller plus loin et ils sont 90 % à ne jamais dépasser la 3e page de résultats.

  Source : *iProspect: Search Engine User Behavior Study* (avril 2006), *https://speeny.fr/9*.
- 54 % des internautes ne visualisent que la 1re page de résultats (19 % vont jusqu'à la 2e et moins de 10 % la 3e).

  Source : *Impatient Web Searchers Measure Web Sites' Appeal In Seconds* (juin 2003), *https://speeny.fr/10*. Résumé : *https://speeny.fr/11*.
- Le premier lien des SERP représente 32,5 % des clics.

  Source : article Le premier lien des SERP représente 32,5 % des clics (juin 2013), *https://speeny.fr/12*.

Consultez également d'autres études, disponibles à l'adresse suivante.

- Quelques études sur la recherche d'information et les moteurs : *https://speeny.fr/13*.

- Taux de clics dans les résultats en fonction du nombre d'AdWords (2015) : *https://speeny.fr/14.*
- « Sur les requêtes "marque" (adresse du site, marque simple), le taux de clics sur la 1re position est de 65,1 %, contre 32,3 % sur les requêtes "hors marque" ». Étude iProspect, 2018 (*https://speeny.fr/15*).

Vous devez donc aujourd'hui être plus exigeant et chercher à apparaître au minimum dans les dix premiers liens affichés, soit dans la première page de résultats. C'est évidemment plus difficile selon les mots-clés choisis. Néanmoins, il est clair que le trafic engendré sera au niveau de votre ambition si vous y arrivez. Il s'agit de l'objectif de départ que vous vous fixerez. Un adage SEO dit d'ailleurs : « Si vous voulez cacher un cadavre, mettez-le en page 2 des résultats de Google, personne ne le trouvera jamais. » Une phrase qui a le mérite d'être on ne peut plus claire !

Il est encore plus difficile – mais bien plus efficace – d'être « au-dessus de la ligne de flottaison » (*above the fold* en anglais). Cela signifie que votre lien sera visible dans la fenêtre du navigateur de l'internaute sans que celui-ci ait à utiliser l'ascenseur. Par exemple, en résolution 1 024 × 768 (assez courante à l'heure actuelle), une page de résultats de Google pour le mot-clé « moteur de recherche » apparaît comme sur la figure 1-8.

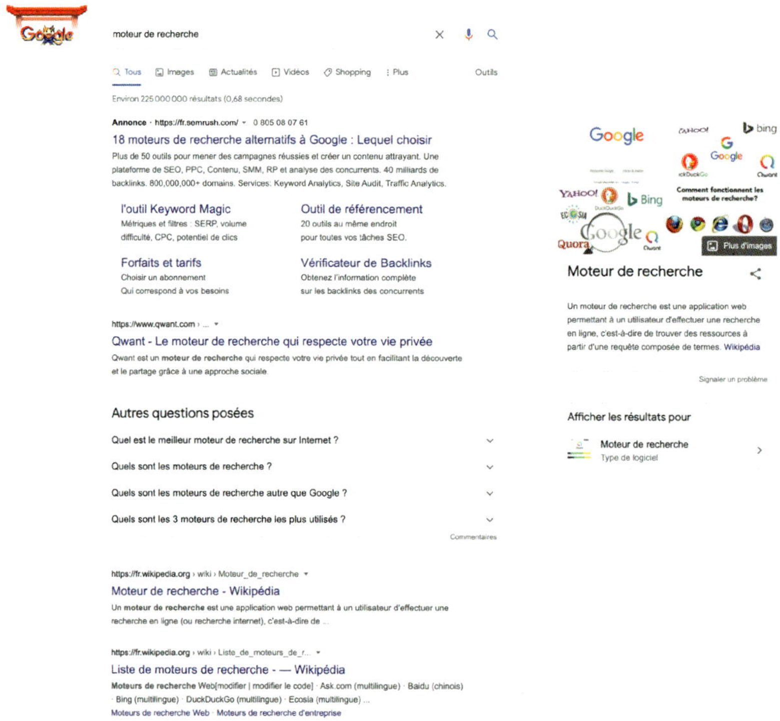

Figure 1-8

Page de résultats de Google en résolution 1 024 × 768.

Le navigateur affiche ainsi trois liens organiques (issus de l'index de pages web) du moteur (et plus il y aura de publicités Google Ads, moins il y aura de liens naturels…).

Le pari sera alors, pour que la situation soit encore meilleure, que vous apparaissiez dans ces premiers liens. Attention cependant : le nombre de liens naturels affichés peut grandement varier en fonction de plusieurs facteurs.

- Le type d'informations connexes affichées par le moteur selon la requête (concept de « recherche universelle » : plans *(maps)* ou dépêches d'actualité sur Google, exemples d'images ou de vidéos répondant à la recherche, etc.).
- La présence ou non de liens sponsorisés en position premium (jusqu'à quatre liens commerciaux peuvent être affichés par Google en début de page).
- D'une éventuelle proposition de correction orthographique (qui prend plus d'une ligne sur Google).
- D'une onebox spécifique proposant des résultats dédiés à une requête particulière (bourse, météo, etc.).
- D'un featured snippet, encadré reprenant des informations issues de l'une des pages web classées (nous y reviendrons).
- Etc.

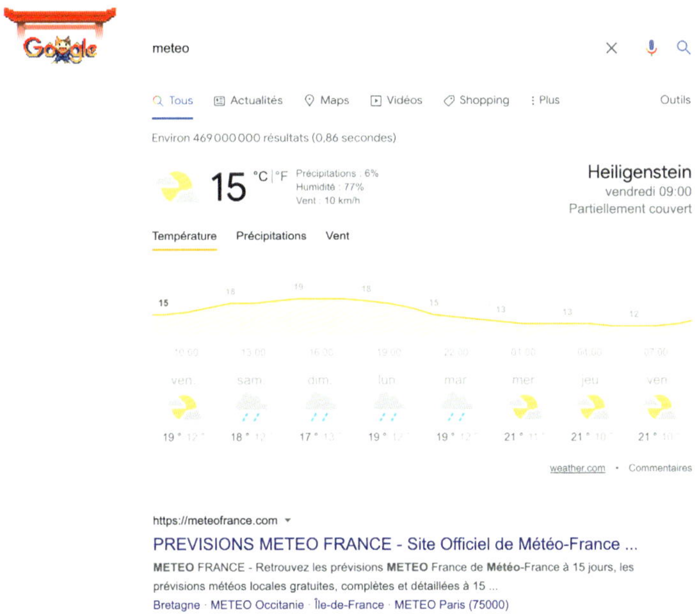

Figure 1-9

Exemple d'une onebox proposée par Google pour la requête « meteo » : une zone spécifique apparaît sous le formulaire de recherche et présente des résultats (basés sur la géolocalisation de l'internaute) directement fournis par le moteur de recherche. Les liens naturels sont bien plus bas et beaucoup moins visibles (ici, le site de Météo-France).

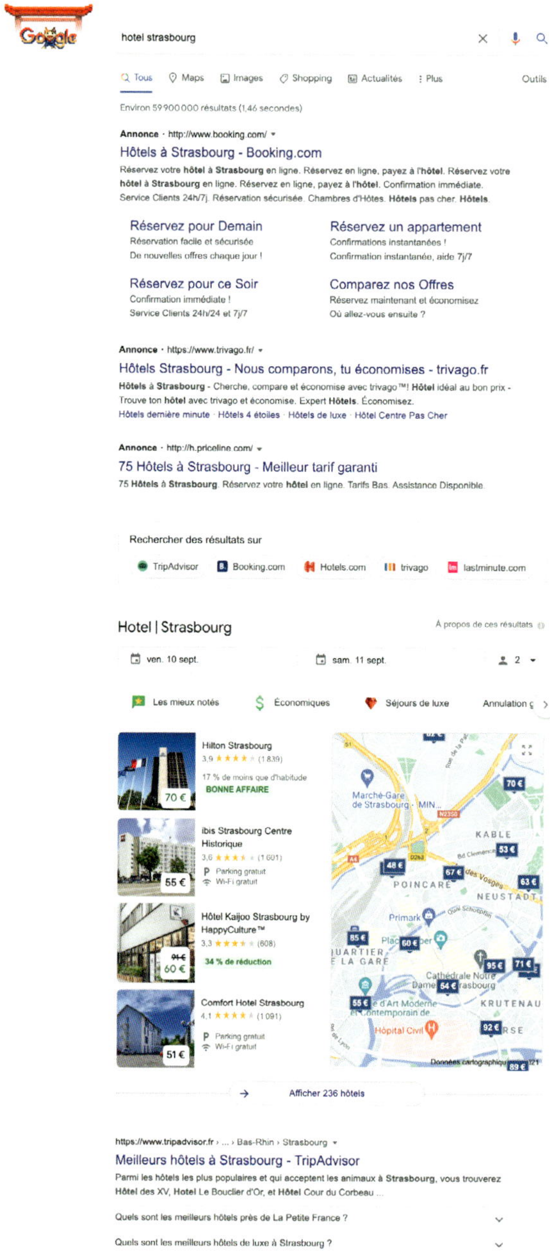

Figure 1-10

Exemple de la requête « hôtel strasbourg » sur Google : dans ce cas, quasiment toute la visibilité « au-dessus de la ligne de flottaison » est occupée par des liens commerciaux et des résultats issus de Google Maps, ainsi que par le « pack local » dont nous reparlerons dans cet ouvrage. Pour visualiser les liens naturels, il faut utiliser l'ascenseur et faire défiler la page. Le référencement sur Google Maps devient ici primordial (voir chapitre 7).

Résolutions d'écran

Pour connaître les résolutions d'écran les plus souvent utilisées par les internautes, vous pouvez vous servir des données fournies par plusieurs panoramas disponibles sur le Web francophone aux adresses suivantes :

- *https://speeny.fr/16*
- *https://speeny.fr/17*

Toutefois, on peut être plus exigeant et tenter de se positionner encore mieux en plaçant un site dans ce que l'on a longtemps appelé le « triangle d'or » (voir figure 1-11) des pages de résultats. En effet, selon une célèbre étude menée par les sociétés Enquiro et Dit-It.com, en collaboration avec la société EyeTool spécialisée dans les systèmes d'*eye-tracking* (analyse des mouvements des yeux), les yeux de l'internaute exploraient en 2005 en priorité un triangle d'or, situé en haut à gauche des pages de résultats de Google. Ainsi, il était possible d'indiquer un taux de visibilité pour chaque rang des liens proposés par le moteur :

- positions 1, 2 et 3 : 100 % ;
- position 4 : 85 % ;
- position 5 : 60 % ;
- positions 8 et 9 : 30 % ;
- position 10 : 20 %.

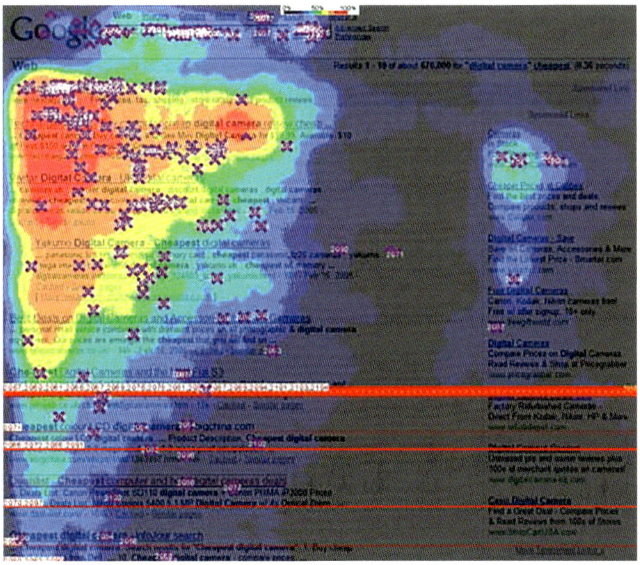

Figure 1-11

Le triangle d'or de la page de résultats de Google en 2005 : plus le rouge est vif, plus la zone est lue instinctivement par l'œil des internautes (le trait horizontal épais représente la ligne de flottaison définie dans ce chapitre).

Le triangle d'or de Google, une notion obsolète

Vous trouverez davantage d'informations sur le triangle d'or des pages de résultats de Google à l'adresse suivante : *https://speeny.fr/18*. Il faut savoir que cette notion de triangle d'or est désormais obsolète et a beaucoup évolué depuis plus de 10 ans avec de nouvelles études, toujours basées sur l'eye-tracking. En voici quelques-unes : Mediative (*https://speeny.fr/19*), Moz (*https://speeny.fr/20*), Rosetta (*https://speeny.fr/21*), Mediative encore (*https://speeny.fr/22*), etc.

On peut même se poser une question : ne vaut-il pas mieux être 11e, donc au-dessus de la ligne de flottaison de la deuxième page de résultats, plutôt que 10e et en dessous de la ligne de flottaison de la première page ? Bonne question, effectivement, mais à notre connaissance, aucune étude sérieuse n'a encore été réalisée à ce sujet. Il faut bien avouer qu'elle est quelque peu complexe à mettre en œuvre.

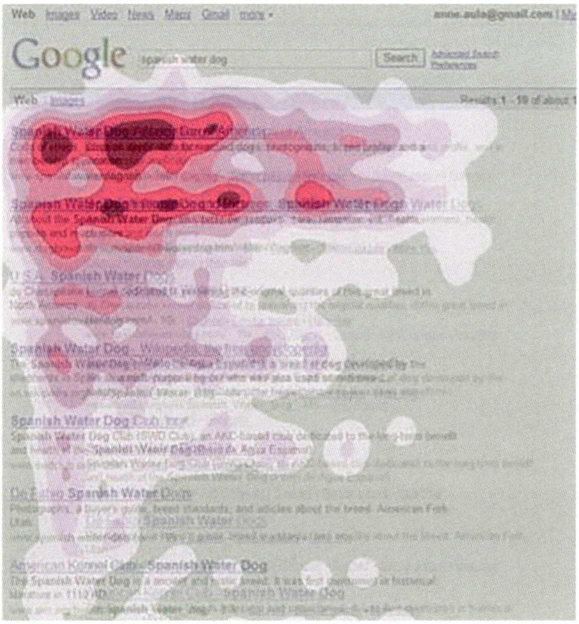

Figure 1-12

Le triangle d'or de la page de résultats de Google est également présent dans les études internes sur eye-tracking réalisées par le moteur de recherche.

Google vers l'*infinite scrolling* ?

Selon plusieurs sources, Google teste depuis plusieurs années un système de « scrolling infini », comme sur Facebook ou Twitter : lorsque vous descendez avec l'ascenseur dans la page de résultats, le moteur vous propose et rajoute autant de liens que nécessaire de façon automatique et transparente. Cela « tuerait » clairement la notion de pages 1, 2, 3, etc. Mais, au moment où ces lignes sont écrites, ce type d'affichage n'était toujours pas mis en œuvre sur la version « desktop » (mais son moteur d'images et la version mobile du moteur en bénéficient). Une des questions principales serait certainement de savoir où placer les publicités Google Ads dans ce cas... Vous trouverez plus d'informations à l'adresse suivante : *https://speeny.fr/23.*

Notons enfin que Google a publié en février 2009 quelques résultats de ses propres études menées sur l'eye-tracking (*https://speeny.fr/24*).

Enfin, signalons les très intéressantes études, dans le même domaine, effectuées par la société Miratech (*https://speeny.fr/25*), notamment au sujet de l'interaction entre les liens naturels et les liens commerciaux des pages de résultats de Google, mais ces travaux ne semblent hélas plus disponibles en ligne.

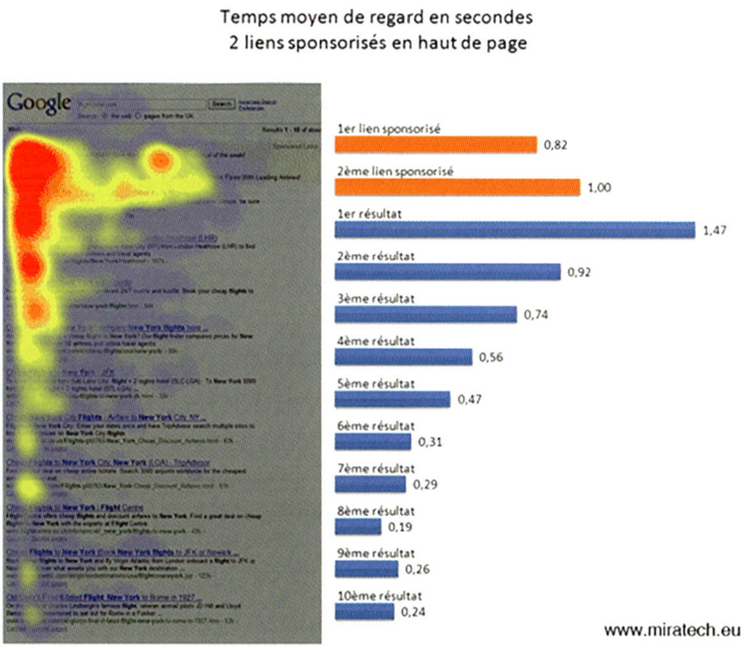

Figure 1-13

Selon Miratech, le deuxième lien sponsorisé est plus cliqué que le premier, mais le plus fort taux de visibilité revient quand même au premier lien naturel affiché par Google.

Figure 1-14

Selon Optify, les trois premiers liens de la page de résultats thésaurisent 58,4 % des clics.

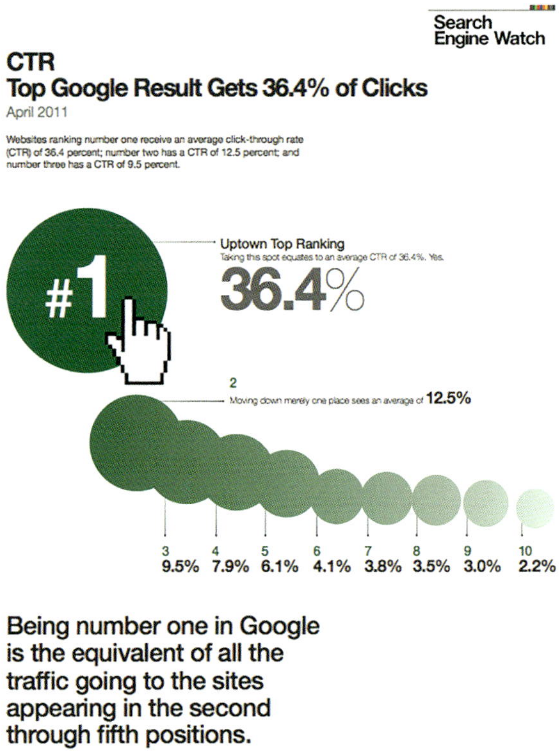

Figure 1-15

Autres chiffres par la société Chitika en juin 2013 (https://speeny.fr/26).

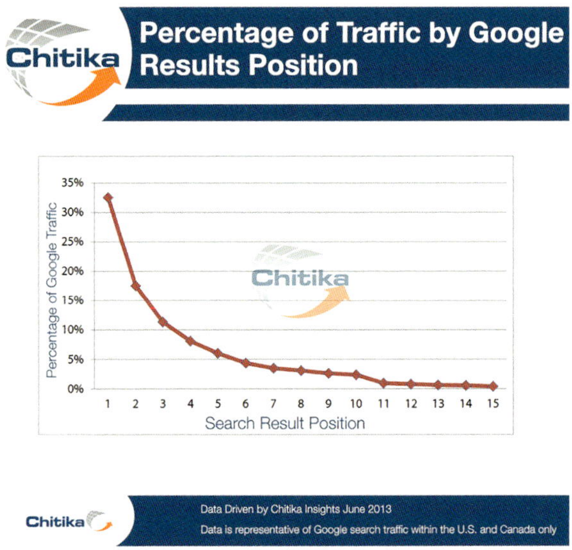

La recherche universelle de Google

La donne change encore depuis la mise en place du projet « universal search » par Google (*https://speeny.fr/27*), qui amène le célèbre moteur à mixer de plus en plus, dans ses pages de résultats, des liens issus de ses différents index : web, images, actualité, cartes, etc. (figure 1-16). On l'a vu précédemment sur des recherches locales, pour lesquelles Google met en avant Google Maps. Par exemple, une requête sur le mot-clé « coucher de soleil » renvoie également en tête de liste des liens vers des images et des actualités qui repoussent les liens web organiques encore plus vers le bas de la page et donc « en dessous de la ligne de flottaison ».

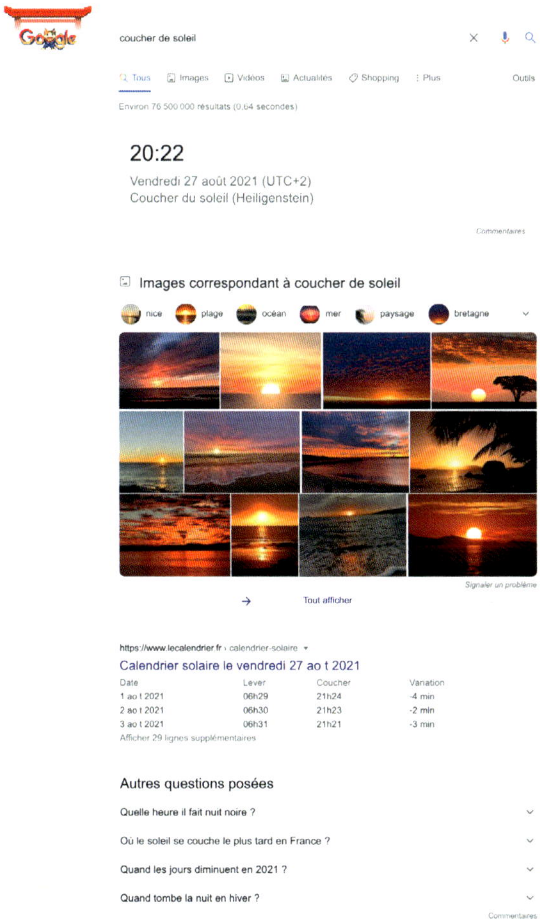

Figure 1-16

Le concept de recherche universelle par Google consiste à mixer, dans les résultats de recherche, des données issues de différentes bases de données (ici, les images et les « autres questions posées », ainsi qu'une réponse directe du moteur), ce qui décale les liens naturels vers le bas de la page de résultats !

18,5 % de résultats naturels « au-dessus de la ligne de flottaison »

Pour en terminer avec cette notion de visibilité dans les pages de résultats, citons une étude du site JitBit (*https://speeny.fr/28*) qui indique que les liens naturels « au-dessus de la ligne de flottaison », sur une page Google, ne représentaient fin 2012 plus que 18,5 % de l'espace proposé par le moteur de recherche, contre 53 % quelques années auparavant. Le reste est aujourd'hui majoritairement occupé par de la publicité et des services proposés par Google (Maps, Actualité, Images, etc.). Une tendance qui s'est certainement encore renforcée depuis cette période et qui nous pousse vers un référencement multiservice, multisupport !

Référencement et course à pied…

La situation est plutôt simple (si l'on peut dire) : si vous désirez réellement être visible dans les pages de résultats des moteurs de la façon la plus optimale possible, ce sont les trois premières places qu'il faudra viser. Ce qui n'est justement pas si simple… D'autant plus que la faisabilité d'un bon positionnement dépendra de plusieurs critères dont le nombre de résultats, bien sûr, mais également – et surtout – de l'aspect concurrentiel du mot-clé choisi. Pour une requête donnée, la situation sera différente selon qu'une dizaine seulement ou qu'un millier de webmasters ou de référenceurs spécialisés tentent d'atteindre ces trois premiers liens. La place n'en sera que plus chère. En effet, la situation ne sera pas la même pour un mot-clé peu concurrentiel, par exemple « matières premières Zimbabwe », par rapport à des requêtes comme « riad marakkech » ou « rachat crédit ». Sur ce type d'expression, de nombreuses sociétés tentent d'être bien positionnées, car les enjeux commerciaux qui en dépendent sont énormes. On peut ainsi faire une analogie avec une course à pied : plus il y aura de concurrence et donc davantage de candidats motivés sur la ligne de départ, plus la course sera rude à gagner. Participer à un marathon dans votre village avec des amateurs offre certainement plus de chances de l'emporter que le fait de participer au marathon de Paris, où bon nombre de professionnels français et étrangers vont se disputer la victoire. Malgré tout, à cœur vaillant, rien d'impossible !

Le marathon de la première page

La visibilité sur les moteurs de recherche peut donc s'apparenter à un marathon. Il est plus facile de finir dans les dix premiers s'il y a seulement quelques dizaines de participants au départ. En revanche, si plusieurs milliers de personnes participent, la difficulté n'en sera que plus accrue, et encore davantage si parmi elles se trouvent des professionnels de la course.

Pour continuer cette comparaison entre une course et le référencement, on peut mettre en évidence deux éléments.

- Il est tout à fait possible d'obtenir des premières pages sur Google en quelques heures sur des mots-clés non concurrentiels, grâce à une bonne optimisation de vos pages (code HTML et texte de qualité). Et ce, même si le moteur renvoie plusieurs dizaines de millions de résultats, voire plus. Si, si…

- En revanche, dès que la requête devient concurrentielle (plus il y a de « pros » de la course qui participent), le délai s'allonge. Dans ce cas, l'optimisation seule de la page ne suffira pas. La différence se fera sur l'obtention de « bons » liens, de *backlinks* (liens vers vos pages depuis d'autres sites) efficaces. Et cela prend du temps.

Vous pouvez ainsi tout à fait viser, dans un premier temps, des requêtes non concurrentielles, qui vous permettront d'obtenir très rapidement de bonnes positions et un premier trafic de qualité, même s'il est relativement faible en quantité. En parallèle, il sera possible de travailler à moyen et long terme sur des mots et expressions plus concurrentiels, qui demanderont donc plus de temps pour être profitables. Il faudra certainement une durée d'optimisation plus longue, le temps d'obtenir de bons liens (sachant que ce temps peut être compensé par l'achat de liens sponsorisés en attendant), mais les résultats seront certainement pérennes.

Figure 1-17

Exemple d'une page du site Abondance qui s'est placée en quelques heures sur le podium pour la requête « easter egg google tennis », qui engendre plus de sept millions de résultats sur Google.

Un exemple de résultat ultrarapide

À l'occasion de l'événement SEO Camp'us (grand rassemblement des référenceurs français, organisé par l'association SEO Camp) en 2020, l'auteur de ce livre avait tenté une expérience intéressante lors d'une conférence de 40 minutes : montrer que l'on peut préparer, rédiger puis publier un article et le positionner sur Google avec un mot-clé intéressant et générateur de trafic dans ce laps de temps. Pari gagné : après publication du contenu, le Top 10 a été atteint en moins de 3 minutes ! De quoi obtenir son quart d'heure de gloire wharolien auprès du (nombreux) public présent dans la salle ce jour-là ☺.

Pour conclure (provisoirement) cette partie, il est clair que c'est vous qui déciderez jusqu'à quel point vous désirez aller dans le cadre de votre positionnement. Des stratégies intermédiaires peuvent cependant tout à fait être envisagées : sur le podium pour certains termes, sur la première page pour certaines expressions moins importantes. Toutefois, nous ne pouvons que vous encourager à viser le podium, d'autant plus que ces trois premières places sont souvent assez stables et pérennes dans le temps, contrairement aux suivantes. Dans les chapitres suivants, nous verrons comment faire en sorte que ces ambitions ne soient pas démesurées et comment avoir une idée de la faisabilité et de l'intérêt d'un positionnement sur tel ou tel mot-clé.

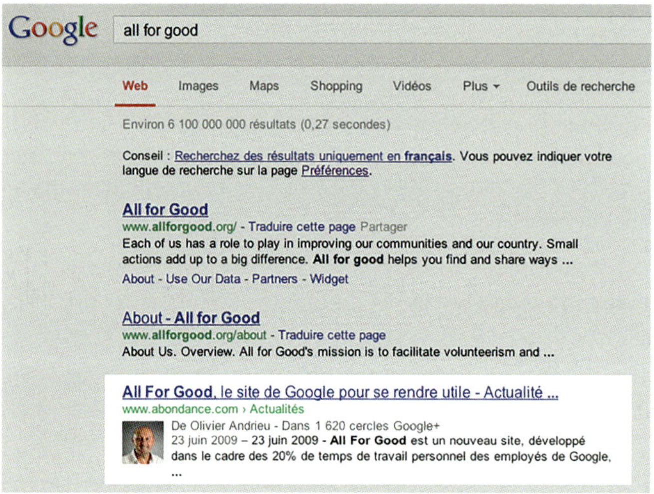

Figure 1-18

Autre exemple (copie d'écran d'époque) d'une page du site Abondance sur le podium de la requête « all for good » (6,1 milliards de résultats !). Positionnement obtenu quelques minutes après la mise en ligne de la page pour une requête certes très peu concurrentielle.

Figure 1-19

Un double positionnement (Google Web et Google Vidéos) en moins d'une demi-heure sur la requête « nofollow », qui renvoyait à ce moment-là plus de 50 millions de résultats…

Le SEO, ça prend du temps ? Pas si sûr…

On entend souvent dire que le SEO est une grande école de la patience et que pour obtenir des résultats en référencement naturel, cela prend du temps. Oui, bien sûr, mais pas seulement ! Tout dépend, comme on le voit bien dans les exemples de ce chapitre, de l'aspect concurrentiel de la requête, du site sur lequel on va publier le contenu, etc. Parfois, les délais sont (très) longs mais on peut aussi avoir, si on choisit bien ses mots-clés, des résultats très rapides… Croyez-vous que les sites de presse quotidienne se contentent d'avoir un bon référencement une semaine après la publication de leurs articles sur l'actualité « chaude » ? Que nenni ! C'est une question de minutes, voire parfois de secondes pour eux…

Pour résumer

Selon l'ambition de votre site, il vous faudra agir pour obtenir le meilleur positionnement possible (du plus simple au plus complexe) pour vos mots-clés stratégiques :

- dans les 3 premières pages de résultats (les 30 premiers liens organiques), objectif assez obsolète aujourd'hui ;
- dans la première page de résultats (les 10 premiers liens), un minimum à l'heure actuelle ;
- au-dessus de la ligne de flottaison, c'est-à-dire dans les résultats affichés par le navigateur sans utiliser l'ascenseur (les 4 à 6 premiers liens) ;
- sur le podium du moteur (les 3 premiers liens) de façon plus optimisée ;
- en première position, idéalement !

Le temps pour y parvenir et les efforts nécessaires dépendront en grande partie de l'aspect concurrentiel de la requête visée.

Anatomie d'une SERP

Aujourd'hui, on parle moins de « page de résultats d'un moteur de recherche », mais plutôt de SERP, acronyme de *Search Engine Result Page*. On parlera donc de SERP 1, SERP 2, SERP 3, pour désigner les trois premières pages de résultats.

Ces SERP proposent à l'heure actuelle de nombreuses zones d'informations, diverses et variées. La plupart d'entre elles seront étudiées en détail dans la suite de cet ouvrage, mais il est intéressant d'en citer d'ores et déjà quelques-unes :

- les « liens bleus », déjà évoqués précédemment, dont le nombre varie de 6 à 10 (eh oui, il n'y a pas toujours dix liens naturels dans une SERP ! C'est Google qui choisit combien il désire en afficher selon la requête demandée) ;
- les liens publicitaires Google Ads : de 0 à 4 au-dessus des résultats, autant en dessous ;
- la recherche universelle : carrousels proposant des informations issues d'autres bases de données de Google (voir figure 1-20) ;
- le « pack local » sur les recherches géolocalisées (voir figure 1-21) ;

- les questions souvent posées par les internautes (PAA pour *People Also Ask* ou « Autres questions posées » en français) ;
- le Knowledge Graph, ou zone d'information de type encyclopédique (voir figure 1-22) ;
- la « position zéro », terme qui désigne tout résultat « au-dessus de la première position naturelle » et qui regroupe plusieurs notions : les « answer boxes » (réponses directes de Google), les réponses émanant d'un partenaire, les « featured snippets »… (voir figures 1-22 à 1-25).
- etc.

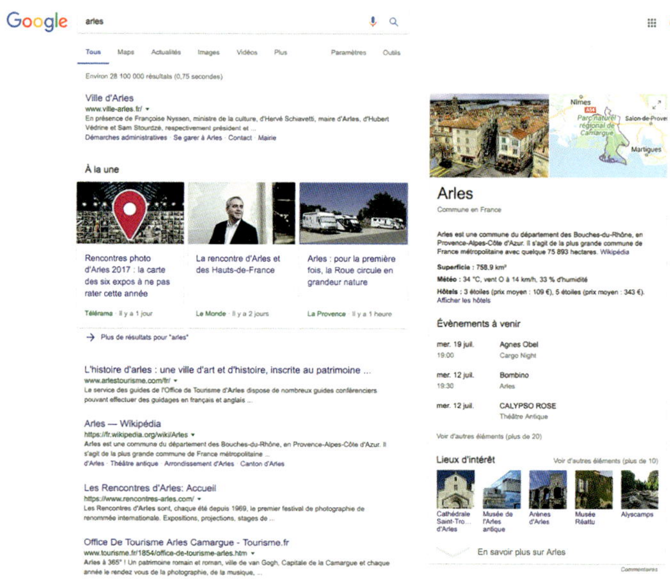

Figure 1-20

La recherche universelle avec un carrousel « À la une » pour les liens issus de Google Actualités et Images.

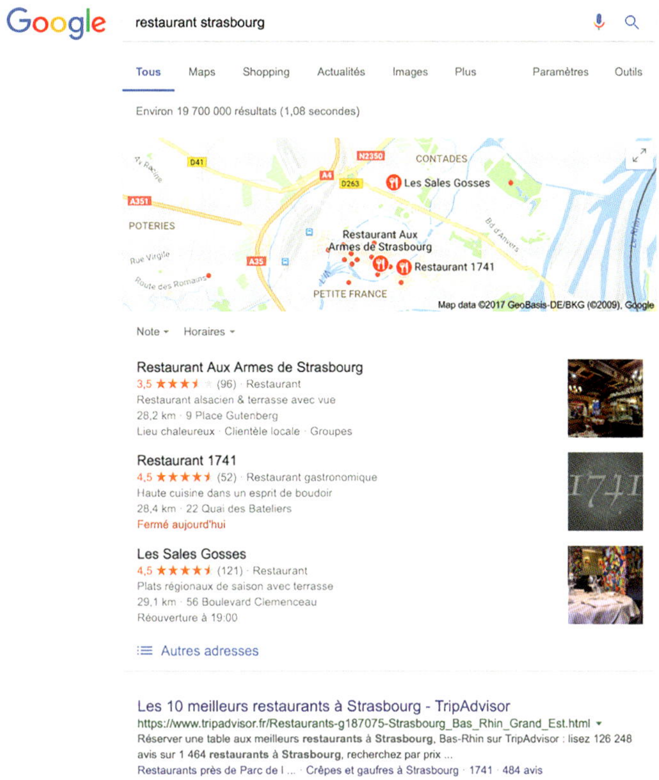

Figure 1-21

Le « pack local » avec trois liens (issus de l'offre Google my Business) et d'une carte Google Maps.

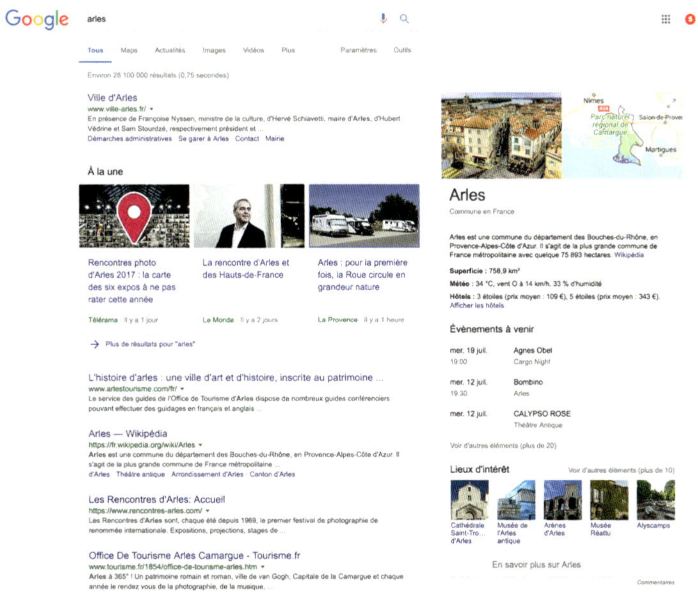

Figure 1-22

Le « Knowlede Graph » sur la partie droite de l'écran propose de nombreuses informations de nature encyclopédique sur la requête demandée (ici, la ville d'Arles).

Figure 1-23

Une « answer box » de Google : le moteur renvoie directement l'information lorsqu'il la détient, avant les résultats naturels.

Figure 1-24

Autre type d'« answer box » avec des résultats fournis par un tiers (ici, le site weather.com pour la requête « meteo »). Le temps est moyen en Alsace…

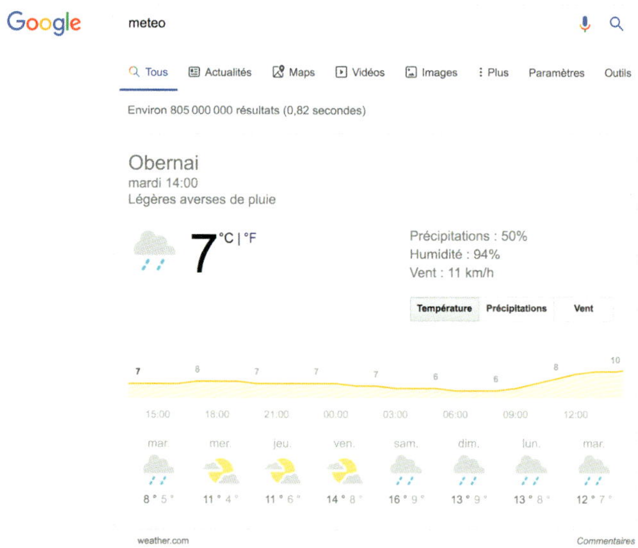

Figure 1-25

« Featured snippet » : le moteur propose, dans un encadré, un extrait d'une page, avec un lien et une image (le plus souvent), désignant ce résultat comme celui qu'il estime être le plus pertinent.

Deux écoles : optimisation loyale *versus spamdexing*

Vous l'aurez compris si vous avez lu de façon assidue les pages précédentes, la façon dont votre site va être conçu aura une grande incidence sur son classement et donc sa visibilité sur les moteurs de recherche.

Deux écoles cohabitent actuellement sur le Web à ce sujet.

- La première consiste à dire qu'il est nécessaire d'optimiser les pages de votre site web : bien étudier leur titre, leur texte, leurs liens, leur URL, éviter les obstacles (voir chapitre 14). C'est donc une optimisation « à la source » du code HTML des pages du site, sans artifice. Vous devrez ensuite proposer un contenu de qualité, qui va naturellement attirer vers lui les liens d'autres sites et répondre à l'intention de recherche de vos futurs visiteurs. On parle alors de référencement *white hat* ou « chapeau blanc ».
- La deuxième école tente de manipuler et détourner les algorithmes des moteurs en utilisant des techniques interdites dont nous reparlerons au chapitre 15. Dans ce cas, on vise des stratégies *black hat* ou « chapeau noir ».

  Notons que de nombreux webmasters tentent de se positionner entre les deux extrêmes en grisonnant plus ou moins légèrement leurs pratiques, ce qui donne du *grey hat* (et ses cinquante nuances, bien sûr…). Mais, d'une façon générale, on choisit son camp (*white* ou *black*) et on assume (chose que certains ont, encore aujourd'hui, clairement du mal à faire, il faut bien le dire).

La situation, en termes de *spamdexing*, est vieille comme le monde et le déclin des balises `meta keywords`, utilisées à l'époque par le moteur AltaVista, en est historiquement un bon exemple. L'abandon de la prise en compte de ces balises s'est déroulé en trois temps.

1. Les balises `meta keywords` (voir chapitre 4) représentaient une solution très intéressante pour les moteurs de recherche puisqu'elles permettaient de fournir à ces derniers des informations sur le contenu des pages de façon transparente.
2. Certains webmasters sont allés trop loin et ont réellement fait n'importe quoi avec ces balises `meta`, les « truffant » notamment de mots-clés n'ayant aucun rapport avec le contenu du site, indiquant de nombreuses occurrences d'un même terme, proposant la même balise dans chaque page, etc.
3. Que s'est-il passé à l'époque pour ces balises ? Les moteurs en ont eu assez des excès de certains webmasters et ont, dans leur immense majorité, décidé de ne plus prendre en compte ces champs dans leur algorithme de pertinence (nous y reviendrons) puisque, d'une façon générale, elles n'étaient plus pertinentes. Les webmasters qui les géraient de façon propre en ont fait les frais.

Il en a été de même, quelques années plus tard, pour une méthode mettant en œuvre des pages web spécifiques, appelées « pages alias », « pages satellites », *doorway pages* ou encore « pages fantômes » (toutes ces dénominations désignant le même concept ou presque). Par exemple : une page satellite était construite pour l'expression « voyage Maroc ». Elle était optimisée pour cette requête et contenait une redirection vers la page qui traitait de ce thème sur le site du client. Si cette page satellite était bien positionnée dans les pages de résultats des moteurs, l'internaute cliquait dessus et était donc redirigé vers la « vraie » page du site qui, elle, n'était pas optimisée. Ce type de « rustine » a longtemps été utilisée sur le Web, au moins jusqu'en 2005 ou 2006.

Les moteurs de recherche considèrent aujourd'hui les pages satellites comme du spamdexing, tout comme de nombreuses autres techniques assimilées à du black hat (interdites par Google et ses confrères).

On pourrait multiplier de tels exemples à l'infini ou presque. De nombreuses méthodes qui avaient pourtant certains avantages (les pages satellites permettaient, par exemple, de pallier le fait que certains sites étaient à cette époque-là réalisés à 100 % en Flash et donc très difficilement référençables) ont été interdites par les moteurs dans leurs recommandations en ligne. À ce sujet, n'hésitez pas à consulter les conseils techniques de Google (ses célèbres *guidelines* ou « recommandations officielles ») aux adresses suivantes :

- *https://speeny.fr/29*
- *https://speeny.fr/30*

Lisez attentivement ces deux pages, elles regorgent de recommandations très intéressantes. Toute démarche de SEO devrait commencer par cette étape préliminaire.

D'autres moteurs que Google proposent également sur leur site des *guidelines* assez précises dans ce domaine. Pour Yahoo!, consultez la page *https://speeny.fr/31* et pour Bing la page *https://speeny.fr/32*.

La conclusion nous semble donc évidente : n'utilisez pas de techniques interdites par Google et les autres moteurs ! L'unique bon référencement est bien celui qui repose sur l'optimisation à la source d'un site web de qualité, sans informations cachées dans les pages et sans liens factices pointant vers un site web. Ceux qui seront « blacklistés » ou pénalisés dans un proche avenir pour avoir abusé de techniques prohibées ne pourront pas dire qu'ils n'ont pas été prévenus. Nous en reparlerons au chapitre 15.

Il ne reste plus alors aux webmasters qu'à envisager un référencement basé sur une optimisation « propre ». Cela donne d'ailleurs d'excellents résultats, comme vous allez pouvoir vous en rendre compte en lisant cet ouvrage. Mais certains webmasters inventent presque chaque jour de nouvelles possibilités de contourner les algorithmes des moteurs, la grande tendance actuelle portant sur la création de liens entrants (backlinks) factices. Et le jeu des gendarmes et des voleurs continue. Jusqu'à quand ? Certainement la pénalisation du site.

Ne nous y trompons pas : actuellement, de nombreuses sociétés de référencement en France n'utilisent généralement pas de techniques « spammantes » comme système de référencement/positionnement et basent plutôt leur stratégie sur le conseil et l'optimisation des pages existantes du site, voire la création de véritables pages de contenu optimisées. Là est la véritable voie de réflexion pour l'avenir.

Pour cela, cependant, il faut absolument que tous les acteurs de la chaîne de la création de site web soient clairement persuadés que chacun doit et peut avancer dans le même sens.

- Le propriétaire d'un site web doit être conscient que, pour obtenir une bonne visibilité sur les moteurs de recherche, certaines concessions, notamment techniques, doivent être réalisées (moins d'animations complexes, d'images, de JavaScript, plus de contenu textuel, etc.).

- Le créateur du site web *(agence web)* doit être formé aux techniques d'optimisation de site et conseiller, en partenariat avec le référenceur, de façon honnête le client sur ce qui est possible et ce qui ne l'est pas. Le moins que l'on puisse dire est que, sur ce point, on est loin d'une situation idéale en France. Très, très loin…
- Le référenceur doit garantir à son client la non-utilisation de tout procédé interdit. Il est possible d'obtenir une excellente visibilité sur un moteur de recherche en mettant en place une optimisation propre, loyale, honnête et pérenne, sans artifice ni rustine à durée de vie limitée et sans backlinks artificiels. Le tout est surtout de partir d'une base la plus « saine » possible, c'est-à-dire d'un site web préparé dès le départ pour le référencement.

Ainsi, si tout le monde y met du sien, peut-être évitera-t-on le type de problème que l'on voit apparaître aujourd'hui avec la pénalisation de certains sites par les moteurs (voir chapitre 15). Cependant, cela passera nécessairement par une révolution culturelle et la remise en question d'une certaine approche du référencement. Les sociétés françaises qui se sont perdues dans la voie de techniques critiquables sont-elles prêtes à cette révolution qui n'est peut-être d'ailleurs qu'une évolution ? L'avenir le dira.

Vous l'aurez compris, nous sommes clairement en faveur de l'optimisation propre (white hat) des pages constituant un site web. Ce sont ces pratiques d'optimisation loyales, aujourd'hui éprouvées, efficaces et pérennes que nous allons expliciter dans la suite de cet ouvrage. Autant être clair dès le départ : si vous cherchez à savoir comment manipuler les algorithmes de classement de Google, ce n'est pas dans ce livre que vous trouverez l'information.

Le SEO, c'est comme une recette de gâteau !

Pour résumer en termes simples le référencement, nous faisons souvent une analogie, dans les formations que nous animons tout au long de l'année, entre le SEO et une recette de gâteau.

En effet, pour faire un bon gâteau, de quoi avez-vous besoin ?

- D'un moule de qualité, qui n'accroche pas et fait bien cuire le gâteau de façon uniforme.
- D'ingrédients, là aussi de la meilleure qualité possible : farine, œufs, lait, beurre, sucre, etc. (en fonction de la recette).
- D'un four qui permettra de faire cuire et « mijoter » le tout avant dégustation.

Figure 1-26

Trois points essentiels pour réussir un bon gâteau.

Il en est de même avec le SEO, pour lequel trois étapes sont indispensables.

- Le moule est le code HTML, la partie technique qui doit être réalisée en amont de la création du site : présence des balises `title`, `meta description`, `Hn`, `canonical`, compatibilité W3C, compatibilité des URL, etc. En somme, le « récipient » technique 100 % *search engine friendly* (optimisé pour les moteurs de recherche) qui va recevoir les « bons ingrédients ».
- Les ingrédients correspondent au contenu textuel de qualité, en quantité suffisante et avec le bon dosage !
- Enfin, le four est représenté par le netlinking, avec des liens les plus naturels (et les moins artificiels, les fours bas de gamme ça ne cuit pas bien !) possibles, qui va « faire gonfler » votre œuvre et la transformer en un vrai festin !

Figure 1-27

Et trois points tout aussi capitaux quand on parle de SEO !

Bien sûr, il faut également que vos convives connaissent et aiment votre gâteau. Dans ce cas, les réseaux sociaux feront l'affaire (même si leur impact direct en SEO est très limité, comme nous le verrons).

Ce schéma est bien sûr simpliste, mais il illustre bien, par expérience, la difficulté du métier de SEO, qui est à la croisée de trois métiers souvent très différents les uns des autres : la technique (le moule), le rédactionnel, qui demande un minimum de profil littéraire (les ingrédients) et le marketing qui s'occupera du netlinking. Pas toujours facile de faire s'accorder les trois, surtout quand une seule personne assume toutes ces tâches dans une même entreprise. Mais le fait que ces trois métiers soient représentés dans une même société n'est pas toujours un gage de réussite programmée. Encore faut-il que « la mayonnaise prenne »… ce qui est étrange pour un gâteau.

Sur ce, bon appétit à tous et lisez bien les chapitres suivants pour élaborer vos propres recettes !

Ce chapitre introductif est maintenant terminé. Si vous l'avez lu avec assiduité, vous devez logiquement être tout à fait au point sur la stratégie globale à adopter pour optimiser vos pages et donner à votre site une visibilité optimale pour les moteurs de recherche. Vous devez donc être prêts à relever vos manches et à mettre les mains dans le cambouis (terme noble selon nous) ! Cela tombe bien, c'est dans les pages suivantes que cela se passe.

Les trois étapes à respecter lors d'un référencement sur un moteur de recherche

Pour mettre en place un référencement réussi, il est nécessaire de passer par plusieurs étapes successives très importantes qui peuvent être représentées par le processus de traitement d'une requête utilisateur par un moteur de recherche.

L'affichage des résultats par un moteur se décompose donc en plusieurs étapes (figure 1-7).

1. Mise en place par le moteur d'un « index », ou copie du Web à un instant *T* sur ses disques durs, regroupant des milliards de pages web dans lesquelles il effectuera ses recherches. Cet index devra, bien sûr, être le plus « frais » possible afin d'être le plus représentatif du contenu de la Toile et fournir à l'internaute la réponse la plus pertinente à ses questions.
2. Extraction, depuis l'index, des pages répondant à la requête saisie par l'utilisateur.
3. Calcul et classement des résultats par pertinence.
4. Affichage des résultats.

2

Fonctionnement des outils de recherche

« Conviviale est la société où l'homme contrôle l'outil. »

Ivan Illich

Avant d'y référencer votre site, savez-vous ce que le moteur de recherche que vous utilisez au quotidien a « dans le ventre » ? La réponse à cette question n'est pas si évidente. En effet, bien que les moteurs tels que Google, Yahoo! ou encore Bing semblent très simples d'utilisation, leur fonctionnement « sous le capot » est en réalité très complexe et élaboré. Nous vous proposons dans ce chapitre une analyse globale du fonctionnement des moteurs de recherche, ainsi que des processus qui sont mis en œuvre pour traiter les documents, stocker les informations les concernant et restituer des résultats suite aux requêtes des utilisateurs. Le fait de bien maîtriser le fonctionnement d'un outil de recherche vous permettra de mieux appréhender le référencement et l'optimisation de votre site.

Qu'est-ce qu'un moteur de recherche ?

Un moteur de recherche est un ensemble de logiciels parcourant le Web, puis indexant automatiquement les pages visitées, les traitant, les analysant pour finalement renvoyer des résultats à l'internaute.

Quatre étapes sont indispensables à son fonctionnement.

1. La collecte d'informations *(crawl)* grâce à des robots.
2. L'indexation des données collectées et la constitution d'une base de données de documents nommée « index ».
3. Le traitement des requêtes, avec tout particulièrement un système d'interrogation de l'index et de classement des résultats en fonction de critères de pertinence suite à la saisie de mots-clés par l'utilisateur.
4. La restitution des résultats identifiés, dans ce que l'on appelle communément des SERP *(Search Engine Result Page)* ou « pages de résultats », le plus souvent présentées sous la forme d'une liste de dix liens affichés les uns en dessous des autres.

Comme nous l'avons vu au chapitre précédent, les pages de résultats des moteurs de recherche affichent deux principaux types de contenu : les liens organiques ou naturels, obtenus grâce au crawl sur le Web, et les liens sponsorisés ou commerciaux, issus d'un système d'enchères. Plus le reste… ☺

Nous allons nous concentrer ici sur les techniques utilisées par les moteurs pour crawler et indexer des liens naturels. Nous n'aborderons pas le traitement spécifique des liens sponsorisés, qui ne font pas partie des objectifs de cet ouvrage.

Technologies utilisées par les principaux portails de recherche

En dehors des deux leaders du marché (Google et Bing), la plupart des autres moteurs n'utilisent pas leur propre technologie de recherche mais sous-traitent cette partie auprès des leaders. C'est le cas par exemple de Yahoo! qui utilise Bing, la technologie de Microsoft, pour son moteur de recherche. En fait, il n'existe que peu de « fournisseurs de technologie » sur le marché : Google et Microsoft sont les principaux aux États-Unis, comme sur le plan mondial. En France, le principal acteur est Qwant (qui utilise en grande partie Bing). Orange a abandonné sa technologie « KE » et passe maintenant par Google. Voici un récapitulatif des technologies utilisées par les différents portails de recherche.

Tableau 2-1 Technologies de recherche utilisées par les principaux portails de recherche francophones en 2022

Technologies de recherche	Google	Yahoo!	Bing	Qwant
Google	X			
Yahoo!			X	
Bing			X	
Orange	X			
Qwant			X	X
Free	X			
SFR/Altice	X			
Bouygues Telecom	X			

Tableau 2-2 Technologies de recherche utilisées par les principaux portails de recherche anglophones en 2022

Technologies de recherche	Google	Yahoo!	Bing
Google	X		
Yahoo!			X
Bing			X
MSN			X
Facebook			X
AOL	X		
Brave	X		X

Principe de fonctionnement d'un moteur de recherche

Plusieurs étapes sont nécessaires pour le bon fonctionnement d'un moteur de recherche. Dans un premier temps, des robots explorent le Web de lien en lien et récupèrent des informations (phase de crawl). Ces dernières sont ensuite indexées par des moteurs d'indexation, les termes répertoriés enrichissant un index, qui consiste en une base de données des mots contenus dans les pages régulièrement mises à jour. Enfin, une interface de recherche permet de restituer des résultats aux utilisateurs en les classant par ordre de pertinence (phase de *ranking*).

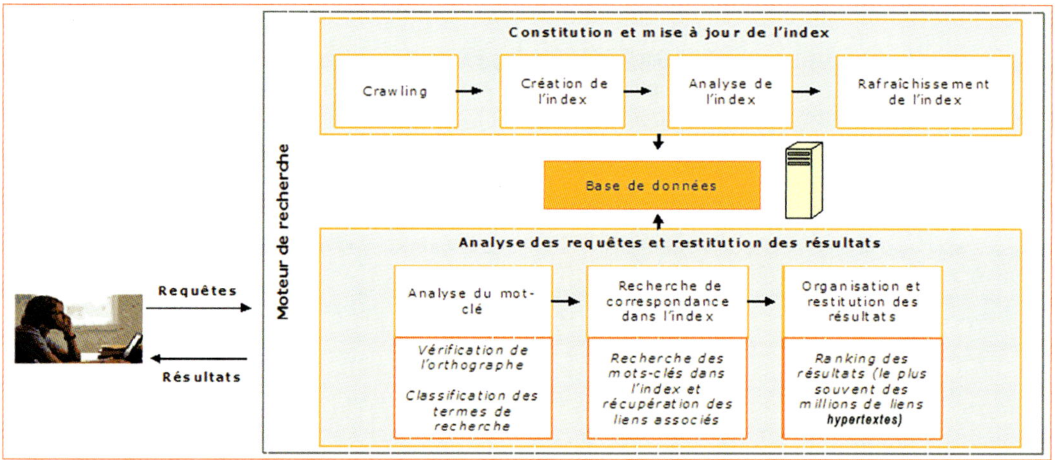

Figure 2-1

Les différentes étapes du fonctionnement des moteurs de recherche.

Les robots, crawlers et spiders

Les spiders (également appelés agents, crawlers, robots ou encore bots) sont des programmes de navigation visitant en permanence les pages web et leurs liens en vue d'indexer leurs contenus. Ils parcourent les liens hypertextes entre les pages et reviennent périodiquement visiter les pages retenues pour prendre en compte les éventuelles modifications.

Un spider est donc un logiciel théoriquement très simple mais redoutablement efficace. Il ne sait faire que deux choses :

- lire des pages web et stocker leur contenu (leur code HTML) sur les disques durs du moteur (équivalent de l'option Enregistrer sous… de votre navigateur préféré) ;
- détecter les liens dans ces pages et les suivre pour identifier de nouvelles pages web.

Le processus est immuable : le spider trouve une page, l'enregistre, détecte les liens qu'elle contient (liens internes et externes), les suit, les sauvegarde, y détecte de nouveau les liens, etc. Et cela 24 h/24. L'outil parcourt donc inlassablement le Web pour y détecter des pages web en suivant des liens. Une image communément répandue pour un spider est celle d'un internaute fou qui lirait et enregistrerait toutes les pages web qui lui sont proposées tout en cliquant sur tous les liens qu'elles contiennent pour aller sur d'autres documents, etc.

Parmi les spiders les plus connus, citons notamment Googlebot de Google ou BingBot de Bing. Historiquement, on a vu passer sur nos sites, il y a quelques années de cela, Scooter (Altavista) ou Slurp (Yahoo!).

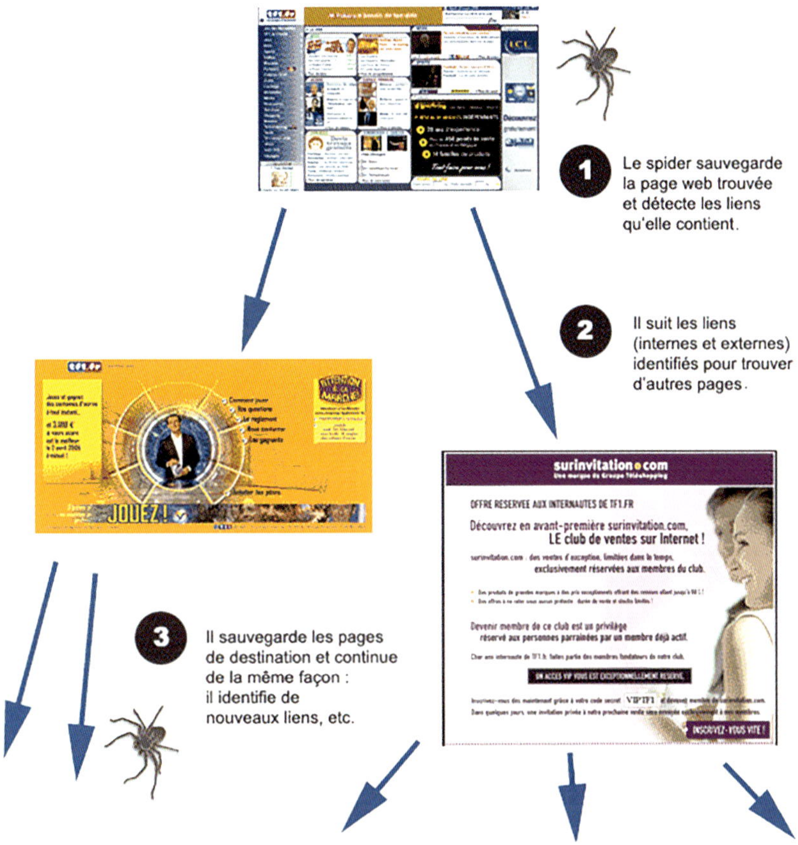

Figure 2-2

Principe de fonctionnement d'un spider.

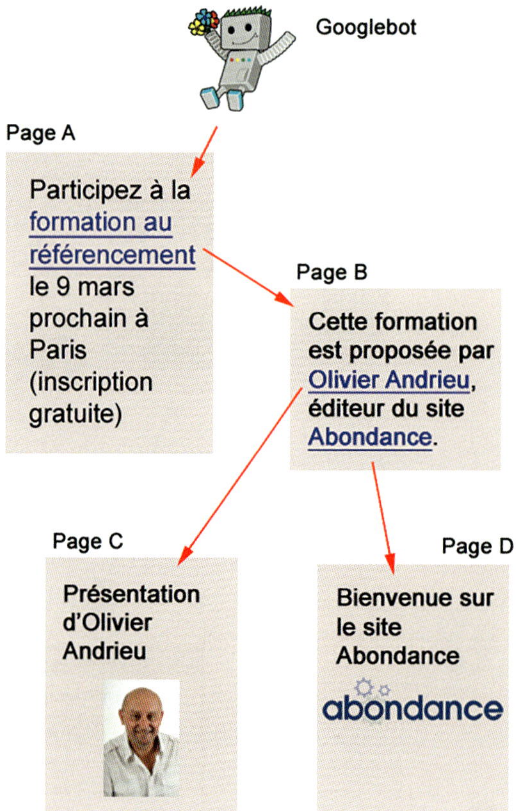

Figure 2-3

Processus de crawl (ou crawling) des robots en suivant les liens trouvés dans les pages web.

> **Le fichier robots.txt et la balise meta robots**
>
> Le fichier `robots.txt` et la balise `meta robots` sont deux outils utilisés par les webmasters pour indiquer aux spiders les pages qu'ils ne souhaitent pas voir crawlées (voir chapitre 16).

Cependant, parcourir le Web ne suffit pas. En effet, lorsqu'un spider arrive sur une page, il commence par vérifier s'il ne la connaît pas déjà. S'il l'a déjà parcourue dans le passé, il contrôle si la version découverte est plus récente que celle qu'il possède. En cas de réponse positive, il supprime l'ancienne version et la remplace par la nouvelle. L'index se met ainsi automatiquement à jour.

Quels critères de décision ?

Pour savoir si une page est plus récente qu'une version déjà sauvegardée, le moteur de recherche va jouer sur plusieurs facteurs complémentaires :

- la date de dernière modification du document fournie par le serveur ;
- la taille de la page en kilo-octets ;
- le taux de modification du code HTML du document (son contenu) ;
- les zones modifiées : charte graphique ou contenu réel. Ainsi, certains moteurs pourront estimer que l'ajout d'un lien dans un menu de navigation ne constitue pas une modification suffisante pour être prise en compte… Ils sauront différencier « charte graphique et de navigation » avec « contenu réel » et ne prendre en compte que le second type de modification.

En tout état de cause, une page affichant la date et l'heure ne sera pas considérée comme mise à jour de façon continue (au cas où vous voudriez essayer, bande de petits filous…). Il est nécessaire que le spider détecte une « vraie » modification en son sein pour mettre à jour son index.

De la « Google Dance » à l'indexation en quasi-temps réel

Il y a de nombreuses années de cela, les mises à jour des index des moteurs étaient mensuelles. Chaque mois, le moteur mettait à jour ses données en supprimant un ancien index pour le remplacer par un nouveau, maintenu pendant les 30 derniers jours par ses robots, scrutant le Web à la recherche de nouveaux documents ou de versions plus récentes de pages déjà en sa possession. Cette période avait notamment été appelée la « Google Dance » par certains webmasters. Pour l'anecdote, elle fut d'ailleurs pendant quelque temps indexée (c'est le cas de le dire) sur les phases de pleine lune. On savait, à cette époque, que lorsque la pleine lune approchait, un nouvel index était en préparation chez Google. Nous verrons plus loin que l'expression « Google Dance » désigne désormais tout autre chose.

Ce système de mise à jour mensuelle des index n'a plus cours aujourd'hui. Pour la plupart, les moteurs gèrent le crawl de manière continue. Ils visitent plus fréquemment les pages à fort taux de renouvellement des contenus (très souvent mises à jour) et se rendent moins souvent sur les pages « statiques ». Ainsi, une page qui est mise à jour quotidiennement (par exemple, sur un site d'actualités) sera visitée chaque jour – voire plusieurs fois par jour – par le robot, tandis qu'une page rarement modifiée sera « crawlée » beaucoup moins souvent. De plus, la mise à jour du document dans l'index du moteur est quasi immédiate. Ainsi, une page souvent mise à jour sera le plus souvent disponible à la recherche sur le moteur quelques heures, voire quelques minutes plus tard. Ces pages récemment crawlées sont par exemple identifiables sur Google qui affiche la date et l'heure d'indexation (voir figure 2-4).

Figure 2-4

Affichage par Google de la date d'indexation de la page. Ce délai peut être très rapide, parfois de l'ordre de quelques minutes.

Le résultat proposé à la figure 2-4 montre bien que la page proposée a été « crawlée » (sauvegardée par les spiders) quelques heures auparavant et qu'elle a été immédiatement traitée et rendue disponible dans les résultats de recherche.

Le Minty Fresh Indexing

À la mi-2007, Google a accéléré son processus de prise en compte de documents, certaines pages se retrouvant dans l'index du moteur quelques minutes seulement après leur création/modification. Ce phénomène est appelé *Minty Fresh Indexing* par le moteur de recherche. Matt Cutts, dont nous avons déjà parlé au chapitre précédent, explique ce concept sur son blog à l'adresse suivante : *https://speeny.fr/33*.

On pourra noter que la technique de suivi des liens hypertextes par les spiders peut poser plusieurs problèmes pour :

- l'indexation des pages dites « orphelines », qui ne sont liées à aucune autre et qui ne peuvent donc pas être repérées par les crawlers qui n'ont aucun lien à « se mettre sous la dent » (si tant est que les robots aient des dents…) pour l'atteindre. Il en est ainsi des sites qui viennent d'être créés et qui n'ont pas encore de backlinks (liens entrants) pointant vers eux. Mais certaines plates-formes comme WordPress peuvent effectuer un *ping*, c'est-à-dire alerter les moteurs en leur envoyant un signal numérique, dès parution d'un nouveau contenu. Les moteurs proposent également depuis toujours des formulaires pour « soumettre » éventuellement de nouveaux contenus ;
- les pages pointées par des documents proposant des liens qui ne sont pas pris en compte par les moteurs de recherche, comme certains liens écrits en langage JavaScript (même si Google interprète de mieux en mieux ce langage). Nous y reviendrons au chapitre 14.

Le passage des spiders sur les sites peut être vérifié par les webmasters en analysant les fichiers « logs » sur les serveurs (ces fichiers indiquent l'historique des connexions qui ont eu lieu sur le site, y compris les visites des spiders). Les outils statistiques comprennent généralement dans leurs graphiques ou données une rubrique « visites des robots ». Attention cependant, ces outils doivent le plus souvent être spécifiquement configurés pour prendre en compte tous les robots émanant de moteurs français. Les outils statistiques, notamment d'origine américaine, ne prennent pas toujours en compte ces spiders « régionaux ».

Pour tracer les robots...

Plusieurs applications en ligne permettent également d'analyser les visites des robots sur des pages données. Voici quelques solutions :

- RobotStats : *https://www.robotstats.com/*
- Watussi Box : *https://box.watussi.fr/*
- Botify : *https://www.botify.com/*
- OnCrawl : *https://fr.oncrawl.com/*
- Screaming Frog Log Analyzer : *https://www.screamingfrog.co.uk/log-file-analyser/*

Des « marqueurs » doivent parfois être intégrés par les webmasters dans les pages et ces services surveillent si l'un des visiteurs est le robot d'un moteur de recherche. Vérifiez également l'état de santé de ces outils, certains peuvent en effet être vieillissants et peu mis à jour.

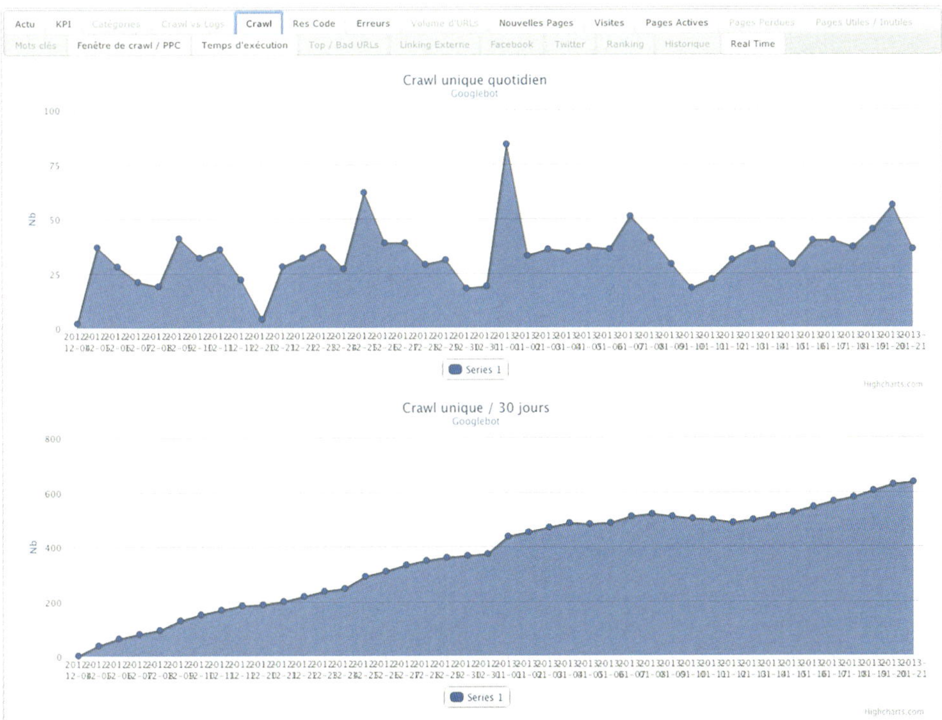

Figure 2-5

Exemple de statistiques fournies par un utilitaire de statistiques en ligne (ici, la Watussi Box).

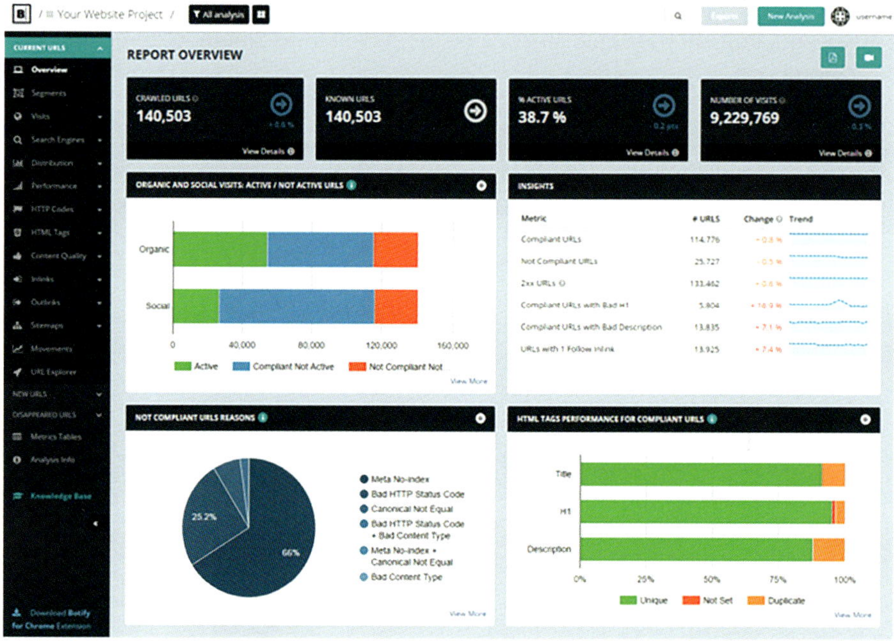

Figure 2-6

Exemple de statistiques fournies par Botify, un service très complet et très professionnel d'analyse du crawl d'un site par Google. Un outil payant à utiliser pour les sites ayant plus de 10 000 pages indexées par Google.

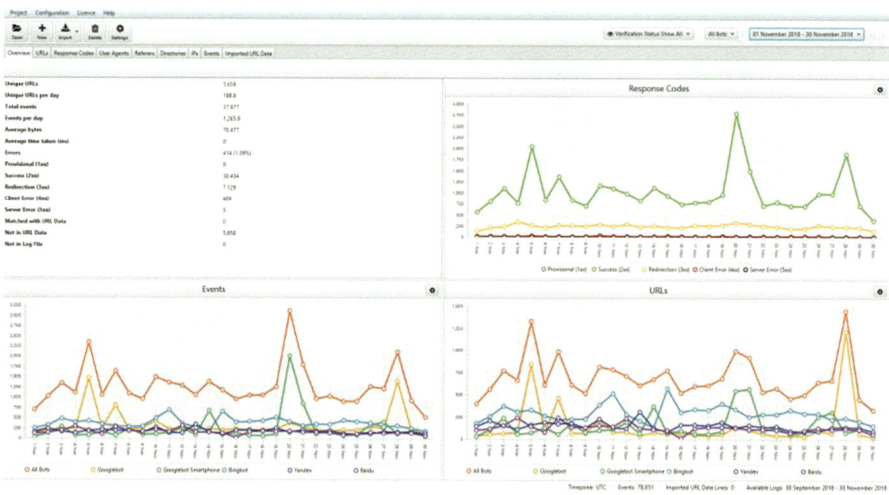

Figure 2-7

Exemple de statistiques fournies par l'outil de Screaming Frog, l'un des meilleurs rapport qualité/prix du marché...

La notion de « budget crawl »

On parle de plus en plus de « budget crawl » pour caractériser, chez un moteur de recherche, les ressources que celui-ci va allouer au crawl d'un site web. Il s'agit avant tout d'une limite en termes de nombre de ressources allouées par Google à l'exploration d'un site. Car les robots ne viennent pas sur votre site à un moment donné pour le crawler entièrement en attendant de revenir une prochaine fois. Certaines pages seront explorées tous les jours, d'autres toutes les semaines, d'autres encore tous les mois, etc.

Cette notion de budget crawl est valable uniquement pour les « gros » sites, au sens « googlien » du terme (disons plus de 10000 pages indexées). Les sites plus petits ne devraient pas avoir à s'en préoccuper. Mais il est vrai que pour des sources d'informations plus importantes, Google doit, à un moment donné, faire des choix pour ne pas indexer toutes les pages, la plupart du temps parce que cela n'en vaut pas la peine (contenus de faible qualité, contenu dupliqué, etc.). Pour effectuer ce tri, le robot va se baser sur plusieurs critères :

- les performances du serveur : si le serveur « rame », le robot aura du mal à explorer de façon qualitative le site et l'aspect *quantitatif* s'en ressentira obligatoirement ;
- la profondeur de l'arborescence : plus une page sera loin dans l'arborescence (donc, plus il faudra de clics pour l'atteindre depuis la page d'accueil) et plus son crawl deviendra aléatoire, voire improbable. Au-delà de 3 à 4 clics depuis la *home*, les problèmes commenceront à se poser… ;
- la fréquence de mise à jour : plus une page est mise à jour souvent, plus le robot aura tendance à venir la visiter pour obtenir la dernière version de son contenu ;
- la qualité du contenu : nous en reparlerons un peu partout dans cet ouvrage – et notamment en évoquant le filtre Panda (chapitre 15) –, mais une page dont la qualité sera estimée trop faible sera moins, voire pas du tout indexée ;
- le PageRank (popularité) de la page (voir chapitre 6) : plus une page sera populaire, meilleure sera son indexation.

Le moteur va donc faire un *mix* entre ces différents critères et ne retenir que les meilleures URL pour son indexation dans le cadre de ce « budget crawl ». Il va donc séparer le bon grain de l'ivraie et ne garder que le *must* de votre site ! À vous donc de jouer sur tous les critères ci-dessus pour faire en sorte que cet échantillon soit le plus important et le plus représentatif possible de votre source d'informations.

Bref, lorsque Googlebot va venir crawler vos pages, il faut qu'il explore un maximum de pages importantes, de bonne qualité. Et qu'il ne perde pas de temps à crawler des pages sans intérêt, ce qui représenterait autant de budget crawl « cramé ». À vous de bien diriger les robots dans votre arborescence et à désindexer les pages de faible qualité. Nous en reparlerons…

La phase de Rendering

Les premiers moteurs de recherche crawlaient et analysaient le code HTML « brut » des pages web : le texte, les balises, etc. Les moteurs actuels ne se contentent plus de cette lecture basique du code. Ils passent tous par une phase de Rendering (« rendition » en français). Cela signifie que le moteur va analyser la page comme elle s'afficherait dans un navigateur web. Cela permet de mieux comprendre comment la page est conçue, de voir certaines spécificités (utilisation d'onglets, accordéons, etc.) et de mieux interpréter des langages plus complexes comme le JavaScript.

Ainsi, à l'heure actuelle, le moteur sera réellement capable de « voir la page » (oui, les moteurs ont des yeux aussi, en plus des dents...) comme le ferait un internaute humain. Ce qui peut grandement changer son analyse... C'est pour cela qu'il faut absolument que le robot puisse lire non pas seulement le code HTML des pages, mais également les fichiers JavaScript (en .js) et les feuilles de styles (en .css). Tous ces fichiers doivent être « crawlables » et notamment ne pas être interdits à l'exploration des robots par le fichier robots.txt (voir chapitre 16).

Le moteur d'indexation

Une fois les pages du Web crawlées, le spider envoie au moteur d'indexation les informations collectées. Historiquement, plusieurs systèmes d'indexation des données ont été utilisés. L'indexation s'effectue en texte intégral : tous les mots d'une page, et plus globalement son code HTML, sont alors pris en compte.

Les systèmes d'indexation se chargent d'identifier en « plein texte » l'ensemble des mots des textes contenus dans les pages ainsi que leur position. Certains moteurs peuvent cependant limiter leur capacité d'indexation. Ainsi, pendant de longues années, Google s'est limité aux 101 premiers kilo-octets des pages (ce qui représentait cependant une taille assez conséquente). Cette limite n'est plus aujourd'hui d'actualité, mais elle a laissé dans les esprits l'idée qu'« il ne faut pas proposer plus de 100 liens par page ». En effet, aux débuts de ce moteur, il n'était pas intéressant de dépasser la centaine de liens sortant d'une page puisque le moteur ne lisait pas tout le code. Mais cette époque est révolue depuis bien longtemps et si vous proposez 500 liens – voire bien plus – dans une page, Google les lira sans problème ! Mais certaines légendes urbaines ont encore et toujours la vie dure. D'autres moteurs peuvent effectuer une sélection en fonction des formats de document (tableur Excel, présentation PowerPoint, fichier PDF, etc.).

Enfin, sachez que, comme pour les logiciels documentaires et les bases de données, une liste de mots « vides » (par exemple, « le », « la », « les », « et »...), appelés *stop words* en anglais, est le plus souvent automatiquement exclue (pour économiser de l'espace de stockage) ou alors ces mots sont systématiquement éliminés à l'occasion d'une requête (pour améliorer la rapidité des recherches).

Le traitement des stop words par les moteurs de recherche

On a souvent tendance à dire que les moteurs de recherche ignorent les *stop words* tels que « le », « la », « un », « de », « et », etc. (en anglais, « the », « a », « of », etc.). Ceci est exact, comme mentionné dans l'explication de Google dans son aide en ligne :

« Google ignore les chaînes de caractères dont le poids sémantique est trop faible (également désignés "mots vides" ou "bruit") : le, la, les, du, avec, vous, etc., mais aussi des mots spécialisés tels que "http" et ".com" et les lettres/chiffres d'un seul caractère, qui jouent rarement un rôle intéressant dans les recherches et risquent de ralentir notablement le processus. »

On pourrait donc logiquement s'attendre à ce qu'une requête sur les expressions « moteur de recherche » et « moteur recherche » donne les mêmes résultats. Mais ça n'est pas le cas ! S'il existe un certain recouvrement entre les deux pages de résultats, elles ne sont pas identiques. Alors, pourquoi cette différence ?

Cela semble venir du fait que Google tient compte de la proximité des mots entre eux dans son algorithme de pertinence. Par exemple, sur la requête « moteur de recherche », Google ne tient pas compte du « de », mais il se souvient tout de même qu'il existe un mot vide entre « moteur » et « recherche ». En d'autres termes, la requête « moteur de recherche » équivaut pour Google à « moteur * recherche » (l'astérisque * étant pour Google un joker remplaçant n'importe quel mot). Alors que sur la requête « moteur recherche », les pages qui contiennent ces deux mots l'un à côté de l'autre seront mieux positionnées, toutes choses étant égales par ailleurs, que celles qui contiennent l'expression « moteur de recherche ».

Pour être plus clair, raisonnons sur un exemple : sur l'expression « franklin roosevelt » (*https://speeny.fr/34*), la majorité des pages identifiées comme répondant à la requête contiennent le nom ainsi orthographié : « Franklin Roosevelt ». Insérons maintenant le stop word « le » entre les deux termes et lançons la requête « franklin le roosevelt » (*https://speeny.fr/35*). Résultat : la plupart des pages contiennent le nom différemment orthographié, sous la forme « Franklin *quelque chose* Roosevelt ». Google s'est donc souvenu que la requête était sur trois termes, même si le deuxième n'a pas été pris en compte. Et ça change tout au niveau des résultats.

Vous voulez une autre démonstration ? Tapez la requête « franklin * roosevelt » (*https://speeny.fr/36*) et vous obtiendrez quasiment la même réponse que pour « franklin le roosevelt ». Là encore, le moteur s'est souvenu que la requête s'effectuait sur trois termes, le premier et le dernier seulement étant pris en compte.

Comment faire, alors, pour que Google prenne en compte le stop word s'il vous semble important pour votre recherche ? Il existe une seule façon de le faire : avec les guillemets.

Les guillemets droits ("moteur de recherche") vont vous permettre d'effectuer la requête « moteur de recherche » (*https://speeny.fr/37*), les trois mots dans cet ordre et les uns à côté des autres. Dans ce cas, Google prend bien en compte le mot vide dans son algorithme.

Notons enfin que le signe +, pour demander une orthographe exacte d'une requête, ne fonctionne plus sur Google. Consultez la page suivante pour plus d'informations : *https://speeny.fr/38*.

L'index inversé

Au fur et à mesure de l'indexation et de l'analyse du contenu des pages web, un index des mots rencontrés est automatiquement enrichi. Cet index est constitué :

- d'un index principal ou maître, contenant l'ensemble du corpus de données capturé par le spider (URL et/ou document) ;
- de fichiers inverses ou index inversés, créés autour de l'index principal et contenant tous les termes d'accès (mots-clés) associés aux URL exactes des documents contenant ces termes sur le Web.

L'objectif des fichiers inverses est simple. Il s'agit d'espaces où sont répertoriés les différents termes rencontrés, chaque terme étant associé à toutes les pages où il figure.

La recherche des documents dans lesquels ils sont présents s'en trouve ainsi fortement accélérée.

Pour comprendre le fonctionnement d'un index inversé, prenons par exemple une page A (disponible à l'adresse *https://www.sanglots.com/*) comprenant la phrase « Les sanglots longs des violons de l'automne » et une page B (*https://www.violons.com/*) contenant les mots « Les violons virtuoses : les premiers violons du Philharmonique de Radio France ».

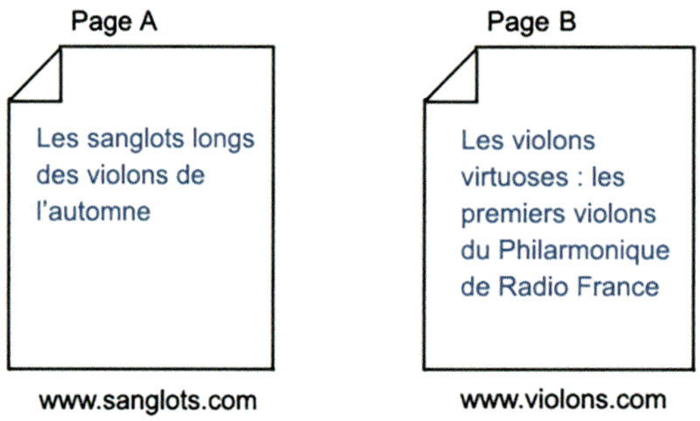

Figure 2-8

Deux pages prêtes à être indexées par un moteur de recherche.

Les données du tableau 2-3 figureront dans le fichier inverse.

Tableau 2-3 Exemple d'index inversé

Terme	Numéro du document indexé	Fréquence	Emplacement			
			Titre	Adresse	Meta	Texte
Automne	A	1	–	–	–	1
France	B	1	–	–	–	1
Longs	A	1	–	–	–	1
Philharmonique	B	1	–	–	–	1
Premiers	B	1	–	–	–	1
Radio	B	1	–	–	–	1
Sanglots	A	2	–	1	–	1
Violons	A	1	–	–	–	1
Violons	B	3	–	1	–	2
Virtuoses	B	1	–	–	–	1

Une requête dans le moteur de recherche avec le mot « violons » sera traitée en interrogeant l'index inversé pour dénombrer les occurrences de ce mot dans l'ensemble des documents indexés. Cette recherche donnera ici comme résultat les deux URL *https://www.sanglots.*

com/ et *https://www.violons.com/*. La page web *https://www.violons.com/* apparaîtra en premier dans la liste des résultats, le nombre d'occurrences du mot « violons » étant supérieur dans cette page. Retenez toutefois, par rapport à cet exemple très simple, que la fréquence des occurrences d'un mot sera pondérée par le processus de ranking des résultats.

Notez que Google associe également le contenu textuel des liens pointant vers une page *(anchor text)* – concept d'ancrage, sur lequel nous reviendrons largement au chapitre 6 – avec la page pointée (considérant que ces liens renvoyant vers une page fournissent parfois une description plus précise, ou en tout cas plus concise, de la page que le document lui-même). Cependant, un moteur de recherche utilise des dizaines de critères de pertinence différents. Nous y reviendrons là encore.

Le terme « index » peut donc être interprété de deux façons différentes.

- L'index de documents, comprenant toutes les pages prises en compte par le moteur lors d'une recherche. C'est cette base de données que nous appellerons index dans cet ouvrage, par souci de concision.
- L'index inversé, qui comprend en fait les mots-clés potentiels de recherche ainsi que leurs connexions avec l'index de documents. Il s'agit de la partie immergée de l'iceberg, invisible pour l'utilisateur et pour-tant indispensable au bon fonctionnement du moteur.

L'index doit être mis à jour régulièrement, en ajoutant, modifiant ou supprimant les différentes entrées. C'est en effet la fréquence de mise à jour d'un index – représentant une copie du Web à un instant *T* – qui fait en grande partie la qualité des résultats d'un moteur et sa valeur (pas de doublons ou de liens morts dans les résultats), d'où des délais de rafraîchissement relativement courts.

Presque tous les moteurs de recherche ont arrêté la « course au plus gros index » depuis plusieurs années. Le premier index de Google comprenait 26 millions de pages. Le moteur avait arrêté de communiquer sur ce point en 2005 alors que sa base d'URL proposait environ 8 milliards de pages après avoir passé la barre du milliard en 2000. Un post sur le blog officiel du moteur (*https://speeny.fr/39*) estimait en juillet 2008 que le Web détenait au minimum mille milliards de documents ! Ou plus précisément mille milliards d'adresses menant à des documents. Parmi ces URL, Google identifiait énormément de *duplicate content* (même contenu à des adresses différentes) ou beaucoup de pages totalement inutiles. Ce chiffre représentait donc le nombre de pages web « connues » de Google avant traitement.

En mai 2013, le site Business Insider (*https://speeny.fr/40*) reprenait les informations et les chiffres assez ahurissants donnés à Bloomberg par John Wiley, *lead designer* au sein du moteur de recherche de Google (le moteur de recherche n'ayant plus communiqué d'autres chiffres par la suite).

- Google arrivait à identifier 30 000 milliards (10^{12}) d'URL uniques sur le Web. Un autre chiffre portant ce total à 60 000 milliards d'URL a également circulé à un moment donné. Quand on aime, on ne compte plus…
- Chaque jour, Google crawlait 20 milliards de sites web.
- Le moteur de recherche traitait 100 milliards de recherches chaque mois. Parmi celles-ci, 15 % (soit environ 500 millions par jour) étaient totalement inédites et n'avaient jamais été traitées auparavant. Ce chiffre a été confirmé en 2017 (*https://speeny.fr/41*).

Les syntagmes, prochaine étape des index du futur ?

De nouvelles méthodes d'indexation se mettent en place autour de la prise en compte des syntagmes ou groupes de mots (contrairement aux mots isolés analysés jusqu'à maintenant), ce qui pourrait profondément changer le paysage du référencement dans les années à venir. Cela signifie que pour améliorer la qualité du moteur de recherche, par exemple dans la phrase « Le chien du voisin a aboyé toute la nuit » on pourra isoler les trois syntagmes suivants : « Le chien du voisin », « a aboyé » et « toute la nuit ». Le moteur devra alors être capable d'identifier que certains groupes de mots sont effectivement liés entre eux, alors que d'autres ne le sont pas. Un tel moteur sera capable de reconnaître que la phrase « certains quartiers avec des architectures modernes ont vu le jour à côté de la vieille ville » ne parle pas de l'« architecture moderne de la vieille ville » mais bien des quartiers qui disposent de ce type d'architecture. On le voit, le défi est énorme et la difficulté non négligeable. Il semble donc intéressant de passer à un système capable d'indexer des groupes de mots (syntagmes) au lieu de simples mots-clés isolés.

Pendant très longtemps, les méthodes d'indexation de syntagmes ont buté sur un écueil considérable : lorsqu'on indexe des groupes de mots, au lieu de mots isolés, la taille de l'index explose littéralement. La mémoire nécessaire pour identifier les combinaisons de trois, quatre, cinq mots est également un obstacle.

Par exemple, si l'on part du principe que l'on veut indexer toutes les combinaisons de cinq mots et que le corpus (l'ensemble des textes à indexer) contient 200 000 termes différents, on aura dans ce cas $3{,}2 \times 10^{26}$ syntagmes possibles (soit 3 suivi de 26 zéros). Ce chiffre dépasse les capacités de tout système existant.

Dans la pratique, toutes les combinaisons de syntagmes ne sont pas utiles dans l'index. Voici un exemple donné par Google à propos d'une base de textes issus de pages web qu'il met à disposition pour les recherches des linguistes (base Web 1T 5-gram).

- La base de départ contient 1 024 908 267 229 « tokens » (c'est-à-dire des termes, éventuellement présents plusieurs fois et même de très nombreuses fois dans l'ensemble des textes, autrement appelé corpus).
- Le nombre d'unigrammes (termes uniques pris isolément) s'élève à 13 588 391.
- Le nombre de bigrammes (couples de termes présents) est de 314 843 401.
- Le nombre de trigrammes (triplets de termes présents) s'élève à 977 069 902.
- Le nombre de 4-grammes est de 1 313 818 354 !
- etc.

Dans cet exemple, le nombre ne suit pas une logique combinatoire : le nombre de *n*-grammes identifiés correspond à des groupes de mots constituant des séquences non pas aléatoires mais qui présentent une certaine fréquence d'apparition en commun (fréquence de co-occurrence ou plus précisément fréquence de « colocation »). Cela reste malgré tout intéressant de noter que l'on est obligé de multiplier le nombre de lignes dans l'index par 100 pour parvenir à stocker des expressions contenant jusqu'à 4 mots.

Une autre voie, plus simple et suivie actuellement par les moteurs, est la détection des « entités nommées » comme les noms de personnes, de lieux, d'entreprises, etc., pour fournir des résultats plus précis et plus pertinents aux internautes. C'est sur ce concept que repose le *Knowledge Graph* lancé en France par Google en décembre 2012 (*https://speeny.fr/42*) suite à l'acquisition de l'outil Freebase en 2010, renommé Wikidata en 2015 (*https://speeny.fr/43*).

Mais il est clair que la taille de l'index n'est pas un critère déterminant dans la pertinence d'un moteur. Encore faut-il avoir les « bonnes » pages et un algorithme de tri efficace pour en extraire la substantifique moelle. Si l'index d'un moteur contient 90 % de spam, les résultats risquent fort d'être catastrophiques en termes de pertinence.

Le système de ranking

Le ranking est un processus qui consiste, pour le moteur, à classer automatiquement les données de l'index de façon que, suite à une interrogation, les pages les plus pertinentes apparaissent en premier dans la liste de résultats. Le but du classement est d'afficher dans les 10 premières réponses les documents répondant le mieux à la recherche. Pour cela, les moteurs élaborent en permanence de nouveaux algorithmes (des formules mathématiques utilisées pour classer les documents), qui représentent un véritable facteur différenciant. Ces algorithmes ne sont donc que très rarement rendus publics. Ils sont dans la plupart des cas protégés par des brevets et font parfois l'objet de « secret défense », voire de mythes comparables à celui du 7X (principal composant du Coca-Cola).

Il existe plusieurs grandes méthodes de ranking des résultats et les moteurs utilisent pour la plupart un mélange de ces différentes techniques.

- **Le tri par pertinence.** Les résultats d'une requête sont triés en fonction de plusieurs facteurs appliqués aux termes de la recherche (toutes ces notions seront abordées en détail aux chapitres 4 et 5) :
  - localisation d'un mot dans le document (exemple : le poids est maximal si le mot apparaît dans la balise `<title>`, la balise `<h1>` ou son adresse URL) ;
  - mise en exergue d'un mot : gras (balise `<strong>`), titre éditorial (balises `<Hn>`), lien, etc. ;
  - poids d'un mot dans la base de données calculé en fonction de sa fréquence d'occurrences dans l'index (les mots peu fréquents sont alors favorisés) ;
  - correspondance d'expression basée sur la similarité entre l'expression de la question et l'expression correspondante dans un document (un document est privilégié lorsqu'il contient une expression similaire à celle de la question, notamment pour des requêtes à plusieurs mots-clés) ;
  - relation de proximité entre les termes de la question et les termes utilisés dans le document (les termes proches l'un de l'autre sont favorisés).

Figure 2-9

La présence et le nombre d'occurrences d'un mot ou d'une expression (ici : « Knowledge Graph ») dans la page peut avoir une influence sur le degré de pertinence du document et donc sur son ranking par le moteur.

Tous ces critères sont basés sur la présence des mots-clés de la requête dans une ou plusieurs zone(s) chaude(s) de la page web.

- **Le tri par popularité (indice de popularité).** Popularisé – mais pas inventé – par Google en 1998 avec son PageRank (pour contrer, entre autres, les abus possibles des méthodes de tri par pertinence), le tri par popularité s'appuie sur une méthode basée sur la « citation » – l'analyse de l'interconnexion des pages web par l'intermédiaire des liens hypertextes. Ce type de tri est *a priori* indépendant du contenu. Il s'agit en fait de l'analyse des liens entrants (backlinks) pointant sur une page donnée.

  Ainsi, Google classe les documents en partie en fonction de leur PageRank (nombre et qualité des liens pointant vers ces documents, nous y reviendrons en détail au chapitre 6). Le moteur analyse alors les pages contenant les liens. Plus une page est pointée par des liens émanant de pages elles-mêmes populaires, plus sa popularité (son PageRank) est grande et meilleur est son classement.

  Cette méthode de tri des résultats est aujourd'hui utilisée par de nombreux moteurs (pour ne pas dire tous les principaux).

- **Le tri par mesure du comportement utilisateur (indice de clic, SERP *Bounce, Dwell time* ou *Pogosticking*).** Créée par la société DirectHit en 1998, cette méthode permet de trier les pages en fonction du nombre et de la « qualité » des visites qu'elles reçoivent. Le moteur analyse en fait le comportement des internautes à chaque clic, chaque visite d'un lien depuis la page de résultats (et notamment le fait qu'il revienne ou non sur le moteur et au bout de combien de temps) pour tenter de trouver les pages les plus cliquées et améliorer en conséquence leur classement dans les résultats. Plus une page sera cliquée, moins les internautes reviendront sur le moteur après l'avoir consultée (signifiant ainsi qu'ils ont trouvé « chaussure à leur pied »), et plus cette page sera considérée comme pertinente et sera donc mieux classée à la prochaine requête similaire. Cette méthode semble être utilisée aujourd'hui par certains moteurs dont Google, pour améliorer leur algorithme à moyen terme (mais pas pour plus ou moins bien classer à court terme les résultats affichés et plus ou moins cliqués).

- **Le tri par catégorie ou *clustering*.** Lancé en 1997, Northernlight proposait le classement automatique des documents trouvés dans des dossiers ou sous-dossiers (clustering) constitués en fonction des réponses. Celles-ci, intégrées à chaque dossier, étaient également triées par pertinence. Cette technique de « clusterisation » thématique des résultats est moins utilisée aujourd'hui, de façon visible en tout cas (car rien ne dit que certains moteurs l'utilisent de façon transparente pour l'utilisateur).

Les méthodes de tri

Pour plus d'informations sur les techniques de tri existantes, consultez l'article de Jean-Pierre Lardy intitulé « Méthodes de tri des résultats des moteurs de recherche » et disponible à l'adresse suivante : *https://speeny.fr/44*.

À noter également les excellentes formations des frères Peyronent sur l'algorithmie des moteurs de recherche : *https://freres.peyronnet.eu/*.

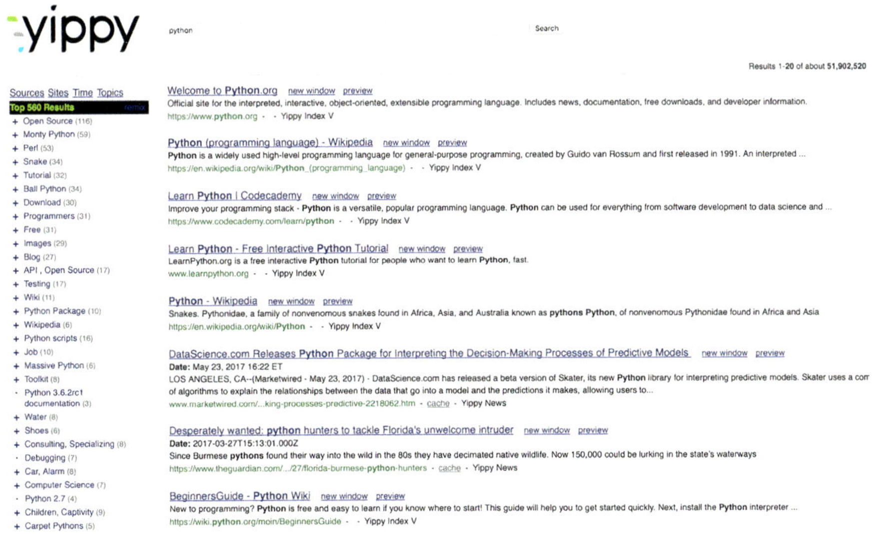

Figure 2-10

Le moteur de recherche Yippy « clusterisait » ses résultats : il proposait, sur la gauche de l'écran, des dossiers thématiques qui regroupaient les résultats par grands domaines. Ce moteur a hélas été abandonné et est depuis avril 2021 redirigé vers le moteur DuckDuckGo.

Bien entendu, plusieurs de ces méthodes peuvent être utilisées simultanément par un moteur. C'est le cas aujourd'hui de Google, Bing et des principaux outils de recherche qui associent tris par pertinence, par popularité, etc., pour obtenir les meilleurs résultats possibles.

Le logiciel de recherche/moteur d'interrogation

Le moteur d'interrogation *(searcher)* est l'interface frontale (formulaire de recherche) proposée aux utilisateurs. Plusieurs niveaux de requête (interface de recherche simple ou avancée, voir figure 2-11) sont généralement offerts. À chaque question, une requête est créée dans l'index et une page web dynamique restitue les résultats, souvent sous forme de listes ou de cartes de résultats.

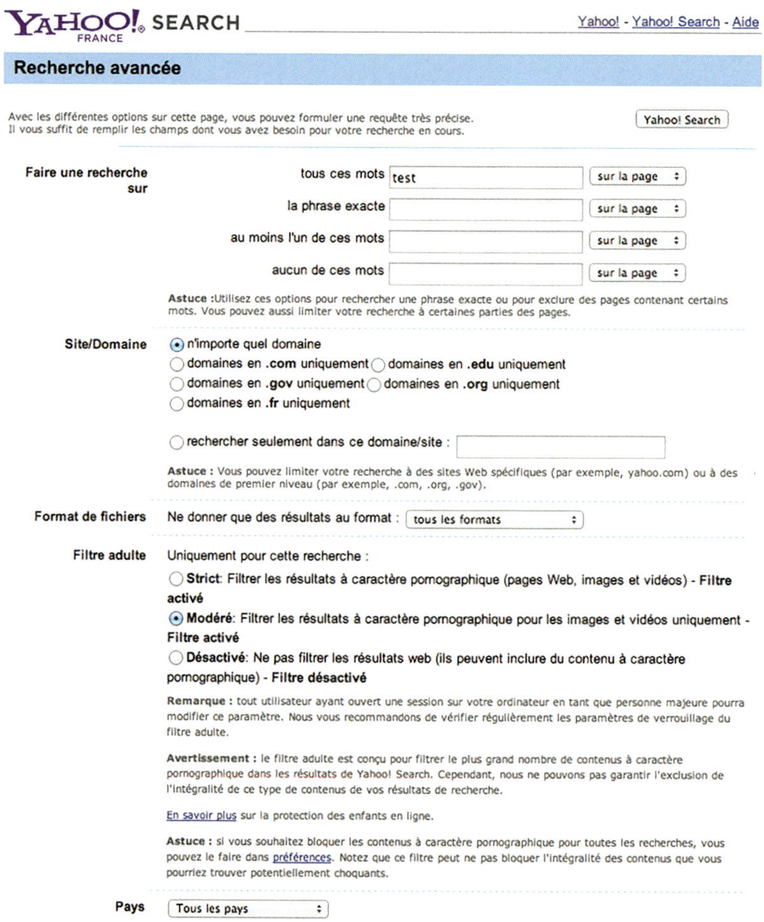

Figure 2-11

La recherche avancée de Yahoo! (https://speeny.fr/45) propose de nombreuses et puissantes fonctionnalités de recherche.

Focus sur le fonctionnement de Google

Créé en 1998 par deux étudiants de l'université de Stanford, Sergey Brin et Larry Page, Google (qui s'appelait Backrub lors de ses premières versions) s'est rapidement imposé comme le leader mondial des moteurs de recherche.

Le stockage des données et la réponse aux requêtes sont effectués à partir de dizaines de milliers de PC traditionnels tournant sous Linux. Réunis en *clusters* (grappes), les ordinateurs sont interconnectés selon un système basé sur la répartition des charges entre ordinateurs (un ordinateur distribue les tâches au fur et à mesure vers les autres ordinateurs disponibles).

D'un coût moins élevé que celui des serveurs, les PC traditionnels offrent un avantage au moteur de recherche dans la mesure où il est possible d'agrandir relativement facilement le parc informatique à mesure que croissent le Web et la quantité de documents à indexer.

L'index de Google est découpé en petits segments *(shards)* afin qu'ils puissent être répartis sur l'ensemble des machines distribuées dans des *datacenters* déployés dans le monde entier, cela afin de réduire au maximum les temps de réponse aux requêtes et les coûts en bande passante. Pour rester disponible en cas de défaillance d'un PC, chaque shard est dupliqué sur plusieurs machines. Plus le PageRank est élevé et plus le nombre de duplicata est élevé (*https://speeny.fr/46*).

Dévoilée au début des années 2000 (et peut-être encore à l'heure actuelle, même si plusieurs projets, dont les célèbres BigDaddy et Caffeine, l'ont renouvelée), l'architecture de Google (figure 2-12) fait apparaître l'interconnexion de plusieurs composants séparés.

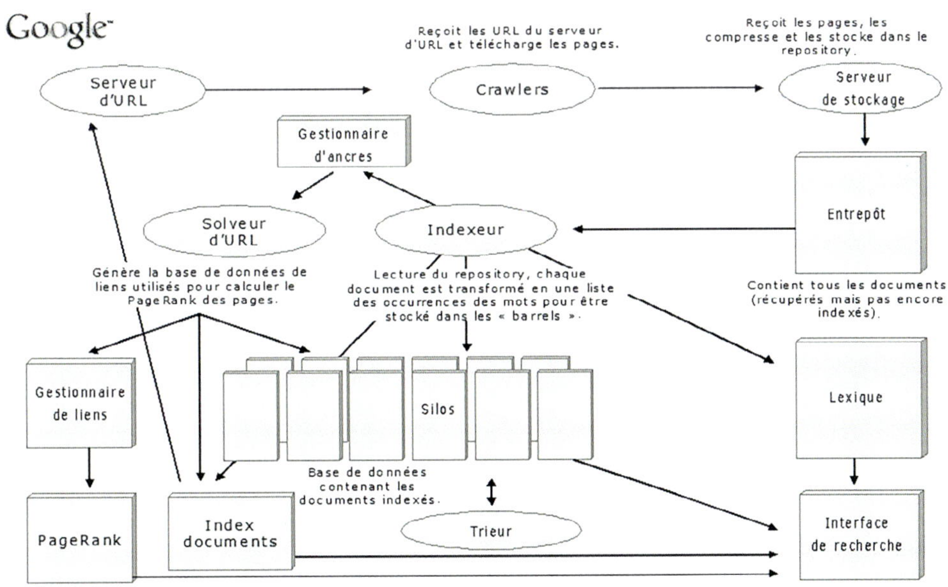

Figure 2-12

Architecture fonctionnelle de Google d'après Sergey Brin et Lawrence Page.
Source : The Anatomy of a Large-Scale Hypertextual Web Search Engine, https://speeny.fr/47.

Chaque composant a un rôle bien défini.

- Le serveur d'URL *(URL server)* envoie aux crawlers (Googlebot) toutes les adresses des pages devant être visitées.
- Le serveur de stockage *(store server)* compresse les pages extraites par les crawlers et les envoie au Repository – l'entrepôt – où elles sont stockées.
- L'indexeur lit et décompresse le contenu du Repository. Il associe à chaque document un numéro d'identifiant, *docID*, et convertit chaque page en un ensemble d'occurrences de termes (chaque occurrence est appelée un *hit*), enregistrant les informations sur le « poids » du mot dans la page (position, taille de police, etc.).
- L'indexeur distribue les occurrences dans un ensemble de silos *(barrels)*, organisés par docID.
- Le gestionnaire d'ancres *(anchors)* stocke certaines informations créées par l'indexeur, à savoir les liens hypertextes et les ancres qui leur sont associées (textes des liens).
- Le solveur d'URL *(URL Resolver)* récupère les informations fournies par le gestionnaire d'ancres et convertit chaque adresse URL pointée par l'ancre en un docID (si cette adresse n'existe pas dans le *Doc Index*, il l'ajoute).
- Le gestionnaire de liens *(links)* contient des paires de docID (reçues du solveur d'URL). Il s'agit de paires de liens, car chaque ancre appartient à une page et pointe vers une autre page.
- Le PageRank récupère les informations de cette base de données de liens pour calculer le PageRank de chaque document (indice de popularité).
- Le trieur *(sorter)* récupère les données stockées dans les barrels, organisées par docID, et les réorganise en *wordID* (identités des mots). Cette opération permet de créer l'index inversé, stocké dans les mêmes barrels.
- La liste des mots fournie par le trieur est comparée avec celle du lexique *(lexicon)* et tout mot ne figurant pas dans ce dernier y est ajouté.
- Enfin, l'interface de recherche *(searcher)* exécute les recherches pour répondre aux requêtes des utilisateurs. Elle utilise pour cela le lexique (créé par l'indexeur), l'index inversé contenu dans les barrels, les adresses URL associées aux mots de l'index inversé (provenant du Doc Index) et toutes les informations du PageRank concernant la popularité des pages.

À chaque requête, le serveur consulte l'index inversé et regroupe une liste de documents comprenant les termes de recherche *(hit list)*. Il classe ensuite les pages en fonction d'indices de popularité et de pertinence. Simple, non ? ☺

S'il y a de fortes chances pour que l'architecture de Google ait changé dans les détails depuis cette présentation datant du début des années 2000, on peut raisonnablement penser que son mode de fonctionnement global est encore aujourd'hui proche de ce que nous venons de décrire. De toute façon, même si tout a changé, ils ne nous le diront pas ☺.

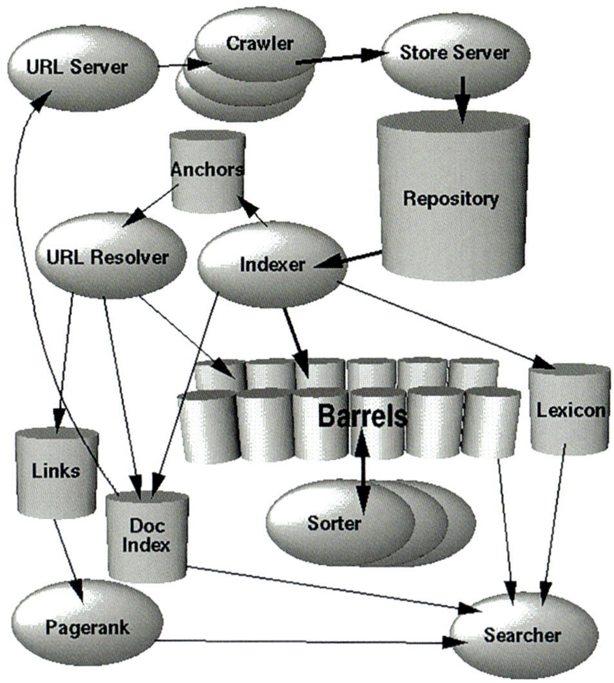

Figure 2-13

Autre vision simplifiée du mode de fonctionnement de Google, fournie par les deux cocréateurs du moteur.
Source : The Anatomy of a Large-Scale Hypertextual Web Search Engine, https://speeny.fr/47.

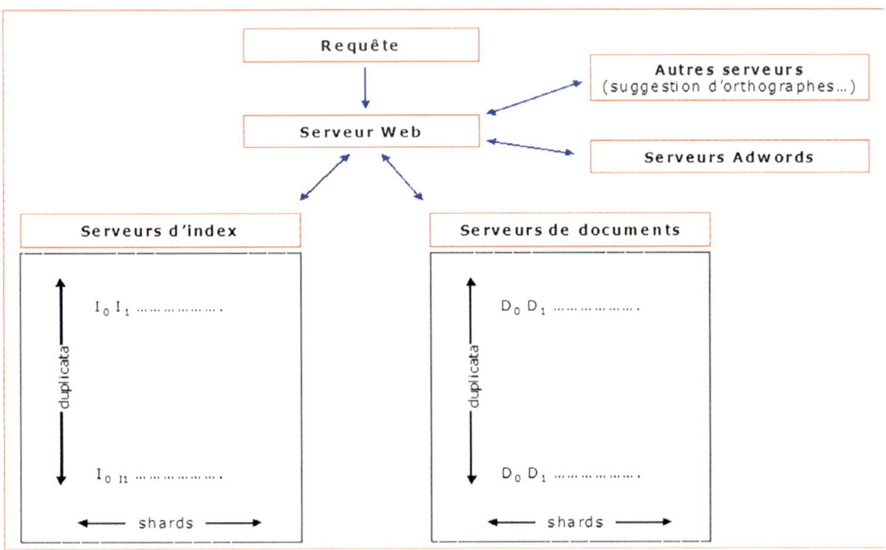

Figure 2-14

Schéma de l'utilisation des serveurs de Google utilisés pour la réponse aux requêtes.
Source : https://speeny.fr/46.

Mayday, Caffeine, Jazz : quoi de neuf ?

> Section rédigée avec la contribution de Philippe Yonnet

En juin 2010, Google annonçait son basculement sur une nouvelle infrastructure technique baptisée Caffeine (*https://speeny.fr/48*), dont le déploiement avait été annoncé dès l'été 2009. Il ne s'agit donc pas d'un changement concernant le classement des pages, mais bien dans la façon dont Google explore le Web pour en extraire l'information, dont le moteur analyse, stocke et indexe ces données, et traite les requêtes. Notons que Caffeine est certainement à l'origine d'un autre séisme intervenu en 2011, sous le nom de Panda, et dont nous parlerons au chapitre 15.

Dans l'annonce officielle publiée sur le blog de Google destiné aux webmasters (*https://speeny.fr/49*), un petit graphe et un court commentaire révélaient un changement profond dans le comportement de crawl de Google.

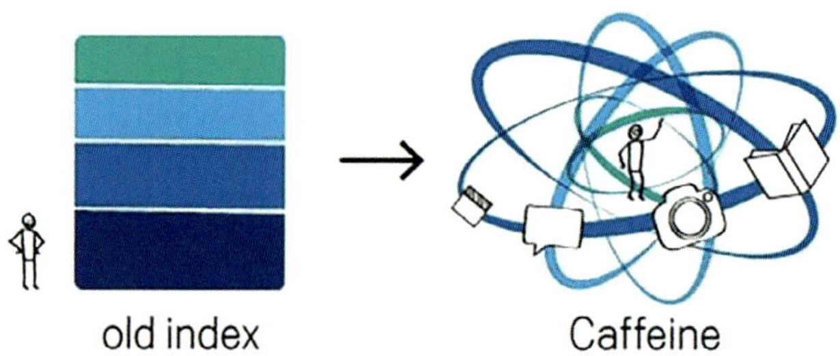

Figure 2-15

Changements impliqués par la nouvelle structure Caffeine.
Source : Google.

Selon le billet officiel, l'ancien index (pré-Caffeine) était structuré en différentes couches. Pour construire chacune d'elles, il était nécessaire de crawler l'ensemble du Web à chaque fois. Certaines couches étaient mises à jour plus fréquemment que d'autres et la plus importante était rafraîchie toutes les deux semaines environ.

Dans le comportement de crawl post-Caffeine, le Web est analysé par petits bouts et les mises à jour s'effectuent de manière continue partout dans le monde. Sur certains sites, un nouveau comportement est apparu, Googlebot se mettant à crawler dix fois moins certaines pages qu'autrefois. Ce nouveau comportement semble en fait très « ciblé » : certaines pages sont crawlées très souvent alors que d'autres beaucoup moins.

Une étude menée par la société française de référencement Aposition (*https://speeny.fr/50*) avait démontré à cette époque que la mise en place de Caffeine ne changeait pas vraiment la fraîcheur des pages indexées. En revanche, sur la capacité à indexer des pages rapidement sur un sujet d'actualité « chaud », un autre test mené par l'équipe d'Aposition démontrait que Caffeine semblait changer la donne et que l'intégration de nouvelles pages s'effectuait à un rythme clairement accéléré pour des thématiques strictement liées à l'actualité (un algorithme baptisé *Freshness Update* semblait confirmer ce type de comportement fin 2011, *https://speeny.fr/51*).

On peut donc estimer que ce type de crawl de Google tend à favoriser les sites d'actualités, qui peuvent voir leurs contenus (mais aussi leurs images et leurs vidéos) être découvert beaucoup plus rapidement et être indexés, si besoin est, dans les minutes qui suivent leur publication. Avec le recul, on s'aperçoit, quelques années plus tard, que c'est bien ce qui se passe désormais sur le moteur, même si, à partir du début des années 2020, le système d'indexation de Google a connu moult bogues et des difficultés pour suivre la cadence de croissance du Web.

Beaucoup de choses ont donc changé dans Google depuis 2010 et les filtres Panda (2011) et Penguin (2012) n'ont fait que confirmer ce phénomène. D'une manière générale, le rythme des changements s'était déjà accéléré dès l'été 2008. De plus, on peut être sûr que les possibilités ouvertes par Caffeine pour traiter « plus de données plus vite » vont rendre possible le déploiement de nouvelles fonctionnalités. Enfin, la nécessité de garder de l'avance sur des concurrents comme Bing semble pousser de plus en plus Google à lancer des nouveautés sur son interface et à essayer de nouvelles approches.

Pour les référenceurs, l'environnement change à un rythme accéléré. Il faut donc s'habituer à l'idée que, d'un mois sur l'autre, il faille imaginer de nouvelles stratégies et savoir réagir à un changement de comportement du moteur. Cela rend toutefois l'exercice encore plus intéressant (mais parfois épuisant…).

Des SERP à 4 ou 7 liens !

Depuis des années, on a l'habitude de visualiser des pages de résultats (SERP) proposant 10 liens après avoir saisi sa requête. Mais, dès le mois de février 2012, plusieurs sources d'informations remarquaient que Google renvoyait moins de liens sur certaines requêtes (*https://speeny.fr/52*). Ainsi, lorsqu'on saisissait « bbc football » sur Google UK, seuls 3 liens étaient proposés. En août 2012, de nombreuses pages (20 % environ) proposaient moins de 10 résultats (7 la plupart du temps). Et en septembre 2012, des SERP à 4 liens sont même apparus ! En 2017, les SERP à 9 liens étaient légion. Sans parler des pages de résultats… sans résultats de recherche qui sont apparus dès l'été 2018 (*https://speeny.fr/53*).

Autant dire que si ces affichages se répandaient de façon plus importante qu'actuellement, un site pourrait donc figurer en cinquième position mais apparaître sur la deuxième page de résultats, ce qui, en termes de visibilité, est loin d'être la même chose… Et les outils de mesure du positionnement d'un site web sur certaines requêtes prédéfinies devront, eux aussi, prendre en compte cette nouvelle donne.

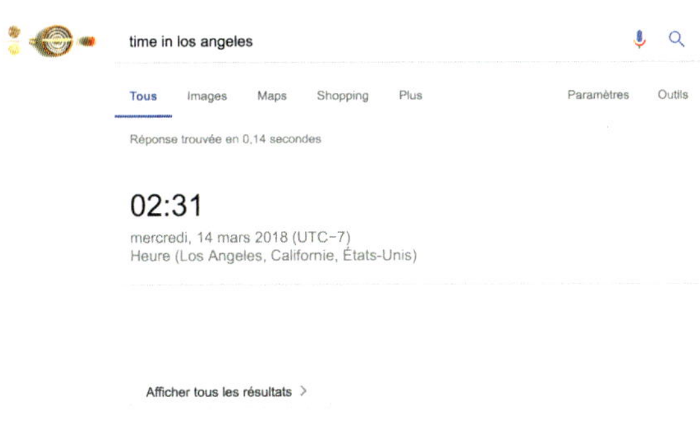

Figure 2-16

Des SERP sans liens bleus ont fait leur apparition sur Google en 2018. La fin du SEO ?

Arrivés à la fin de ce chapitre, vous devez avoir une bonne vision du fonctionnement des moteurs. Suffisante, en tout cas, pour bien appréhender leur organisation et la façon dont ils récupèrent, analysent et classent les données glanées sur le Web. Il est donc temps de mettre en place une stratégie de référencement efficace et bien organisée, ce que nous allons voir au chapitre suivant.

Quelques liens sur le fonctionnement des moteurs de recherche

Sur les robots :

- The *Web* Robots Pages : *https://www.robotstxt.org/*
  Site fournissant une liste des robots actifs.

Sur Google :

- *https://speeny.fr/54*
  Article des deux fondateurs de Google, Sergey Brin et Lawrence Page, intitulé *The Anatomy of a Large-Scale Hypertextual Web Search Engine* et publié en 1998.
- *https://speeny.fr/55*
  Article de l'IEEE Computer Society – Web Search For A Planet, *The Google Cluster Architecture*.

Lexique sur les moteurs de recherche :

- *https://www.definitions-seo.com/*

Un lexique du réseau Abondance dans lequel vous devriez trouver la signification de la plupart des termes employés dans le monde des moteurs de recherche et du référencement.

3

Préparation du référencement

« C'est ce qui échappe aux mots que les mots doivent dire. »

Nathalie Sarraute

Dans les chapitres précédents, nous avons passé en revue un certain nombre de notions importantes à connaître dans le cadre d'un référencement. L'heure est venue de passer à l'étape suivante, laquelle consiste à définir la stratégie à mettre en place.

Ayez toujours à l'esprit qu'il est plus simple et plus efficace – vous vous en apercevrez rapidement – d'aborder la question du référencement lors de la création ou de la refonte d'un site. En effet, un travail minutieux et pertinent demande, dans ce cadre, des modifications parfois importantes dans le contenu et la structure de votre source d'informations. Sachez toutefois que si cette dernière est déjà en ligne et si vous ne désirez pas la modifier outre mesure et dans son essence même, il est encore possible d'apporter bon nombre de changements pour obtenir une meilleure visibilité sur les moteurs. Il n'en reste pas moins vrai que le rendement optimal sera obtenu en conjuguant refonte ou création du site avec les travaux d'optimisation pour les outils de recherche.

Nous allons essayer dans ce chapitre de vous donner des pistes de réflexion sur la façon dont il faudra aborder quelques points cruciaux pour la promotion de votre source d'information.

Méthodologie à adopter

Dans un premier temps, il vous faudra mettre en place une méthodologie simple et efficace pour votre référencement. Voici une liste chronologique des actions à mener :

1. Choix des mots-clés.
2. Choix des moteurs à prendre en compte.
3. Création ou modification des pages du site en fonction de ces mots-clés et des critères de pertinence des moteurs.
4. Prise en compte des pages par les moteurs à l'aide de liens savamment créés et vérification de la présence des pages dans les index des moteurs de recherche.
5. Vérification du positionnement et/ou du trafic engendré par les outils de recherche.
6. Suivi de ces phases de positionnement/trafic et corrections éventuelles pour obtenir de meilleurs résultats.

C'est donc exactement cette trame que nous avons choisie pour les chapitres qui vont suivre dans cet ouvrage.

Choix des mots-clés

Pour mettre en place une stratégie de référencement, la première phase consiste à choisir les « bons » mots-clés pour positionner vos pages web. Contrairement à ce que l'on pourrait croire, ce n'est pas si simple. Il s'agit d'une phase cruciale pour votre référencement : choisir des mots-clés sur lesquels un positionnement est trop complexe peut s'avérer désastreux ; tout comme le fait d'opter pour des termes qui ne sont jamais saisis par les internautes.

Les mots-clés que vous allez choisir sont extrêmement importants et doivent répondre à deux notions essentielles.

- **L'intérêt.** Ils doivent être souvent (le plus possible) tapés par les utilisateurs des moteurs de recherche.
- **La faisabilité.** Il doit être techniquement possible de positionner une page web dans les premiers résultats des moteurs pour ce terme dans des délais acceptables. Ce n'est pas toujours évident, en tout cas pour ce qui est des délais « raisonnables ».

Bien sûr, les termes choisis doivent décrire votre activité et le contenu de votre site web. Nous allons développer toutes ces notions dans les paragraphes suivants.

Le concept de « longue traîne »

L'objectif de cette première partie stratégique sera de déterminer pour quels mots-clés votre site peut et doit être optimisé dans le cadre de la « courte traîne » (également appelée « tête de longue traîne »). En effet, comme le montre la figure 3-1, on s'aperçoit le plus souvent en regardant les statistiques d'un site web que :

- environ 20 % du trafic des moteurs de recherche (tête de la longue traîne ou courte traîne) est constitué par des mots-clés très souvent saisis sur les moteurs et pour lesquels le site est optimisé et bien positionné. Ceci représente un nombre relativement faible de mots-clés (quelques dizaines tout au plus), chacun d'eux produisant un fort trafic ;
- environ 80 % du trafic des moteurs de recherche est constitué par la « queue » de la longue traîne, ou plus simplement la longue traîne, et par des requêtes peu souvent saisies sur les moteurs pour trouver le site. Cela représente un nombre important de mots-clés, chacun entraînant un faible trafic, mais leur somme globale représente la majorité du trafic des moteurs ;
- il arrive parfois que certains observateurs parlent de « moyenne traîne » pour désigner des requêtes situées entre les deux concepts de courte et de longue traîne. Le trafic est alors catégorisé en trois parties au lieu de deux.

Principe de la longue traîne

Le principe de la longue traîne a été initié par Chris Anderson, rédacteur en chef de la revue américaine *Wired*, lorsqu'il a pu explorer en 2004 les statistiques de ventes de sites web de commerce électronique. En inspectant une courbe présentant en abscisse les produits vendus et en ordonnée le nombre de ventes, il s'est rapidement aperçu que la courbe pour chacun des sites étudiés ressemblait à celle de la figure 3-1.

La partie rouge (*Head* ou courte traîne) représente les best-sellers : peu de produits très populaires représentant de très nombreuses ventes pour chaque référence. La partie jaune (*long tail* ou longue traîne) est représentative des produits peu vendus (parfois une à deux ventes par mois) individuellement, mais au travers d'un très grand nombre de commandes différentes. Voici un exemple appliqué au domaine du livre : la partie rouge (courte traîne) représentera les ouvrages de Dan Brown, Marc Levy, Guillaume Musso et le dernier Astérix. Peu de livres, mais qui se vendent chacun très bien. La partie jaune (longue traîne) sera symbolisée par un dictionnaire franco-serbe, édition de 1912, qui s'écoule à trois exemplaires par an : pour un site proposant de très nombreux ouvrages de ce type, c'est le nombre de produits différents vendus qui créera le chiffre d'affaires.

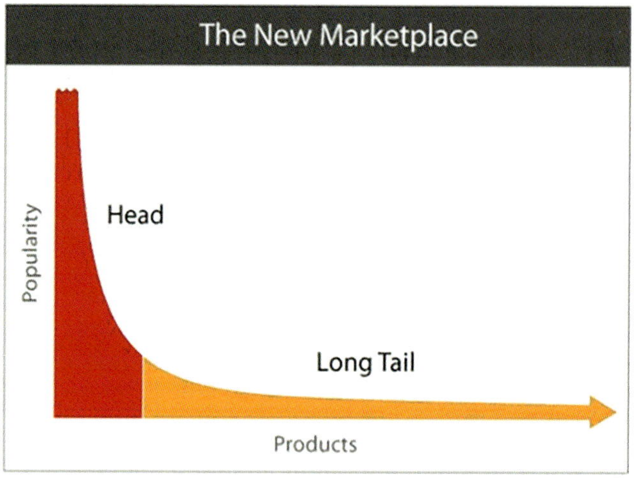

Figure 3-1

Le concept de longue traîne sur les sites web de commerce électronique, vu par Chris Anderson.

Ce concept devient très intéressant lorsqu'on s'aperçoit qu'en fait c'est la queue de cette longue traîne qui produit le plus souvent 80 % du chiffre d'affaires de ce type de sites (bien que cette estimation fasse débat aux États-Unis depuis plusieurs années). C'est ainsi un très grand nombre de produits vendus très peu souvent qui, par leur masse, représenteraient la majeure partie du bénéfice d'un site web tel que ceux observés par Chris Anderson (de type Amazon ou autre). De plus, si ce concept se vérifie pour, par exemple, des livres papier, il n'en reste pas moins vrai qu'il existe un besoin impératif de stockage de ces exemplaires « en dur », ce qui représente un coût. Le concept de la longue traîne est donc plus intéressant encore pour des produits numériques (films, musique, études et guides au format PDF, etc.) pour lesquels le coût de stockage est aujourd'hui quasi nul. Si vous arrivez à proposer en ligne tout ce qu'il est possible d'écouter en termes de musique sur la planète, soit des millions, voire des milliards de morceaux, le constat de la longue traîne fait que vous pouvez être quasiment sûr que chacun d'entre eux sera au moins acheté une fois sur une année, composant ainsi un chiffre d'affaires considérable.

Autre exemple : Chris Anderson, dans son livre *The Long Tail* (paru en 2004 chez Hyperion) explore rapidement le monde des moteurs de recherche, notamment en regardant les statistiques des mots-clés saisis sur le moteur Excite en 2001 (voir figure 3-3). Il s'est aperçu que chaque mois 3 % de toutes les recherches effectuées sur ce moteur se focalisaient sur une dizaine de mots (« sex », « mp3 », « britney spears », etc.), le reste des requêtes se répartissant sur des dizaines de millions d'autres termes et expressions. Certes, ces données datent un peu, mais le concept est encore tout à fait valable, et ces constatations ont le mérite de montrer que les moteurs de recherche sont typiquement des outils basés sur un concept de longue traîne.

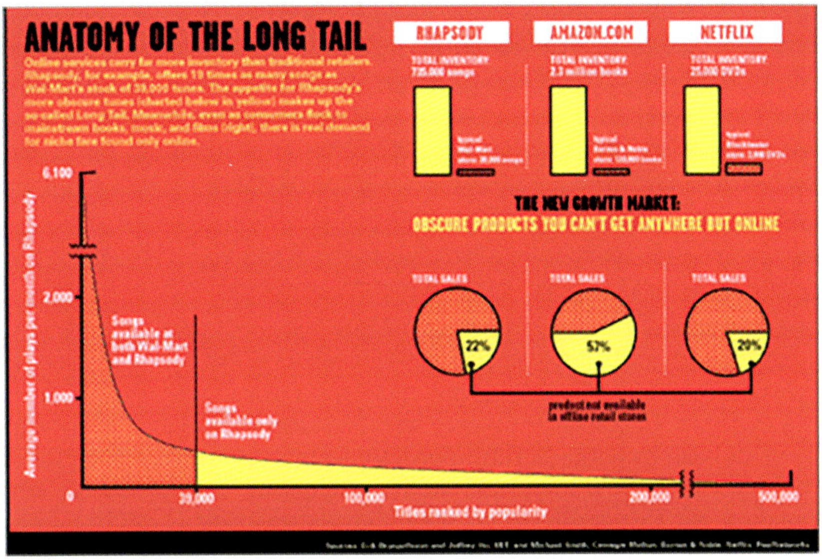

Figure 3-2

Anatomie de la longue traîne.

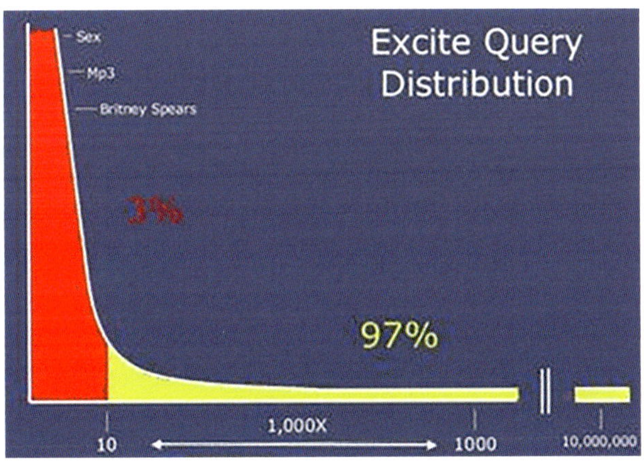

Figure 3-3

Les mots-clés sur un moteur de recherche répondent à une logique de longue traîne.

D'ailleurs, le marché publicitaire basé sur les liens sponsorisés, permettant de mettre potentiellement en place des enchères sur des millions de mots, est également de type « longue traîne ». Éric Schmidt, ancien PDG de Google, n'a-t-il pas dit, lors de la première assemblée générale des actionnaires du groupe, que la mission de sa société était d'être « au service de la longue traîne » ? On ne saurait être plus clair, et ce concept se retrouve à chacune de nos pérégrinations sur la Toile.

Extrapolation de la longue traîne dans le cadre d'une stratégie de référencement

Lorsqu'on met en place une stratégie de référencement pour un site web, l'un des premiers réflexes est de définir les mots-clés sur lesquels on va tenter de positionner son site. En faisant cela, on va en fait « nourrir » la courte traîne avec des mots-clés que l'on désire avant tout voir comme des « best-sellers ». En revanche, c'est le contenu textuel du site qui va nourrir la longue traîne elle-même.

Ainsi, si on désire optimiser son référencement en prenant en compte ce phénomène de longue traîne, plusieurs points seront à prendre en compte.

- Le choix minutieux des mots-clés de départ (ceux qui décrivent votre marque, votre métier, vos thématiques, votre univers sémantique global), en sachant qu'il y a de fortes chances que ces mots-clés ne représentent que 20 % du trafic transmis par les moteurs de recherche. Cependant, il est également fort probable que ce trafic soit bien ciblé et de « bonne qualité » puisqu'il correspondra à des mots représentant votre activité et seront assez pertinents pour trouver un site comme le vôtre. Un inconvénient néanmoins : au vu du fort trafic généré, ces termes seront certainement assez concurrentiels et vous ne serez pas le seul à vous battre dessus pour être bien positionné. Il faudra peut-être prévoir dans ce cas un peu plus de travail et des résultats plutôt à moyen ou long terme. C'est donc à vous d'optimiser certaines de vos pages pour les mettre en valeur. On parlera ici de « trafic maîtrisé ».
- L'optimisation de la structure des pages de vos sites pour qu'elles mettent en valeur leur contenu éditorial afin de favoriser la queue de la longue traîne. Dans ce cas, vous ne maîtrisez pas vraiment les positionnements obtenus, donc un certain pourcentage de ces expressions engendrera un trafic « stérile ». Pourtant, il y a fort à parier que, dans le lot, certains mots-clés sont très intéressants, même s'ils n'ont pas été imaginés pour cela dès le départ. Le trafic devient alors « opportuniste » (ce qui n'a rien de péjoratif). De plus, le trafic de longue traîne porte souvent sur des termes très précis qui génèrent donc un taux de conversion très fort. Autre avantage : peu de trafic égale peu de concurrence potentielle, donc des résultats souvent assez rapides. Pas négligeable !

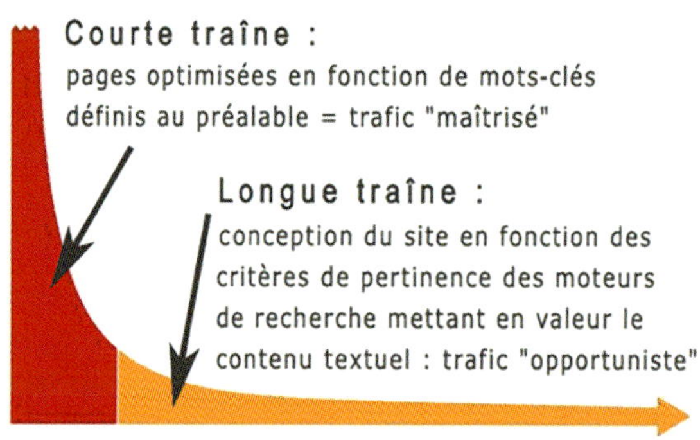

Figure 3-4

Le concept de la longue traîne appliqué au référencement.

On le voit, les deux stratégies sont très complémentaires.

Il est en tout cas certain que le concept de longue traîne ne peut pas, à l'heure actuelle, être ignoré dans le cadre d'un référencement. Il faut absolument, pour mettre en place une stratégie gagnante de visibilité sur les moteurs de recherche, soigner à la fois les mots-clés qui vont nourrir la tête et la structure du site qui va mettre en avant les mots-clés de cette longue traîne. Ce travail est certes long parfois, mais peut rapidement porter ses fruits de façon très efficace.

Les requêtes s'allongent

Deux études très intéressantes nous montrent que les requêtes saisies par les internautes sur les moteurs de recherche ont tendance à s'allonger au fil des années.

- Selon Chitika, la taille moyenne d'une requête oscillait en 2012 entre 4,07 et 4,81 mots : *https://speeny.fr/56*.
- Hitwise (*https://speeny.fr/57*), en 2009, expliquait que les requêtes sur un et deux mots-clés avaient perdu, en un an, respectivement 3 et 5 % d'occurrences, alors que les requêtes sur sept et huit mots ou plus gagnaient dans le même temps 12 et 22 % !

Les requêtes longues, sur de nombreux mots-clés, qui nourrissent le plus souvent la longue traîne, sont donc tout à fait d'actualité dans le cadre d'un référencement.

Comment trouver vos mots-clés ?

Avant de prendre en compte l'intérêt et la faisabilité d'un mot-clé, encore faut-il le trouver ! Il est donc important d'identifier plusieurs moyens qui vous permettront de prendre en compte des termes sur lesquels il est intéressant de positionner votre site. Comment faire ? Voici quelques pistes.

1. **L'intuition.** Certains mots-clés peuvent vous venir automatiquement à l'esprit lorsque vous pensez à votre activité (ne serait-ce qu'en ce qui concerne votre marque). Notez-les précieusement. Toutefois, rien ne dit que les mots-clés que vous imaginez seront obligatoirement ceux utilisés par les internautes lorsqu'ils chercheront un site tel que le vôtre. La vision, parfois très interne et personnelle, de votre métier et de votre entreprise peut être différemment perçue par un internaute *lambda* ou un prospect. Un utilisateur du Web, qui ne travaille pas dans votre domaine, n'utilise pas forcément les mêmes mots que ceux que vous employez au quotidien. On est parfois très surpris à ce niveau *a posteriori*. Cela dit, la piste intuitive est souvent excellente, ne la négligez donc pas. Mais ne vous basez pas non plus uniquement sur elle et ne « jargonnez » pas dans vos contenus !

Entre chaussure et soulier

Petite anecdote : un jour, l'auteur de cet ouvrage discutait avec le responsable web d'une grande marque de luxe. Ce dernier voulait absolument voir son site web bien référencé sur le mot-clé « soulier », car c'était le terme employé par tout le personnel en interne. Il n'a pas été aisé de le convaincre qu'il ne s'agissait pas de la requête à privilégier et que des mots-clés comme « chaussures », « escarpins », voire « botte », « bottine » ou « ballerine » étaient certainement plus efficaces…

2. **Les bases de données.** Il existe des bases de données de mots-clés comme Semrush, Wordtracker ou Keyword Discovery – et encore bien d'autres – qui peuvent vous aider à identifier les termes les plus intéressants. Certains outils de recherche proposent également en ligne un palmarès des termes les plus souvent demandés, comme les « Hot Trends » de Google (*https://speeny.fr/58*).

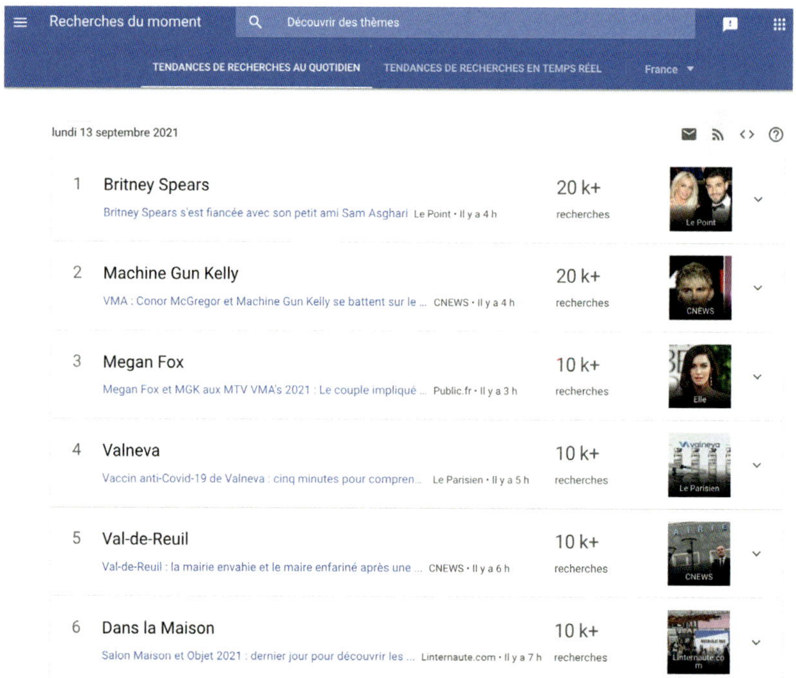

Figure 3-5

Les « tendances de recherches au quotidien » sur Google.

Cependant, ces listes ne vous aideront pas vraiment puisqu'elles ne proposent qu'une suite limitée de termes très souvent demandés. Il y a peu de chances que vous y trouviez votre bonheur. En revanche, des outils comme SemRush, Yooda Insight ou Ranxplorer sont plus complets, mais payants. À vous de les tester et de faire votre choix ! Par ailleurs, certains outils ont été créés pour vous aider à trouver des mots-clés pertinents à partir de vos termes de départ. En voici quelques-uns, certains d'entre eux ayant déjà été évoqués auparavant (certains sont assez peu performants pour ce qui est de la langue française).

- SEMrush : *https://fr.semrush.com/*
- Yooda Insight : *https://insight.yooda.com/*
- Ranxplorer : *https://ranxplorer.com/*
- Ahrefs Keywords Explorer : *https://ahrefs.com/keywords-explorer*
- Wordtracker : *https://www.wordtracker.com*
- Keyword Discovery : *https://www.keyworddiscovery.com*
- SEO Book : *http://tools.seobook.com/keyword-tools/seobook/*
- Search Combination Tool : *https://www.internetmarketingninjas.com/search/*
- Good Keywords (logiciel) : *https://goodkeywords.com/*
- WebRankInfo : *https://www.webrankinfo.com/outils/expressions.php*
- Dictionnaire de synonymes : *https://crisco2.unicaen.fr/des/*

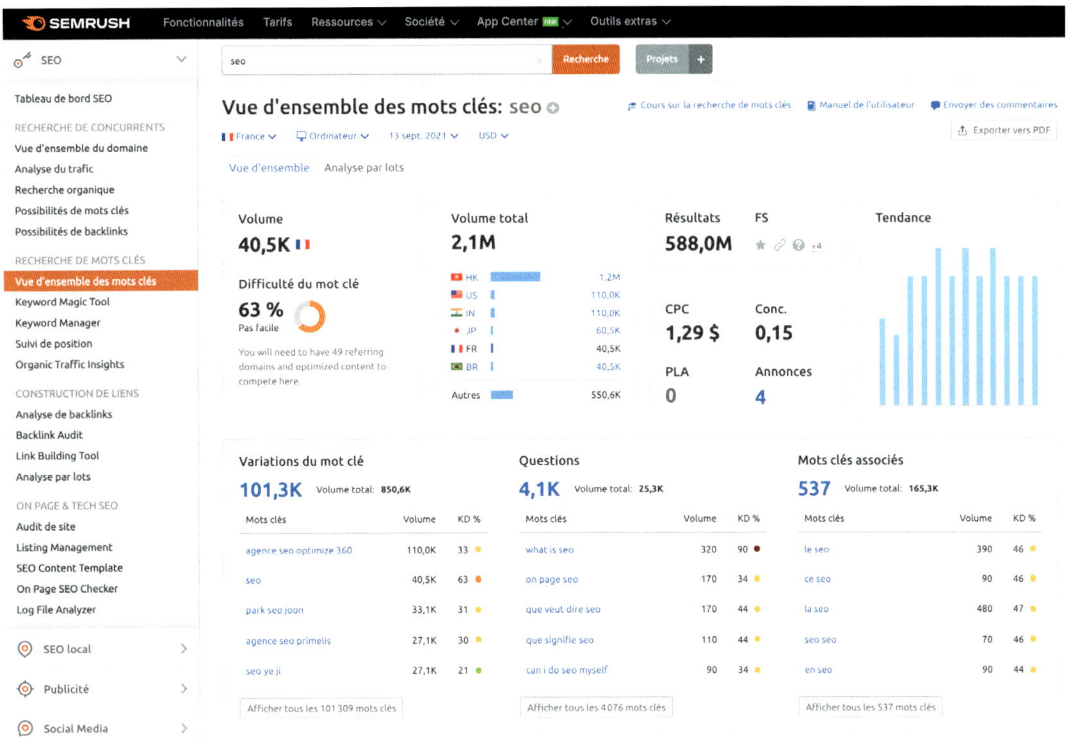

Figure 3-6

Semrush, un incontournable de la recherche de mots-clés.

3. **Les générateurs de mots-clés officiels.** Les prestataires de liens sponsorisés proposent tous des outils permettant d'identifier des mots-clés souvent saisis sur leur réseau de sites partenaires. Ils fournissent deux types d'informations.

- Le nombre de fois où la requête a été demandée sur les moteurs de recherche sur lesquels ils affichent leurs liens sponsorisés. Par exemple, Bing Ads indiquera les chiffres de Bing, MSN, etc. En revanche, il ne tiendra pas compte du trafic issu de Google, ce qui est important à savoir. Et le générateur de mots-clés de Google n'affichera pas de statistiques sur ses concurrents, etc.
- Des expressions connexes contenant le mot initialement demandé. La requête « référencement » proposera ainsi « référencement gratuit », « référencement site », « référencement Internet », etc.

Bing Ads (*https://secure.bingads.microsoft.com/*), la régie publicitaire de Bing et Yahoo!, propose ce type d'outils directement dans son interface de création et de gestion de liens sponsorisés. En revanche, il faut être enregistré auprès de ces services pour utiliser ces outils. Celui de Google Ads (*https://speeny.fr/59*) s'appelle Keyword Planner (ou outil de planification de mots-clés) et est disponible après avoir créé un compte AdWords (même s'il n'est pas actif et que vous n'avez pas créé de campagnes, bien qu'il semblerait que, dans certaines configurations, la création d'une campagne active soit demandée). Nous allons décrire cet outil dans les pages suivantes.

4. **Les sondages internes ou externes.** Vous pouvez demander à des connaissances, des amis ou des collègues quels sont les termes qui leur viendraient à l'esprit pour rechercher une activité ou un produit comme les vôtres sur le Web.
5. **Les résultats sur les moteurs de recherche.** Tapez un certain nombre de mots-clés concernant votre activité sur des outils comme Google, Bing ou Yahoo!. Regardez les résultats proposés par le moteur. Ils contiennent certainement des termes auxquels vous n'aviez pas pensé au départ.
6. **Les *Related Searches*.** Les moteurs de recherche comme Google ou Yahoo! proposent dans leurs pages de résultats des Related Searches. Comme vous pouvez le voir sur la figure 3-7, ce sont des suites de deux ou trois termes contenant – ou non – le mot demandé au départ. Ces expressions sont issues de bases de données statistiques sur les mots-clés les plus demandés dans le passé par les internautes. Ils constituent également des informations très pointues. Nous en reparlerons très bientôt.

Figure 3-7

Exemple de résultats en bas de page de Google pour la requête « moteur » : des synonymes et suggestions connexes sont proposés lors d'une recherche.

7. **L'audit de la concurrence.** Rien ne vous empêche de consulter les balises `meta keywords` des sites de vos concurrents (s'ils en utilisent encore). Au moins, ces champs serviront à quelque chose dans le cadre d'une stratégie de référencement (en tout cas la vôtre), mais chut ! nous ne vous avons rien dit…

Les fausses balises `meta keywords`

Certains webmasters, peut-être un peu plus fourbes que la moyenne, vont jusqu'à mettre dans leurs balises meta keywords de faux mots-clés pour induire en erreur leurs concurrents. Vu que cette balise n'a aujourd'hui plus d'utilité, elle leur sert au moins à lancer les « collègues » sur de fausses pistes. Rhoooo…

8. Pensez aux **fautes d'orthographe** et aux **fautes de frappe** sur votre nom ou vos mots-clés essentiels. Cela peut entraîner un trafic important. Mais cela veut également dire qu'il vous faudra les insérer dans vos futurs textes. Hum, à vous de voir ! Nous allons en parler dans les pages qui viennent.
9. **Les modules d'autocomplétion.** Une autre famille d'outils regroupe ceux qui proposent, lors d'une saisie dans un formulaire de recherche, des expressions connexes à la volée (fonctionnalité dite d'autocomplétion). Voici quatre exemples d'outils proposant un tel système ou analysant les résultats fournis par les moteurs principaux :
   - Google Suggest, sur la page d'accueil du moteur : *https://www.google.fr* (voir ci-après)
   - Yahoo! Search Assist : *https://search.yahoo.fr*
   - Ubersuggest : *https://ubersuggest.io/*
   - Answer the public : *https://answerthepublic.com/*

Utilisez Google Suggest pour trouver les meilleurs mots-clés

Depuis l'été 2008, Google propose sur sa page d'accueil l'outil Google Suggest qui affiche, au fur et à mesure de la frappe d'un mot-clé dans le formulaire de recherche, des propositions de requêtes.

Toute requête saisie dans le champ de recherche s'accompagne d'une liste de suggestions, basées sur le mot-clé indiqué (figure 3-8).

Figure 3-8

Les Google Suggest sur la page d'accueil du moteur de recherche.

Google Instant Search : RIP

En septembre 2010, Google a mis en place Instant Search (*https://speeny.fr/60*), un système qui affichait les résultats de recherche au fur et à mesure de la saisie de la requête. Mais cette possibilité a été arrêtée en 2017 (voir *https://speeny.fr/61*).

L'outil Google Suggest est proposé sur le portail de recherche web, mais aussi sur d'autres outils comme Google Images, Google Vidéo, YouTube, etc.

Outre les suggestions de recherche, Google Suggest est également capable de corriger les requêtes des utilisateurs, ce qui apporte un confort d'utilisation indéniable.

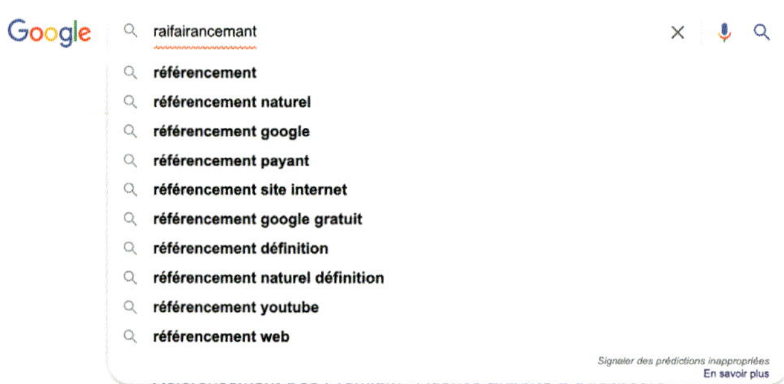

Figure 3-9

Google Suggest peut corriger des fautes d'orthographe dans les saisies de mots-clés.

Google Suggest : comment ça marche ?

Pour avoir des informations sur le fonctionnement de ce service, le plus simple est de consulter la documentation disponible dans l'aide en ligne de Google (*https://speeny.fr/62*) : « Les prédictions sont basées sur un certain nombre de facteurs, tels que la popularité et l'ancienneté des termes de recherche. Lorsque vous sélectionnez une prédiction, vous lancez une recherche sur le ou les termes qui la composent. »

Google Suggest propose donc des expressions en fonction de leur popularité, en excluant les expressions jugées inappropriées. C'est cette notion de « popularité » qui est difficile à appréhender.

L'outil aurait été développé après le rachat de Kaltix en 2003, une société qui travaillait sur la personnalisation des résultats de recherche (*https://speeny.fr/63*).

Google Suggest et le référencement

Quel est l'impact de Google Suggest pour le référencement ? Il est clair que ce service largement répandu a des conséquences sur le comportement des internautes.

La correction des requêtes et l'identification des fautes de frappe et d'orthographe

La correction des termes saisis est peut-être l'aspect le plus sympathique de Google Suggest. Si vous ne vous souvenez plus du nom de votre acteur préféré ou si vous êtes fâché avec les complications de l'orthographe française, Google Suggest est, comme nous l'avons vu précédemment, votre ami.

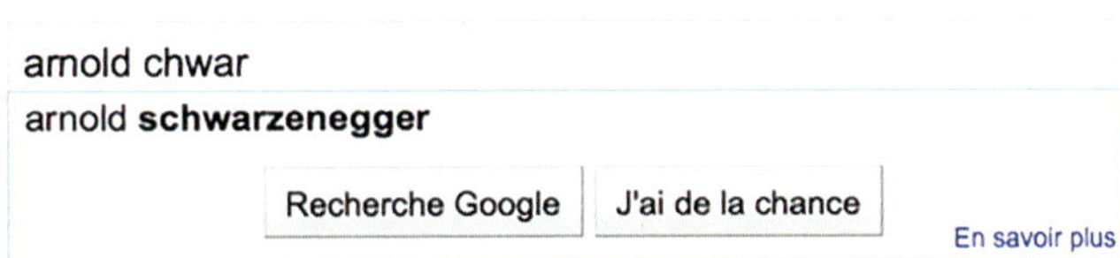

Figure 3-10

Conan le Barbare, c'est plus facile…

Attention néanmoins, Google Suggest n'est pas un correcteur orthographique. Il affiche seulement les requêtes les plus saisies par les internautes. Or, comme il existe de nombreux internautes brouillés avec l'orthographe, il ne faut pas forcément se fier à ce qui en ressort. Google Suggest est donc un excellent outil pour identifier des fautes d'orthographe ou de frappe pour votre référencement (voir plus loin dans ce chapitre). Les internautes auront cependant de plus en plus tendance à cliquer sur le premier résultat Google Suggest, qui est aussi le résultat le plus correctement orthographié (du moins dans la majorité des cas), ce qui peut faire baisser à la longue le trafic sur les « mauvais » mots-clés. Qui s'en plaindra ?

On constate aussi que l'utilisation de majuscules n'a aucun impact sur la suggestion de recherche, Google prenant le parti de tout proposer en minuscules.

Les requêtes composées

À partir d'un simple mot-clé, Google Suggest propose une liste de mots-clés composés, ce qui a un impact certain sur le référencement. L'aspect positif est qu'il est désormais possible de se positionner sur le dérivé d'une requête fortement concurrentielle. Prenons l'exemple du terme ultra-générique « location vacances » (pas moins de 280 millions de résultats de recherche). Ce terme est difficilement positionnable pour un site *lambda*. Fort heureusement, Google Suggest propose plusieurs expressions beaucoup plus abordables lorsqu'on fournit la requête (figure 3-11).

Dans cet exemple, nous pouvons profiter de la forte fréquence de frappe sur « location vacances » pour faire apparaître nos pages optimisées sur « location vacances particulier » ou « location vacances été », requêtes moins concurrentielles et sur lesquelles des résultats pourront être espérés en moins de temps.

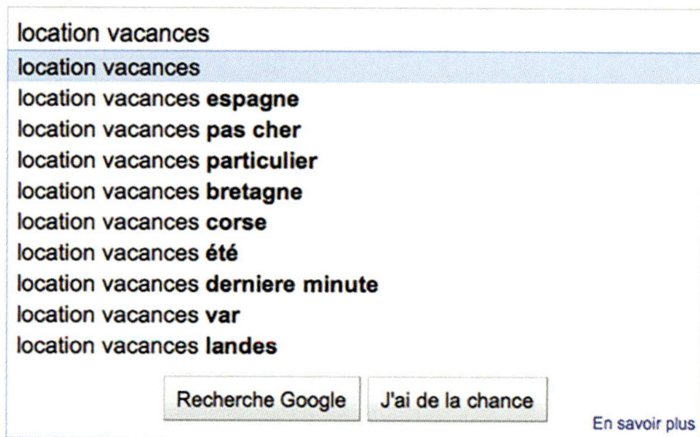

Figure 3-11

Expressions le plus souvent demandées sur Google dans le domaine de la location de vacances.

Attention cependant à quelques « effets de bord » de cet outil. Google Suggest diminue notamment la visibilité d'un site sur des expressions de longue traîne. On se trouve ici devant un cercle vicieux, car plus une requête est tapée par les internautes, plus elle est populaire et a de chances d'apparaître dans Google Suggest. Les expressions complexes, qui sont peu tapées et donc moins populaires, risquent donc de passer dans les oubliettes du référencement. Heureusement, les résultats Google Suggest sont régulièrement rafraîchis.

Le contrôle de l'information

Il est absolument impossible (théoriquement, en tout cas) de contrôler les informations proposées par Google Suggest, celui-ci utilisant les requêtes les plus tapées par les internautes. La preuve : dans ce contexte, Google peut se transformer en outil d'incitation au téléchargement illégal (figure 3-12).

Ou même en outil de dénigrement de personnalité politique (figure 3-13).

On passe sur d'autres exemples qui ont défrayé la chronique du petit monde des moteurs de recherche (*https://speeny.fr/64*, figure 3-14).

Figure 3-12

Vous avez envie de télécharger un film de Jean Dujardin ?

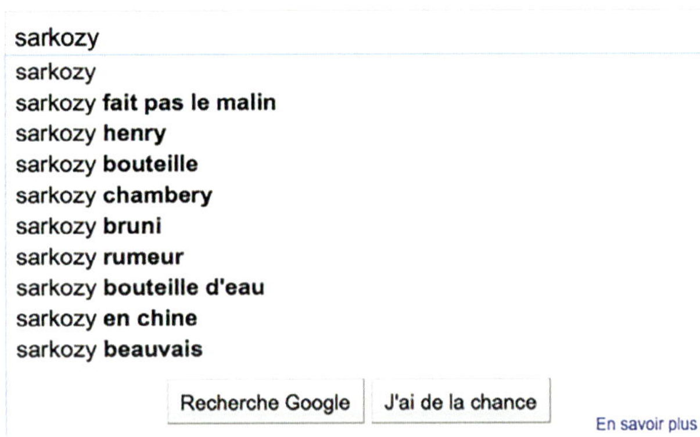

Figure 3-13

Sans commentaire… À noter que ces suggestions « limites » et dénigrantes ont été fortement limitées par Google ces dernières années.

Figure 3-14

La preuve que les Google Suggest sont automatisées ! Copie d'écran datant de 2009, Google ayant « corrigé le tir » depuis.

Ces exemples peuvent faire sourire (ou pas, selon le point de vue), mais il est évident que ce type de requête « populaire » peut gravement nuire à l'image d'une personnalité ou d'une marque, et inciter les internautes à consulter des informations peu pertinentes en regard des objectifs d'une marque ou institution. Le nombre de procès autour des Google Suggest dans de nombreux pays en témoigne aisément.

Dans ce contexte, Google ne fait que relayer la tendance générale et donne un aperçu de la façon dont une marque, une personnalité ou encore un objet culturel sont perçus par les internautes. Difficile de lutter contre cela, et si Google Suggest se révèle être parfois un cadeau empoisonné pour les chargés de communication, il est un outil très intéressant pour le référencement. Il peut ainsi être utilisé comme un baromètre en temps réel de la popularité sur le Web : pour connaître l'image d'une marque auprès des internautes, l'utilisation de Google Suggest peut s'avérer très précieuse.

Par ailleurs, est-ce que cet outil est plus intéressant que d'autres, tels que le planificateur de mots-clés proposé par Google Ads (voir plus loin dans ce chapitre) ?

Les résultats fournis par les deux outils varieront sensiblement, car ils sont basés sur des critères de classement très différents. Google Suggest propose en effet des résultats pour un instant *T*, tandis que le générateur Google Ads repose sur des statistiques mensuelles et annuelles. Les deux outils sont donc complémentaires, tout dépend de ce que l'on recherche : un positionnement sur le long terme (générateur Google Ads) ? Ou un positionnement « flash », dans l'« air du temps » sur les expressions clés les plus populaires du moment (Google Suggest) ?

Un blog ou un portail d'actualités pourrait profiter des données Google Suggest, mais en règle générale il vaudra peut-être mieux se focaliser sur les données Google Ads, car elles proposent des informations chiffrées plus fiables.

Fautes de frappe et d'orthographe

Lorsqu'on met en place une stratégie de référencement, il est essentiel de définir au mieux ses mots-clés. Qu'ils soient « larges », « génériques » (comme « audit », « tourisme », « conseil », « DVD », etc., donc de courte traîne) ou plus précis (« gîte rural auvergne », « expert comptable marseille », « audit hôtellerie agro-alimentaire », etc. et de longue traîne), l'essentiel sera de bien définir une liste de requêtes représentatives de votre activité, qui pourra être prise en compte dans le cadre d'un référencement naturel.

Cependant, une stratégie de choix de mots-clés que l'on oublie souvent, et qui rapporte pourtant un trafic loin d'être négligeable, consiste à identifier les fautes de frappe ou d'orthographe, notamment sur le nom de la société (ou organisme) qui édite le site, sur des noms de marque ou sur des mots-clés importants pour votre activité. Il faut également les prévoir et les prendre en compte, car tout le monde ne sait pas obligatoirement orthographier vos patronymes et noms de produits sur les moteurs ou ne sait pas écrire parfaitement les termes qui correspondent à votre secteur d'activité.

Ainsi, le site Abondance est trouvé sur des mots comme « googol », « googel », « gooogle », « googles », « cloaking » et « cloacking » (oui, l'auteur de ce livre n'a jamais été capable d'écrire ce mot de façon exacte plus de deux fois de suite...) ou sur le nom « olivier andrieux » (avec un « x »), etc.

Chaque requête représente un trafic relativement faible (certains mots-clés provoquent cependant plusieurs centaines de visites par mois, voire plus), mais le trafic global que ces fautes d'orthographe ou de frappe représente est loin d'être négligeable (plusieurs milliers de visites mensuelles en tout sur Abondance). Les petits ruisseaux font les grandes rivières, il faut donc y penser au moment de définir ses mots-clés.

La première difficulté sera d'identifier quelles fautes d'orthographe et de frappe prendre en compte. Une fois ce travail effectué, il faudra lancer une optimisation et un référencement idoines pour que les moteurs les prennent en considération. Pas si simple.

Étape 1 – Comment identifier les fautes de frappe et d'orthographe ?

Il existe plusieurs façons, plus ou moins intuitives, pour trouver ces « mauvais » mots (au sens grammatical du terme). En voici quelques-unes...

- Les générateurs de mots-clés, notamment celui de Google (*https://speeny.fr/59*), proposent parfois certains mots-clés mal orthographiés ; c'est même assez courant sur des fautes classiques (par exemple, « primtemps de bourges »).
- L'analyse des mots-clés *referers* de votre site web. Si certains mots mal orthographiés sont caractéristiques de votre site, peut-être vous êtes-vous déjà fourvoyé à votre tour et ces mots se trouvent-ils, à votre insu, dans vos pages ? Vous le saurez vite en regardant vos statistiques. Analysez-les, vous y trouverez peut-être (et même sûrement) quelques « perles », si elles ne sont pas parties dans les limbes du « not provided » (voir plus loin).
- L'utilisation de l'outil Google Suggest sur la page d'accueil du moteur de recherche, comme nous venons de le voir.
- Le sondage ou étude interne : demandez à vos employés, partenaires ou amis quelles sont les fautes qu'ils commettent le plus souvent sur les mots-clés importants pour votre activité.
- L'analyse des mots-clés saisis par les internautes sur le moteur de recherche interne de votre site (s'il dispose d'un tel outil).
- L'utilisation d'un générateur de fautes de frappe ou d'orthographe. Il en existe quelques-uns sur le Web, comme FatFingers : *http://www.fatfingers.com.*
- Le bon sens sera aussi l'un de vos premiers atouts : réfléchissez et notez les fautes « normales » ou « logiques » possibles dans vos mots-clés (inversions, ajouts de lettres, etc.).

Il existe deux types de fautes en langue française :

- les fautes typographiques : omission, addition, substitution et interversion de lettres ;
- les fautes phonétiques, c'est-à-dire basées sur la prononciation (par exemple, eau => o).

Pour identifier par vous-même des mots erronés, n'hésitez pas à consulter la page suivante qui liste les fautes les plus fréquentes en langue française : *https://speeny.fr/65.*

Étape 2 – Comment référencer son site sur les fautes d'orthographe et de frappe ?

Vous avez identifié une liste de mots erronés pour mieux référencer votre site ? Bravo, c'est une bonne chose. Il faut maintenant les insérer dans vos pages. Eh oui, il n'y a pas vraiment d'autre solution…

Il y a quelques années de cela, cette étape était assez simple, voire élémentaire : la balise `meta keywords` était là pour ça ! Il suffisait de remplir cette zone avec les différentes orthographes possibles et le tour était joué. Ces informations étaient alors fournies aux moteurs et lues par ces derniers. Néanmoins, ce n'est plus le cas aujourd'hui (voir chapitre 4). Il faut donc trouver d'autres pistes pour les proposer aux outils de recherche. En voici quelques-unes…

- Proposez une page du type « Comment les internautes ont trouvé notre site ce mois-ci ». En plus d'un contenu amusant, vous allez créer une page web dans laquelle vous allez lister les mots-clés – réels bien sûr, mais vous pouvez ensuite faire comme bon vous semble – contenant ou pas une faute de frappe ou d'orthographe que vous avez relevée dans vos « logs » (mémoire de connexion des internautes sur votre site) ou sur votre moteur interne. Cette page, sorte de « Top 100 » des mots-clés qui ont servi à trouver votre site, contenant des « variations inattendues » de vos mots-clés, renforcera votre référencement sur leur intitulé.
- Proposez une page du type « Ce qu'il ne faut pas faire ». Par exemple, un titre du style « Vous ne nous trouverez pas en tapant… » et listant une série de termes mal saisis. Cela laisse ainsi une trace de ces mauvaises orthographes qui seront lues par le moteur et qui lui permettront de vous retrouver (ce qui est certes paradoxal par rapport au titre de la page en question !) si quelqu'un tape ces termes ainsi orthographiés.
- Les URL et attributs `alt` des balises images sont également des zones intéressantes pour proposer des versions non accentuées de vos mots-clés importants. Même si c'est assez « limite » comme façon de faire.
- De nombreux sites utilisent les commentaires pour y insérer des mots mal orthographiés, en langage SMS, etc. Certains rédacteurs écrivent un contenu, le mettent en ligne, puis rédigent les deux ou trois premiers commentaires en se faisant passer pour un internaute *lambda* afin d'y insérer des mots-clés mal orthographiés. Pas très « fair » non plus, mais c'est une pratique que l'on retrouve sur le Web actuel.
- Parfois, dans certains des textes de votre site, vous pourrez éventuellement insérer une faute d'orthographe de façon volontaire et bien sûr « à l'insu de votre plein gré ». En d'autres termes, insérez sciemment une faute par-ci, par-là, afin que les moteurs les retrouvent. Certes, c'est « moche » et cela a quelques inconvénients : il est difficile de réellement optimiser une page pour ce mot dans ce cas et surtout, lorsque les internautes liront votre page et s'apercevront qu'elle contient une faute, votre image de marque en sera altérée. Cette solution n'est donc pas à privilégier même s'il est difficile de l'écarter de façon définitive (elle a quand même le grand avantage d'être la plus simple). Tout est ici question d'éthique avant tout…

On peut imaginer bien d'autres possibilités encore. À vous d'être créatif et de trouver une façon amusante, sérieuse mais surtout **visible** d'indiquer aux moteurs les « mauvaises formes » de vos mots-clés. En effet, un point très important est à rappeler : **n'essayez jamais de cacher ces mots dans vos codes HTML** ! Proposez-les toujours de façon visible pour les internautes ! Il existe bien des façons de cacher du contenu dans une page web. Ne vous y risquez pas ! Ce qui fonctionne éventuellement aujourd'hui sera pénalisé demain par les moteurs. Vous risquez donc le blacklistage à plus ou moins brève échéance, d'autant plus qu'il existe certainement un moyen « honnête » ou amusant de fournir ces indications en clair. Un webmaster averti en vaut toujours deux.

Intérêt d'un mot-clé

Étudions maintenant les deux critères qui font qu'un mot-clé sera intéressant pour votre référencement : son intérêt et la faisabilité d'un positionnement sur celui-ci dans les meilleurs délais. Le premier point à voir, une fois que vous avez établi une première liste de termes qui vous semblent intéressants, consiste à s'assurer que les mots-clés identifiés ont un intérêt. En d'autres termes, être sûr qu'ils sont souvent saisis sur les moteurs de recherche par les internautes.

Le meilleur outil à notre disposition (de surcroît gratuit) est certainement le générateur ou outil de planification de mots-clés de Google (*https://speeny.fr/59*). Pour le trouver, le mieux est de taper la requête « planificateur google » sur le moteur de recherche et de cliquer sur le lien intitulé « Choisissez les bons mots-clés grâce à nos outils… – Google Ads ». Sur la page d'accueil, il suffit de cliquer ensuite sur le bouton Accéder à l'outil de planification des mots-clés et d'opter pour l'option Trouver de nouveaux mots-clés.

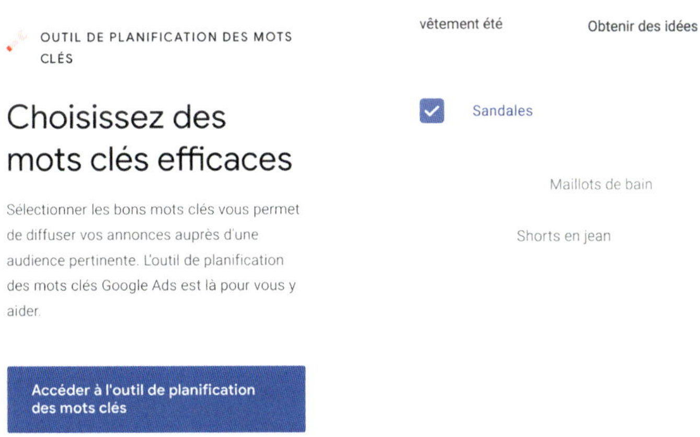

Figure 3-15

Première étape d'utilisation de l'outil de planification de mots-clés.

Par exemple, entrez le mot-clé « référencement » (n'hésitez pas à commencer vos recherches par des mots-clés très génériques) dans le champ Indiquez des produits ou services étroitement liés à votre activité (figure 3-16) et cliquez sur le bouton Obtenir les résultats. L'outil affichera des résultats tels que ceux présentés sur la figure 3-17.

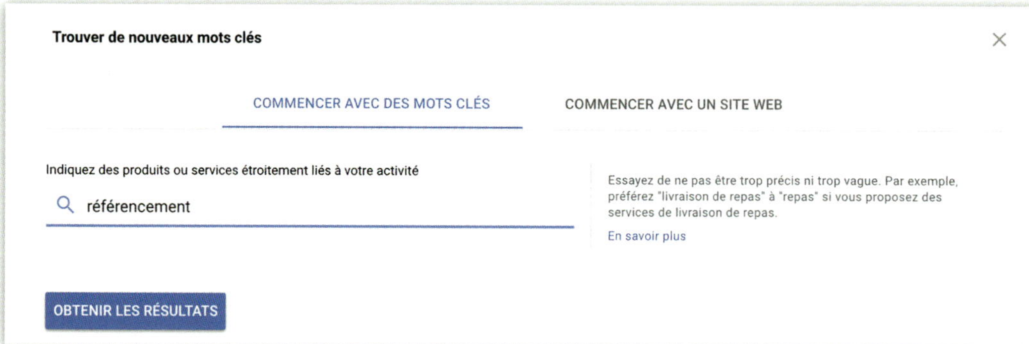

Figure 3-16

Saisie d'un mot-clé générique de départ.

- Le planificateur de mots-clés de Google vous indique le nombre de fois où ce terme, ou toute expression le contenant, a été saisi dans le moteur de recherche Google ainsi que sur le réseau des portails partenaires de cette société (colonne Nombre moyen de recherches mensuelles). Ce chiffre représente le nombre de fois où la requête a été tapée dans le moteur en moyenne mensuelle sur les douze derniers mois, avec un filtre à la fois linguistique et géographique appliqué et modifiable (par défaut sur la version française de l'outil : France, Français, indiqués en haut de l'écran). Actuellement, les statistiques sont fournies sous forme de fourchettes : 10 à 100, 100 à 1 k (1 000), 10 k à 100 k, 100 k à 1 M (un million), 1 M à 10 M, etc. Si vous désirez obtenir des statistiques plus précises, n'hésitez pas à utiliser des outils (payants) comme SemRush, Yooda Insight ou Ranxplorer qui ont gardé en mémoire les anciennes statistiques Google, qui étaient plus précises. Si vous êtes un client important de Google en termes de campagnes publicitaires, vous verrez également apparaître des chiffres plus précis.
- La colonne Concurrence indique le niveau de concurrence entre annonceurs Google Ads. N'en tenez pas compte dans votre stratégie SEO. Cette notion peut être très différente dans les domaines du lien sponsorisé et du référencement naturel. Il en est de même pour les autres colonnes, sur la droite, qui intéresseront plus le gestionnaire de campagnes publicitaires. En gros, seules deux colonnes vont nous servir ici : les requêtes potentielles et leur volume de recherche respectif.

Ces outils sont donc indispensables pour appréhender le potentiel d'un mot-clé. En revanche, il est complexe de dire à partir de combien de requêtes un mot-clé représente un fort potentiel. Tout dépend du domaine dans lequel vous travaillez. Quelques dizaines ou centaines de requêtes seront peut-être très intéressantes, voire inestimables, pour votre activité. Évidemment, si un positionnement est possible sur ces termes, plus il y en aura, mieux ce sera.

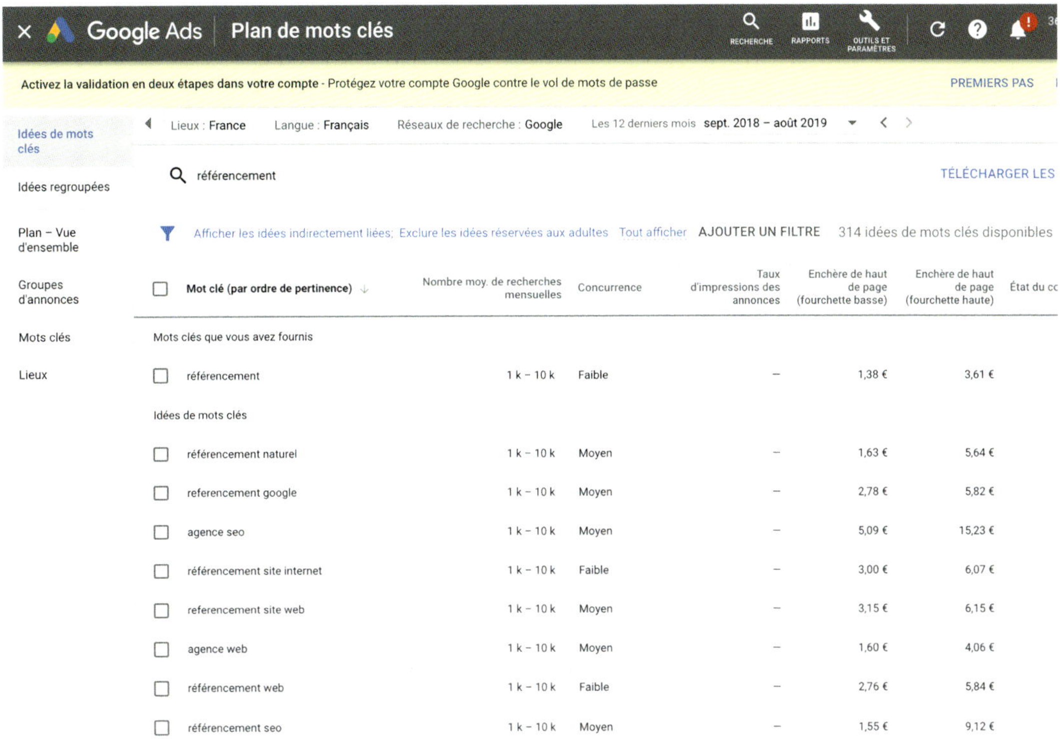

Figure 3-17

Résultats de l'outil pour le mot-clé « référencement ».

Ces outils sont intéressants pour comparer les potentiels de deux termes et savoir lequel est le plus performant. En outre, leur intérêt est également de vous indiquer de façon claire si un terme ou une expression est très peu souvent saisi(e) sur les moteurs. Par exemple, si le résultat est inférieur à 100 (tranche 10 à 100), réfléchissez bien avant de lancer un positionnement sur cette requête, car le résultat risque fort d'être bien décevant. Cela vaut-il la peine de travailler sur une page dédiée à cette requête pour avoir un maximum de 100 visites par mois (sachant que ce total ne sera jamais atteint, puisque vous ne pourrez pas obtenir une visite à chaque fois qu'un internaute tapera ce mot-clé) ?

Par exemple, sur la figure 3-18, la requête « audits référencement naturel » ne renvoie que 0 à 10 résultats, car elle n'est pas suffisamment demandée sur le moteur. Ce résultat sera donc sûrement trop faible pour travailler sur cette requête.

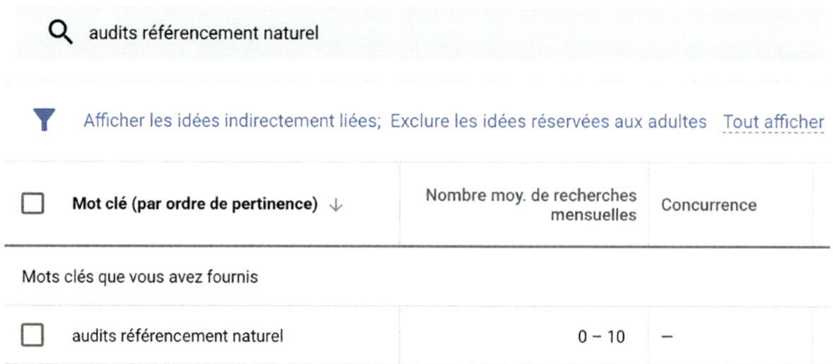

Figure 3-18

Résultats du planificateur de mots-clés Google pour la requête « audits référencement naturel ».

Une fois ces outils exploités, vous devriez avoir les idées plus claires sur le potentiel des termes et expressions que vous désirez prendre en compte pour votre référencement. N'hésitez pas à créer un « lexique de mots-clés » que vous aurez sous les yeux, par la suite, lorsque vous aurez à rédiger vos contenus éditoriaux. Vous pourrez ainsi les parsemer de vos termes et expressions importants. Pas négligeable dans une optique de longue traîne.

Dans une première approche, nous pouvons vous donner le conseil suivant : essayez d'être raisonnable dans vos choix de mots-clés. On peut estimer que des **statistiques dans la tranche entre 1 k (1 000) et 10 k (10 000) fois par mois en moyenne sont très intéressantes**, car elles permettront d'obtenir des résultats assez rapidement et sans fournir d'efforts surhumains. Sachez également qu'au-delà de 100 k (100 000) saisies mensuelles, le travail deviendra plus long, la recherche de backlinks plus importante et les délais nécessaires plus aléatoires. Mais cela ne vous empêche pas, bien sûr, de tenter de vous positionner sur des requêtes plus demandées, notamment si votre site est parfaitement légitime pour apparaître dans les SERP en question. Sachez juste que le travail à fournir sera certainement plus conséquent. Et si votre site n'est pas réellement légitime pour se positionner sur une requête fortement demandée, dites-vous bien que la galère commence (et les désillusions pas très éloignées)…

Si vous pouvez rester, pour une majeure partie de vos mots-clés ciblés, dans la fourchette des 1 000 à 10 000, vous devriez obtenir des résultats intéressants à peu de frais. Mais rien ne dit qu'une tranche de 10 à 100 n'est pas intéressante non plus. C'est à vous de mettre en place vos propres objectifs en fonction du trafic potentiel que chaque requête peut générer. D'ailleurs, dans un domaine plus spécifiquement B2B, il est assez souvent compliqué de trouver des requêtes qui se situent dans la fourchette 1-10 k et on se tourne fréquemment vers la fourchette inférieure (100-1 k) qui reste très intéressante.

La prise en compte du nombre de résultats sur Google

Avoir identifié des mots-clés souvent saisis dans le cadre de votre activité est une première étape essentielle, mais cela ne suffit pas. Il faut maintenant vérifier qu'il est techniquement possible de positionner une page de votre site sur ce terme ou cette expression.

Nous vous avons déjà fourni quelques indications précédemment : 1 000 à 10 000 saisies mensuelles nous semblent être une moyenne très acceptable. Vous pouvez tout à fait rester sur cette fourchette pour vos choix. Cela sera suffisant dans la majeure partie des cas. Nous vous proposons cependant, si vous désirez aller plus loin, une méthodologie un peu plus complète qui tient compte du nombre de résultats identifiés dans Google pour chaque mot-clé.

Pour ce faire, vous pouvez utiliser Google et taper le mot-clé (ou l'expression) en question dans le formulaire de recherche avec la syntaxe de recherche « allintitle: » :

- sur *https://www.google.com/* pour les mots-clés en anglais ;
- sur *https://www.google.fr/* pour les mots-clés en français.

Ensuite, il vous faut regarder le nombre de résultats (ici, plus de 440 000) retournés par Google (figure 3-19).

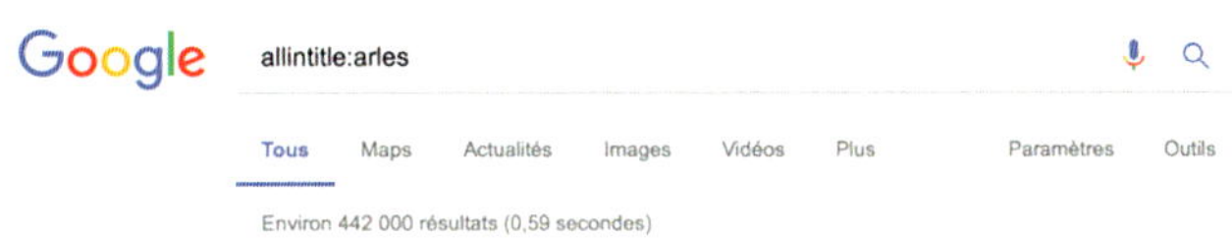

Figure 3-19

Nombre de résultats renvoyés par Google pour le mot-clé « arles ».

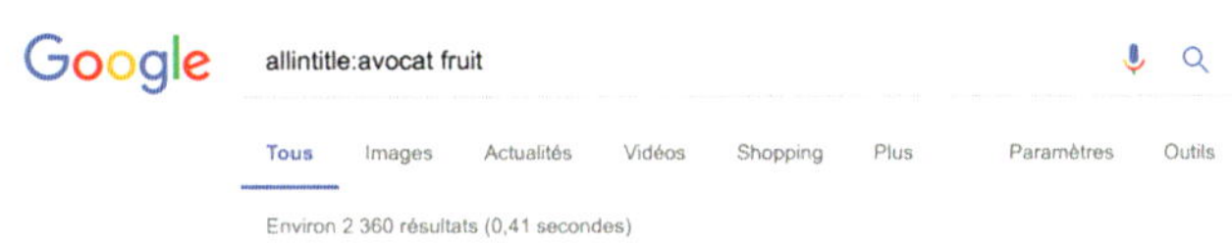

Figure 3-20

La syntaxe « allintitle: » est également intéressante pour « désambiguïser » une requête : ici la différence entre le fruit et le métier juridique.

La syntaxe « allintitle: » permet de limiter les recherches aux pages qui contiennent tous les termes demandés dans le titre (la balise `<title>`) des pages, ce qui est assez représentatif de votre réelle concurrence (les pages en question parlent réellement de la thématique recherchée). L'aspect concurrentiel du mot-clé, et donc la faisabilité d'un positionnement sur ce dernier, pourra être fourni par des fourchettes de résultats. En voici un exemple.

- Jusqu'à 1 000 voire 5 000 résultats : *a priori*, pas de souci à se faire, vous devriez pouvoir bien vous positionner sur ce terme en optimisant de façon professionnelle les pages web de votre site (titre, texte visible, liens, etc., voir chapitres 4, 5 et 6).
- De 5 000 à 10 000 résultats : la concurrence est plus forte, il sera donc plus complexe de positionner vos pages, mais cela reste possible. Le positionnement prendra peut-être plus de temps et demandera une optimisation plus fine, mais vous avez vos chances.
- Au-delà de 10 000, voire 100 000 résultats : l'approche est plus aléatoire. Notez bien que rien n'est impossible, mais peu de garanties sont envisageables. Il vous faudra pas mal de travail, beaucoup de temps et un peu de chance pour arriver au Graal des

premières positions dans ce cas. Ici, l'optimisation « simple » des pages web ne suffira pas (plus) et la différence risque de se faire sur la qualité des backlinks (liens entrants) que vous obtiendrez.

Élaborez vos propres fourchettes

Notez bien que les fourchettes précédemment mentionnées sont empiriques, puisqu'elles nous ont été dictées par notre expérience. Vous pouvez tout à fait avoir d'autres idées au sujet de ces données, notamment en fonction du domaine d'activité dans lequel vous travaillez.

Bien sûr, il existe un facteur supplémentaire non négligeable, voire indispensable, qui est l'agressivité de vos concurrents à ce niveau. Nous en avons déjà parlé précédemment : plus il y aura d'acteurs qui tentent d'atteindre, par l'optimisation de leurs pages, les dix premières places, plus la tâche sera ardue. N'oubliez pas d'en tenir compte, notamment sur le fait que plus le mot-clé est précis, moins la concurrence est forte. En d'autres termes, mieux vaut peut-être viser des expressions comme « hôtel strasbourg » que « hôtel alsace », voire simplement « hôtel ». D'autre part, quelqu'un qui saisit le terme « hôtel » vous intéresse-t-il absolument si vous avez un établissement à Strasbourg (Bas-Rhin) ? Ne vaut-il pas mieux viser un trafic ciblé (les internautes qui sont intéressés par un hôtel dans votre ville, voire votre région) plutôt qu'un trafic important mais qui risque d'être stérile ? Sans parler également de la difficulté d'être bien positionné sur le mot-clé « hôtel » (près de 6 milliards de résultats sur Google France au moment où ces lignes sont écrites).

Comme nous le disions au chapitre 2, imaginez que vous soyez au départ d'une course de fond. Plus il y aura de concurrents, plus il sera difficile de terminer dans les dix premiers. Et plus il y aura de professionnels dans la course, plus la difficulté sera importante. Il en est de même pour votre visibilité sur le Web.

On l'a déjà exposé : sur des mots-clés non concurrentiels, l'optimisation de vos pages web et de leur code HTML (les critères *in page* des chapitres 4 et 5) suffira le plus souvent pour obtenir de bons résultats. En revanche, sur des requêtes plus concurrentielles, beaucoup d'acteurs du domaine effectueront ce même type d'optimisation. La différence – et par conséquent l'accès aux premières positions – se fera donc sur la qualité des liens obtenus et sur les critères *off page* que nous étudierons au chapitre 6.

Méthodologie de choix des mots-clés

Pour vous aider dans le choix de vos mots-clés, nous vous proposons une petite méthodologie que vous pourrez adapter sans problème à vos besoins.

1. Dans un premier temps, faites une liste intuitive d'une dizaine de mots-clés qui caractérisent votre activité. Imaginons que vous soyez une société de référencement. Les termes qui vous viendront immédiatement à l'esprit sont les suivants.

Tableau 3-1 Liste de mots-clés de départ pour une société de référencement

Mot-clé/requête
Référencement
Positionnement
Moteurs de recherche
Annuaire
Visibilité
Liens sponsorisés
Referencement
Visibilite
Lien sponsorise
Moteur de recherche

Notez ici les différentes versions d'un même mot (singulier/pluriel, accents, etc.).

2. Comme l'illustre la figure 3-21, lancez le planificateur de mots-clés de Google et saisissez cette liste dans la zone Votre produit ou service.

Figure 3-21

Première saisie dans le planificateur de mots-clés de Google.

3. Étudiez la liste des mots-clés proposés par l'outil dans l'onglet Idées de mots-clés (figure 3-22). Elle est très complète et comprend certainement des termes et expressions auxquels vous n'aviez pas pensé auparavant. Listez les termes par Nombre moyen de recherches mensuelles décroissant (en cliquant sur l'intitulé de la colonne) pour obtenir en premier les requêtes qui sont le plus souvent saisies.

Rien ne vous empêche de faire cette opération plusieurs fois : vous récupérez dans la première liste des termes intéressants, que vous ajoutez ensuite à votre liste initiale de 10 mots-clés, puis vous relancez une recherche, et ainsi de suite.

Mot clé (par ordre de pertinence) ↓	Nombre moy. de recherches mensuelles
Mots clés que vous avez fournis	
annuaire	100 k – 1 M
liens sponsorises	10 – 100
liens sponsorisés	100 – 1 k
moteur de recherche	10 k – 100 k
positionnement	1 k – 10 k
référencement	1 k – 10 k
visibilité	1 k – 10 k

Figure 3-22

Listing des requêtes les plus intéressantes sur Google.

4. Copiez-collez la liste fournie (plusieurs dizaines voire centaines de termes) dans un tableur et supprimez les expressions qui ne vous intéressent pas. Ne gardez que celles qui semblent convenir le mieux à votre activité. À ce stade de la méthodologie, vous avez par exemple en main une centaine de requêtes intéressantes, car elles ont trait à votre activité et elles sont souvent demandées sur Google.
5. Pour chacune de ces requêtes, regardez combien de fois elles sont demandées sur le planificateur de mots-clés de Google (rappelons une dernière fois que si vous désirez des résultats plus précis qu'une fourchette de nombres, vous pouvez utiliser des outils comme SemRush, Yooda Insight ou Ranxplorer, entre autres) et combien de résultats sont renvoyés par le moteur de recherche Google.fr lorsqu'on tape ces mots-clés assortis de la syntaxe allintitle: (voir précédemment). Complétez le tableau (tableau 3-2).

Tableau 3-2 Pour chaque mot-clé, on liste les résultats du générateur de mots-clés (intérêt) et du moteur de recherche Google (faisabilité)

Mot-clé/requête	Résultats du générateur de mots-clés de Google	Résultats du moteur de recherche Google (allintitle:)
Annuaire	1 M – 10 M	15000000
Référencement	1 k – 10 k	300000
Moteurs de recherche	10 k – 100 k	16000
Positionnement	1 k – 10 k	140000
Liens sponsorisés	10 – 100	3000
Moteur de recherche	10 k – 100 k	2400000
Visibilité	1 k – 10 k	130000
SEO	1 k – 10 k	11400000
Référencement gratuit	1 k – 10 k	14000

6. Pour l'intérêt et la faisabilité, établissez des fourchettes de notes de 0 à 20 en fonction des résultats trouvés. Voici quelques exemples :

- Intérêt (planificateur de mots-clés)
  - 0 résultat : 0 point ;
  - 10 à 100 résultats : 5 points ;
  - 100 à 1 k résultats : 10 points ;
  - 1 k à 10 k résultats : 15 points ;
  - 10 k à 100 k résultats : 20 points ;
  - plus de 100 k résultats : 25 points.
- Faisabilité (moteur de recherche)
  - plus de 1 million de résultats : 0 point ;
  - de 500000 à 1 million de résultats : 5 points ;
  - de 100000 à 500000 résultats : 10 points ;
  - de 10000 à 100000 résultats : 15 points ;
  - moins de 10000 résultats : 20 points.

Reportez ensuite dans votre tableau les notes ainsi attribuées (tableau 3-3).

Tableau 3-3 Chaque requête reçoit une note d'intérêt et une note de faisabilité

Mot-clé/requête	Résultats du générateur de mots-clés de Google	Note d'intérêt	Résultats du moteur de recherche Google (allintitle:)	Note de faisabilité
Annuaire	1 M – 10 M	25	15 000 000	0
Référencement	1 k – 10 k	15	300 000	10
Moteurs de recherche	10 k – 100 k	20	16 000	15
Positionnement	1 k – 10 k	15	140 000	10
Liens sponsorisés	10 – 100	5	3 000	20
Moteur de recherche	10 k – 100 k	20	2 400 000	0
Visibilité	1 k – 10 k	15	130 000	10
SEO	1 k – 10 k	15	11 400 000	0
Référencement gratuit	1 k – 10 k	15	14 000	15

7. Faites la somme des deux notes pour obtenir une note globale (tableau 3-4).

Tableau 3-4 Une note globale indique quels mots-clés traiter en priorité

Mot-clé/requête	Résultats du générateur de mots-clés de Google	Note d'intérêt	Résultats du moteur de recherche Google (allintitle:)	Note de faisabilité	Note globale (somme intérêt + faisabilité)
Annuaire	1 M – 10 M	25	15 000 000	0	25
Référencement	1 k – 10 k	15	300 000	10	25
Moteurs de recherche	10 k – 100 k	20	16 000	15	35
Positionnement	1 k – 10 k	15	140 000	10	25
Liens sponsorisés	10 – 100	5	3 000	20	25
Moteur de recherche	10 k – 100 k	20	2 400 000	0	20
Visibilité	1 k – 10 k	15	130 000	10	25
SEO	1 k – 10 k	15	11 400 000	0	15
Référencement gratuit	1 k – 10 k	15	14 000	15	30

Cette dernière colonne vous donnera ainsi une priorité dans les requêtes à utiliser pour mieux référencer votre site.

Notez bien que vous pouvez adapter cette méthodologie à vos besoins et attentes, et gérer différemment les fourchettes de notes proposées précédemment.

Comme nous l'avons déjà signalé auparavant, vous pouvez tout à fait vous en tenir uniquement aux statistiques fournies par le planificateur de mots-clés de Google, ce qui est déjà une très bonne première approche.

Remarquez enfin, comme nous l'avons indiqué plusieurs fois auparavant, que le choix de vos mots-clés dépendra surtout, et ce de façon importante, de l'aspect concurrentiel de ces derniers. Plus il y aura de webmasters tentant de se référencer sur vos expressions favorites, plus la faisabilité sera aléatoire en termes de délais ! Vous pouvez éventuellement tenir compte de ce paramètre en ajoutant un coefficient spécifique à vos calculs, voire en ne tenant purement et simplement pas compte du nombre de résultats renvoyés par le moteur de recherche Google.fr.

Un arbitrage entre intérêt et faisabilité

Bien choisir vos mots-clés pour un référencement consiste donc à trouver un arbitrage entre le potentiel des termes choisis et la faisabilité technique d'un positionnement sur ceux-ci.

N'hésitez pas à y passer le temps nécessaire, car cette étape est absolument capitale. Si vous n'y prêtez pas suffisamment d'attention, vous pourriez avoir de grosses désillusions par la suite. Le tout n'est pas d'être premier sur un mot ou une expression : il faut aussi qu'il entraîne du trafic. Et du trafic qualifié, c'est encore mieux !

Le référencement prédictif

Dans la vie réelle, il existe de nombreux domaines qui constituent des événements prévisibles : on les appelle parfois les « marronniers » (*https://speeny.fr/66*) lorsqu'ils surviennent à date fixe (Saint-Valentin, Noël, fête des mères, Halloween, etc.). Il peut aussi s'agir, par exemple, d'événements sportifs comme une coupe du monde de football, des championnats de ski, un tournoi du Grand Chelem de tennis ou encore des manifestations régulièrement organisées, comme un festival de musique, un salon automobile ou autres.

Une question se pose souvent au sujet de ces manifestations : si leur date est fixe, à partir de quand faut-il prévoir leur référencement pour être « au top » à la date où aura lieu l'événement ? En effet, on voit souvent certains sites web proposer du contenu au sujet d'un événement une ou deux semaines avant celui-ci. Est-ce suffisant ? Ne faut-il pas mettre en ligne du contenu bien avant ? C'est à ces questions que la notion de référencement prédictif va tenter de répondre en observant les courbes temporelles de saisie de mots-clés sur les moteurs de recherche. En effet, lorsqu'une recherche est dite « chaude » (elle génère un pic de demandes), Google utilise un algorithme spécifique appelé QDF *(Query Desserves Freshness)* qui donne la part belle à la fraîcheur des informations. En d'autres termes et en caricaturant quelque peu, celui qui aura publié les derniers contenus à ce sujet aura une avance sur les autres. Il faut donc se tenir prêt à mettre en ligne de nombreux contenus pour avoir une chance de bonne visibilité. Mais il ne faut pas le faire n'importe comment.

Pour terminer cette introduction, il est évident que nous allons traiter ici uniquement d'événements prévisibles. Des actualités comme une tempête, un attentat ou un accident d'avion ne peuvent bien entendu pas faire l'objet des travaux que nous allons décrire.

Google Trends, un outil indispensable

Pour tenter d'y voir plus clair dans le domaine du référencement prédictif, nous allons utiliser deux outils qui nous semblent indispensables pour évaluer le délai nécessaire entre le début d'un référencement événementiel et son pic de trafic.

- **L'outil de planification de mots-clés de Google** pour définir l'univers sémantique de l'événement : comment les internautes recherchent-ils l'information au sujet de la manifestation en question sur les moteurs de recherche ? Il s'agit de l'outil que nous avons décrit dans les pages précédentes.
- **Google Trends** (ou Google Tendance des recherches, en français) pour définir, sur la base des requêtes identifiées dans un premier temps, les tendances temporelles de recherche. Cet outil est disponible à l'adresse suivante : *https://trends.google.fr/trends/*.

Étape 1 – Définir un univers sémantique simple

La première étape consiste donc à définir un champ sémantique simple (des requêtes incontournables) qui va vous permettre de savoir comment les internautes effectuent des recherches sur les moteurs pour trouver des données sur l'événement en question. Prenons quelques exemples et utilisons le générateur de mots-clés de Google.

- **Saint-Valentin.** En saisissant la simple requête de départ « saint valentin » dans le générateur de mots-clés, on s'aperçoit vite que le champ sémantique principal est limité à quelques requêtes.

Tableau 3-5 Nombre moyen de saisies mensuelles pour les requêtes autour de la Saint-Valentin

Mots-clés	Nombre moyen de saisies mensuelles
saint valentin	10 k-100 k
cadeau saint valentin	10 k-100 k
carte saint valentin	1 k-10 k
cadeaux saint valentin	10 k-100 k
cartes saint valentin	1 k-10 k

- **Printemps de Bourges.** La requête « printemps de bourges » fournit les résultats présentés dans le tableau 3-6.

Tableau 3-6 Nombre moyen de saisies mensuelles pour les requêtes autour du Printemps de Bourges

Mots-clés	Nombre moyen de saisies mensuelles
printemps de bourges	10 k-100 k
printemps de bourges billets	1 k-10 k

- **Salon du livre.** Les résultats de la requête « salon livre » sont listés dans le tableau 3-7.

Tableau 3-7 Nombre moyen de saisies mensuelles pour les requêtes autour du Salon du livre

Mots-clés	Nombre moyen de saisies mensuelles
salon du livre	10 k-100 k
salon du livre paris	1 k-10 k
salon du livre jeunesse	100-1 k
salon livre	100-1 k

- **Coupe du monde de football.** Simplifions la recherche avec « coupe du monde », les résultats obtenus sont présentés au tableau 3-8.

Tableau 3-8 Nombre moyen de saisies mensuelles pour les requêtes autour de la Coupe du monde de football

Mots-clés	Nombre moyen de saisies mensuelles
coupe du monde	10 k-100 k
coupe du monde 2018	10 k-100 k
coupe du monde football	1 k-10 k
coupe du monde 1982	1 k-10 k
coupe du monde 2022	1 k-10 k

Notez bien que les chiffres fournis dans les tableaux précédents peuvent varier en fonction du moment où vous effectuez vos recherches.

On pourrait multiplier les exemples à l'envi ; on s'aperçoit qu'assez souvent on peut trouver des requêtes phares qui caractérisent rapidement l'événement dont on veut faire la promotion (tout du moins sa prochaine édition) et qui sont assez souvent demandées.

Une fois ces mots-clés et cet univers sémantique identifiés, nous allons pouvoir passer à la deuxième étape de notre recherche prédictive.

Étape 2 – Effectuer une recherche prédictive

Nous allons maintenant utiliser Google Trends (*https://trends.google.fr/trends/*) pour avoir une idée des « pics de fréquence » des mots-clés identifiés au préalable.

Premier exemple, le plus simple, avec le mot-clé « saint valentin » (avec, pour être plus précis, une recherche uniquement sur la France en utilisant le menu déroulant en haut de page). Les résultats de la recherche sont illustrés à la figure 3-23.

Comme on pouvait s'y attendre, on voit tout de suite un pic chaque mois de février.

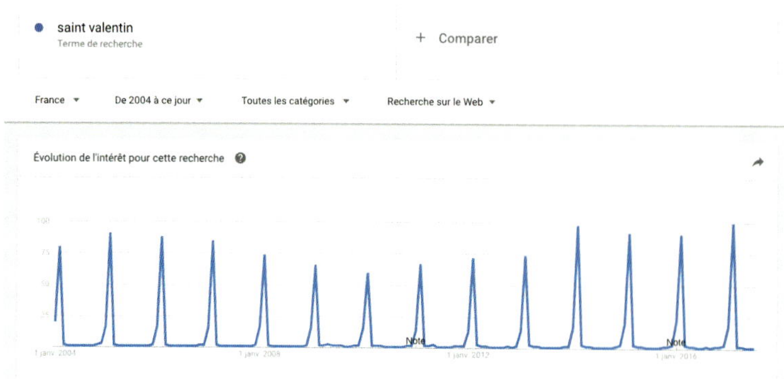

Figure 3-23

Fréquence temporelle de saisie de la requête « saint valentin » sur Google révélée grâce à l'outil Google Trends.

Approchons-nous maintenant et regardons la courbe (sélectionner les dates du menu déroulant De 2004 à ce jour) de début janvier à fin février 2017, figures 3-24 et 3-25.

Figure 3-24

Choix d'une fourchette de dates spécifiques.

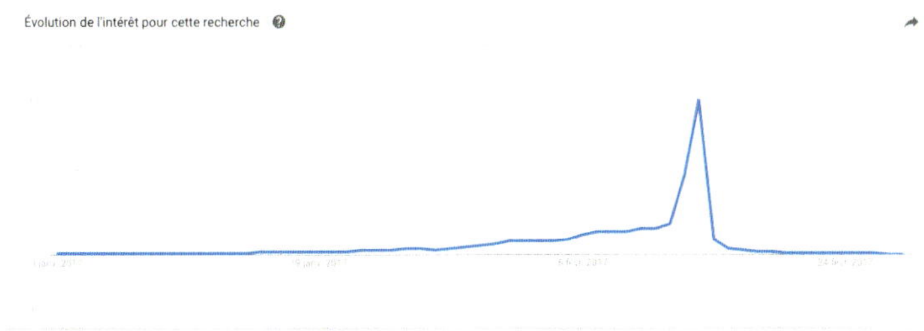

Figure 3-25

Courbe sur deux mois.

Le graphique est clair : le pic de fréquence se trouve en février (non, sans blague ?). On voit bien que les internautes commencent à chercher des informations au sujet de la Saint-Valentin à partir de la mi-janvier : on appelle « point d'inflexion » la date à partir de laquelle les recherches commencent à augmenter. C'est donc à ce moment-là qu'il faut être prêt en termes de référencement pour ne pas perdre de trafic. En effet, si vous fournissez un contenu en ligne uniquement début février :

- vous avez perdu tout le trafic provoqué par les requêtes effectuées autour de la Saint-Valentin depuis le 15 janvier ;
- les internautes ont commencé à prendre des habitudes sur des sites qui peuvent être vos concurrents et qui s'y sont pris plus tôt ;
- vous n'aurez pas habitué Google à venir assez tôt sur votre site pour l'analyser et « comprendre » ce qu'il propose.

Bref, vous arrivez un peu tard…

Google Trends : une mine d'informations

Google Trends propose d'autres informations intéressantes (pays, régions, mots-clés, catégories, etc.). N'hésitez pas à explorer ces possibilités pour éventuellement affiner votre recherche selon l'événement visé.

Étape 3 – Détecter le point d'inflexion et commencer à proposer du contenu un mois avant

N'oubliez pas que si vous désirez être prêt en termes de référencement à la mi-janvier, vous devez commencer à mettre en ligne du contenu avant. Cette approche permet aux moteurs de le « digérer » pour que vous puissiez être bien positionné à ce moment-là. Les moteurs de recherche ayant fait de grands progrès à ce niveau, on peut estimer que si vous proposez du contenu optimisé mi-décembre, vous aurez certainement de bons résultats en positionnement mi-janvier.

Cela nous mène quand même deux mois avant la date fatidique du 14 février !

Bien sûr, il n'est pas nécessaire de proposer dès le départ un contenu très important. Pour reprendre notre exemple sur la Saint-Valentin, vous pouvez tout à fait mettre en place la procédure suivante :

- mi-décembre, mise en ligne d'un site dédié (par exemple, à l'adresse *saint-valentin.votresite.com* ou *www.votresite.com/saint-valentin/*) avec un contenu de départ léger et quelques articles pour « amorcer la pompe » ;
- courant décembre, ajout de quelques articles au fur et à mesure (par exemple, un article tous les deux ou trois jours) pour faire vivre le site et montrer aux moteurs qu'il évolue ;
- proposer par ailleurs une page d'accueil mise à jour quotidiennement pour habituer les spiders à venir souvent la visiter ;
- à partir de la mi-janvier, à partir du point d'inflexion, augmenter la cadence de publication avec un article nouveau par jour ;
- à partir de début février, booster le site avec plusieurs articles nouveaux quotidiennement.

Le site a ainsi une cadence d'évolution logique, assez « normale » au départ, pour terminer en trombe, en phase avec la courbe renvoyée par Google Trends. Cela devrait plaire aux moteurs… et aux internautes ! Oui, certes, c'est du travail, mais on n'a rien sans rien !

Notez bien que le délai à partir duquel il faut proposer du contenu en ligne peut varier en fonction des événements. Par exemple, pour la requête « printemps de bourges », Google Trends donne la courbe illustrée par la figure 3-26.

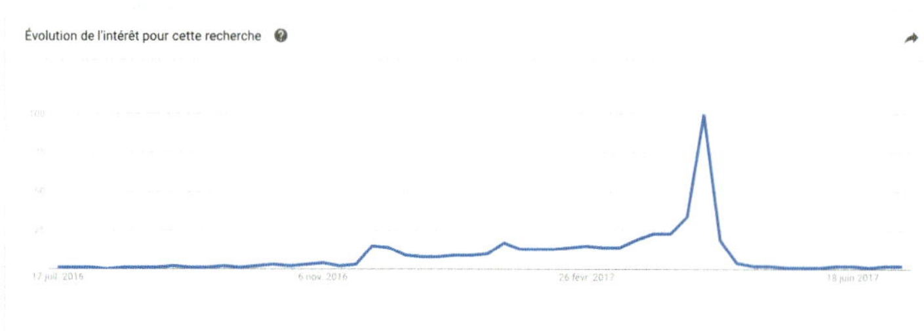

Figure 3-26

Fréquence temporelle de saisie de la requête « printemps de bourges » sur Google grâce à l'outil Google Trends.

On voit bien ici que, si la manifestation a lieu en avril/mai (voir le pic évident à cette période), les requêtes commencent « à se réveiller » dès le mois de décembre, voire plusieurs mois avant. Ce phénomène est normal puisqu'on connaît très tôt les groupes qui vont jouer lors du festival, et plusieurs annonces suscitent des recherches par les internautes. Les demandes de réservation commencent également. Donc, autant le prévoir dès que les courbes « frémissent ».

En revanche, une compétition comme le Paris-Dakar est surtout recherchée (requête « paris dakar ») sur une période très courte, autour du 1er janvier (figure 3-27).

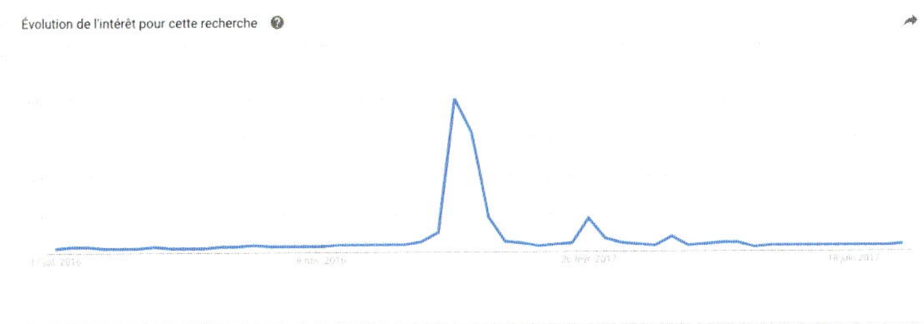

Figure 3-27

Fréquence temporelle de saisie de la requête « paris dakar » sur Google grâce à l'outil Google Trends.

Le pic des recherches commence ici dans la dernière semaine de décembre pour se terminer la troisième de janvier (avec quelques « répliques » en février et avril).

Tout dépendra en fait de la manifestation en question. Il vous faut donc, par ordre chronologique :

1. identifier quelques requêtes phares, emblématiques de la façon dont les internautes recherchent l'information sur l'événement, grâce au planificateur de mots-clés de Google ;
2. chercher dans l'outil Google Trends où se situe le pic de recherches et quand commencent les investigations de la part des internautes (point d'inflexion) ;
3. commencer à proposer du contenu en ligne sur un site ou une rubrique dédié *grosso modo* un mois avant ce point d'inflexion.

Il est en tout cas très clair que trop attendre n'est pas une bonne chose en termes de référencement prédictif. Pourtant, il n'est pas non plus nécessaire d'être prêt trop tôt. Il faut être *just in time*. Si l'avenir appartient à ceux qui se lèvent tôt, une bonne visibilité sur les moteurs appartient à ceux qui proposent du contenu tôt…

Sur quels moteurs faut-il se référencer ?

Dans les paragraphes qui précèdent, nous avons vu comment fonctionnent les moteurs de recherche. Cependant, savez-vous sur quels outils vous allez devoir être référencé et positionné ? Cette donnée est également importante, car il ne sera pas question de perdre du temps à tenter d'apparaître de façon optimale sur un moteur qui ne ramène aucun trafic.

La réponse à cette question est simple : vous devez opter pour ceux qui ramèneront le plus de trafic sur votre site web. Et ils ne sont pas nombreux… Si l'on en croît le site StatCounter (*https://gs.statcounter.com/*), le trafic en France est à 97 % engendré par trois outils de recherche (figure 3-28) : Google (92 % du trafic), Bing (4 %) et Yahoo! (1,2 %). Les autres ne sont pas représentatifs des outils de recherche actuels.

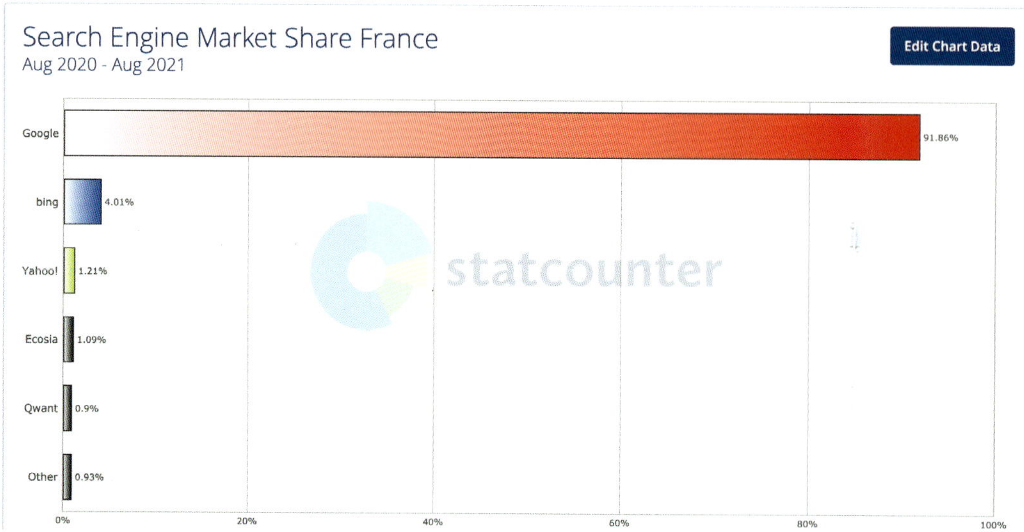

Figure 3-28

Baromètre StatCounter sur les parts de trafic des différents moteurs du Web en France, en août 2021. Source : Baromètre StatCounter.

La problématique du calcul des parts de trafic des moteurs de recherche

Cela fait des années que l'on voit sur le Web des chiffres sur les supposées parts de marché (PDM) des moteurs de recherche en France, en Europe ou dans le monde. Certains sites publient des chiffres, parfois calculés de façon totalement différente et ces statistiques sont reprises, voire comparées à l'envi, par d'autres sources parfois sans aucune réflexion critique à la clé. Ces chiffres peuvent également être repris car cela arrange bien ceux qui communiquent dessus... Il nous semblait donc intéressant de bien comprendre ce que sont ces parts de marché des moteurs de recherche et d'analyser la façon dont elles pourraient (devraient ?) être calculées. C'est l'objet de cet article, paru sur le site Abondance en septembre 2019 : *https://speeny.fr/67.*

Il reste donc trois moteurs seulement, les deux derniers étant loin derrière le leader Google et dont un seul (Bing) peut éventuellement prétendre au titre de challenger (quoi que...).

Et si on tient compte du fait que de nombreux moteurs et portails utilisent la technologie de recherche de Google, voire celle de Microsoft (Bing), le nombre de technologies de recherche sur lesquelles il va vous falloir être présent est encore plus restreint :

- Google (Google, SFR/Altice, Free, Bouygues Telecom...) ;
- Microsoft Bing (MSN.fr, Bing.com, Yahoo!, Qwant en partie) ;
- et c'est tout.

Attention aux garanties

Certaines sociétés de référencement vous proposent parfois des garanties du type « Nous vous garantissons X % de premières pages sur Y mots-clés et Z moteurs ». Par exemple, « Nous vous garantissons 30 % de premières pages sur 10 moteurs et 50 requêtes ». Si le pourcentage de premières pages et le nombre de mots-clés peuvent évoluer d'une société et d'un client à l'autre, le nombre de moteurs pose ici problème : il n'y en a qu'un qui crée réellement du trafic, c'est Google. Si vous obtenez 50 % de premières pages sur des moteurs de recherche inconnus, votre trafic ne devrait pas frémir beaucoup. N'hésitez donc pas à restreindre le nombre de moteurs pris en compte dans la garantie et à bien faire spécifier leur nom.

Cette situation de quasi-monopole de la part de Google est pratiquement identique dans tous les pays d'Europe (hormis la Russie où le « local de l'étape » Yandex s'impose et la République tchèque où survit Seznam), les moteurs ou portails typiquement « franco-français » (voire à vocation européenne) comme Ecosia ou Qwant étant remplacés par des acteurs locaux comme Search.ch en Suisse, T-Online en Allemagne ou AOL en Grande-Bretagne.

Aux États-Unis, la situation est en revanche légèrement différente avec une hégémonie affirmée mais un peu moins importante de Google. Pour le mois d'août 2021, par exemple, toujours selon StatCounter, c'est Google qui s'octroyait la première place, mais avec « seulement » 87,9 % du trafic, devant Bing (6 %), Yahoo! (3,1 %), DuckDuckGo (2,5 %) et Ecosia (0,1 %). D'une façon générale, ces chiffres bougent très peu depuis des années (et les baromètres du type de celui que ComScore proposait il y a quelques années cessent leur activité, lassés de répéter chaque mois des statistiques quasi identiques).

La situation semble donc claire à ce niveau-là. Seuls quelques outils de recherche créent du trafic sur les sites web dans le monde. Et encore moins de technologies. Et encore moins en Europe. Et encore moins en France.

Il n'est donc pas complètement vain de restreindre sa stratégie de référencement francophone au seul Google, qui représente en France plus de 90 % (voire très souvent 95 % pour de nombreux sites) du trafic « outils de recherche ». Cette stratégie serait en revanche moins valable pour un site web visant le marché américain, puisque Bing deviendra à ce niveau non négligeable.

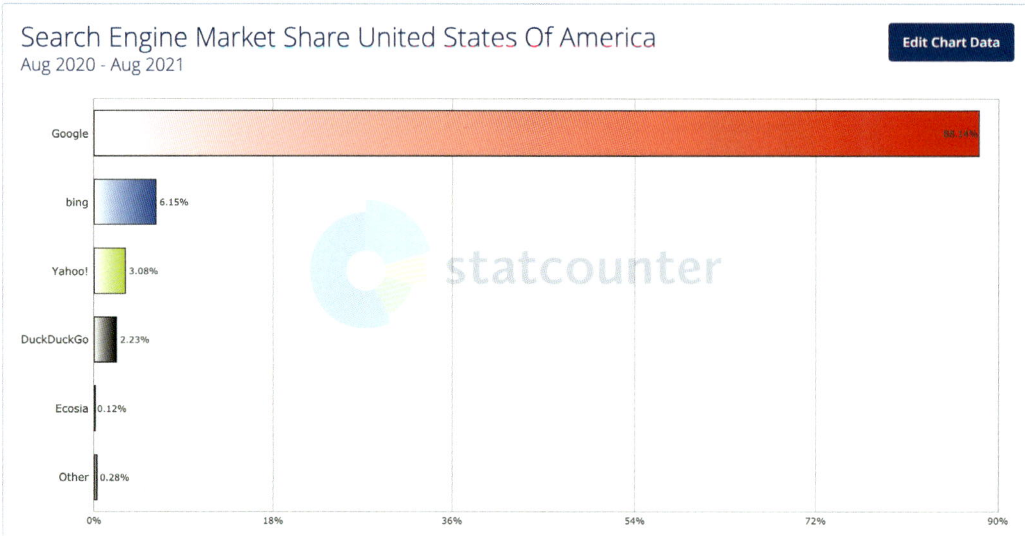

Figure 3-29

Baromètre StatCounter sur les parts de trafic des différents moteurs du paysage américain en août 2021. Source : https://speeny.fr/68.

Le monde des moteurs de recherche évolue vite et de nouveaux acteurs viennent souvent tenter leur chance sur ce marché. Facebook veille également et peut changer la donne depuis 2015 avec son Graph Search. À vous donc de vous tenir au courant, d'effectuer une veille pour sentir les tendances (le site Abondance.com est là pour ça) et de prendre en compte de nouveaux outils dès qu'ils donnent des signes de vitalité intéressants.

Google n'est pas seul

Si les conseils fournis dans ce livre sont valables en grande partie pour Google, comme les exemples le montreront, ils restent valables pour les autres moteurs de recherche, les algorithmes de pertinence utilisés actuellement par les différents concurrents étant très proches (et tentant surtout tous de copier celui de Google...).

- Les pays qui résistent encore et toujours à l'envahisseur…

Figure 3-30

Les seuls pays qui résistent encore et toujours à l'envahisseur : République tchèque (Seznam), Russie (Yandex), Chine (Baidu), Japon (Yahoo!) et Corée du sud (Naver).
Source : Baromètre StatCounter.

L'outsider Brave

L'année 2021 a vu arriver un *outsider* intéressant avec Brave (*https://search.brave.com/*) qui utilise à la fois sa propre technologie de recherche et celle de Bing en complément. Un vrai bon moteur de recherche qu'il faudra suivre de près ces prochaines années. Voici un article qui vous en dira plus à son sujet : *https://speeny.fr/1254*.

Partie B

Le SEO en pratique

4

Optimisation – Les critères in page : balises HTML et URL

« De tous les actes, le plus complet est celui de construire. »

Paul Valéry

Comme nous l'avons vu dans les premiers chapitres de cet ouvrage, il est aujourd'hui primordial d'optimiser les pages web de votre site à la source, sans passer par des « rustines » de quelque type que ce soit. Pour cela, vous vous êtes armé des mots-clés que vous avez définis dans le chapitre précédent. Il vous faut maintenant définir les « zones chaudes » de vos pages dans lesquelles vous placerez, grâce à un texte savamment rédigé (voir le chapitre suivant), ces différents termes importants : titre, texte, lien, URL, etc. Vos pages seront ainsi réactives autant que possible aux critères de pertinence des moteurs. C'est ce que nous allons voir dans ce chapitre sur l'examen des critères techniques dits « in page » (ou « on page »), c'est-à-dire concernant l'analyse par les moteurs du code HTML de vos documents. Le chapitre suivant traitera, quant à lui, de l'aspect plus spécifiquement rédactionnel (comment écrire pour les internautes en tenant compte des moteurs de recherche) avant de passer aux différents critères « off page » qui sont davantage en rapport avec l'environnement de la page par le biais de notions comme la popularité, l'ancrage, la confiance, etc. Il y a donc du pain sur la planche. Passons maintenant à la première étape : optimiser vos codes HTML...

Regardez vos pages avec l'œil du spider !

Lorsque vous consultez un site web, vous utilisez bien sûr l'œil de l'internaute « humain » qui regarde l'écran de son ordinateur. Toutefois, les spiders des moteurs de recherche ont, pour leur part, une vision tout autre de vos pages. Voici plusieurs façons astucieuses de vous mettre à la place d'un robot et de visualiser votre site sous un œil nouveau et... parfois assez surprenant.

Tout d'abord, il est important de bien comprendre que les robots des moteurs n'ont qu'une vision parcellaire de vos documents. On les compare souvent, avec raison, à un utilisateur aveugle qui utiliserait un système de reconnaissance vocale pour comprendre ce que contiennent vos pages. En un mot, pour les spiders, l'essentiel est le texte, le texte et encore le texte ! De vrais « obsédés textuels » on vous dit ! Cela dit, les moteurs modernes actuels savent faire une phase de rendering, c'est-à-dire visualiser la page comme dans un navigateur, comme s'ils étaient un internaute lambda. On est donc loin des moteurs qui analysaient simplement un code HTML de façon linéaire, il y a plus de dix ans de cela. Il n'en reste pas moins vrai que le contenu textuel est toujours essentiel dans une optimisation SEO et qu'il est très intéressant de l'extraire pour voir à quoi il ressemble vraiment...

Le cache de Google

La première façon de « vivre dans la peau d'un spider » et de visualiser ce si important contenu textuel est d'utiliser le cache de Google. Pour cela, recherchez votre site sur le moteur et observez le résultat obtenu, comme nous l'avons fait sur la figure 4-1 avec le site Abondance sur Google.

À droite de l'URL apparaît une petite flèche, pointe en bas. Cliquez dessus pour faire apparaître un menu et sélectionnez En cache (figure 4-1). Vous obtenez alors la page représentée à la figure 4-2.

Figure 4-1

Le site Abondance présenté dans les résultats de Google.

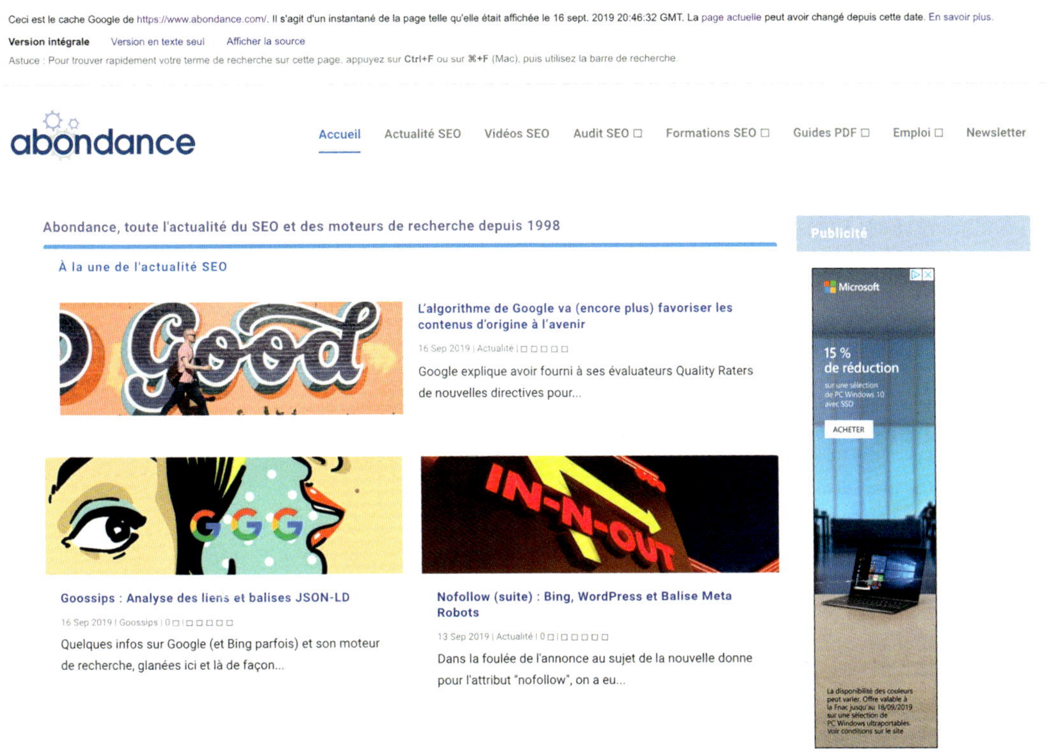

Figure 4-2

Version en cache de la page d'accueil du site Abondance.

En haut de la page, dans la zone textuelle grisée proposée par Google, cliquez sur le lien intitulé Version en texte seul. Vous obtenez alors une vision *spider friendly* de votre page, proposant uniquement le texte, donc ce que voient les spiders des moteurs.

Ce n'est clairement pas la même chose. Faites le test avec votre site et vous risquez d'être surpris. Notez également que les feuilles de styles (CSS pour *Cascading Style Sheets*) ne sont plus appliquées, ce qui change tout. Vous pouvez imaginer, en première approche, que c'est donc ainsi que Google et ses compères voient votre site !

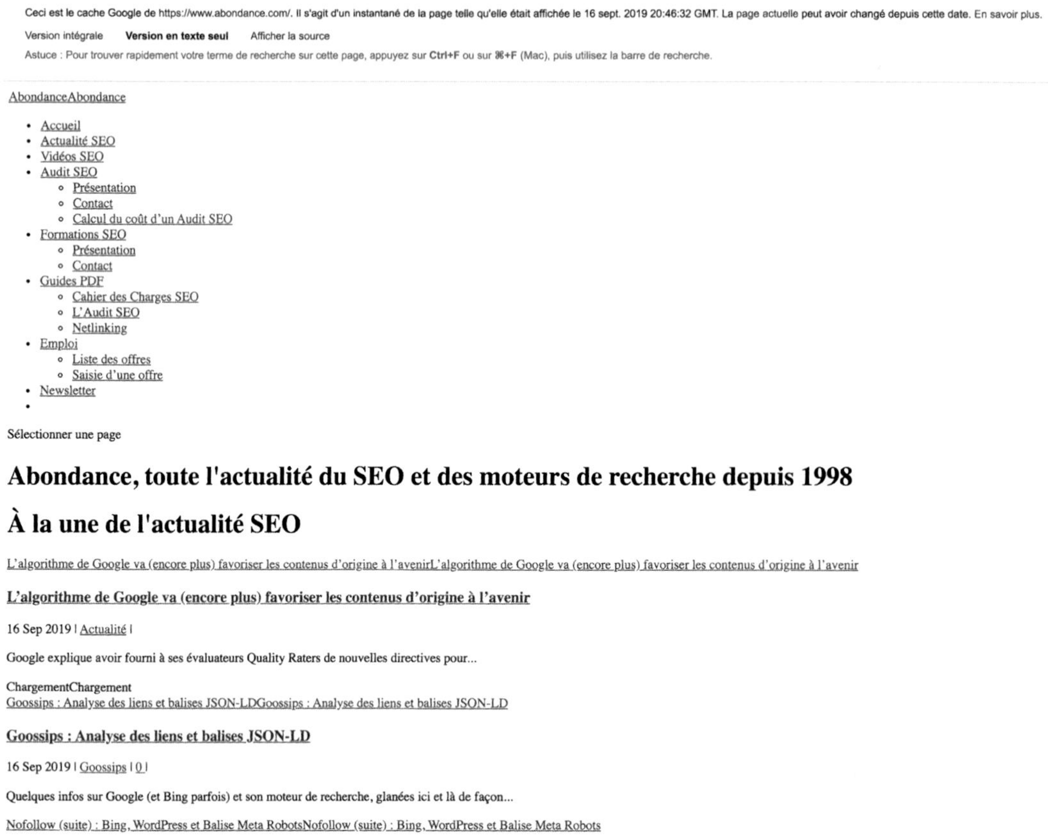

Ceci est le cache Google de https://www.abondance.com/. Il s'agit d'un instantané de la page telle qu'elle était affichée le 16 sept. 2019 20:46:32 GMT. La page actuelle peut avoir changé depuis cette date. En savoir plus.

Version intégrale **Version en texte seul** Afficher la source

Astuce : Pour trouver rapidement votre terme de recherche sur cette page, appuyez sur **Ctrl+F** ou sur **⌘+F** (Mac), puis utilisez la barre de recherche.

AbondanceAbondance

- Accueil
- Actualité SEO
- Vidéos SEO
- Audit SEO
  - Présentation
  - Contact
  - Calcul du coût d'un Audit SEO
- Formations SEO
  - Présentation
  - Contact
- Guides PDF
  - Cahier des Charges SEO
  - L'Audit SEO
  - Netlinking
- Emploi
  - Liste des offres
  - Saisie d'une offre
- Newsletter
-

Sélectionner une page

Abondance, toute l'actualité du SEO et des moteurs de recherche depuis 1998

À la une de l'actualité SEO

L'algorithme de Google va (encore plus) favoriser les contenus d'origine à l'avenirL'algorithme de Google va (encore plus) favoriser les contenus d'origine à l'avenir

L'algorithme de Google va (encore plus) favoriser les contenus d'origine à l'avenir

16 Sep 2019 | Actualité |

Google explique avoir fourni à ses évaluateurs Quality Raters de nouvelles directives pour...

ChargementChargement
Goossips : Analyse des liens et balises JSON-LDGoossips : Analyse des liens et balises JSON-LD

Goossips : Analyse des liens et balises JSON-LD

16 Sep 2019 | Goossips | 0 |

Quelques infos sur Google (et Bing parfois) et son moteur de recherche, glanées ici et là de façon...

Nofollow (suite) : Bing, WordPress et Balise Meta RobotsNofollow (suite) : Bing, WordPress et Balise Meta Robots

Figure 4-3

Version textuelle de la page, lue par les spiders des moteurs.

Google fonctionne de plus en plus comme un navigateur ou un internaute

Rappelons ici que Google ne fonctionne plus aujourd'hui comme un simple « analyseur de code HTML » et a réellement la volonté de comprendre comment une page web s'affiche dans un navigateur, en interprétant le code HTML, mais également le JavaScript, l'Ajax, etc., bref toutes les technologies de plus en plus sophistiquées utilisées pour créer un site web. Google s'intéresse donc plus à l'heure actuelle au « rendu » des pages (phase de rendering) comme pour un navigateur et il voit ainsi votre site presque comme un internaute *lambda*.

Autres possibilités

Il existe d'autres possibilités pour regarder votre site avec les mêmes yeux que ceux d'un spider. Vous pouvez par exemple utiliser un navigateur tel que Lynx (*https://lynx.browser.org/*) qui ne lit que le texte des pages web. La version de vos pages qu'il fournira sera donc très proche de celle d'un spider. Vous pouvez également installer une extension (*add-on*) pour Firefox ou Chrome, comme l'excellent Web Developer pour Chrome et Firefox (*https://speeny.fr/69*) qui permet de désactiver le JavaScript, les CSS, les images, etc., pour afficher une version brute de votre page (figure 4-4).

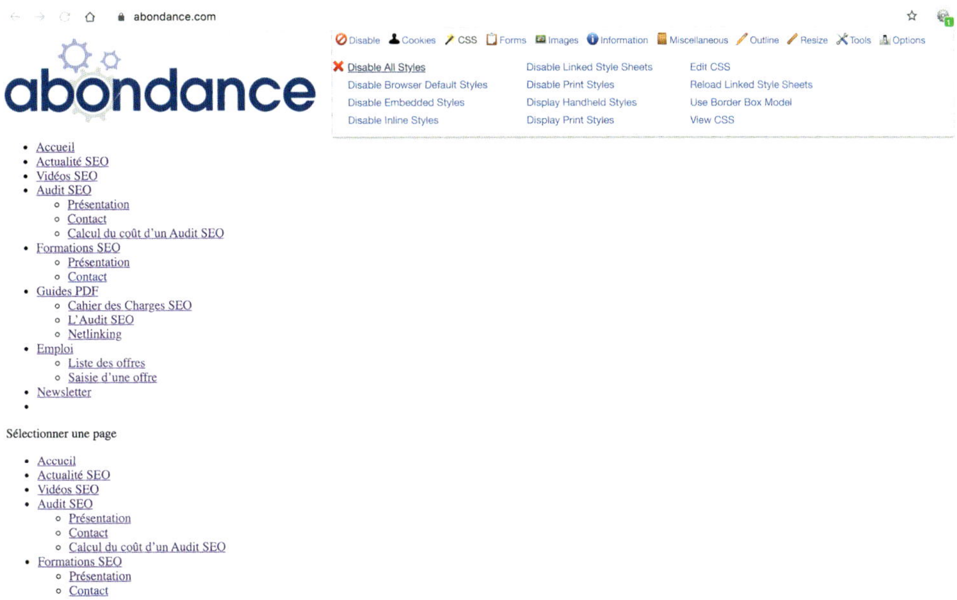

Figure 4-4

La page d'accueil du site Abondance affichée en utilisant l'extension Web Developer sur Firefox et son option CSS>Disable all styles.

Cela étant dit, nous allons enlever notre habit de spider et reprendre celui de référenceur pour commencer notre exploration des différentes possibilités d'optimisation des balises HTML de vos pages.

> **Gardez la main sur votre code HTML**
>
> Lorsque vous commencez votre projet de site web, l'un des premiers choix à faire est celui de la plate-forme de création et de maintenance du site. À l'heure actuelle, il en existe des dizaines. Quoi qu'il en soit, optez toujours pour une solution vous permettant de modifier le code HTML de vos pages, ses balises et sa structure technique. Moins vous aurez potentiellement la main sur les aspects techniques, plus le SEO sera difficile par la suite, ou alors vous serez rapidement bloqué dans votre évolution.

> De la même manière, si vous passez par une agence de création de sites web, faites bien attention à sa réactivité (et aux coûts éventuels !) si vous demandez par la suite des modifications du code HTML et des aspects techniques en général. Et rappelez-vous qu'une agence web n'est pas obligatoirement spécialiste du référencement naturel (loin de là, d'ailleurs) !

Référencement Google, mode d'emploi

Le livre *Référencement Google, mode d'emploi*, aux éditions Eyrolles, propose plusieurs tutoriels simples permettant d'appréhender l'intégration ou la modification en pratique des balises, que nous allons voir par la suite dans ce chapitre, dans plusieurs cas : site WordPress, site créé *via* une plate-forme clés en main de type 1&1 et code HTML directement. N'hésitez pas à vous y référer pour savoir comment traiter ces codes sources pour votre site en particulier.

Figure 4-5

Le livre Référencement Google, mode d'emploi, *6e édition, paru aux éditions Eyrolles, juin 2021 (https://www.livre-referencement.com/).*

Zone chaude 1 : la balise <title>

La balise `<title>`, correspondant au titre de la page au sens HTML du terme, est un champ essentiel dans le cadre d'une bonne optimisation puisqu'il est l'un des critères *in page* les plus importants pour la majeure partie des moteurs actuels et notamment Google.

Lorsque vous consultez un site, le titre d'une page est affiché en haut de la fenêtre de votre navigateur Internet, reprenant le contenu de la balise `<title>`. Sur les figures 4-6 et 4-7 sont présentés des exemples sous Windows ou macOS pour le site Abondance.

Figure 4-6

Le contenu de la balise <title> d'une page web apparaît dans la zone supérieure de la fenêtre du navigateur.

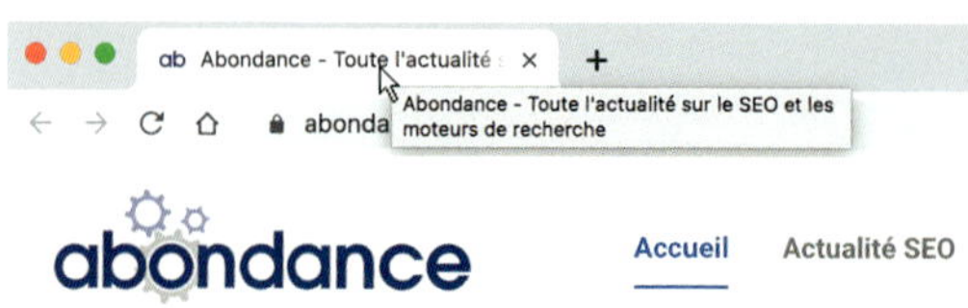

Figure 4-7

Idem sur macOS (navigateur Chrome) : en passant la souris devant l'onglet, le contenu de la balise <title> apparaît en entier dans une infobulle.

Dans le code HTML des pages web, le titre se situe entre les balises <title> (début de titre) et </title> (fin de titre). Voici un autre exemple, toujours tiré du site Abondance :

```
<title>Abondance: R&eacute;f&eacute;rencement et recherche d'info:
tout sur le r&eacute;f&eacute;rencement de sites web</title>
```

Notez ici que les lettres accentuées sont codées en HTML. Par exemple, le caractère « é » est codé `é`. Nous y reviendrons plus loin.

Premier point important : si vous utilisez un éditeur HTML comme Dreamweaver, étudiez le code HTML que l'outil logiciel vous permet de visualiser. Le code source de votre document commencera le plus souvent ainsi :

```
<!DOCTYPE html…>
<html>
<head>
<title>Titre de votre page</title>
```

Dans un premier temps, assurez-vous donc que toutes vos pages web disposent de cette balise <title>. Nous verrons au chapitre suivant quel contenu y insérer.

Un titre pour chaque page !

Toutes les pages de votre site doivent recevoir une – et une seule – balise <title> avec, dans chacune d'elles, un texte original et descriptif du contenu de la page. C'est le critère numéro un ! Nous parlerons au chapitre 5 du contenu à insérer dans cette balise, un peu de patience…

Petit conseil : il vaut mieux parfois mettre en ligne plusieurs petites pages (mais pas trop petites quand même ☺) qui proposent une thématique unique, décrites par un titre performant (émaillé de mots-clés bien ciblés) qu'un seul grand document qui traite de sujets divers et qui possède donc un titre plus vague car devant s'adapter à de nombreux thèmes. Plus le sujet traité dans la page sera précis, plus il vous sera possible de créer un titre explicite et donc efficace en regard des critères des moteurs de recherche. Ne l'oubliez pas lors de l'élaboration de l'arborescence de votre site !

Zone chaude 2 : la structuration du texte en balises <hn>

Les moteurs prennent également en compte les balises <hn> (<h1> à <h6>) pour attribuer un poids aux pages web sur une requête donnée. Si un mot est compris entre des balises <h1> et </h1> (plus forte importance de titre éditorial en HTML), cela a un poids capital pour le classement du document sur ce terme.

> **Utilisez les balises <hn> à bon escient**
>
> Les balises <hn> ont été conçues, au départ, pour indiquer un niveau de titre dans un document HTML, `h1` étant le niveau le plus haut. Pour en savoir plus sur cette balise, nous vous conseillons de consulter le site du W3C *(World Wide Web Consortium)* à l'adresse suivante : *https://speeny.fr/70*.

Un exemple est donné par la phrase en haut de la page d'accueil du site Abondance.

```
<h1>Abondance, toute l'actualité du SEO et des moteurs de recherche depuis 1998</h1>
```

L'inconvénient historique majeur de cette balise <hn> est qu'il n'a longtemps pas été possible, par défaut, de maîtriser la façon dont son contenu était affiché (police de caractères, couleur, taille, etc.).

Cependant, la situation a changé. La solution consiste à utiliser les feuilles de styles pour redéfinir ces balises afin de les faire apparaître comme bon vous semble. Un exemple avec la feuille de styles utilisée pour le site Abondance (très facilement compréhensible même si vous n'êtes pas un cador des feuilles de styles ou CSS) :

```
h1
{
font-family:     Verdana,Helvetica;
font-size:       10px;
color:           #3366cc;
font-style:      normal;
font-weight:     bold;
text-decoration: none;
}

h2
{
font-family:     Verdana,Helvetica;
font-size:       1.4em;
color:           #000055;
font-style:      normal;
font-weight:     bold;
text-decoration: none;
}

h3
{
font-family:     Verdana,Helvetica;
font-size:       1.2em;
color:           #000055;
font-style:      normal;
font-weight:     bold;
text-decoration: none;
}
```

Toute autre définition est évidemment possible, en fonction de la charte graphique de votre site. Une fois cette balise redéfinie, vous pouvez afficher dans votre page la phrase clé, descriptive de son contenu, et contenant vos termes importants.

Notons que vous pouvez bien entendu utiliser les six niveaux de balises <h1> à <h6>, mais <h1> étant prévue pour les titres de plus haut poids, elle sera plus intéressante pour mettre en exergue vos mots-clés. Cela dit, les différents niveaux de structuration de ces balises (1 à 6) restent très intéressants.

Dans un premier temps, et avant d'aborder l'aspect rédactionnel au chapitre suivant, il sera très important, pour chaque page – ou chaque modèle de page – de votre site, de positionner les balises `<h1>` à `<h6>` dans des zones stratégiques. Ce point est essentiel dans la construction de vos pages HTML. Vous devrez suivre quelques règles importantes…

- Sur une page d'accueil, faites en sorte qu'en lisant le contenu des balises `<hn>` on comprenne la structure du site, ce que l'on va y trouver. Dans ce cas, il peut être possible, voire utile, de positionner les balises `<hn>` dans le menu de navigation.
- Pour une page de contenu (interne), réservez les balises `<hn>` au cœur éditorial de la page. Il ne sert à rien d'intégrer de telles balises dans l'en-tête *(header)*, le bas de page *(footer)* ou les menus de navigation (contrairement à la page d'accueil).
- Réservez l'emplacement de ces balises à des « réservoirs potentiels de mots-clés ». Si vous positionnez une balise `<hn>` sur une zone donnée, soyez sûr que vous pourrez intégrer à cet emplacement des mots-clés importants par la suite. Mettre une balise `<hn>` sur un titre comme « Nos partenaires » ou « Bienvenue » ne sert à rien en SEO.

Figure 4-8

La structure en balises <hn> de la page d'accueil du site Abondance visualisée grâce à l'extension Web Developer (option Information>View Document Outline). En lisant cette structure, on a une bonne idée de ce dont parle le site.

Dans le domaine de la presse, par exemple, on voit souvent cette pratique – qui donne d'excellents résultats en SEO – pour une page qui traite d'une actualité :

- titre éditorial : en <h1> ;
- chapô (résumé en début d'article qui en décrit le contenu en deux ou trois phrases) en <h2> ;
- sous-titres (intertitres) en <h3> ;

Il s'agit d'une optimisation très intéressante et efficace. Elle peut tout à fait être utilisée dans un autre contexte que celui de la presse, par exemple pour un produit vendu dans une boutique en ligne :

- nom du produit : en <h1> ;
- chapô (description du produit en deux ou trois phrases, souvent appelé « descriptif court ») en <h2> ;
- nom de la marque en <h3> ;
- etc.

Quelques points sont également à connaître au sujet de ces balises <hn>.

- Vous pouvez passer d'une balise <h2> à une balise <h4> sans passer par la balise <h3>. Même si cela n'est pas obligatoirement très logique, cela ne posera pas de problèmes en SEO.
- Plusieurs écoles existent en ce qui concerne l'ordre des balises. Certains référenceurs (et développeurs) préfèrent garder un ordre logique : <h1>, puis <h2>, puis <h3>, puis <h4>, etc. D'autres changent cet ordre en plaçant, par exemple, en première balise du code source le fil d'Ariane en <h4> ou <h6>, le titre principal de la page en <h1> puis le chapô en <h2>, etc. Difficile de dire si une méthode est plus efficace qu'une autre. Mais la première est certainement plus « propre » en termes de développement. En tout cas, pour Google, cela importe peu (le moteur l'a confirmé en 2017), vous pouvez faire comme bon vous semble si le seul SEO est votre préoccupation.

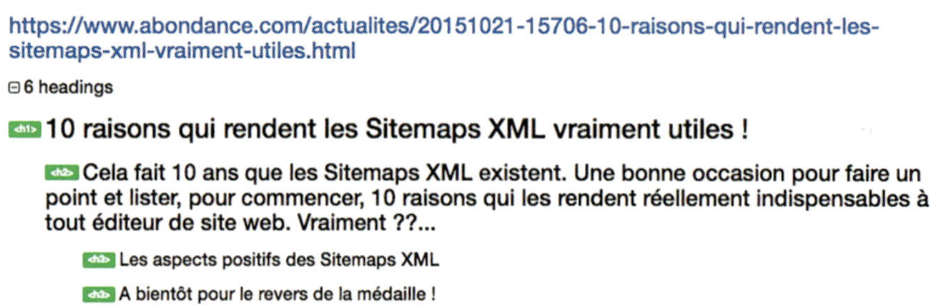

Figure 4-9

La structure en balises <hn> d'une page d'article du site Abondance visualisée grâce à l'extension Web Developer. La balise <h1> est placée sur le titre éditorial, la balise <h2> sur le chapô et la balise <h3> sur les intertitres.

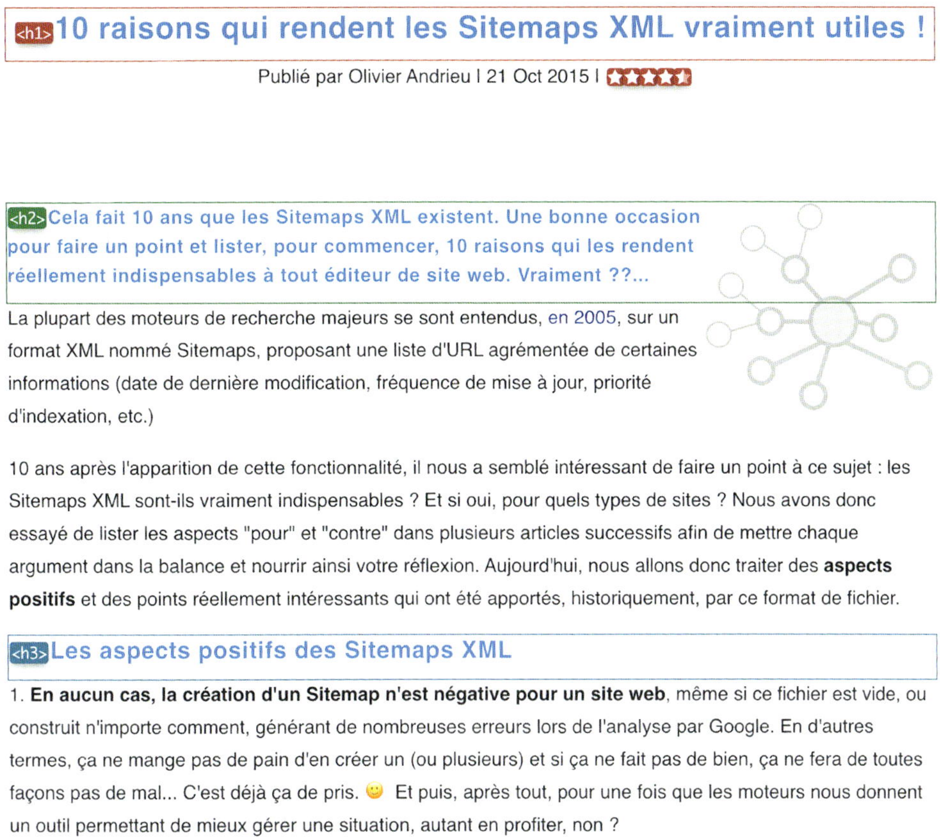

<h1>10 raisons qui rendent les Sitemaps XML vraiment utiles !

Publié par Olivier Andrieu | 21 Oct 2015 |

<h2>Cela fait 10 ans que les Sitemaps XML existent. Une bonne occasion pour faire un point et lister, pour commencer, 10 raisons qui les rendent réellement indispensables à tout éditeur de site web. Vraiment ??...

La plupart des moteurs de recherche majeurs se sont entendus, en 2005, sur un format XML nommé Sitemaps, proposant une liste d'URL agrémentée de certaines informations (date de dernière modification, fréquence de mise à jour, priorité d'indexation, etc.)

10 ans après l'apparition de cette fonctionnalité, il nous a semblé intéressant de faire un point à ce sujet : les Sitemaps XML sont-ils vraiment indispensables ? Et si oui, pour quels types de sites ? Nous avons donc essayé de lister les aspects "pour" et "contre" dans plusieurs articles successifs afin de mettre chaque argument dans la balance et nourrir ainsi votre réflexion. Aujourd'hui, nous allons donc traiter des **aspects positifs** et des points réellement intéressants qui ont été apportés, historiquement, par ce format de fichier.

<h3>Les aspects positifs des Sitemaps XML

1. **En aucun cas, la création d'un Sitemap n'est négative pour un site web**, même si ce fichier est vide, ou construit n'importe comment, générant de nombreuses erreurs lors de l'analyse par Google. En d'autres termes, ça ne mange pas de pain d'en créer un (ou plusieurs) et si ça ne fait pas de bien, ça ne fera de toutes façons pas de mal... C'est déjà ça de pris. 🙂 Et puis, après tout, pour une fois que les moteurs nous donnent un outil permettant de mieux gérer une situation, autant en profiter, non ?

Figure 4-10

L'extension Web Developer – fidèle compagnon du référenceur au quotidien – permet également de faire apparaître les balises <hn> dans vos pages grâce à son option Outline>Outline Headings.

Sachez pour finir que, dans certaines conditions et uniquement sur la page d'accueil, il est possible de positionner une balise `<h1>` sur une image, par exemple un logo sur la page d'accueil. Dans ce cas, c'est le texte de l'attribut `ALT` qui sera pris en compte dans la balise. Mais il s'agit là d'une technique sensible. À utiliser avec parcimonie et à ne pas reproduire trop souvent, donc.

Le titre éditorial h1 : la base (et la balise) d'un bon référencement

On ne dira jamais assez l'importance capitale de vos titres éditoriaux, affichés dans la balise <h1>. En effet, cette zone va nous servir dans la balise <title>, dans l'URL, etc., dans le cadre d'une optimisation la plus cohérente possible de votre site. Si votre titre éditorial h1 est « mauvais » (trop court, trop long, pas assez descriptif, etc.), c'est toute votre optimisation qui sera bancale par la suite. Pensez-y dès le départ !

Vérifiez bien la structure en balises <hn> de vos pages, car, par expérience, il y a le plus souvent beaucoup de travail à faire à ce niveau et les développeurs n'en tiennent que très rarement compte lorsqu'ils créent un site !

Nous verrons plus en détail au chapitre suivant comment remplir chaque balise <hn>.

Zone chaude 3 : la mise en gras

Les moteurs de recherche privilégient également les mots qui sont mis en gras (balise <strong> en HTML) dans les pages web, comme ici :

```
Nous vendons des <strong>amortisseurs</strong> et toutes les <strong>pièces
➥ détachées</strong> pour votre voiture.
```

Ce qui donnera l'affichage suivant : « Nous vendons des **amortisseurs** et toutes les **pièces détachées** pour votre voiture. »

Une page qui contient le mot « amortisseurs » en gras sera donc mieux positionnée, toutes choses égales par ailleurs, qu'une page contenant ce même mot en maigre.

Sachez également que, pour séparer le fond de la forme, le W3C préconise l'utilisation de <strong> par rapport à <b>. Cette directive semble être suivie par les moteurs (mais la balise <b> est encore prise en compte par Google).

N'en profitez pas non plus pour mettre tout votre texte en gras, ce qui donnerait un résultat assez horrible et pénible à la lecture. Seuls les mots-clés importants doivent être ainsi mis en valeur. N'oubliez jamais qu'une page web est avant tout créée pour les internautes.

Et si le gras est dans une feuille de styles ?

Les moteurs de recherche ne prennent pas en compte les feuilles de styles pour leur analyse de pertinence. Donc, si un texte est paramétré en gras dans la feuille de styles correspondante (`font-weight:bold`), il ne sera pas considéré comme tel par le moteur.

Il vous faudra donc créer une feuille de styles pour le texte « normal » et y indiquer un style « normal » (`font-weight:normal`), puis proposer la mise en gras dans la page elle-même grâce à la balise <strong>. Il n'existe pas d'autre solution pour que cette mise en exergue soit vue par les moteurs.

Exemple de feuille de styles :

```
.exemple
{
font-family:      Verdana,Helvetica;
font-size:        2px;
color:            #3b3b3b;
font-style:       normal;
font-weight:      normal;
text-decoration:  none;
}
```

Exemple de texte dans la page :

```
<span class="exemple">Ceci est un texte en maigre. <strong>Ceci est un texte en gras.
➥ </strong></span>
```

Ce qui donnera dans la page : « Ceci est un texte en maigre. **Ceci est un texte en gras.** »

On perd, bien sûr, le fait d'indiquer la mise en gras directement dans la feuille de styles, ce qui est la fonction première des CSS. En revanche, on est sûr que cette mise en exergue sera prise en compte par les moteurs de recherche.

Pour information, Google lit, du moins en partie, les feuilles de styles, mais surtout à des fins de détection de techniques spammantes et d'analyse du rendu des pages. Évitez donc de les remplir avec n'importe quoi et notamment de tenter de frauder par ce biais, cela pourrait se retourner rapidement contre vous. À bon entendeur… De plus, n'interdisez pas aux moteurs l'accès à ces fichiers CSS (idem pour les fichiers JavaScript).

Enfin, un texte dans une balise `<strong>` doit s'afficher en gras dans le navigateur. Indiquer un style CSS identique au texte en maigre pour la balise `<strong>` n'est donc pas une bonne idée. La mise en gras doit être visible à l'œil nu…

Zone chaude 4 : les liens internes

Autre point pour mettre en avant votre texte : les liens. Aujourd'hui, pour tous les moteurs, le fait qu'un mot soit cliquable est important, surtout pour le positionnement de la page cible. En effet, si vous insérez le code suivant dans votre page :

```
Voici des informations sur l'<a href="https://www.votresite.com/assurance.html">
➥ assurance-vie</a>
```

Le résultat affiché dans un navigateur sera le suivant :

```
Voici des informations sur l'assurance-vie.
```

Ceci aura deux conséquences :

- la page contenant ce code sera mieux référencée pour l'expression « assurance-vie », car ce mot y est présent ;
- la page pointée par le lien (ici, `assurance.html`) le sera aussi pour cette même expression. Il s'agit ici de la fameuse notion d'ancrage (nous y reviendrons au chapitre 6).

Vous faites donc d'une pierre deux coups. Google, notamment, est très sensible au texte des liens pour classer ces pages de destination. Tenez-en compte.

Voici, par exemple, un mauvais lien : « Pour avoir des informations sur l'assurance-vie, cliquez ici. »

A priori, l'expression « cliquez ici » n'est pas vraiment importante pour votre activité et il y a peu de chances pour qu'un internaute la saisisse sur un moteur de recherche (encore plus pour trouver votre site !). Aussi n'est-il pas vraiment nécessaire de la mettre en valeur dans vos pages en la rendant cliquable.

En revanche, le texte suivant sera très bien optimisé : « Voici des informations sur l'**assurance-vie**. »

Les mots importants sont « cliquables » et en gras. Bravo !

Les balises meta

En HTML, les balises `meta` fournissent aux moteurs de recherche un certain nombre d'informations sur le contenu d'une page web. « meta » est l'abréviation de *metadata* (métadonnées), ces balises signalent donc « de l'information sur l'information ». Donc sur la page web qui les contient.

Moins d'importance aujourd'hui

Il est important de noter que les balises `meta` ont aujourd'hui moins d'importance pour les moteurs de recherche qu'il y a quelques années en termes de critère de pertinence et de positionnement. Trop de spam a été réalisé au travers de cette zone et, petit à petit, les moteurs se sont lassés de prendre en considération des informations qui auraient dû être très pertinentes et qui tournaient, *in fine*, au « réservoir à spam ». Cela dit, la présence de balises `meta` ne pénalise pas vos pages, mais l'aide apportée au positionnement est très (très !) minime sur certains moteurs (Bing) et clairement nulle sur Google. Ce n'est pas une raison pour ne pas en parler, mais certainement moins que si cet ouvrage avait été écrit il y a quelques années.

Les balises `meta` permettent d'ajouter une description de la page affichée, ainsi que des mots-clés spécifiques, de façon transparente, à l'attention des moteurs. Elles ne garantissent cependant pas que les pages qui les contiennent obtiennent obligatoirement un meilleur classement que d'autres.

Les deux balises `meta` « historiques » (`name="description"` et `name="keywords"`) doivent être placées après la balise `<head>` et avant la balise de fin d'en-tête (`</head>`) comme ceci :

```
<html>
  <head>
    <title>Titre de la page</title>
    <meta name="description" content="contenu de la balise description"/>
    <meta name="keywords" content="contenu de la balise keywords"/>
```

Imaginons que vous réalisiez un site relatif à votre société, nommée Stela, dont l'activité consiste à vendre des chaussures de sport. Sur la page d'accueil, vous indiquerez, par exemple dans le code HTML, les lignes suivantes :

```
<meta name="description" content="Stela, spécialiste de la vente de chaussures
➥ de sport, basé à Paris, France"/>
<meta name="keywords" content="stela, chaussures de sport, tennis, running, footing,
➥ stretching, chaussure, terre battue, dur, herbe, wimbledon, flushing meadow,
roland
➥ garros, australian open, grand chelem" />
```

Seules comptent les balises meta description et robots

De très nombreuses autres balises `meta` sont disponibles et parfois visibles dans le code HTML des pages publiées sur le Web : `revisit-after`, `classification`, `distribution`, `rating`, `identifier-URL`, `copyright`, etc. Il faut savoir qu'elles ne sont clairement prises en compte par aucun moteur de recherche majeur. Leur présence est donc superflue dans vos pages, si ce n'est pour d'autres buts que le référencement.

> **Le mythe de la balise revisit-after**
>
> Lorsque vous trouverez une balise `meta revisit-after` dans le code source des pages web présentant l'offre d'une société de référencement, vous pouvez vous poser quelques questions sur ses compétences techniques, car cette balise n'a jamais servi à rien et n'a jamais été utilisée par un quelconque moteur. Est-ce un reste de canular réalisé pour un premier avril ? Nul ne le sait...

Une autre balise `meta` est cependant prise en compte : la balise `<meta name="robots">`, qui sera étudiée au chapitre 16 de cet ouvrage. Concernant les métadonnées Dublin Core (*https://www.dublincore.org/*), elles n'ont aucun intérêt pour le référencement, tout comme les balises traitant des réseaux sociaux (`og:`, `property`, `twitter:`, etc.).

Zone chaude 5 : la balise meta description, à ne pas négliger pour mieux présenter vos pages !

La balise `meta description` indique au moteur de recherche une phrase de résumé du contenu de la page (appelée « snippet » chez Google). Cette description sera affichée par certains moteurs dans leur page de résultats, sous le titre. La figure 4-11 présente un exemple sur Google (mot-clé « abondance »).

Si la page ne contient pas de balise `meta description`, si le contenu de cette dernière est trop court ou si le moteur décide de ne pas l'afficher, le snippet reprendra un extrait textuel de la page contenant le terme demandé (figure 4-12).

Figure 4-11

Google reprend le contenu de la balise meta description dans le snippet pour présenter la page dans ses résultats.

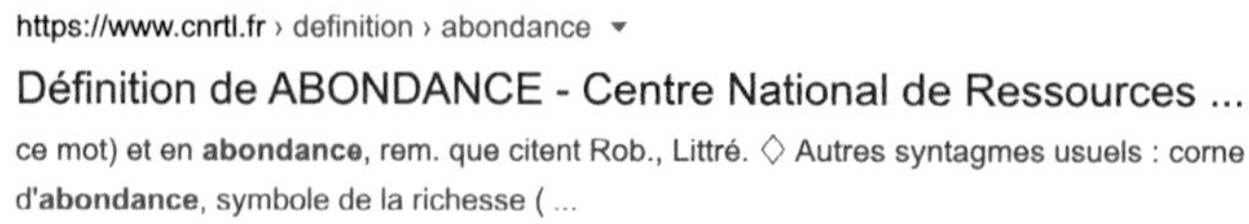

Figure 4-12

Google peut également afficher un extrait textuel de la page contenant la requête.

Dans cet exemple, le moteur de recherche n'a pas trouvé de balise `meta description` dans le code source de la page. Il a donc créé un snippet, extrait textuel de la page contenant le mot demandé. Le résultat est moins heureux. Cela peut également arriver si le contenu de la balise `meta description` est trop court.

Un autre exemple est visible sur la figure 4-13.

Figure 4-13

Pas facile de savoir de quoi parle cette page...

L'algorithme d'affichage du résumé textuel de chaque résultat proposé par Google fonctionne comme suit.

1. Il utilise deux sources différentes et possibles pour ce texte : le contenu de la balise `meta description` ou un extrait textuel de la page. La description de l'annuaire Open Directory (*http://www.dmoz.org/*) a été abandonnée en 2017 (*https://speeny.fr/71*).
2. Le moteur va privilégier la balise `meta description` et va chercher ce contenu dans le code de la page. Si cette balise n'existe pas ou si elle est vide, il va passer à l'étape 6.
3. Si le contenu de la balise `meta description` existe mais est trop court (moins de 100 caractères environ), il va passer à l'étape 6.
4. Si le contenu de la balise `meta description` n'est pas cohérent avec le contenu de la page (par exemple, même contenu sur toutes les pages du site), il va passer à l'étape 6.
5. Si le contenu de la balise `meta description` est assez long (supérieur à 100-150 caractères) et s'il est cohérent par rapport au contenu de la page (et à la requête demandée), c'est ce texte que Google utilisera comme résumé textuel (snippet). La procédure s'arrête alors ici.
6. Si le contenu de la balise `meta description` est trop court ou pas assez cohérent, Google va tenter de chercher dans le contenu de la page un texte pour la décrire. Dans ce cas, vous ne maîtrisez plus ce que Google va indiquer comme résumé pour votre page. Il fait sa propre « cuisine » sur la base du texte qu'il lit dans votre page.

La balise `meta description` permet donc de mieux maîtriser la présentation de la page proposée à l'internaute.

Veillez donc bien à ce que le contenu de cette balise soit :

- un développement du titre de la page ;
- un résumé du contenu textuel de la page.

Ces deux conditions devraient faire en sorte que cette balise soit affichée dans les résultats des moteurs.

Le travail sur le contenu des balises meta description peut s'avérer long et complexe, surtout si vous n'avez pas la possibilité de l'automatiser. Pourtant, il sera certainement payant à moyen terme, non pas au niveau de vos positionnements – vous ne verrez pas de grand changement de ce côté-là puisque ce n'est pas un critère de pertinence – mais plutôt sur la façon dont les internautes percevront et comprendront vos pages. Cela aura un impact sur le taux de clic dans les SERP, votre « retour sur investissement » et la satisfaction que vous apporterez à vos futurs visiteurs. Sur ce point, la balise meta description doit donc plutôt être appréhendée comme une zone marketing qui doit donner envie aux internautes de cliquer pour venir sur votre site, beaucoup plus qu'une zone de pur positionnement algorithmique de pertinence.

Longueur : environ 200 caractères

Par défaut, vous pouvez limiter le contenu de la balise meta description à 160, voire 200 caractères, espaces compris. Les moteurs limitent généralement l'espace alloué aux résumés dans leurs SERP. Si votre descriptif est plus long, faites en sorte que, réduite aux 160 premiers caractères, la phrase ait quand même un sens. Dans votre calcul, prenez en considération une lettre par caractère accentué bien que la représentation de ceux-ci en langage HTML soit plus longue (8 caractères la plupart du temps, comme é pour le « é » ; le mot « bébé » sera donc considéré comme contenant quatre caractères, (bébé).

Bien entendu, pour être totalement efficace, chaque page de votre site doit contenir une balise meta description différente, décrivant exactement le contenu de ladite page !

Notez enfin que Google développe de plus en plus une tendance à rallonger les snippets (extraits textuels) qu'il propose dans ses pages de résultats : depuis décembre 2017 notamment, des résumés de 300 signes sont souvent affichés (figure 4-14), notamment si la requête est longue (plus de quatre mots). Sachez cependant que, depuis 2021, Google semble moins utiliser cette possibilité de snippets longs.

La morale de tout cela est qu'il va certainement falloir s'habituer, à l'avenir, à créer des balises meta description plus longues, entre 200 et 300 caractères, tout en ne dévoilant pas trop d'informations. En effet, si toute l'information est affichée dans le snippet, l'internaute risque de ne plus cliquer et de ne pas aller sur votre site. C'est peut-être ce que désire Google (que l'internaute reste chez lui), mais ce n'est pas forcément votre souhait.

Figure 4-14

Les résumés textuels dans les SERP passent parfois de deux à trois ou quatre lignes, soit de 200 à 300 caractères.

Zone chaude 6 : la balise meta keywords

La balise `meta keywords` sert à fournir des mots-clés supplémentaires aux moteurs de recherche qui les prennent toujours en compte, c'est-à-dire quasiment plus aucun ☺. Parmi les moteurs majeurs, ni Google ni Bing ne la lise. Il ne reste plus grand monde, du coup…

Ces mots-clés servaient à indiquer certains termes importants qui ne seraient pas présents dans le document. La balise `meta keywords` permettait également de proposer diverses orthographes de vos mots importants aux moteurs de recherche. Ils étaient séparés – au choix – par une virgule, un espace ou encore une virgule suivie d'un espace.

Dans le cas de notre société Stela, fabricant de chaussures de sport, une balise `meta keywords` pourrait être :

```
<meta name="keywords" content="stela, chaussure de sport, fabricant, tennis, running,
➥ footing, stretching, athlétisme, terre battue, dur, herbe, wimbledon,
➥ flushing meadow, chaussures, Roland-Garros, australian open, grand chelem"/>
```

Il a longtemps été d'usage que la balise `meta keywords` contienne jusqu'à 100 mots-clés, ou 1 000 caractères. Au-delà, vous pouviez être considéré comme étant un spammeur et votre page pouvait être pénalisée.

Le nombre de mots-clés présents dans vos balises `meta keywords` peut, en fait, être bien moins important, au vu de l'importance moindre aujourd'hui de cette zone d'information pour les moteurs. En règle générale, on pourra penser qu'avec une dizaine, voire une vingtaine, de mots-clés vos balises `meta keywords` seront bien optimisées. N'y passez pas des heures, désormais le jeu n'en vaut plus la chandelle.

Keywords : n'y passez pas trop de temps !

En règle générale, proposez dans cette balise les occurrences suivantes :

- noms communs : une occurrence au singulier et éventuellement une autre au pluriel et au féminin (singulier et pluriel), par exemple, « chien », « chiens », « chienne » et « chiennes » ;
- lettres accentuées : indiquez une version non accentuée et une version accentuée en HTML, par exemple, « athletisme », « athlétisme ». Il en est de même pour les caractères diacritiques, notamment le « ç » : « francais » et « français ».

Si possible, privilégiez :

- pour les noms communs : l'occurrence au singulier, puis éventuellement les occurrences au pluriel et au féminin, en favorisant les mots les plus logiques susceptibles d'être saisis par un internaute ;
- pour les lettres accentuées (si prises en compte) : la version accentuée en HTML d'abord, puis la version non accentuée.

N'oubliez pas de proposer des expressions, des mots composés (chaussure de sport, Roland-Garros) en plus des mots isolés. Soyez attentif cependant à ne pas répéter un mot à l'intérieur de ces expressions.

Par exemple, la balise suivante :

```
<meta name="keywords" content="chaussure de sport, chaussure de tennis, chaussure
➥ de footing,chaussure de training, chaussure de basket"/>
```

risque d'être interprétée par les moteurs comme étant une tentative de fraude, car le mot « chaussure » est trop souvent répété. La bonne syntaxe serait plutôt :

```
<meta name="keywords" content="chaussure de sport, tennis, footing, training,
➥ basket"/>
```

Vous choisirez dans la première expression (ici, « chaussure de sport ») le mot le plus important pour votre activité afin de l'indiquer dans la première occurrence proposée. Les autres termes (dans l'exemple : « tennis », « footing », « training », « basket ») viendront ensuite.

Attention, il ne s'agit pas de « remplir » la balise `meta keywords` avec des mots qui n'ont aucune chance d'être saisis par un internaute sur un moteur. Soyez réaliste et ne retenez que des occurrences logiques et répandues de vos mots-clés.

Important : prêtez également attention aux éventuelles fautes de saisie qui pourraient être faites par les internautes si votre nom est complexe. Par exemple, si votre société s'appelle Schmidt, insérez également les mots-clés « schmit », « chmidt », « schmid », « chmit », etc.

Terminons avec une mise en garde : si vous aviez l'idée d'inclure dans les balises `meta keywords` de vos pages tous les noms de vos concurrents – afin que vos pages soient trouvées même si l'internaute s'intéresse en priorité à vos rivaux économiques – sachez que plusieurs entreprises américaines et françaises ont déjà attaqué en justice d'autres sociétés coupables de ce type de fraude... et qu'elles ont gagné leur procès. Un webmaster averti en vaut donc deux (d'autant plus que la technique est tout à fait inefficace aujourd'hui au vu du poids de ce champ pour les moteurs).

Utilité de la balise keywords dans certains cas

Notez que le contenu de la balise `meta keywords` peut éventuellement être lu par votre technologie de recherche interne (intrasite). À vérifier (mais c'est de moins en moins le cas)...

Un rappel pour finir : très peu de moteurs de recherche prennent en compte aujourd'hui le contenu des balises `meta` dans leurs algorithmes de pertinence. N'y passez donc pas des heures, cela n'aurait qu'une utilité très limitée.

Une vidéo pour faire le point

Nous avons publié en 2018 une vidéo qui fait un point « définitif » sur l'utilité de cette balise `meta keywords` et sur les moteurs qui la prennent en compte. N'hésitez pas à la visionner pour plus d'informations :

https://www.abondance.com/20181204-38504-la-balise-meta-keywords-en-2018-video-seo-numero-108.html

Mais en gros, sachez que les derniers moteurs de recherche à prendre en compte cette balise sont Yandex (Russie), Baidu (Chine) et Naver (Corée du Sud). Si ces outils ne vous concernent pas en SEO, la balise `meta keywords` est 100 % inutile.

La balise news_keywords pour Google Actualités : de l'histoire ancienne

En septembre 2012, Google a un peu surpris tout le monde en proposant une balise baptisée `news_keywords`, uniquement prise en compte par son outil de recherche sur l'actualité (*https://speeny.fr/72*). Elle servait à indiquer des mots-clés permettant de mieux décrire un article, notamment si le titre n'est pas explicite. Elle n'était utile que pour Google News (Google Actualités).

Voici un exemple d'utilisation de cette balise :

```
<meta name="news_keywords" content="balise, html, google, actualité, news keywords,
➥ seo, référencement, news,moteur de recherche,abondance">
```

Elle a malheureusement été abandonnée en 2018 (*https://speeny.fr/73*). RIP donc.

Pour résumer

Voici quelques conseils pour bien optimiser les balises `meta` de vos pages.

- Les balises `meta description` sont importantes pour mieux maîtriser la façon dont les moteurs affichent les résumés de vos pages dans leurs résultats. Leur impact en termes d'analyse de la pertinence d'une page par les moteurs est nul.
- Une bonne balise `meta description` développe le titre de la page et en résume son contenu textuel. Sa taille moyenne est de 160 à 200 caractères. Cette taille a tendance à grandir (300 caractères) car le snippet proposé par Google est plus grand si de nombreux mots-clés composent la requête.
- Idéalement, chaque page doit proposer une balise `meta description` qui lui est propre.
- Les balises `meta keywords` sont aujourd'hui moins (voire plus du tout) prises en compte par les moteurs de recherche. Leur présence est facultative.
- Les balises `meta keywords` permettent notamment d'indiquer plusieurs formes de mots importants (pluriel/singulier, masculin/féminin, fautes d'orthographe ou de frappe, et éventuellement accentuation).
- L'indication d'une vingtaine de mots-clés dans la balise `meta keywords` est la plupart du temps suffisante.
- La balise `meta keywords` ne sert que pour certains moteurs plus « exotiques ». Ni Google ni Bing ne la lisent.

Mis à part la balise `meta robots`, les autres balises `meta` (`revisit-after` et `consorts`) n'ont aucune incidence dans le cadre d'un référencement.

Zone chaude 7 : les attributs alt et title des images et des liens

Les attributs `alt` et `title` des balises images et des liens HTML (pour le `title`) améliorent l'accessibilité des pages web en affichant des textes alternatifs en l'absence d'image. De nombreux webmasters soignent ces attributs, pensant que leur contenu est pris en compte comme du texte par les moteurs de recherche. Voici un exemple de code HTML de ce type :

```
<img src="https://www.votresite.com/images/logo.gif" alt="Mots-clés" title=
➥ "Autres mots-clés">
```

Les mots-clés insérés dans ces attributs sont-ils pris en compte par les moteurs ? Voici les conclusions tirées de nos tests.

- L'attribut `alt` de la balise `<img>` (image) est pris en compte par Google et Bing.
- L'attribut `title` sur une image (balise `<img>`) ou un lien textuel (balise `<a>`) n'est pris en compte ni par Google ni par Bing.

Notez bien un point important à ce sujet : Google prend en compte les mots-clés insérés dans l'attribut `alt`, mais on estime parfois que le poids qui leur est attribué dans l'algorithme de pertinence est plus faible. Il n'est cependant pas nul et cette différence de poids n'a jamais été réellement prouvée.

Autre point non négligeable : ne remplissez l'attribut `alt` que pour les images ayant un sens par rapport au contenu de la page. Toutes les images servant à la charte graphique (traits, coins, arrondis, puces, etc.) ou n'apportant pas de réel sens à vos textes pourront avoir un `alt` vide (mais cependant présent) comme ici :

```
<img src="https://www.votresite.com/images/coindroitdelefenetre.jpg" alt="">
```

Et, bien sûr, évitez de mettre dans l'attribut `alt` d'une image un texte qui n'aurait rien à voir avec le contenu de celle-ci, comme une liste de mots-clés sans rapport. Et oui, c'est du spam !

> **Attribut alt et pas Balise alt !**
>
> On entend souvent un petit abus de langage de la part de nombreuses personnes qui parlent de « balises alt » alors qu'il s'agit bien d'« attributs alt des balises img ». Apprenons à parler le SEO première langue ! ☺

Zone chaude 8 : le nom de domaine

Après le texte et le titre des pages, nous allons maintenant explorer leur URL ou adresse web, du type : *https://www.votresite.com/produits/gamme/article.html/.*

Premier point très important : il est essentiel d'avoir son propre nom de domaine (votre-site.com ou votre-entreprise.fr) pour imaginer obtenir un bon référencement pour son site web. Des adresses comme *perso.votre-fournisseur-d-acces.com/votre-entreprise/* ou autres sont parfaites, dans un premier temps, pour tester le réseau sans réelle stratégie d'entreprise et créer un site web « pour voir », mais si vous avez une quelconque ambition sur Internet, achetez au plus vite votre nom de domaine, le prix (entre 10 et 20 € par an, parfois moins) en vaut vraiment la chandelle. N'hésitez pas une seconde, la différence est radicale pour le référencement, vous vous en apercevrez bien vite et cela vous garantira une bien meilleure pérennité.

La question du choix du nom de domaine d'un site fait très souvent l'objet de multiples discussions, réflexions et décisions qui ressemblent parfois à des compromis pas toujours très heureux. Que faut-il faire ? Choisir un *.fr* ou un *.com* ? Un nom composé avec ou sans tiret ?

Cela n'est nullement un secret des dieux : le nom de domaine d'un site est important pour son référencement, même si cette importance a eu tendance à décliner au fil des ans (*https://speeny.fr/74*).

Idéalement, votre nom de domaine doit contenir un ou plusieurs mots (tout en restant dans le domaine du bon sens) décrivant au mieux ce que votre site propose dans ses pages : nom de l'entreprise, activité principale, etc. La présence d'un mot-clé de recherche dans le nom de domaine d'un site est bien souvent un critère déterminant pour son classement.

Tapez des mots-clés génériques comme « auto » ou « finance » et vous verrez que, très souvent, ces termes se retrouvent dans le nom de domaine sur le moteur de recherche leader et notamment dans les premières positions. Le phénomène se répète sur de nombreux moteurs, même si, là encore, le phénomène est beaucoup moins net qu'il y a quelques années.

Sur Google, saisissez « livre référencement » et vous comprendrez pourquoi nous avons choisi ainsi le nom de domaine de ce site du réseau Abondance. Il s'est placé en première page sur Google en quelques semaines malgré une concurrence importante, ce qui montre bien l'importance du nom de domaine dans les algorithmes actuels des moteurs. Ce nom de domaine est également important pour l'affichage de liens de site (SiteLinks) sur Google (voir chapitre 11).

Le filtre EMD

Google a mis en place en 2012 un « filtre de nettoyage » baptisé EMD pour *Exact Match Domain*. Il a pour but de pénaliser les sites ayant inséré trop de mots-clés dans leur adresse, comme *achat-vente-immobilier-pas-de-calais.com*, *trophee-andros-circuit-pilotage-glace-conduite-neige-stage.circuit-serre-chevalier.com* ou *audit-seo-pas-cher-gratuit-france.fr* (exemples fictifs, bien sûr, mais pas tant que ça pour certains !). Évitez donc de proposer plus de deux ou trois termes significatifs dans vos noms de domaine, ne soyez pas trop « vendeurs » à ce niveau et tout devrait bien se passer. Un nom de domaine « naturel » ne sera pas pénalisé. Toute tentative d'y insérer trop de mots-clés de façon artificielle est, en revanche, dangereuse aujourd'hui.

Bien sûr, l'intitulé du nom de domaine ne suffit pas à lui seul. Une optimisation complète du site est nécessaire (titre, texte, etc.), mais le nom de domaine jouera un rôle souvent complémentaire dans vos positionnements. Il n'est pas essentiel, mais il peut apporter un « plus », un léger « boost » non négligeable. En gros, c'est mieux de l'avoir que de ne pas l'avoir…

Le problème principal du nom de domaine vient du fait que celui-ci doit rester court, lisible et mnémotechnique. Par conséquent, vous aurez le choix entre *nom-de-votre-entreprise.com* ou *caractérisation-de-votre-activité.com*, et c'est tout. Pour notre exemple, cela donnerait donc *stela.com* ou *chaussures-de-tennis.com*. C'est un peu court et vous n'avez pas vraiment le choix de placer beaucoup de mots-clés dans cette zone puisque le filtre EMD de Google veille (voir encadré précédent). Donc, autant les choisir au mieux.

Sachez enfin que toute stratégie reposant sur des « galaxies de noms de domaine », visant à acheter de nombreux noms de domaine différents et contenant chacun des mots-clés pertinents pour votre activité, est assimilée à du spam et est absolument à proscrire à l'heure actuelle. Pénalité assurée à plus ou moins long terme ! Bien sûr, rien ne vous empêche d'acheter plusieurs noms de domaine, notamment pour éviter qu'un petit malin ne vous les « pique », et de tous les rediriger vers une adresse « canonique » (et dans ce cas, le moteur ne retiendra que cette dernière), mais il n'est absolument pas recommandé de bâtir une stratégie de référencement sur cette base. Nuance… Nous reviendrons sur ce point plus loin dans ce chapitre.

Quelle extension choisir ?

Première interrogation bien souvent posée : faut-il choisir un *.fr* ou un *.com*, voire une autre extension (*.org*, *.eu*, *.info*, *.biz*, etc.) pour son site ? Question épineuse en soi, mais dont la réponse ne dépend pas réellement de la façon dont le moteur de recherche le prendra en compte. En effet, il n'existe aujourd'hui aucune preuve que le domaine choisi influe d'une quelconque façon sur votre futur positionnement dans les pages de résultats des moteurs. En d'autres termes, que vous optiez pour un *.fr*, un *.info*, un *.biz* ou un *.com*, cela ne devrait pas jouer sur vos futurs positionnements, les moteurs n'en tenant pas compte, jusqu'à preuve du contraire.

Le choix du domaine sera donc plutôt issu d'une réflexion sur le site lui-même et sa cible.

- Un site ayant une cible française pourra, de façon indifférente, être disponible sur un *.fr* ou un *.com* (ou autre).
- Un site ayant une cible américaine optera plutôt pour un *.com*.
- Un site à vocation internationale pourra de façon habile être accessible selon plusieurs adresses : le *.fr* pour la version française, le *.com* pour la version en langue anglaise pour les États-Unis, le *.co.uk* pour la Grande-Bretagne, etc.
- Une association pourra sans souci opter pour le *.org*.
- Une légende court sur le fait que Google préfère les extensions *.gov* (gouvernement américain) et *.edu* (universités américaines). C'est une légende, elles n'ont pas plus de poids que les autres.

À une époque, certains moteurs (Excite notamment) prenaient en compte, pour une recherche sur le Web francophone, uniquement les pages issues de sites en *.fr*. Cette époque est aujourd'hui révolue (heureusement !) et une recherche sur le Web francophone, par exemple sur Google France, s'effectuera prioritairement sur la langue utilisée dans la page web et ne se basera pas uniquement sur le domaine du site.

Un bémol sera cependant appliqué à cette réflexion au paragraphe suivant.

Les nouvelles extensions

Depuis quelque temps, de nouvelles extensions sont disponibles, qu'elles soient à caractère géographique (*.paris*, *.bzh*, *.corsica*, *.alsace*, *.berlin*, *.barcelona*...) ou générique (*.fun*, *.shop*, *.organic*, *.meet*, *.hospital*, *.gay*...). Sachez que toutes ces extensions sont prises par Google comme un *.com*. Un *.paris* ne vous aidera donc absolument pas à mieux vous positionner sur des requêtes touchant à la capitale de la France. Tout comme un *.shop* sur des requêtes visant l'achat d'un produit. Ces nouvelles extensions ne sont ni négatives ni positives dans une optique SEO. Elles sont simplement neutres, comme un *.com* ! En revanche, elles peuvent vous servir à obtenir un nom de domaine qui avait déjà été réservé par une autre entité en *.com* ou *.fr*.

L'hébergement est-il important ?

L'hébergement de votre site peut avoir son importance, et notamment la localisation géographique de l'hébergeur choisi. En effet, sur certains moteurs, plusieurs choix de recherche ont longtemps été disponibles : Web, Pages en français ou Pays : France. Notez que Google a supprimé en 2010 les trois boutons de sa page d'accueil, ces options restant disponibles dans les résultats de recherche, comme on le voit sur la figure 4-15. L'option concernant le choix du pays a été depuis remplacée par le choix de la langue.

Figure 4-15

Filtre de recherche dans les pages de résultats de Google, système aujourd'hui abandonné.

Ceci dit, il sera toujours intéressant, pour être bien placé sur Google France, d'obéir à deux conditions : soit être hébergé en France, soit avoir une extension en *.fr*. Les sites qui répondent à l'un de ces deux critères (pas obligatoirement les deux) auront un petit « plus » dans les résultats de Google.fr. Il sera donc plus difficile, pour un site en *.com* hébergé aux États-Unis, par exemple, de se faire une place sur la version française de Google. Mais cela ne signifie pas que ce sera impossible !

De même, si vous avez une cible en Suisse ou en Belgique, où de nombreux internautes effectuent des recherches spécifiquement sur leur territoire, cela peut avoir une importance. Ainsi, si la cible suisse est prioritaire pour vous et que votre site est hébergé, disons, sur le territoire français ou américain, vous n'aurez pas d'autre choix que d'utiliser le domaine *.ch* pour une version helvétique de votre site, si vous désirez apparaître en bonne place sur Google.ch.

Dans ce cas, c'est donc l'hébergeur et sa localisation géographique qui induiront le choix le plus judicieux du nom de domaine de votre site. En revanche, le choix de l'hébergeur lui-même ne semble pas influencer le référencement, en dehors de la problématique de localisation géographique et pour ce qui est du strict point de vue du nom de domaine.

Vous pouvez avantageusement utiliser des outils comme DomainTools (*http://whois.domaintools.com/*) qui vous indiqueront dans quel pays est situé votre hébergeur sur la base de l'adresse de son site ou du numéro IP de l'un de ses serveurs (figure 4-16).

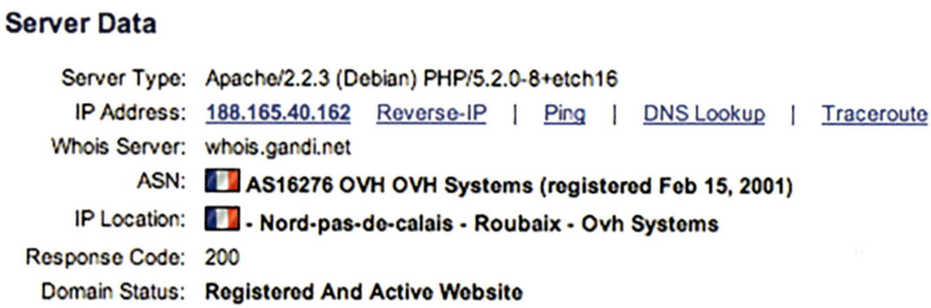

Figure 4-16

Indication du pays d'hébergement d'un site web sur le site DomainTools.

Il faut également tenir compte d'un autre point : il semblerait que Google prenne en considération le fait que certains sites, notamment s'ils échangent des liens, soient hébergés sur des adresses IP proches (même classe C), ce qui réduirait le « poids » de ces liens. En clair, Google penserait dans ce cas que les sites sont sur le même serveur, ou chez le même hébergeur, et qu'il y a des chances qu'ils appartiennent à la même entité. Aucune preuve formelle n'est venue confirmer ou infirmer ce point pour l'instant. Il est difficile de toute façon, si on gère une dizaine de sites web, de les transférer chacun chez un hébergeur, voire sur un serveur, différent.

Enfin, pensez que si votre cible principale se trouve aux États-Unis, il semblera logique d'héberger votre site outre-Atlantique, pour le rapprocher géographiquement et favoriser donc le temps de chargement des pages et le temps de réaction du serveur. Pas négligeable…

Mis à part ces considérations, ne vous en faites pas trop pour choisir l'hébergeur de votre site. La condition principale est avant tout que vous ayez un bon hébergeur, qui sera disponible rapidement en cas de soucis technique ! C'est certainement bien plus important que toutes les autres considérations…

L'ancienneté du domaine est-elle importante ?

L'ancienneté du nom de domaine semble importante et notamment pour Google. On peut penser que si ce moteur a mis en place la démarche de s'enregistrer en tant que gestionnaire de noms de domaine (*registrar* en anglais, *https://speeny.fr/75*), c'est certainement pour avoir un accès plus direct à un certain nombre d'informations disponibles dans les bases Whois des DNS (*Domain Name Systems* ou *Servers*).

Si vous disposez de plusieurs noms de domaine, toutes choses étant égales par ailleurs, privilégiez le nom de domaine que vous avez déposé à la date la plus ancienne. Certains disent même que les dates de renouvellement jouent également un rôle : un nom de domaine renouvelé par exemple tous les 5 ans serait une preuve de confiance plus grande qu'un domaine renouvelé tous les ans, suscitant une méfiance du moteur portant sur des opérations à courte échéance, mais cela n'a jamais été prouvé.

Il est en tout cas évident que plus un nom de domaine est ancien, plus Google dispose des données historiques et statistiques à son sujet. Sa confiance sera ainsi plus grande (ou pas) dans le site, lequel aura eu potentiellement plus de temps pour acquérir plus de backlinks…

Noms composés : avec ou sans tirets ?

Question fréquemment posée au sujet des noms de domaine : si votre société s'appelle « Matelas Bon Sommeil », faut-il acheter *matelasbonsommeil.com* ou *matelas-bon-sommeil.com* ?

Ici, la question est simple en théorie pour le SEO : le nom de domaine contenant les mots séparés par un tiret est à privilégier (*matelas-bon-sommeil.com*). En effet, les tirets séparant les différents mots, le site sera plus réactif pour le moteur sur des requêtes comme « matelas », « matelas sommeil », « bon sommeil » ou « matelas bon sommeil ». Dans le premier cas, les termes n'étant pas séparés, le moteur ne comprendra que le mot-clé « matelasbonsommeil ». Pas très pertinent…

Cependant, une autre question doit se poser : sur quel nom de domaine faut-il communiquer lorsqu'on parle de son site, en *offline* (cartes de visites, publicité papier, papier à en-tête, etc.) ou *online* (référencement, liens, etc.) ? En tout état de cause, nous avons vu qu'il est bon de ne jouer que sur un seul nom de domaine pour la communication de façon globale. Ce sera donc à vous de le choisir en fonction d'un certain nombre de critères.

- **La cible :** une cible professionnelle, technophile, sera sans doute peu perturbée par la présence du tiret et cette version pourra être privilégiée. En revanche, une cible grand public sera peut-être gênée par le tiret et la version en un mot pourra éventuellement être utilisée. Voici un exemple simple : si l'adresse du site doit être énoncée à la radio ou à la télévision, faut-il parler de « tiret », de « trait d'union », voire de « tiret du 6 », comme on l'entend parfois (alors que le clavier des Mac n'a pas ce caractère sous le chiffre 6) ?
- **La préférence de la promotion :** si la visibilité sur les moteurs de recherche est essentielle dans votre stratégie, préférez la version avec tiret qui sépare bien les termes et permet au moteur de les prendre en compte.

En tout état de cause, la version avec tirets est préférable pour les moteurs de recherche, c'est tout à fait clair. Mais si vous préférez la version sans tiret, sachez que cela n'est pas rédhibitoire. Vous pourrez tout à fait compenser ce problème en jouant, par exemple, sur des URL « bien conçues » pour y insérer des mots-clés.

Par exemple : *https://www.matelasbonsommeil.com/matelas/bon-sommeil/gamme/prix-reduits/promotions.html*

Ce type d'URL, très optimisée pour les moteurs de recherche, peut tout à fait compenser l'absence de tirets séparant les mots dans le nom de domaine. Il est faux de penser que le fait d'utiliser des noms de domaine en un mot est fortement pénalisant pour le référencement. Utiliser les tirets est un plus, mais l'utilisation d'URL et de pages optimisées par ailleurs peut tout à fait compenser ce fait, du moins en grande partie.

Mais il existe également une astuce permettant d'utiliser les deux : vous communiquez sur le nom de domaine matelasbonsommeil.com, puis vous faites une redirection 301 (voir chapitre 14) de *matelasbonsommeil.com* vers *matelas-bon-sommeil.com*. Vous combinez ainsi les avantages des noms de domaine sans tirets pour la communication et avec tirets pour le SEO.

Nom de domaine : que choisir ?

Faut-il utiliser le nom de la société ou un nom contenant des mots-clés plus précis comme nom de domaine ?

Si votre société s'appelle « Tartempion » et vend des matelas en mousse, que devez-vous acheter comme nom de domaine : *tartempion.com* ou *matelas-mousse.com* ? Là encore, il n'existe pas de réponse gravée dans le marbre. On serait quand même tenté de conseiller d'acheter et d'utiliser *tartempion.com* car, stratégiquement parlant, il est plus logique d'acheter son nom de marque comme nom de domaine et donc de communiquer sur celui-ci. Le domaine *matelas-mousse.com* est certainement plus optimisé pour les moteurs de recherche (il contient les deux mots les plus importants pour votre activité), mais il n'est optimisé *que* pour les moteurs de recherche. C'est un peu juste *a priori* pour étendre cette vocation à toute votre communication. Dans ce cas, l'EMD (*Exact Match Domain*, voir plus haut) n'est pas loin, et la pénalité avec…

Comme précédemment, vous pouvez toujours communiquer sur votre nom d'entreprise en jouant sur des URL optimisées telles que *https://tartempion.com/matelas-mousse/gamme/promotions.html*.

Cette solution devrait être efficace et présente l'avantage de refléter une certaine logique dans le cadre d'une stratégie de communication globale sur le Web. Mais le nom de domaine comportant des mots-clés correspondant à vos produits peut également être utilisé pour un autre site, plus tourné vers vos contenus de façon spécifique.

Stratégie de référencement et nom de domaine

Faut-il baser une stratégie de référencement sur plusieurs noms de domaine pointant vers un même site ? On peut penser qu'il est nécessaire aujourd'hui d'être assez catégorique sur ce point. **Il est important de ne communiquer que sur un seul nom de domaine** pour :

- la communication online : liens vers votre site (amélioration du PageRank), citations dans les articles, liens internes de votre site, etc. ;
- la communication offline : papier à en-tête, cartes de visite, posters, publicité papier, PLV, etc.

En tout état de cause, il semble clair qu'un seul nom de domaine est à privilégier pour ne pas brouiller les esprits de vos clients et prospects, futurs visiteurs de votre site. De plus, la présence étrange de plusieurs noms de domaine pointant tous vers votre site est à déconseiller, les moteurs de recherche pouvant détecter des tentatives de spam. Seul bémol : l'utilisation de noms de domaine avec ou sans tirets comme vu précédemment.

De plus, si votre site est accessible *via* plusieurs adresses (sans redirection) comme *stela.fr*, *stela.com* et *stela.net*, cela créera un immense amas de contenu dupliqué (le même site disponible sous trois adresses différentes !) de façon tout à fait inutile.

Entendons-nous bien : rien ne vous interdit d'acheter par exemple les versions *.com*, *.fr*, *.net* et *.info* de votre nom de domaine pour éviter que quelqu'un ne les réserve à votre place (le site Abondance, par exemple, dispose des noms de domaine en *.net* et *.fr* qui redirigent tous vers le *.com*). En revanche, nous déconseillons fortement de mettre en place une stratégie de référencement basée sur un nombre important de noms de domaine pour une même source d'information, pointant donc sur une même page d'accueil. Ce type de tactique de référencement est de toute façon totalement inefficace puisque Google ne tient pas compte des noms de domaine redirigés.

En tout état de cause, il existe des milliers de sites web très bien référencés sur des mots-clés très concurrentiels (comme « référencement ») tout en ne proposant pas ces termes dans leur nom de domaine. Ce champ est certes important, mais il n'est pas (plus ?) primordial aujourd'hui dans les algorithmes de pertinence des moteurs et il est même, comme nous l'avons vu précédemment, plutôt en perte de vitesse. Si votre stratégie globale de communication rejoint les contraintes des moteurs, tant mieux, mais si ce n'est pas le cas, ce n'est pas d'une gravité rédhibitoire. En résumé, choisissez le plus logiquement possible votre nom de domaine et privilégiez le contenu textuel de vos pages : votre référencement ne s'en portera que mieux.

Si vous avez, par exemple au démarrage d'un projet, le loisir de choisir votre nom de domaine en partant de zéro, essayez de l'optimiser au mieux : nom de votre entreprise ou termes décrivant votre activité. Si ce n'est pas le cas, si votre nom de domaine est déjà connu sur le Web, si des liens ont déjà été créés vers lui par d'autres sites, laissez tomber et gardez la situation actuelle. Il y a bien d'autres points à optimiser pour obtenir une bonne visibilité (l'algorithme de Google prend en considération 200 critères !) et vous risqueriez de « casser » pas mal de choses en tentant une stratégie basée sur les noms de domaine.

Des sites mieux ciblés valent mieux qu'un grand portail

La solution certainement la plus efficace, mais pas la plus simple à mettre en œuvre si votre site existe déjà, est de créer des sites plus ciblés plutôt qu'un grand portail. C'est l'option que nous avons prise en créant le réseau Abondance qui regroupe plus d'une vingtaine de sites, chacun ayant son contenu propre, identifié (l'actualité pour abondance.com, l'audit de site avec outiref.fr, les forums avec forums-abondance.com, les jeux avec googlefight.com, la boutique sur boutique-abondance.com, la formation SEO sur formaseo.fr, la lettre professionnelle de veille sur reacteur.com, etc.). Il y a plusieurs avantages à cela.

- On évite de créer une « usine à gaz » présentant parfois trop d'informations par rapport à ce que recherche l'internaute. Ce dernier peut aller directement sur le site qui lui convient et y trouver l'information en quelques clics.
- Chaque site peut avoir sa propre cible, sa charte graphique, son modèle économique, son CMS… sa propre vie, indépendamment des autres.
- On multiplie la visibilité du « réseau » dans les résultats des moteurs de recherche.

- On renforce le PageRank (popularité) de chacun des sites du réseau en multipliant les liens de l'un vers l'autre et donc l'interconnexion des pages, toujours importante pour les moteurs de recherche.
- On permet d'accélérer la prise en compte des nouveaux sites du réseau en jouant sur les liens croisés (voir chapitre 6).

Bien sûr, si votre site est déjà créé, cela peut poser problème car il vous faudrait, pour créer un réseau, refaire bon nombre de choses et rebâtir votre stratégie. En revanche, cela peut être envisageable lors d'un remaniement du site ou de la mise en place d'une nouvelle version.

Les sous-domaines

Une autre solution pour augmenter votre visibilité consiste à créer des sous-domaines pour certaines zones de votre site web. Ceci avait un intérêt il y a quelque temps, car les moteurs de recherche pratiquaient presque tous le *clustering* : pour un site donné, ils affichaient au maximum deux pages web pertinentes. Pour les autres, un lien Pages similaires ou Plus de résultats était parfois proposé, comme le montre la figure 4-17.

Figure 4-17

Clustering par Google : 2 pages au maximum d'un même site étaient présentées dans les résultats, la deuxième étant décalée vers la droite (capture d'écran d'époque).

Pour les moteurs de recherche, les adresses *actu.site.com*, *site.com*, *www.site.com* et *info.site.com* représentaient quatre sources d'informations, soit quatre sites différents. Ce n'est plus le cas aujourd'hui : pour Google, ces quatre adresses se rapportent dorénavant au même site web. Un sous-domaine (*actu.site.com*) est équivalent à un répertoire (*www.site.com/actu/*). De même, ce moteur ne pratique plus le clustering et un même site peut présenter de nombreux liens dans une même SERP. La création de sous-domaines n'a aujourd'hui plus vraiment d'intérêt en SEO. Mais cela peut être intéressant en communication pour proposer des URL plus courtes aux internautes.

Attention à la location de sous-domaine

En 2019, Google a annoncé des sanctions contre certains sites qui « sous-louaient » des sous-domaines à d'autres entités pour publier (en se servant de la forte notoriété du nom de domaine) des contenus n'ayant aucun rapport avec celui de l'entité originale, voire sans aucun contrôle (notion de subfolder leasing). Plus d'informations à cette adresse : *https://speeny.fr/76.*

De moins en moins de noms de domaine trustant les résultats

Année après année, Google fait des annonces (notamment en 2019, *https://speeny.fr/77*) pour expliquer qu'il perfectionne ses algorithmes pour faire en sorte qu'un même nom de domaine (ou ses sous-domaines) n'apparaisse pas trop souvent dans une même page de résultats et ne truste pas les liens naturels. La situation semble s'arranger au fil du temps, même si beaucoup regrettent encore trop de dommage collatéraux…

Référencement international

Autre point important dans la préparation de votre référencement : si vous avez décidé de mettre en place une stratégie à l'international, vous devrez faire attention au choix des adresses afin d'améliorer et d'optimiser la prise en compte de votre site (ou de vos sites) par les moteurs de recherche. Nous allons passer en revue plusieurs solutions, en commençant par la meilleure solution pour terminer avec la moins bonne.

Solution 1 – Un nom de domaine par pays

Il s'agit ici de l'option idéale : chaque pays dispose d'un site dédié et de son nom de domaine qui lui est propre. Exemples :

- *www.votresite.com* : pays cible = États-Unis ;
- *www.votresite.co.uk* : pays cible = Grande-Bretagne ;
- *www.votresite.fr* : pays cible = France ;
- *www.votresite.de* : pays cible = Allemagne.

Aucun des sites n'interfère avec les autres, chacun est axé sur un pays spécifique. Ainsi, rien ne peut gêner les robots des moteurs : c'est parfait. Il existe toutefois deux inconvénients majeurs.

- Vous aurez à gérer de nombreux noms de domaine dans plusieurs pays différents, ce qui est lourd en termes d'organisation et de budget.
- L'achat de ces noms de domaine peut s'avérer complexe dans certains pays, notamment dans les contrées qui demandent à disposer d'une structure professionnelle sur place.

Cela dit, si vous désirez jouir d'une situation optimale par rapport aux moteurs de recherche, il faudra en passer par là.

De plus, si vous optez pour un pays au sein duquel plusieurs langues sont parlées (exemple : la Belgique ou la Suisse), vous pourrez utiliser un répertoire par langue :

- *www.votresite.be/fr/*: pays cible = Belgique, langue = français ;
- *www.votresite.be/nl/*: pays cible = Belgique, langue = flamand ;

ou :

- *www.votresite.ch/fr/*: pays cible = Suisse, langue = français ;
- *www.votresite.ch/de/*: pays cible = Suisse, langue = allemand ;
- *www.votresite.ch/it/*: pays cible = Suisse, langue = italien.

Solution 2 – Un sous-domaine par pays

Une autre solution – moins intéressante mais non négligeable cependant – et qui ne demande l'achat que d'un seul nom de domaine, est la création d'un sous-domaine par langue et pays.

- *www.votresite.com* : pays cible = États-Unis ;
- *uk.votresite.com* : pays cible = Grande-Bretagne ;
- *fr.votresite.com* : pays cible = France ;
- *de.votresite.com* : pays cible = Allemagne.

Avec un seul nom de domaine (*votresite.com*), vous créez autant de sous-domaines que vous le désirez, presque instantanément, soit un par pays. La plupart du temps, l'emploi de sous-domaines reviendra à utiliser la solution 3 ci-après (répertoire interne au site). Autre inconvénient : l'utilisation et la compréhension des sous-domaines ne sont pas toujours très répandues parmi les internautes, notamment dans le grand public, plus habitué à des adresses commençant par *www*. *A priori*, nous vous recommanderons donc l'utilisation des noms de domaine différents (avec extensions géographiques) plutôt que des sous-domaines dans ce cas.

La langue pourra également être traitée par un répertoire, comme dans le premier choix ci-dessus (un nom de domaine par pays).

Solution 3 – Un répertoire par pays

Une troisième solution consiste à créer sur votre site, à nom de domaine unique, un répertoire par pays. Par exemple :

- *www.votresite.com/*: pays cible = États-Unis ;
- *www.votresite.com/uk/*: pays cible = Grande-Bretagne ;
- *wwwvotresite.com/fr/*: pays cible = France ;
- *www.votresite.com/de/*: pays cible = Allemagne.

Le principal inconvénient de cette méthode est que toutes les adresses ci-dessus sont considérées comme faisant partie d'un seul site (*www.votresite.com*) par les moteurs. Votre visibilité pourrait donc décroître fortement si les moteurs limitent le nombre de pages affichées par site dans leurs résultats.

Enfin, si vous optez pour cette solution, nous vous conseillons d'afficher directement la page en anglais, en affichant dans une zone de navigation, sous forme de menus déroulants ou de drapeaux, des liens vers les autres versions (figure 4-18).

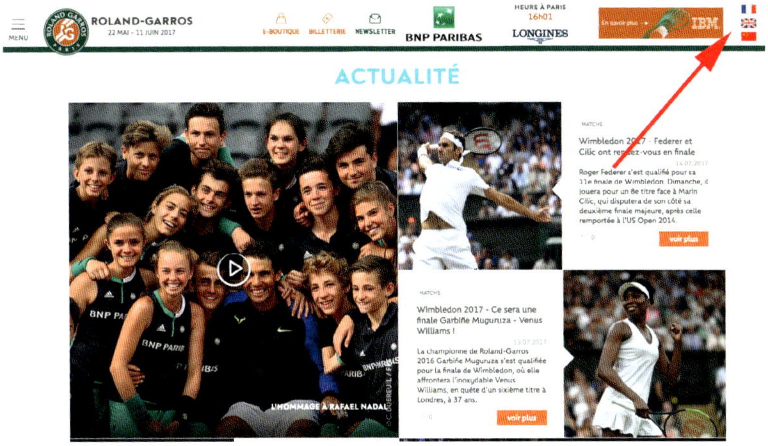

Figure 4-18

Exemple du site Roland-Garros (https://www.rolandgarros.com/fr-fr/) : la page d'accueil par défaut est en français et un choix vers les autres versions linguistiques est proposé sous la forme de drapeaux à cliquer.

Ce choix est intéressant, car il permet d'afficher tout de suite une information utile à l'internaute qui, s'il désire l'obtenir dans une autre langue, utilisera le moyen proposé pour cela. Cette option est préférable à une « page de drapeaux » sans réel contenu comme celle présentée en figure 4-19.

Figure 4-19

L'accès « par drapeaux » n'est pas conseillé. Ici, le site Robland (https://www.robland.com/fr).

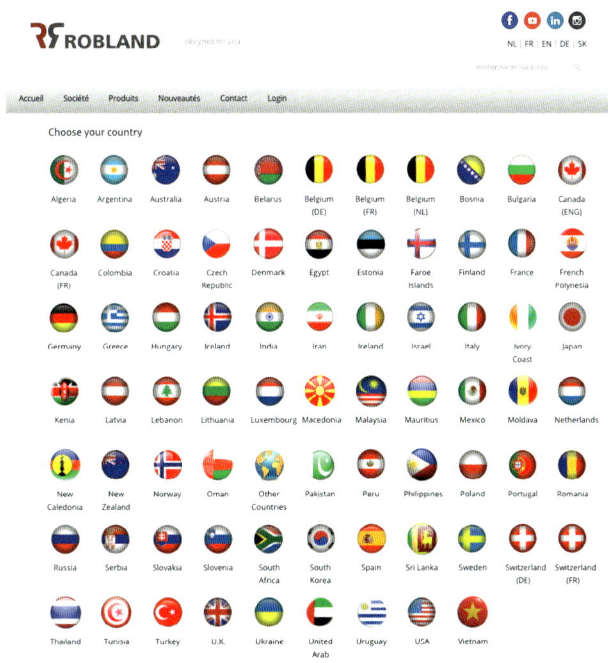

Dans ce cas, la page n'est pas optimisée car :

- l'internaute doit cliquer pour obtenir une première information utile, cette page d'accueil n'étant absolument pas informative. Cela retarde donc son accès à l'information. Rappelons-nous que les pages importantes de votre site doivent se trouver à trois clics au maximum de la page d'accueil. Ajouter une page de drapeaux « grillera » un clic ;
- le moteur aura « à se mettre sous la dent » une page d'accueil sans texte ou presque, ou, en tout cas, sans texte descriptif de votre activité. La page d'accueil ayant la plupart du temps un PageRank élevé, vous sabotez votre référencement en n'y indiquant aucun contenu, aucun mot-clé important, ce qui est fort dommage.

Solution 4 – Pages multilingues

Évitez au maximum les pages affichant du contenu dans plusieurs langues distinctes. Les moteurs n'aiment pas cela, car ils n'arrivent pas à distinguer la langue unique dans laquelle le document est écrit. Résultat : si votre page contient 50 % de français, elle risque de ne pas apparaître dans une recherche avec l'option Pages francophones. À éviter donc !

Notez que nous reparlerons de la stratégie SEO à l'international au chapitre 14.

Quelques liens utiles

À noter, deux articles datant de mars 2010 sur le référencement de sites multilingues sur le blog pour webmasters de Google :

- *Working with multilingual websites : https://speeny.fr/78*
- *Working with multiregional websites : https://speeny.fr/79*

Et un autre, publié en mai 2013, plus spécifiquement orienté vers les développeurs web :

- *6 Quick Tips for International Websites : https://speeny.fr/80*

Et enfin nos quatre vidéos dédiées au SEO international :

- SEO International : 5 erreurs à ne pas commettre ! (7'17") : *https://speeny.fr/81*
- SEO International : Le choix de l'adresse du site (8'13") : *https://speeny.fr/82*
- SEO International : La balise hreflang (7'17") : *https://speeny.fr/83*
- SEO International : Une stratégie en 10 étapes (7'22") : *https://speeny.fr/84*

Zone chaude 9 : les intitulés d'URL

Les noms de domaine et sous-domaine ne sont pas les seules zones importantes dans l'adresse de vos pages web. Tout l'intitulé peut avoir une importance. Utilisez donc des termes clairs et précis plutôt que des abréviations, des chiffres ou des signes cabalistiques que vous seriez seul à comprendre.

Une adresse comme *https://www.stela.com/produits/stylos/recharges/acheter.html* propose cinq mots-clés intéressants : « stela » (la marque), « produits », « stylos », « recharges » et

« acheter ». C'est loin d'être négligeable. Et c'est toujours mieux que *https://www.societestela.com/prods/sty-fr/PK470012/pricing.html !*

Insérer, par exemple, la référence catalogue d'un produit dans l'URL peut être intéressant pour la maintenance des pages, mais moins pour l'internaute. Or, n'est-ce pas pour lui que vous avez créé votre site ? Et les moteurs n'y trouveront pas non plus de grain à moudre.

Les URL, pas si importantes en SEO

L'auteur de cet ouvrage entend parfois le discours suivant dans la bouche de certains webmasters : « Mon site est bien optimisé pour Google, car j'ai de bonnes URL ! » Une idée assez souvent répandue semble-t-il. Malheureusement, cela ne suffit pas, loin de là. Il existe d'ailleurs de nombreux sites très bien référencés, mais proposant des URL peu réactives par rapport aux moteurs de recherche. La présence de mots-clés dans les URL des pages est l'un des 200 critères de pertinence pris en compte par Google, mais selon nous pas l'un des plus importants. Ceci dit, si vos URL sont propres, cela représentera un « bonus » non négligeable, bien sûr. Disons que c'est un critère nécessaire mais pas suffisant !

Utilisez également le tiret (-) pour séparer les mots plutôt que le tiret du bas, ou *underscore* (_), car ce caractère ne représente pas un séparateur pour les moteurs en général et Google en particulier.

Ainsi, l'adresse *https://www.stela.com/produits-papeterie/stylos-encre/recharges/encre-noire.html* est valide et optimisée pour les moteurs de recherche, contrairement à *https://www.stela.com/produits_papeterie/stylos_encre/recharges/encre_noire.html*.

En effet, dans le second cas, le moteur risque de comprendre ainsi les mots composés : « produits_papeterie », « stylos_encre » et « encre_noire ». Le problème vient du fait que l'underscore est traité comme un caractère à part entière et n'est pas supprimé par le moteur. Le tiret sera, quant à lui, remplacé par un espace. Google semblait avoir résolu ce problème en 2007 (*https://speeny.fr/85*) avant de revenir sur cette déclaration en 2009 (*https://speeny.fr/86*). Prudence, donc…

Pour faire plus simple, vous pouvez éventuellement saisir toutes vos URL en minuscules, cela ne pénalisera pas vraiment votre référencement (notez bien que cela ne l'améliorera pas non plus), mais ce sera plus lisible pour l'internaute. Rappelons en effet que la casse des lettres, si elle n'a pas d'importance dans le nom de domaine, est discriminante pour un navigateur dans le reste de l'intitulé de l'adresse : *STYLOS.HTML* est différent de *Stylos.html* et de *stylos.html*. En revanche, elle n'a pas d'importance pour les moteurs de recherche dans leur compréhension des mots-clés.

Bien sûr, il n'est pas toujours possible d'insérer des mots-clés importants dans les URL des pages telles qu'elles sont créées de façon native. Selon les systèmes d'édition utilisés (pages dynamiques, gestion de contenu, etc.), les URL peuvent être plus ou moins absconses, complexes par défaut. Il sera intéressant, dans ce cas, de passer par des systèmes de réécriture d'URL ou URL rewriting (voir chapitre 14).

Citons d'autres points à prendre en compte.

- Pas de lettres accentuées ou de caractères diacritiques dans les URL. Ainsi, un « é » sera remplacé par un « e », un « ç » par un « c », etc.

- *Idem* pour la ponctuation : remplacer les apostrophes, les guillemets, etc., par un tiret haut.
- Éviter également d'insérer trop de caractères « / » dans vos URL.
- Notez que la terminaison de l'adresse (*.html*, *.asp*, *.php*, etc.) n'a aucune importance pour votre référencement, mais certains référenceurs conseillent d'en mettre une, quelle qu'elle soit. Dans ce cas, préférez donc : *https://www.stela.com/papeterie/clairefontaine.html* ou *https://www.stela.com/papeterie/clairefontaine.php* à *https://www.stela.com/papeterie/clairefontaine* ou *https://www.stela.com/papeterie/clairefontaine/*. Mais cela a globalement peu d'impact (la tendance est d'ailleurs de ne pas mettre de terminaison).
- Enfin, pour voir des contenus acceptés dans Google Actualités (Google News, *https://news.google.com/news/?ned=fr&hl=fr*), les URL d'un site ont longtemps dû contenir au moins trois chiffres consécutifs qui ne ressemblaient pas à une date. Cette restriction est aujourd'hui obsolète (*https://www.speeny.fr/530*).

Voici donc quelques exemples d'URL parfaitement optimisées pour les moteurs de recherche :

- *https://www.stela.com/actualites-papeterie/clairefontaine-cree-un-nouveau-stylo.html*
- *https://www.matelas-mousse.fr/12-09-2020-6756-notre-societe-a-recu-le-prix-de-l-ingeniosite-francaise-en-2017*
- *https://tempsreel.nouvelobs.com/actualites-societe-20190716-l-une-faculte-denonce-des-frais-d-inscription-illegaux-987.php*

Pour résumer

Voici quelques conseils pour bien optimiser les URL de vos pages.

- Achetez un nom de domaine (*.com*, *.fr*, *.net*, etc.) propre, sans système de redirection.
- Insérez, si possible, un ou deux mots importants pour votre activité dans le nom de domaine : votre nom, votre activité, etc.
- Ne fonctionnez que sur un seul nom de domaine pour vos actions de promotions online et offline.
- Essayez de mettre en place un réseau de « sites spécialisés » plutôt qu'un gros portail multithématique.
- Insérez des mots-clés importants et intelligibles dans l'intitulé complet de vos URL.
- Séparez les mots importants par des tirets hauts (traits d'union) dans les énoncés de vos URL.
- Remplacez les caractères accentués et diacritiques de vos URL par des équivalents non accentués.

Le plus important : agissez toujours avec loyauté et évitez tout spam, jamais payant à court, moyen ou long terme sur les moteurs !

Nous avons donc atteint la fin de ce chapitre sur les critères in page et le code HTML des pages web. Nul doute qu'il y a beaucoup de travail à faire dans ce domaine sur un site. Maintenant, il est temps de remplir ces balises avec du texte de qualité. Le moule est prêt, vous pouvez préparer les ingrédients du gâteau !

5

Optimisation – Les critères in page : contenu textuel

> « L'écriture, toute écriture, reste une audace et un courage.
> Et représente un énorme travail. »
>
> Michèle Mailhot

À la fin du premier chapitre, nous avons proposé une analogie entre le SEO et la recette d'un gâteau. Et au chapitre précédent, nous avons appris à créer un « moule » de bonne qualité : le code HTML. Condition *sine qua non* à l'optimisation d'une page web, ce code source se doit donc d'avoir quelques particularités qui lui permettront d'être bien analysé par Google. Assurez-vous donc que les codes HTML de vos pages présentent les caractéristiques suivantes :

- les balises <h1> à <h6> ont bien été placées dans le cœur éditorial de la page (et non dans le *header*, le *footer* ou les menus de navigation) et correspondent à des zones dans lesquelles vous pourrez facilement intégrer des mots-clés importants ;
- lorsque vous mettez un mot en gras, utilisez la balise <strong>, si possible, plutôt que la balise <b> et faites en sorte que le gras ne soit pas indiqué *via* les feuilles de styles (CSS) ;
- chaque page dispose d'une balise <title> dont le contenu est modifiable ;
- chaque page dispose également d'une balise meta description que vous pouvez renseigner comme bon vous semble ;
- vous pouvez intégrer des attributs alt aux images mises en ligne ;
- vos URL sont réécrites et proposent des mots-clés correspondant au contenu de vos pages.

Tout est en ordre ? Parfait, nous pouvons donc passer à l'aspect rédactionnel de vos contenus. Commençons par des généralités importantes sur la gestion et la création d'un bon contenu SEO, c'est-à-dire « écrit pour les internautes en pensant aux moteurs de recherche ».

Lisez les bibles !

Le but de ce chapitre n'est pas de vous apprendre tous les rudiments de l'écriture pour le Web. Il faudrait un ouvrage spécifique pour cela. Et cela tombe bien puisque ce livre existe : *Bien rédiger pour le Web – Stratégie de contenu pour améliorer son référencement*, 5e édition, d'Isabelle Canivet, paru aux éditions Eyrolles en 2021. Un livre indispensable pour en savoir plus sur la meilleure façon d'écrire sur le Web.

Dans le même registre, et dans une optique plus « commerce électronique », n'hésitez pas à également lire l'ouvrage *Réussir sa stratégie de contenu*, 2e édition, d'Ève Demange et Alexandra Martin, toujours aux éditions Eyrolles, paru en 2020. Une webographie est également proposée à la fin de ce chapitre.

Le contenu optimisé est capital !

Avant tout, il nous semble essentiel de souligner un point crucial : s'il est nécessaire de mettre en ligne des pages web optimisées par rapport aux critères de pertinence des outils de recherche, la valeur qualitative du contenu proposé est certainement bien plus importante. En effet, rien ne sert de faire la promotion d'un site web, par le référencement ou par un autre moyen, si ce site ne répond pas aux exigences du public visé au préalable. Nous l'avons déjà dit, il faut « être le meilleur pour répondre à l'intention de recherche de l'internaute ». Et pour cela, un contenu de bonne qualité sera indispensable !

La première étape dans la création d'un site web sera donc de réfléchir à son contenu et à l'adéquation de ce dernier aux besoins et aux attentes des internautes qui viendront le visiter. C'est essentiel et vital pour le succès d'un tel projet. Comme on le dit depuis plus de 20 ans sur le Web, *content is king!* (« le contenu est capital ! »).

Cela étant dit, cela ne suffit pas toujours. Il peut réellement s'avérer opportun de penser « moteurs de recherche » lorsque vous bâtissez vos pages. En effet, non seulement vous proposerez en ligne du bon contenu, mais l'optimisation que vous aurez créée pour vos pages lui donnera une bien meilleure visibilité sur les moteurs. Dans ce cas, *optimized content is emperor!* (« le contenu optimisé induit sa visibilité ! »). Et, comme on le verra très bientôt dans ce chapitre, on s'oriente même vers un adage de type *semantic content is emperor* (« le contenu sémantique est incontournable ! »).

L'erreur serait, à notre avis, de travailler sur l'optimisation des titres, textes et autres zones chaudes sans avoir en même temps travaillé la qualité du contenu lui-même. Nous insistons lourdement sur ce point, car c'est réellement primordial. De plus, le métier de SEO s'oriente réellement dans cette direction depuis que les filtres Panda et Penguin ont été lancés par Google : la qualité du contenu et des backlinks doit être au rendez-vous et au cœur de votre stratégie de visibilité ! En effet, si une bonne optimisation vous permettra de faire venir les internautes sur vos pages au travers des moteurs, ce n'est pas cela qui les fera rester sur votre site, y faire une ou des actions concrète(s), y revenir, ou qui fera en sorte que le bouche-à-oreille fonctionne et vous amène d'autres visiteurs, etc. C'est le contenu que vous allez proposer en ligne qui va faire la différence entre trafic efficace, ciblé et trafic stérile. Faire entrer un prospect dans une boutique vide ne sert pas à grand-chose. Fidéliser vos visiteurs est indispensable !

La qualité de ce que vous proposez en ligne va aussi influer sur les liens qui vont se créer vers votre source d'information. Et vous vous apercevrez vite que le lien est aujourd'hui l'application « qui tue » (nos amis anglophones parlent de *killer application*) du SEO.

Nous sommes persuadés que le meilleur référencement qui soit est celui qui permet, par une bonne et loyale optimisation des pages, de faire connaître le site au mieux, de le mettre en valeur et de donner une visibilité à un contenu de qualité. Et nous allons voir que cela est tout à fait possible !

Car la vraie galère en SEO (et ceci est de plus en plus vrai au fil du temps) consiste à essayer de donner une visibilité à un contenu de faible qualité ou qui n'est pas légitime par rapport à la requête visée. Dans ce cas, vous pouvez vous lever et commencer d'ores et déjà à prier le dieu Google pour que, peut-être, sur un malentendu, un miracle arrive… ;-)

Qu'en est-il de l'écriture inclusive ?

Quel est l'impact de l'écriture inclusive, du langage dit « épicène », neutre, « non sexiste » ou « dégenré » en SEO ? De façon globale, il est assez difficile d'écrire et de communiquer de cette façon tout en étant visible sur les moteurs de recherche. Nous avons essayé de démontrer cela dans une vidéo, disponible ici : *https://speeny.fr/1270*.

La notion de texte visible

On dit souvent des moteurs de recherche qu'ils sont des « obsédés textuels » (et qu'ils aiment les pages qui ont du « text appeal », pour continuer dans la même veine) : seul le texte d'une page leur importe, pas le contenu des images ou autres animations. Ils adorent « comprendre » le contenu d'un document en lisant son texte visible. Tout d'abord, définissons clairement ce que nous entendons par cette expression.

- **Texte.** Tout ce dont nous allons parler ici concerne le contenu textuel de vos pages, c'est-à-dire tout le contenu que vous pouvez sélectionner avec votre souris, copier puis coller dans un logiciel de traitement de texte comme Word. En d'autres termes, tout le texte affiché dans le navigateur et qui peut être identifié dans votre code source HTML. Ainsi, un texte inclus dans une image n'est pas considéré comme étant au format textuel (mais l'attribut `alt` de l'image sera, quant à lui, considéré comme tel).
- **Visible.** Nous ne parlerons ici que du texte proposé loyalement sur les pages web, sans traiter des cas de spam datant du paléolithique inférieur du Web et consistant à insérer, par exemple, du texte en blanc sur fond blanc (voire en jaune très clair sur fond blanc, quelle misère !), invisible pour l'internaute mais soi-disant pris en compte par le moteur. S'il est vrai que ce type de spam marche parfois sur certains outils de recherche, et pas des moindres (même sur ceux qui disent combattre ce type de pratique), il s'agit clairement de fraude de bas étage et nous n'en parlerons donc pas. De plus, lorsqu'un internaute découvre la supercherie (et ce n'est pas vraiment très compliqué), la perte de crédibilité envers le site coupable est telle que cela devrait décourager tout webmaster sérieux de commettre ce type de « méfait ». De la même façon, toute tentative visant à cacher du texte dans un code HTML (et Dieu sait si techniquement parlant il existe de nombreuses possibilités de le faire) sera considérée comme du spam et ne pourra donc pas bénéficier de l'adjectif « visible ».

Il est très important de bien comprendre que la façon de faire du référencement a totalement changé au fil des ans : à l'époque d'Altavista, on créait une page spécifiquement pour l'internaute et on mettait, dans des « zones cachées » (par exemple, les balises `meta keywords`) les termes à lire par les moteurs. Cette époque est totalement révolue ! Aujourd'hui, Google doit être considéré comme un internaute qui vient lire le contenu de vos pages. C'est pour cela que l'on dit que vos textes doivent être « écrits pour vos visiteurs humains, mais en tenant compte de quelques règles importantes pour les robots des moteurs », car ils liront tous deux le même contenu ! C'est une règle d'or du SEO : « ce que lit le moteur, l'internaute le lit et inversement » !

La taille d'un texte

Faut-il écrire de longs textes ou des contenus très courts ? Il faut savoir que Google, pour analyser vos pages web, va prendre en compte le cœur éditorial de celles-ci, en laissant de côté les zones similaires d'une page à l'autre : le header, le footer et les menus de navigation (ces trois zones étant parfois appelées « arche »). Pour son analyse de pertinence, Google va donc enlever l'arche et lire le contenu éditorial, représenté par la zone rouge sur la figure 5-2.

Cela ne signifie pas pour autant qu'il va ignorer l'arche. Celle-ci lui servira à explorer le site et à avoir une vision macroscopique de la source d'information et de son contenu, sa structure, son arborescence, sa navigation, etc.

Le cœur éditorial, en revanche, lui donnera une vision microscopique, granulaire du contenu à l'échelle de la page.

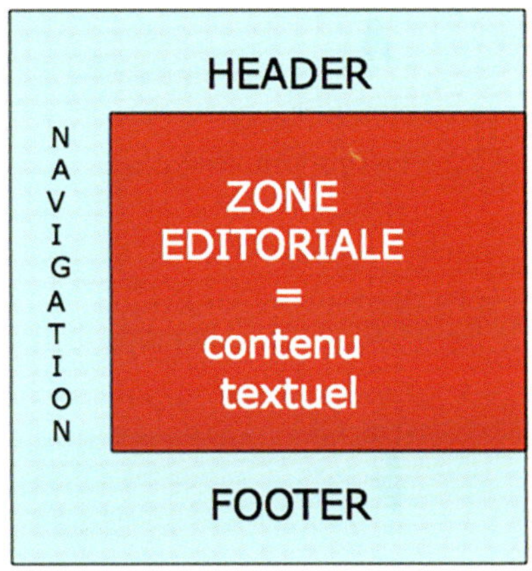

Figure 5-2

Google lit le cœur éditorial de la page pour se faire une idée de son contenu.

Lorsque nous parlerons d'optimisation SEO dans ce chapitre, nous parlerons donc de ce cœur éditorial et non pas de l'arche. Mais soyons clairs : mettre des mots-clés ou des liens dans un footer, par exemple, en vue d'améliorer le positionnement d'une page est une hérésie en termes de SEO ! Nous y reviendrons.

Pour ce qui est de la taille, sachez également que Google a besoin d'un certain « volume » de texte pour comprendre de quoi parle la page. Pour notre part, nous essayons toujours de proposer 200 mots environ dans ce cœur éditorial. Mais ce n'est pas une règle stricte. Vous pouvez travailler sur vos propres chiffres, vos propres tests. Retenez seulement – et c'est assez logique – que s'il y a très peu de texte dans une page, Google aura du mal à comprendre de quoi elle parle.

Essayez donc de vous fixer comme minimum un volume d'environ 200 mots (vous pouvez utiliser l'outil Statistiques de Word pour calibrer vos contenus). En revanche, il n'existe pas de taille maximale à la bonne digestion de votre texte par Google. La limite sera plutôt la lisibilité par l'internaute. Celui-ci risque de rapidement abandonner la lecture si vous lui proposez un texte trop long. Disons donc qu'entre 200 et 800 mots par page, vous devriez être dans une moyenne tout à fait acceptable pour les internautes ET les moteurs. Mais, encore une fois, rien ne vous empêche de faire plus long. En pratique, vous vous apercevrez vite qu'un texte long (et bien optimisé) fonctionne très bien en SEO.

De nos jours, nous nous fixons très souvent cette règle : au moins 200 mots dans la zone éditoriale de la page mais, si possible, le mieux est entre 600 et 800 mots. Et, dans certains cas, dépasser les 1 000 mots s'il y a beaucoup de choses à dire.

Faut-il souvent répéter un mot ?

Pendant longtemps, le nombre d'occurrences d'un mot dans la page (c'est-à-dire le nombre de fois où le mot est présent) a été très important pour les moteurs de recherche. Même si cette notion revêt encore une certaine importance, elle est moins critique aujourd'hui. Peu importe le nombre d'occurrences d'un mot dans une page, c'est plutôt sa « densité » qui est prise en compte même si, là encore, il faut utiliser ce concept et ce terme avec des pincettes. Historiquement, de nombreux référenceurs ont utilisé dans le passé la notion d'indice de densité (IDM) pour optimiser leurs pages.

Définissons tout d'abord ce qu'est, historiquement, l'indice de densité d'un mot donné dans une page web. Cet indice est égal au nombre d'occurrences du mot dans la page divisé par le nombre total de mots du document. Par exemple, dans une page contenant 100 mots, un terme est répété 3 fois. Son IDM est alors de 3/100 = 3 %. Si ce même mot est répété 3 fois dans une page de 200 mots, son IDM est de 3/200 = 1,5 %.

On a longtemps parlé d'une limite maximale d'IDM d'un mot dans une page oscillant dans une fourchette allant de 2 à 5 %. Pour modifier l'IDM d'un mot dans vos pages, deux solutions s'offraient à vous : soit vous proposiez suffisamment de texte autour du mot si la page était courte, soit vous répétiez le mot plusieurs fois si la page était longue.

Sachez cependant qu'il n'existe pas réellement d'IDM idéal pour toutes les pages. Par ailleurs, personne n'a le temps en pratique de surveiller l'IDM de tous les mots de toutes ses pages web, ce serait utopique. De plus, on rentre ici dans un domaine où on commence à « écrire pour les moteurs », ce qui n'est pas obligatoirement une bonne chose. N'oubliez pas que vos contenus sont avant tout destinés à être lus par des internautes de chair et d'os. Ne vous laissez pas obnubiler par l'indice de densité des mots de votre site, vous pourriez y perdre beaucoup de temps au détriment d'autres critères plus importants. C'est pour cela que la notion d'indice de densité est peu à peu tombée en obsolescence au fil du temps. Cette notion d'IDM est donc de moins en moins prise en compte par les référenceurs professionnels qui se tiennent au courant des évolutions des moteurs de recherche. D'ailleurs, il est probable que les moteurs de recherche n'ont jamais utilisé eux-mêmes un tel indice et que l'IDM était plus une technique SEO qu'autre chose.

Nous verrons dans une petite méthodologie à la fin de ce chapitre une autre façon, peut-être plus naturelle, de « doser » vos mots-clés. Le terme de dosage (voire de richesse sémantique) est certainement plus représentatif que le terme de densité pour illustrer la façon dont les moteurs prennent en compte et analysent aujourd'hui un texte.

Les différentes formes d'un mot

Si vous en avez la possibilité, n'oubliez pas d'optimiser des pages pour les féminins ou les pluriels de vos mots-clés importants, ainsi que certains termes qui auraient la même racine (« poisson »/« poissons », « poissonnerie »/« poissonneries », « poissonnier »/« poissonniers », « poissonnière »/« poissonnières », etc.). Rappelez-vous qu'une page bien positionnée sur « chien » ne le sera pas obligatoirement sur « chiens ». Pensez donc à créer, si nécessaire, des pages spécifiques pour les différentes occurrences des termes susceptibles d'être saisis sur un moteur de recherche. N'oubliez pas que chaque page de votre site doit être optimisée en fonction d'un mot-clé. Ne tablez pas que sur votre page d'accueil pour être bien positionné ! On entend souvent dire, dans le domaine du référencement, qu'il est complexe de voir une page très réactive (donc bien positionnée) sur plus de 2 ou 3 mots-clés ou expressions. Ce n'est certainement pas faux, même si, en pratique, on voit certaines pages proposant un volume de texte important se positionner sur bien plus de requêtes.

En d'autres termes, une page sera optimisée pour une seule requête, mais elle pourra se positionner sur bien plus. Nuance !

La notion de requête principale (RP)

Pour notre part, nous avons opté depuis plusieurs années pour l'équation suivante : 1 page = 1 requête. En d'autres termes, lorsque nous commençons notre stratégie SEO sur un contenu, nous définissons la requête pour laquelle nous désirons un bon classement (et un trafic de qualité sur Google). Nous appellerons cette requête « requête principale », ou RP, pour laquelle nous allons optimiser une page du site. Si nous visons une autre requête, donc une autre RP, nous optimiserons une autre page. En résumé, si pour un site nous visons une cinquantaine de requêtes différentes, nous créerons ou optimiserons une cinquantaine de pages au moins ! Oui, c'est un gros travail. Mais personne n'a dit que le SEO était une partie de plaisir ☺.

Cette notion de « une page par RP » peut choquer puisqu'on peut penser que cela appauvrira les textes et diminuera l'impact de la longue traîne. Vous verrez dans la suite de ce chapitre que nous rendrons cette vision moins radicale par l'apport notamment d'un champ lexical approprié. Un peu de patience…

Rappelons également ici que « poisson », « poissons », « poissonnerie » et « poissonneries » seront considérés comme quatre requêtes différentes, donc quatre RP, et qu'il y aura dans ce cas quatre pages à optimiser. Cependant, certains référenceurs estiment qu'il est possible, dans une même page, d'introduire plusieurs formes de la RP (masculin/féminin, singulier/pluriel, etc.). C'est une autre école, qui est aussi très intéressante. Le SEO n'est pas une science exacte, n'hésitez pas à tester plusieurs variantes d'une méthodologie. *Test and learn*, comme disent nos amis anglo-saxons.

Accentuation et référencement

L'accentuation et le codage des caractères constituent un sujet complexe et très long à appréhender. Pour résumer, disons qu'il existe deux codages principaux pour un site web francophone :

- le codage ISO-8859-1, ou ISO-8859-15, qui est bien adapté aux alphabets occidentaux ;
- le codage UTF-8, qui sera préféré pour des pages web plus internationales et « universelles » affichant des alphabets comme le chinois, le russe, le grec, etc.

Dans les deux cas, une balise `meta` spécifique devra être indiquée en début de page pour préciser le codage utilisé (par exemple, `<meta http-equiv="Content-Type" content="text/html; charset=iso-8859-1">`).

Ensuite, on peut résumer la situation en disant que les caractères devront être codés en HTML (`é`) si le codage est ISO-8859-15 et pourront être éventuellement laissés tels quels (« é ») dans le code HTML pour l'UTF-8. Il sera surtout très important que la configuration de la page, du serveur et d'une éventuelle base de données (exemple : MySQL) utilisée soient identiques au niveau du codage des caractères afin de ne pas rencontrer de problèmes. Que les spécialistes du domaine nous pardonnent ici ces approximations, mais cette problématique doit souvent être traitée au cas par cas, en fonction du serveur utilisé, de sa configuration, etc. En revanche, il est important que dans vos URL aucun caractère accentué n'apparaisse, car ils ne seront pas toujours compris par les moteurs de recherche.

La casse des lettres

La casse des lettres (minuscules/majuscules) n'a aujourd'hui pas d'importance pour les moteurs de recherche. Les termes « ibm », « IBM » ou « Ibm » seront pris en compte de la même manière par Google et consorts.

L'ordre et l'éloignement des mots

Par ailleurs, si vous désirez être positionné, par exemple, sur l'expression « Paris Dakar », faites en sorte que les deux mots soient présents dans la page l'un à côté de l'autre et non éloignés. En d'autres termes, une page contenant « Paris Dakar » l'un à côté de l'autre sera plus réactive qu'une page contenant « Paris » au début et « Dakar » à la fin.

L'ordre est également important, notamment sur Google. Une page contenant « Dakar Paris » sera moins réactive sur l'expression « Paris Dakar ». Tenez-en compte !

Une thématique unique par page

Privilégiez les pages qui traitent d'un thème unique plutôt que les longs documents qui abordent de nombreux concepts très différents. Beaucoup de moteurs tentent de faire ressortir d'un document l'idée principale qu'il contient et en tiennent compte dans leurs classements. Facilitez-leur la tâche… Proposez sur votre site de nombreuses pages à thème unique plutôt que de longs documents traitant de plusieurs domaines différents, comme une page de brèves (figure 5-3). Ceci peut se révéler indigeste pour les moteurs… et pour l'internaute aussi, d'ailleurs !

▸ BRÈVES

Afrique du Sud

Afrique du sud : 18 retraités périssent dans un incendie

Un incendie déclaré dans une maison de retraite de Johannesburg dans la nuit de dimanche à lundi a causé la mort de 18 pensionnaires. Trois personnes âgées ont été blessées indique Le Matin. Le personnel sur place a réussi à sauver des flammes 84 retraités, relogés d'urgence. Une enquête a été ouverte par les forces de police pour déterminer les causes de l'incendie. - LUNDI 2 AOÛT 2010 - 13:49

Ouganda

Ouganda : 33 morts dans un naufrage

Un bateau transportant des commerçants et leur marchandises a chaviré dans la nuit de dimanche à lundi sur le lac Albert, dans le nord-ouest de l'Ouganda, rapporte Au fait Maroc. Le bilan provisoire qui faisait état de 5 morts, se porte ce lundi à 33 morts. Selon la police ougandaise, on dénombre 17 survivants. Les causes de l'accident n'ont pas encore été déterminées. Les mauvaises conditions météorologiques auraient été avancées. - LUNDI 2 AOÛT 2010 - 13:48

Pan Afrique - Kenya

Clôture des championnats d'Afrique d'athlétisme

Parallèlement aux championnats d'Europe d'athlétisme se déroulaient les 17éme championnats d'Afrique d'athlétisme du 28 juillet au 1er aout 2010 à Nairobi, la capitale kenyane. A l'issue de ces cinq jours de compétition, c'est d'ailleurs le pays hôte qui a fait la plus grosse moisson de médailles rapporte le soleil. Près de 25 breloques dont 10 en or, 7 en argent et 8 en bronze. Le Nigeria est arrivé en deuxième position tandis que l'Afrique du Sud termine troisième. Les prochains championnats sont prévus en 2012 et devraient avoir lieu au Bénin. - LUNDI 2 AOÛT 2010 - 13:48

Zimbabwe

Zimbabwe : les diamants de Marange profiteront à tous

Le président zimbabwéen Robert Mugabe a promis dimanche que la vente des diamants de Marange, autorisée récemment par le régulateur du secteur, bénéficierait à l'ensemble du pays et non à quelques individus lit-on sur Eyewitnessnews. "Les diamants ne doivent pas finir dans les poches de quelques individus. Ils doivent servir à améliorer la situation de l'ensemble du pays", a-t-il estimé. Le Zimbabwe dispose d'importantes ressources en diamants dans les mines de Marange (est), qui pourraient représenter d'ici quelques années jusqu'à 25% de la production mondiale, selon le président Mugabe. - LUNDI 2 AOÛT 2010 - 12:43

Figure 5-3

Exemple de page listant des brèves les unes en dessous des autres, sans lien vers chaque article sur une page dédiée. Le moteur ne saura pas analyser le sujet général de la page.
Il aurait mieux valu proposer des liens vers plusieurs pages, chacune affichant une brève unique.

Langue du texte

Évitez également les pages bilingues ou trilingues : les moteurs auront du mal à bien traiter une page contenant des termes dans plusieurs langues différentes. Privilégiez les pages monolingues. Là aussi, c'est du bon sens…

Localisation du texte

Pendant de nombreuses années, l'un des critères importants pris en compte par les moteurs lors du calcul de pertinence d'une page par rapport à un mot donné était la présence de ce terme au début du document plutôt qu'à la fin. Plus le mot en question était placé haut dans la page (le plus proche possible de la balise `<body>` dans le code HTML), plus sa présence était jugée pertinente.

Cela ne semble plus être le cas : un mot peut être au début ou à la fin d'un contenu textuel (hors arche, encore une fois), il aura le même poids pour Google. Ne tentez donc pas d'approcher le plus possible vos mots-clés importants du début du code HTML, l'impact ne devrait pas être significatif en termes de SEO.

L'optimisation SEO d'un texte

Une fois ces quelques points généralistes – mais non moins importants – passés en revue, nous pouvons nous attaquer à l'optimisation du texte proprement dite. Pour cela, nous allons vous expliquer comment nous fonctionnons au quotidien pour optimiser nos contenus et, parfois, ceux de nos clients.

Encore une fois, le SEO n'est pas une science exacte : les « astuces » que nous allons vous fournir dans les pages suivantes seront peut-être différentes des méthodologies proposées par d'autres personnes ou agences ou que celles que vous identifierez par vous-même. C'est tout à fait possible et c'est ce qui fait la magie et le côté intéressant de notre métier. Mais comme il est impossible de répertorier dans ce livre toutes les stratégies existantes, nous avons choisi de vous présenter celle que nous connaissons le mieux : la nôtre ! Mais rien ne vous empêche de vous en inspirer pour créer la vôtre.

Requêtes principales et champ lexical

Lors de la mise en place d'une stratégie SEO, nous avons indiqué précédemment que nous partons toujours de la requête principale (RP) pour laquelle nous voulons voir une page de notre site ressortir sur Google (au pire dans la première page de résultats, au mieux dans les trois premières places). Rappelons que plus cette RP sera demandée sur Google, plus le délai pour parvenir à nos fins sera long (voir chapitre 3).

Une fois ce mot-clé (ou cette expression, c'est-à-dire cette suite de mots-clés) choisi, nous définissons environ quatre termes (au minimum, mais rien ne vous empêche bien sûr d'en identifier beaucoup plus) qui constitueront le champ lexical. Nous estimons en effet que Google injecte de plus en plus de sémantique dans ses algorithmes de pertinence et qu'il est nécessaire de mettre en relation certains termes proches, connexes, voire synonymes pour mieux expliquer au moteur de quoi parle la page.

Un mot ou une expression du champ lexical répond à la définition suivante : « mot ou expression que vous utiliseriez pour expliquer la RP à quelqu'un qui ne connaît pas le domaine ».

Raisonnons sur un exemple : si vous optez pour « netlinking » comme RP, vous allez choisir « liens », « Google », « SEO » et « linkbuilding » comme champ lexical. Pour déterminer ces termes, vous pouvez suivre quelques règles.

- Ne tenez pas compte du nombre de fois où ce terme est potentiellement demandé sur Google chaque mois (planificateur de mots-clés, voir chapitre 3). Ce critère est important pour la RP, mais pas pour le champ lexical. En revanche, le planificateur de mots-clés de Google peut vous aider à identifier certains termes intéressants, en dehors de la notion de volume de recherche.
- Ne reprenez pas dans le champ lexical des termes déjà présents dans la RP. Par exemple, si votre RP est « référencement », ne choisissez pas « référencement naturel », « référencement gratuit » ou « référencement de site web ». Préférez des termes tels que « SEO », « Google », « Bing », « visibilité », « positionnement », etc.
- Par expérience, on trouve le champ lexical en faisant du « jus de cerveau », seul ou sous forme de brainstorming au sein d'une équipe. Posez-vous simplement la question suivante : « Si je devais expliquer la RP à quelqu'un qui ne connaît rien sur le sujet traité, quels seraient les termes les plus appropriés ? ». De plus en plus d'outils existent pour vous aider dans cette tâche.

Outils d'aide à l'élaboration du champ lexical

De nombreux outils ont vu le jour pour aider les rédacteurs à identifier des champs lexicaux pour une expression donnée, notamment en langue française. En voici cinq :

- 1.fr (*https://1.fr/*) ;
- Your Text Guru (*https://yourtext.guru/*) ;
- Les métamots (*http://cocon.se/*) ;
- SEO Quantum (*https://www.seoquantum.com/*) ;
- Text Focus (*https://www.textfocus.net/*).

Ils proposent, chacun avec une approche qui leur est propre, des stratégies et outils qui vous permettront de créer des champs lexicaux de qualité.

À ce stade, vous devez avoir à votre disposition, pour un contenu donné :

- une RP ;
- quatre expressions (voire plus) définissant votre champ lexical.

Nous allons maintenant les placer dans le texte des pages. Reprenons donc les différentes « zones chaudes » explorées au chapitre précédent et voyons comment les exploiter au mieux.

Structuration en balises <h1> à <h6>

Comme nous l'avons vu au chapitre 4, les balises `<h1>` à `<h6>` permettent de structurer le contenu éditorial de votre page. Il s'agit donc ici du cœur de l'optimisation in page.

Quand nous optimisons un texte, nous essayons de parsemer les RP et le champ lexical dans les balises utilisées pour sa mise en forme. Nous obtenons donc, par exemple :

- une RP dans la balise <h1> (si possible au début) ;
- une RP et quelques termes du champ lexical dans la balise <h2>, soit le chapô ou résumé de la page. La taille de cette zone allant de 200 à 300 caractères, nous pouvons facilement placer la RP et quelques mots connexes ;
- une RP et quelques termes du champ lexical dans une balise <h3> (si la page en contient plusieurs, travaillez sur l'une d'entre elles uniquement et non sur toutes) ;
- si vous avez la possibilité d'intégrer encore une ou deux occurrences de la RP et du champ lexical dans d'autres balises <h4> à <h6>, n'hésitez pas.

La figure 5-4 donne l'exemple d'un texte ainsi optimisé. La RP est ici « netlinking » et le champ lexical est « Matt Cutts », « SEO », « PageRank » et « positionnement ».

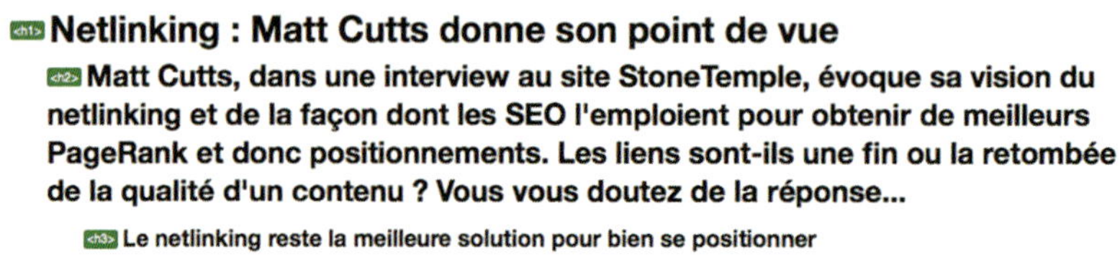

Figure 5-4

Structuration <hn> d'un texte pour la RP « netlinking ».

L'optimisation suivante a donc été réalisée.

- Balise <h1> : la RP (netlinking) apparaît une fois au début et le terme Matt Cutts a été inséré.
- Balise <h2> : la RP est placée ainsi que les quatre expressions du champ lexical.
- Balise <h3> : la RP apparaît une fois et un mot connexe a été placé sous une autre forme (« positionner » au lieu de « positionnement »).

Prenons un autre exemple : la RP choisie est ici « désindexation PDF » et le champ lexical retenu est « Google », « SEO » et « déréférencement » (figure 5-5).

- Balise <h1> : la RP est placée une fois au début ; les deux mots constituant la RP n'ont pas été positionnés l'un à côté de l'autre pour que ce soit plus compréhensible par l'internaute.
- Balise <h2> : la RP apparaît une fois ainsi que chaque terme du champ lexical.
- Balise <h3> : la RP est visible une fois seulement.

<h1> **Désindexation de fichiers PDF : bonne ou mauvaise pratique ?**

<h2> **Lorsqu'on propose sur son site des contenus au format PDF, faut-il en forcer la désindexation auprès de Google ? Est-ce une bonne pratique SEO ? Le déréférencement de ce type de fichier est-il une bonne ou une mauvaise chose ? Réponse...**

<h3> **Envisager la désindexation des fichiers PDF**

Figure 5-5

Structuration <hn> d'un texte pour la RP « désindexation PDF ».

On pourrait ainsi multiplier le nombre d'exemples de telles optimisations, qui donnent souvent de bons résultats. Voici quelques conseils à ce sujet.

- Privilégiez toujours l'internaute. Dans le second exemple, la RP « désindexation PDF » aurait dû, idéalement, être répétée sous cette forme à chaque occurrence. Mais comme il nous semblait que « désindexation de fichiers PDF » était plus logique et lisible, nous avons opté pour ce choix. La qualité de votre contenu est le facteur le plus important, celui qui fera que votre site fonctionne encore à long terme. N'écrivez pas pour les moteurs mais pour les internautes !
- Viser une RP unique ne signifie pas obligatoirement qu'il faut appauvrir votre texte, bien au contraire ! Multipliez les mots, les phrases, les explications, etc., mais essayez de faire tendre vos principaux efforts vers la RP. Un texte riche et fournissant de nombreux termes différents est, bien sûr, une excellente façon de travailler et cela va nourrir la longue traîne. Le champ lexical est d'ailleurs là pour ça. Mais un focus sur la RP est également une bonne chose.
- Restez naturel, évitez les trop fortes répétitions ou l'utilisation de formes de mots qui ne seraient pas naturelles. On voit vite, lorsqu'on lit certains textes, s'ils sont optimisés pour les moteurs ou pour les internautes. Les exemples des figures 5-6 et 5-7 sont assez parlants.

> Vous souhaitez partir faire du **tourisme New York** ? Visiter la ville ? Vous aurez besoin de toutes ces informations pour pouvoir optimiser au mieux votre temps... et votre argent ! Petit guide du tourisme New York, pour savoir quoi visiter et ne rien manquer pendant votre séjour à New York.

Figure 5-6

Exemple de texte écrit pour les moteurs. Vous seriez intéressés par du « tourisme New York », vous ? On voit bien ici quelle requête est visée.

Les plages de **Corse** sont toutes plus belles les unes que les autres et nombre de criques bordent le littoral de **Corse**, comme beaucoup d'endroits en **Corse**, certaines sont accessibles uniquement en bateaux, comme par exemple celles des îles Lavezzi en **Corse** du sud. Nous vous proposons aussi notre carte de **Corse** répertoriant les plus beaux endroits à visiter en **Corse**.

De nombreux vacanciers visitent la **Corse** chaque été, nous avons donc créé ce site sur la **Corse** afin d'informer les vacanciers sur les plus belles plages et les plus beaux coins de **Corse** à visiter proche de leurs lieux de vacances. La **Corse** est une île vraiment unique à découvrir en famille.

Notre site sur la **Corse** répertorie la liste de quelques uns des plus beaux endroits à voir pendant votre séjour en **Corse**, comme plages et montagnes, mais également les principaux endroits à visiter en **Corse**, bien entendu celle-ci n'est pas exhaustive et au fil du temps nous continuerons d'ajouter d'autres photos et vidéos de la **Corse** afin d'aider les vacanciers dans leur recherche d'un petit coin de paradis en **Corse**.

Figure 5-7

Un bel exemple de bourrage de mots-clés (keyword stuffing) : comment placer 15 fois le même mot en trois paragraphes. Totalement inefficace, voire dangereux.

Mots en gras (balise <strong>)

Nous l'avons vu précédemment, un mot mis en gras (à l'aide de la balise `<strong>`) a plus de poids pour les moteurs de recherche. Vous pouvez donc proposer certains termes en gras pour améliorer la pertinence de votre page aux yeux de Google. Ces termes peuvent être, par exemple :

- la RP ;
- les termes du champ lexical ;
- des mots intéressants pour que l'internaute comprenne rapidement de quoi traite la page.

L'important est ici de rester naturel : ne truffez pas votre contenu de mots en gras qui vont fatiguer les yeux de vos lecteurs. Le maître-mot du SEO est « bon sens ». Faites en sorte que le gras ne domine pas vos textes. On ne parlera pas obligatoirement de densité de mot-clé, qui est une notion assez obsolète nous l'avons vu, mais plutôt de dosage naturel. Pour notre part, nous suivons la règle suivante pour la RP : environ une RP en gras par centaine de mots dans le texte courant. Pour effectuer ce calcul, nous prenons en compte tout le contenu de la zone éditoriale : balises `<hn>`, chapô, texte, liens, etc.

Donc, si la zone éditoriale de votre page comporte 200 mots, vous mettrez deux fois en gras la RP, par exemple une fois dans le premier paragraphe et une fois dans le dernier, peu importe. Si votre texte compte 400 mots, vous pourrez insérer quatre RP en gras. Pour le champ lexical et les autres mots à mettre en gras, nous privilégions plutôt l'internaute et plaçons donc ces termes à des endroits qui permettent d'expliquer au lecteur de quoi parle le texte, tout simplement.

N'oubliez pas que l'emplacement du mot dans la page (au début ou à la fin) n'a plus d'importance pour les moteurs. Inutile donc de truffer le premier paragraphe de mots-clés en délaissant la suite du rédactionnel. Répartissez de façon homogène et naturelle les termes explicites dans vos écrits. Rédigez un contenu intéressant avant tout. Vous satisferez ainsi Google et vos futurs lecteurs !

La règle des « un mot en gras toutes les centaines de mots » est une simple indication. À vous de créer le dosage qui vous convient à partir de votre propre expérience et de vos tests.

Pas de balise <strong> dans les balises <hn> !

Si un texte est déjà mis en forme à l'aide d'une balise `<hn>`, il ne doit pas être mis en gras avec la balise `<strong>`. En effet, on estime que la balise `<hn>` est une mise en exergue suffisante pour un texte. Si vous voulez la mettre en gras, utilisez la feuille de styles appropriée à la balise `<hn>` utilisée et non la balise `<strong>`. L'exemple de code suivant est susceptible d'être pénalisé par les moteurs :

```
<h1><strong>Ceci est le titre de la page</strong></h1>
```

Il faudra donc lui préférer :

```
<h1>Ceci est le titre de la page</h1>
```

En définissant la balise `<h1>` comme étant affichée en gras dans les CSS :

```
h1
{
font-family:      Verdana,Helvetica;
font-size:        10px;
color:            #3366cc;
font-style:       normal;
font-weight:      bold;
text-decoration:  none;
}
```

Il en sera de même pour toutes les balises `<hn>` utilisées dans la page.

Crosslinking

Comme mentionné au chapitre précédent, il est important de mailler vos contenus entre eux. Amazon, par exemple, l'a très bien compris et propose donc sur ses fiches produit de nombreux liens vers des produits connexes (figure 5-8). La plupart des boutiques en ligne utilisent d'ailleurs ce type de lien connexe (figure 5-9).

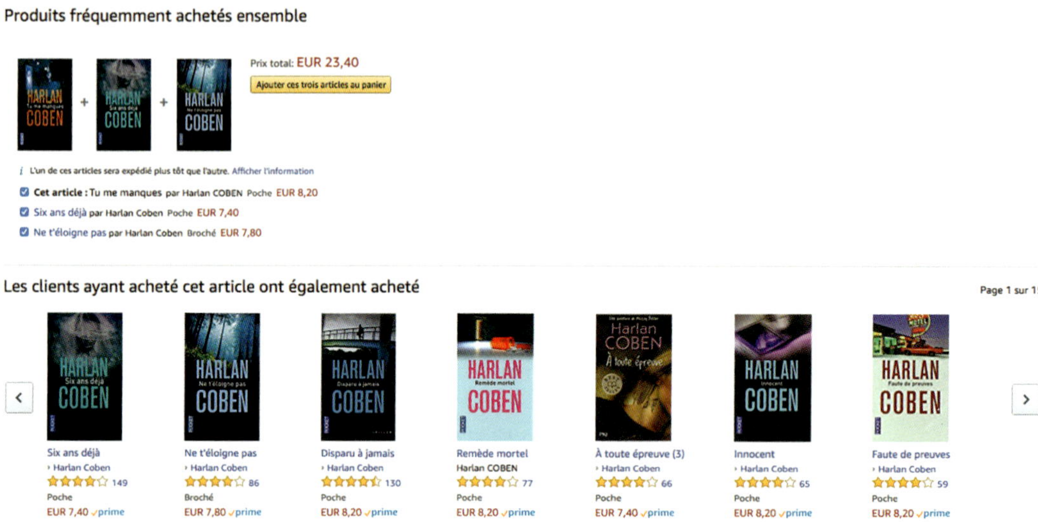

Figure 5-8

Amazon propose des liens vers de nombreux produits connexes.

Figure 5-9

Autre exemple avec les « produits associés » de la boutique en ligne glisshop.com.

Tout contenu peut être complété par des liens connexes vers des pages internes, comme le montre la figure 5-10 pour un site de presse (*Le Nouvel Observateur*).

Figure 5-10

Liens connexes « dans la même rubrique » à la fin d'un article du Nouvel Observateur.

Emplacement des liens

Vous pouvez placer les liens internes à différents endroits de votre contenu éditorial :

- au sein même de votre contenu (figure 5-11) ;
- sous la forme d'un bloc de liens à la fin de l'article (figure 5-12).

L'essentiel est que ces liens figurent dans votre contenu éditorial et non pas à des endroits qui pourraient être assimilés par Google comme un header, un footer ou une zone de charte graphique. Si vous optez pour un bloc de liens (figure 5-12), faites en sorte qu'il soit adjacent au texte de votre contenu et qu'il n'en soit pas « éloigné » dans le code HTML.

Textes d'ancres

Nous l'avons également vu au chapitre précédent, évitez les tournures telles que « pour en savoir plus », « lire la suite », « cliquez ici », etc., comme textes d'ancre de vos liens. Donnez des intitulés explicites à ces liens pour soigner l'ancrage des pages distantes. Les figures 5-11 (sauf pour l'intitulé « bien d'autres » qui est mal choisi) et 5-12 illustrent ce point.

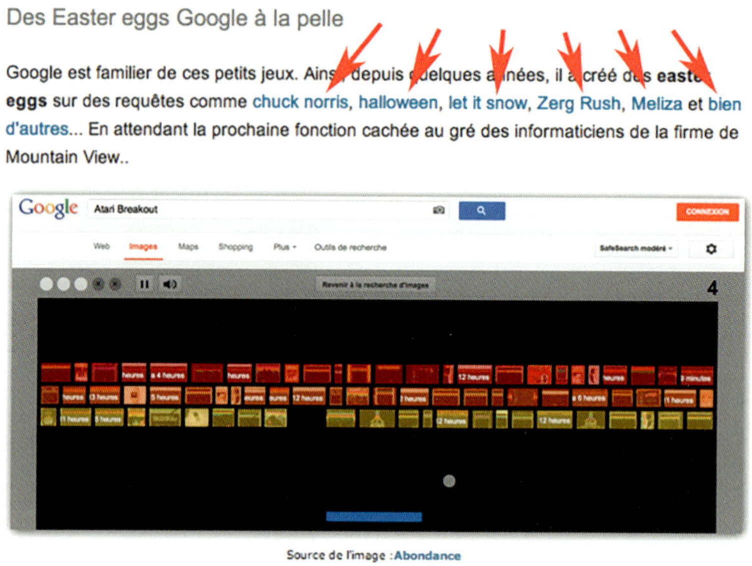

Figure 5-11

Liens internes connexes insérés dans le texte de l'article.

Figure 5-12

Bloc de liens proposé à la fin de l'article (ici grâce à l'extension YARPP sur WordPress).

Nombre de liens

Il n'existe pas de limite quant au nombre de liens internes proposés dans vos textes. Là encore, le bon sens sera votre meilleur allié. Faites en sorte que ce soit lisible et non truffé de liens sur tous les mots. Le maître mot est toujours le même : restez naturel et pertinent !

Toutefois, on peut estimer qu'entre trois et huit liens internes est une bonne moyenne pour un texte « classique ». Il s'agit bien entendu d'une estimation empirique et vous pourrez aisément, avec un peu d'expérience, déterminer vos propres limites. Le plus important à retenir est que le contenu éditorial ne doit pas être une impasse pour un moteur de recherche. Le robot de Google doit pouvoir « rebondir » vers d'autres contenus, d'autres pages de votre site, lorsqu'il lit vos écrits. Autre point tout aussi important : les liens doivent pointer vers des contenus connexes, qui ont un rapport avec le sujet de la page en cours. La figure 5-13 montre un exemple de ce qu'il ne faut pas faire dans ce domaine. Ici, l'article traite du week-end du 15 août et des embouteillages (« Week-end du 15 août : 650 km de bouchons sur les routes à la mi-journée »). À la fin de l'article, juste après le dernier paragraphe, on trouve le bloc de liens représenté sur la figure 5-13. Quel rapport y a-t-il avec le sujet de l'article ? L'impact SEO risque d'être négatif ; à éviter donc absolument ! Ce bloc de liens peut être présent dans la page, mais « suffisamment éloigné » du code HTML représentant l'article. En tout cas, pas juste après ! Ou alors, avec des liens en nofollow. Mais n'est-ce pas dommage ?

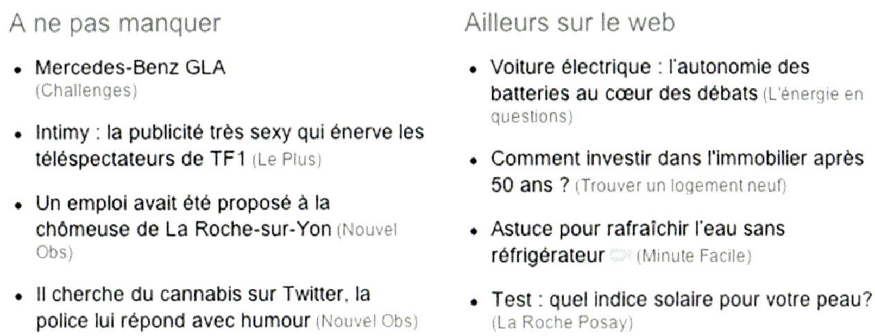

Figure 5-13

Bloc de liens en fin d'article sans rapport avec le thème abordé.

Liens externes

Il est également important d'insérer des liens sortants vers d'autres sites web. Cette notion est souvent difficile à accepter pour certaines directions. Et pourtant, si vous ne faites aucun lien externe vers un autre site, vous envoyez un signal négatif à Google (et, soit dit en passant, également aux internautes !). Le Web n'est pas un espace fermé où on vit en autarcie, mais un milieu d'échanges au sein duquel les liens hypertextes servent à relier les idées.

Bien sûr, il ne s'agit pas de faire des liens vers vos concurrents (personne n'est fou à ce point, quoi que, si tout le monde y gagne…) ! Mais il existe sans aucun doute des sites web connexes et informatifs que vous pouvez citer et vers lesquels orienter vos visiteurs (Wikipédia, organismes institutionnels, associations, portails, presse, partenaires, etc.). En cherchant un peu, vous trouverez facilement des sources d'informations externes qui viendront enrichir vos contenus, aider vos visiteurs mais aussi votre référencement, ce qui représente déjà de nombreuses bonnes raisons pour y penser !

Nouvelle fenêtre ou pas ?

Rien n'empêche de mettre les liens externes en bas de page si vous pensez qu'un lien externe cliqué est égal à un visiteur perdu. Pour y arriver, il aura déjà parcouru tout votre contenu.

Certains font également ouvrir la page distante dans une nouvelle fenêtre (ou un nouvel onglet) du navigateur (attribut `target="_blank"` de la balise `<a>`), laissant ainsi la page source à l'écran, toujours disponible. Ceci n'est pas conforme aux recommandations du W3C, car cela impose un certain type de navigation aux internautes. Cependant, il existe d'autres façons de faire (*https://speeny.fr/87*) pour aboutir au même résultat.

Dosage des liens

Comme pour les liens internes *(crosslinking)*, il n'y a pas de limite concernant le nombre de liens externes minimal ou maximal à insérer dans un texte. Vous aurez donc compris que la notion de « bon sens » s'applique ici aussi.

Bien sûr, il sera logique de favoriser les liens internes dans vos contenus, puisqu'ils vont faciliter la navigation à l'intérieur de votre site et empêcher la « fuite » éventuelle de vos visiteurs. Pour information, nous essayons pour notre part de suivre à peu près ce dosage : deux tiers de liens internes pour un tiers de liens externes, le tout dans la zone éditoriale bien sûr.

Quelques exemples

Les trois exemples de textes suivants ont été écrits par rapport à trois RP différentes. Prenez-les pour ce qu'ils sont, à savoir de simples exemples destinés à vous aider à bâtir votre propre stratégie.

Exemple 1 : « route des vins alsace »

Requête principale : « route des vins alsace ».

Statistiques : entre 1 000 et 10 000 requêtes mensuelles selon le planificateur de mots-clés de Google.

Champ lexical : « vignoble », « vigne », « vin » (au singulier), « déguster » et « dégustation ». Nous proposions précédemment d'opter pour quatre termes, mais nous avons ici pris en compte quelques variations d'un même mot (« vignoble » et « vigne », « déguster » et « dégustation »). Nous avons donc cinq expressions au total pour le champ lexical.

Dans le texte suivant, le code HTML a été simplifié à l'extrême pour plus de lisibilité et nous avons choisi les codes typographiques suivants :

- en rouge et gras : la RP ;
- en vert et gras : le champ lexical ;
- les mots qui apparaîtront en gras dans le navigateur sont indiqués avec la balise `<strong>` ;
- les liens externes sont en noir souligné ;
- les liens internes apparaissent en `bleu souligné`.

Ce texte est optimisé pour Google et tient compte de la RP et du champ lexical visés.

```
<h1>La route des vins d'Alsace : à la découverte des cépages alsaciens</h1>
<h2>La Route des Vins d'Alsace parcourt, entre la plaine du Rhin et les Ballons
des Vosges, le vignoble millénaire d'Alsace. Elle serpente à mi-coteau sur près
de 170 kilomètres de Thann au Sud à Marlenheim au Nord. Elle égrène un chapelet
de villages
pittoresques et fleuris, de cités viticoles réputées et offre de saisissants
panoramas
qui illustrent la richesse et la diversité des terroirs d'Alsace. Une belle
occasion
de faire une dégustation de vin, avec modération bien sûr.</h2>
<h3>Les Vosges veillent sur le vignoble alsacien</h3>
La culture de la vigne et du vin, indissociable de l'histoire de la <strong>route
des vins d'Alsace</strong>, est présente de manière vivante dans les paysages, les
traditions et le patrimoine. La barrière naturelle des Vosges qui favorise un micro
climat sec, l'exposition sud sud-est du vignoble et la complexité géologique des
sols offrent des conditions uniques à la vigne, et permettent notamment une
maturation lente et prolongée qui préserve les arômes du vin.
<h3>La route des vins d'Alsace, un incontournable à déguster sans modération</h3>
Ces conditions naturelles ne seraient rien sans la tradition humaine, sans la
culture
des vignerons d'Alsace, faite de sérieux et d'épicurisme à la fois, et dont la
réputation de bien vivre et le sens de la fête ont largement dépassé les frontières.
<h3>L'une des plus anciennes de France</h3>
La <strong>route des Vins d'Alsace</strong>, l'une des plus anciennes de France,
c'est aussi une multitude de villages fleuris, tous différents mais tous dotés
d'un charme indémodable.
```

Quelques remarques à propos de ce texte…

- La RP a été placée au début de la balise `<h1>`, au sein de la balise `<h2>` et dans une seule des balises `<h3>`. Le texte complet faisant environ 250 mots, nous avons ajouté deux occurrences de la RP en gras (balise `<strong>`). Nous aurions également pu en ajouter une troisième si le besoin s'en était fait sentir et si c'était important pour la compréhension de l'internaute.
- Le contenu de la balise `<h2>` fait 480 caractères (espaces compris), ce qui est supérieur aux 200 à 300 caractères préconisés dans cet ouvrage. Mais cela ne pose aucun problème si ce texte sert le lecteur.
- Les expressions du champ lexical ont été disséminées dans le texte.
- Des liens ont été ajoutés en suivant le ratio deux tiers-un tiers en faveur des liens internes (en bleu).

Pour des raisons de simplicité, nous n'avons pas cumulé les codes typographiques. Nous n'avons donc pas mis de mots du champ lexical (vert, gras) en lien (bleu, souligné), par exemple. Mais il est clair que cela est tout à fait possible.

Exemple 2 : « gîte rural brest »

Requête principale : « gîte rural brest ».

Statistiques : 100 et 1 000 requêtes mensuelles selon le planificateur de mots-clés de Google.

Champ lexical : « domaine du Paradis », « chambres d'hôtes » (et son dérivé « chambre » au singulier et au pluriel), « Bretagne » et « plages ».

Les conventions typographiques sont les mêmes que pour l'exemple précédent.

```
<h1>Gîte rural à Brest : le domaine du Paradis vous accueille</h1>
<h2>Le domaine du Paradis est un gîte rural situé à Brest. Il vous propose
10 chambres d'hôtes à prix très raisonnable, avec petits déjeuners servis dans une
ancienne salle voûtée du XVIIIe siècle. Chaque chambre est décorée avec goût avec
des matériaux traditionnels de la région.</h2>
Mireille et Jean-Jacques vous accueilleront avec le sourire d'avril à octobre dans le
domaine du Paradis. Plus ancien <strong>gîte rural de Brest</strong>, cette bâtisse
du XVIIIe siècle vous fera voyager parmi les plus belles heures de l'histoire
bretonne.
<h3>Un gîte rural parfait pour découvrir Brest</h3>
Le gîte respecte le style breton et est un petit coin d'exotisme dans un cadre
champêtre idéalement situé. Alliant séjour paisible à la campagne et proximité des
plages renommées de Bretagne. Calme et chaleureux, vous vous y sentirez chez vous !
Le gîte, entièrement rénové, peut recevoir jusqu'à 22 personnes dans des conditions
optimales de confort. Une piscine extérieure chauffée est également à disposition
dans le jardin avec une terrasse en bois exotique.
<h3>Des chambres décorées avec goût</h3>
Chaque chambre a 2 configurations possibles : un lit double en 180x200 ou deux lits
simples en 90x200. Nos chambres ont été décorées avec goût, dans une volonté
constante d'utiliser les produits d'artisanat régional.
Le petit déjeuner, inclus dans la prestation, est préparé par les propriétaires du
<strong>gîte rural</strong> et met en valeur les produits de la région de
<strong>Brest</strong>.
```

Quelques remarques sur ce texte : globalement les mêmes que pour l'exemple précédent. Il aurait été plus efficace d'intégrer l'expression visée telle quelle (« gîte rural brest »), mais il était plus logique et lisible de l'adapter en « gîte rural à brest » et « gîte rural de brest », voire d'espacer les mots pour que cela soit le plus pertinent possible pour l'internaute. Comme nous l'avons déjà indiqué, privilégiez l'internaute autant que possible !

Exemple 3 : « mutuelle familiale »

Requête principale : « mutuelle familiale ».

Statistiques : 10 000 à 100 000 requêtes mensuelles selon le planificateur de mots-clés de Google.

Champ lexical : « famille », « assurance », « complémentaire », « santé » et « soins ».

```
<h1>Mutuelle familiale : des formules d'assurance adaptées à vos besoins</h1>
<h2>Parfaitement conçue pour s'adapter à votre budget et au mode de vie de votre
famille, votre nouvelle complémentaire vous protège en fonction de vos besoins de
santé dans le cadre d'une mutuelle familiale : d'une couverture en soins essentiels
à une prestation globale, vous trouvez avec notre produit Allo Mutuelle la formule
qui vous convient…</h2>
<h3>Des services de qualité adaptés à votre vie</h3>
Avec notre <strong>mutuelle familiale</strong>, vous aurez des remboursements qui
```

```
augmentent avec votre fidélité, un report de votre forfait optique en cas de non
utilisation l'année précédente, un service d'accompagnement en cas de maladie grave
délivré par nos partenaires Assurantia et Assurancetourix et une exonération de la
cotisation en cas de chômage… voilà une complémentaire qui vous redonne envie de
vous mutualiser !
<h3>Une mutuelle familiale proche de vous</h3>
La complémentaire santé de notre <strong>mutuelle familiale</strong> doit être un
droit pour tous. C'est pourquoi Allo mutuelle assurance a été créée. Pour nous, la
complémentaire santé n'est pas un luxe mais une nécessité qui oblige les mutuelles
assurance santé destinées aux seniors, jeunes et familles à s'adapter à leur
budget. Nous avons donc créé des formules classiques ou économiques appropriées aux
grandes périodes de votre vie, avec un tarif " assurance " étudié au plus juste.
N'attendez plus pour découvrir l'offre Allo Mutuelle et réaliser votre devis en ligne
pour votre complémentaire santé. Vous pouvez souscrire directement votre mutuelle
assurance santé en ligne.
```

À l'aune de ces trois exemples, vous aurez *a priori* compris ce qu'il faut faire pour plaire à la fois aux internautes et à Google. Il s'agit en effet de proposer un contenu de qualité, en quantité suffisante, parsemé des mots-clés appropriés et utilisant un vocabulaire riche (pour nourrir la longue traîne), tout en faisant un focus sur une requête donnée.

À vous de vous inspirer de ce chapitre pour réaliser vos propres contenus avec vos propres règles. Soyons clairs : il ne s'agit pas de l'« Évangile selon saint Olivier » (votre humble serviteur), mais bien de pistes et de pierres sur lesquelles vous pourrez bâtir votre propre église ! « Travaillez, prenez de la peine, c'est le fonds qui manque le moins », comme disait ce cher La Fontaine. Ne recopiez pas aveuglément les exemples donnés, mais servez-vous-en pour mettre en place votre stratégie de contenu.

Ceci dit, le travail n'est pas terminé. Vous vous êtes jusqu'à présent concentré sur le texte lui-même, mais il reste encore quelques balises à remplir, et non des moindres.

Balise <title>

Pour le libellé du titre, choisissez une expression qui affiche le plus possible de mots-clés déterminants et caractéristiques de votre activité et du contenu de la page.

Évitez les expressions banales comme « Bienvenue », « Homepage » ou, pire encore, « Bienvenue sur ma homepage », « Bienvenue sur notre site web », « Welcome », « Accueil », « Page d'accueil », etc. Tous ces titres sont à proscrire, car ils ne sont absolument pas descriptifs. Le titre d'une page d'accueil doit contenir au moins le nom de votre entreprise/entité/organisme/association et décrire en quelques mots son activité.

Deux erreurs courantes dans les titres de page

Les deux erreurs le plus souvent commises sur les titres de page sont les suivantes :

- libellé non explicite du contenu de la page tel que « Bienvenue sur notre site web », « Homepage », etc. ;
- même titre pour toutes les pages du site.

Le simple fait de corriger ces deux points améliore très fortement un référencement.

Bien entendu, n'oubliez pas de donner un titre à vos pages ! Comme le montre la figure 5-14 (requête « allintitle:untitled document » sur Google), il existe énormément de pages web n'ayant pas de titre !

Supposons que votre activité consiste à vendre des chaussures de sport, notamment des « tennis ». Pour votre page d'accueil, essayez donc un titre comme :

```
<title>Chaussures de tennis Stela : terre battue, dur et herbe. Stela créateur
➥ &agrave; Paris, France</title>
```

ou :

```
<title>Stela, fabricant de chaussures de tennis pour terre battue, dur et herbe
➥ &agrave; Paris, France</title>
```

qui sera préférable aux exemples suivants :

```
<title>Stela : bienvenue</title>
<title>Bienvenue sur le site web de Stela</title>
<title>Chaussures Stela</title>
<title>Chaussures de tennis</title>
```

Le titre « Bienvenue sur le site web de Stela » est un bon exemple de « cyber hara-kiri ». Seul le mot « Stela » dans l'intitulé pourra faire l'objet d'une recherche par un internaute.

N'oubliez pas également de donner des informations géographiques (ici, Paris et France) si vous pensez qu'elles peuvent être importantes dans le cadre d'une recherche sur cette page.

On s'accorde à penser le plus souvent qu'un titre bien optimisé propose au plus 10 mots descriptifs dans son libellé. Ne proposez donc pas de titres trop longs (une fourchette entre 7 et 10 termes est un bon compromis). Dans ces dix mots, vous ne compterez pas les *stop words*, ou mots-clés vides, comme « le », « la », « à », « au », « vos », etc. Retenez donc que les titres de vos pages doivent contenir de 7 à 10 mots descriptifs et ayant un sens sémantique par rapport au contenu de la page.

En revanche, rien ne prouve actuellement que l'emplacement d'un mot dans le titre (au début, au milieu ou à la fin) confère à la page qui le contient un avantage en termes de positionnement. Si les mots importants pour décrire le contenu de la page sont dans le titre, c'est déjà une excellente chose. Cependant, comme on va le voir par la suite, les moteurs de recherche n'affichant que le début du titre dans leurs résultats, nous ne pouvons que vous inciter à indiquer les mots-clés les plus importants dès le début de cette balise afin qu'ils soient visibles par les internautes et qu'ils incitent au clic.

Untitled Document
www.portdubrovnik.hr/girica1.php ▾ Traduire cette page
Parametri za izradu izvješća: Godina: 2008, 2009, 2010, 2011, 2012, 2013, 2014, 2015, 2016, 2017, 2018. Mjesec: Svi mjeseci. 01 - Siječanj 02 - Veljača

Untitled Document - Etudes tsiganes
www.etudestsiganes.asso.fr/numero/vol4142.html ▾
Voici un numéro qui rend compte d'initiatives européennes menées en France, en Roumanie et en Slovaquie. Leur pluralité invite à l'action mais n'autorise ...

Untitled Document - CSA
www.csa.fr/var/ezflow_site/storage/csa/rapport2001/synthese/membres.htm ▾
Les membres du Conseil et leurs domaines d'activité. Version anglaise. Le Conseil supérieur de l'audiovisuel, autorité administrative indépendante créée par la ...

Télévision : untitled document - Aux Antilles
www.aux-antilles.fr/site-television-untitled-document-3787.htm ▾
untitled document dans la catégorie Télévision de l'annuaire des Antilles, présentation et informations sur le site untitled document.

Figure 5-14

Le nombre de pages dont le titre n'est pas renseigné est considérable.

Voici une structure optimisée pour la balise de titre de votre page d'accueil :

```
<title>[Nom du site] - [De quoi parle le site?]</title>
```

où :

- `[Nom du site]` est le nom du site, sa marque ;
- `[De quoi parle le site?]` explique ce que l'on va trouver sur le site web, en quelques mots.

Pour les titres de vos pages internes, n'hésitez pas à mettre en place une structure de ce type :

```
<title>[De quoi parle la page?] - [Rubrique] - [Nom du site]</title>
```

où :

- `[De quoi parle la page?]` reprend le titre éditorial de la page (celui de la balise `<h1>`) ou explique le contenu en paraphrasant ce titre ;
- `[Rubrique]` est la catégorie dans laquelle la page est proposée sur le site. Cette zone n'est pas obligatoire et dépend de la structure de votre site ;
- `[Nom du site]` est le nom du site, sa marque.

En effet, chaque page de votre site, même – et surtout – les pages internes, peut se retrouver dans les pages de résultats des moteurs sur une requête donnée. L'internaute peut donc y accéder directement, sans passer par votre page d'accueil. Il nous semble important que l'internaute sache en un coup d'œil :

- ce qu'il va trouver dans la page (le début de la balise) ;
- qui lui fournit l'information (la fin de la balise). Vous remarquerez que le nom du site est à la fin de la balise dans les pages internes et au début sur la page d'accueil.

Google peut choisir le titre qu'il affiche

Depuis quelques années, il arrive que Google affiche dans ses résultats un autre titre que celui contenu dans la balise `<title>` si celui-ci ne contient pas la requête demandée. Par conséquent, autant faire en sorte que vos mots-clés importants se retrouvent dans les 70 premiers caractères (en fait, il s'agit des 600 premiers pixels, un « m » prenant ainsi plus d'espace qu'un « i », par exemple) de cette balise. En 2021, Google a « rajouté une couche » en prenant plus souvent en compte la balise `<h1>` que la balise `<title>` dans ses titres de résultats de recherche (sans changer l'algorithme de classement pour autant).

Pour plus d'informations, consultez les pages suivantes :

- *https://speeny.fr/88*
- *https://speeny.fr/89*
- *https://speeny.fr/90*
- *https://speeny.fr/1255*
- *https://speeny.fr/1256*

Vous renforcez ainsi la confiance que l'utilisateur du réseau peut avoir en vous et vous lui fournissez de nombreuses informations sur ce que vous lui proposez. Il y a fort à parier qu'il vous en sera reconnaissant.

Reprise de la balise <h1> ou non ?

Certains référenceurs ne font pas commencer leurs balises `<title>` par la reprise exacte de la balise `<h1>`, mais plutôt par un ensemble de termes sémantiquement proches, pour enrichir le champ lexical de la page. Le référencement n'étant pas une science exacte, chaque possibilité doit être testée. Cependant, le fait de reprendre le contenu de la balise `<h1>` présente l'avantage d'être très facilement automatisable. En pratique, on gagne donc ainsi beaucoup de temps.

Voici quelques exemples de titre de page d'accueil :

```
<title>Abondance : Référencement et recherche d'info : tout sur le référencement
➥ de sites web</title>
```

```
<title>Réussir son référencement web, édition 2022-2023 (éditions Eyrolles) :
➥ livre SEO et moteurs de recherche</title>
```

```
<title>Google Fight : proposez un combat de mots-clés avec Googlefight</title>
```

Voici quelques exemples de titres de pages internes :

```
<title>Nasa : Endeavour décolle, endommagée par ses débris ? - Sciences - LCI</title>
```

```
<title>Hadopi 2 : les députés tentent d'atténuer le texte - High Tech - Actualités-
➥ Challenges.fr</title>
```

```
<title>Livre Réussir son référencement Web par O. Andrieu - Informatique et nouvelles
➥ technologies - Librairie Eyrolles</title>
```

Voici les titres que nous proposerions pour les trois exemples de contenus présentés à la section « Quelques exemples » précédente.

```
<title>La route des vins d'Alsace : à la découverte des cépages alsaciens - Parcours
➥ touristiques - Tourisme Alsace</title>
```

```
<title>Gîte rural à Brest - Chambre d'hôtes et hébergement en Bretagne - Le domaine
➥ du Paradis</title>
```

```
<title>Mutuelle familiale : des formules d'assurance adaptées à vos besoins - Produits
➥ et services - Allo Mutuelle</title>
```

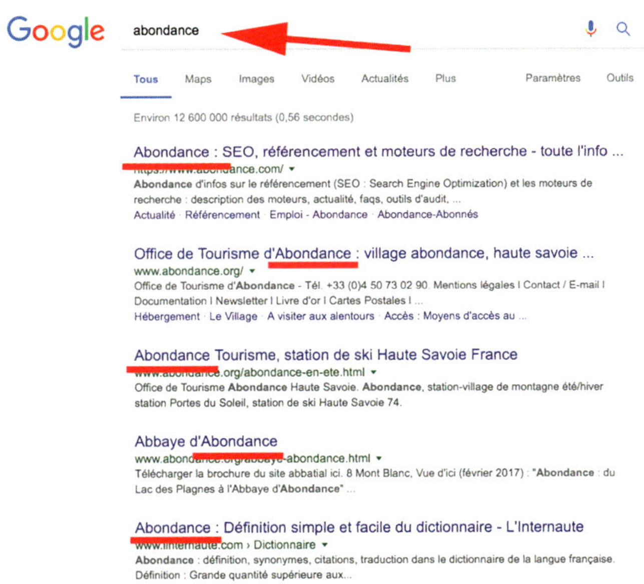

Figure 5-15

Le contenu de la balise <title> (pour ses 70 premiers caractères environ sur Google) est repris par les moteurs de recherche dans leurs pages de résultats pour désigner les pages en question.

70 caractères au maximum ?

De nombreux outils et de nombreux référenceurs vous diront qu'il ne faut pas dépasser 70 caractères dans la balise `<title>` car c'est la limite de ce que Google affiche dans ses SERP. On peut pourtant considérer cela comme une hérésie car cette balise est l'une de celles qui a le plus de poids pour le moteur. Alors pourquoi se faire hara-kiri en se limitant ainsi tellement au niveau de sa taille ? Allez au-delà, n'hésitez pas à proposer des contenus beaucoup plus longs pour la balise `<title>`. En revanche, faites attention à ce que, pour vos pages importantes, elles soient « sexy » lorsqu'elles seront affichées sur leurs 70 premiers caractères...

Soyez attentif à ne pas répéter trop souvent certains mots-clés, cela pourrait être pris pour du spam par certains moteurs (et cela n'a pas – ou plus – d'impact SEO). Si un mot est répété, essayez d'en espacer le plus possible les occurrences. Par exemple, positionnez un mot important deux fois dans le titre en le plaçant en 1re et 7e position, en 2e et 8e position, etc. Mais répéter un mot à l'identique dans la balise `<title>` ne vous aidera pas à mieux vous classer. Ne vous aidera plus, serait-on tenté de dire, car cette pratique fonctionnait il y a de nombreuses années de cela.

N'oubliez pas si nécessaire les codes HTML pour les lettres accentuées (`é` pour la lettre « é », par exemple), car il s'agit d'un texte à part entière.

Comme le montre la figure 5-15, le titre est l'une des principales informations lues par l'utilisateur du réseau lorsqu'un moteur lui présente l'une de vos pages dans ses résultats (la plupart du temps, le titre est ce qui est représenté en plus gros, donc parmi les informations les plus visibles, *https://speeny.fr/91*).

Les 12 premiers mots de la balise

Un article intéressant sur le site Alekseo (*https://speeny.fr/92*) semble indiquer que seuls les douze premiers mots de la balise `<title>` sont pris en compte par Google avec un fort poids (les autres termes de la balise étant considérés comme du texte « simple »). Un avis et un test à lire.

N'oubliez pas que le titre est aussi l'information qui est affichée en premier sur le navigateur (dans l'onglet) lorsqu'on appelle la page. Parfois bien avant que le contenu ne s'affiche !

De plus, lorsqu'un visiteur placera un signet (favori, *bookmark*) sur votre page, c'est toujours le titre positionné dans cette zone qui sera pris en compte en tant qu'intitulé dans le menu des marque-pages. Faites donc en sorte que cet intitulé rappelle à l'internaute le contenu proposé.

Il est important de bien prendre en compte un compromis entre lisibilité (un titre qui signifie quelque chose) et optimisation (intégration d'un maximum de mots-clés pertinents et descriptifs). Une suite de mots-clés séparés par des virgules, par exemple, pourrait être considérée comme très optimisée, mais sera très peu lisible :

```
<title>abondance, annuaire, référencement, moteur de recherche…</title>
```

La création de titres efficaces est une phase essentielle de la promotion de votre site. Entraînez-vous en vous aidant des mots-clés que vous avez répertoriés dans votre phase de réflexion préalable sur le référencement (voir chapitre 3). Comme nous l'avons déjà dit, le titre est l'un des principaux critères de pertinence pour la quasi-totalité des moteurs de recherche ! Raison de plus pour le soigner du mieux possible.

Certaines sociétés insèrent, par exemple, leur slogan dans le titre de la page d'accueil. Exemple pour un site d'optique (fictif) :

```
<title>Être bien lu, c'est être bien vu</title>
```

Ce titre réjouira le service de communication de l'entreprise puisqu'il affiche son slogan. Pour ce qui est du référencement en revanche, il est catastrophique, car il ne contient ni le nom de l'entreprise ni les mots-clés décrivant son activité (« optique », « opticien », « lunettes », etc.). Ce type de problème, il est vrai, cause parfois quelques frictions entre le service de communication et les gens responsables de la promotion du site web. Une solution : laisser la page d'accueil telle quelle et optimiser plutôt les pages internes. Ce n'est pas une solution parfaite, loin de là (la page d'accueil est très importante pour les moteurs), mais que voulez-vous, faute de grives, on mange des merles…

Titres multilingues

Si votre site s'adresse à plusieurs communautés linguistiques, les pages bilingues ou trilingues sont à déconseiller. En règle générale, il vaut mieux scinder votre site web en plusieurs entités distinctes, avec des pages différentes, des titres différents et donc des mots-clés différents (l'idéal étant, nous en avons déjà parlé, de proposer un site par pays cible).

Utiliser des pages qui contiennent du texte en deux langues nécessiterait de créer des titres également bilingues. D'une part, cela induirait des répétitions qui pourraient passer pour du spam et, d'autre part, la présence conjointe de mots en français et en anglais risquerait de désorienter certains internautes et d'altérer la lisibilité du titre. De plus, les moteurs n'aiment pas les pages bilingues, car ils ne peuvent y reconnaître une langue unique. Et pour un moteur, lorsqu'il n'y a pas une langue unique, il n'y a pas de langue du tout ! Ainsi, une page en anglais ET en français ne sera peut-être pas trouvée sur Google France.

En conclusion, on peut dire qu'un titre ne doit être rédigé que dans une seule langue !

Le titre des pages de votre site demandera donc à être particulièrement soigné lors de la phase de (re)construction de vos documents web. N'hésitez pas à suivre les quelques conseils donnés dans ce chapitre, cela devrait grandement aider votre future visibilité. Cela semble vite dit et très simple, mais vous vous apercevrez assez rapidement que c'est loin d'être le cas et qu'il s'agit surtout ici de prendre le temps d'optimiser chaque titre de chaque page. Cela dit, le jeu en vaut réellement la chandelle, car un site web proposant un contenu de qualité, bien structuré (notamment à l'aide de balises `<hn>`) avec des titres bien pensés a fait une bonne part du chemin qui le mène à un bon référencement. Bien entendu, plus vous pourrez automatiser la création du contenu de ces balises, plus vous gagnerez du temps.

Pour résumer

Voici quelques conseils pour bien optimiser les titres de vos pages.

- Un titre de page web est avant tout descriptif du contenu de la page en question.
- Insérez le plus possible de mots-clés déterminants et caractéristiques du contenu de la page.
- Ne dépassez pas 10 à 12 mots par titre (hors « mots vides »).
- Google affiche dans ses SERP les 600 premiers pixels de la balise (70 signes environ). Vous pouvez sans problème dépasser cette limite, mais faites en sorte que votre balise donne envie de cliquer sur cette première partie.
- Proscrivez les titres multilingues.
- Le titre d'une page d'accueil est souvent assez générique et se précise au fil de l'arborescence (suivant ainsi la logique du contenu des pages).
- Chaque page de votre site doit avoir un titre qui lui est propre (et qui doit être optimisé).
- Le nom du site doit être au début du titre sur la page d'accueil, à la fin dans les pages internes.
- Les pages internes doivent être dotées d'un titre commençant par la reprise du titre éditorial (`<h1>`) du document ou un texte de taille équivalente et le paraphrasant, suivi par le nom de la rubrique, puis le nom du site.

Insérer des codes ASCII dans le titre : bonne ou mauvaise idée ?

Pendant quelque temps, on a vu fleurir dans les pages de résultats de Google des codes ASCII ou Unicode utilisés dans les balises `<title>` et `meta description` (voir plus loin) de certaines pages, permettant de « mettre en avant » certains liens (figure 5-16).

https://www.abondance.com › 20201029-44037-▷-les-e...
▷ Les emojis 🥇 et caractères spéciaux ⇒ dans les SERP ...
29 oct. 2020 — Les caractères spéciaux autorisés par Google dans le descriptif sont souvent différents de ceux autorisés dans le titre. L'**emoji** le plus souvent ...

https://www.emoji.bzh
- Un emoji drapeau breton pour la Bretagne #emojibzh
Bretons, amoureux de la Bretagne, soutenez l'**emoji** drapeau breton via notre pétition ... Bretons ou amoureux de la Bretagne, nous demandons à **Google**, Apple, ...

https://wprock.fr › emoji
🦄 🙂 Tous les Emoji/smiley à copier/coller 🌈 | wpRock (2021)
Retrouvez une liste de plus de 1800 **emojis** que vous pouvez utiliser grâce à un ... pour les voir apparaîtrons alors dans résultats de recherches **Google**.
Emoji 💬 Bulle de dialogue... · Emoji 😁 Visage content et... · Mégaphone / Porte voix

https://getemoji.com · Traduire cette page
😋 Get Emoji — All Emojis to ✂️ Copy and 📋 Paste 👌
Copy and paste every **emoji** with 👍 no apps required.
People · Animals · Activities · Objects

https://unicode-table.com › ...
✔ ❤️ ☆ Table de caractères Unicode
Les caractères dans les tables **Unicode** sont numérotés avec des nombres hexadécimaux. Par exemple, la lettre M majuscule cyrillique est notée U + 041C. Cela ...

Figure 5-16

Des codes ASCII ou Unicode sont insérés pour mettre en avant certaines pages dans les résultats des moteurs (capture d'écran d'époque, cette pratique étant moins courante aujourd'hui). Ce n'est pas toujours une bonne idée.

Il est clair que, visuellement parlant, l'œil est attiré par ces résultats « qui sortent de l'ordinaire » et donc par les snippets (résumés textuels dans les pages de résultats) qui utilisent ce type d'« artifice ».

Bien entendu, il ne s'agit en rien ici d'astuces permettant de mieux positionner une page, l'avantage – qui nous semble bien réel – n'est donc que visuel et permet d'assurer un meilleur taux de clic sur une page déjà optimisée – et donc positionnée – par ailleurs.

La question qui se pose porte donc sur la « légalité » et l'éthique de ces méthodes au sens des prérogatives de Google et de ses règles de « bon référencement ».

Pour en avoir le cœur net, Sébastien Billard, spécialiste SEO bien connu, avait posé en 2008 la question sur le groupe de discussion Google pour webmasters (*https://speeny.fr/93*). Il ressort de cette requête que Google ne voit pas d'un très bon œil ce type de « manipulation » et que les sites qui les utilisent peuvent être pénalisés (même si on peut penser que la pénalisation sera faible, la « faute » étant loin d'être grave, voir chapitre 15). Selon Google, ce type de pratique serait assimilable à son conseil énoncé ainsi dans ses *guidelines* : « Évitez les "astuces" destinées à améliorer le classement de votre site par les moteurs de recherche » (*https://speeny.fr/94*).

Aussi, le conseil que nous pouvons donner aux webmasters qui voudraient tenter ce type de manœuvre est de « raison garder » et de ne pas aller trop loin dans ce type d'affichage. On peut penser qu'un ou deux caractères Unicode dans le snippet (balises `<title>` et `meta description`) passeront sans problème, s'ils sont en rapport avec le contenu du site (un cœur pour un site de rencontres, un soleil pour la météo, par exemple).

Cependant, si leur utilisation commence à « sentir la manipulation visuelle » et n'a pour seule motivation que la volonté de mettre en avant un résultat par rapport à ses « concurrents », il se peut que la pénalisation ne soit pas loin. Comme souvent dans le monde du référencement, votre optimisation sera surtout question de bon sens. John Mueller, porte-parole SEO du moteur de recherche, a de son côté indiqué que, la plupart du temps, Google supprimait ou ignorait aujourd'hui ce type de caractère (*https://speeny.fr/95*). Autant de bonnes raisons donc pour ne pas trop s'attarder sur ce type de « stratégie »…

Liens à consulter pour la balise <title>

- *Comment concevoir le title de mes pages web : https://speeny.fr/96*
- *Balise Title : Google tient compte de la chasse et du nombre de caractères : https://speeny.fr/97*
- *Le point sur Google et les modifications de balises <title> : https://speeny.fr/98*
- *Balise Title : 5 conseils pour augmenter les clics : https://speeny.fr/99*
- *Secrets to Writing Engaging Titles & Content for SEO : https://speeny.fr/101*
- *When Google Gets It Wrong By Changing The Titles Of Web Pages : https://speeny.fr/102*
- *Ecommerce Title Tags: Top 5 Ways to Increase Clicks : https://speeny.fr/103*
- *Balise Title : tentez la Camel case : https://speeny.fr/104*
- *Pourquoi faut-il mettre le nom du site au début du Title sur une page d'accueil ? : https://speeny.fr/105*

Balise meta description

Si vous le pouvez, créez vos balises `meta` automatiquement, et notamment la balise `meta description`. Si vous utilisez un CMS *(Content Management System)*, vous devriez pouvoir le faire en « piochant » des informations dans la page. Cela ne posera aucun problème aux moteurs de recherche, bien au contraire, ils encouragent même cette pratique. Par exemple, vous pouvez intégrer dans votre balise `meta description` le chapô d'un article (le contenu de la balise `<h2>`) ou les 200 ou 300 premiers caractères d'un contenu éditorial qui résument souvent le contenu d'un texte, une fiche technique présentant de façon synthétique un produit, etc.

Plusieurs pistes peuvent ainsi être explorées pour améliorer vos balises `meta description`. Voici quelques conseils pour arriver à vos fins de façon efficace.

1. Proposez dans la balise `meta description` un contenu textuel différent de celui de la balise `<title>`. La balise `meta` doit compléter le titre sans – si possible – reprendre de façon littérale son contenu. Google donne sur son blog (*https://speeny.fr/106*) deux exemples

de ce qu'il faut et ne faut pas faire (figures 5-17 et 5-18). Nous donnons ci-après plus d'explications sur ces exemples.

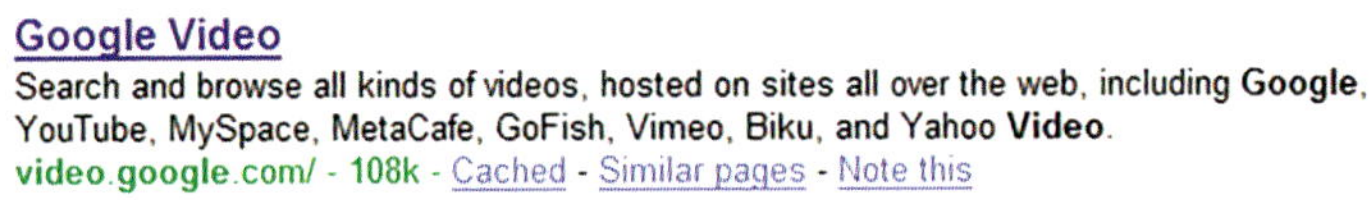

Figure 5-17

Balise meta « de qualité » selon Google.

2. N'indiquez pas des listes de mots-clés séparés par une virgule dans cette balise. Cette forme de données est réservée aux balises `meta keywords` et les moteurs de recherche ne les apprécieront pas, ce qui induira leur non-affichage. Faites des « vraies » phrases contenant des mots descriptifs du contenu de la page et tout se passera au mieux.
3. Intégrez des données factuelles lorsqu'elles sont disponibles. Pour un site d'actualités ou un blog, indiquez l'auteur, la date de parution, etc. En d'autres termes, toute information qui ne sera pas affichée dans le titre mais qui peut le compléter est la bienvenue dans la balise `meta`.

Prenons l'exemple d'une balise `meta` jugée comme « non optimisée » par Google (figure 5-18).

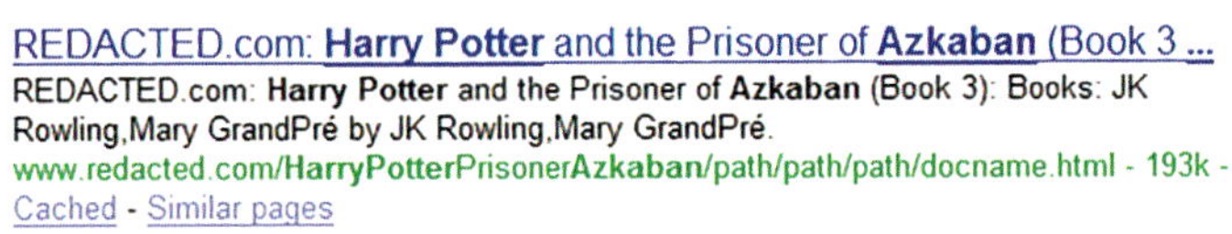

Figure 5-18

Balise meta « à revoir », toujours selon Google.

Le contenu de la balise sera dans ce cas :

```
<meta name="description" content="Redacted.com: Harry Potter and the prisoner of
➥ Azakaban (Book 3): Books: J. K. Rowling, Mary GrandPré by J. K. Rowling,Mary
➥ GrandPré">
```

Google explique sur son blog pourquoi ce type de balise `meta` n'est pas « recevable » selon lui.

- Le titre du livre est repris dès le début et mot pour mot de la balise `<title>`, provoquant un doublon d'informations.
- Les noms de l'auteur (`J. K. Rowling`) et de l'illustratrice (`Mary GrandPré`) sont dupliqués à l'intérieur même de la balise.
- Certaines informations ne sont pas claires : qui est Mary GrandPré ? Il n'est pas indiqué qu'il s'agit de l'illustratrice du livre.

- Les espaces manquants et l'usage trop important des « : » rendent le descriptif complexe à lire.

Il s'agirait donc ici typiquement d'une balise `meta description` qui, malgré le fait qu'elle soit présente dans la page, pourrait ne pas être affichée par Google et qui, de toute façon, si c'était le cas, ne rendrait pas service au site en question – et à l'internaute –, car elle n'inciterait pas au clic. Pour cet exemple, Google propose plutôt ce contenu :

```
<meta name="description" content="Author: J. K. Rowling, Illustrator: Mary GrandPré,
➥ Category: Books, Price: $17.99, Length: 784 pages">
```

Ainsi, plus vous proposerez dans cette balise d'informations connexes aidant le moteur à mieux « comprendre » de quoi parle la page, meilleure sera la façon dont vous « rendrez compte » de son contenu auprès des internautes et des moteurs. L'internaute appréciera et cliquera sur votre résultat.

Rappelez-vous également qu'actuellement on table plutôt sur des balises `meta description` de 200 à 300 signes (espaces compris). Rien ne vous empêche de faire plus long, mais essayez en revanche de ne pas descendre en dessous des 160 signes (sa longueur par défaut).

Voici donc les balises que nous proposerions pour les trois exemples de contenus présentés à la section « Quelques exemples » précédente. Le contenu de ces balises fait respectivement 480, 279 et 346 signes :

```
<meta name="description" content="La Route des Vins d'Alsace parcourt, entre la
plaine du Rhin et les Ballons des Vosges, le vignoble millénaire d'Alsace. Elle
serpente à mi-coteau sur près de 170 kilomètres de Thann au Sud à Marlenheim au
Nord.
Elle égrène un chapelet de villages pittoresques et fleuris, de cités viticoles
réputées et offre de saisissants panoramas qui illustrent la richesse et la
diversité des terroirs d'Alsace. Une belle occasion de faire une dégustation
de vin, avec modération bien sûr…">
```

```
<meta name="description" content="Le domaine du Paradis est un gîte rural situé
à Brest. Il vous propose 10 chambres d'hôtes à prix très raisonnable, avec petits
déjeuners servis dans une ancienne salle voûtée du XVIIIe siècle. Chaque chambre
est décorée avec goût avec des matériaux traditionnels de la région.">
```

```
<meta name="description" content="Parfaitement conçue pour s'adapter à votre budget
et au mode de vie de votre famille, votre nouvelle complémentaire vous protège en
fonction de vos besoins de santé dans le cadre d'une mutuelle familiale: d'une
couverture en soins essentiels à une prestation globale, vous trouvez avec notre
produit Allo Mutuelle la formule qui vous convient…">
```

Si vous pouvez automatiser cette étape, ce sera autant de temps gagné. Mais rien ne vous empêche, bien sûr, de saisir à la main le contenu des balises `meta description` si vous pensez qu'il sera ainsi plus attrayant pour l'internaute et que cela augmentera le taux de clics sur vos liens dans les SERP. Ce serait quand même dommage d'avoir des pages bien positionnées dans les SERP, mais peu cliquées pour cause de balise `meta description` déficiente ! Mais rappelez-vous : le contenu de la balise `meta description` n'est pas un critère de pertinence pour les moteurs !

L'EAT, un concept indispensable pour votre SEO

Google parle de plus en plus dans sa communication du concept d'EAT (pour *Expertise, Authoritativeness, Trustworthiness*, ce qui peut se traduire par « Expertise, Autorité, Confiance/Fiablilité »).

Cette notion est très importante pour les sites dits « YMYL » *(Your Money, Your Life)* qui sont à même de nous aider dans notre vie quotidienne : banque, santé, assurance, sécurité, juridique, etc. Sur les requêtes ayant trait à ces domaines, on peut parier que les sites web répondant le mieux au concept d'EAT seront de mieux en mieux classées.

Attention, il n'existe pas de « score EAT » que Google prendrait en compte dans son algorithme. Il s'agit plus d'un concept, d'un état d'esprit, d'une façon d'aborder vos contenus web pour répondre de la meilleure façon possible à l'intention de recherche des internautes...

Tout d'abord, l'expertise : il faut faire le nécessaire pour que la personne qui a rédigé le contenu soit considérée comme un expert incontournable de votre domaine.

- Votre site et le rédacteur sont-ils légitimes par rapport au thème traité ? Exemple : si l'article parle d'une maladie, le témoignage d'un médecin réputé sera toujours plus probant qu'un article signé par un inconnu (voire un avatar anonyme).
- L'auteur en question a-t-il déjà écrit d'autres articles sur ce sujet dans le passé ?
- A-t-il réalisé des vidéos et participé à des webinaires ?
- A-t-il écrit des livres (blancs, numériques ou au format papier) ?
- Intervient-il sur les forums ?
- Poste-t-il des commentaires sur les blogs spécialisés traitant de cette thématique ?
- Est-il actif sur les réseaux sociaux ?
- Etc.

Les notions d'autorité, de confiance et de fiablité s'adaptent tout autant au contenu granulaire (les articles, les pages web) qu'à la vision macroscopique qu'en a le moteur : le site web, les backlinks depuis d'autres sites. Le but ici sera donc de proposer un site web qui, d'une façon globale, propose un contenu d'excellente qualité et répond parfaitement, jour après jour, aux intentions de recherche des internautes.

On a souvent tendance à expliquer ce qu'est l'EAT ainsi : lorsque vous cherchez à répondre à une intention de recherche, suivez cette méthodologie.

- Cherchez les mots-clés saisis (interrogation classique) ou la question posée (vocal) par les internautes.
- Regardez ce que les autres sites (et rédacteurs) ont déjà écrit sur le sujet sur le Web en explorant les résultats de recherche de Google pour ces interrogations. Faites-vous une idée de ce que l'on peut trouver sur la Toile sur ces thématiques.
- Rédigez votre contenu en ayant comme objectif d'être deux fois meilleur que tout ce que vous avez pu lire jusque-là et publiez-le. Votre contenu a ainsi de grandes chances d'être ainsi « EAT compatible ».

Cette notion d'EAT est notamment explicitée dans le document reprenant les recommandations (guidelines) de Google pour ses Quality Raters (personnes rémunérées par le moteur pour faire de l'A/B testing sur différentes versions de ses pages de résultats). Ce document est disponible à l'adresse suivante : *https://speeny.fr/107.*

Nous ne pouvons pas vous promettre que vous allez passer un moment inoubliable à lire ce fichier (près de 200 pages un peu rébarbatives, entièrement écrites en anglais). En revanche, lorsque vous en aurez terminé la lecture, vous devriez avoir une idée assez précise de ce qu'est l'EAT et de ce que Google appelle un contenu de bonne qualité. Autant dire qu'en termes de SEO, ce type d'apprentissage est extrêmement intéressant !

Quelques ressources sur l'EAT

Dans l'article « Ce que les propriétaires de sites doivent savoir sur les mises à jour principales de Google » (*https://speeny.fr/108*), Google recommande de lire plusieurs articles (en anglais) pour bien comprendre le concept d'EAT. Les voici :

- « E-A-T and SEO » *(Marie Haynes) : https://speeny.fr/109*
- « Google Updates Quality Rater Guidelines Targeting E-A-T, Page Quality & Interstitial » *(Jennifer Slegg) : https://speeny.fr/110*
- « Leveraging E-A-T for SEO Success » *(Lily Ray) : https://speeny.fr/111*
- « Google's Core Algorithm Updates and The Power of User Studies: How Real Feedback From Real People Can Help Site Owners Surface Website Quality Problems (And More) » *(Glenn Gabe) : https://speeny.fr/112*
- « Why E-A-T & Core Updates Will Change Your Content Approach » *(Fajr Muhammad) : https://speeny.fr/113*

Plan du site pour les internautes : une arme pour le référencement

Lors de la création d'un site web, on oublie parfois une stratégie importante pour pallier les contraintes techniques qui peuvent freiner un référencement : la page Plan du site pour les internautes. On peut presque dire qu'elle est essentielle pour le référencement, notamment sur les « gros » sites. Elle donne, sur un même document, des liens vers toutes les pages principales de votre site. Du caviar pour les robots ! Sachez que pour obtenir une bonne indexation de votre site en termes quantitatifs, **chaque page doit être accessible aux robots depuis votre page d'accueil en trois clics au plus**. Dans ce cas, nous avons donc :

- un clic pour la page d'accueil vers le plan du site ;
- un deuxième clic depuis le plan du site vers la page elle-même.

En deux clics, le tour est joué ! Vous pouvez éventuellement proposer une page intermédiaire si votre site contient beaucoup de documents. Un premier plan propose les grands sommaires, les grandes rubriques de votre site. Les liens proposés pointent alors vers des sous-plans (un par zone) qui affichent des liens vers les pages finales. Ici, en trois clics, le problème est réglé. C'est une garantie de bonne indexation quantitative par les moteurs.

Quelques exemples de plans de site optimisés

Voici quelques exemples de plans de site optimisés pour les moteurs de recherche (et peut-être un peu moins pour les internautes…) :

- *https://speeny.fr/115* (tourisme)
- *https://speeny.fr/116* (tourisme)
- *https://speeny.fr/118* (météo)
- *https://www.speeny.fr/120* (divers)

Bibliographie sur le contenu

La notion d'écriture pour le Web se développe et de plus en plus d'articles et d'ouvrages y sont consacrés. En voici quelques-uns, souvent indispensables :

- *Bien rédiger pour le Web – Stratégie de contenu pour améliorer son référencement, 4e édition* d'Isabelle Canivet. Un livre indispensable paru aux éditions Eyrolles (2017) : *https://www.speeny.fr/121*
- *Stratégie de contenu e-commerce* de Ève Demange et Alexandra Martin, aux éditions Eyrolles (2017) : *https://www.speeny.fr/122*
- « Écrire pour Google : un destin de feuille morte… », article d'Emmanuel Parody (2007) : *https://www.speeny.fr/123*
- « Créer le contenu qui plaît aux moteurs de recherche », article d'Emmeline Ratier (2006) : *https://www.speeny.fr/124*
- « 6 clés pour le SEO », article d'Isabelle Canivet (2013) : *https://www.speeny.fr/125*
- « Écrire pour le Web : quand vos lecteurs sont des moteurs », article de Jean-Marie Le Ray (2006) : *https://www.speeny.fr/126*
- « Optimisation du contenu : travaillez votre text appeal », article de Sébastien Billard (2006) : *https://www.speeny.fr/127*
- « Les crevettes de Madagascar », article de Sébastien Bailly (2006) : *https://www.speeny.fr/128*

6

Optimisation – Les critères off page

> « Conquérons le monde avec notre amour. Entrelaçons nos vies, tissons-les des liens du sacrifice et de l'amour, il nous sera possible de conquérir le monde. »
>
> Mère Teresa

Dans les deux chapitres précédents, nous avons essayé de traiter tous les aspects d'optimisation d'une page web : balises HTML comme `<title>` et `<hn>`, prise en compte d'un texte bien structuré et dans lequel les mots importants sont mis en avant, balises `meta`, etc.

Les premiers moteurs de recherche (Lycos, Webcrawler ou AltaVista, par exemple) fonctionnaient pour la plupart sur ce mode unique, avec ce type de critère de pertinence *in page*. Si la page ne contenait pas la requête demandée, elle ne pouvait pas ressortir dans les résultats. Google est ensuite arrivé et a changé la donne en introduisant des critères de pertinence dits *off page*, basés sur l'analyse du contexte, de l'environnement de la page et notamment les liens *(backlinks)* qui pointent vers elle. La popularité (le célèbre PageRank) a été l'un des premiers nouveaux critères pris en compte par Google, rapidement suivie par l'ancrage ou quelque chose qui pourrait s'apparenter à un indice de confiance. Actuellement, ces critères sont toujours très importants pour Google et ses principaux concurrents – qui les ont adoptés dans la foulée. Ils sont pourtant le plus souvent assez mal connus. Raison de plus pour les explorer en profondeur.

Liens internes et ancrage

De nombreux référenceurs vous le diront : la meilleure façon d'obtenir une excellente visibilité sur les moteurs réside aujourd'hui dans une bonne gestion de vos liens entrants ou *backlinks*. Nous allons voir pourquoi tout au long de cette section. Mais pour commencer nous allons nous intéresser aux liens internes, présents dans vos pages web, puisque, *a priori*, ce sont ceux que vous maîtrisez le mieux.

Il faut bien être conscient que les liens sont très importants pour les moteurs de recherche, car ils permettent à leurs robots d'explorer votre site pour y « cueillir » d'autres documents. Les robots suivent ainsi les liens présents dans vos pages et indexent de nombreux documents sans que vous ayez à faire une quelconque soumission (voir chapitre 12). Il est donc très important que vos liens soient compatibles avec les spiders des moteurs, comme nous le verrons par la suite.

Un credo doit être le vôtre lorsque vous bâtissez vos pages afin que celles-ci soient réactives par rapport aux moteurs de recherche : créez des liens les plus simples possible !

Plus vos liens se rapprocheront de la forme HTML suivante, mieux cela vaudra :

```
<a href="https://www.votresite.com/page-de-destination.html">texte du lien</a>
```

En clair, le contenu de l'attribut `href` doit être une URL valide (en relatif ou absolu). Si c'est le cas, votre lien est 100 % compatible.

Ancrage d'une page distante

Attention : l'ancre ou texte du lien (qui apparaîtra donc dans vos pages comme étant cliquable) est primordiale. Sur Google, par exemple, elle va servir à donner un thème à la page de destination et représente un critère de pertinence crucial, d'où la notion d'« ancrage ».

Prenons un exemple. Vous gérez un site sur les assurances. Sur votre page d'accueil, vous proposez les liens suivants :

```
Notre offre en <a href="https://www.votresite.com/assurance-vie.html">
assurance-vie
</a>
Notre offre en <a href="https://www.votresite.com/assurance-auto.html">
assurance auto</a>
Notre offre en <a href="https://www.votresite.com/assurance-moto.html">
assurance moto</a>
```

Ce qui donnera :

```
Notre offre en assurance-vie
Notre offre en assurance auto
Notre offre en assurance moto
```

On voit dans cet exemple que les textes des liens qui pointent vers les différentes pages contiennent des mots-clés décrivant ce que l'internaute va trouver dans les pages en question. La page qui traite de l'assurance-vie est pointée par un texte d'ancre qui s'intitule « assurance-vie ». Il en va de même pour les deux autres liens avec des ancres représentatives du contenu distant.

La page de destination (page cible) sera donc bien considérée par Google – et les autres moteurs majeurs – pour l'expression citée dans le texte du lien (« assurance-vie »). Elle a la réputation, pour le moteur, de parler d'assurance-vie.

Si cette page de destination contient de plus un bon titre et du texte optimisé, vous n'êtes plus très loin d'un bon positionnement sur Google.

Le Google Bombing

Ce fait est bien illustré par les actes de *Google Bombing* entrevus depuis longtemps sur le Web. On se souvient que Georges Bush a été victime de l'une des premières actions de ce type (*https://www.speeny.fr/129*). Lorsqu'on tapait la requête « miserable failure » sur Google, le premier résultat affiché était... la présentation officielle de George W. Bush sur le site de la Maison-Blanche. En février 2004, c'est le député Jean Dionis, partie prenante dans la nouvelle loi sur l'économie numérique, qui a fait les frais de ce type d'action : son site sortait premier sur Google pour la requête « député liberticide » (*https://www.speeny.fr/130*). Depuis, les actes de Google Bombing se sont multipliés et de nombreux hommes politiques français, notamment, en ont été victimes (« *trou du cul du Web* » pour Nicolas Sarkozy – charmant et de bon goût ! –, « *incapable de gouverner* » pour François Hollande, etc.). Même Donald Trump y a eu droit, cette fois sur Google Images (https://www.speeny.fr/131). Cependant, en 2007, Google a travaillé sur le sujet devant la multitude de *bombings* perpétrés et il est devenu de plus en plus difficile de mettre en place ce type de châtiment numérique. Ce phénomène a aujourd'hui presque disparu de Google, mais pas dans les résultats de ses concurrents (Yahoo! et Bing). On parlera donc plutôt de Yahoo! Bombing ou de Bing Bombing.

Lancer une opération de Google Bombing n'est pas très complexe en soi : il suffit de multiplier, sur le plus de sites possible, les liens pointant vers le site à « bomber », tout en indiquant la requête désirée dans l'ancre. Par exemple : vous désirez que le site Abondance soit premier sur la requête « meilleur site sur les moteurs de recherche » (ça, c'est un excellent Google Bombing, n'hésitez pas !) ? Vous multipliez alors dans vos pages les liens de ce type : « *meilleur site sur les moteurs de recherche* », pointant sur la page d'accueil du site Abondance, en répétant ce lien sur le plus de sites possible. Et le tour est joué ! Sur des requêtes peu concurrentielles, il y a de fortes chances pour que le positionnement attendu soit au rendez-vous très rapidement (en quelques heures). Et pourtant, le site en question ne contient pas obligatoirement les termes de la requête (car nous savons rester modestes ☺) !

Soignez les libellés de vos liens

L'ancre ou texte du lien (texte cliquable) est donc extrêmement important pour le positionnement de vos pages. Ne la sous-estimez pas. Par exemple, évitez des phrases comme :

- « Pour consulter nos offres d'assurance-vie, cliquez ici » ;
- « Notre offre d'assurance-vie est l'une des meilleures du marché. Elle vous propose un rapport qualité-prix incomparable. Lire la suite… » ;
- « En savoir plus sur… ».

En effet, les expressions « cliquez ici », « Lire la suite… » ou « En savoir plus… » ne sont pas réellement pertinentes pour qualifier les pages sur lesquelles l'internaute se rendra s'il clique sur le lien. Elles perdront inévitablement du poids, donc des positions, pour les moteurs de recherche.

Dans ce cas, préférez :

- « Consultez nos offres d'assurance-vie » ;
- « Notre offre d'assurance-vie est l'une des meilleures du marché. Elle vous propose un rapport qualité-prix incomparable ».

Pour résumer, on peut dire que les liens hypertextes insérés dans les pages web de votre site sont importants :

- pour insérer des mots-clés donnant un poids plus fort à la page qui les contient (« page origine ») ;
- pour insérer des mots-clés donnant un poids plus fort à la page vers laquelle il dirige (« page cible »).

Point important également pour l'ancrage d'une page : plus la page contenant le lien pointant vers le document dispose d'un PageRank (voir plus loin) élevé, plus la force transmise sera importante. Plus clairement, si A pointe vers B, le fait que A ait un PageRank élevé (supérieur ou égal à 4) augmentera encore la notion d'ancrage de B en lui fournissant ce que l'on appelle du « jus de liens ». Nous y reviendrons plus loin.

Le cas des images et du JavaScript

Nous l'avons vu, les liens textuels les plus simples sont les plus efficaces. Toutefois, il existe d'autres façons de construire des liens ; par exemple, les liens images comme dans le code suivant :

```
<a href="https://www.votresite.com/page-de-destination.html">
<img src="image.gif"/>
</a>
```

Dans ce cas, le texte du lien est remplacé par une image. Si on clique sur celle-ci, on est redirigé vers la page de destination. Le lien est « lisible » par les moteurs (les robots sauront suivre le lien pour indexer la page cible). En revanche, l'absence de texte sera préjudiciable pour l'ancrage du lien vers la page cible. L'attribut `alt` de la balise `<img>` peut alors combler ce manque. Veillez à toujours renseigner cet attribut, comme ceci par exemple :

```
<a href="https://www.votresite.com/page-de-destination.html">
<img src="image.gif" alt="description de l'image qui fournira l'ancrage à la page
distante"/>
</a>
```

Voici également d'autres points qu'il faut éviter :

- **Le JavaScript.** En règle générale, les moteurs n'aiment pas le JavaScript et ne lisent pas toujours les adresses qui y sont insérées, même si Google y arrive de mieux en mieux (voire parfois très bien à l'heure actuelle, même s'il réside un facteur aléatoire non négligeable). Nous y reviendrons au chapitre 14.
- **Les formulaires.** Certains liens peuvent être proposés sous la forme de formulaires (balises `<select>…<option>`) et notamment de menus déroulants (figures 6-1 et 6-2).

  Ceci n'est pas souhaitable pour les moteurs qui auront du mal la plupart du temps à gérer ce type de liens. Ils liront le contenu des intitulés du menu déroulant comme du texte à part entière, mais les liens ne seront pas considérés comme tels. Les formulaires utilisés en guise d'outils de navigation constituent un obstacle, plus ou moins bloquant, pour la plupart des moteurs. Ils sont donc à utiliser avec parcimonie. Rendez-vous au chapitre 14 pour plus d'informations.

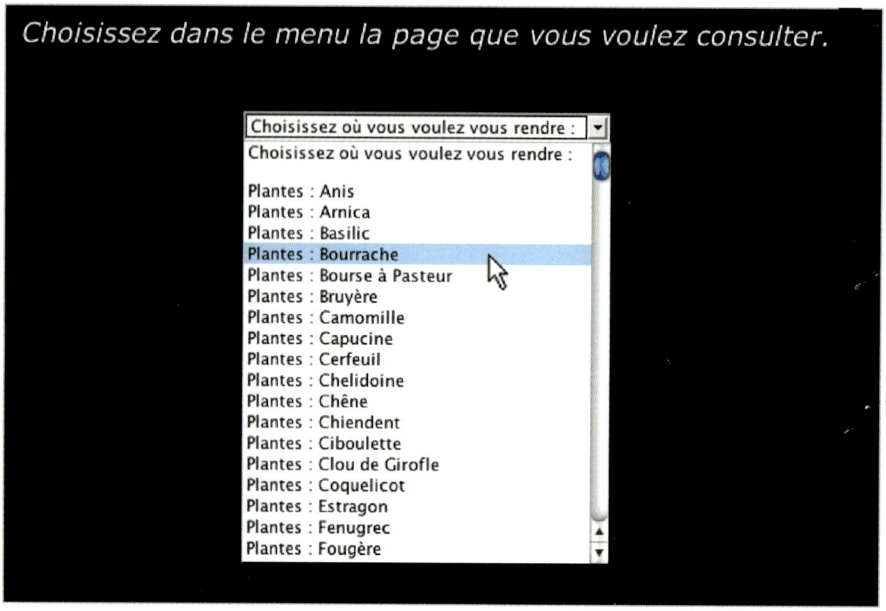

Figure 6-1

Exemple de formulaire web (menu déroulant).

Figure 6-2

Autre exemple de formulaire web (menu déroulant).

Les liens sortants présents dans vos pages

Les liens sortants représentent les liens insérés dans vos pages et pointant vers l'extérieur ou vers des sites qui ne vous appartiennent pas.

A priori, ces liens ne jouent aucun rôle dans l'algorithme de classement de vos documents par les moteurs (même s'il semblerait que ce soit là une piste de réflexion dans certains laboratoires de recherche, *https://www.speeny.fr/132*). Le nombre et la destination des liens de vos pages ne leur serviront donc pas à être mieux classées sur les moteurs de recherche, à part pour le calcul du PageRank (voir plus loin). En clair, créer des liens externes vers la page d'accueil de sites très populaires comme Le Monde, Facebook ou Wikipédia ne vous aidera pas en SEO.

Ceci dit, certains référenceurs pensent – certainement avec raison – que Google suit les liens sortants et analyse le contenu des pages distantes, cela jouant dans l'algorithme du moteur. Raisonnons sur un exemple. Vous rédigez un contenu sur l'histoire de Clovis, roi des Francs. Google va lire votre contenu et noter sa pertinence. Mais si vous proposez des liens vers d'autres pages pertinentes sur le sujet ou des sites de référence du domaine comme l'histoire de France et Clovis, Google le détectera également et notera mieux votre page. Ce n'est pas impossible que le moteur fonctionne ainsi (ce serait même assez logique), même s'il n'a jamais communiqué de façon officielle à ce sujet. En allant plus loin, on peut également estimer que des liens sortants vers des contenus n'ayant aucun rapport avec le thème de la page peuvent être pénalisants. C'est une vision très intéressante, qu'il faut certainement prendre en compte.

Pour résumer

Voici quelques conseils pour bien optimiser les liens de vos pages.

- L'optimisation d'un lien est importante à la fois pour la page qui le contient (page origine) et pour la page vers laquelle il pointe (page cible).
- Soignez particulièrement le texte du lien (texte cliquable) qui doit être pertinent par rapport à l'ancrage du lien vers la page cible.
- Vos liens doivent être les plus simples possible pour que les robots des moteurs puissent les suivre en vue d'indexer les autres documents de votre site.
- Privilégiez les liens textuels et évitez le plus possible les liens JavaScript ou *via* des formulaires.

De même, ce n'est pas parce que vous avez inséré un formulaire de recherche Google ou un lien vers le célèbre moteur dans vos pages que vous y serez mieux positionné pour vos mots-clés favoris. Il s'agit là d'une croyance que l'on rencontre parfois sur certains forums. Il n'en est rien !

Le concept de cocon sémantique

L'année 2015 a vu l'avènement d'un nouveau concept de création de site web, le « cocon sémantique », imaginé par Laurent Bourrelly (*https://www.speeny.fr/133*). Il part du principe que la plupart des sites actuels sont fondés sur l'offre : c'est le contenu qui crée alors l'architecture du site (par exemple, les menus, voire les méga menus de navigation qui sont avant tout basés sur ce que l'entreprise propose (voir figure 6-3). Le cocon sémantique repose sur une approche inverse : l'arborescence (l'infrastructure) sera basée sur la demande et donc sur les besoins de l'internaute. Quelles questions l'internaute se pose-t-il avant de venir sur votre site ? Quelles sont ses motivations ? Et comment allez-vous pouvoir y répondre ? Telle est l'ambition du cocon.

Figure 6-3

Un méga menu sur un site de commerce électronique : dans ce cas, l'architecture du site est basée sur l'offre proposée et non sur ce que désire le visiteur.

L'idée du cocon sémantique est donc de travailler au départ sur des ensembles sémantiques de mots-clés, chaque ensemble correspondant à un « silo », une thématique traitée dans votre site. Celui-ci va donc proposer à ses visiteurs un certain nombre de silos, chacun représenté par un champ lexical, soit un ensemble de termes et d'expressions qui le décrit. Ce principe peut ensuite être repris au sein de chaque silo pour définir des sous-thématiques, des sous-sous-thématiques, etc.

Une fois ce travail effectué, il faudra construire le site et son arborescence : chaque branche de l'arborescence correspondra à un silo. Et, à l'intérieur de chaque silo, il faudra proposer une navigation basée sur les sous-thématiques identifiées au préalable. On obtient ainsi un système de « pages mères », de « pages filles » et de « pages sœurs ». L'idée sera ensuite de positionner des liens entre ces pages à l'intérieur de chaque silo, stratégie mixée avec la mise en place de titres en `h1` et `h2` (voir chapitre 4) décrivant les autres pages dans l'arborescence.

Voici donc un descriptif plus détaillé des quatre grandes étapes qui constituent un cocon sémantique.

Étape 1 – Identification des familles de mots-clés

Nous ne reviendrons pas sur la phase de recherche de mots-clés, puisque le début de ce chapitre y était entièrement consacré. Dans le cadre de l'élaboration d'un cocon, il vous faudra regrouper ces requêtes par type de besoin/attente de vos futurs visiteurs. On parle souvent de la notion de *buyer persona* pour caractériser cette phase. Imaginons que vous ayez un site de vente de lunettes (l'exemple est souvent pris quand on parle de cocon sémantique). Voici quelques exemples de motivations d'internautes (que désire votre visiteur ?) :

- Acheter des lunettes de vue
  - premier achat
  - renouvellement de la monture
  - envie de changer
  - verres cassés
- Se protéger les yeux
  - du soleil / des UV
  - des insectes
  - des projectiles
- Remboursement des lunettes
  - ordonnance des lunettes
  - rendez-vous chez l'ophtalmologiste
  - remboursement par la mutuelle
  - etc.

  Cette recherche s'effectuera donc avec les outils déjà identifiés dans ce chapitre.

Étape 2 – Création d'une mindmap

La *mindmap* (ou carte mentale) n'est rien d'autre que la représentation graphique de la future arborescence de votre cocon. Chaque motivation d'internaute (voir précédemment) sera alors représentée par une branche d'arborescence sous une forme plus agréable à l'œil avec des outils comme Mindmeister (*https://www.mindmeister.com/fr*), ou bien d'autres, qui vous permettront de créer votre architecture en quelques clics.

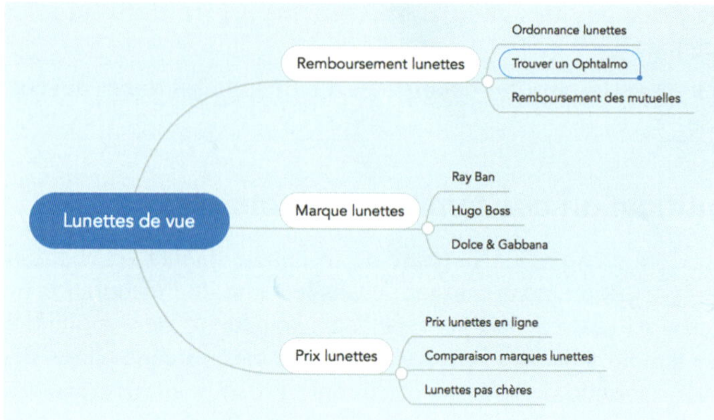

Figure 6-4

Exemple de mindmap créée avec l'outil Mindmeister.

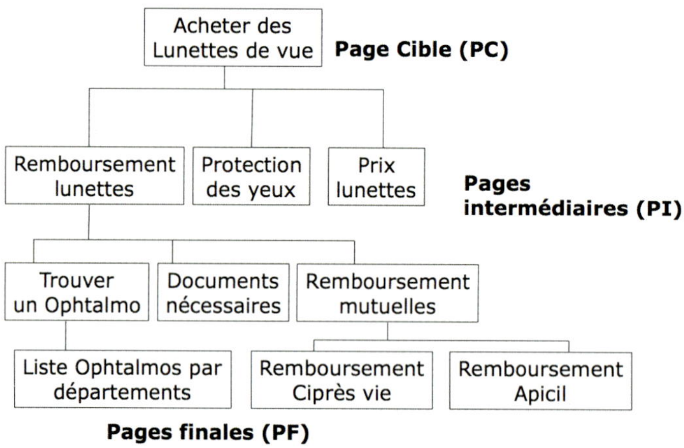

Figure 6-5

Exemple de silo créé pour la motivation « acheter des lunettes de vue ».

On voit ici apparaître la notion de silo. Chaque silo correspond dans ce cas à une motivation différente. Un silo est composé de trois types de pages.

- Page cible (PC) : elle est destinée à se positionner sur Google pour une requête donnée (par exemple, « acheter des lunettes de vue »).
- Page intermédiaire (PI) ou mixte : elle va servir à « pousser » la PC supérieure et, éventuellement, à se positionner sur une requête de deuxième niveau (par exemple, « rendez-vous ophtalmologiste »).
- Page finale (PF) ou complémentaire : elle se situe en fin d'arborescence et sert à « pousser » la PI qui est au-dessus d'elle dans l'arborescence.

Étape 3 – Création des liens

Bien sûr, toutes ces pages vont être reliées grâce à des liens. Ils sont de trois sortes :

- les liens descendants (mère-fille) qui relient la PC avec les PI, les PI entre elles et les PI aux PF (voir figure 6-6) ;
- les liens montants (fille-mère) qui effectuent le même travail de liaison mais en sens inverse, soit du bas vers le haut (voir figure 6-7) ;
- les liens transversaux (sœur-sœur) qui restent sur un même niveau (PI ou PF, voir figure 6-8).

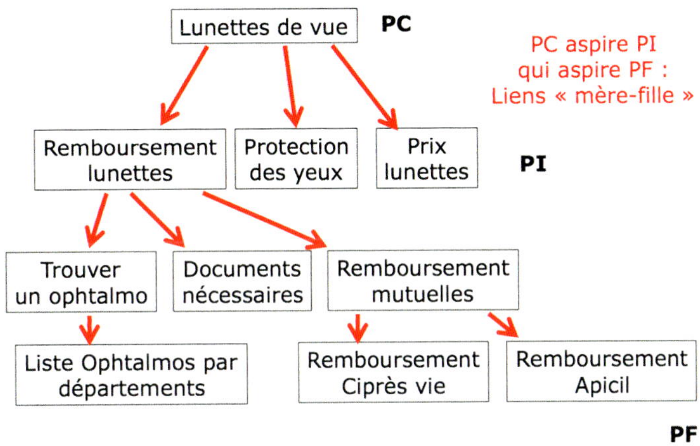

Figure 6-6

Création des liens descendants : mère-fille.

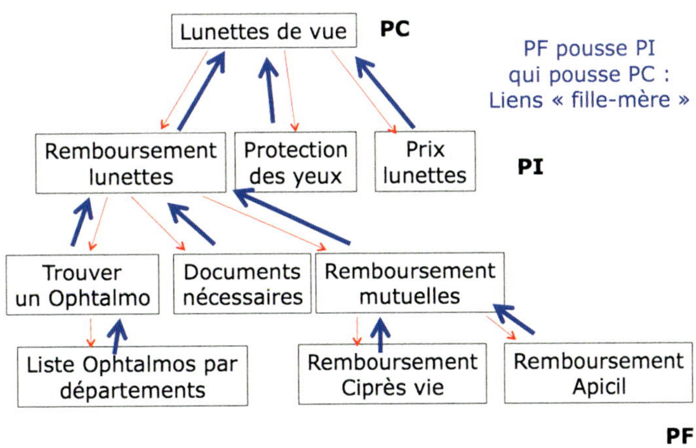

Figure 6-7

Création des liens montants : fille-mère.

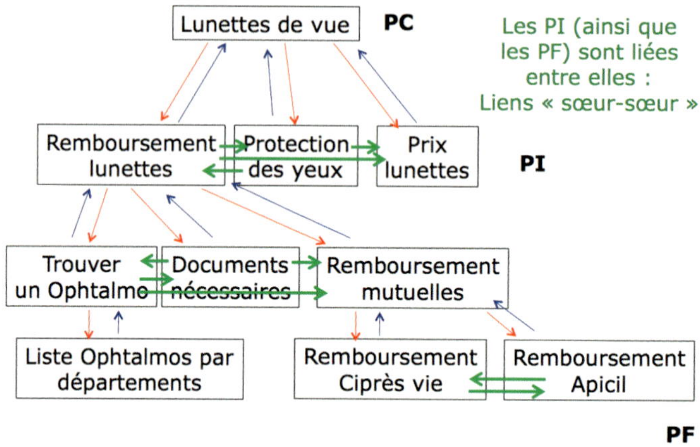

Figure 6-8

Création des liens transversaux : sœur-sœur.

Étape 4 – Création des pages

Le travail n'est bien sûr pas terminé à ce niveau, puisqu'il faut maintenant créer chacune des pages avec son contenu adéquat :

- la page cible commence par un titre (`h1`) et un sous-titre (`h2`) et propose pour chaque lien vers une PI un paragraphe permettant de contextualiser/sémantiser ce lien (en d'autres termes, il se trouve au sein d'un paragraphe expliquant ce que l'on va trouver dans la PI correspondante ; voir figure 6-9) ;
- la page intermédiaire commence par un lien vers sa PC (ou la PI de niveau supérieur), puis un couple titre/sous-titre, un paragraphe de sémantisation par lien vers les PI inférieures ou les PF, et enfin une liste de liens transversaux (sœur-sœur, voir figure 6-10) ;
- enfin, la page finale aura un lien vers la PI supérieure, un titre/sous-titre, du texte (sans lien puisqu'il s'agit du dernier étage de l'arborescence) et des liens transversaux (voir figure 6-11).

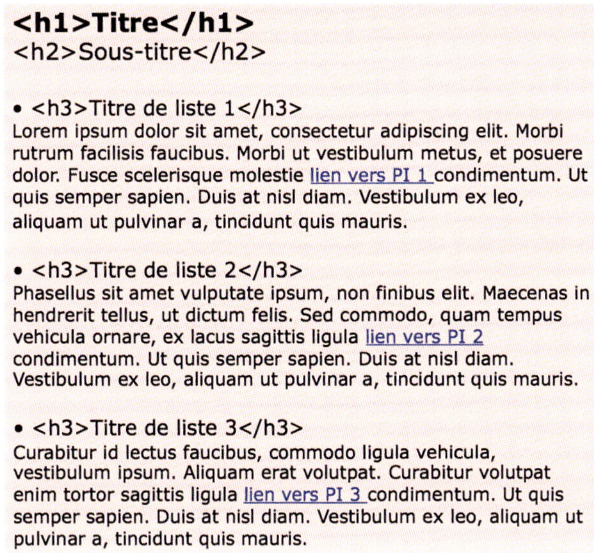

Figure 6-9

Anatomie d'une page cible (PC).

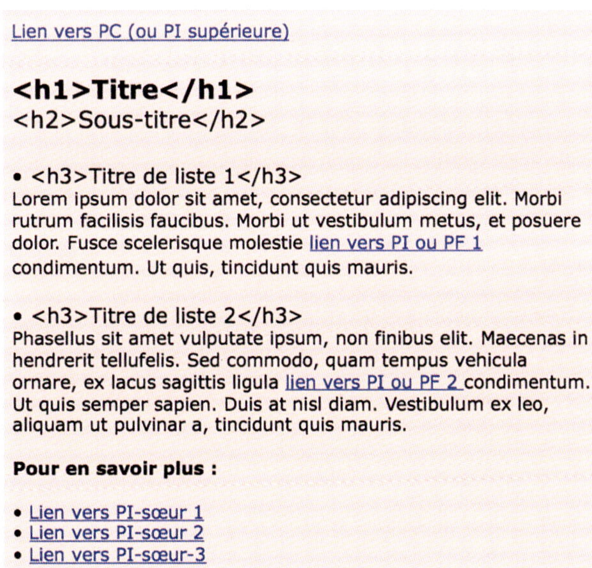

Figure 6-10

Anatomie d'une page intermédiaire (PI).

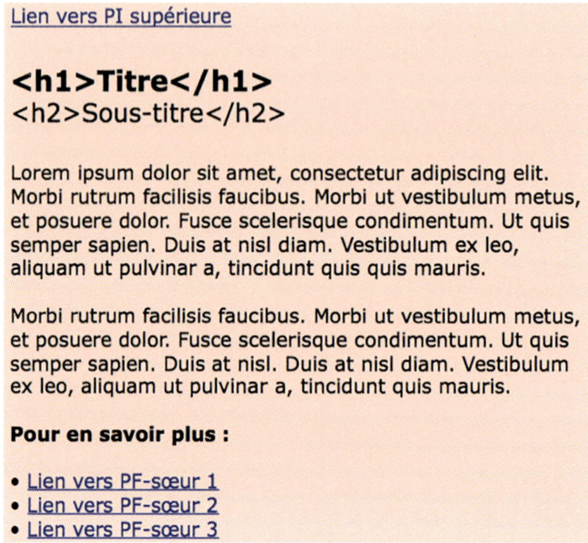

Figure 6-11

Anatomie d'une page finale (PF).

Et voilà. Vous avez fini votre cocon sémantique. Simple, non ? ☺

Bien sûr, et on s'en rend compte sur ces exemples, il sera très complexe d'adapter le concept de cocon sémantique à un site existant. On préférera alors créer une nouvelle zone sur le site proposant un contenu original, imaginé pour l'occasion, et suivant la notion de cocon sémantique. Mais cela peut être imaginé sur un nouveau site, par exemple.

Nous n'avons ici qu'effleuré la notion de cocon. Si vous désirez en savoir (beaucoup) plus, nous ne pouvons que vous conseiller de suivre la formation de Laurent Bourrelly, qui est l'initiateur de ce concept (*https://www.speeny.fr/134*).

Le cocon sémantique représente une façon de concevoir l'arborescence et la navigation dans un site basé sur des « ensembles de mots-clés », chacun caractérisant un point spécifique, chaque cocon étant relié à d'autres de façon cohérente à l'aide de liens.

Autant dire que le choix des mots-clés de départ est l'une des composantes essentielles de cette stratégie et la première étape à mettre en place. Bon travail donc si vous désirez « coconner » sur votre site à l'avenir…

Pour en savoir plus sur le cocon sémantique

Si vous désirez en apprendre un peu plus sur le concept de cocon sémantique, vous pouvez approfondir vos connaissances grâce aux liens suivants.

Les cinq vidéos consacrées à ce concept sur le site Abondance :

- *Le cocon sémantique : 1. Introduction et choix des mots-clés* (8'45") : *https://www.speeny.fr/139*
- *Le cocon sémantique : 2. Création de la mindmap* (4'40") : *https://www.speeny.fr/138*

- *Le cocon sémantique : 3. Création des silos* (5'35") : *https://www.speeny.fr/137*
- *Le cocon sémantique : 4. Création des liens* (5'18") : *https://www.speeny.fr/136*
- *Le cocon sémantique : 5. Liaison des cocons au site web* (6'46") : *https://www.speeny.fr/135*

Quelques articles sur le sujet :

- Optimiz.me : *https://www.speeny.fr/140*
- Miss SEO Girl : *https://www.speeny.fr/141*
- Ninja Linker : *https://www.speeny.fr/142*
- Christian Méline : *https://www.speeny.fr/143*
- PressEnter : *https://www.speeny.fr/144*

Liens externes, PageRank et indice de popularité

Ce n'est un secret pour personne, tous les moteurs de recherche majeurs actuels, de Google à Bing en passant par Baidu et Yandex, utilisent l'indice de popularité (*link popularity* ou *link analysis*) dans leurs critères de pertinence. On peut même dire que ce paramètre, appelé PageRank[1] chez Google, est aujourd'hui devenu une partie importante des algorithmes de pertinence et qu'il figure parmi les cinq à dix critères majeurs sur tous les moteurs avec le titre des pages, le texte visible, les balises `<hn>`, l'ancrage et quelques autres.

Comment le PageRank est-il calculé ?

Au tout début, cet indice de popularité n'était calculé que selon un mode quantitatif : plus une page avait de liens qui pointaient vers elle, plus son indice de popularité était élevé. Il n'en est rien aujourd'hui, et tous les moteurs de recherche ont très rapidement mis en place des modes de calcul bien plus élaborés pour quantifier ce critère, en tenant notamment compte de la qualité des liens trouvés vers la page cible. Il n'est donc pas réellement nécessaire d'avoir énormément de liens pointant vers vous pour obtenir une bonne popularité sur Google ou Bing. En effet, il vaut mieux avoir des liens « à forte valeur ajoutée » ; pas obligatoirement plus que vos concurrents, mais de meilleure qualité, donc émanant de pages elles-mêmes populaires. Google a fait de son système d'analyse de la popularité des pages, le PageRank, l'un des fleurons de son algorithme de pertinence et de sa communication.

Aujourd'hui donc, les moteurs de recherche utilisent plusieurs familles de données et de critères pour calculer ce paramètre. Rappelons quand même que le calcul est effectué sur la base des pages présentes dans l'index du moteur et seulement celles-ci. Il ne sert à rien d'avoir des liens forts vers son site, encore faut-il que les pages qui les contiennent soient

1. Du nom de son concepteur Larry Page (cofondateur de Google avec Sergey Brin).

bien dans l'index du moteur en question pour être prises en compte. Voici quelques données qui devraient vous être utiles pour améliorer votre situation à ce niveau.

- Les aspects quantitatif et qualitatif sont le plus souvent pris en compte à deux niveaux. Le moteur calcule non seulement la popularité d'une page, mais également celle des pages pointant vers elle (voir ci-après). Donc, un lien depuis une page à forte popularité sera plus important qu'un lien émanant d'une page perso *lambda*. Il peut suffire d'avoir peu de liens mais provenant de pages très populaires, plutôt qu'une multitude de liens émanant de pages peu connues et isolées. Le quantitatif a vécu, place au qualitatif, et c'est encore plus vrai aujourd'hui. Ceci dit, si vous disposez d'une multitude de liens émanant de pages très populaires, c'est encore mieux.
- Le nombre de liens présents dans les pages pointant vers vous est également de plus en plus important (voir la formule de calcul de Google ci-après). Plus la page qui pointe vers vous contiendra de liens sortants, plus son importance diminuera, plus elle sera diluée parmi tous les liens proposés. Ceci peut défavoriser les longues pages de liens, de type FFA ou *links farms* (voir plus loin), qui sont rarement lues et n'ont finalement que peu d'intérêt, autre que celui de faire croire qu'elles vont augmenter votre popularité, ce qui est en grande partie faux. Consultez l'article publié à l'adresse suivante pour plus d'informations à ce sujet : *https://www.speeny.fr/145*.
- Le fait que les liens vers une page soient internes ou externes peut être important. Certains moteurs peuvent soit comptabiliser les liens internes de votre site dans leurs calculs, soit les exclure (rarement), soit leur donner un poids plus faible (le plus souvent) pour prendre davantage en considération les liens provenant d'autres sites que le vôtre, ce qui est assez logique. En général, tous les liens sont pris en compte (c'est le cas de Google).
- Le PageRank est calculé pour chaque page, et non pour un site de façon globale. La page d'accueil de votre site aura donc, le plus souvent, le plus important indice de popularité parmi toutes vos pages, car il y a fort à parier – sauf exception – que les liens du Web renvoient pour la plupart vers elle. Faites attention, notamment, à la façon dont vos pages sont adressées. Par exemple, la page d'accueil du site Abondance est accessible *via* les adresses suivantes : *abondance.com, www.abondance.com, www.abondance.net, www.abondance.fr, www.abondance.com/index.html*, etc. Sur certains moteurs (dont Google), chaque URL sera considérée comme un site différent si aucune redirection n'est mise en place vers une URL unique (appelée canonique).
- Seuls les liens pointant vers vous (liens entrants) sont pris en compte. Les liens émanant de vos pages pour aller vers d'autres sites (liens sortants) ne sont pas pris en compte dans le calcul de l'indice de popularité. La notion de trafic n'est pas non plus prise en considération. On ne parle ici que de l'existence des liens, pas du fait qu'ils soient cliqués ou pas.

Mode de calcul du PageRank

Google utilise fortement le PageRank dans son algorithme. Dans le document intitulé *The Anatomy of a Large-Scale Hypertextual Web Search Engine* (*https://www.speeny.fr/146*), Sergey Brin et Larry Page fournissent la formule itérative du calcul du PageRank :

$$PR(A) = (1-d) + d(PR(T1)/C(T1) + PR(T2)/C(T2) + \ldots + PR(Tn)/C(Tn))$$

où :

- PR(A) est égal au PageRank de la page A ;
- Tn (pages sources) représente les pages pointant vers la page A (page cible) ;
- C(Tn) représente le nombre de liens présents dans la page Tn ;
- *d* est un facteur multiplicatif, égal à 0,85 au lancement de Google.

Google justifie ainsi sa formule : elle peut être imaginée comme représentative du comportement d'un internaute qui effectuerait une séance de surf sur le Web et partirait d'une page web, au hasard, puis cliquerait sur tous les liens qu'elle présente, et continuerait ainsi à cliquer sur tous les liens qu'il rencontre. Éventuellement, cet internaute en mode « cliqueur fou » (ou plus exactement « surfeur aléatoire ») pourrait se lasser et repartir, à un moment ou à un autre, d'une nouvelle page de départ. Dans cette métaphore, la probabilité qu'une page soit visitée par l'internaute est représentée par son PageRank. Et le facteur *d* représente le fait que l'internaute fou change, à un moment ou à un autre, de page de départ pour repartir sur un nouveau surf. Nous vous laissons méditer quelques minutes sur ce paragraphe…

Comme vous pouvez le voir sur les figures 6-12 à 6-14, une note a été longtemps affichée dans la barre d'outils de Google ou grâce à des extensions de navigateurs spécifiques (note allant de 0 à 10). Cet indicateur était appelé Toolbar PageRank (TBPR) et ne représentait qu'une valeur très approximative du PageRank réel.

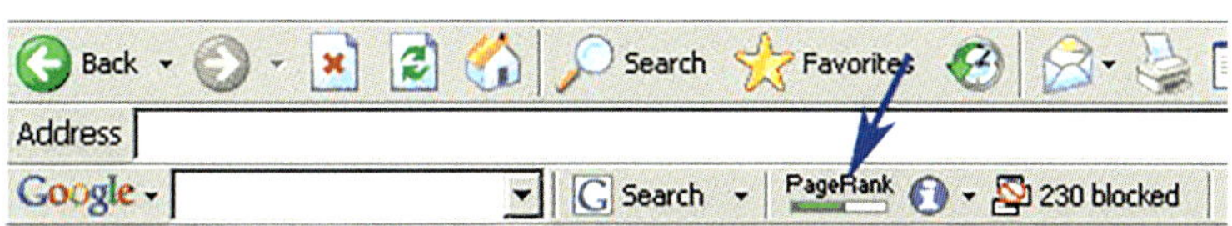

Figure 6-12

Affichage à l'époque du Toolbar PageRank dans la barre d'outils de Google.

Figure 6-13

Affichage du Toolbar PageRank dans le navigateur Chrome grâce à l'extension PageRank Status. Ici, le TBPR de la page d'accueil de Facebook était égal à 9. Bravo !

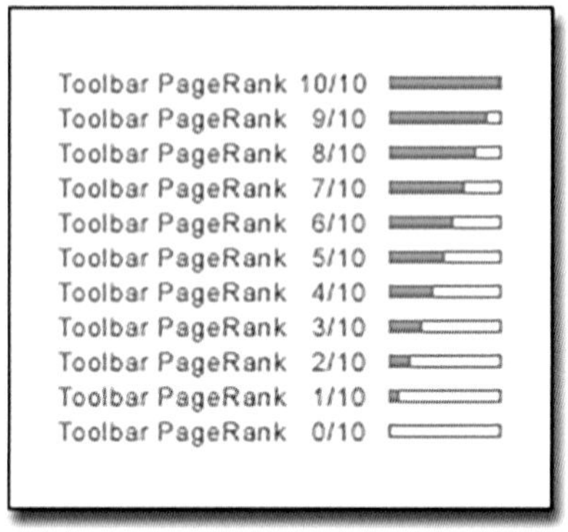

Figure 6-14

La valeur affichée du Toolbar PageRank variait de 0 à 10.

Ce TBPR est aujourd'hui totalement obsolète. Google a commencé à ne plus le mettre à jour à partir de décembre 2013, pour le supprimer totalement en avril 2016. RIP !

Bien sûr, la formule originelle du calcul du PageRank a certainement été améliorée, les centaines d'ingénieurs de haut vol embauchés depuis par Google travaillant dessus au quotidien. Cependant, il y a également de fortes chances pour que le « noyau » du calcul soit resté fidèle au modèle d'origine, qui montre plusieurs points importants restant ainsi certainement d'actualité.

- La valeur du PR est proportionnelle au nombre de liens pointant vers une page et à leur qualité (le PR de chaque page source pointant vers le document cible).
- Le PR d'une page cible est inversement proportionnel au nombre de liens présents à l'intérieur des pages sources. Plus la page qui pointe vers vous contient de liens, plus son influence sur votre PR faiblit. La transmission de la popularité d'une page au travers des liens est souvent appelée jus de liens (*link juice*). Une page détient ainsi une certaine popularité (son PageRank) et la transmet de façon équitable aux autres pages au travers de ses liens sortants. Plus il y a de liens dans la page et moins chaque page pointée par un lien reçoit de jus de liens. On peut tout à fait symboliser ce concept sous la forme d'une bouteille de jus de liens détenue par une page donnée. Si cette page met en place dix liens, chacune de ces pages reçoit un dixième de la bouteille de jus de liens. Si cent liens sont créés, chacune des pages distantes reçoit un centième du jus de liens de la page originale, etc. On pourrait faire la même analogie avec un gâteau d'une taille donnée et partagé entre un nombre plus ou moins grand de convives.

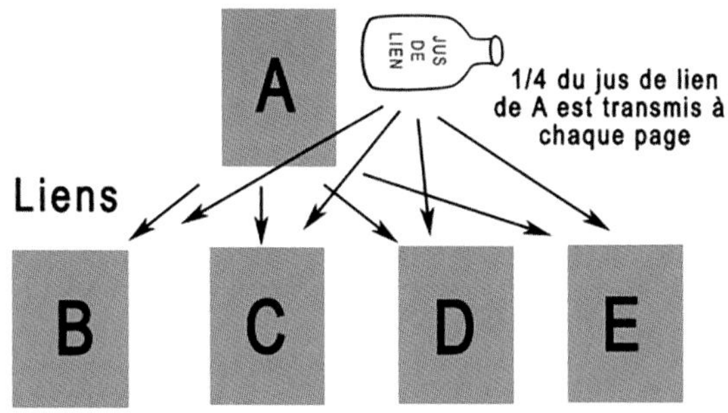

Figure 6-15

Les pages internes d'un site sont prises en compte dans le calcul du PageRank d'un document donné. Tous les liens de sources interne et externe ont donc leur importance. Un lien transmet du jus vers les pages distantes. Le jus de liens de A est partagé équitablement entre chaque page pointée par un lien. Plus il y a de liens qui sortent de A, plus la part de jus de liens reçue par chaque page (B, C, D, E) est faible.

Le processus de calcul du PR est très long, car il faut manipuler d'énormes matrices de plusieurs centaines de millions de liens (et de milliards pour les plus gros index). Il s'agit en fait d'un processus itératif de type « point fixe » : le calcul étant rétroactif, il faut itérer un certain nombre de fois la formule pour que l'algorithme converge. La théorie indique qu'après *n* itérations, l'algorithme doit converger vers une solution stable.

Notons, pour être complet, un ensemble de travaux portant plus spécifiquement sur le paramètre des liens sortants. Les travaux du projet Clever d'IBM (*https://www.speeny.fr/147*) et les algorithmes dits « HITS » et « HITS improved » (*https://www.speeny.fr/148*) travaillent sur les liens sortants d'un site. Ils trouvent les sites de communautés (c'est-à-dire, pour un sujet donné, les sites contenant beaucoup de liens sur ledit sujet) contrairement aux algorithmes de type PageRank qui trouvent les sites de référence (donc les sites les plus cités pour un sujet donné). Un moteur comme Ask (*https://www.ask.com/*) a par exemple été conçu sur ce principe issu des algorithmes HITS (technologie Teoma), même si ces concepts ont été abandonnés au fur et à mesure du déclin de cet outil.

Ces algorithmes basés sur les communautés sont intéressants, car ils trouvent des points de départ très pertinents pour certaines recherches génériques (ainsi que des périmètres, c'est-à-dire des ensembles de pages traitant d'un même sujet).

Le PageRank en images

Pour y voir plus clair sur le PageRank, nous allons l'expliciter au travers d'images et d'exemples. Pour ce faire, nous allons reprendre l'analogie du TBPR sous la forme d'une note allant de 0 à 10 pour le PageRank.

- **Exemple 1.** A (de PR 7) pointe vers B. Ce lien – unique dans cet exemple – représente donc, aux yeux de Google, un « vote » pour B.

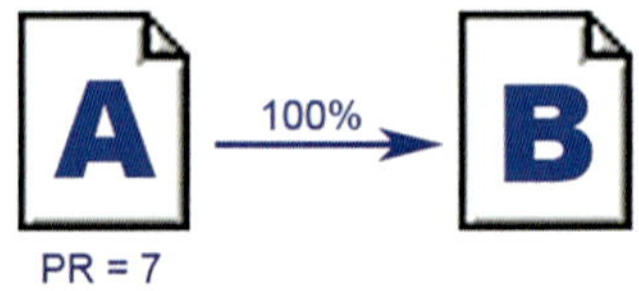

Figure 6-16

A (PR 7) vote pour B. La page A, qui bénéficie d'un PageRank de 7 – donc très populaire – va fortement influer sur le PR de B en proposant un lien vers cette page. De plus, comme le seul lien sortant de la page A va vers B, cette dernière page profite de 100 % de la capacité de vote, donc du jus de liens de A.

- **Exemple 2.** A (de PR 1) pointe vers B.

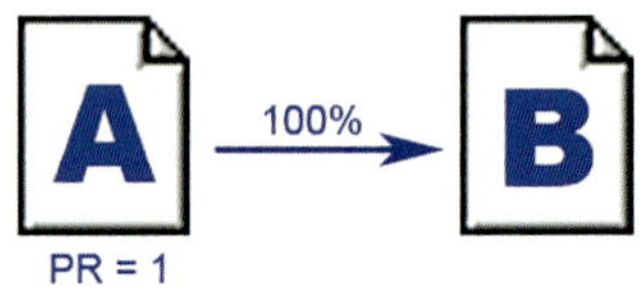

Figure 6-17

A (PR 1) vote pour B. Dans ce cas, B profite toujours des 100 % du jus de liens de A, mais cette dernière page étant très peu populaire (PR 1), ce lien ne fera que faiblement augmenter le PR de B. Notons cependant qu'il n'influencera pas de façon négative le PR de B, même si B a un PR supérieur à A.

- **Exemple 3.** A (PR 7) pointe maintenant vers deux pages distinctes : B et C.

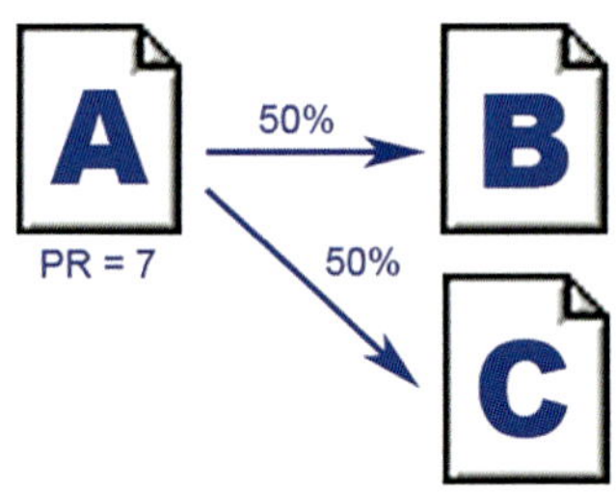

Figure 6-18

A (PR 7) vote pour B et C. Dans ce cas, le PR de A est fort (PR 7) et les liens vers B et C vont augmenter le PR de B et de C. En revanche, du fait qu'il existe maintenant deux liens sortant de A (un vers B et un vers C), chacune des deux pages de destination va se partager pour moitié le jus de liens de A. L'impact de A sur le PR de B et C sera donc moins fort que dans notre premier exemple.

Le PageRank seul ne suffit pas

Il est important de ne pas oublier que le PageRank n'est qu'un critère de pertinence parmi d'autres. Si votre site ne propose pas (ou peu) de texte visible, si vos pages n'ont pas été modifiées depuis deux ans (la fraîcheur des documents est également un point important si votre site évoque l'actualité de votre domaine d'activité) et si les titres de vos pages sont bâclés, le moteur n'y trouvera pas les mots-clés importants pour votre activité et prendra mal en compte vos documents. Le PageRank seul ne suffit pas à voir vos pages bien classées dans les pages de résultats des moteurs, ne l'oubliez pas !

Le PageRank n'est pas l'algorithme

Contrairement à une croyance assez répandue, le terme de « PageRank » ne désigne pas l'algorithme de pertinence utilisé par Google, mais uniquement l'un des 200 critères qui le constituent. Le PageRank ne mesure que la popularité d'une page et n'a également aucun rapport avec le trafic que celle-ci reçoit (autre croyance largement répandue).

On en revient donc toujours à la même conclusion : faites des pages avec du vrai contenu, intéressant, original, en texte visible. Les webmasters créeront ensuite tout naturellement des liens vers votre site et vos pages bénéficieront d'un bon PageRank. Elles seront mieux classées sur les moteurs de recherche et tout sera plus facile.

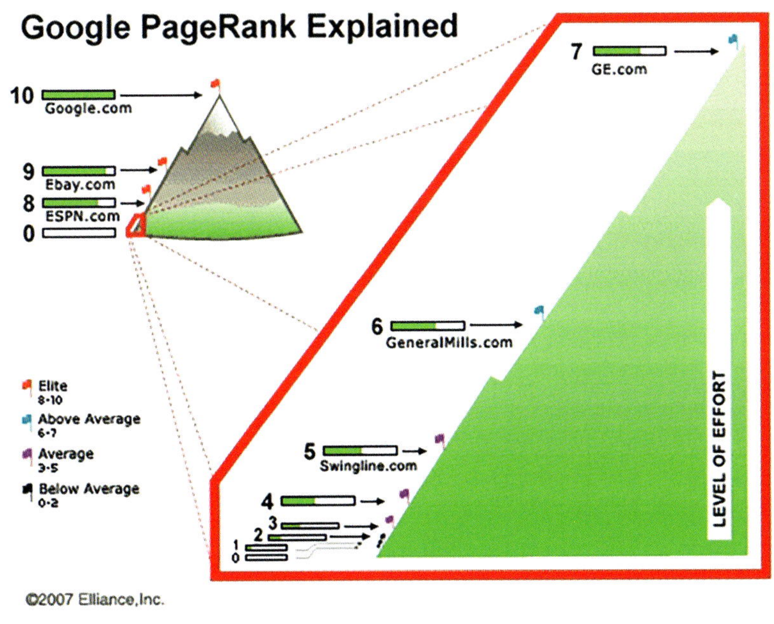

Figure 6-19

L'échelle du PageRank : obtenir un PR est assez simple au départ. Ensuite, on commence à grimper l'Everest. L'infographie tient encore compte des notes du TBPR, mais elle reste juste dans son concept : la difficulté pour gagner en PageRank est exponentielle !
Source : Elliance.

Le netlinking ou comment améliorer son indice de popularité

L'échange ou la recherche de liens *(netlinking)* est une stratégie de promotion de sites web très efficace depuis que le Web existe et permet d'obtenir de nouveaux liens afin d'améliorer un indice de popularité. En effet, il cumule deux avantages principaux et indéniables.

- Les liens créent du trafic puisque les internautes qui naviguent sur la Toile vont aller sur votre site s'ils découvrent sur d'autres pages des voies d'accès vers vos documents. Avantage : création de trafic.
- Le nombre et la qualité des liens pointant vers votre site et vos pages sont des caractères essentiels et très importants pour le calcul du PageRank, comme nous venons de le voir. Plus vous aurez de liens émanant de sites de qualité vers vos pages, meilleur sera votre positionnement sur les moteurs. Avantage : meilleur positionnement sur les moteurs.

Toutefois, est-il important de faire de l'échange de liens tel qu'on le faisait il y a encore quelques années, un pur échange « lien pour lien » (je pointe sur toi, tu pointes vers moi) sans autre considération ? Pour en savoir plus, nous avons essayé de rassembler dans les paragraphes suivants plusieurs conseils pour vous permettre d'optimiser vos échanges avec des sites distants. À vous de voir lesquels sont les plus intéressants pour vous.

Conseils d'ordre général

- Lors de vos campagnes d'échange et de recherche de liens, ciblez des sites à forte popularité plutôt que des sites peu connus. Si un site vous intéresse, utilisez des outils comme Majestic (*https://fr.majestic.com/*), Ahrefs (*https://ahrefs.com/*) ou Link Explorer (*https://moz.com/link-explorer*) qui vous donneront une vision intéressante des backlinks du site. Inconvénient majeur : ces outils sont payants si vous désirez les utiliser de façon complète.
- Si plusieurs sites vous intéressent, faites la même chose pour chacun d'eux et contactez ceux disposant du plus grand nombre de liens entrants. Même si on a vu que l'aspect quantitatif n'était pas suffisant, il donne quand même une bonne idée du potentiel d'un site.
- Ne tentez des échanges de liens qu'avec des sites parlant de sujets les plus proches, les plus connexes possible des vôtres. Vous renforcerez ainsi votre pertinence sur les mots-clés les plus importants, car les liens qui pointeront vers vous seront issus de sites proposant du contenu très proche du vôtre.

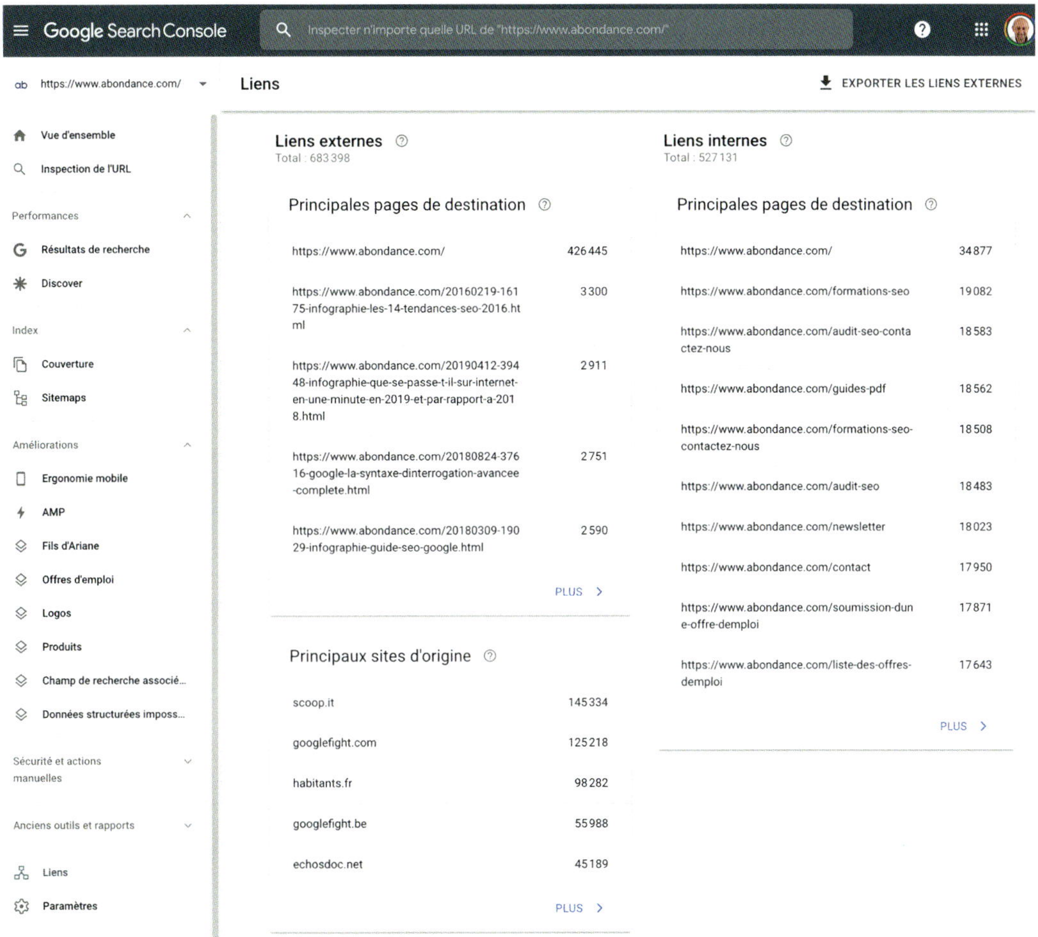

Figure 6-20

La Google Search Console et la rubrique Liens : une source d'informations importante pour suivre vos backlinks.

Figure 6-21

Les indicateurs de Majestic (https://fr.majestic.com/) sont une bonne première approche pour se faire une idée de la qualité du netlinking d'un site : le Citation Flow (CF, à droite) est une vision quantitative du nombre de backlinks de la page. Le Trust Flow (TF, à gauche), note la qualité de ces liens. Au milieu, le Topical Trust Flow ou Trust Flow par Sujet indique la thématique des sites qui font des liens vers la page en question.

Figure 6-22

Ahrefs (https://ahrefs.com/) propose les indicateurs suivants : URL Rating et Domain Rating, soit des notes allant également de 1 à 100. Aucune information n'est disponible sans créer un compte et fournir son numéro de carte bancaire (même pour un test a priori gratuit).

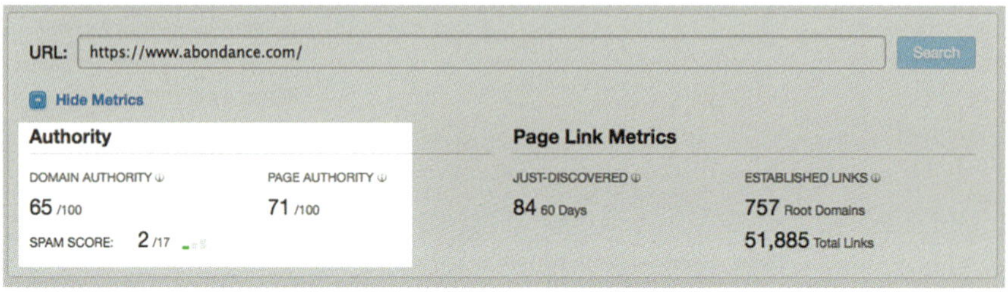

Figure 6-23

Open Site Explorer de Moz (https://moz.com/link-explorer) appelle ses indicateurs (toujours sur 100) Domain Authority et Page Authority. À noter également la présence d'une note caractérisant le niveau de spam du site. Toujours bon à savoir…

Les 8 commandements du « bon lien »

Un bon lien doit présenter un maximum de particularités parmi les suivantes.

- Il doit émaner d'une page populaire.
- Il doit provenir d'une page issue d'un site de la même thématique que le vôtre. Si c'est un site de référence du domaine et à fort trafic, c'est encore mieux.
- Il doit procéder d'une page contenant le moins possible de liens sortants.
- Le texte du lien *(anchor text)* doit décrire ce que l'internaute trouvera dans la page (évitez les « cliquez ici » ou « Pour en savoir plus »), tout en étant diversifié pour ne pas présenter trop de fois le même intitulé (critère Penguin).
- Un lien ancien est plus intéressant qu'un lien récent.
- Vous devez également veiller à multiplier le nombre de sites générateurs de backlinks. Il vaut mieux 10 liens émanant de 10 sites différents que 100 liens venant d'un seul site.
- Évitez les « pics de liens » : essayez de lisser dans le temps votre stratégie de gain de liens et de ne pas les concentrer sur une courte durée.
- Un lien aura une meilleure efficacité au niveau de la pertinence s'il est placé au cœur de la page, intégré dans un contenu et sur plusieurs pages du site au lieu d'une seule.

Évitez « l'échange de liens » massif

Si vous êtes webmaster d'un site, vous avez certainement reçu, un jour ou l'autre, un e-mail de ce type :

> *Bonjour,*
> *J'ai particulièrement apprécié le contenu de votre site. Je vous propose d'échanger un lien avec le nôtre, disponible à l'adresse : https://www.tartempion.fr*
> *Merci et bien cordialement*
> *Le webmaster du site Tartempion.fr*

Honnêtement, parmi tous les e-mails de ce genre que vous avez reçus, combien ont eu une issue positive ? Certainement très peu. Ces messages, qui sentent bon (sic) l'e-mailing massif effectué sans distinction sur des centaines voire des milliers de sites, ne sont pas très efficaces : aucune personnalisation, aucune information sur ce que propose le site demandeur et son adéquation à votre propre source d'information. En règle générale, tout cela part à la corbeille en moins de temps qu'il n'en faut pour l'écrire.

Soyons clairs, ce type d'échange n'est en rien un vrai partenariat, mais plutôt un système de troc ponctuel qui ne transforme pas les deux sites éventuellement liés par un lien en réels partenaires.

Il ne nous semble pas que ce type de pratique par e-mailing doive être mis en place pour tenter d'échanger des liens avec d'autres sites web. Il n'est pas nécessaire de contacter des centaines de sites pour obtenir des liens efficaces. Quelques sites, voire quelques dizaines, peuvent suffire. Cependant, il faut bien les traiter, consulter leur contenu et essayer de leur faire une vraie proposition, qui leur profite autant qu'à vous. Oubliez les e-mailings stériles et impersonnels, fixez-vous des objectifs réalisables sur un nombre de sites limités et faites du travail très personnalisé. Vos résultats n'en seront que meilleurs.

Google dégrade certains liens

En décembre 2009, nous avons posé la question suivante à Google : « Google dégrade-t-il certains liens considérés comme ayant peu de valeur : communiqués de presse, annuaires, liens dans les commentaires de blogs, sur les forums, etc. ? » (*https://www.speeny.fr/149*).

Voici la réponse du « service qualité » du moteur de recherche : « Oui, nous nous réservons le droit de déprécier certains liens qui ont un faible poids éditorial, en termes de pertinence, d'ancrage, etc. Cela peut être le cas, par exemple, de liens systématiquement mis dans le footer de chaque page. Cela peut être aussi le cas d'un lien qui n'a pas été ajouté par choix éditorial [...]. »

La réponse est claire : tous les liens ne sont pas égaux devant le dieu Google ! Selon le type de site (annuaire, communiqué de presse, forum, etc.), le lien sera déprécié et aura moins de poids que s'il émanait d'un site web plus éditorial ou plus « naturel ». De même, l'emplacement du lien dans la page est important et la zone la plus « forte » pour insérer un lien semble être le texte éditorial, à préférer à un pied de page, par exemple.

Le phénomène des « sitewide backlinks » illustre bien ce fait : si un site de 500 pages insère dans le footer de chacune de ses pages un lien vers votre page d'accueil, Google n'en prendra en compte que quelques-uns (entre un et cinq le plus souvent, ceux qui émanent des pages les plus populaires) et ignorera les autres. Insérer un lien externe à l'identique dans un footer est donc une stratégie peu efficace !

Des liens triangulaires plutôt que réciproques

Souvent, un échange de liens s'effectue entre deux pages A et B sous la forme « A pointe vers B qui pointe vers A ». Ce type d'échange est détecté par les moteurs de recherche et n'est pas obligatoirement optimisé (même s'il n'est pas pénalisé, contrairement à une croyance très répandue). Nous préconiserons plutôt une autre forme d'échange, certes plus complexe à mettre en œuvre, mais bien plus efficace en faisant intervenir une troisième page : l'échange en triangle du type « A pointe vers B qui pointe vers C qui pointe vers A ».

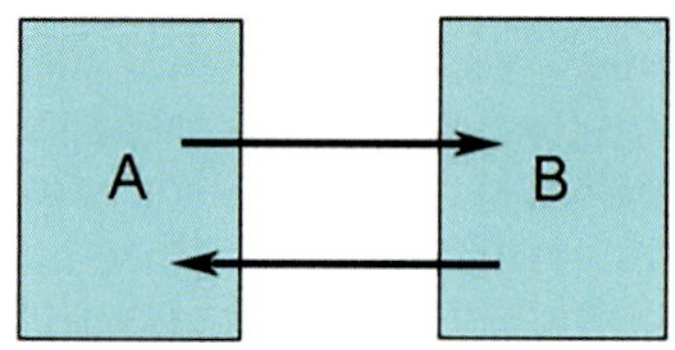

Figure 6-24

Échange de liens « classique » entre deux pages.

La page C peut correspondre (idéalement) à un troisième site, à une page interne de A ou à une page interne de B, à votre convenance. Cette « triangularisation » des liens fait perdre l'aspect de réciprocité de l'échange et améliore son efficacité.

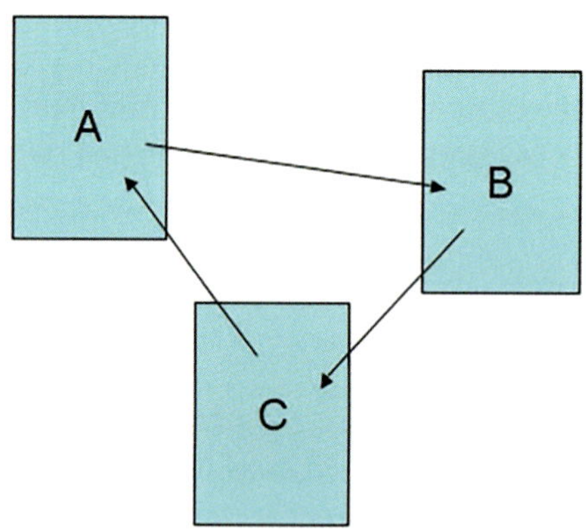

Figure 6-25

Échange de liens en triangle entre trois pages.

Visez la qualité plutôt que la quantité

On l'a dit, les moteurs sont aujourd'hui plus sensibles à la qualité des liens pointant vers vos pages qu'à leur quantité. Bien entendu, rien ne vous empêche de tenter de coupler les deux notions !

Toujours est-il qu'actuellement, il vaut mieux avoir 10 pages populaires (disposant d'un bon PR) pointant vers vos pages plutôt que 1 000 pages très peu populaires.

Répétons-le car cette notion est très importante : ce n'est pas la quantité de liens vers votre site qui est importante mais bien leur qualité.

Encore une fois, fixez-vous des objectifs raisonnables mais efficaces : peu de sites web contactés mais avec de vrais arguments, un contenu intéressant et original, et une stratégie d'approche affinée et personnalisée. Laissez la triche à ceux qui n'ont pas d'imagination et de contenu…

Quoi qu'il en soit, limitez-vous à un certain nombre de sites (une vingtaine peut paraître un nombre intéressant, mais tout dépend bien entendu de votre ambition sur le Web et de votre domaine d'activité) et faites-en une liste détaillée avant de commencer vos démarches.

Par ailleurs, sachez que l'on n'est jamais si bien servi que par soi-même. Créez, si vous en avez la possibilité, des liens vers votre nouveau site depuis des sites existants qui vous appartiennent et liez les pages d'accueil entre elles si cela est légitime et cohérent.

Par exemple : nous avons créé, sur toutes les pages d'accueil des sites du réseau Abondance, des liens vers les différents sites du réseau (figure 6-26 représentant le footer de la page d'accueil du site Abondance).

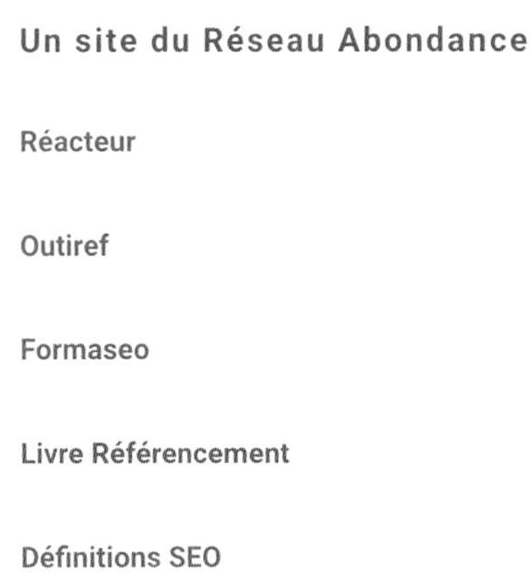

Figure 6-26

Footer de la page d'accueil du site Abondance.

Par l'intermédiaire de cette action, qui sert également à orienter les internautes vers les autres sites du réseau, dès qu'un nom de domaine est créé dans le réseau Abondance, nous ajoutons un lien sur chacun des sites du réseau et nous constatons que le site correspondant se retrouve très rapidement dans l'index de Google en profitant du PR des autres sites. Comme il est normal de faire de la publicité offline pour votre site web (mention sur vos cartes de visite, vos papiers à en-tête, les étiquettes de vos produits), il est également logique de signaler vos autres sites sur chacune de vos sources d'information. Et si celles-ci disposent d'un bon PageRank, c'est encore mieux.

Ne spammez jamais !

Ne vous avisez pas de franchir la frontière entre signalement et spam (lien caché, lien sur des pages bidons, dans des *layers* invisibles, entre sites sans aucun rapport les uns avec les autres, etc.), vous pourriez vous en mordre les doigts assez rapidement.

Un exemple de partenariat efficace et pérenne

Quelques mois après le lancement du site Abondance en 1998, nous avions opté pour cette stratégie d'échange de contenus. Des accords avaient notamment été passés avec les sites *Journaldunet.com* et *Voila.fr* pour leur écrire des articles sur le référencement, les moteurs et la recherche d'information. En échange, chaque page de ces sites contenant un article affichait en signature un lien vers le site Abondance. L'échange, ici, était logique, même si à cette époque on ne parlait encore que très peu de PageRank : celui d'Abondance étant plus faible que celui de Voila ou du Journal du Net, une compensation a été effectuée en livraison de contenus, équilibrant l'accord. Les liens sur ces deux sites ont ensuite fait énormément pour la popularité du site Abondance, que ce soit de façon directe (les gens venaient en lisant les articles et en cliquant sur le lien proposé) ou indirecte (au travers de la popularité sur les moteurs). Un véritable accord « gagnant-gagnant » !

Tous les sites web et portails recherchent du contenu de qualité pour leurs visiteurs. N'hésitez donc pas à proposer le vôtre, si possible créé spécifiquement pour l'occasion, aux sites avec lesquels vous désirez échanger des liens. Vous voyez ainsi que l'échange de liens constitue non seulement un art, mais aussi un vrai travail.

Il est également possible de proposer de nombreux partenariats avec le site distant : affiliation, information « cobrandée » (sous l'égide des deux sites), jeux-concours, etc. La seule limite est l'imagination et la complémentarité entre les deux sites. Néanmoins, nous avons la faiblesse de penser que seuls les vrais partenariats durent et sont profitables pour tous.

Acheter des liens : bonne ou mauvaise idée ?

Comment trouver des sites partenaires influents dans leur secteur d'activité et acceptant de placer des liens vers les pages d'un autre site ? L'idée émise par certains professionnels serait d'acheter ces liens.

L'état des lieux

Ne faisons pas l'autruche : tout le monde le fait ! De nombreuses plates-formes proposent de mettre en relation acheteurs et vendeurs. Et quelques recherches autour des mots-clés « pagerank » ou « plate-forme liens » fournissent en quelques minutes une liste de nombreux sites qui monnayent leurs liens, de façon ouverte.

Quels sont les prix pratiqués ?

Il apparaît extrêmement difficile de donner un prix exact, car cela dépend de nombreux facteurs. En tout état de cause, la prestation doit être prise dans la durée (minimum 6 ou 12 mois) pour que le lien puisse avoir un réel impact.

Le prix dépend également de la pertinence du site, des métriques de la page qui contiendra le lien (exemple : TF et CF de Majestic) ou de l'emplacement de ce lien (sur tout le site ou sur seulement une page). Le prix de départ peut commencer à une petite dizaine d'euros pour aller jusqu'à plusieurs milliers d'euros mensuels.

Quels sont les risques encourus lors de l'achat d'un lien ?

Matt Cutts, ex-ingénieur technique responsable de la qualité des résultats de Google, avait détaillé sur son blog personnel (*https://www.speeny.fr/150* et *https://www.speeny.fr/151)* la position de Google concernant la stratégie de rémunération des liens *(paid links)*. Voici quelques extraits détaillés :

« Use the unauthenticated spam report form and make sure to include the word "paidlink" (all one word) in the text area of the spam report. »

Matt Cutts demande ainsi à tous les webmasters qui constatent des abus concernant les liens payants de prendre contact directement avec Google *via* le formulaire de spam (*https://www.speeny.fr/152*) pour dénoncer la supercherie. Google propose en effet un formulaire spécialisé pour le *paid linking report* (*https://www.speeny.fr/153*) afin de dénoncer toute tentative de ce type (figure 6-27). Autant dire que la chasse à l'achat de liens est bien ouverte chez Google (même s'il est très difficile pour le moteur de recherche de détecter ce qui est vendu et ce qui ne l'est pas lorsque ce n'est pas explicitement indiqué sur le site web en question).

Google : haro sur le « guest blogging » ou billets de blog sponsorisés

Google n'aime pas les liens payants, car il estime qu'ils perturbent son algorithme de pertinence. De nombreux articles officiels se sont élevés contre le *paid linking* de la part du moteur de recherche. Voici le dernier en date au moment où ces lignes étaient écrites : *https://www.speeny.fr/154*.

Figure 6-27

Le formulaire de dénonciation de Google sur les liens payants.

Matt Cutts donnait également sur son blog d'autres informations: « If you want to sell a link, you should at least provide machine-readable disclosure for paid links by making your link in a way that doesn't affect search engines. There's a ton of ways to do that. For example, you could make a paid link go through a redirect where the redirect URL is roboted out using robots.txt. You could also use the rel=nofollow attribute. »

Suite des explications: si un lien est acheté, il faut le rendre non indexable pour les moteurs de recherche afin de ne pas nuire aux résultats naturels. Pour cela, plusieurs moyens sont possibles, comme paramétrer le fichier `robots.txt` en refusant l'indexation par les moteurs de recherche de la page vers laquelle pointe le lien. On peut également ajouter la notion `rel="nofollow"` au lien (voir plus loin la notion de sculpture de PageRank).

« Google is going to be looking at paid links more closely in the future. »

À l'avenir, Google va regarder les liens payants de plus près. Tout un programme ! Et Google l'a mis en application en pénalisant dans le passé des sites comme Overstock (*https://www.speeny.fr/155*), JC Penney (*https://www.speeny.fr/156*), Milanoo (*https://www.speeny.fr/157*) ou BeatThatQuote (*https://www.speeny.fr/158*) pour achat massif et intempestif de liens !

L'avertissement ne doit donc pas être pris à la légère. Alors le jeu en vaut-il la chandelle ? À vous de voir ! Cependant, si vous décidez malgré tout de partir sur cette voie, choisissez scrupuleusement vos partenaires pour que les résultats soient à la hauteur des risques pris !

Créez une charte de liens

Si vous avez lu les pages précédentes, vous savez certainement que le texte des liens pointant vers vos pages est important pour la notion d'ancrage. Aussi, un texte libellé : « Découvrez un site web sur les moteurs de recherche » amènera un poids très fort à la page distante (pointée par le lien) pour l'expression « moteurs de recherche » (contenu textuel du lien).

Si vous le pouvez, n'hésitez donc pas à créer une charte des liens sur votre site, en indiquant au site distant une liste de mots-clés importants pour votre activité qu'il peut, s'il en a la possibilité bien sûr, intégrer dans le texte de ses liens ou, mieux, lui fournir directement le code HTML du lien (figure 6-28). Ne l'obligez pas à le faire, mais il y a de fortes chances pour qu'il apprenne quelque chose à cette occasion et qu'il vous en soit reconnaissant.

Bien entendu, proposez de faire la même chose avec le site distant en lui demandant ses mots-clés les plus importants afin de les inclure dans vos liens.

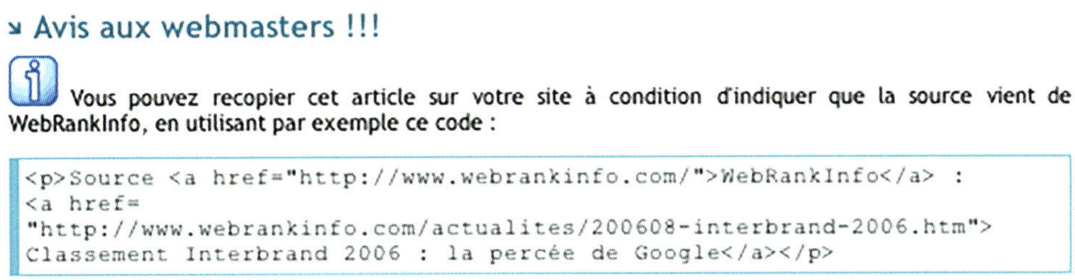
Avis aux webmasters !!!

Vous pouvez recopier cet article sur votre site à condition d'indiquer que la source vient de WebRankInfo, en utilisant par exemple ce code :

```
<p>Source <a href="http://www.webrankinfo.com/">WebRankInfo</a> :
<a href=
"http://www.webrankinfo.com/actualites/200608-interbrand-2006.htm">
Classement Interbrand 2006 : la percée de Google</a></p>
```

Figure 6-28

À une époque, le site WebRankInfo (https://www.webrankinfo.com) fournissait aux webmasters le code HTML à insérer dans les pages pour réaliser un lien.

Suivez vos liens

Vous avez obtenu de nombreux liens vers vos pages web ? Bravo ! Pourtant ne vous endormez pas sur vos lauriers, car aucune situation n'est établie.

- Vérifiez bien, à intervalles réguliers, que les liens pointant sur votre site, notamment depuis des sites populaires, existent encore et qu'ils n'ont pas été effacés ou modifiés à l'occasion d'un remaniement des sites distants. Des outils comme Linkody (*https://www.linkody.com/*) ou SEO Toolbox (*https://www.speeny.fr/159*) peuvent vous y aider.
- Prêtez attention aux adresses de vos pages : si elles changent alors que des liens pointaient vers elles, n'oubliez pas de réagir en conséquence (redirections, messages, etc.).
- Gardez bien un œil, grâce à des outils comme Ahrefs, Majestic, Open Site Explorer (voir précédemment) ou la Search Console, à la liste des pages web ayant mis en place un lien vers vous.

- Inspectez également, dans vos statistiques, les sites web qui drainent le plus de trafic vers vos pages, notamment dans la rubrique URL referers ou Référents *(Referral)* que votre hébergeur ou votre logiciel de statistiques doit normalement vous proposer. Dans cette liste doivent apparaître les sites avec lesquels vous avez noué un échange de liens. Si certains envoient beaucoup de trafic, fidélisez-les pour que le partenariat continue, se renforce et soit profitable pour les deux parties. Si le trafic créé par d'autres sites est faible, essayez de comprendre pourquoi et réagissez en conséquence.
- Faites une veille sur les nouveaux sites apparaissant dans votre domaine d'activité et sur votre métier. Remettez-vous ensuite à l'ouvrage pour obtenir de nouveaux liens.

Pour résumer, suivez bien vos liens, suscitez de nouveaux échanges avec des sites populaires et vous devriez vivre des jours de webmaster et référenceur heureux.

Spamdexing ou non ?

- Le système de PageRank a été mis en place au départ, car il était très difficile à contourner par les webmasters par rapport à des critères contenus dans le code HTML comme les balises `meta`. Cependant, certaines pratiques, parfois utilisées aujourd'hui, sont assez contestables, même si leur impact reste très faible.
- Les FFA (*Free For All Links* ou links farms), qui sont d'immenses pages de liens sur lesquelles les webmasters peuvent inscrire gratuitement et sans contraintes un lien vers leur site. Le faible PR de ces pages ainsi que le grand nombre de liens qu'elles proposent (ajoutés au fait que les moteurs les chassent pour les enlever de leurs index) en limitent grandement la portée. Bon, on est quand même ici dans le paléolithique du netlinking…
- Les offres de création de liens factices. Actuellement, il existe de nombreuses offres qui vous proposent d'augmenter de façon artificielle le PR de votre site web en vous inscrivant, parfois de façon payante, dans des systèmes d'échange de liens factices. Le principe en est simple : plusieurs milliers de pages mettent en place un lien vers la page d'accueil de votre site pour faire grandir votre indice de popularité dans l'algorithme de pertinence des moteurs de recherche et donc votre positionnement. Sur le papier, la théorie semble donc tenir la route, mais en pratique qu'en est-il ? En fait, le système se heurte à quelques obstacles non négligeables :
  - avoir des liens vers votre site web est une chose, mais cela ne peut améliorer votre popularité que si les pages contenant lesdits liens se trouvent intégrées dans l'index des moteurs de recherche majeurs. Et rien ne prouve que cela soit le cas. Là aussi, les moteurs deviennent très pointus dans la chasse au *link spamming* et toutes ces pages sont de plus en plus traquées, ôtées de l'index ou ignorées (c'est désormais le cas la plupart du temps) et le site les proposant est parfois mis en *blacklist*, c'est-à-dire en liste noire. C'est le but de filtres de nettoyage comme Penguin (voir chapitre 15) que de combattre ce type de lien factice ;
  - le système fonctionne uniquement si le moteur prend en compte un indice de popularité à un niveau, de façon quantitative, dans son algorithme. Or, ce n'est pas le cas et ces pages de liens sont elles-mêmes très rarement populaires. Leur impact est donc très limité ;

  - enfin, et c'est peut-être le plus important à nos yeux, ces offres proposent purement et simplement de tromper l'algorithme de classement des moteurs de façon artificielle. Il s'agit de pratiques qui peuvent être assimilées à du spam.
- Difficile également d'ignorer les annuaires créés uniquement à des fins SEO (il en existe des centaines et des centaines) ou des sites de pseudo-communiqués de presse (qui sont plus souvent des « sites poubelles » acceptant tout et n'importe quoi) qui permettent de créer du netlinking bas de gamme. De nombreuses agences ont utilisé ces stratagèmes pour créer un linkbuilding artificiel ces dernières années. Heureusement, le filtre Penguin de Google a stoppé ce type de pratiques que nous n'avons jamais accréditées. C'est la raison pour laquelle nous n'en parlons que très peu dans cet ouvrage. Annuaires et communiqués de presse sont le netlinking au mieux du pauvre, au pire du bourrin. Ayez un tout petit peu plus d'ambition que cela !

À vous de voir, donc, au vu de ces quelques éclaircissements, si vous désirez profiter de ces offres (qui semblent d'ailleurs en perte de vitesse) selon votre propre vision des ambitions de votre site sur le Web. Attention, comme nous l'avons dit, les moteurs ont mis en place des algorithmes de détection des tentatives de link spamming. Ne vous amusez pas trop à ce petit jeu…

Des liens naturels et cliqués !

Dans votre stratégie de netlinking, orientez-vous le plus possible vers les liens naturels et évitez au maximum les liens artificiels. C'est une règle d'or du SEO aujourd'hui !

De même, dites-vous qu'un bon lien est un lien potentiellement cliqué par l'internaute. D'ailleurs, nous pensons qu'il y a de fortes chances pour que le trafic généré sur un site par un lien soit pris en compte aujourd'hui par Google pour juger de la pertinence de ce lien. Un lien jamais cliqué pourrait ainsi être considéré comme peu pertinent. Google n'obtient-il pas ce type d'information grâce à son navigateur Chrome ?

Autant dire que ces deux critères condamnent notamment les annuaires SEO et les sites de communiqués de presse factices !

Le linkbaiting ou comment attirer les liens grâce à votre contenu

Connaissez-vous le *linkbaiting* ? Il s'agit d'un concept dont le nom a bien sûr été inventé par les Américains et qui est vieux comme le Web. Il s'agit d'appâter (*bait* signifie « appât », « amorce ») les webmasters par du contenu provoquant une envie naturelle de créer un lien vers lui. Il s'agit donc ici de partir à la « pêche aux liens » en créant du contenu sur votre site web, qui par sa seule qualité va faire naître des liens vers lui et lui donner une popularité importante !

L'avantage du linkbaiting est double.

- Les liens créés de façon quasi instantanée vont provoquer du trafic direct vers votre site.
- Ces liens vont améliorer votre popularité (PageRank) et donc, à un moment ou à un autre, favoriser vos classements dans les pages de résultats des moteurs de recherche.

L'idée principale du linkbaiting est de créer du contenu qui attirera les liens de façon naturelle, plutôt que de se lancer dans des campagnes d'échanges de liens, qui sont souvent très aléatoires et fastidieuses, ou dans de longues inscriptions dans des annuaires de seconde zone afin d'engendrer des backlinks parfois bien peu efficaces. Le principal inconvénient des campagnes classiques d'échanges de liens est qu'il est difficile de contacter un site souvent inconnu pour ne lui proposer rien d'autre que ce type de citation textuelle d'une page vers une autre et réciproquement. Le taux de perte est parfois monstrueux. De plus, chaque webmaster d'un site un tant soit peu populaire est aujourd'hui assailli par ces types de demandes (parfois bien folkloriques d'ailleurs) auxquelles il ne prête plus attention. Quant au message du type « Échangeons des liens et nous pourrons ainsi détourner les algorithmes des moteurs (et plus si affinités) », nous vous laissons seul juge de leur teneur éthique comme vu précédemment. Il est en effet temps maintenant de passer à une approche plus professionnelle et surtout plus efficace de la notion de netlinking.

De nombreuses façons de faire du linkbaiting

Le concept du linkbaiting n'est donc pas nouveau, même si le terme peut le faire croire. L'idée est intéressante car il existe plusieurs pistes de réflexion que l'on peut prendre en considération pour créer du contenu attractif. Pour cela, il vous faut mettre en place des articles hameçons qui vont servir à ferrer le lien, pour reprendre l'analogie avec la pêche, suscitée par le terme *bait*. Quelques techniques…

- Créer un concours de sites web, de blogs, de personnalités, etc., qui va faire parler de lui. Ou bien créer un sondage de type « Oscars » ou « Awards » pour élire un site ou une personne. Ou alors réaliser une enquête en ligne sur un sujet « dont on parle ». De même, un jeu peut avoir le même impact s'il est original (mais attention, il existe de très nombreux jeux sur le Web).
- Une interview exclusive d'une personnalité peut également susciter du lien si elle contient des informations intéressantes, nouvelles et pertinentes.
- Publier sur son site un article « coup de poing » ou « coup de gueule », bien argumenté cependant, qui nourrira le buzz, notamment dans la blogosphère. Les contenus assez personnels du type « Je ne suis pas d'accord avec… », s'ils sont bien écrits et bien argumentés, peuvent créer un fort afflux de liens. Attention cependant : si vous écrivez ce type d'article, vous devez bénéficier d'un minimum de crédibilité sur Internet pour faire valoir vos arguments. N'oubliez pas également de rester courtois et constructif dans vos arguments sans diffamer quiconque. L'attaque gratuite ne vous amènera pas obligatoirement des retours très positifs. Sachez également que la polémique peut rapidement amener des réactions plus ou moins violentes d'autres internautes. On récolte parfois ce que l'on sème… Néanmoins, une opinion tranchée, intelligente, sur un sujet porteur est toujours la bienvenue si, là encore, elle est bien argumentée.
- Il est toujours possible de reprendre en français des rumeurs lues sur des sites anglais (ou entendues dans des salons parisiens). Attention, ce ne seront que des rumeurs, donc il faudra peut-être les présenter comme telles.
- La traduction en français d'articles anglais intéressants peut également être une piste valable. N'oubliez pas, bien entendu, de citer votre source et d'indiquer clairement que

votre travail s'est limité à de la traduction. Une demande d'autorisation à l'auteur de l'article initial peut également être nécessaire, si ce n'est polie.

- Les articles comparatifs de plusieurs produits, sites web ou autres sont toujours assez prisés et repris sur le Web. De même, les articles ayant des titres chiffrés du type « 10 façons de… » ou « 12 choses à ne pas faire pour… » ont une bonne cote et « sonnent bien ». Le post de Danny Sullivan intitulé *25 Things I Hate About Google* (*https://www.speeny.fr/160*) en est un excellent exemple. Notez que son pendant, *25 Things I Love About Google* (*https://www.speeny.fr/161*), ne l'est pas moins.
- Publier une étude gratuite sur un sujet chaud est une excellente façon de faire parler de soi. Encore faut-il que l'étude en question soit fouillée et pertinente. L'article *Search Engine – Ranking Factors* (*https://www.speeny.fr/162*) de Moz ou l'étude du référencement des sites web du secteur du champagne (*https://www.speeny.fr/163*) par Ranking Metrics ont provoqué de nombreux liens dans le microcosme du référencement.
- Les infographies sont également, en règle générale, un excellent moyen de glaner des backlinks de qualité. À vous de vous en inspirer !
- Une liste de ressources intéressantes peut également provoquer un bon linkbait. Par exemple : une page reprenant la liste des blogs « officiels » de Google, voire affichant, pour chacun d'entre eux, les trois derniers billets publiés, ou des fiches descriptives ou votre avis sur chacun d'eux (si vous êtes légitime pour le donner). Il peut s'agir également d'une compilation d'articles ou de chiffres intéressants sur un thème donné.
- Un article humoristique sur un sujet donné peut également vous servir… ou vous desservir, car n'oubliez jamais que la notion d'humour n'est pas toujours partagée de la même façon par tous les internautes. Une requête qui donne un résultat amusant sur un moteur, des images dénichées ici ou là, un site amusant et original que vous chroniquez, etc. Tout cela est bon pour faire parler de vous !
- L'idéal reste d'obtenir ou de trouver un scoop sur un sujet précis et porteur, mais ce n'est bien entendu pas si facile que cela. Le scoop peut être textuel, photographique ou sous la forme d'un podcast, d'une vidéo ou autre. L'explosion de sites comme YouTube peut être un tremplin pour faire connaître rapidement une vidéo humoristique, par exemple ou une « manœuvre politique », comme on l'a vu parfois en France avec certains candidats à l'élection présidentielle qui ont vu des extraits vidéo de certains de leurs meetings se répandre rapidement sur la Toile.
- Certaines dates sont plus propices au linkbait telles que le 1er avril. Un poisson d'avril bien senti peut rapidement amener de nombreux liens. Le site Googland (*http://www.googland.com/*), que nous avions créé à cette occasion, a attiré en quelques semaines plus de 10 000 liens vers lui, ce qui n'est pas négligeable.
- Bien entendu, un site original, voire amusant, sera rapidement l'objet d'un linkbait qui peut s'avérer fulgurant. Exemple avec le site GoogleFight (*https://www.googlefight.com/*) qui a vu ses backlinks se développer très rapidement (près de 140 000 liens vers le site) et susciter des articles dans des revues comme *USA Today* ou des passages sur Canal Plus.

En un mot, soyez inventif, créatif, amusant, informatif, voire agressif (dans le bon sens du terme) et vous devriez voir les liens venir vers vous de façon quasi automatique. L'avantage de ce type de promotion est qu'elle ne coûte rien, hormis le temps passé à la créer, et peut-être à initier sa connaissance *via* le Web. L'inconvénient majeur est qu'il faut être inventif, créatif, amusant, informatif, voire agressif. Et bosser, bosser et encore bosser...

On pourrait parfois penser que ces techniques sont « sensibles » et que les moteurs de recherche les voient d'un mauvais œil et pourraient les considérer comme du spamdexing. Ce n'est pas obligatoirement le cas. Encore faut-il, bien sûr, que la stratégie mise en place soit de bonne qualité et que les ficelles ne soient pas trop grosses. Comme toujours en SEO, tout est le plus souvent une question de bon sens. Manquer de finesse n'est jamais une bonne chose dans notre domaine !

L'une des idées principales du linkbaiting est de suivre une procédure qui fera en sorte de créer le plus de backlinks possible dans un minimum de temps.

1. Imaginez, créez le contenu et mettez-le en ligne.
2. Contactez éventuellement des « meneurs d'opinion » dans le domaine traité pour leur signaler ce contenu et les engager à en parler, notamment sur leur blog. Jouez fin : ne demandez pas à ce qu'ils créent un lien vers votre article ni même qu'ils en parlent expressément, mais indiquez que vous leur écrivez uniquement pour leur signaler cette information. À eux de juger et de voir ce qu'ils veulent en faire. Proposez-leur éventuellement d'intervenir dans les commentaires de votre blog (si cette possibilité existe). Et ne leur envoyez pas un e-mail d'insulte s'ils n'en ont pas parlé, car vous serez mal reçu la prochaine fois.
3. Vérifiez que votre contenu est bien référencé sur les différents moteurs comme Google, voire Google Actualités, Bing, etc. Laissez faire ensuite le système. Si votre linkbait est bon, tout devrait s'enchaîner rapidement. Si la pompe est difficile à amorcer, travaillez à améliorer votre contenu ou à en créer un autre.

Il est clair que le linkbaiting n'est pas un concept nouveau (on en a beaucoup parlé à partir de 2007, puis le terme est devenu courant), mais plutôt une « stratégie d'attraction de liens » *via* un contenu adapté et de qualité. S'il peut rappeler aux éditeurs de sites web que cette qualité du contenu est capitale, cela ne peut qu'être bénéfique ! Cela ne peut tirer le Web que vers le haut. Et il y a fort à parier qu'à l'instar de ce bon M. Jourdain nombreux sont ceux, parmi vous, qui font du linkbaiting depuis de nombreuses années, sans le savoir !

Cette notion révèle également une chose importante : aujourd'hui, éditer un site web « plaquette » n'est plus suffisant. Il faut véritablement créer du contenu de qualité pour être visible sur le réseau. S'asseoir et attendre les visiteurs est une stratégie totalement dépassée. Là encore, si le linkbaiting nous le rappelle, c'est également une bonne chose !

Cependant, c'est aussi une stratégie à prendre avec des pincettes, car vouloir créer du lien à tout prix peut vite se retourner contre son auteur. Le linkbaiting ne peut être profitable que s'il est appliqué avec parcimonie et, surtout, avec intelligence, bon sens et qualité ! Il ne faut surtout pas l'oublier, sous peine de s'en mordre les doigts très rapidement.

Donnez du sens à vos liens !

Une question assez logique se pose rapidement lorsqu'on travaille son netlinking : comment définir ce qu'est un « bon » lien, comment séparer le bon grain de l'ivraie dans la masse des backlinks pointant sur un site ?

Bien sûr, on ne parlera pas ici du « netlinking de bourrin » qui caractérise tout lien issu d'une démarche industrielle :

- réseaux d'achat ou d'échange de liens (le seul fait d'entrer dans ce type de système signe, à courte ou moyenne échéance, la mort de votre site par pénalité penguinesque ou manuelle) ;
- achat de liens massif avec texte d'ancre suroptimisé de surcroît.

Bref, toute pratique basée sur la quantité plutôt que sur la qualité. Google fait tout (et plus !) depuis de nombreux mois pour bien vous faire comprendre que ces démarches sont parfaites pour couler votre site aujourd'hui ou demain, avec un peu de chance. Certains, *a priori*, ne semblent pas encore l'avoir compris. L'avenir dira s'ils ont raison ou tort…

Chacun a alors sa propre méthode pour mesurer la qualité d'un lien, basée sur plusieurs critères.

- Choisir des sites générateurs de backlinks œuvrant dans le même domaine thématique ou un thème connexe.
- Choisir des sites dans la même langue (ce qui est un minimum…).
- Approche plus mathématique avec tel pourcentage de nofollow/dofollow, d'ancre optimisée/non optimisée, etc.

Tout cela est certainement vrai et permet sûrement de limiter les dégâts, mais, avant tout, le critère principal pris en compte par les équipes de Google pour mesurer la qualité d'un lien est le fait qu'il apporte un service, une information à l'internaute. Bref, qu'il « fait sens » (pour reprendre l'expression *to make sense* chère à nos amis anglophones).

Pour essayer d'expliquer ceci, raisonnons sur un exemple. Prenons le site d'une société d'assurances, par exemple la Maaf (exemple pris totalement par hasard – ce ne sont pas nos clients et nous ne sommes pas assurés chez eux). Ce site, donc, va obtenir un lien (payant ou non) de la part d'un blog ayant une cible jeune et proposant un article sur l'assurance moto. Jusque-là, rien d'extraordinaire…

Le texte d'ancre, sur le blog, sera donc « assurance moto ». Mais tout se jouera sur la page de destination, sur le site de la Maaf.

- Soit le lien pointe sur la page d'accueil (*www.maaf.fr*) et il n'est pas légitime : pourquoi un lien intitulé « assurance moto » pointerait-il vers le site d'une société d'assurances en particulier (pourquoi pas vers Axa, Macif ou MMA ?). Qui plus est, vers la page d'accueil du site, qui ne parle pas spécifiquement d'assurance moto ? Tout ça sent donc l'arnaque à plein nez et le lien acheté. Les « sniffers » de Google commencent alors à renifler la mauvaise odeur du spam-linking… Pas bon…
- Soit le lien pointe vers les offres de la Maaf en termes d'assurance moto (lien fictif : *www.maaf.fr/offres-particuliers/assurance-moto*) et, là encore, on s'aperçoit vite que le

lien est « vérolé » pour les mêmes raisons : pourquoi la Maaf spécifiquement et pas ses concurrents ? Et pourquoi pointer vers une offre commerciale ? Pas bon, là non plus…

- Soit le lien pointe vers une page de « vrai contenu » expliquant en quoi consiste l'assurance moto, ses différentes composantes, les critères objectifs de choix, etc. (lien fictif : *www.maaf.fr/les-assurances/assurance-moto*) sans esprit commercial, mais avant tout informatif, explicatif et intéressant. Dans ce cas, le lien apporte une véritable information, et finalement peu importe que ce soit la Maaf ou un autre site qui la propose : le lien « fait sens », car, s'il est cliqué, l'internaute aboutira à des données qui vont l'aider dans sa démarche, dans sa recherche. Bien sûr, il sera alors sur le site de la Maaf, « dans la boutique » et si le site est bien fait, il sera toujours possible d'attirer le visiteur dans un deuxième temps vers les offres commerciales proposées. Mais dans un deuxième temps seulement…

On pourrait alors dire qu'il s'agit là d'un « linkbaiting maîtrisé » : le site qui désire des backlinks met en ligne du contenu de qualité, puis cherche des sites qui pointent vers lui. Peu importe alors, et finalement, si le lien est acheté ou pas, si son ancre est optimisée ou pas (sans être suroptimisée de type « tourisme new york » ou « assurance moto pas chère », bien sûr), ou autre : il « fait sens » et aide l'internaute. N'est-ce pas le plus important ? Pour notre part, nous sommes intimement persuadés que ce type de lien ne posera jamais de problème à Google, bien au contraire.

Certains répondront rapidement : « Oui, mais c'est compliqué. » Et ils auront raison ☺. Mais personne n'a jamais affirmé que le SEO était simple. Et plus encore le netlinking à l'heure actuelle…

Pour résumer

Voici quelques conseils pour bien optimiser l'indice de popularité de vos pages.

- Choisissez bien les pages qui vont pointer vers votre site : fort PageRank, faible nombre de liens sortants.
- Attention aux redirections, programmes d'affiliations ou autres bannières publicitaires dont les liens ne sont pas pris en compte dans la plupart des cas. Vérifiez bien que les liens créés vers vous sont « en dur », donc sans redirection.
- Attention également aux liens JavaScript ou autres, plus ou moins bien pris en compte par les moteurs.
- Ne vous faites pas berner par des offres d'augmentation artificielle de la popularité. Visez de vrais liens issus de partenariats forts, prévus pour durer.
- Créez une charte de liens en donnant des indications aux webmasters distants sur la meilleure façon d'établir un lien vers votre site.
- Privilégiez la qualité à la quantité.
- Un bon lien est un lien naturel et potentiellement cliqué par l'internaute.

La sculpture de PageRank

On entend souvent dire, dans le petit monde du référencement, que les liens sortants n'ont pas d'importance pour l'optimisation d'une page en vue d'une meilleure visibilité sur les moteurs de recherche.

Cela n'est pourtant pas totalement vrai…

- On peut penser que l'analyse des liens sortants d'une page et d'un site joue un rôle non négligeable dans la notion de *TrustRank*. L'étude des liens sortants émanant de sites de référence permettrait en quelque sorte de calculer une « note de confiance » qui réduirait le spamdexing dans les résultats des moteurs de recherche. Par ailleurs, des algorithmes comme feu ceux de Ask.com, basés sur la définition de communautés web, utilisaient également la notion de lien sortant. On pourrait encore trouver de nombreux exemples de l'importance de ces liens sortants en termes de référencement d'une manière macroscopique. Leur influence est donc loin d'être nulle dans ce domaine.
- Les liens sortants sont clairement utilisés par Google pour choisir les *sitelinks* qu'il affiche dans ses pages de résultats (voir chapitre 11).
- Enfin, la notion de popularité (au sens du PageRank de Google) tient grandement compte des liens sortants (qui deviennent automatiquement des liens entrants pour la page dont il faut calculer le PageRank) pour calculer ce critère de pertinence.

De la bonne utilisation des liens sortants dans une stratégie de référencement

Ainsi, il sera très important de tenir compte de ce système de calcul, notamment sur votre page d'accueil. En effet, de par le fait que votre *homepage* reçoit la plupart des backlinks (liens entrants) du Web, c'est très souvent elle qui bénéficie de la meilleure popularité, de façon assez logique.

Cette note de popularité doit être transmise avec parcimonie aux autres pages vers laquelle elle pointe, sous peine de dilution trop forte de cette « capacité de vote » ou jus de liens. Ainsi, comme nous l'avons déjà évoqué précédemment, si la page d'accueil de votre site contient 100 liens sortants, chaque page distante ne recevra qu'un centième de la popularité de cette homepage. Des miettes, en quelque sorte. Pour optimiser votre transfert de popularité, vous devrez donc « faire la chasse » aux liens sortants et réduire leur nombre au maximum afin d'empêcher le plus possible la « fuite de popularité ».

En résumé, les liens sortants sur votre page d'accueil peuvent être de deux types.

- Les liens vers des pages auxquelles vous désirez transmettre de la popularité.
- Les liens vers des pages auxquelles vous ne désirez pas transmettre de popularité, mais qui restent tout de même importantes pour vos visiteurs (« Aide en ligne », « Qui sommes-nous ? », etc.).

Deux solutions s'offrent alors à vous pour choisir quels liens seront suivis par le moteur.

- Soit vous n'indiquez dans vos pages que des liens « utiles » et supprimez donc les liens du second type.
- Soit vous mettez les liens « indésirables » en `rel="nofollow"`, un attribut initié par Google en 2005 (et suivi depuis par Yahoo! et Bing) et qui signifie que le lien en question ne

sera pas pris en compte par le moteur de recherche. On appelle cela de la « sculpture de PageRank » ou *PageRank Sculpting* en anglais.

Le lien suivant sera ainsi suivi et analysé par les moteurs de recherche :

```
<a href="https://www.votresite.com/">Texte du lien</a>
```

Alors que ce second lien sera ignoré (avec un bémol cependant, comme on le verra plus tard) :

```
<a href="https://www.votresite.com/" rel="nofollow">Texte du lien</a>
```

Pour information, on dit que le lien qui n'a pas l'attribut `rel="nofollow"`, et qui est donc « classique », est en `dofollow`.

Dans ce cas, une première approche (jusqu'en 2010) a été de marquer (en `rel="nofollow"`) les liens pointant vers des pages n'entrant pas dans votre stratégie SEO. Seuls étaient pris en compte les liens pointant vers des pages importantes à vos yeux.

Cette méthode ne fonctionne hélas plus depuis plusieurs années. En effet, Google a modifié en 2009 sa façon de prendre en compte le paramètre `rel="nofollow"` des liens (*https://www.speeny.fr/164*).

- Avant : si la page A comportait 10 liens sortants, dont 5 en `dofollow` et 5 en `nofollow`, le jus de liens était partagé en 5 parts égales distribuées auprès des 5 pages pointées par des liens en `dofollow`.
- Aujourd'hui : si la page A contient 10 liens sortants, dont 5 en `dofollow` et 5 en `nofollow`, le jus de liens est partagé en 10 et un dixième est versé auprès des 5 pages pointées par des liens en `dofollow`, donc comme avant l'arrivée du `nofollow`, ce qui est beaucoup moins intéressant. Et, en clair, le jus de liens est pour moitié jeté au caniveau.

L'attribut nofollow

Pour tout savoir sur l'attribut `nofollow` et son utilité en SEO, nous vous conseillons la lecture de cet article et le visionnage de sa vidéo intitulée *L'attribut nofollow a-t-il encore une utilité en SEO ?*. Ils font un tour exhaustif et précis de la question : *https://www.speeny.fr/165*.

Autre solution dans ce cas pour « cacher des liens » aux yeux de Google : certains emploient des liens JavaScript, non suivis par les moteurs (mais attention aux internautes qui ont désactivé JavaScript sur leur navigateur…). Sachez d'autre part que les moteurs de recherche, et Google en particulier, savent de mieux en mieux détecter les liens dans les codes JavaScript. Cette méthode est donc loin d'être efficace à 100 %.

D'autres méthodes (comme l'obfuscation qui permet de « cacher » du code source dans un programme) peuvent également être employées pour cacher le code en question. Mais il s'agit clairement de spams à nos yeux.

> **L'attribut nofollow s'éclate en ugc et sponsored**
>
> Auparavant, l'attribut `nofollow` permettait d'indiquer au moteur qu'il ne devait pas suivre ce lien. La situation a évolué en septembre 2019 :
>
> • L'attribut `nofollow` est désormais un « indice » (hint) pour Google. C'est lui qui choisira (ou pas) s'il suit et analyse ce lien.
>
> • Deux nouveaux attributs sont apparus : `ugc` pour le contenu de type *user generated content* (commentaires de blogs, contenus sur les forums, etc.) et `sponsored` pour les liens achetés (publi-rédactionnels, etc.).
>
> Pour en savoir plus :
>
> • Google propose une évolution des liens nofollow : Sponsored et UGC : https://www.speeny.fr/166
>
> • Nofollow (suite) : Bing, WordPress et Balise Meta Robots : https://www.speeny.fr/167

Liens multiples : attention au premier lien rencontré !

On voit souvent des présentations d'articles comportant un lien sur :

- le titre ;
- le contenu ;
- une vignette image.

Figure 6-29

Site de L'Équipe *(https://www.lequipe.fr) : plusieurs liens pointant vers la même page sont proposés (un sur le titre, un sur le chapô et un autre sur l'image).*

Si trois liens sont proposés, l'internaute est comblé (il peut cliquer où il le désire pour aller lire l'article en question). En revanche, l'optimisation pour les moteurs n'est pas excellente : vous proposez trois liens au lieu d'un seul vers une même page, ce qui dilue d'autant la popularité fournie par la page d'accueil.

Ceci est d'autant plus vrai que, si l'on en croît le site Moz (*https://www.speeny.fr/168*), seul le premier lien rencontré dans le code HTML vers une page donnée est pris en compte par le moteur de recherche. S'il s'agit du lien mis en place sur l'image, vous perdez ainsi toute notion d'ancrage (donnée par le contenu textuel du lien et qui n'est pas totalement compensée par l'attribut `alt` de l'image). Faites donc attention à ce que le premier lien rencontré dans le code source soit textuel et explicite ! Les suivants seront ignorés par Google.

Éviter les destinations non pertinentes

Certaines pages de votre site sont certainement très peu pertinentes pour les moteurs de recherche : conditions générales de vente, informations sur l'entreprise, mot du PDG (ne le dites cependant pas à votre PDG !), crédits, etc. Ces données sont souvent présentes sous forme de liens dans le footer de vos pages. Là encore, on peut penser que ces liens « diluent » votre popularité et n'apportent pas grand-chose en termes de référencement ou à l'internaute qui les trouverait dans les pages de résultats d'un moteur.

Cela ne signifie pas pour autant qu'il faut désindexer ces pages, mais plutôt qu'il ne faut leur fournir que la popularité « qu'elles méritent ». Ces pages secondaires pourront tout à fait être trouvées par les spiders, par exemple au travers du plan du site ou d'autres pages. En revanche, sur vos pages les plus populaires, on peut estimer qu'elles « polluent » votre optimisation.

Il en sera de même avec des liens vers des sites externes avec qui vous n'avez pas de réelle affinité ou de contrat de partenariat. Certains liens peuvent ainsi devenir « transparents » pour les moteurs et cela aidera à diminuer la dilution du transfert de votre popularité. Ceci dit, les nouvelles règles édictées par Google en termes de sculpture de PageRank (voir précédemment) rendent ces pratiques moins efficaces.

Par ailleurs, n'oubliez pas que les moteurs de recherche savent aujourd'hui faire la part des choses entre un lien « structurel » (qui sert à la navigation) et un lien « contextuel » (dans le contenu éditorial de la page) (*https://www.speeny.fr/169*). Soignez donc en priorité les liens contextuels, car il y a de fortes chances pour que leur poids soit bien plus fort dans les algorithmes de compréhension de vos contenus par les moteurs de recherche. Et ceci est valable pour les liens internes comme pour les liens externes.

Notez que ces techniques de PageRank sculpting sont largement débattues actuellement, certains se posant la question d'un éventuel spamdexing lorsqu'elles sont utilisées. Selon nous, si leur utilisation est légère et non exagérée, elles sont tout à fait « recevables » et ne devraient pas poser de problème. Bien entendu, tout restera dans la nuance et le bon sens pour ne pas « dépasser des limites qu'on ne connaît pas », comme souvent dans le domaine du référencement. Cela dit, on a vu précédemment que Google n'a pas tardé à revoir sa politique de gestion et d'analyse des liens dans ce domaine, on peut donc estimer que la sculpture de PageRank n'est pas obligatoirement une technique très efficace aujourd'hui pour peaufiner sa popularité.

Conclusion

Il va de soi que cette optimisation des liens sortants n'est intéressante que si vous avez déjà bien optimisé vos pages par ailleurs : balise `<title>`, titre éditorial en `<h1>`, code HTML optimisé, contenu riche et de qualité, etc. De plus, la structure et l'indexabilité de votre site sont aujourd'hui des valeurs essentielles (voir chapitre 14) à prendre en compte. La « chasse aux liens sortants » n'est donc utile que pour affiner une optimisation, il s'agit d'une « finition » qui ne peut être mise en place que si le « gros œuvre » est déjà terminé. Ne l'oubliez pas !

Cinq règles d'or pour vos liens sortants

Voici, pour terminer, cinq « règles d'or du lien sortant » pour votre référencement qui résument bien le contenu du paragraphe que vous venez de lire.

- **Règle 1.** Proposer le moins possible de liens sortants depuis une page populaire (notamment votre page d'accueil).
- **Règle 2.** Ces liens sortants doivent le plus possible pointer vers un contenu traitant du même domaine, de la même thématique que la page qui les contient.
- **Règle 3.** Les textes des liens sortants doivent être le plus explicite et descriptif possible (notion d'ancrage).
- **Règle 4.** Les liens sortants les plus importants sont ceux qui sont contenus dans la partie éditoriale de vos pages (contrairement aux liens de navigation ou dans le footer). Soignez-les du mieux possible !
- **Règle 5.** N'exagérez pas la « chasse aux liens sortants ». Restez dans les limites du bon sens et tout devrait bien se passer.

Le statut juridique des liens hypertextes

> Section rédigée avec la contribution d'Alexandre Diehl

Les liens hypertextes sont si inhérents au Web – et probablement le premier mécanisme que nous ayons utilisé lors de notre découverte de ce réseau – que nous nous posons rarement des questions sur leur nature et leur régime juridique. Qui sait par exemple que British Telecom revendique depuis des années la paternité des liens hypertextes ? Qui sait que l'on ne peut pas faire n'importe quoi avec les liens hypertextes ? Faut-il demander l'autorisation au webmaster d'un site si on veut créer un lien vers lui ? Vers une page d'accueil ? Et vers une page interne ? Peut-on refuser que quelqu'un mette en place un lien vers son site ? Peut-on l'attaquer pour cela ? Finalement, voilà autant de questions que personne ne se pose et qui auraient parfois dû être posées.

La nature et le statut du lien hypertexte

Le statut juridique des liens hypertextes est un domaine sujet à d'âpres débats et discussions depuis plus de 15 ans. Malgré cela et le caractère continu du débat, les frontières juridiques du lien hypertexte semblent fluctuantes.

La Cour d'appel de Paris a précisé depuis longtemps qu'un lien hypertexte est « un simple mécanisme permettant à l'utilisateur, en cliquant sur un mot ou sur un bouton, de passer d'un site à un autre » (CA Paris, 19 septembre 2001, SA NRJ et Monsieur J.B. c/ Sté Europe 2 Communication).

Typologie de liens hypertextes

Il existe en fait plusieurs types de liens hypertextes.

- **Framing** (ou technique de cadrage). Cette technique de programmation en code HTML offre la possibilité de diviser la fenêtre d'un navigateur web en plusieurs cadres autonomes. Des cadres sont utilisés pour afficher les menus et les possibilités de navigation, le cadre principal au centre servant à afficher le contenu du site (*via* des frames ou iframes). Grâce à un lien hypertexte, il est alors possible d'afficher dans ce cadre principal une page venant d'un site extérieur. Ce choix d'aspect visuel est alors susceptible de créer une confusion dans l'esprit de l'utilisateur qui a le sentiment de rester dans le site d'origine (titres, logos, menus, URL identiques), alors qu'en réalité il consulte des informations relevant d'un site tiers.
- **Hyperlien.** Expression ou image facilement identifiable associée à une commande permettant d'accéder par simple clic à une information présente sur la même page, sur une autre page du même site ou sur un autre site. L'hyperlien est le principal révélateur de nature hypertexte du Web. La création d'hyperliens sans autorisation du producteur du site « pointé » pose des problèmes juridiques. Si ces pratiques sont rarement contrevenantes à la propriété intellectuelle, elles peuvent constituer une faute civile sur le terrain de la concurrence déloyale ou des agissements parasitaires.

  Les hyperliens peuvent alors se décliner en trois catégories différentes :

  – le lien hypertexte simple *(surface linking)* qui relie le document d'origine à la page d'accueil d'un autre site web ;

  – le lien hypertexte en profondeur *(deep linking)* qui conduit l'utilisateur vers une page interne d'un autre site web, distincte de la page d'accueil. L'utilisation de liens profonds peut être sanctionnée par les tribunaux en tant que comportement parasitaire ;

  – l'insertion par liens hypertextes *(inline linking)* qui permet de faire apparaître dans une page web un seul élément (par exemple, une photo) extrait d'un autre site, ce qui économise de l'espace de stockage sur le disque dur de la machine où est hébergé le site et qui a pour effet de dissimuler à un utilisateur non averti l'environnement d'origine auquel appartient cet élément.

Création intellectuelle

Un lien hypertexte peut bénéficier d'une protection au titre du droit d'auteur, au même titre que le contenu vers lequel il pointe.

MM. Haas et Tissot écrivent ainsi qu'« il faut qu'il existe une cohérence (idéologique, artistique, politique, culturelle, etc.) entre d'une part le site utilisant le lien et d'autre part les textes ou images qu'il va importer », sanctionnant ainsi la publication d'une œuvre « savante et documentée » dans une parution gratuite au milieu de nombreux encarts publicitaires (CA Caen, 1re ch., 6 mai 1997). P.-Y. Gautier définit le lien hypertexte comme « le passage d'une information à l'autre, qui ne peut être une œuvre qu'en tant que titre ou slogan ». En effet, les quelques mots qui composent le lien hypertexte pourraient être protégés en soi comme des œuvres, à condition de remplir le critère d'originalité.

Toutefois, la contrefaçon de liens hypertextes apparaît peu probable dans la mesure où les idées sont de libre parcours. En outre, la liberté de créer des liens hypertextes est la base même du Web. En effet, ils sont tout au plus des liens, des cheminements permettant de passer d'une page à une autre. En cela, ces liens ne répondent aucunement à l'exigence d'originalité.

Une exception existe cependant au regard de la reproduction d'une « base de liens ». Ainsi, la réunion des liens pourrait être appréhendée comme un recueil d'éléments divers pouvant être qualifié de base de données et donc protégée à ce titre par le droit d'auteur.

Le régime juridique des liens

La doctrine majoritaire admet la licéité de principe des liens pour ne tenir ceux-ci pour illicites qu'au vu de certaines circonstances. La jurisprudence emprunte la même voie et a pu affirmer à plusieurs reprises que la « liberté d'établir un lien [...] inhérente au principe de fonctionnement de l'Internet » (TGI Paris, 12 mai 2003). Le fait est que le créateur du lien, par ce biais, ne réalise aucune autre communication de l'œuvre que celle-là même souhaitée par son auteur.

Il existe donc une importance du comportement de l'auteur du lien qui pourra voir sa responsabilité engagée au rang des articles 1382 et 1383 du Code civil qui précisent en substance que « tout fait quelconque de l'homme, qui cause à autrui un dommage, oblige celui par la faute duquel il est arrivé à le réparer ».

L'arrêt de la CJUE du 9 septembre 2016, aff C-160/15, GS Média c/ Sanoma, conditionne l'existence d'une communication au public à la connaissance par l'auteur de la communication du caractère légal ou illégal de ladite communication. En d'autres termes, lorsque la personne qui place un lien hypertexte sait ou aurait dû savoir que cette œuvre avait été publiée sans l'autorisation du titulaire du droit d'auteur, alors il y a communication au public et donc représentation de l'œuvre sans accord de l'auteur.

Ce principe général du droit français permet au juge de sanctionner tout comportement fautif, notion qu'il apprécie au cas par cas.

Contenu illégal vers lequel pointe le lien et intention coupable

Le contenu du site vers lequel pointe le lien permettra de déterminer la légalité du lien. Ainsi, un lien pointant vers un contenu illégal devrait engager la responsabilité de l'auteur dudit lien.

La Cour d'Aix-en-Provence a condamné celui qui, par des liens, « pointait » vers des sites permettant des téléchargements illégaux, déclarant : « Cette mise à disposition de liens hypertextes devrait s'analyser en une complicité de contrefaçon par fourniture de moyens » (CA Aix-en-Provence, 10 mars 2004).

Cependant, pour retenir la responsabilité du créateur de lien, il faut que celui-ci ait eu connaissance du contenu illicite : c'est l'intention coupable du complice, ou « volonté de s'associer intentionnellement à l'acte délictueux de l'auteur principal ». Elle doit être « concomitante de la fourniture des instructions ou de la prestation de l'aide ou de l'assistance » tandis que le complice et l'auteur principal doivent avoir agi « ensemble et de concert, en vue d'obtenir le résultat délictueux », cette entente devant être intervenue préalablement à la commission de l'infraction ou concomitamment à cette dernière.

En matière de complicité, il demeure nécessaire que celle-ci soit prévue par le Code pénal.

« [...] Considérant que si le lien hypertexte constitue un simple mécanisme permettant à l'utilisateur en cliquant sur un mot ou un bouton de passer d'un site à un autre, et si la création au sein d'un site d'un tel lien permettant l'accès direct à d'autres sites n'est pas, en soi, de nature à engager la responsabilité de l'exploitant du site d'origine à raison du contenu du site auquel il renvoie, lequel, comme l'indique à juste titre le tribunal, dispose d'une totale autonomie lui permettant d'évoluer librement, au besoin quotidiennement, sans que le site d'origine ait à intervenir, il en est toutefois autrement lorsque la création de ce lien procède d'une démarche délibérée et malicieuse, entreprise en toute connaissance de cause par l'exploitant du site d'origine, lequel doit alors répondre du contenu du site auquel il s'est, en créant ce lien, volontairement et délibérément associé dans un but déterminé » (CA Paris, 4e ch., sect. B, 19 sept. 2001).

On notera qu'en 2007 le Conseil d'État a condamné l'administrateur du site d'une école qui avait créé un lien vers un site anarchiste, à des fins de prosélytisme (CE, 7 sept. 2007).

Pratiques déloyales

Il est des cas où le lien, bien que pointant vers un contenu parfaitement légal, peut entraîner la responsabilité délictuelle de son auteur, par exemple lorsque la fonction originelle du lien hypertexte (fonction informative) est écartée au profit d'une fonction commerciale.

Ainsi, l'affaire qui a auguré le domaine est sans doute celle « des journaux écossais ». Il s'agit de l'affaire Shetland jugée en Écosse fin 1996. Dans cette affaire, le *Shetland Times* obtint une interdiction faite au *Shetland News* d'utiliser des citations directes – en l'occurrence des titres d'articles – du *Times* comme liens hypertextes vers le site du *Times*.

Plus tard, la Cour d'appel de Paris a condamné le fait de dissimuler une liaison afin de profiter du travail d'autrui pour parasitisme. Cette dissimulation avait en effet créé une confusion (CA Paris, 8 sept. 2004).

Dans les faits, les pratiques déloyales se retrouvent sous des formes très diverses. C'est ainsi que la Cour d'appel a pu condamner le fait d'avoir utilisé dans un lien le nom d'un concurrent pour promouvoir ses produits (CA Paris, 17 oct. 2007).

Concernant le framing, l'affaire à citer est celle ayant opposé en 1997 le *Washington Post* et divers autres journaux à Total News (même source). Il était reproché à cette entreprise d'avoir créé un site « parasite » reproduisant le contenu éditorial d'autres sites pour attirer annonceurs et internautes. De fait, une partie du contenu des sites « encadrés » s'affichait sur le site de Total News et dans un cadre autour duquel apparaissaient toujours le logo, l'adresse (URL) et les publicités de Total News.

Dénigrement

Le lien hypertexte peut aussi engager la responsabilité de son créateur s'il se montre dénigrant à l'égard du contenu vers lequel il dirige. L'exemple type sera un lien portant un intitulé dénigrant (par exemple, « cliquez ici pour voir de mauvais produits »).

Il en va de même si ledit lien dirige l'internaute vers un site dénigrant (CA Paris, 19 sept. 2001 : NRJ et Jean-Paul B./SA Europe 2 Communication). Dans cette affaire, la société Europe 2 Communication avait intégré à son site une rubrique « anti-NRJ ». Au sein de cette rubrique, un lien hypertexte dirigeait vers une page d'un site suédois titré *The (un)official NRJ-Hatepage* et établissant en langue anglaise que la radio NRJ diffusait « de la musique de merde » *(sic)*. La cour a estimé que cela constituait à l'égard du titulaire de la marque un acte de contrefaçon de marque, mais a estimé que cet acte de contrefaçon ne constituait pas, à l'égard de la société NRJ, un acte de concurrence déloyale à défaut d'élément distinct. Il a toutefois considéré que le préfixe « anti » associé au terme « NRJ » constituait de la part d'un concurrent direct de la radio NRJ un élément dénigrant caractérisant un agissement déloyal et a, en conséquence, alloué à chacun des demandeurs une indemnité symbolique.

Limitations des CGU

Le nombre de sites web incluant à leurs CGU (conditions générales d'utilisation) des conditions (ou même l'interdiction) à l'établissement d'hyperliens n'est pas négligeable. Toutefois, ces injonctions ne semblent pas impacter la responsabilité du contrevenant. La jurisprudence ne s'est, pour l'heure, pas penchée sur la question et la doctrine semble être opposée à conférer une quelconque valeur à de telles interdictions.

Cependant, dans certaines situations, un contrat pourra être passé entre le créateur de lien et le site pointé. Dans ce cas, les conditions fixées entre les parties devront être respectées.

Framing/deep linking

La tolérance en matière de framing ou deep linking est bien moindre. L'action en parasitisme sera plus évidente qu'en matière de lien hypertexte direct. Ainsi, le framing et le deep linking accèdent à la base de données d'un site tiers – et sollicitent donc ses ressources – sans pour autant passer par ledit site. De ce fait, la paternité de l'auteur est occultée.

En matière pénale, le risque est la constitution d'une contrefaçon. En matière civile, les agissements parasitaires, la concurrence déloyale ou encore la faute délictuelle seront retenus.

Dans ces domaines, l'autorisation de l'auteur de la cible semble nécessaire pour éviter tout risque pénal et/ou civil.

En conséquence, il convient de respecter certaines règles pour éviter tout problème en termes de netlinking.

- Indiquer que le site ciblé est le fruit du travail d'autrui et en retranscrire l'URL avec fidélité.
- Veiller à ne pas commettre de contrefaçon par reproduction de marque ou d'une œuvre protégée sans autorisation, sur le site où le lien est créé.
- Ne pas diffuser de fausses nouvelles (diffusion de faits erronés, de mauvaise foi, susceptibles de troubler la paix publique), diffamer (allégation ou imputation d'un fait qui porte atteinte à l'honneur ou à la considération de la personne ou du corps visé, même s'il n'est pas expressément nommé et dès l'instant qu'il est identifiable ; notez que l'atteinte à l'honneur sera déduite des circonstances intrinsèques et extrinsèques de l'écrit), injurier (expression outrageante, termes de mépris ou invective qui ne renferme l'imputation d'aucun fait).
- Veiller à ne pas se mettre en situation de concurrence déloyale, d'agissement parasitaire ou de toute autre faute délictuelle.
- Rester objectif dans le cas d'une liste multirubrique (placer le lien dans la rubrique appropriée).
- S'interdire le framing, qui a pu être qualifié par les juges, selon les contextes, d'infraction au Code pénal, civil ou commercial.

Si vous suivez tous ces conseils – la plupart du temps de bon sens – , vous ne devriez pas connaître de problèmes avec les liens hypertextes, que ce soit les vôtres ou ceux qui pointent vers vous.

Le TrustRank ou indice de confiance

> Section rédigée avec la contribution de Guillaume Thavaud

Google s'est fait connaître sur le Web grâce à son célèbre PageRank, étudié en détail dans les pages précédentes. Cependant, depuis quelques années, on parle de plus en plus d'un autre indice, baptisé TrustRank, dont Google se servirait pour mesurer la confiance que l'on peut avoir dans un site web donné, sur la base de critères humains et automatiques. Qu'en est-il exactement ?

Définition du TrustRank

On a commencé à entendre parler de ce nouveau critère de classement dans un article rédigé en mars 2004 par deux chercheurs de l'université de Stanford et intitulé « Combatting Web Spam With TrustRank » (*https://www.speeny.fr/170*). Les chercheurs (qui travaillaient pour Yahoo!) proposaient de créer une liste de sites de confiance *(trusted sites)* et d'accorder une attention particulière aux liens du Web provenant de ces sites, partant de l'hypothèse qu'un lien issu d'un site de confiance pointe généralement vers un autre site de confiance.

Le TrustRank, au cœur de ce nouveau système, désigne ainsi l'indice de confiance accordé à un site web et ce signal se propage d'un site à l'autre de façon décroissante. Plus on est « loin » du site de confiance initial (au sens du nombre de clics nécessaires pour y arriver), plus le TrustRank diminue.

Pour la petite histoire, Google a déposé en 2005 le nom de marque TrustRank, mais celui-ci n'aurait pas de rapport direct avec le projet développé par les chercheurs de Yahoo!. Dans une vidéo publiée sur YouTube en novembre 2007, on voit notamment Matt Cutts expliquer que le TrustRank de Google n'a rien à voir avec celui décrit dans l'article de Stanford (*https://www.speeny.fr/171*).

Néanmoins, bien qu'il n'ait jamais été officiellement reconnu par Google, le TrustRank, ou quelque chose approchant ce concept, semble faire partie de son algorithme : pour être bien classé dans Google, il est en effet important d'obtenir des liens depuis des sites de confiance.

Quelques informations ont filtré de manière totalement officieuse ici et là sur la façon dont Google pourrait déterminer qu'un site est un site de confiance ou non. Citons en vrac :

- les données Whois ;
- la durée d'enregistrement du nom de domaine ;
- la politique relative à la vie privée ;
- les informations de contact ;
- l'affichage de l'adresse postale de l'entreprise sur le site ;
- la taille du site (en nombre de pages) ;
- le trafic ;
- le niveau de sécurisation du site ;
- d'éventuelles certifications apportées par des organismes officiels ;
- l'ancienneté des liens acquis ;
- le temps de chargement des pages (voir chapitre 14) ;
- une note attribuée par un être humain, chez Google, chargé de recenser un certain nombre de « sites incontournables » dans certains domaines thématiques (ce qui expliquerait, par exemple, l'omniprésence de Wikipédia sur le moteur de recherche) ;
- d'autres paramètres ?

La liste peut être longue. Une tentative de résumé est proposée par le site Elliance au travers d'une infographie (figure 6-30, source : *https://www.speeny.fr/172*).

Un brevet, déposé par Google, parle également d'une notion de TrustRank pour son site Google Actualités, indiquant ces critères pour l'établissement d'un indice de confiance dans une source d'informations sur l'actualité :

- le nombre d'articles produits par la source ;
- la longueur moyenne des articles ;

- la « couverture » de la source ;
- la réactivité de la source *(breaking score)* ;
- un indice d'utilisation (en nombre de clics sur cette source) ;
- une opinion humaine sur la source ;
- une statistique extérieure d'audience telle que Media Metrix ou Nielsen Netratings ;
- la taille de l'équipe ;
- le nombre de bureaux ou agences différents de la source ;
- le nombre d'entités « originales » citées par la source (personnes, organisations, lieux) ;
- l'étendue *(breadth)* et le nombre de sujets couverts par la source ;
- la diversité internationale ;
- le style de rédaction, en termes d'orthographe, de grammaire, etc.

  Sources : brevet *Systems and Methods for Improving the Ranking of News Articles* déposé par Google : *https://www.speeny.fr/173.*

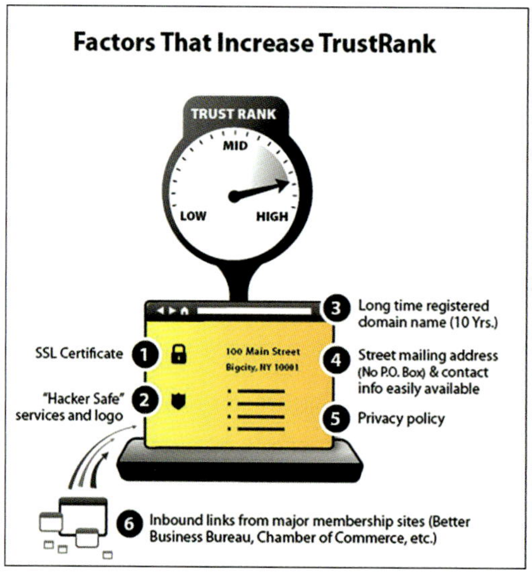

Figure 6-30

Quelques facteurs influençant le TrustRank, selon la société Elliance.

Le TrustRank sous toutes ses formes

Comme nous l'avons vu au début de ce chapitre, le terme de TrustRank a été originellement développé par Yahoo! et c'est un principe qui est en réalité utilisé par de nombreux moteurs. La notion de « site de confiance » est en effet à la base de nombreux algorithmes et c'est une méthode essentielle pour identifier les sites les plus intéressants à présenter dans les résultats des moteurs de recherche.

Le moteur Ask.com utilisait par exemple, lorsqu'il était encore un moteur de recherche digne de ce nom, un *ExpertRank*, qui mesurait la popularité d'un site vis-à-vis de pages « expertes » (c'est-à-dire de sites de confiance) :

« L'algorithme ExpertRank du moteur Ask assure la pertinence des résultats de recherche en identifiant les sites les plus fiables et les plus respectés sur le Web. Avec la technologie de recherche Ask, il ne s'agit pas d'être le plus grand : il s'agit d'être le meilleur. Notre algorithme ExpertRank ne s'arrête pas à la popularité des liens (c'est-à-dire au classement des pages en fonction du nombre brut de liens pointant vers une page particulière) pour mesurer la popularité des pages dites expertes sur un sujet de recherche donné. À cet effet, on parle de popularité thématique. L'identification des sujets (également nommés « clusters »), des pages expertes sur ces sujets et de la popularité des millions de pages les plus fiables en la matière – à l'instant précis où vous lancez votre recherche – demande de nombreuses analyses supplémentaires non pratiquées par les autres moteurs de recherche. Résultat : une pertinence inégalée proposant souvent une touche rédactionnelle unique par rapport aux autres moteurs de recherche. ».

Autre outil de classement, un *BrowseRank* a été développé en juillet 2008 par les chercheurs de Microsoft. Cette fois, la notion de popularité ne se base plus sur la qualité des liens entrants mais plutôt sur le comportement des visiteurs : temps passé sur le site, nombre de liens cliqués, nombre de visiteurs… (*https://www.speeny.fr/174*). Pour obtenir ces données stratégiques, Microsoft utilise la barre d'outils de son moteur Bing (et on imagine bien que Google fait de même avec son navigateur Chrome).

Notons également le *CheiRank* qui analyse à la fois les liens entrants et les liens sortants d'une page (*https://www.speeny.fr/175*), voire le *PigeonRank* (*https://www.speeny.fr/176*), mais là, on s'égare un peu…

Le TrustRank aujourd'hui

Le TrustRank (s'il existe) est sans doute une combinaison de nombreux facteurs. Cela fait longtemps que les moteurs de recherche ne s'appuient plus uniquement sur le nombre de liens pointant vers un site, mais qu'ils prennent aussi en compte la qualité du contenu, l'origine des liens ainsi que le comportement des utilisateurs.

Dans les années qui viennent, un site de confiance ne sera pas forcément un site ayant été validé par d'autres sites de confiance. Il sera aussi un site ayant obtenu un grand nombre de visiteurs et de votes grâce à un buzz ou un marketing viral efficace sur le Web. Les réseaux sociaux ne sont pas loin, comme nous le verrons au chapitre suivant.

C'est donc l'aspect humain qu'il faudra peut-être privilégier à l'avenir : créer du contenu à destination des internautes, plutôt que penser son site pour les moteurs de recherche. Ce n'est pas une mauvaise idée…

Les autres critères

Nous avons vu dans ce chapitre, et les deux précédents, les principaux points que vous aurez à optimiser pour rendre vos pages compatibles et réactives par rapport aux critères de pertinence des moteurs. Cependant, un outil comme Google utilise plus de 200 critères. Il en existe donc bien d'autres ayant un poids plus faible que ceux décrits dans ces pages. Il faut quand même les avoir en tête lors de l'élaboration de vos pages. Tous ne sont pas connus, mais en voici une liste non exhaustive (et non officielle, bien sûr) avec quelques hypothèses les concernant.

- **Nombre de pages du site.** Plus un site contient de pages, plus il peut être considéré comme étant « de confiance » (TrustRank).
- **Historique du site.** Google pourrait analyser la vie d'un site et notamment le taux de création de nouvelles pages, de modification de documents dans le temps, etc. Rappelez-vous que Google horodate toutes les informations qu'il trouve.
- **Temps de chargement de la page.** Plus un site est lent, moins Google a confiance en lui (voir chapitre 14).
- **Sécurisation du site.** Un site sécurisé en https pourrait être mieux classé (voir chapitre 14).
- **Ancienneté des liens acquis.** Plus un lien est créé depuis longtemps, plus il a de poids.
- **Trafic.** Il semble évident aujourd'hui que Google tient compte du trafic créé sur une page web dans son algorithme de pertinence. Il a pour cela un navigateur nommé Chrome. Et il serait bien sot de ne pas s'en servir.
- **Taux de rebond.** Il est souvent cité comme critère de pertinence utilisé par Google. Cependant, Matt Cutts, dans une interview (*https://www.speeny.fr/177),* avait confirmé que Google ne le prenait pas en compte (point maintes fois réaffirmé depuis par les porte-parole SEO qui lui ont succédé), ce qui nous semble logique, car le taux de rebond peut être parfois un bon indice, mais pas en ce qui concerne la pertinence d'une page par rapport à une requête.

Il ne s'agit ici que d'une sélection de critères complémentaires possibles. On en trouve bien d'autres dans des articles et forums sur le Web. Certains sont intéressants, d'autres complètement délirants et totalement inventés, voire impossibles. Mais ceux évoqués dans les chapitres que vous venez de lire sont, et de loin, les plus importants. Et au moins vous pouvez être sûr qu'ils fonctionnent.

7

Référencement multimédia, multisupport

«L'univers de chacun est universel.»

Eugène Ionesco

Le concept de «recherche universelle» consiste en l'affichage, dans les pages de résultats, de documents émanant de plusieurs bases de données différentes: Web, images, actualités, cartographie, etc. Il a été adopté par de nombreux moteurs, ce qui a rendu plus forte encore la nécessité de penser son référencement de façon globale et «multimédia». Aussi, l'optimisation de fichiers autres que les pages web *stricto sensu* (en langage HTML) devient une stratégie essentielle pour obtenir une meilleure visibilité sur ces outils.

Dans ce chapitre, nous allons voir comment optimiser une image, une vidéo ou un fichier PDF, entre autres, pour lui faire gagner des positions dans les résultats des moteurs et obtenir un bon référencement. Le référencement local, basé sur des outils comme Google Maps, ou dans l'actualité ne seront pas oubliés. Nous allons donc traiter ici de tout ce qui ne concerne pas le référencement web proprement dit, mais qui prend pourtant une part de plus en plus prépondérante dans une stratégie de visibilité globale sur les moteurs de recherche.

Référencement des images

Le monde de la recherche d'images sur le Web est un marché en constante progression et les outils de recherche sont de plus en plus nombreux et pointus dans leurs investigations. Le référencement de fichiers image est donc également devenu un domaine sur lequel les webmasters doivent aujourd'hui se pencher. En effet, Google, par exemple, propose parfois des images – en première position ou non – de son moteur de recherche web sur certaines requêtes. La figure 7-1, qui affiche les résultats de la requête «coucher de soleil», en est un exemple.

Il semble donc clair que, si l'indexation de vos images ne vous pose pas de problème stratégique (car il peut arriver que, pour des raisons de droits d'auteur notamment, on ne désire pas qu'une image soit indexée), il vous faut vous pencher au plus vite sur leur optimisation afin de gagner du trafic sur votre site.

Un fichier image est le plus souvent décrit comme suit dans une page HTML:

```
<img src="https://www.votresite.com/images/nom-de-l-image.jpg"
➥ width="245" height="152" alt="texte alternatif décrivant l'image">
```

La vision des internautes en 2014

Consultez cette étude sur le eye-tracking menée par la société Mediative et relative à la façon dont les internautes voient les pages de résultats de Google en 2014, quelques années après l'avènement du triangle d'or: *https://www.speeny.fr/178*.

Figure 7-1

Recherche universelle : ajout d'images dans les résultats par Google.

Les critères pris en compte par les moteurs pour identifier les images qu'ils proposent dans leurs pages de résultats sont les suivants :

- **Critère numéro 1 : le nom de l'image** (`nom-de-l-image.jpg` dans l'exemple précédent). N'hésitez pas à donner un nom caractéristique à votre image en incluant des mots-clés précis et descriptifs : `albert-einstein.png`, `moteur-electricite.jpg`, `paysage-alpes.svg`, `cathedrale-strasbourg.gif`, etc.

  Dans un premier temps, évitez les noms d'images contenant des caractères accentués ou autre caractère diacritique.

  Pour séparer les mots, utilisez le trait d'union (-) (toujours ce vieux débat sur l'underscore qui pose de nombreux problèmes à Google, voir chapitre 4).

  Évitez également les mots « collés ». En d'autres termes, préférez `airbus-a320.jpg` plutôt que `airbusa320.jpg`. L'utilisation d'un séparateur va « détacher » plusieurs mots dans une même expression et les rendre ainsi « réactifs » à une recherche en remplaçant le tiret par une espace.

  Par ailleurs, il ne semble pas qu'il y ait actuellement une limite en termes de nombre de caractères pour le nom de l'image à partir du moment où ce nom reste dans les limites du raisonnable.

  Notez enfin que le poids alloué par Google à la présence de mots-clés dans le nom de fichier semble assez faible. Si vous pouvez jouer sur ce critère, n'hésitez pas à le faire (ne dit-on pas que les petits ruisseaux font les grandes rivières ?), sinon, dirigez-vous vers les suivants.

- **Critère numéro 2 : le format de l'image.** Préférez les formats GIF, JPEG ou PNG. Certains moteurs comme Google peuvent indexer d'autres formats, mais le « tronc commun » pris en compte par tous les moteurs d'images reste ces trois-là, voire aussi le SVG (*https://www.speeny.fr/179*) et le WebP de Google. Un autre format risquerait d'exclure vos images de l'index.

  Si votre image est de grande taille et représente une photo, préférez le format JPEG qui accepte mieux la réduction que le GIF. Et, pour être affichée dans les pages de résultats sous la forme d'une vignette, votre image sera presque obligatoirement réduite.

  N'oubliez pas non plus d'indiquer la largeur (`width`) et la hauteur (`height`), ces attributs aideront le moteur de recherche à déterminer le format de l'image et le navigateur à l'afficher proprement.

- **Critère numéro 3 : le texte alternatif.** Ce texte, présent dans l'option `alt="..."`, est très important pour les moteurs de recherche. On a vu (chapitre 4) qu'il aidait au référencement web, mais son autre utilité concerne le référencement des images. Il peut être comparé à la balise `<title>` pour une page web quant à sa fonction et son importance dans le cadre d'un référencement. N'hésitez pas à développer, en une dizaine de mots (en version non accentuée éventuellement), ce que représente l'image, en y insérant des mots-clés de recherche importants. Voici deux exemples :

```
<img src="https://www.votresite.com/images/emmanuel-macron-luxembourg.jpg"
➥ width="145" height="152" alt="Discours d'Emmanuel Macron au sommet européen
➥ du Luxembourg - 10 septembre 2021">
<img src="https://www.votresite.com/images/cathedrale-strasbourg.png" width="100"
➥ height="40" alt="Entree ouest de la cathedrale de Strasbourg, Alsace, France">
```

  Les textes ainsi insérés ne sont pas affichés dans la page (sauf en attendant l'affichage complet de l'image ou, sur certains navigateurs, en passant la souris sur celle-ci). Indiquez-les plutôt en minuscules non accentuées, notifications comprises par tous les moteurs actuels et notamment Google. C'est également un excellent moyen (tout comme dans le nom de l'image), de proposer une version non accentuée de certains mots-clés.

  Pour cet attribut, ne dépassez pas 10 mots descriptifs (insérer dans cette zone des mots-clés n'ayant pas de rapport avec l'image ne sera pas très utile, faites en sorte qu'ils soient réellement en adéquation avec ce que propose l'image), cela suffira amplement. Évitez également de truffer ces images de mots-clés, vous risquez d'être pénalisé par les moteurs pour référencement abusif ou *spamdexing*.

  Si une image sert uniquement à la charte graphique et au design de votre page, indiquez un attribut `alt` vide (conformément au standard W3C) :

```
<img src="https://www.votresite.com/images/pixel-unique.gif" width="1" height="1"
➥ alt="">
```

  Il existe également deux autres attributs, nommés `name` et `title` :

```
<img src="https://www.votresite.com/images/nom-de-l-image.jpg"
➥ width="45" height="52" name="image">
<img src="https://www.votresite.com/images/nom-de-l-image.jpg"
➥ width="45" height="52" title="Description de l'image">
```

Si on est sûr que l'option `alt` est prise en compte par les moteurs de recherche d'images, on dispose de moins d'informations sur ces deux derniers champs. D'après nos tests, il ne semble pas qu'ils soient pris actuellement en compte par les moteurs majeurs (l'attribut `title` sert, en revanche, à certains navigateurs pour afficher du texte lors du passage de la souris sur l'image ou pour l'accessibilité, il n'est donc pas inutile par ailleurs). N'y passez pas trop de temps, même si leur présence ne pénalisera pas vos images (mais cela peut éventuellement jouer sur le poids de votre page si elle contient beaucoup d'images).

```
<img src="https://www.votresite.com/images/nom-de-l-image.jpg" width="145" height=
➥ "152" alt="Description 1 de l'image" name="image" title="Description 2 de
➥ l'image">
```

Dans tous les cas, privilégiez l'attribut `alt` pour décrire vos images.

Pas de balise longdesc pour Google

Pour information, Google ne prend pas en compte la balise `longdesc`, ce qui a été confirmé sur le site Abondance (*https://www.speeny.fr/180*) :

« L'attribut `longdesc` pointe vers une URL qui permet d'inclure plus d'infos sur une image (plus, en tout cas, que dans l'attribut `alt`). »

Par exemple :

```
<img src="exempleimage.gif" alt="exemple image" longdesc="exempleimage.html">
```

Google ne reconnaît pas cet attribut qui ne peut donc pas servir dans le cadre d'une stratégie SEO. Cet attribut n'est pas valide non plus dans le code HTML 5. Nous vous conseillons donc de ne pas l'utiliser ou alors d'ajouter, en complément, un lien « normal » de type `href` vers cette URL. Vous trouverez un exemple avec le lien normal `href` dans l'article Wikipédia qui en parle (*https://www.speeny.fr/181*), sous cette forme :

```
<img src="Hello.jpg" longdesc="description.html"> [<a href="description.html"
➥ title="long description of the image">Description</a>]
```

Googlebot suivra le lien `href` et ensuite l'image intégrée avec l'attribut `longdesc`. Cela permettra à Googlebot de trouver et d'indexer ce contenu.

- **Critère numéro 4 : le texte du lien.** N'hésitez pas à indiquer, si l'image est affichée en cliquant sur un lien (notamment pour en obtenir une version agrandie), des mots-clés de recherche importants dans le texte du lien pointant sur l'image.

  Par exemple :

```
Visualiser <a href=https://www.votresite.com/images/emmanuel-macron-luxembourg.jpg
➥ "target="_blank">une image d'Emmanuel Macron au sommet européen du Luxembourg
le 10 septembre 2022.</a>
```

Cela donnera comme résultat : Visualiser une image d'Emmanuel Macron au sommet européen du Luxembourg le 10 septembre 2022.

Vous pouvez également mettre le texte en gras, ce qui donnera au texte constituant le lien un poids encore plus important par rapport aux critères de pertinence des moteurs :

```
Visualiser <strong><a href=https://www.votresite.com/images/emmanuel-macron-luxembourg.jpg
➥ "target="_blank">une image d'Emmanuel Macron au sommet européen du Luxembourg
le 10 septembre 2022.</a></strong>
```

Cela donnera : **Visualiser une image d'Emmanuel Macron au sommet européen du Luxembourg le 10 septembre 2022**.

- **Critère numéro 5 : le texte « autour de l'image ».** Si vous en avez la possibilité, proposez, le plus proche possible de l'image dans le code HTML, du texte explicitant cette dernière, comme une légende. Par exemple :

```
<img src="https://www.votresite.com/images/cathedrale-strasbourg.png" width="100"
height="40" alt="Entrée ouest de la cathédrale de Strasbourg"> Vous pouvez voir,
sur l'image ci-contre, une photo de l'entrée ouest de la cathédrale de Strasbourg
(Alsace, France) prise au grand-angle. Son architecture est remarquable, etc.
```

  Pour rechercher les images, les moteurs utilisent non seulement le contenu de la balise `<img>` (nom de l'image, texte alternatif), mais aussi l'environnement de l'image et le thème de la page. Si le titre et la balise `meta description` de la page contenant l'image peuvent contenir quelques mots-clés cohérents avec celle-ci, cela peut également avoir son importance, mais ce n'est pas toujours facile.

  Par exemple, une bonne façon de proposer du texte sera d'afficher une légende au format textuel pour toutes vos images. Bien entendu, cette légende sera en rapport direct avec le contenu descriptif de l'image.

  Évitez, en revanche, d'afficher l'image dans une fenêtre pop-up lancée grâce à un JavaScript non compatible avec les moteurs de recherche (code de type `<a href="#">`), ce qui aurait pour effet immédiat de rendre vos images inaccessibles par les robots.

- **Critère numéro 6 : le texte de la page.** Si l'indexation d'images est cruciale pour votre activité (photographe, artiste, etc.), nous vous conseillons de créer une page web par image et d'optimiser cette dernière de façon « classique » (balises `<title>`, `<h1>`, URL, ancrage, etc.) par rapport au contenu de l'image en question. Il y a de très fortes chances qu'elle soit alors remarquablement indexée par les moteurs de recherche. Évidemment, cette stratégie n'est pas recommandée si les images de votre site sont avant tout des illustrations d'un contenu éditorial.

Désindexer ses images

Si on peut avoir envie de voir les images de son site indexées par Google et ses compères, on peut également souhaiter qu'elles ne le soient pas (pour des raisons de copyright ou autres). Dans ce cas, Google propose une procédure qui vous permettra de ne pas voir vos photographies et autres illustrations indexées par le moteur. Cette procédure est décrite à la fin du chapitre 16.

L'avenir : reconnaissance de formes et de couleurs

Nous espérons que les quelques conseils qui se trouvent dans ce chapitre vous aideront à mieux optimiser vos images et à augmenter leur visibilité sur les moteurs de recherche. L'étape suivante, pour ces outils, sera certainement la reconnaissance de textes et de formes dans les images. Google a d'ailleurs déposé en 2008 un brevet à ce sujet (voir pour plus d'informations : *https://www.speeny.fr/182*) et a continuellement amélioré ses algorithmes, jusqu'à proposer des produits similaires à ceux détectés dans une photo (*https://www.speeny.fr/183*). Bing est également remarquablement en avance sur le sujet du « Visual Search » avec son moteur d'images (*https://www.speeny.fr/184*).

Ainsi, dès maintenant, n'hésitez pas à soigner la qualité et la netteté de vos images afin que les formes, les textures, les couleurs et les textes puissent y être reconnus facilement. Comme pour la vidéo (voir ci-après), les futurs moteurs de recherche d'images passeront par ces critères pour effectuer leurs investigations. Facilitez-leur la tâche dès maintenant.

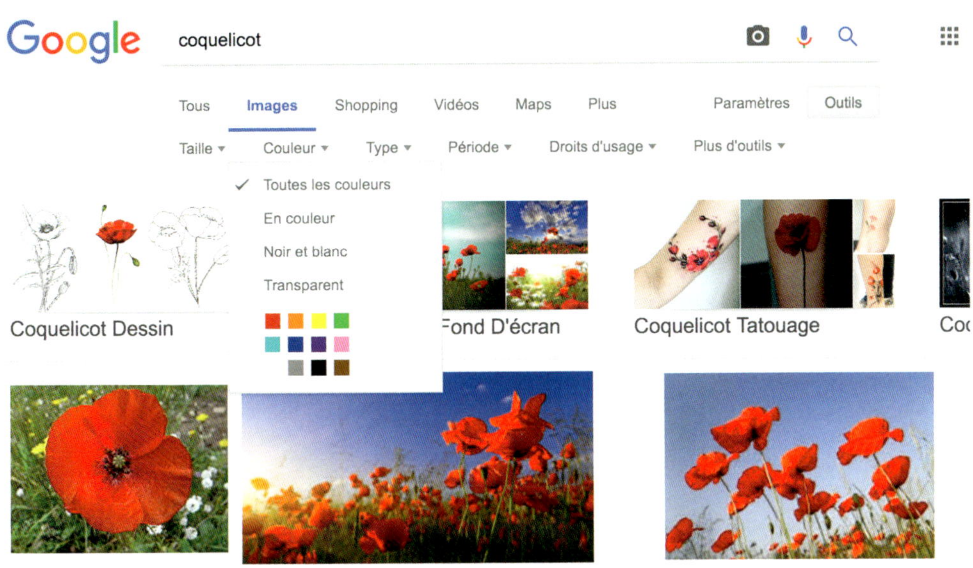

Figure 7-2

Google sait déjà rechercher par couleur, mais il sait également détecter des visages, etc. Sa recherche s'affine mois après mois.

Par ailleurs, n'oubliez pas que les internautes utilisent aussi beaucoup des outils comme Flickr (*https://www.flickr.com/*) ou similaires – Webshots (*https://webshots.com/*), PBase (*https://www.pbase.com/*) ou encore Fotki (*https://www.fotki.com/*) ou bien entendu Pinterest (*https://fr.pinterest.com/*). Ceux-ci peuvent grandement servir à la notoriété de votre site et de vos images sur le Web, notamment grâce à leur système de « tags » additionnels, tout comme les réseaux sociaux de type Facebook (voir plus loin dans ce chapitre). Ne les négligez pas.

Quelques liens sur le sujet

Voici quelques liens que nous vous conseillons de consulter, car ils vous donneront des conseils supplémentaires sur la meilleure façon d'optimiser vos images pour les moteurs de recherche :

- *Comment référencer ces images en haut des résultats de Google*, le guide complet de Olivier Duffez, mis à jour en juin 2019 : *https://www.speeny.fr/185*
- *Optimisation des images pour Internet* (plus orienté Web que moteur mais cela reste intéressant) : *https://www.speeny.fr/186*

Référencement des vidéos

Le référencement des vidéos, tout comme celui des images, est également devenu un domaine sur lequel les webmasters doivent aujourd'hui se pencher, au vu de son importance croissante.

On l'a vu au début de ce chapitre, de nombreux moteurs ont mis en place des systèmes de recherche universelle dans leurs pages de résultats. Dans cette optique, Google a longtemps proposé des vidéos en recherche universelle, puis a stoppé cette offre avant de la réactiver en 2018. Des vidéos peuvent également apparaître en tant que « lien bleu », dans les résultats de recherche classiques (figure 7-3). Pour visualiser des vidéos, il est également possible d'opter pour le menu Vidéos en haut de la SERP, hélas beaucoup moins cliqué par les utilisateurs du moteur.

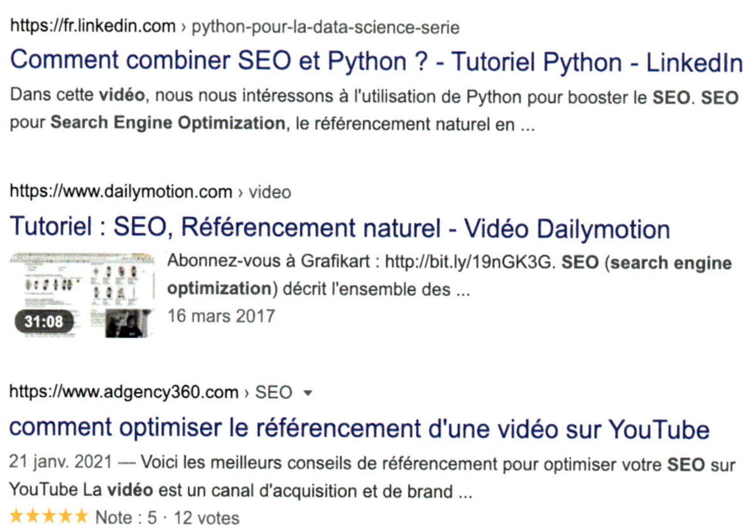

Figure 7-3

La recherche universelle selon Google : des vidéos sont insérées dans les pages de recherche web (ici sur la requête « vidéo seo »).

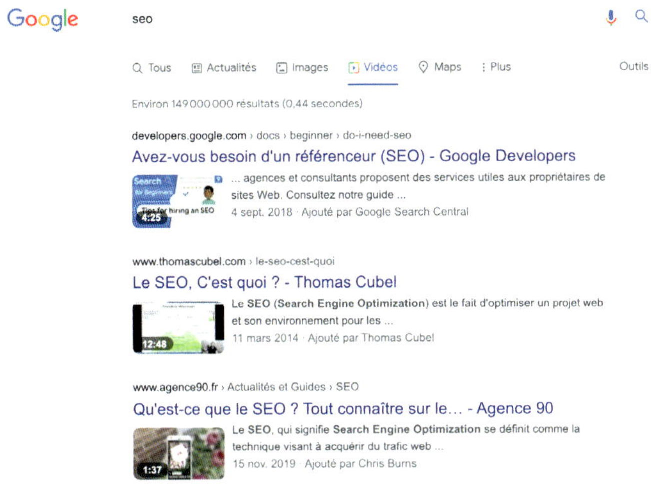

Figure 7-4

Menu « Vidéos » en haut de la SERP, entièrement dédié à ce format, mais assez peu cliqué.

Des recherches incontournables sur les outils dédiés

La recherche de vidéos est aujourd'hui un phénomène qu'il est difficile de contourner, notamment grâce à l'avènement d'outils comme YouTube. D'ailleurs, l'expression « référencement de vidéos » est devenue au fil des ans synonyme de « référencement sur YouTube ».

En France, le phénomène est également devenu important en quelques mois, notamment auprès des jeunes, grands utilisateurs d'outils comme YouTube et plus accessoirement d'autres acteurs comme Dailymotion ou encore Vimeo.

Différents types de moteurs de recherche

Avant de parler des vidéos proprement dites, il est nécessaire de comprendre comment ces moteurs de recherche dédiés fonctionnent. On peut classer les moteurs actuels et à venir en trois grandes familles.

- Les moteurs de première génération : ils basent leurs algorithmes le plus souvent sur l'analyse des métadonnées (titre, descriptif) fournies lors de la création de la vidéo ou de son téléchargement, ainsi que sur le nom du fichier et éventuellement d'autres données comme le texte dans la page qui lance la vidéo, etc. Presque tous les moteurs actuels (YouTube, Dailymotion, Yahoo!, etc.) fonctionnent de cette manière.
- Les moteurs de deuxième génération : ils ont mis en place des systèmes de reconnaissance vocale et permettent d'effectuer des recherches dans « ce qui est dit » dans la vidéo. Par exemple, une vidéo affichant le discours d'un homme politique pourra être trouvée, car la personne en question énonce les termes de recherche lors de son

discours. Blinkx, le défunt Google Audio Indexing ou Podzinger, entre autres, font partie de cette famille. Nous en reparlerons plus loin.

- Les moteurs de troisième génération : ils fonctionnent selon le principe de la reconnaissance de forme. Dans ce cas, les systèmes seront capables de trouver des formes similaires, des couleurs, des textures, de reconnaître des visages, etc., dans les vidéos. Il s'agit certainement de moteurs qui apparaîtront dans les années qui viennent, ne serait-ce que parce que les potentialités de recherche et de publicité sont énormes. En attendant, de très nombreuses expérimentations sont d'ores et déjà en place dans les laboratoires de recherche.

Comment les moteurs trouvent-ils les vidéos ?

Les moteurs spécialisés dans les vidéos ont, globalement, deux moyens à leur disposition pour trouver des fichiers et créer leur index.

- Comme un spider classique, ils suivent les liens trouvés dans les pages web et indexent ainsi les fichiers de vidéos identifiés lors de leur navigation.
- Les internautes ont également la possibilité, sur la plupart des outils, de charger *(uploader)* leur fichier directement. Il s'agit ici de la « soumission » du fichier comme on le faisait sur les moteurs de recherche web dans les années 1990. Un lien Mettre en ligne une vidéo (ou similaire) est alors proposé à cet effet, le plus souvent dès la page d'accueil.

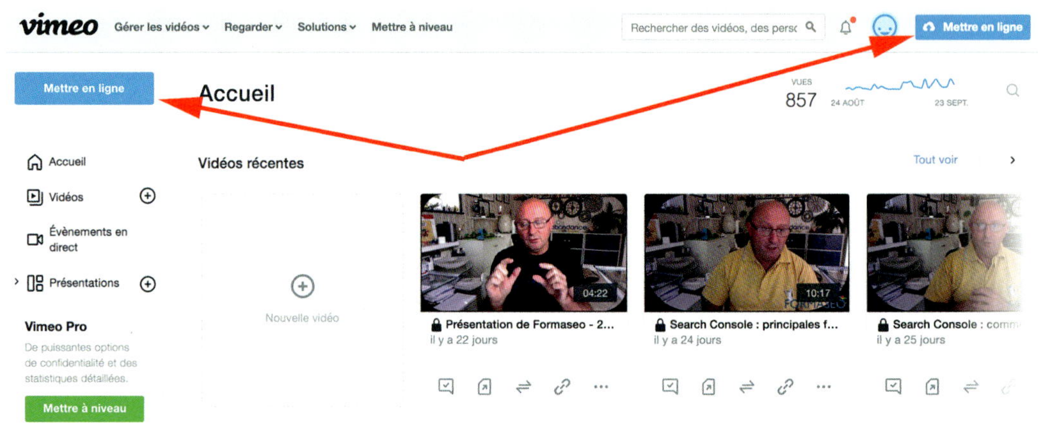

Figure 7-5

Lien permettant d'uploader une vidéo sur le site Vimeo.

L'optimisation des vidéos

Il est donc nécessaire, aujourd'hui, d'optimiser ses vidéos pour les moteurs de recherche avant de les « envoyer » sur le Web. Comment faire ? Voici une liste de critères à prendre en compte pour arriver à vos fins et obtenir la meilleure visibilité possible, tout en sachant que les techniques d'optimisation n'en sont encore qu'à leurs prémices (et que l'optimisation des vidéos est finalement assez proche de ce qui se fait pour les images).

- **Critère numéro 1 : le nom du fichier.** Indiquez un nom de fichier qui soit le plus possible en rapport avec le sujet de la vidéo. N'hésitez pas à y ajouter le mot « video » (non accentué), car il semblerait que de nombreuses recherches effectuées sur le Web le contiennent. Chaque mot sera également séparé des autres par un tiret. Voici quelques exemples :
  - `video-discours-nelson-mandela.wmv` ;
  - `video-formation-maitrise-comptabilite.mpg` ;
  - `mon-fichier-video.avi`.
- **Critère numéro 2 : les métadonnées.** Les systèmes de création de fichier vidéo permettent généralement d'ajouter des métadonnées, notamment un titre et un descriptif, comme pour un fichier Word ou PDF. N'hésitez pas à remplir ces champs et à être très descriptif en termes de mots-clés. Par ailleurs, si vous changez de format pour un fichier (par exemple, si vous le faites passer de MPEG à WMV), vérifiez que l'utilitaire de conversion de format que vous utilisez traite également les métadonnées. Cela n'est pas toujours le cas et vous risquez, avec certains outils, de les perdre lors de la conversion.
- **Critère numéro 3 : les caractéristiques techniques.** Les moteurs de recherche qui permettent d'uploader des fichiers vous donnent le plus souvent des indications et des caractéristiques techniques à suivre – ou des préférences – pour vos fichiers (taille maximale, durée, taux de compression, etc.). Voici un exemple (fictif) :
  - formats : .wmv *(Windows Media Video)*, .3gp (téléphones mobiles), .avi (Windows), .mov (Mac), .mp4 (iPod/PSP), .mpeg, .flv (Adobe Flash), .mkv (h.264) ;
  - résolution : 640 × 480 ;
  - format audio : .mp3 ;
  - 30 images par seconde ;
  - limites : durée = 10 minutes, taille = 100 Mo.

  N'oubliez pas d'en tenir compte.

  Pour les moteurs de recherche de deuxième génération, qui « comprennent » le texte contenu dans la vidéo, soignez particulièrement la qualité de la bande-son afin que les systèmes de reconnaissance vocale utilisés par ces outils arrivent à bien décoder les phrases énoncées.

  Pensez d'ores et déjà aux moteurs de recherche de troisième génération, pour lesquels la netteté de l'image sera primordiale pour bien reconnaître les formes, les couleurs, les textures, etc. Les nouvelles façons d'indexer et de « comprendre » les fichiers arrivent très vite sur le Web.

L'optimisation de l'environnement de la vidéo

Optimiser le fichier lui-même ne suffit pas. En effet, comme pour les images, vous devez faire attention à d'autres points cruciaux pour la bonne prise en compte de vos fichiers par les moteurs.

- **Critère numéro 1 : les tags.** De nombreux moteurs et outils permettent d'insérer, lors de l'upload, des *tags* descriptifs de la vidéo et partagés par tous les internautes. N'hésitez donc pas à les utiliser pour décrire au mieux vos fichiers à l'aide de quelques termes pertinents. Indiquez notamment un titre et un descriptif qui compléteront les informations que vous avez éventuellement déjà indiquées dans les métadonnées du fichier lui-même lors de sa création. Ils sont très importants pour tous les moteurs actuels. Le travail d'optimisation commencera donc par là. N'hésitez pas non plus à occuper l'espace fourni et à indiquer de nombreux mots-clés (notamment la catégorie/rubrique dans laquelle s'inscrit la vidéo) pour décrire vos fichiers. Des mots-clés précis mais aussi d'autres plus génériques sont toujours intéressants.
- **Critère numéro 2 : l'ancrage.** Soignez le texte des liens qui vont éventuellement lancer la vidéo lorsqu'on cliquera dessus. Par exemple, Vidéo sur le discours de M. Gérard Simenon, maire de Trifouillis-les-oies le 22 janvier 2020 à Paris. Ce critère est important pour tous les moteurs actuels, il faut absolument le prendre en compte.

  Par ailleurs, il sera intéressant de présenter vos fichiers sous la forme d'une page HTML de présentation par vidéo. Évitez les pages qui présentent plusieurs vidéos les unes à la suite des autres… « Un fichier = une page de présentation », c'est la règle pour une bonne optimisation, comme pour les images. Bien évidemment, toutes les méthodes d'optimisation de page web classiques devront être appliquées à cette page descriptive… Il s'agit d'ailleurs ici d'une stratégie de référencement qui est plébiscitée par de nombreux acteurs, qui ne désirent pas obligatoirement voir leurs vidéos référencées directement (en upload) sur YouTube ou Dailymotion, mais plutôt voir la page, sur leur site, qui présente la vidéo, référencée par Google ou Yahoo!. Car cette page, en plus de la vidéo, présente des bannières publicitaires et d'autres informations qui font venir l'internaute sur le site et en augmente le trafic. Cette nuance importante nous fait revenir à des optimisations HTML plus classique.

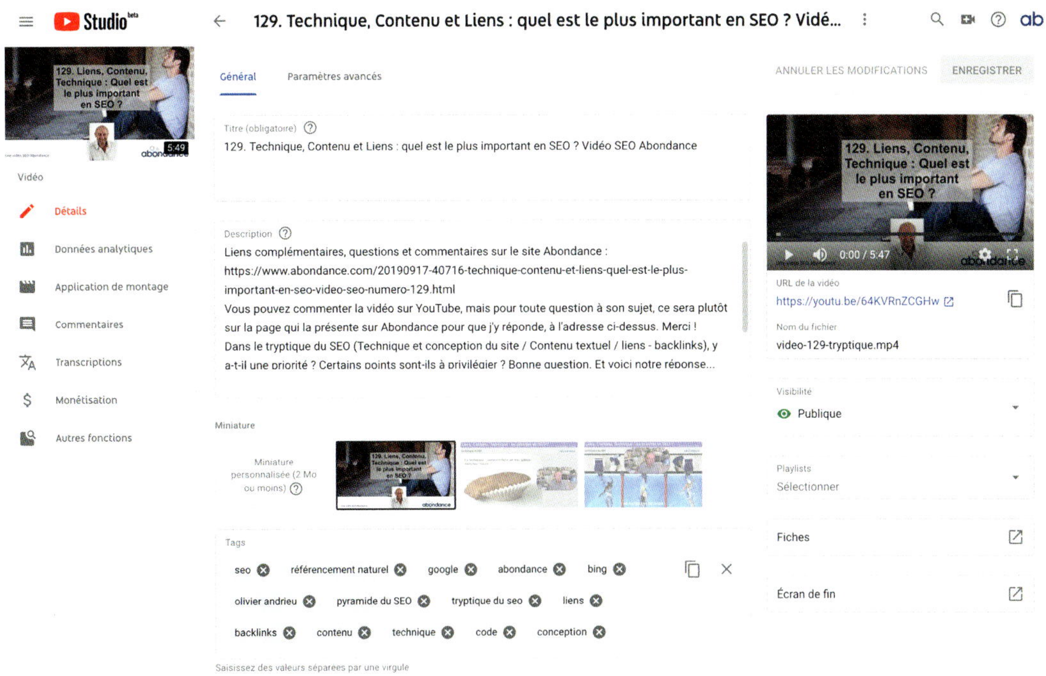

Figure 7-6

Ajout de tags et zone d'administration d'une vidéo sur le site YouTube.

- **Critère numéro 3 : le texte « autour » de la vidéo.** Pensez à proposer une page de description de la vidéo et non pas le fichier seul. Si vous en avez la possibilité, accompagnez vos vidéos, sur une page web, d'un descriptif précis du contenu du fichier, voire une transcription de ce qui y est dit si vous l'avez à votre disposition. Certains moteurs, comme YouTube, acceptent également des sous-titres et savent les lire (*https://www.speeny.fr/187*). C'est excellent pour le référencement ! Voilà autant d'informations textuelles qui vont permettre au moteur de bien comprendre « de quoi parle » la vidéo sous la forme d'une fiche descriptive précise qui lui est propre.
- **Critère numéro 4 : indexabilité.** Si votre site commence à proposer de très nombreuses vidéos, un plan du site (au format HTML), sorte d'annuaire spécialisé les présentant, peut également être une bonne idée pour donner aux spiders des moteurs un point d'entrée unique pour parcourir vos fichiers en un nombre de clics limité. Là encore, le texte des liens va être crucial, donc soignez bien l'ancrage des liens qui pointent vers vos vidéos.

  N'hésitez pas non plus à intégrer vos vidéos dans vos flux RSS, c'est encore une autre voie pour faire connaître vos fichiers aux moteurs de recherche qui les prennent en compte.

  Enfin, soumettez vos vidéos sur un maximum d'outils de recherche « YouTube-like ». C'est encore le meilleur moyen de leur faire connaître vos « œuvres »… Certains moteurs de recherche de vidéos vous proposent également de soumettre vos fichiers sous la forme d'un document au format RSS ou MRSS (*https://www.speeny.fr/188*), sorte de « Sitemap vidéo ». Utilisez également cette voie ! La soumission est importante, car elle permet d'ajouter un descriptif et un titre, champs très importants pour les moteurs actuels.

Bien entendu, un Sitemap (voir chapitre 12) spécialisé pour les vidéos devra être présent sur votre site. Par exemple :

```
<urlset xmlns="https://www.sitemaps.org/schemas/sitemap/0.9"
    ➥ xmlns:video="https://www.google.com/schemas/sitemap-video/1.1">
<url>
  <loc>https://www.example.com/videos/some_video_landing_page.html</loc>
    <video:video>

<video:content_loc>https://www.site.com/video123.flv<video:content_loc>
    <video:player_loc
allow_embed="yes">https://www.site.com/videoplayer.swf?video
    =123</video:player_loc>
    <video:thumbnail_loc>https://www.example.com/miniatures/123.
    jpg<video:thumbnail_loc>
    <video:title>Barbecue en été<video:title>
    <video:description>Pour des grillades réussies<video:description>
    <video:rating>4.2</Video:rating>
    <video:view_count>12345</video:view_count>
    <video:publication_date>2021-11-0
5T19:20:30+08:00.</video:publication_date>
    <video:expiration_date>2021-11-05T19:20:30+08:00.</video:expiration_date>
    <video:tag>steak</video:tag>
    <video:tag>viande</video:tag>
    <video:tag>été</video:tag>
    <video:category>barbecue</video:category>
    <video:family_friendly>yes</video:family_friendly>
    <video:expiration_date>2021-11-
05T19:20:30+08:00<video:expiration_date>
    <video:duration>600</video:duration>
    </video:video>
</url>
```

Vous trouverez plus d'informations à ce sujet sur le site de Google dédié aux Sitemaps : *https://www.speeny.fr/189*.

- **Autres critères de pertinence.** Le balisage des vidéos dans le code HTML de la page grâce à Facebook Share ou RDFa, deux formats reconnus par Google, peut aussi avoir son importance. Lorsque des informations vidéo sont balisées dans le corps d'une page web, Google est capable de les identifier et de les utiliser afin d'améliorer ses résultats de recherche.

  Exemple de balises Facebook Share :

```
<meta name="title" content="Quand les chiots se posent des questions!"/>
<meta name="description" content="Les hochements de tête de chien les plus
craquants
```

```
➥ du Web!"/>
<link rel="image_src" href="https://example.com/thumbnail_preview.jpg"/>
<link rel="video_src" href="https://example.com/video_object.swf?id=12345"/>
<meta name="video_height" content="296"/>
<meta name="video_width" content="512"/>
<meta name="video_type" content="application/x-shockwave-flash"/>
```

Exemple de balises RDFa :

```
<object width="512" height="296" rel="media:video"
resource="https://example.com/video_object.swf?id=12345"
xmlns:media="https://search.yahoo.com/searchmonkey/media/"
xmlns:dc="https://purl.org/dc/terms/">
<param name="movie" value="httpq://example.com/video_object.swf?id=12345"/>
<embed src="httpq://example.com/video_object.swf?id=12345"
➥ type="application/x-shockwave-flash" width="512" height="296">
<a rel="media:thumbnail" href="https://example.com/thumbnail_preview.jpg"/>
<a rel="dc:license" href="httpq://example.com/terms_of_service.html"/>
<span property="dc:description" content="Lorsqu'ils sont surpris ou se posent des
questions, les chiens hochent souvent la tête et/ou plissent le front."/>
<span property="media:title" content="Baroo? - cute puppies"/>
<span property="media:width" content="512"/>
<span property="media:height" content="296"/>
<span property="media:type" content="application/x-shockwave-flash"/>
<span property="media:region" content="us"/>
<span property="media:region" content="uk"/>
<span property="media:duration" content="63"/>
</object>
```

Certains outils comme YouTube donnent également la possibilité à leurs visiteurs de laisser des commentaires ou de noter les vidéos. C'est autant de façons de leur donner une meilleure visibilité. Tout comme le nombre de vues, qui est bien entendu un critère essentiel mais difficilement manipulable (de façon loyale, s'entend ☺).

Il sera également important de ne pas oublier les fonctions que proposent plusieurs plates-formes et outils dédiés pour partager une vidéo sur Facebook ou Twitter, comme le montre la figure 7-7, sur YouTube.

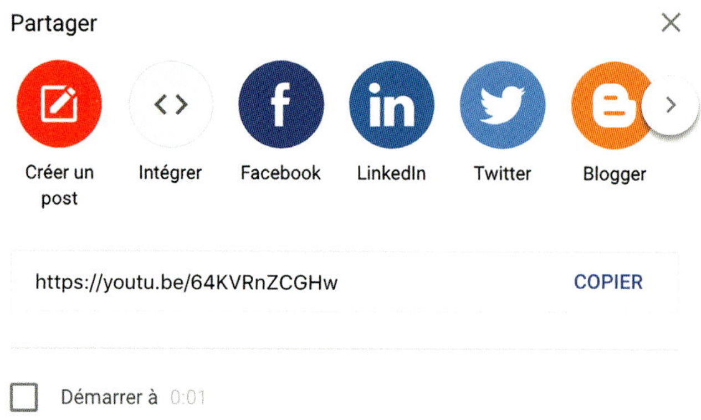

Figure 7-7

YouTube propose une fonction de partage d'une vidéo sur les réseaux sociaux.

Plus la vidéo sera partagée et reprise sur Facebook, Twitter ou toute autre plate-forme sociale, plus elle sera connue et visible.

Il ne faut pas hésiter également à insérer le bouton J'aime de Facebook et le lien vers Twitter sur vos pages présentant les vidéos, toujours pour la même raison. Notez bien que cela n'influencera que très peu le référencement direct des pages sur les moteurs de recherche, car les liens sur les réseaux sociaux sont pour la plupart en `nofollow` (voir plus loin dans ce chapitre) ou ne sont pas lus par les moteurs, car dans une sphère non publique. En revanche, cela augmentera la visibilité de la vidéo (ou de la page qui la présente) et cela créera du trafic sur celle(s)-ci. Ce trafic sera donc bénéfique pour le référencement, puisque les moteurs de recherche le prennent en compte comme critère de pertinence (pour YouTube, le nombre de visualisations de la vidéo étant important, cela jouera donc aussi de façon positive).

Pour conclure, n'hésitez pas à toujours « fouiner », rechercher, tester les résultats de recherche des moteurs en essayant de comprendre comment ils fonctionnent. Mettez en place une alerte Google Actualités sur des mots-clés comme « référencement vidéo », « video SEO », « video optimization », etc. Le domaine de la recherche de vidéos – et donc de leur optimisation – n'en est encore qu'à ses balbutiements et nous apprendrons encore beaucoup de choses dans les années qui viennent. Bref, dans ce domaine peut-être encore plus qu'ailleurs, une veille est absolument indispensable.

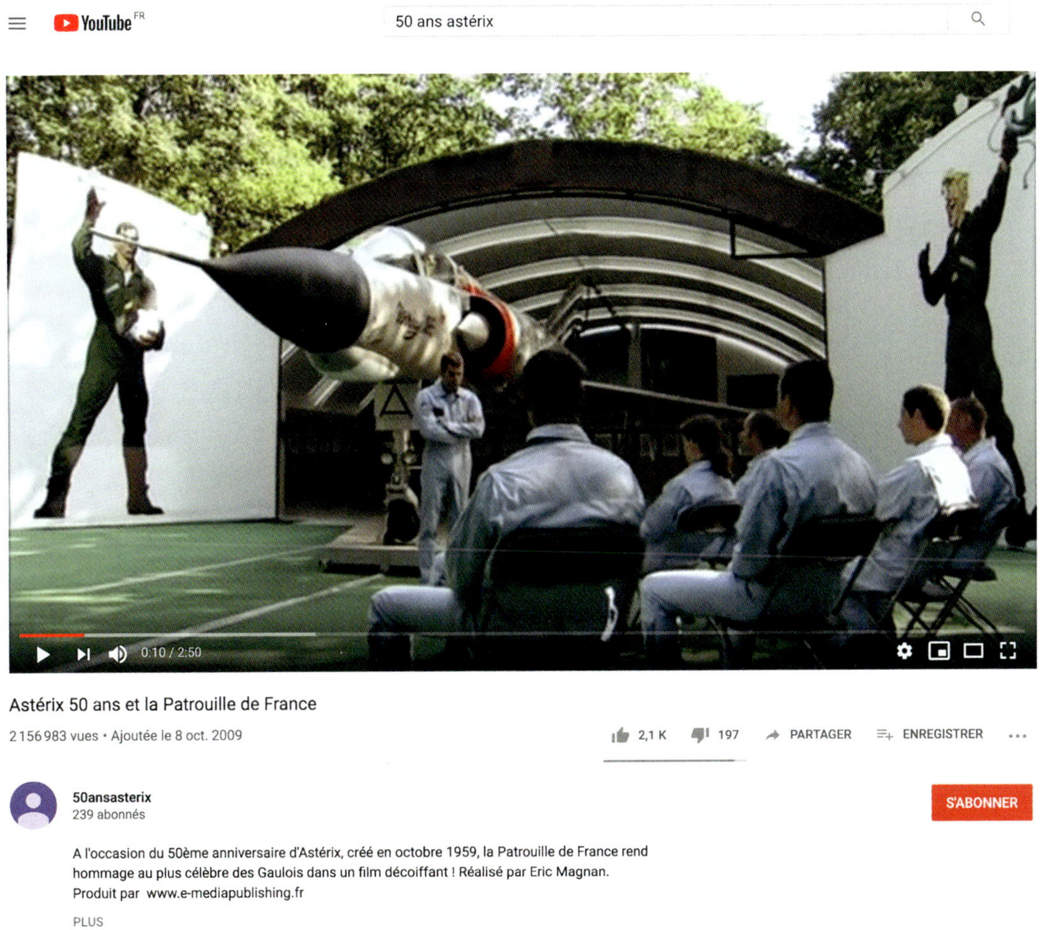

Figure 7-8

Par exemple : la vidéo d'hommage de la patrouille de France, réalisée pour les 50 ans d'Astérix, a été visualisée plus de deux millions de fois sur les différentes plates-formes de partage de vidéos. Un vrai succès qui a énormément contribué à faire parler du cinquantenaire du personnage de BD, mais qui n'a pas véritablement créé de trafic direct sur le site officiel du personnage, sur lequel la vidéo n'était hélas pas disponible.

Deux stratégies (plus une) de référencement de vidéos

Globalement, il existe deux façons (complémentaires ou non) d'établir une stratégie de visibilité basée sur la vidéo.

- **Le buzz :** qui permet de « faire parler » d'un événement. L'idée est de créer une vidéo au sujet de cet événement puis de l'uploader sur les différentes plates-formes de partage (YouTube, Dailymotion, Vimeo, etc.) pour faire en sorte qu'elle soit visualisée le plus de fois possible par les utilisateurs de ces outils. Si cette stratégie est mise en place *stricto sensu* comme indiqué ici, elle ne crée pas de trafic sur votre site web (ce sont les plates-formes dédiées qui reçoivent le trafic).

- **La création de trafic sur un site web :** dans ce cas, on ne se sert pas en priorité des plates-formes dédiées, mais d'un site web spécifique qui propose la vidéo « encapsulée » dans l'une de ses pages. Il s'agira alors de mettre en avant cette page sur les moteurs de recherche classiques.

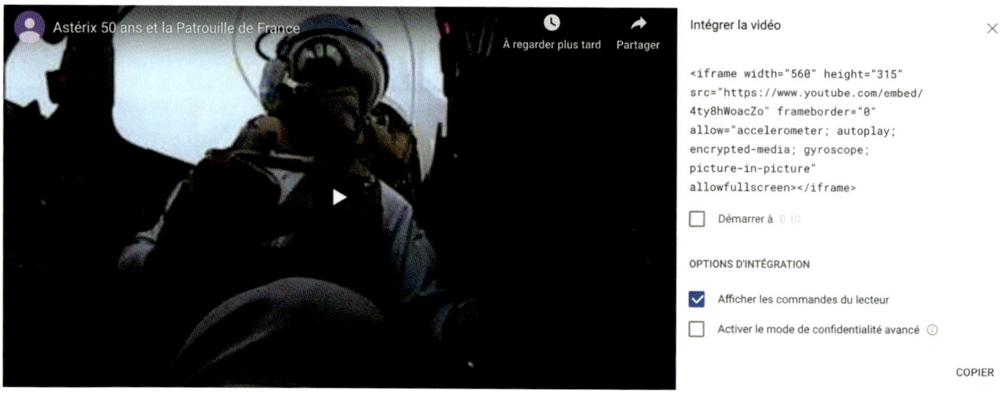

Figure 7-9

Possibilité, sur YouTube, d'insérer un code HTML sur son site pour y inclure une vidéo hébergée sur la plate-forme.

Il est tout à fait possible de mixer les deux stratégies en proposant, sur les plates-formes dédiées, un simple extrait de la vidéo qui affiche à la fin un message du type « Pour visualiser cette vidéo en entier, allez sur le site… » ou d'autres stratégies similaires sous forme de *teasing*. On joue alors sur les deux plans : visualisation de la vidéo sur les plates-formes dédiées, utilisées par de très nombreux internautes, et présence sur le Web et donc dans les moteurs de recherche et les agrégateurs.

On peut ainsi mettre en place une ébauche de méthodologie pour le référencement de vidéos en ligne.

1. Audit de mots-clés, à l'aide du planificateur de Google (voir chapitre 3), afin de déterminer quelles sont les requêtes les plus souvent saisies par les internautes pour trouver des vidéos comme celles que vous allez mettre en ligne.
2. Nommer le fichier vidéo grâce à des mots-clés importants séparés par un tiret : `iphone-28.wmv`, `football-ligue-1.mpg`, `video-coupe-du-monde.flv`, etc.
3. Intégrer des métadonnées dans le fichier vidéo si le format utilisé le permet.
4. Pour vos fichiers, suivre les conseils techniques (format, taille, durée…) donnés par les différentes plates-formes de partage de vidéos.

Si soumission sur une plate-forme dédiée :

5. Remplir de la meilleure façon possible les champs proposés dans le formulaire de soumission de la plate-forme.

6. Favoriser la création de votes et d'avis positifs sur la vidéo et, bien sûr, mettre en place le plus possible d'actions pour la faire connaître et ainsi augmenter le nombre de vues.
7. Favoriser l'intégration de cette vidéo dans le plus de pages web possible grâce aux outils d'*embed* fournis par les plates-formes.
8. Si possible, intégrer des sous-titres.
9. Devenir l'utilisateur avancé ou le partenaire de la plate-forme pour avoir accès à des fonctionnalités spécifiques.

Si intégration de la vidéo dans une page web sur votre site :

10. Optimiser la page web qui présente la vidéo : URL, balises `<title>`, `<Hn>`, `<strong>`, etc. (voir chapitres 4 et 5).
11. Proposer du texte (au moins 200 mots) pour décrire la vidéo : texte libre ajouté, transcription de la bande-son, commentaires d'internautes, etc.
12. Créer un Sitemap vidéo, important pour Google, et un fichier au format mRSS pour Yahoo!, Blinkx ou d'autres. Soumettre ces fichiers aux moteurs de recherche (interfaces pour webmasters, fichier `robots.txt`).
13. Ajouter des balises Facebook Share et/ou RDFa et, d'une façon générale, les balises de données structurées sur les vidéos (*https://www.speeny.fr/190*) dans le code HTML des pages web.

Dans les deux cas :

14. Favoriser le netlinking et la création de backlinks sur les pages de présentation des vidéos avec des textes d'ancre pertinents (voir chapitre 6).
15. Créer du buzz pour cette vidéo sur les réseaux sociaux (Facebook, Twitter, etc.).

Privilégier HTML 5

Notons enfin que HTML5 (*https://www.speeny.fr/191*) apporte la prise en charge native de la vidéo (et de l'audio). En conséquence, les éléments `<video>` et `<audio>` permettent d'indiquer du contenu multimédia.

Google a également créé un format ouvert, baptisé WebM et intégré par YouTube (*https://fr.wikipedia.org/wiki/WebM*). Il y a donc fort à parier que le référencement de vidéos va encore fortement évoluer dans les années qui viennent et qu'il a de beaux jours devant lui.

Quelques liens à consulter sur le sujet

- *Help Google Index Your Videos : https://www.speeny.fr/192*
- *Google Videos Best Practices : https://www.speeny.fr/193*
- *Video Sitemaps: Understanding Location Tags : https://www.speeny.fr/194*
- *Référencement de la vidéo : les bonnes pratiques*, de Antoine Crochet-Damais : *https://www.speeny.fr/195*

- *5 conseils pour optimiser le référencement de vidéo*: *https://www.speeny.fr/196*
- *5 conseils pour réussir son référencement vidéo sur Google*: *https://www.speeny.fr/197*
- *Video Search Optimization*, de Chris Boggs: *https://www.speeny.fr/198*
- *Search Illustrated: Video Optimization*, de Elliance: *https://www.speeny.fr/199*
- *Balancing Video Quality and Search Optimization*, de Grant Crowell: *https://www.speeny.fr/200*
- *Optimizing Video for Search Engines*, de Amy Edelstein: *https://www.speeny.fr/201*

Référencement de fichiers PDF et Word

Les moteurs de recherche actuels référencent, et classent même parfois très bien, les fichiers aux formats PDF (`.pdf`) et – moins souvent – Word (`.doc`). Aussi, il nous a semblé important, dans cet ouvrage, de vous donner quelques informations sur la meilleure façon d'optimiser ces fichiers afin de les voir bien positionnés dans les pages de résultats des moteurs. Voici quelques trucs et astuces qui devraient vous y aider…

Prise en compte de ces fichiers par les moteurs

Les moteurs de recherche peuvent indexer sans problème les fichiers PDF et Word. Pour les visualiser, vous pouvez :

- sur Google et Bing, utiliser la syntaxe « filetype: », ce qui donne des requêtes telles que « abondance filetype:pdf » ou « abondance filetype:doc » pour indiquer le filtre adéquat au moteur ;
- sur Yahoo!, utiliser la recherche avancée du moteur (*https://www.speeny.fr/202*) et opter pour le choix Format de fichiers>Ne donner que des résultats au format, qui propose ces deux types de fichiers, entre autres (figure 7-10).

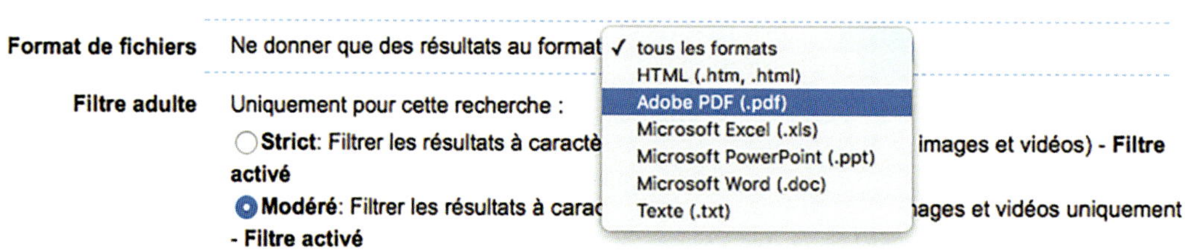

Figure 7-10

Filtre de recherche sur le format de fichier. Recherche avancée de Yahoo!

Dans ses pages de résultats, Google indique le format des fichiers trouvés devant leur titre grâce à la mention [PDF] (voir figure 7-11).

Figure 7-11

Fichier PDF dans les résultats de Google.

Côté indexation, il n'y a donc pas de problème. Un simple lien *spider friendly* (voir chapitre 12) vers ces fichiers dans vos pages sera suivi par les robots des moteurs et impliquera automatiquement leur indexation.

```
<a href="https://www.votresite.com/fichiers/votrefichier.pdf">Lien qui permettra
➥ aux robots d'indexer votre fichier</a>
```

Il reste à envisager l'optimisation de ces fichiers : quelles informations les moteurs de recherche lisent-ils en leur sein ?

Zones reconnues par les moteurs de recherche

Les tableaux 7-1 et 7-2 présentent les différents paramètres que l'on peut renseigner dans un fichier Word ou PDF et la façon dont Google et Bing les interprètent ou non (notamment les champs Propriétés ou Métadonnées utilisés pour mieux décrire les documents).

Tableau 7-1 Champs pris en compte par Google et Bing pour des fichiers PDF

	Google	Bing
Contenu textuel	OUI	OUI
Métadonnée Titre (`Title`)	OUI	NON
Métadonnée Sujet (`Subject`)	NON	NON
Métadonnée Auteur (`Author`)	NON	NON
Métadonnée Mots-clés (`Keywords`)	NON	OUI
URL	OUI	OUI

Tableau 7-2 Champs pris en compte par Google et Bing pour des fichiers Word

	Google	Bing
Contenu textuel	OUI	OUI
Métadonnée Titre (`Title`)	OUI	NON*
Métadonnée Sujet (`Subject`)	NON	NON
Métadonnée Manager	NON	NON
Métadonnée Auteur (`Author`)	NON	NON
Métadonnée Compagnie	NON	NON
Métadonnée Catégorie	NON	NON
Métadonnée Mots-clés (`Keywords`)	NON	NON
Métadonnée Commentaires (`Comments`)	NON	NON
URL	OUI	OUI

* Quelques cas isolés existent où Bing lisait la balise <title> du document, mais la plupart du temps ce n'était pas le cas.

La situation est donc ici assez simple en termes de lecture des contenus et des métadonnées par ces deux moteurs majeurs.

- Les deux moteurs lisent les contenus textuels des deux formes de fichiers.
- Ils détectent également les mots-clés dans les URL. Il sera donc important de soigner les intitulés des noms de fichiers en y incluant des mots-clés pertinents par rapport au contenu de l'article ou du document.
- Pour les métadonnées, Google ne lit que le `title` des fichiers PDF et Word. Il s'en sert d'ailleurs parfois pour l'afficher comme titre dans ses résultats. Ce moteur ne lit pas d'autres métadonnées.
- Pour ces métadonnées, Bing ne lit généralement pas la balise <title>, mais il lit les mots-clés ajoutés au document PDF (mais pas Word). Il ne lit pas d'autres métadonnées.

Côté métadonnées, le travail sera finalement assez vite effectué sur vos fichiers : seul le `title` pourra être rempli.

Contenu des snippets

Comment Google affiche-t-il ses résultats lorsqu'il s'agit de fichiers PDF ou Word (figure 7-12) ?

Figure 7-12

Affichage d'un fichier PDF dans les résultats de Google.

Le titre du fichier (en bleu et souligné, à droite de la mention [PDF]) est constitué par :

- le contenu de la métadonnée `title` si elle existe ;
- un titre trouvé dans le contenu textuel du document si la métadonnée `<title>` n'est pas renseignée ou si elle propose un nom de fichier.

Le texte descriptif reprend le début du contenu textuel du document ou une zone de texte identifiée comme pertinente par Google. À ce niveau, nous vous conseillons de créer des documents PDF dont la mise en page est très simple, surtout pour la première page : titre, chapô, texte, avec un titre et un chapô très descriptifs. La mise en page peut être plus sophistiquée par la suite, mais, si vous voulez maîtriser la façon dont Google « comprend » vos documents, un système à plusieurs colonnes, par exemple, n'est pas approprié, pour le début du document en tout cas. Dans ce cas en effet, c'est le contenu de la seule première colonne qui risque d'être pris en compte par Google, ce qui ne donnera pas obligatoirement le résultat escompté.

Notons que sur Google les fichiers Word sont affichés, dans les grandes lignes, de la même façon que les fichiers PDF.

Quelques conseils d'optimisation

Pour bien optimiser vos fichiers PDF et Word, nous vous conseillons donc d'appliquer les conseils suivants.

- **Métadonnées :** remplissez la métadonnée `title` qui est prise en compte par Google et parfois par Bing. Renseignez éventuellement la zone `keywords`, mais sans trop vous y attarder, cela n'en vaut pas vraiment la peine.
- **Contenu :** adoptez, pour la première page notamment, une mise en page simple et efficace (un titre en gras, en gros caractères, et un chapô de deux ou trois phrases, également en gras, le tout étant très descriptif et contenant les mots-clés importants pour comprendre le document). Et oui, on est ici très proche de l'optimisation d'une page HTML « classique »... Notez bien que les footer et header (haut de page et bas de page) sont compris comme du texte par les moteurs. Évitez de les afficher sur la première page, car les moteurs risquent de lire le contenu du header en premier, ce qui peut ne pas être pertinent.
- **Indexation :** bien sûr, proposez dans vos pages web des liens vers vos documents PDF et Word, avec des intitulés de liens explicites, pour leur donner un bon ancrage (évitez donc les phrases du type « Pour télécharger notre livre blanc sur le référencement, cliquez ici » et préférez des formulations comme « Téléchargez notre livre

blanc sur le référencement»). N'hésitez pas, également, à proposer une page spéciale «Téléchargement de documents» listant, sous la forme d'un mini-annuaire, tous les fichiers disponibles sur votre site. Une bonne piste de départ pour les spiders des moteurs.

- **Nom du fichier:** utilisez des mots explicites pour nommer votre fichier (`assemblee-generale-2020.pdf`, `charte-experts-comptables.doc`, etc.), car ils sont lus et analysés par les moteurs.
- **Taille du fichier:** attention à la taille des fichiers, notamment si elle dépasse le méga-octet. Des fichiers trop volumineux ne seront peut-être pas indexés en totalité. Préférez une suite de «petits fichiers» dans ce cas.
- **Accessibilité:** Word, notamment, propose de nombreuses fonctions visant à améliorer l'accessibilité des fichiers (ajout de l'attribut `alt` aux images, etc.). N'hésitez pas à vous en servir, les critères d'accessibilité sont toujours très proches de ceux du référencement.

Le blog pour webmasters de Google a également publié en septembre 2011 un article sur l'indexation de documents PDF par son moteur de recherche (*https://www.speeny.fr/203*). Voici les principaux points évoqués dans cet article:

- Google indexe des documents PDF depuis 2001.
- Google indexe à peu près tous les documents PDF, dans la plupart des langues, à partir du moment où ils ne sont pas protégés par un mot de passe. Parfois, Google utilise également des techniques d'OCR pour numériser des images contenant elles-mêmes du texte dans le fichier PDF.
- En revanche, les images présentes à l'intérieur d'un fichier PDF ne sont pas indexées par Google Images.
- Les liens présents dans les fichiers PDF sont traités comme dans une page HTML. Ce qui signifie qu'un document PDF dispose lui-même d'un PageRank. En revanche, le paramètre `nofollow` ne fonctionne pas dans ces fichiers.
- Pour ne pas voir un document PDF indexé, le mieux est d'insérer un `X-Robots-Tag: noindex` dans l'en-tête http utilisé (voir chapitre 16).
- Le référencement et le positionnement d'un fichier PDF sont souvent similaires à ceux d'une page HTML.
- Il est préférable de ne pas proposer le même contenu en HTML et en PDF, car cela risque de créer du *duplicate content*. Dans ce cas, il vaut mieux indiquer la version canonique (originale) – et pas la version dupliquée – dans le Sitemap du site et/ou utiliser la balise `link rel canonical` dans la version HTML pour indiquer quelle est la version favorite. Nous y reviendrons au chapitre 13.
- Le titre utilisé par Google pour ce type de document vient de deux sources: la métadonnée `title` à l'intérieur du document (à renseigner en priorité) et le texte d'ancre des liens pointant vers ce fichier. Les deux semblent importants.

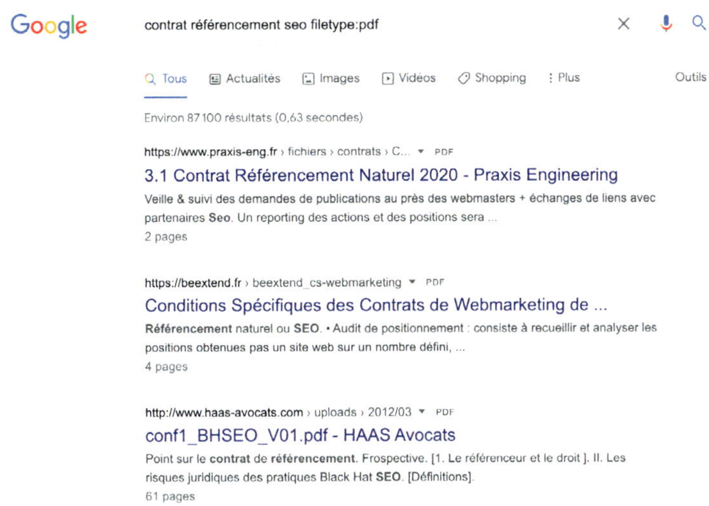

Figure 7-13

Un nom de fichier et une URL contenant des mots-clés précis sont deux points importants. La requête « filetype: » fournit par ailleurs de nombreux documents très intéressants sur le Web (ici, des contrats types de référencement).

Pour en savoir plus

Les lignes que vous venez de lire sont basées sur nos propres tests. Notez bien que cette situation peut évoluer avec le temps. Par ailleurs, pour les conseils d'ordre général, nous avons parfois également puisé quelques informations dans les articles suivants que nous vous invitons à lire avec la plus grande attention :

- « Désindexation de fichiers PDF : bonne ou mauvaise pratique ? », d'Olivier Andrieu : *https://www.speeny.fr/204*
- *Faut-il désindexer les fichiers PDF ? Vidéo Abondance : https://www.speeny.fr/205*
- « Optimiser le référencement des fichiers PDF », de Sébastien Billard : *https://www.speeny.fr/206*
- Traduction de l'article « Eleven Tips for Optimizing PDFs for Search Engines » de Galen DeYoung, dont l'original est disponible à l'adresse suivante : *https://www.speeny.fr/207*
- *Accessibilité et référencement des fichiers PDF : https://www.speeny.fr/208*
- « Optimizing PDFs for SEO », de Matt McGee : *https://www.speeny.fr/209*

Il en existe bien d'autres… Bonne optimisation !

Référencement sur l'actualité et sur Google Actualités

Google Actualités (*https://news.google.fr/*) est l'un des principaux sites d'actualité sur le Web francophone. Pour un site qui traite d'informations et d'actualité « chaude », cet outil représentera, dans le meilleur des cas, près de la moitié de son trafic moteurs de recherche, ce qui est loin d'être négligeable. Voici donc quelques pistes de réflexion pour vous aider à mieux bâtir vos pages d'actualité afin de leur donner une meilleure visibilité sur cet outil.

Comment se faire référencer sur Google Actualités ?

Dans un premier temps, avant d'apparaître dans les pages de résultats de l'outil, il faut que Google référence votre site d'informations. Si vous êtes un site à forte notoriété, cela ne devrait pas poser trop de problèmes.

Si vous n'avez pas la chance d'être aussi incontournable, cela risque d'être beaucoup plus compliqué. Il n'existe plus de formulaire de demande d'inclusion dans l'outil, mais vous pouvez aller sur la page d'accueil du centre d'aide pour les éditeurs (*https://www.speeny.fr/210*) et lire les explications dans l'onglet intitulé « Commencer ». N'hésitez pas à lire toute la littérature en ligne fournie à cet effet par Google : elle contient de nombreuses informations importantes !

La deuxième étape consiste à fournir les indications (URL, nom, e-mail, description) relatives à la source d'informations à indexer, après avoir répondu à un certain nombre de questions sur la validité de votre proposition.

Figure 7-14

Formulaire à remplir pour soumettre son site à Google Actualités.

Lors de la vérification, indiquez l'URL sous le domaine où apparaissent les articles mis en ligne (n'indiquez pas *www.votresite.com* si vos articles sont accessibles sous *actu.votresite.com*).

Sachez simplement que pour être intégré dans Google Actualités votre site devra répondre à plusieurs critères.

- **Critère numéro 1 : avoir une zone Actualités ou tout du moins une zone d'informations mise à jour régulièrement.** Il n'est pas nécessaire d'avoir une zone très fortement axée sur l'actualité « fraîche », mise à jour quotidiennement, voire plus souvent, pour être accepté. Un blog mis à jour chaque semaine peut faire l'affaire. En revanche, d'une façon ou d'une autre, un être humain, chez Google, va venir évaluer votre site. Évitez, par exemple, dans les jours qui suivent votre demande, l'autopromotion ou les fautes d'orthographe et de frappe sur vos pages. Bref, faites des efforts pendant cette période (mais pas uniquement) pour proposer de l'actualité qui « tienne la route », car vous pouvez être sûr que, bientôt, vous allez passer un « examen » à distance.
- **Critère numéro 2 : chaque page d'actualité, chaque information, chaque dépêche doit être accessible par l'intermédiaire d'une URL spécifique.** Par exemple : *https://www.abondance.com/actualites/20190822-13012-google-propose-une-faq-sur-lauthorship.html.*

  L'actualité comme elle était présentée en 1999 sur le site Abondance, sous la forme d'une seule page par semaine (suite de brèves affichées les unes en dessous des autres) regroupant toutes les dépêches, n'aurait pas été recevable : *https://www.speeny.fr/211.*

  Par ailleurs, si un article ne reste pas disponible en ligne durant les 30 jours pendant lesquels il sera accessible sur Google Actualités, cela peut aussi poser quelques problèmes (cas des articles qui passent en zone d'archives payantes quelques jours après leur publication).
- **Critère numéro 3 : les informations doivent vous appartenir.** Ce point est également important : vous devez être propriétaire des informations que vous éditez. Si votre site est une compilation (voire une réécriture plus ou moins légère) d'articles extraits d'autres blogs ou de dépêches AFP, il y a de forts risques pour qu'il ne soit pas accepté.
- **Critère numéro 4 (obsolète) : au moins trois chiffres dans l'URL.** Critère assez étrange mais officiellement demandé pendant longtemps par Google (sans jamais en fournir la raison), les URL de vos pages d'actualités devaient contenir au moins trois chiffres consécutifs ne ressemblant pas à une date. Par exemple :
  - *https://www.collectifvan.org/article.php?r=4&&id=4632*
  - *https://www.agoravox.fr/article.php3?id_article=14384*
  - *https://www.sports.fr/fr/cmc/scanner/football/200641/psg-halilhodzic-de-vra-payer-_109909.html?popup*

  Il existait cependant un moyen de passer outre cette limite de trois chiffres dans l'URL si vos adresses n'en possédaient pas : créer un fichier Sitemap pour Google Actualités.

  Pas de panique cependant, Google a supprimé cette restriction en mai 2015 (*https://www.speeny.fr/212*). Il n'y a donc plus de contrainte sur les URL de vos articles à l'heure actuelle.

Sachez également que Google Actualités ne crawle plus les pages web de votre site à l'aide d'un spider spécifique (*https://www.speeny.fr/213*).

Comment assurer une indexation régulière des articles ?

Vous avez reçu la réponse du moteur et votre site a été accepté ? Bravo ! Sachez que vous êtes une sorte de privilégié car cela devient de plus en plus difficile au fil des ans (si le site a été refusé, il vous faudra attendre 60 jours pour renouveler cette demande). Mais ce n'est pas parce que votre site est référencé en tant que source d'informations sur Google Actualités que tous vos articles et/ou toutes vos dépêches vont être obligatoirement indexés et pris en compte. *A priori* (sans que Google n'ait jamais communiqué de façon officielle à ce sujet), cela semble dépendre de deux critères principaux.

- **La taille de la zone éditoriale proposée** (l'article en lui-même). Essayez de toujours dépasser les 150 à 200 mots et les 1 200 à 2 000 caractères (espaces compris) pour le corps de l'article, cela devrait fortement augmenter vos chances d'indexation et de prise en compte. Google n'acceptera pas les articles trop courts (moins de 100 mots et/ou moins de 1 000 caractères).
- **Le nombre d'articles indexés sur un sujet dans l'index du moteur.** Si Google estime qu'il a suffisamment d'articles sur un sujet donné qui fait couler beaucoup d'encre (par exemple, un rebondissement inattendu lors d'une élection importante), il se peut qu'il « choisisse » les articles qu'il va indexer pour ne pas crouler sous de trop nombreuses pages. Si le sujet sur lequel vous écrivez un article est très populaire, tentez de créer un texte le plus long possible en termes de mots et de le publier le plus rapidement possible. Cela ne signifie pas non plus qu'il faille faire du « remplissage à la va-vite » (en d'autres termes, de la « bouillie »), n'oubliez pas que vos articles ont pour but d'être lus et appréciés par des internautes. Une longueur suffisante fera peut-être en sorte que votre page soit retenue par l'outil, mais cela n'est malheureusement pas une garantie.

Pas trop vite quand même...

La rapidité de réaction d'une source d'informations sur un sujet donné est un critère essentiel de Google Actualités. C'est à tel point qu'on voit des sites sportifs publier un article sur un match de football avant la fin de ce dernier, pour être sûr d'être le premier à en parler en ligne... Et tant pis si un but est marqué dans les arrêts de jeu !

N'hésitez pas non plus à agrémenter votre article d'une illustration (image, photo, graphique, etc.). Il se pourrait bien que cela aide à une meilleure indexation de vos pages (voir plus loin).

Un Sitemap pour Google Actualités

Vous avez également la possibilité de créer un fichier Sitemap spécifique pour Google Actualités, qui indiquera au moteur les adresses de vos différents articles. Ce Sitemap sera alors soumis *via* la Search Console (voir chapitre 12) ou le fichier `robots.txt` (voir chapitre 16).

Dans ce Sitemap, seules les URL d'articles dont la date de publication est inférieure à 30 jours devront être indiquées. Ce fichier pourra contenir jusqu'à 1 000 adresses.

Voici à quoi ressemble son en-tête :

```
<urlset xmlns="https://www.sitemaps.org/schemas/sitemap/0.9"
xmlns:news="https://www.google.com/schemas/sitemap-news/0.9">
```

Les balises du Sitemap Actualités sont indiquées dans le tableau 7-3 (source Google : *https://www.speeny.fr/214*).

Tableau 7-3 Différents champs d'un Sitemap Actualités

Balises	Obligatoire ?	Description
`<publication>`	Oui	La balise `<publication>` indique la publication dans laquelle l'article apparaît. Elle est associée à deux balises enfants obligatoires : `<name>` et `<language>`. La balise `<name>` contient le nom de la publication, qui doit correspondre exactement à celui qui s'affiche dans vos articles sur *news.google.com*, sans les parenthèses finales et leur contenu. Par exemple, si le nom de votre publication dans Google Actualités est « Journal L'Exemple (*subscription*) », vous devrez utiliser « `Journal L'Exemple` ». La balise `<language>` indique la langue dans laquelle est rédigée votre publication. Vous devez pour cela utiliser un code de langue ISO 639 (soit 2 ou 3 lettres). Exception : pour indiquer le chinois simplifié ou le chinois traditionnel, utilisez les codes `zh-cn` ou `zh-tw`, respectivement.
`<publication_date>`	Oui	Date de publication de l'article au format W3C, avec soit la date complète (`AAAA-MM-JJ`), soit la date complète suivie des heures, des minutes, des secondes et du fuseau horaire (`AAAA-MM-JJThh:mm:ssTZD`). Assurez-vous d'indiquer la date et l'heure d'origine de publication de l'article sur votre site. N'indiquez pas l'heure à laquelle l'article a été ajouté à votre Sitemap. Le robot d'exploration accepte les formats suivants : • Date complète `AAAA-MM-JJ` (exemple : 2020-07-16) • Date complète suivie des heures et des minutes `AAAA-MM-JJThh:mmTZD` (exemple : 2020-07-16T19:20+01:00) • Date complète suivie des heures, minutes et secondes `AAAA-MM-JJThh:mm:ssTZD` (exemple : 2020-07-16T19:20:30+01:00) • Date complète suivie des heures, minutes, secondes et dixièmes de seconde `AAAA-MM-JJThh:mm:ss.sTZD` (exemple : 2020-07-16T19:20:30.45+01:00)
`<title>`	Oui	Titre de l'article. Remarque : en raison de restrictions de longueur, le titre peut apparaître tronqué dans Google Actualités. La balise doit uniquement contenir le titre de l'article, tel qu'il apparaît sur votre site. Le nom de l'auteur, le nom de la publication ou la date de publication ne doivent pas être indiqués dans cette balise.

Comment apparaître sur la page d'accueil de Google Actualités ?

La page d'accueil du moteur (*https://news.google.fr/*) propose bon nombre d'articles sur des sujets considérés comme populaires (certainement les plus souvent cités dans les heures qui viennent de s'écouler), le tout dans plusieurs catégories : À la une, International, France, etc.

Il semblerait que Google ait mis en place un système de TrustRank (différent de celui utilisé pour la recherche web) ou de NewsRank, fourni en partie par des êtres humains, donnant des priorités à certaines sources d'informations considérées comme plus crédibles. Ainsi, on s'aperçoit rapidement que ce sont souvent les mêmes sources qui apparaissent en une : *Le Nouvel Observateur, Libération, RFI, Le Monde, Les Échos, L'Express,* etc. Bref, il s'agit uniquement de sources dignes de confiance (selon les critères de Google) et contre lesquelles il sera difficile de lutter au niveau de la visibilité, certainement parce qu'elles ont reçu une sorte de « label de qualité » de la part de certains experts au sein du moteur.

Malgré tout, il vous sera peut-être possible d'apparaître en page d'accueil sur des sujets plus pointus, sur lesquels les « grands » n'ont pas obligatoirement encore écrit d'articles. On s'aperçoit rapidement que sur les « grands titres » il est quasiment impossible de « se battre » contre la presse nationale. En revanche, sur des thématiques plus ténues, vous avez vos chances… À vous, peut-être, d'être rapide et de proposer en ligne un article avant les « grands » pour voir celui-ci repris en une pendant quelques heures (dans ce cas, vous vous en apercevrez vite au niveau du trafic généré pendant ce laps de temps). Néanmoins, il ne semble pas y avoir de solutions miracles à ce sujet.

Nous avons déjà parlé au chapitre 6 d'un brevet déposé par Google sur les critères qui seraient pris en compte dans le TrustRank de Google Actualités. Nous vous laissons vous y reporter.

Enfin, il est important de connaître un autre point : la quasi-totalité de la gestion quotidienne des sites Google Actualités dans le monde est automatisée, sans aucune intervention humaine. Ce ne sont donc pas des éditeurs, contrairement à de nombreux autres sites similaires, qui effectuent des choix d'articles, d'images, etc. Ce sont des algorithmes. Seule une petite équipe de « googlers » (personnes travaillant chez Google) œuvrent sur l'outil Google Actualités dans le monde. Il est impossible pour eux d'effectuer un traitement humain quotidien et un quelconque tri des informations « à la main »… Seuls le choix et la « notation » des sources d'informations au départ sont manuels, tout le reste est automatisé.

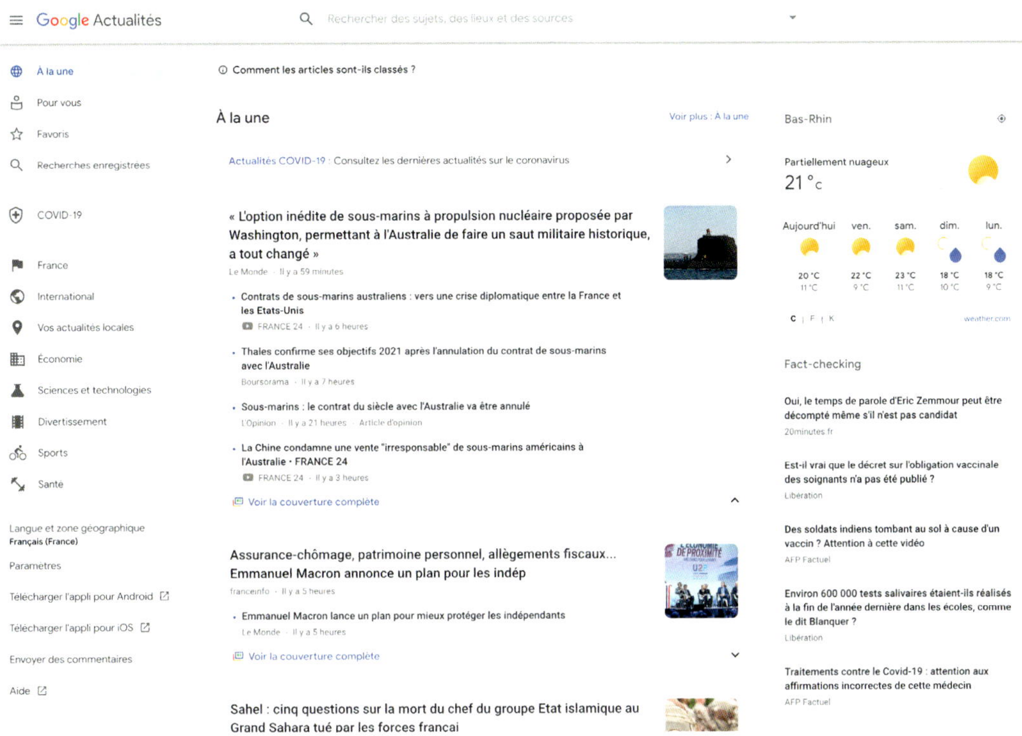

Figure 7-15

La page d'accueil de Google Actualités propose de nombreux articles classés en différentes rubriques.

Comment faire apparaître une image ?

Vous vous en êtes certainement rendu compte, si vous utilisez souvent l'outil Google Actualités, que certains articles sont agrémentés d'une image, sur la gauche ou sur la droite, dans les pages de résultats (figure 7-16).

Ce type d'image donne un « focus » indéniable à l'article qu'il souligne. Il y a fort à parier que les taux de clics sur les articles rehaussés par ce type de vignette doivent être bien plus forts que lorsqu'il n'y en a pas. Comment faire, alors, pour faire apparaître ces vignettes ? Il s'agit là d'un mystère pas si simple à percer. Voici cependant quelques indications.

- La présence d'une image ne semble pas avoir de relation avec la notion de TrustRank du site. *A priori*, il ne semble pas que la présence d'une image ait non plus un rapport avec le mot-clé saisi sur Google Actualités. Lorsqu'un article donné est complété par une vignette dans les pages de résultats, il semble l'être quel que soit le mot-clé saisi pour le trouver. Il est donc inutile d'insérer dans le nom de l'image ou dans l'attribut `alt` de la balise `<img>` (voir ci-après) certains mots-clés pouvant être saisis selon vous par les internautes pour trouver l'article en question. Préférez une bonne adéquation entre ces indications et le thème général de l'article, comme nous le verrons par la suite.

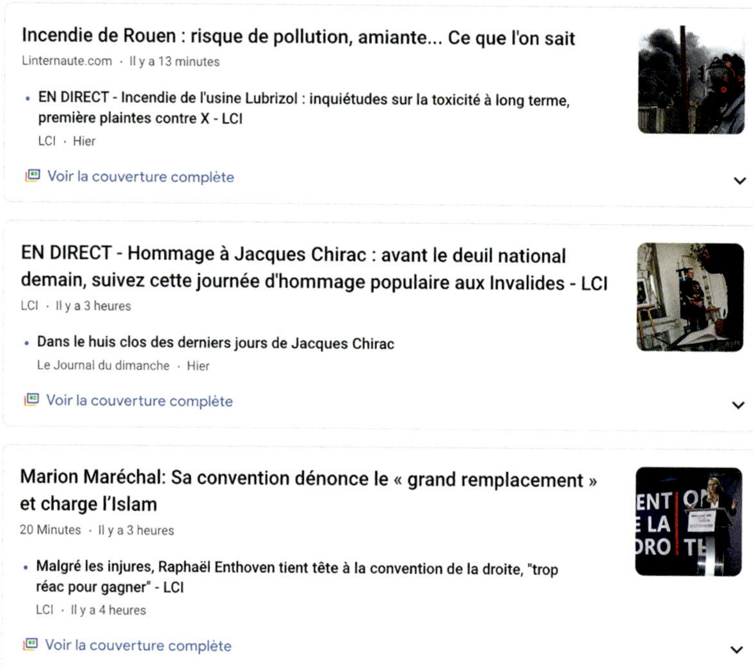

Figure 7-16

Une image est parfois affichée en face d'un article dans les pages de résultats.

- Essayez plutôt d'afficher des images de « grande taille » (supérieures à 200 × 200 pixels), afin que Google puisse les réduire sous forme de vignettes sans trop perdre en qualité.
- Préférez les formats GIF et JPEG.
- Faites en sorte que le nom de l'image (ou `.gif`, `.jpg` ou autre) contienne des mots explicites et correspondant au contenu de l'article (titre, corps du texte). Par exemple : `anniversaire-ibm.gif` ou `emmanuel-macron.jpg`.
- Renseignez l'option `alt` de l'image avec le titre de l'article ou sa légende. Par exemple, si le titre de l'article – et de la page – est « Corée du Nord : vers des sanctions à l'ONU », indiquez dans la balise `<img>` ces informations :

```
<img src="images/coree-du-nord-onu.jpg" alt="Corée du Nord: vers des sanctions à l'ONU"
➥ height="265" width="230">
```

- Si la légende ou un texte proche de l'image contiennent la phrase « L'essai nucléaire nord-coréen a mis en émoi les grandes puissances mondiales », vous pouvez également indiquer ceci dans votre code HTML :

```
<img src="images/coree-du-nord-onu.jpg" alt="L'essai nucléaire nord-coréen a mis en
émoi
➥ les grandes puissances mondiales" height="265" width="230">
```

- Indiquez la largeur (`width`) et la hauteur (`height`) de l'image dans sa description, comme dans le code précédent. Cela aidera éventuellement Google à la réduire sous la forme d'une vignette. À ce sujet, Google Actualités semble apprécier les images qu'il peut réduire sous un format « paysage » proche de 60 pixels (hauteur) sur 80 (largeur), ou le contraire pour une image en hauteur (80 × 60). Tentez de proposer des fichiers dont la taille en pixels correspond à un facteur multiplicateur de ces chiffres.
- Affichez votre image au tout début de votre texte, donc du corps de l'article, juste après le titre. L'alignement peut être à droite, à gauche ou centré, cela ne semble pas poser de problème. En revanche, la présence de l'image au tout début du texte de l'article et après le titre semble essentielle pour qu'elle soit reprise par Google.
- Enfin, il semblerait que l'image ne doive pas être cliquable pour être retenue.

Tous ces conseils devraient vous aider à mieux optimiser la présence d'images extraites de vos articles sous la forme de vignettes dans les pages de résultats de Google Actualités. Il ne s'agit pas, là non plus, de recettes miracles, mais plutôt de petites astuces qui devraient améliorer votre situation à ce niveau. Sachez également que tout cela évolue à vitesse grand V et qu'une veille est obligatoire dans ce domaine…

Comment mieux positionner un article dans les résultats ?

Il y a peu de surprises *a priori* en ce qui concerne l'optimisation d'un article pour le voir apparaître plutôt en tête de classement sur la saisie d'un mot-clé. Les critères pris en compte lors de l'élaboration d'une page web en SEO « classique » restent valables : optimisation de la balise `<title>`, indication des mots-clés importants et descriptifs de l'article en haut de page (dans le titre de l'article – dans le corps de la page – et dans le chapô, voire le premier paragraphe suivant), indication du titre dans une balise `<h1>`, etc. Le fait d'indiquer des mots-clés dans l'URL (*www.votresite.com/actualite/elections-presidentielles.html*) peut jouer également. Bref, rien n'est bien nouveau à ce niveau-là. Vous connaissez cela parfaitement si vous avez lu les paragraphes précédents.

Les 10 critères majeurs de positionnement dans Google Actualités

Des référenceurs anglophones (une vingtaine) ont réfléchi en septembre 2011 aux critères de pertinence utilisés par Google Actualités pour classer les articles qu'il indexe dans ses pages de résultats. Ils ont ainsi proposé une liste des 10 critères qui, selon eux, sont les plus importants pour cet outil. Ces critères nous semblent encore pertinents aujourd'hui :

1. L'autorité d'un site sur un sujet précis.
2. La présence des mots-clés demandés dans le titre de la page.
3. L'autorité du nom de domaine en termes SEO.
4. Les partages sociaux.
5. Le fait d'être parmi les premiers à publier un article sur le sujet.
6. Le nombre de citations par d'autres sites.
7. Le fait que l'article soit unique et original.

8. Le taux de clics dans les résultats de Google Actualités.
9. La qualité du contenu.
10. L'utilisation d'un Sitemap spécifique de Google Actualités.

Pour plus d'informations, consultez la page suivante : *https://www.speeny.fr/215*.

Contrôler l'indexation des pages

Attention, les robots réservés à Google Actualités ne passent le plus souvent qu'une fois sur un article mis en ligne. Vous n'aurez donc pas droit à une seconde chance si vous souhaitez améliorer vos résultats. En effet, aucune modification d'un article déjà en ligne ne sera prise en compte par Google Actualités. À noter que la nouvelle Search Console de Google ne donne plus d'informations spécifiques sur les erreurs rencontrées pour votre site par les robots de l'outil sur l'actualité de façon spécifique.

Cependant, la liste des erreurs potentiellement rencontrées était toujours disponible au moment où ces lignes étaient écrites (*https://www.speeny.fr/216*). Nous les avons donc retranscrites dans le tableau 7-4 pour archive, et parce que ces informations restent tout à fait valables aujourd'hui.

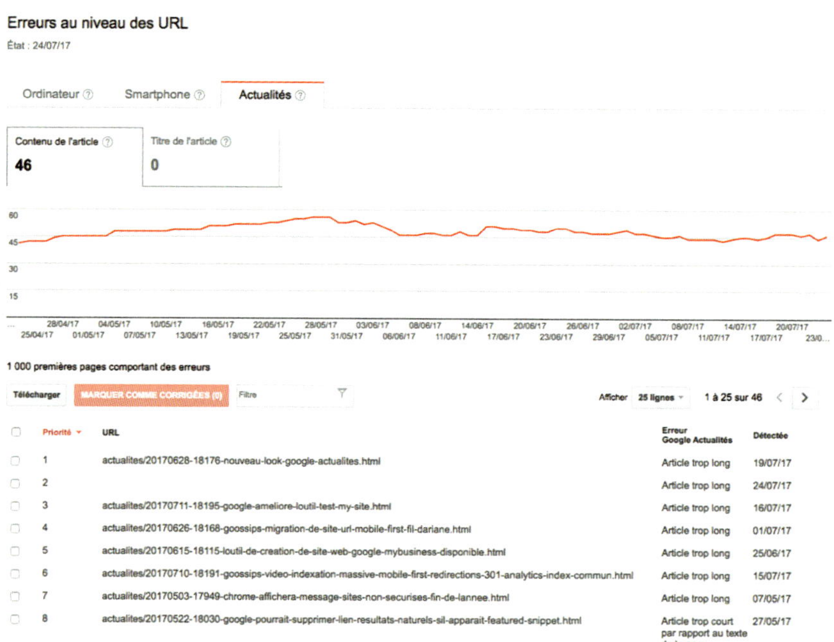

Figure 7-17

Liste des problèmes d'indexation de vos articles dans l'ancienne Search Console. Ce rapport a hélas été abandonné dans la dernière version de l'outil.

Tableau 7-4 Principaux motifs de refus d'un article par Google Actualités

Messages d'erreur	Explications de Google
Article trop court par rapport au texte de la page	Le corps de l'article que nous avons extrait de la page HTML est trop court par rapport à d'autres paragraphes de texte ne comportant pas de liens. Cette erreur concerne la plupart des pages contenant des brèves ou du contenu multimédia, et non des articles d'actualité complets. Nous avons généré cette erreur pour éviter d'inclure du texte qui risquerait de ne pas être adapté.
Article trop court	Le corps de l'article extrait de la page HTML semble trop court pour être un article d'actualité. Cette erreur concerne la plupart des pages contenant des brèves ou du contenu multimédia, et non des articles d'actualité complets. Nous avons généré cette erreur pour éviter d'inclure du texte qui risquerait de ne pas être adapté.
Article fragmenté	Le corps de l'article que nous avons extrait de la page HTML semble contenir des phrases isolées qui ne sont pas regroupées en paragraphes. Nous avons généré cette erreur pour éviter d'inclure du texte qui risquerait de ne pas être adapté.
Article trop long	Le corps de l'article que nous avons extrait de la page HTML semble trop long pour être un article d'actualité. Nous avons généré cette erreur pour éviter d'inclure du texte qui risquerait de ne pas être adapté. La plupart du temps, cette erreur est due à la présence de commentaires ajoutés par les utilisateurs sous l'article, ou à des mises en page HTML qui contiennent d'autres éléments, en plus de l'article lui-même.
Date introuvable	Nous n'avons pas réussi à identifier la date de publication de l'article.
Date trop éloignée	La date que nous avons trouvée pour cet article, à partir d'une balise <publication_date> dans le Sitemap ou à partir d'une date sur la page HTML, est trop ancienne.
Article vide	Le corps de l'article extrait de la page HTML semble vide.
Échec de l'extraction	Nous n'avons pas réussi à extraire l'article de cette page. Les extractions échouent lorsque nous ne parvenons pas à identifier le titre, le corps du texte et la date de l'article. Nous répertorions les URL comportant des erreurs afin que vous sachiez pourquoi certains de vos articles n'apparaissent pas dans Google Actualités.
Aucune phrase trouvée	Le corps de l'article que nous avons extrait de la page HTML ne semble contenir aucune suite de mots ni aucun signe de ponctuation. Nous avons généré cette erreur pour éviter d'inclure du texte qui risquerait de ne pas être adapté.
Redirection hors du site	La page de rubrique ou d'article redirige vers une URL appartenant à un autre domaine.
Page trop longue	La longueur de la page de rubrique ou d'article dépasse la limite autorisée (256 Ko).
Balise `title` non autorisée	Le titre que nous avons extrait de la page HTML semble indiquer qu'il ne s'agit pas d'un article d'actualité.
Titre introuvable	Nous ne sommes pas en mesure d'extraire le titre de l'article de la page HTML.
Échec de décompression	Googlebot-News a constaté que cette page était compressée, mais n'est pas parvenu à la décompresser. Cela peut être dû à l'état du réseau, ou à une mauvaise programmation ou configuration du serveur web.
Type de contenu non pris en charge	La page présente du contenu de type HTTP, qui n'est pas pris en charge par Google Actualités.

Comment faire pour ne pas être indexé par Google Actualités ?

Jusqu'à la fin 2009, les systèmes de « barrage » proposés par Google pour un site web étaient communs à Google Web et Google Actualités. Si vous installiez un fichier `robots.txt` ou une balise `meta robots` pour barrer l'accès aux robots nommés Googlebot, cela était valable pour le moteur Web de Google mais aussi pour son moteur d'actualités. Il était donc impossible, jusqu'à cette date, de barrer l'accès à Google Actualités en laissant la porte ouverte à Google Web, de voir son site indexé sur le moteur web de Google et pas sur le moteur d'actualités.

La situation a changé en décembre 2009 et Google a alors proposé deux spiders spécifiques pour son moteur web (Googlebot) et celui sur l'actualité (Googlebot-News). Il était donc possible d'individualiser l'accès à chacun d'eux. Puis il est revenu en arrière en août 2011 (*https://www.speeny.fr/217*), mais la situation mise en place depuis 2009 reste cependant valable. Pourquoi faire simple quand on peut faire compliqué ?

Ainsi, pour autoriser l'accès à un site pour Google Web et Google Actualités, on utilisera la syntaxe suivante dans le fichier `robots.txt` :

```
User-agent: Googlebot
Disallow:
```

Pour autoriser Google Web et interdire Google Actualités :

```
User-agent: Googlebot
Disallow:
User-agent: Googlebot-News
Disallow: /
```

Pour interdire Google Web et autoriser Google Actualités :

```
User-agent: Googlebot
Disallow: /
User-agent: Googlebot-News
Disallow:
```

L'emploi de la fonction `unavailable_after` est également possible, voir le chapitre 16 à ce sujet.

Bisbille entre Google et la Commission européenne sur les droits d'auteur

En octobre 2019 est entrée en vigueur en Europe la Directive Copyright qui instaure un droit voisin du droit d'auteur et aurait dû obliger Google à rémunérer les sites dont il reprend du contenu sur son moteur d'actualités. Un tour de passe-passe a permis au moteur de se dédouaner de cette obligation au travers de sa Search Console (*https://www.speeny.fr/218*). Cependant, nous vous conseillons d'effectuer des recherches sur la situation au moment où vous lirez ces lignes car elle aura peut-être évolué…

Référencement local (Google Maps et My Business)

Le service Google Maps (*https://www.google.fr/maps*) s'est largement déployé en France et devient de plus en plus intéressant dans le cadre de la recherche universelle. En effet, sur certaines requêtes, les résultats de Google Maps et de My Business (anciennement Places, Local Business Center ou Google+ Local : *https://www.speeny.fr/219*) se positionnent « dans le haut du panier » par rapport aux résultats Google classiques (moteur web). C'est ce que l'on appelle le « pack local » qui affichait, au moment où ces lignes étaient écrites, trois liens de commerce ou activités locales (plus parfois une publicité).

L'exemple de la figure 7-18 sur l'expression « pizzeria paris » dans Google sera plus parlant pour évaluer l'intérêt de Google Maps.

De plus, depuis avril 2009, il n'est plus nécessaire de saisir le nom d'une localité sur certaines requêtes. En effet, Google va géolocaliser votre ordinateur et ajouter automatiquement des résultats « locaux » au sein des liens proposés (figure 7-19).

Il est donc difficile de passer outre un bon référencement dans Google Maps pour les sociétés ayant une zone d'activité locale. Autre atout indéniable pour l'internaute, ce service permet de localiser de façon précise une entreprise sur une carte. Grâce à cette solution gratuite, il est possible de compléter les services apportés par un site web et de faciliter les rencontres directes avec les clients.

Une visibilité accrue en dehors du Web traditionnel, voilà ce que peut apporter Google Maps aux entreprises, même si elle est restée assez longtemps limitée à des recherches plutôt orientées « tourisme/hôtellerie/restauration ». Mais cela évolue très rapidement et de plus en plus de types variés de commerces et sociétés y sont présentés.

Le service Google Maps est également exportable : il est très simple d'ajouter ce type d'information, comme une carte pour afficher un plan d'accès, sur son propre site web.

Google Maps est donc un outil très intéressant en termes de référencement, de visibilité et de services aux internautes, notamment pour des entreprises ayant des offres locales et une clientèle circonscrite à une zone géographique bien délimitée.

Suivre l'évolution de Google Maps

Pour garder un œil sur l'évolution de cet outil, lisez le blog officiel sur Google Maps et Google Earth (en anglais) : *https://www.blog.google/products/maps/*.

Voyons maintenant comment intégrer et présenter votre entreprise sur Google Maps.

Le service « Google My Business » en français (*https://www.speeny.fr/219*) est destiné aux entreprises et commerces et leur permet de se faire référencer facilement (et gratuitement) dans Google Maps.

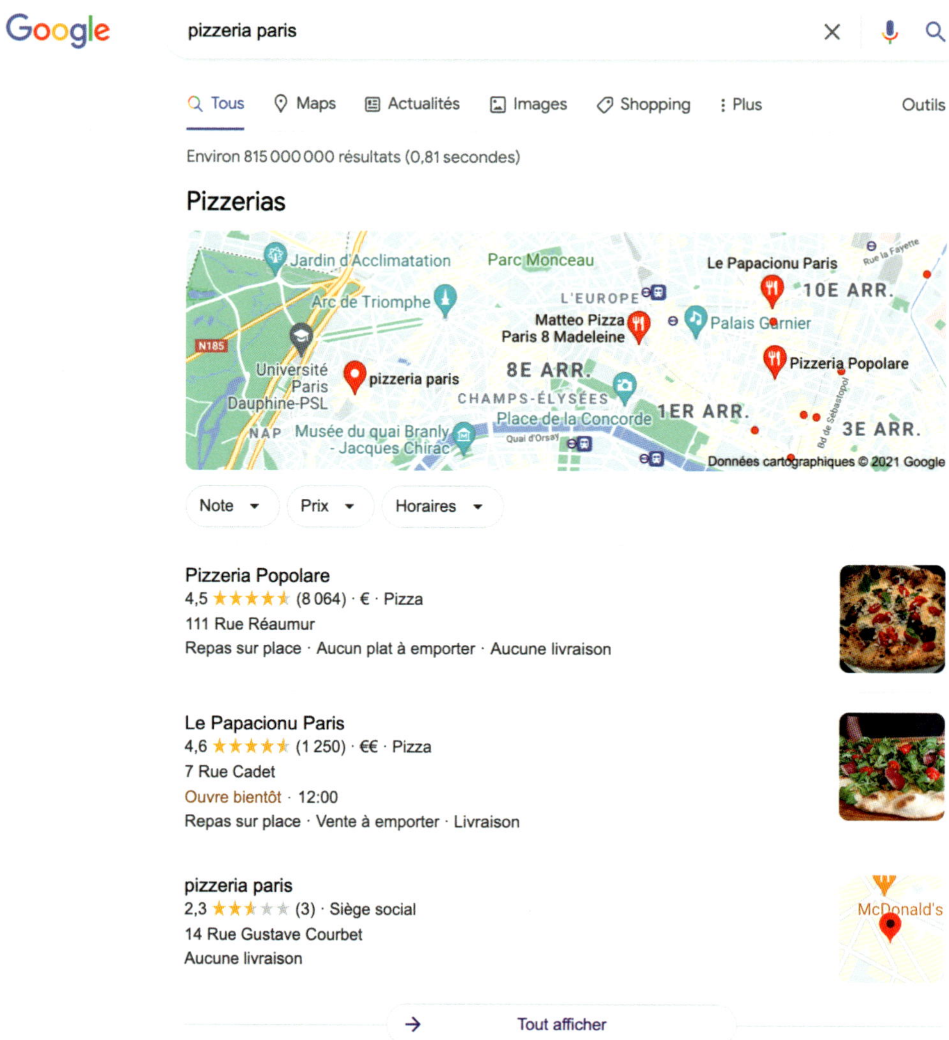

Figure 7-18

Requête « pizzeria paris » sur Google : le moteur fait la part belle dans le « pack local » aux résultats issus de Google Maps.

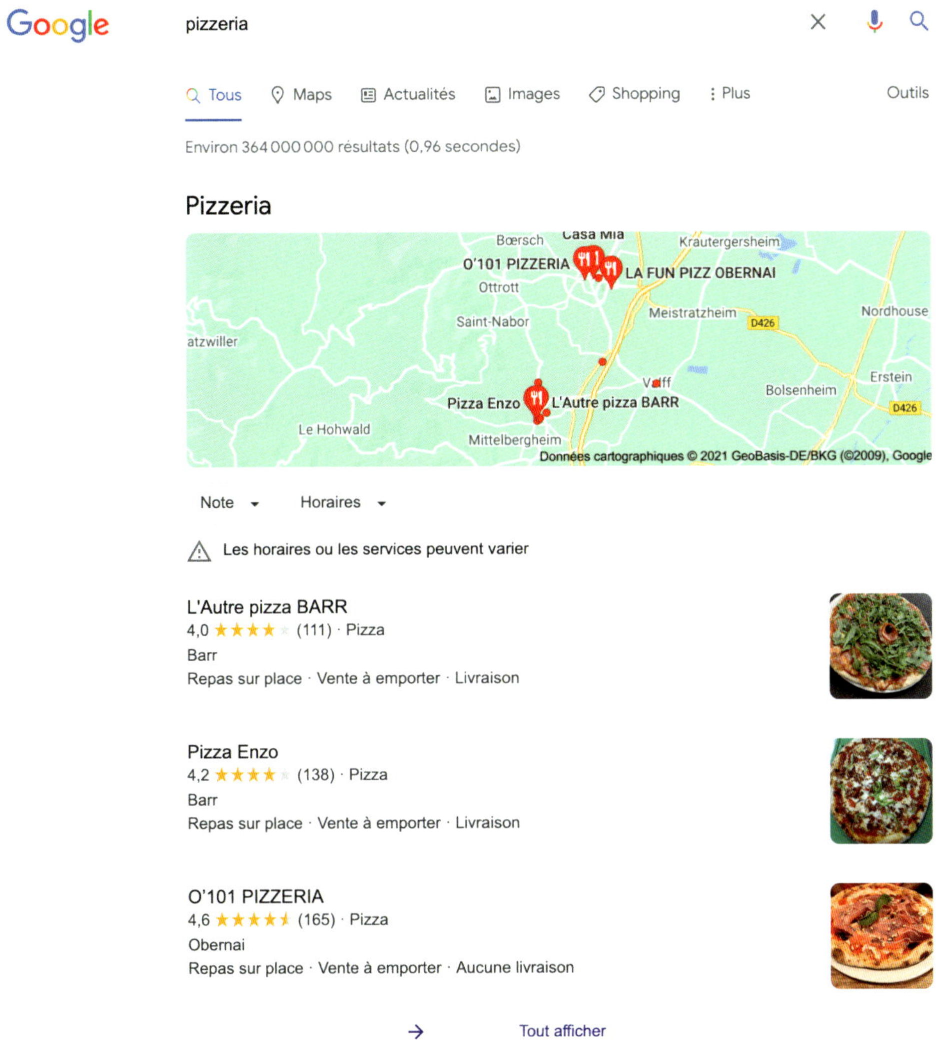

Figure 7-19

La simple saisie du mot-clé « pizzeria » implique l'affichage de résultats locaux proches de l'emplacement de votre ordinateur (ici, un internaute situé à Barr, en Alsace), géolocalisé par Google.

Google My Business

> Section rédigée avec la contribution de Guillaume Thavaud

L'inscription à Google My Business est gratuite, mais nécessite une validation de la part du propriétaire du site. Voici un petit récapitulatif sur les informations stratégiques à renseigner dans sa fiche d'entreprise.

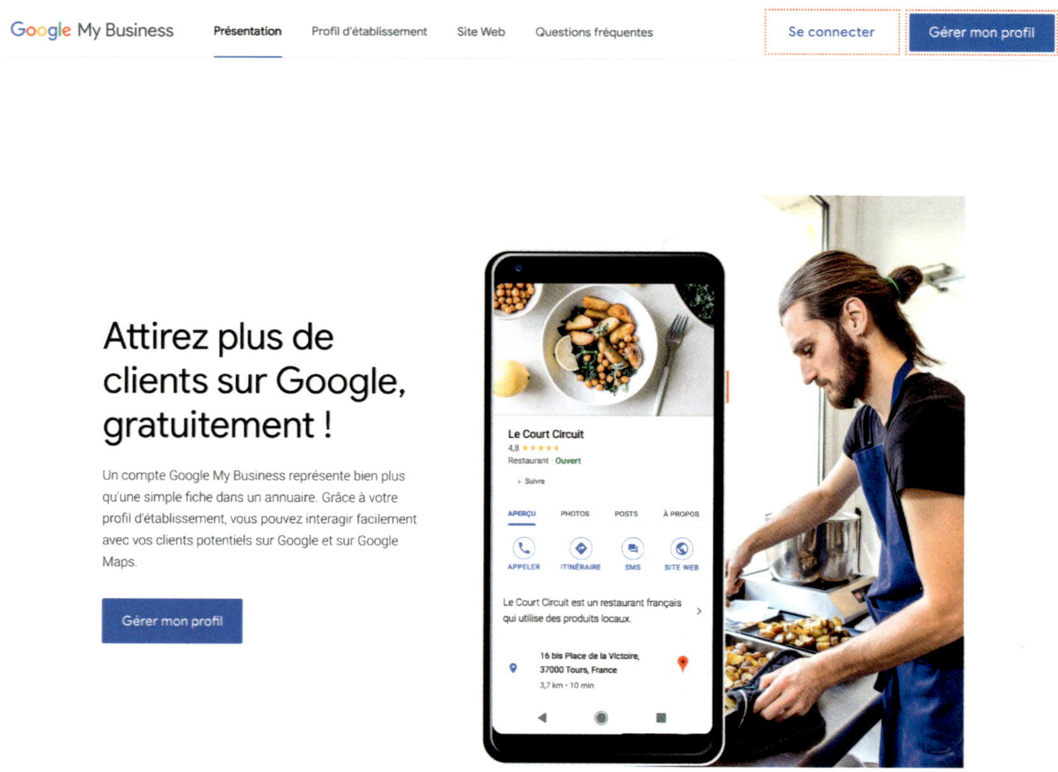

Figure 7-20

Google My Business, un incontournable du SEO local.

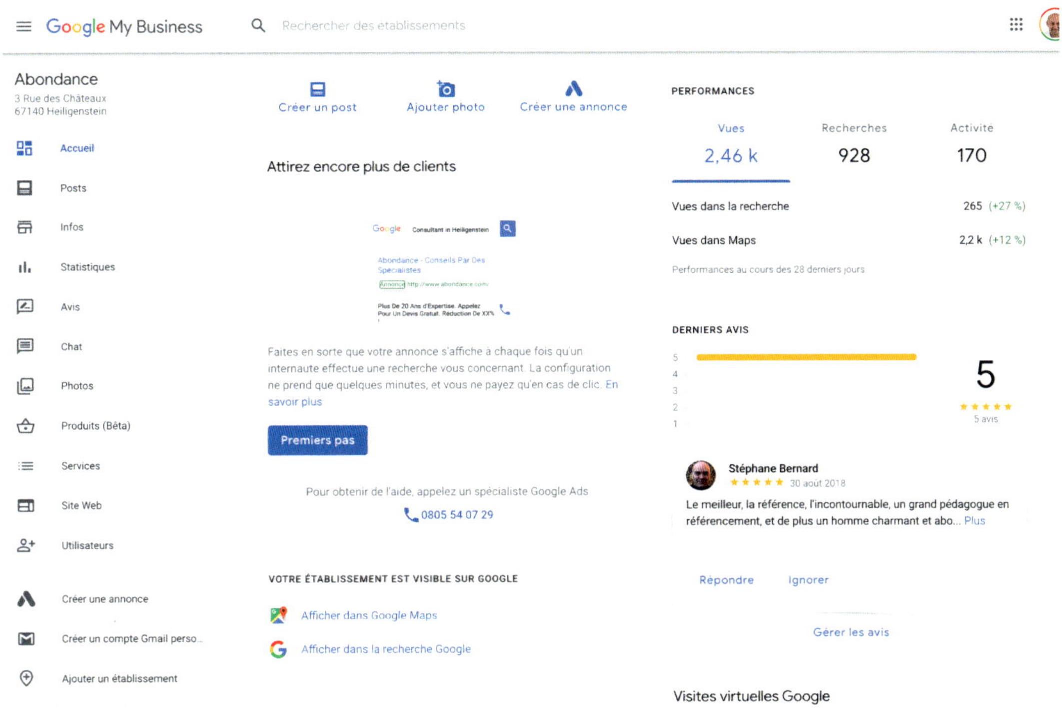

Figure 7-21

Interface de saisie de Google My Business. Vous êtes prêt à décrire votre entreprise.

Informations générales : zone « Infos »

Ce point n'est pas à négliger, car il permet d'insérer des informations clés qui serviront au positionnement mais aussi aux internautes.

Proposer une adresse correcte est indispensable si vous souhaitez que les gens viennent vous voir… De plus, si vous voulez positionner correctement votre marqueur, mieux vaut être précis. Point important : Google refuse l'utilisation de boîte postale !

Google a prévu néanmoins le cas où vous exercez une activité à domicile. Dans ce cas, l'adresse postale de votre entreprise devient une « Zone desservie ». Vous pouvez choisir de cacher votre adresse personnelle et de sélectionner une zone où vous pouvez exercer votre activité (pour plus d'infos, voir l'aide en ligne de Google sur les zones desservies : *https://www.speeny.fr/220*).

Le numéro de téléphone, l'adresse et l'e-mail indiqués seront utilisés ensuite par Google pour la validation de la fiche, il faut donc être précis et exact si vous souhaitez apparaître un jour dans Google Maps.

En toute rigueur, le nom de société/organisme doit uniquement comporter votre nom d'entreprise. Google n'autorise pas l'ajout de mots-clés pertinents, contrairement à ce qui se passe dans le `title` d'une page web par exemple. N'essayez pas de manipuler les résultats de recherche en ajoutant des mots-clés superflus ou une description dans le nom de l'entreprise (extrait des consignes de rédaction données par Google : *https://www.speeny.fr/221*).

La description et les catégories choisies pour votre entreprise sont libres. Il semble que l'impact de la description porte surtout sur les internautes plutôt que sur le classement dans Google : il est inutile d'utiliser une surabondance de mots-clés, il faut surtout donner envie aux internautes ! En cela, le rôle est le même que celui de la balise `meta description` d'une page web.

La catégorie peut jouer un rôle non négligeable dans le positionnement de votre entreprise, choisissez-la donc avec soin. Google n'effectue pas de vérification, mais il est bien évident que si vous choisissez des catégories qui ne correspondent pas à votre activité, vous risquez de décevoir les internautes (ce qui peut se traduire par des commentaires déplaisants sur votre fiche).

Pour finir, il est bien sûr absolument incontournable de renseigner l'adresse de son site web. Cette URL pourra entraîner des visites depuis Google Maps et elle sera également utilisée par Google pour présenter quelques résultats de recherche dans la fiche entreprise. En 2017, Google a également ajouté la possibilité de créer un mini site web reprenant les informations de votre fiche. Mais n'espérez pas exploser l'audimat avec, l'outil étant réellement trop rudimentaire…

Photos et vidéos

L'insertion de photos et vidéos peut personnaliser votre fiche et améliorer sa réactivité vis-à-vis des internautes. Pensez donc à fournir ici le logo de votre entreprise, une image des locaux, de vos produits ou même une photo de l'équipe.

Figure 7-22

N'hésitez pas à insérer logo, photos et vidéos pour mieux présenter votre entreprise.

L'ajout d'une vidéo (celle-ci devant être préalablement soumise à YouTube) est également intéressant pour présenter votre entreprise et votre activité.

Avis des internautes

Les avis des utilisateurs de Google Maps peuvent constituer un atout précieux pour enrichir votre fiche. Rien de mieux qu'un peu de publicité pour donner envie aux internautes de faire appel à vos services.

Néanmoins, ceci est à double tranchant : un avis négatif peut avoir un impact redoutable sur votre activité économique, il faut donc surveiller régulièrement ce qui se passe dans votre fiche.

S'il est relativement compliqué d'intervenir sur les avis issus de sources externes, récupérés par Google, vous pouvez en revanche très bien répondre vous-même aux avis laissés dans Google Maps. Ceci démontrera votre réactivité et votre bonne foi, et permettra de soigner votre image sur le Web.

Figure 7-23

Zone de gestion des commentaires dans Google My Business.

Pour répondre à un avis (positif ou négatif), il suffit de vous connecter à votre compte, d'aller sur votre fiche et de cliquer sur Répondre publiquement en tant que propriétaire. Tâchez de rester poli et de suivre les consignes de rédaction données par Google !

En ce qui concerne certaines activités touristiques (hôtellerie, restauration, discothèques, etc.), on constate que Google fait parfois (de moins en moins) remonter des avis issus de sites sociaux comme Tripadvisor, Booking.com, Qype.fr, Tvtrip.fr, etc. Ce type de site permet aux internautes de donner leur avis après leur passage dans un établissement touristique, il peut donc être intéressant d'en profiter (en espérant que les clients seront satisfaits). Pour cela, le plus simple est de consulter les avis laissés sur les fiches de concurrents et d'identifier les sites utilisés par Google. Il ne vous reste plus qu'à inscrire votre société dans un de ces portails et à attendre les avis favorables.

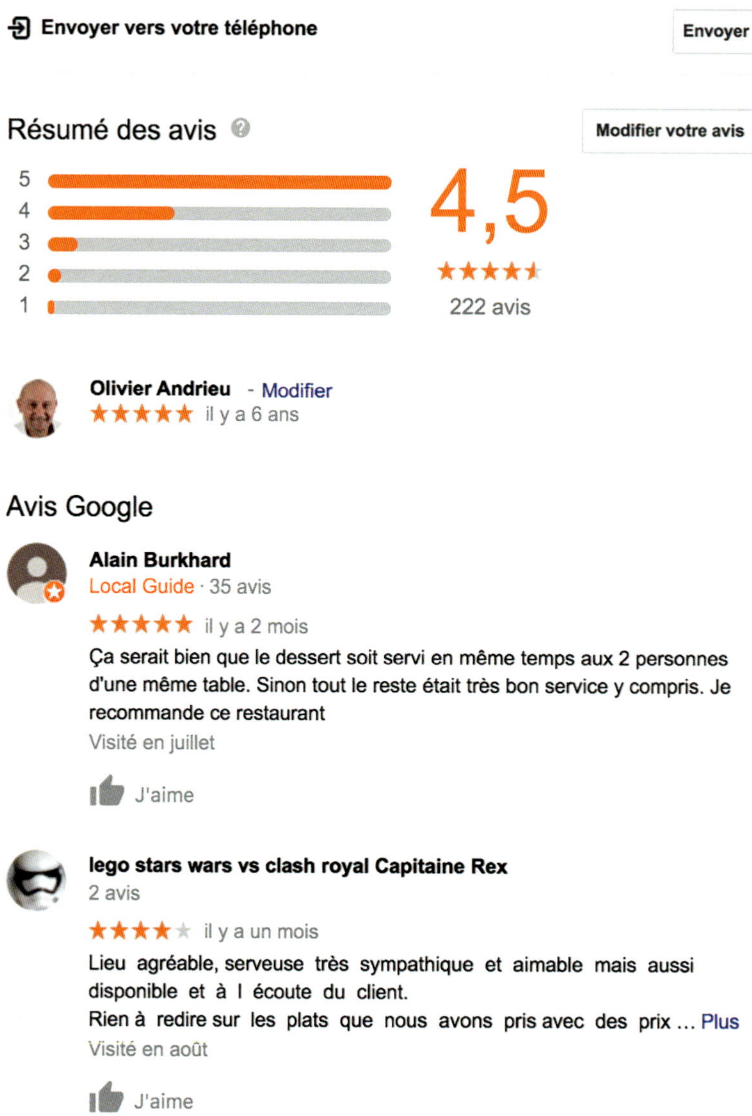

Figure 7-24

Avis affichés par Google, issus de sources diverses.

Actualité de votre entreprise

Google vous donne également la possibilité de publier un message (appelé « post ») sur les promotions ou les nouveautés du moment présentées par votre entreprise. Voilà qui peut capter l'intérêt des internautes et donner plus de vitalité à votre fiche !

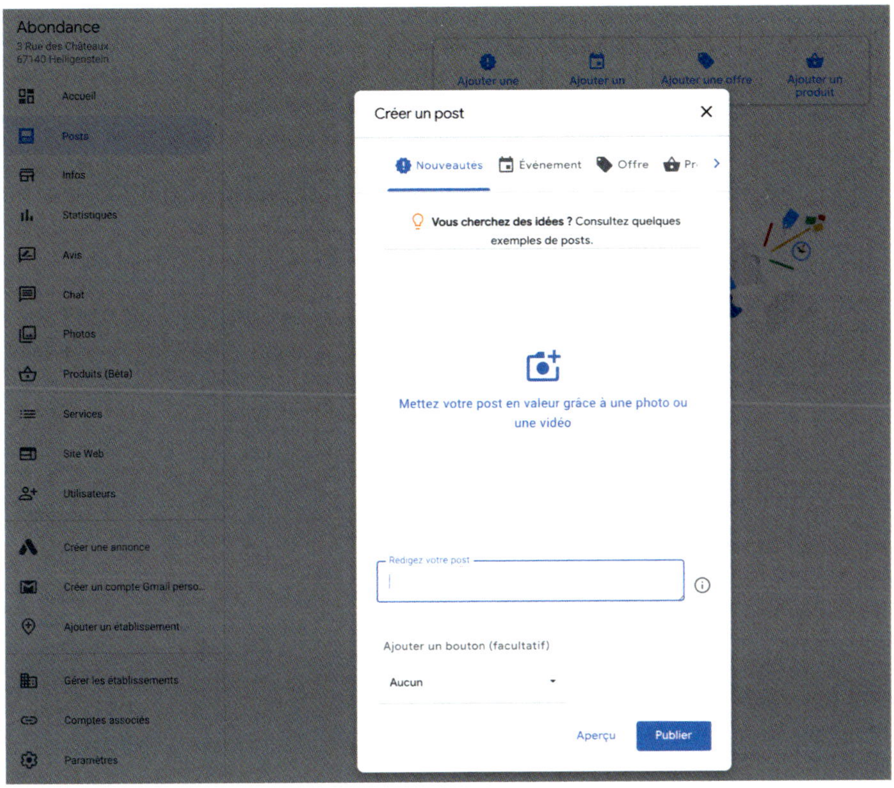

Figure 7-25

Profitez-en pour faire connaître votre actualité dans les « posts » mis à votre disposition !

Se positionner dans Google Maps

Comme à son habitude, Google propose un message assez sibyllin sur la façon dont sont classés les résultats Google Maps :

« Comme tous les résultats de recherche produits par Google, les fiches descriptives sont triées en fonction de la pertinence des informations qu'elles contiennent. Google Maps organise ses listes de commerces et services en fonction de la pertinence des résultats par rapport aux termes recherchés, la distance géographique (quand une position est spécifiée) et un certain nombre d'autres facteurs. Parfois, notre technologie de recherche estime qu'un commerce ou un fournisseur de services plus éloigné de votre position actuelle vous conviendra davantage qu'un commerce ou service plus proche. »

Comment rendre les informations plus pertinentes pour Google Maps ? Quelques éléments de réponse vous sont fournis dans la liste suivante.

- **Utiliser des mots-clés dans le nom de société.** Bien que cela soit déconseillé par Google, il semble qu'un ajout raisonnable et modéré de mots-clés puisse porter ses fruits et il n'est pas inutile de préciser la ville dans le nom de société. Par exemple, utilisez « agence immobilière Immonet Paris » plutôt que « Immonet » tout seul. Attention néanmoins aux abus qui peuvent être sanctionnés par Google !
- **Choisir de bonnes catégories.** Les catégories ont un impact non négligeable sur le positionnement. Il est donc conseillé de sélectionner au moins une catégorie appropriée dans Google My Business (si nécessaire, regardez comment ont procédé vos concurrents) et d'ajouter vos propres catégories, de façon à bien définir votre activité.
- **Faire connaître votre entreprise.** Google utilise les informations trouvées sur le Web pour vérifier l'existence et la validité de ce que vous mettez dans votre fiche. Il est donc important de présenter vos coordonnées et contacts sur plusieurs sites web, de façon à appuyer les informations que vous donnez sur votre fiche. Si Google trouve des adresses différentes dans les références à votre entreprise trouvées sur le Web, cela risque de nuire grandement à votre classement !
- **Remplir le plus possible la fiche Google My Business.** Description, horaires d'ouverture, photos, actualités… Tout est bon pour compléter votre fiche, la personnaliser et la faire sortir du lot parmi les nombreuses fiches qui sont proposées sur Google Maps. Il est important de proposer un maximum d'informations utiles et de montrer votre dynamisme. Une fiche entièrement complétée sera mieux classée qu'une fiche partiellement remplie.
- **Surveiller son image sur le Web.** Les avis laissés par les internautes peuvent constituer une source d'informations importante et il est très possible que Google tienne compte des notations pour améliorer le classement d'une fiche.

Opossum, nouvel algorithme local

En 2016, Google a lancé un nouvel algorithme (nom de code officieux : « possum » ou « opossum » en français) pour ses recherches locales. Opossum était une suite logique et une amélioration de l'algorithme (la mise à jour précédente s'appelait « pigeon », un nom assez difficile à porter), prenant en compte plusieurs critères.

- **La zone de chalandise.** Avec Opossum, les entreprises situées en dehors et proches de la zone recherchée par l'internaute apparaissent plus souvent. Par exemple, sur une recherche comme « taxi Paris », la probabilité de trouver des entreprises en dehors de Paris augmente, même si l'internaute a explicitement demandé la ville de Paris.
- **L'emplacement de l'internaute (ou du mobinaute).** Le fait de se trouver dans la zone recherchée par la demande va focaliser les résultats sur les fiches locales les plus proches. En d'autres termes, l'adresse IP de l'internaute influence encore plus les résultats locaux qu'auparavant.

Rien de très important *a priori* donc avec ce nouveau venu dans le bestiaire de Google, sauf pour les entreprises travaillant sur une zone de chalandise très proche géographiquement, qui devraient voir leur concurrence croître avec Opossum.

Conclusion

Réseaux sociaux, liens sponsorisés, recherche universelle… il est impossible de passer à côté de Google My Business. Il faut aussi penser au Web mobile, qui rend la visibilité dans Google Maps encore plus indispensable. Les mobinautes sont en effet friands de recherche localisée, qui leur est apportée grâce au GPS inclus dans leur téléphone de dernière génération. « Où aller boire un verre ? », « Où trouver un restaurant pas cher ? », « Où se trouve le garage le plus proche ? » : les webmasters qui sauront profiter de My Business pour répondre à ce type de questions seront sans aucun doute les gagnants de Google Maps dans les années qui viennent.

Référencement mobile

Le Web mobile est la nouvelle terre promise des créateurs de sites. Ce vaste territoire encore peu colonisé offre en effet de nombreuses possibilités en matière de positionnement marketing.

Dans le monde mobile, plusieurs voies d'accès sont également disponibles afin d'optimiser sa visibilité.

- Les moteurs web optimisés mobiles comme Google mobile ou Bing mobile.
- Les « Stores » de certains constructeurs comme le Google Play Store ou l'AppStore d'Apple, qui référencent des applications (« Apps ») parfois « triées sur le volet » par le constructeur lui-même. La plate-forme dispose dans ce cas de son propre outil de recherche.

Un livre dédié au référencement mobile

Le livre *Référencement mobile, Web Analytics et stratégie de contenu*, d'Isabelle Canivet (éditions Eyrolles), vous apprendra beaucoup de choses en matière de SEO pour terminaux mobiles et de gestion du contenu proposé aux internautes sur de tels appareils, en complément de votre site web classique… Plus d'informations à l'adresse suivante : *https://www.speeny.fr/222*.

À noter également un excellent guide PDF proposé par Google, intitulé *Guide de démarrage Google – Optimisation pour les moteurs de recherche*, disponible à l'adresse *https://www.speeny.fr/223* et dont une partie est consacrée à l'optimisation des sites mobiles.

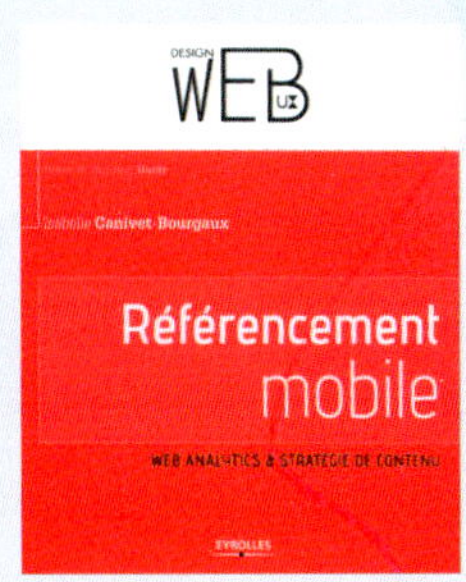

Concevoir un site mobile friendly

Un site web pour mobile n'est pas conçu de la même façon qu'un site web traditionnel. En effet, il existe un certain nombre de limitations techniques et de normes à utiliser pour rédiger le contenu destiné aux mobinautes.

À ce sujet, il sera, comme d'habitude, intéressant de se référer aux conseils donnés par Google dans son guide en ligne à l'attention des webmasters (*https://www.speeny.fr/224*) ainsi qu'aux conseils prodigués par le site mobiForge (*https://www.speeny.fr/225*).

> **Validateurs de sites pour mobiles**
>
> Il existe plusieurs outils incontournables pour tester son site mobile depuis un PC ou en obtenir une visualisation à partir d'un émulateur. Le plus simple est d'utiliser celui de Google, qui permet de tester la compatibilité mobile du site : *https://www.speeny.fr/226*.

Trois façons de créer un site mobile

Il existe globalement trois façons de générer un site compatible mobile.

- Le site mobile dédié, qui sera disponible à une adresse spécifique, différente de celle du site web : *m.votresite.com*, *www.votresite.com/mobile/* ou *www.votresite.mobi* par exemple.
- Le site en « responsive design », avec un seul code HTML et une seule URL. Le code adaptera alors l'affichage du contenu en fonction du terminal détecté.
- Le « dynamic serving », qui se situe entre les deux premières techniques : une seule URL sera disponible ; en revanche, un code HTML différent sera généré en fonction du terminal détecté.

Nous ne verrons dans ce chapitre que les deux premiers cas, de loin les plus répandus à l'heure actuelle (sachant que le responsive a aujourd'hui clairement gagné la partie). La figure 7-27 résume ces trois options et leurs différences.

Configuration	Does my URL stay the same?	Does my HTML stay the same?
Responsive Web Design	✓	✓
Dynamic Serving	✓	✗
Separate URLs	✗	✗

Figure 7-27

Les trois possibilités pour créer un site web compatible mobile. Source : Google.

Optimiser un site mobile

On peut penser qu'il est généralement illusoire de vouloir retranscrire le contenu d'un site web sur un site mobile. En effet, l'interface d'un téléphone mobile est encore spartiate au vu de la taille de l'écran et impose des restrictions importantes au niveau du contenu et de sa sophistication.

Il faut également bien comprendre le fait qu'un mobinaute ne recherchera pas le même type de contenu qu'un internaute : il sera intéressé par des informations synthétiques et des services pratiques, susceptibles de l'aider ou de le divertir lors d'un déplacement (par exemple, adresses de restaurant, lieux à visiter, actualités du moment, jeux en ligne…).

Les principes de rédaction du contenu peuvent donc se résumer ainsi :

- un contenu synthétique ;
- un contenu facilement accessible et une navigation optimisée ;
- des services et des informations adaptés aux mobinautes.

Concernant le nom de domaine et les URL, il est en tout cas certain qu'il faut faire très simple (notamment en cas de site mobile dédié, même s'il est vrai qu'aujourd'hui, c'est le responsive qui a gagné la partie) : en effet, il est beaucoup plus difficile de saisir une URL sur un mobile que sur un ordinateur et il faudra éviter les URL trop longues, même si elles contiennent des mots-clés pertinents.

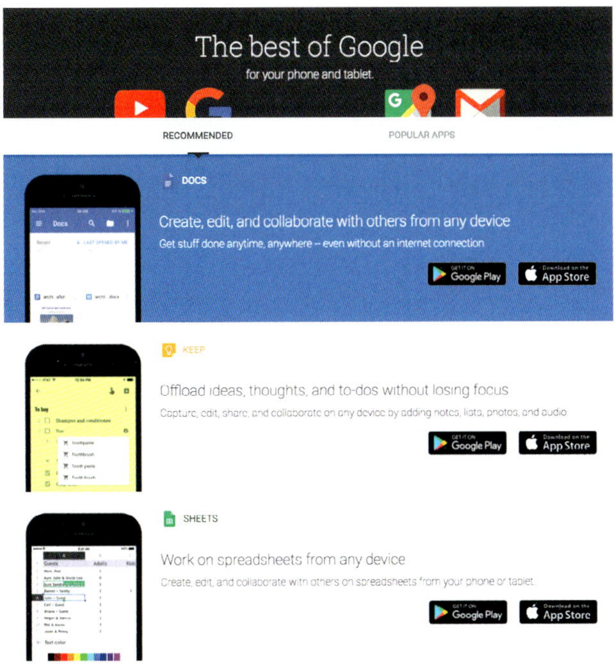

Figure 7-28

mobile.google.com : un site optimisé pour les mobinautes.

SEO et responsive design

> Section rédigée avec la contribution de Daniel Roch

Le *responsive design* semble aujourd'hui avoir gagné la partie en termes de création de sites web compatibles mobiles. Ce concept, qui permet de créer un seul site qui s'adapte à tous les terminaux (PC, tablettes, smartphones…) est encouragé par Google. Mais qu'est-ce que le responsive design ? Pourquoi a-t-il les faveurs de Google ? Comment l'intégrer sur son site et quels sont les avantages SEO que l'on peut en tirer ? Nous vous proposons quelques réponses à ces interrogations dans les sections suivantes. Il ne s'agit pas ici de vous faire découvrir en détail le responsive design, il existe d'excellents ouvrages sur le sujet. Notre but est plutôt d'étudier l'impact de ce concept sur le SEO.

Rappelons tout d'abord que dans le courant de l'année 2012 les équipes de Google ont fait savoir que le responsive design était la solution recommandée pour référencer un site web pour les appareils mobiles (et pour tout autre type d'appareil puisque le responsive design s'adapte à chacun d'entre eux). Et que rien n'a changé à ce niveau depuis : le responsive est la solution de compatibilité mobile clairement recommandée par le moteur majeur.

Mais pourquoi cette décision ? En quoi consiste cette manière de concevoir un site ? Et surtout, existe-t-il des règles spécifiques pour l'intégration de vos contenus permettant de favoriser votre référencement naturel ? Autant de questions auxquelles nous allons tenter de répondre dans les paragraphes suivants.

Le responsive design, c'est quoi ?

Cela fait quelques années déjà que les graphistes et intégrateurs entendent parler de cette nouvelle manière de concevoir un site web. Le concept est simple : le responsive design consiste en une charte graphique et un contenu qui s'adaptent automatiquement aux dimensions de l'appareil utilisé par l'internaute.

En d'autres termes, votre design va se modifier de manière dynamique en fonction du périphérique utilisé par l'utilisateur, à savoir un PC, une tablette, un smartphone, une console portable, etc. Et ce design s'adapte également aux changements apportés sur un même appareil, par exemple quand vous redimensionnez la fenêtre de votre navigateur sur PC ou quand vous pivotez votre tablette ou votre téléphone pour basculer le mode d'affichage en paysage ou portrait.

La figure 7-29 montre un exemple concret des variantes d'un responsive design sur le site Digital Happy (*https://www.digitalhappy.com/*).

L'intérêt principal du responsive design est qu'il évite de devoir concevoir un site mobile ou une application iOS/Android, puisque c'est le même site qui va s'adapter à chaque résolution et taille d'écran. Le site est donc parfaitement lisible et utilisable quel que soit le périphérique utilisé.

Figure 7-29

Exemple d'un site visualisé sur différents périphériques.

Pourquoi Google conseille-t-il cette solution ?

Une meilleure expérience utilisateur

Il faut avant tout comprendre que, comme toute entreprise, le but de Google est de générer des profits. Pour cela, il faut que les internautes continuent d'utiliser ses services, et le moteur de recherche doit donc chercher à toujours proposer les résultats qui donneront à l'utilisateur la meilleure satisfaction possible.

Le contenu et la popularité sont deux éléments très importants pour le référencement naturel. L'ergonomie, quant à elle, l'est de plus en plus. C'est donc tout naturellement que le moteur de recherche privilégie les contenus qui s'adaptent à tous les périphériques, augmentant ainsi son taux de transformation, puisque chaque internaute pourra utiliser facilement et sans contraintes le site qu'il visite.

Le boom du mobile

L'autre raison de cette décision est que Google cherche à proposer le meilleur contenu possible dans le cadre d'une navigation mobile. Et le moteur de recherche sait pertinemment que ce besoin va énormément s'accroître dans les années à venir, comme en témoigne la croissance du trafic Internet en provenance de ces nouveaux périphériques, qui explose chaque année des records.

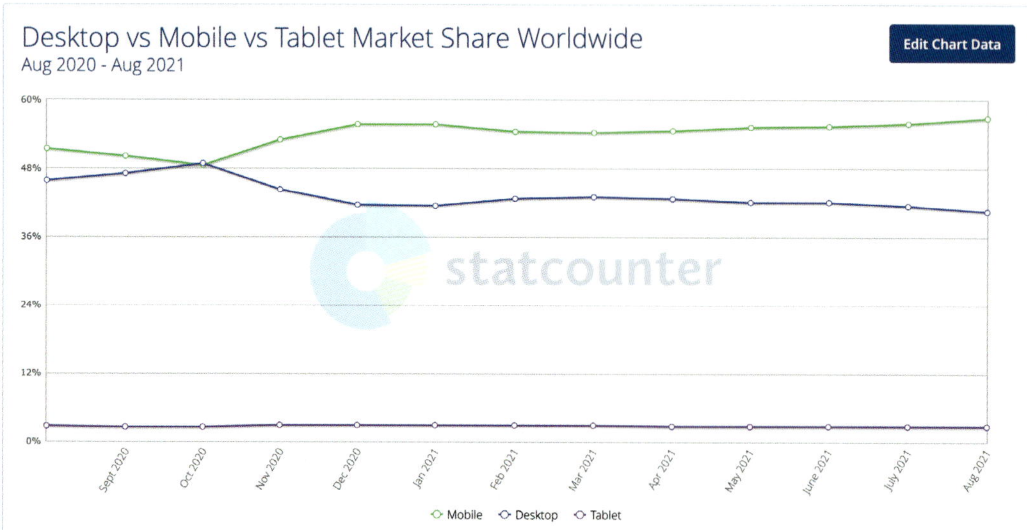

Figure 7-30

Il y a désormais autant, voire plus, de trafic sur le Web sur mobile qu'en desktop dans le monde. Source : Gs.statcounter.com.

Les raisons techniques

Du point de vue technique, Google a plusieurs bonnes raisons supplémentaires de favoriser les sites ayant adopté un design responsive.

La première raison est que cela réduit à néant tout contenu qui aurait été dupliqué entre un site standard et son équivalent mobile. Seul le CSS va modifier l'aspect du site (et éventuellement quelques scripts), mais le contenu et son URL seront identiques, permettant de réduire une partie des problèmes de contenus dupliqués.

La deuxième raison est que cela facilite énormément son travail d'indexation. Il est plus rapide et moins coûteux d'indexer une seule URL plutôt que deux. Un site responsive sera donc théoriquement plus rapidement indexé.

Enfin, cela réduit les erreurs potentielles que les webmasters peuvent commettre quand ils implantaient un site mobile à côté du site standard de la société. Par exemple :

- si le webmaster optait pour des URL différentes, il ne devait pas omettre l'ajout d'une balise `canonical` pour la version mobile, et d'une balise `rel=alternate` pour la version standard (voir ci-après) ;
- si le webmaster optait pour un site mobile ayant des URL identiques, il ne devait absolument pas se tromper dans les en-têtes http envoyés à Googlebot-Mobile (ce que l'on appelle le *HTTP Vary Header*).

Ce que dit Google

Le message de Google est limpide : optez pour le responsive design et bannissez les sites spécifiquement mobiles.

Google indique cependant que vous pouvez développer et proposer une application mobile en fonction de l'usage et de l'utilité des fonctionnalités que vous voulez proposer aux internautes, mais que les sites mobiles dédiés ne sont plus recommandés, tout comme le fait de faire varier sur une même URL le contenu HTML en fonction du périphérique utilisé *(dynamic serving)*.

Piresponsive : votre site est-il responsive ?

Piresponsive (*https://www.speeny.fr/227*) est un outil en ligne simple et rapide qui vous montre à quoi ressemble votre site web lorsqu'il est affiché sur l'écran d'un smartphone, d'une tablette, etc.

Google et le responsive design

Pour en savoir plus sur les différentes annonces de Google à propos du responsive design et des sites mobile *friendly*, consultez les pages suivantes :

- *Building Mobile-Optimized Websites : https://www.speeny.fr/228*
- *Recommandations for Building Smartphone-Optimized Websites : https://www.speeny.fr/229*
- *Responsive design – Harnessing the Power of Media Queries* (guide pour implanter le responsive design dans votre site) : *https://www.speeny.fr/230*

Responsive design et SEO : les règles à suivre

Nous avons donc vu pourquoi le responsive design est une excellente solution pour proposer un contenu pertinent et unique à la fois aux internautes et aux moteurs de recherche. Encore faut-il l'implanter de la bonne façon.

Le concept de base

Il repose sur l'utilisation des *medias queries* que l'on va insérer dans la feuille de styles CSS du site. En fonction de la taille du périphérique, certaines règles vont s'appliquer ou non. Une media query est tout simplement un point de rupture à partir duquel on veut changer l'affichage (par exemple, dès que l'écran fait 800 pixels de large, on augmente la taille de la police d'écriture).

C'est donc principalement votre fichier CSS qui va permettre d'implanter un responsive design. Le code HTML ne changera pas et vous pourrez éventuellement ajouter quelques scripts pour compléter ou améliorer l'affichage de votre contenu.

Voici un exemple dans lequel l'élément HTML avec l'ID `monid` passera en gras dès que la taille d'affichage du périphérique atteindra au minimum les 500 pixels :

```
@media all and (min-width: 500px) {
#monid{font-weight:700}
}
```

Un responsive design est donc conçu pour s'adapter en fonction de la taille d'affichage du périphérique utilisé. Pour cela, le graphiste et l'intégrateur doivent définir les points de rupture précédemment cités, c'est-à-dire des surfaces en hauteur ou largeur qui provoquent un changement d'affichage.

Index Mobile first *versus* desktop first

Vous avez également deux manières de concevoir un site responsive dans votre CSS.

- Le *mobile first* consiste à créer son design pour un périphérique mobile, puis à rajouter des contenus et améliorer l'aspect du site au fur et mesure que la surface disponible s'agrandit. On appelle cela le *progressive enhancement* (amélioration progressive).
- Le *desktop first* fait l'inverse : on conçoit son site pour les périphériques de grande taille, puis on réduit et on masque les contenus au fur et à mesure que la surface se réduit avec le CSS. On parle alors de *graceful degradation* (dégradation gracieuse).

Il est fortement conseillé d'opter pour la méthode du mobile first. Vous vous concentrez ainsi sur le contenu le plus pertinent d'abord (ce qui sera affiché quel que soit le périphérique utilisé) tout en développant un site de base ayant un temps de chargement optimal (par défaut, on ne charge que l'essentiel).

C'est ensuite l'amélioration progressive qui va afficher ou modifier l'apparence des contenus secondaires pour les périphériques plus grands.

La réalité est en fait beaucoup plus complexe que cela au niveau des tailles d'affichage, car chaque périphérique fonctionne différemment. Cette explication du responsive design simplifie le fonctionnement pour appréhender son concept. Mais il faut bien comprendre que certains éléments peuvent être bien plus complexes à implanter que prévu.

Par exemple, on peut avoir sur un même périphérique une surface réelle différente de la surface calculée par celui-ci. En d'autres termes, la surface réelle peut très bien être de 300 pixels tandis que le périphérique en calcule 350, ce qui peut nuire au design que vous souhaitez afficher. Sur ce point, nous vous conseillons la lecture de l'excellent guide réalisé par Alsacréation et intitulé *Comprendre le Viewport dans le Web mobile* (*https://www.speeny.fr/231*).

Comment optimiser son responsive design pour le SEO ?

On pourrait être tenté de dire que le responsive design n'apporte rien en référencement naturel, pour la simple et bonne raison qu'il s'agit juste d'une modification dynamique de la charte graphique d'un site web.

C'est en partie vrai, et également complètement faux. En soi, un site responsive ne va pas changer votre positionnement. Google commence à peine à prendre en compte ce paramètre, et il faudra encore quelques années pour qu'il décide que celui-ci a une réelle importance dans son algorithme (malgré plusieurs annonces pseudo-fracassantes de sa part). On verra cependant ce qu'il en est avec son projet « Index Mobile First » depuis 2018 (voir plus loin).

Cependant, concevoir un site responsive va vous amener obligatoirement à revoir la structure de vos contenus, en répondant à ces deux questions :

- quel est mon contenu principal ?
- quel est mon contenu secondaire ?

Comme nous venons de le voir, il est recommandé d'avoir un site responsive mobile first. Cette manière de concevoir votre site va justement vous permettre de répondre aux deux questions précédentes : sur cette URL, quel est le contenu crucial à mettre en avant pour l'internaute et, par la même occasion, pour le moteur de recherche ?

En plaçant votre contenu principal de manière plus visible, et en le mettant en avant quel que soit le périphérique utilisé, vous augmentez les chances que Google le prenne en compte. D'ailleurs, le moteur de recherche utilise déjà l'emplacement des contenus pour pénaliser ou favoriser certains sites, en témoigne la problématique des publicités situées au-dessus de la ligne de flottaison (filtre Page Layout, voir chapitre 15).

Vous serez d'ailleurs peut-être amené à scinder des contenus, qui pouvaient « cohabiter » sur un ordinateur mais plus difficilement sur une tablette ou sur un mobile. Cela vous permettra au passage de mieux cibler chaque contenu pour les mots-clés que vous travaillez en référencement.

Les effets positifs du responsive design

Indirectement, le responsive design peut avoir un impact important pour le référencement. Au-delà de l'amélioration du taux de transformation de votre site (ventes, prises de contact, abonnements...), vous allez favoriser les interactions avec les internautes.

Cette interaction peut permettre de générer des actions qui vont améliorer votre référencement :

- le partage de votre contenu sur les réseaux sociaux ;
- le partage de votre contenu par e-mail ;
- la création plus spontanée de liens vers votre site web.

De plus, ces partages se feront exactement sur la bonne URL, alors qu'auparavant ils pouvaient avoir lieu pour un même contenu sur plusieurs URL différentes (celle du site desktop et celle du site mobile).

Quelques outils pour vous aider

Pour terminer, voici quelques outils utiles pour développer et intégrer un site en responsive design.

- Le raccourci Ctrl + Shift + M sur Firefox : il permet d'ouvrir une interface dans le navigateur pour redimensionner dynamiquement votre site web selon les tailles les plus communes des terminaux qui existent.
- L'extension Web Developer sur Firefox ou Chrome (voir annexes) : elle aussi dispose de son propre outil de redimensionnement du navigateur pour pouvoir tester différentes tailles de responsive.
- Un site pour afficher le rendu de votre site sur différents navigateurs (chaque fenêtre est « navigable » de manière indépendante) : *http://ami.responsivedesign.is/*.

- Une excellente bibliothèque d'éléments responsive (menus, listes, images, vidéos, etc.) : *https://www.speeny.fr/232*.
- Des solutions payantes bien plus complètes comme BrowserStack : *https://www.browserstack.com/*.
- Des exemples et de l'inspiration pour vos designs : *https://mediaqueri.es/*.
- Les menus de la Search Console dédiés à l'optimisation mobile.
- Enfin, l'indispensable outil de test mobile de Google qui permet de tester en temps réel si le moteur de recherche considère bien votre page comme compatible mobile : *https://www.speeny.fr/226*.

Et, tant que vous y êtes, profitez-en pour basculer votre site en HTML 5. Votre code source sera plus léger et aura une meilleure sémantique, ce que Google pourrait prendre en compte de manière plus poussée dans les années à venir.

Conclusion

Vous l'aurez compris, un site en responsive design ne va pas améliorer votre référencement naturel, pas plus qu'une optimisation de la vitesse de celui-ci. L'intérêt est surtout d'augmenter ou d'améliorer les interactions avec les internautes, et donc de potentiellement gagner quelques liens et votes sociaux supplémentaires, tout en améliorant le taux de transformation de votre site.

En préconisant l'utilisation de cette technologie, Google facilite surtout son travail d'indexation, tout en évitant à certains webmasters de faire des erreurs lors de l'implantation de la version mobile de leur site web.

Sites mobiles dédiés : aspects techniques et gestion des spiders

Il reste encore aujourd'hui quelques (de moins en moins de) sites mobiles dédiés, répondant à des adresses de type *m.votresite.com* ou *www.votresite.com.mobi*. Ces sites doivent répondre à quelques contraintes techniques demandées par Google, les voici.

En ce qui concerne l'optimisation du site web lui-même et de ses pages, on peut utiliser les mêmes principes que pour le référencement de site web classique, à quelques différences près. Pour un site responsive, pas de problèmes, puisqu'il n'existe qu'un code HTML et que tout ce que nous voyons dans cet ouvrage est valable pour les sites web et mobile sans distinction.

Pour les sites mobiles dédiés, voici quelques conseils assez classiques :

- Créer des titres et des descriptions courts, pour faciliter l'affichage dans les navigateurs mobiles.
- D'une façon générale, faire en sorte que les contenus (notamment textuels) affichés sur les versions desktop et mobile soient identiques.

Choix du Doctype

Dans un premier temps, n'oubliez pas de vérifier dans votre code HTML que votre DTD *(Doctype)* est adaptée aux mobiles, comme XHTML Mobile ou C-HTML.

Par exemple :

```
<!DOCTYPE html PUBLIC "-//WAPFORUM//DTD XHTML Mobile 1.0//EN"
"https://www.wapforum.org/DTD/xhtml-mobile10.dtd">
<!DOCTYPE html PUBLIC "-//WAPFORUM//DTD XHTML Mobile 1.1//EN"
"https://www.openmobilealliance.org/tech/DTD/xhtml-mobile11.dtd">
<!DOCTYPE html PUBLIC "-//WAPFORUM//DTD XHTML Mobile 1.2//EN"
"https://www.openmobilealliance.org/tech/DTD/xhtml-mobile12.dtd">
```

Voyez à ce sujet la page suivante : *https://www.speeny.fr/233*.

Quelques liens utiles

Le blog pour webmasters de Google a publié deux posts très utiles sur le référencement des sites web mobiles :

- *Help Google Index Your Mobile Site : https://www.speeny.fr/234*
- *Running Desktop and Mobile Versions of Your Site : https://www.speeny.fr/235*

Fichier robots.txt

Les spiders de Google (Googlebot-Mobile) et consorts doivent avoir accès au code qui leur est destiné. Prêtez attention également à bien gérer les différents contenus renvoyés à chaque type de terminal pour ne pas être taxé de *cloaking* (voir chapitre 15). Consultez à ce sujet les indications données par Google à la page suivante : *https://www.speeny.fr/236*.

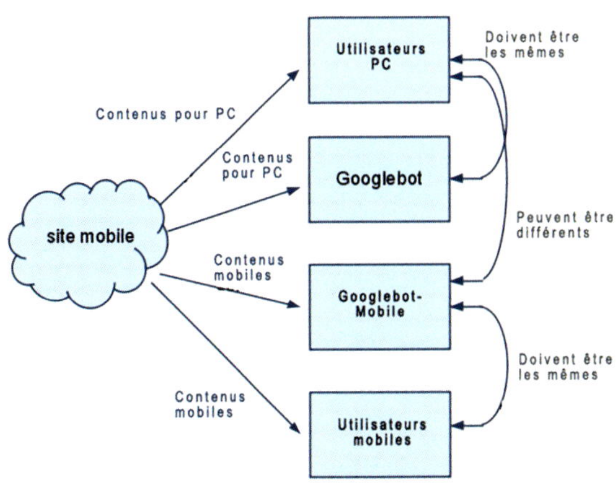

Figure 7-31

Gestion des différents accès aux pages web.

Il est important de bien gérer les différents accès à vos pages (internaute PC ou mobile, spider, etc.). Des sites refusent par exemple l'accès à certains terminaux, oubliant qu'un robot comme Googlebot-Mobile ne se présente pas comme un terminal « normal » lorsqu'il arrive sur votre site. Si le serveur lui bloque l'accès, votre site ne sera pas indexé. Ce qui est embêtant, et à vérifier donc… Pour cela, il faudra analyser la façon dont d'éventuels filtres ont été mis en place – soit *via* le fichier `robots.txt`, soit directement sur le serveur – et s'assurer qu'ils ne bloquent pas les spiders mobiles des moteurs.

Attention : les moteurs peuvent changer le nom de leur robot sans prévenir (voir la liste des robots Google à cette adresse : *https://www.speeny.fr/237*). Par exemple, celui de Bing s'appelait Msnbot auparavant, il se nomme maintenant Bingbot, mais son robot mobile peut crawler sous d'autres patronymes (voir *https://www.speeny.fr/238* pour plus d'informations). Pour Google, par exemple, créez si possible un filtre qui autorise tout visiteur dont le *User Agent* contient Googlebot-Mobile et qui ne soit pas strictement égal à cette chaîne de caractères. Bref, soyez le plus souple possible.

Sachez également que, parfois, le nom même du moteur de recherche n'apparaît pas de façon claire dans le User Agent du robot, comme le précise Google sur son blog pour webmasters (*https://www.speeny.fr/239*). Dans ce cas, vous pouvez utiliser les *DNS lookup* pour repérer les robots mobiles, comme expliqué à cette adresse *https://www.speeny.fr/240* ou celle-ci *https://www.speeny.fr/241*.

Voici des exemples de fichiers `robots.txt` (extraits pour la prise en compte de la partie mobile).

Pour le site desktop : *https://www.votresite.com/robots.txt :*

```
User-agent: Googlebot
User-agent: bingbot
Disallow:
User-agent: Googlebot-Mobile
User-agent: bingbot-mobile
User-agent: MSNBOT_Mobile
Disallow: /
```

Pour le site mobile : *https://m.votresite.com/robots.txt :*

```
User-agent: Googlebot
User-agent: bingbot
Disallow:
User-agent: Googlebot-Mobile
User-agent: bingbot-mobile
User-agent: MSNBOT_Mobile
Disallow:
```

Google indique qu'il faut laisser à son robot web (Googlebot) l'accès au site web bureau mais également au site web mobile. L'inverse n'est en revanche pas vrai.

Redirections

Attention également à bien gérer les différents contenus renvoyés à chaque type de terminal (mobile ou bureau). L'idéal, si vous disposez des deux versions de votre site, sera que l'internaute sur PC ou Mac ait toujours accès, grâce à son moteur de recherche, à la version bureau et que le mobinaute retrouve la version mobile sur son outil de recherche favori.

Pour cela, vous devrez suivre quelques règles simples.

- Si vous détectez qu'un robot de moteur mobile (Bing, Google, etc.) tente d'accéder à votre site bureau, vous pouvez le rediriger automatiquement vers la même page sur le site mobile. Mais ne redirigez pas le robot depuis une page interne du site bureau vers la page d'accueil du site mobile par exemple. La redirection doit se faire de page à page, chacune proposant le même contenu éditorial. Idem pour l'internaute/mobinaute.
- Il n'est pas nécessaire de mettre en place une telle redirection dans l'autre sens, à savoir si le robot bureau du moteur tente d'indexer une page mobile.
- Si une page du site web n'a pas d'équivalent sur le site mobile, vous pouvez effectuer la redirection soit vers une page plus haute dans l'arborescence, mais ayant un rapport avec le sujet traité dans la page web (sommaire de rubrique, par exemple), soit directement vers la page d'accueil du site mobile.

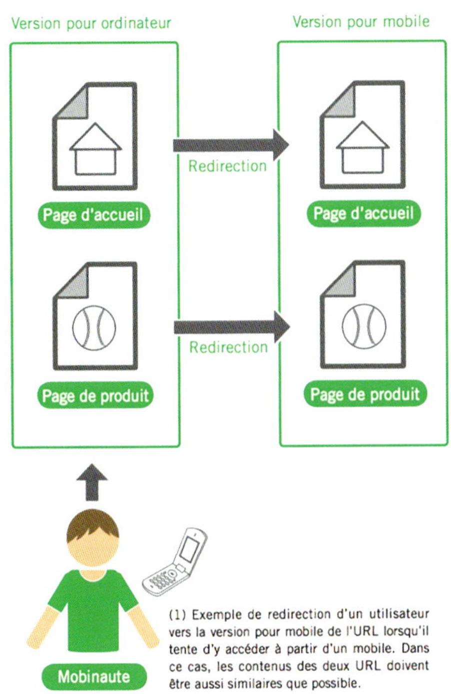

Figure 7-32

Gestion des différents terminaux au travers de redirections. Source : https://www.speeny.fr/242.

Balises canonical

Google recommande également d'intégrer des balises `rel="canonical"` depuis les pages mobiles vers le site bureau. Ainsi, la page du site bureau contiendra le code suivant :

```
<link rel="alternate" media="only screen and (max-width: 640px)"
➥ href="https://m.exemple.com/page-1">
```

Alors que le site mobile proposera dans son code source :

```
<link rel="canonical" href="https://www.exemple.com/page-1">
```

Vous trouverez davantage d'informations à ce sujet à la page suivante : *https://www.speeny.fr/243*.

Le Sitemap XML mobile

Comme pour un site web classique, un bon référencement passe d'abord par sa prise en compte par les principaux moteurs de recherche.

Dans ce cadre, si vous avez un site mobile dédié, il est intéressant de créer un Sitemap mobile (*https://www.speeny.fr/244*) et de le soumettre à l'aide des interfaces prévues à cet effet.

La norme Sitemap mobile est une extension du protocole Sitemap, qui peut utiliser les langages de marquage XHTML, WML ou CHTML (voir également le chapitre 12 à ce sujet). Ces fichiers sont créés sous la forme de code XML qui se présente ainsi :

```
<?xml version="1.0" encoding="UTF-8"?>
  <urlset xmlns="https://www.sitemaps.org/schemas/sitemap/0.9"
    xmlns:mobile="https://www.google.com/schemas/sitemap-mobile/1.0">
      <url>
        <loc>https://mobile.example.com/article100.html</loc>
        <lastmod>2018-10-01T23:05:32+00:00</lastmod>
        <mobile:mobile/>
      </url>
</urlset>
```

Notez bien qu'un Sitemap pour mobiles est très proche de la structure d'un Sitemap, si ce n'est la présence des balises `<mobile:mobile/>`.

Vous trouverez également quelques informations complémentaires au sujet des Sitemaps pour mobiles sur le blog pour webmasters de Google à cette adresse : *https://www.speeny.fr/245*.

Le projet « Index Mobile First »

Le projet « Index Mobile First » (IMF) de Google sera logiquement totalement terminé lorsque vous lirez ces lignes (ce n'était pas encore le cas pendant la rédaction, car certains sites ne se trouvaient pas encore dans cet index à la fin de l'année 2021). N'hésitez donc pas à consulter le site *abondance.com* pour vous tenir au courant de ces derniers rebondissements. Mais voici l'essentiel de ce que nous savions au moment de la mise à jour de la dernière édition de cet ouvrage.

Avant Index Mobile First, Google crawlait la version *desktop* de votre site et vérifiait que celui-ci était compatible mobile (il était responsive, conçu en *dynamic serving* ou disposait d'un site mobile dédié). Si la compatibilité mobile s'avérait bonne, Google « cochait une case » indiquant ce point, mais analysait uniquement la version desktop du site pour noter la pertinence de vos informations par rapport à une requête donnée. Et cela pour les moteurs desktop et mobile. Les contenus de la version mobile de votre site n'étaient donc pas analysés par Google.

Le projet Index Mobile First a pour objectif d'inverser ce mode de fonctionnement : ce n'est plus le contenu de la version desktop qui sera analysé, mais celui de la version mobile, ce qui peut plus ou moins changer la donne. En effet, ce dernier deviendra alors le contenu par défaut et fournira les résultats d'analyse et de pertinence aux moteurs desktop et mobile. Sauf si le site ne dispose pas d'une version mobile (dans ce cas, ce sera encore la version desktop qui sera traitée).

Selon Google, et toujours selon les informations en notre possession au moment d'écrire ces lignes, la préconisation était d'avoir un site responsive (ce qui était le plus souvent le cas en termes de compatibilité mobile) et d'afficher la même information textuelle sur desktop et mobile (éviter donc les contenus expurgés sur smartphone pour cause de taille d'écran plus petite). Fin 2021, la situation reste la même, et :

- une bonne partie des sites web est passée en IMF sans que cela ne perturbe en bien ou en mal leur SEO. Dans l'immense majorité des cas, ce passage s'est avéré être neutre et sans impact au niveau du trafic Google et des positionnements ;
- tout nouveau site web depuis l'été 2019 passe directement dans l'IMF ;
- vous saurez si votre site est dans l'IMF en regardant, dans la Search Console, au niveau de la zone « Paramètres » l'indication relative au robot d'indexation. Si ce robot est indiqué comme étant « Robot Googlebot pour smartphone », c'est que votre site a passé le cap (la date de passage dans l'IMF est même indiquée, figure 7-34).

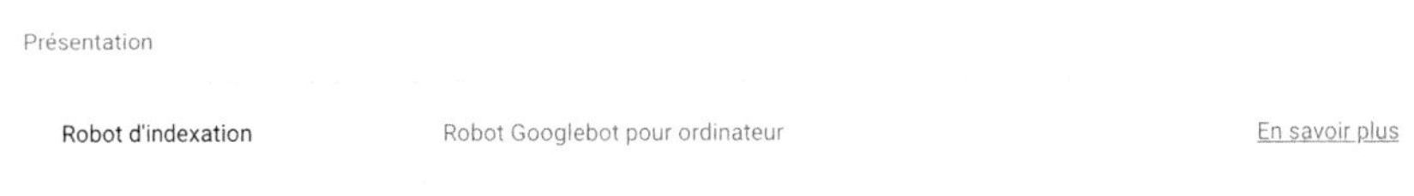

Figure 7-33

Indication du robot Googlebot pour ordinateur dans les paramètres de la Search Console. Dans ce cas, le site n'est pas encore passé dans l'IMF.

Figure 7-34

Indication du robot Googlebot pour smartphone dans les paramètres de la Search Console. Ce site est passé dans l'IMF le 1er septembre 2019.

D'une façon générale, vous ne devriez pas avoir de soucis avec cet Index Mobile First, ses effets devraient être transparents sur votre site si vous avez bien fait les choses (site responsive et contenus identiques sur versions desktop et mobile).

AMP (Accelerated Mobile Pages)

> Section rédigée avec la contribution de Philippe Yonnet

Le point faible du support mobile reste parfois la lenteur d'affichage des contenus. Dans la lignée de Facebook et Apple, Google a proposé en 2015 le projet AMP (*Accelerated Mobile Pages* ou pages mobiles accélérées), mis en place sur son moteur de recherche (et sur de nombreux autres sites dont Twitter) au premier trimestre 2016.

L'année 2015 a également consacré à la fois un succès et un échec. D'un côté, les usages mobiles se sont développés de manière impressionnante et ont marqué le début d'une ère où l'usage dominant sera de consulter Internet sur un autre dispositif qu'un ordinateur classique. D'un autre côté, les principaux acteurs de la Toile ont constaté que les sites web mobiles étaient toujours aussi lents et n'offraient pas une expérience utilisateur acceptable sur le long terme.

Un affichage lent sur un dispositif mobile est essentiellement dû à l'emploi de techniques inadaptées par les éditeurs de sites. La solution consiste donc à utiliser des solutions plus efficaces. Facebook a tiré le premier en lançant un nouveau standard pour les pages de contenu : les *Facebook Instant Articles*. Annoncées en mai 2015, ces pages ont fait leur apparition fin septembre 2015 sur l'application Facebook. Puis Apple a lancé les *Apple News*.

En réaction, Google a annoncé le 8 octobre 2015 le lancement de son propre projet pour créer des pages à affichage quasi instantané sur un mobile : les *Accelerated Mobile Pages* (AMP).

Qu'est-ce que les pages AMP ?

Les pages AMP (qu'on commence à surnommer les pages « AMPlifiées ») constituent un nouveau standard de développement de pages web mobiles, soutenu officiellement par Google. Elles sont conçues pour s'afficher aussi vite que possible lors d'une consultation sur mobile.

Le projet repose sur un framework de développement open source et une architecture fournie par Google pour afficher les pages plus rapidement. Tous les documents de référence se trouvent sur le site web du projet : *https://www.ampproject.org/*. Les gains de vitesse concernant l'affichage des pages sont spectaculaires : de l'ordre d'un facteur dix en moyenne.

Pourquoi les pages AMP sont-elles rapides ?

Le projet AMP repose sur trois nouveaux éléments qui, combinés entre eux, produisent des gains de performance :

- le format AMP HTML ;
- la bibliothèque JavaScript AMP ;
- le CDN AMP.

L'AMP HTML

L'AMP HTML est un langage de description de pages web qui repose sur un jeu de balises HTML 5 réduit. Si vous connaissez l'HTML 5, vous n'aurez pas à apprendre un nouveau langage pour coder des pages AMP. Vous aurez uniquement à mémoriser la liste des balises autorisées en AMP HTML. Pour en savoir plus, consultez la page de référence du format à cette adresse : *https://www.speeny.fr/246*.

Le jeu de balises restreint permet d'alléger le code de manière drastique, mais également d'interdire des balises qui sont lentes à interpréter par un navigateur. L'AMP HTML est défini comme un sous-ensemble (subset) du langage HTML 5 (c'est donc du HTML 5) et le code AMP est compris nativement par tous les navigateurs supportant le HTML 5.

```
<!doctype html>
<html amp lang="en">
  <head>
    <meta charset="utf-8">
    <title>Hello, AMPs</title>
    <link rel="canonical" href="http://example.ampproject.org/article-
metadata.html" />
    <meta name="viewport" content="width=device-width,minimum-scale=1,initial-
scale=1">
    <script type="application/ld+json">
      {
        "@context": "http://schema.org",
        "@type": "NewsArticle",
        "headline": "Open-source framework for publishing content",
        "datePublished": "2015-10-07T12:02:41Z",
        "image": [
          "logo.jpg"
        ]
      }
    </script>
    <style>body {opacity: 0}</style><noscript><style>body {opacity: 1}</style>
</noscript>
    <script async src="https://cdn.ampproject.org/v0.js"></script>
  </head>
  <body>
    <h1>Welcome to the mobile web</h1>
  </body>
</html>
```

Figure 7-35

Le code minimal d'une page en AMP HTML.

La bibliothèque JavaScript AMP

Le code JavaScript est fréquemment à l'origine des lenteurs d'affichage des pages sur mobile. Ce code est souvent lourd, complexe et lent à exécuter. Paradoxalement, les pages responsive ont accentué le problème.

Avec les pages AMP, la règle est d'interdire tout code JavaScript dans la page, à l'exception de l'appel à une bibliothèque optimisée : JS AMP. Cette bibliothèque contient des fonctions qui optimisent l'affichage de la page.

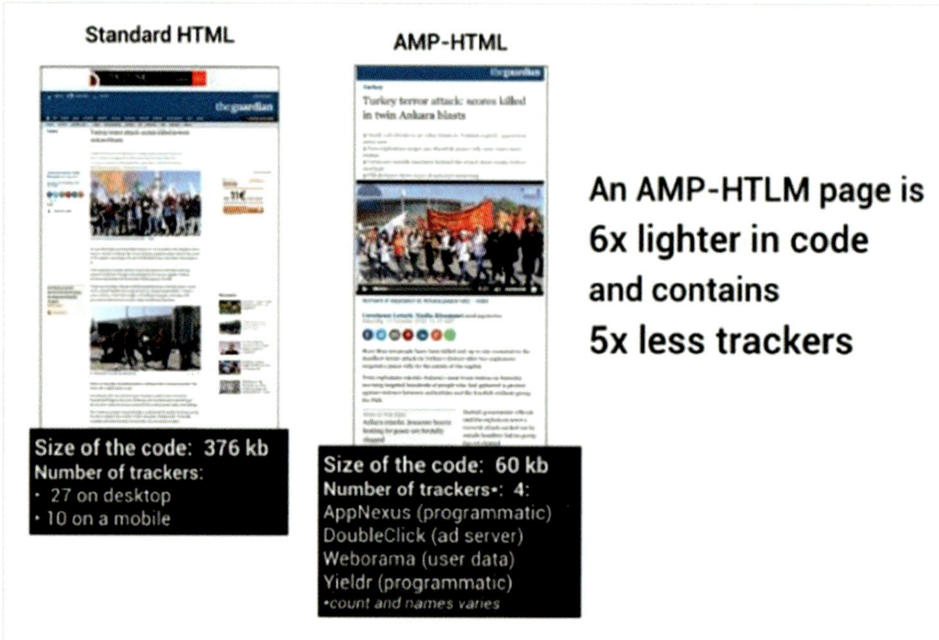

Figure 7-36

Les effets de l'allégement et de la simplification du code HTML/CSS/JS, illustrés sur un exemple. Le code est 6 fois plus léger et contient 5 fois moins de codes de tracking.

Le CDN AMP

Google fournit un *Content Delivery Network* spécifique, s'appuyant sur son infrastructure. Ce CDN est un réseau mondial de serveurs de type « proxy-cache », qui conserve une version en cache de vos pages AMP pour accélérer leur affichage.

La combinaison des trois composants de l'architecture AMP permet des optimisations en cascade. La bibliothèque JS permet en particulier de réaliser lors de l'affichage du *lazy loading* : seuls les codes correspondant à des contenus visibles à l'écran sont chargés. Certains contenus sont ensuite préchargés pour accélérer l'affichage des écrans suivants.

L'ensemble produit des pages qui s'affichent quasi instantanément. On peut tester le fonctionnement sur les pages de résultats de Google, en allant sur l'URL suivante depuis un mobile : *https://g.co/ampdemo*.

Comment créer une version AMP de mes contenus ?

Pour créer une version AMP d'une page « normale », il suffit d'ajouter une balise « rel=amphtml » pointant vers la version AMP équivalente.

Ensuite, il faut bien évidemment générer une version en AMP HTML du même contenu. Avec certains CMS, cela peut être relativement simple. Pour WordPress, un plug-in existe déjà (*https://www.speeny.fr/247*), qui permet de générer automatiquement une version

AMP HTML de n'importe quelle page générée par le CMS. Des plug-ins existent également pour Drupal et bien d'autres CMS majeurs du marché. Pour d'autres outils, il faudra créer des modèles de pages supplémentaires *(templates)* générant un code compatible AMP pour le même contenu.

Mais pour certaines architectures logicielles complexes, créer une version AMP des pages existantes peut s'avérer difficile.

Pages AMP : source de contenu dupliqué ?

En théorie, les pages AMP sont des pages dont le contenu est un doublon du contenu de la page normale. En pratique, Google résout le problème à l'aide des solutions classiques :

- une balise `<link rel="amphtml">` dans la page normale pointant vers la version AMP ;
- une balise `<link rel="canonical">` dans la page AMP pointant vers la page normale.

Ces deux balises, correctement implémentées, permettent à Google de savoir parfaitement comment exploiter les deux versions de la page, sans les considérer comme des doublons. Pour le moteur de recherche, l'existence de cette nouvelle source de contenus dupliqués ne pose donc aucun souci, et aucun effet de bord n'est attendu. Bien entendu, il vous appartient d'implémenter correctement (et de vérifier) les balises en question pour éviter tout problème de compréhension et d'analyse par Google.

En revanche, les moteurs de recherche concurrents n'ont pas annoncé qu'ils allaient s'associer à ce projet ou même qu'ils allaient supporter ce nouveau format de pages. Attendez-vous donc à quelques surprises avec Bing, Yandex ou Baidu, par exemple. Nous n'avons pas encore assez de recul pour savoir s'il s'agit-là d'un réel problème. Si nous considérons un site international important, quelques tests seront indispensables avant de se lancer de façon inconsidérée dans le « tout AMP » pour ses pages mobiles.

Est-ce que publier des pages AMP va améliorer mes classements ?

Contrairement à ce qui a été colporté ici et là sur le Web, Google n'a pas officiellement confirmé qu'il y aurait un « boost » prévu dans son algorithme de classement pour les pages AMP. En fait, sa communication sur ce point a évolué et il ne semble pas qu'une décision claire ait été prise. Lors du lancement en octobre 2015, un tel boost n'était pas mentionné dans la communication. Mais lors de la conférence de presse du 9 décembre 2015, cette possibilité a cette fois été évoquée. Cependant, ils n'ont pas indiqué clairement s'il serait directement lié aux pages AMP ou à la volonté de favoriser les pages rapides en général, en contexte d'usage mobile.

Lors de la conférence de presse tenue à San Francisco, la présence d'un label Fast ou d'un pictogramme barré d'un éclair pour les pages AMP a été annoncée. Ceci pourra inciter les utilisateurs à cliquer de préférence sur ces pages rapides.

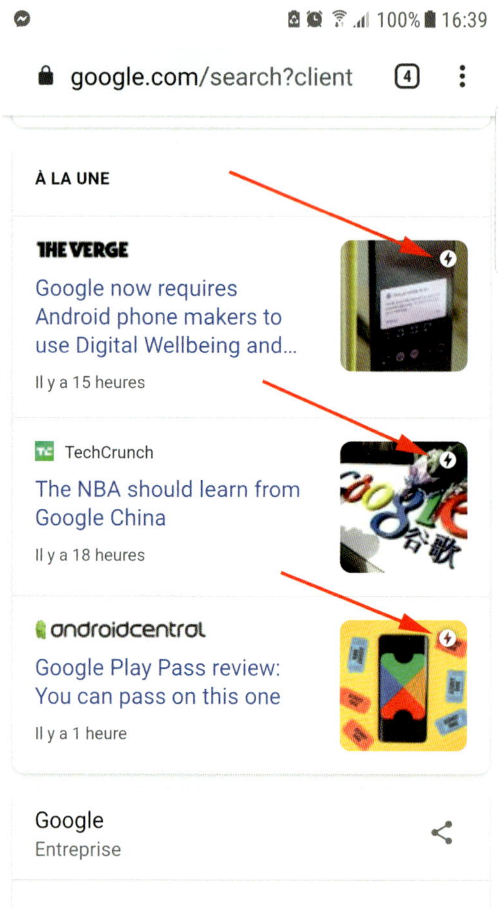

Figure 7-37

Exemple d'affichage de pages AMP sur mobile : un pictogramme affichant un éclair est affiché sur l'image.

Faut-il se lancer dès maintenant dans la création de pages AMP ?

Le projet avait toujours du mal à trouver sa vitesse de croisière au moment où nous rédigions ce chapitre et les spécifications relatives au format AMP HTML évoluent régulièrement. On pourrait alors être tenté d'ignorer ce projet en attendant qu'il soit plus abouti, mais l'adoption de ce nouveau format risque d'être particulièrement rapide. Tout d'abord en raison de l'activisme de ses sponsors (Google et Twitter, ainsi que de nombreux partenaires), mais également parce que les pages AMP sont la première réponse efficace aux problèmes posés par la lenteur d'affichage des pages mobiles. Il semble donc opportun de tester ce nouveau format dès maintenant, et de commencer à réfléchir à la meilleure façon d'implémenter les pages AMP sur vos sites. Malgré leur relative simplicité technique, créer des pages AMP peut se révéler plus complexe que prévu pour certaines architectures logicielles. Réfléchir dès à présent aux solutions pour les produire, c'est faire preuve de prévoyance.

L'idéal sera certainement de tester ce format sans trop investir, mais de se tenir prêt et d'être suffisamment réactif si un jour il rencontre le succès que ses créateurs espèrent.

Clairement, si votre site est indexé dans Google News, AMP nous semble indispensable car le moteur de recherche dédié à l'actualité de Google fait grand usage de ce format et le met le plus souvent en avant. Pour les autres types de sites (dont les sites e-commerce, souvent nommés lorsqu'il s'agit d'évaluer les sources d'informations prochainement « recevables » sur AMP), la question se posait encore début 2020.

Le référencement des Apps dans les Stores

Les Apps sont des applications spécifiquement créées pour une plate-forme dédiée à un constructeur, la plupart du temps grâce à un SDK *(Software Development Kit)* proposé par les constructeurs en question sur leurs sites web pour développeurs (exemple pour l'iPhone : *https://developer.apple.com/iphone/*).

Les principaux Stores à l'heure actuelle sont :

- AppStore d'Apple (*https://www.apple.com/fr/iphone/*)
- Google Play Store (*https://play.google.com/store*)

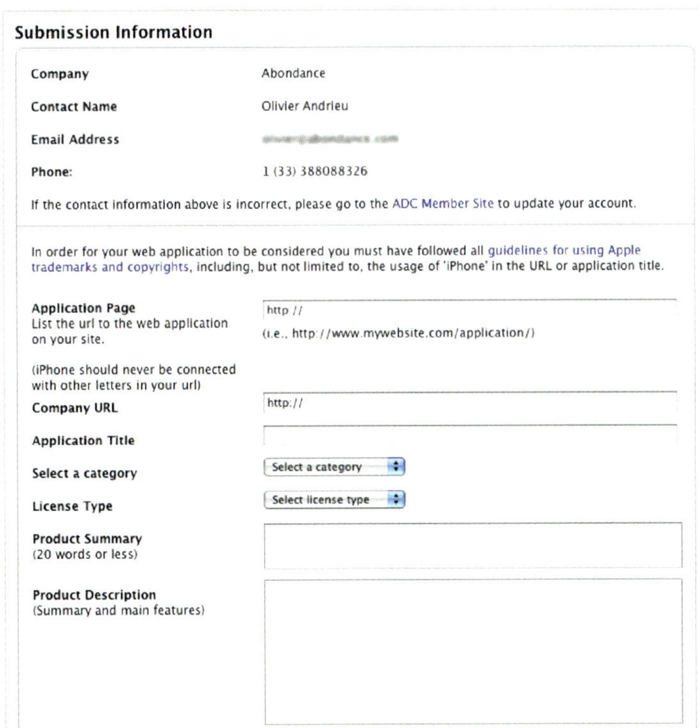

Figure 7-38

Interface de soumission d'une App dans l'AppStore d'Apple.

Une App est donc totalement dédiée à un Store donné et ne peut être affichée sur un navigateur web.

Les applications réalisées pour les Stores sont spécifiques en termes de SEO puisque ce ne sont pas les applications elles-mêmes qui doivent être optimisées, mais leur soumission dans les Stores au travers d'une interface spécifique. En cela, leur référencement s'apparente plus à une inscription dans un annuaire, tel que cela se faisait il y a quelques années, sur des outils comme ceux de Nomade, du Guide de Voila, du Guide web de Yahoo! ou de l'Open Directory. Peu importait comment le site était réalisé puisque ce dernier était référencé dans l'annuaire sous la forme d'un titre, d'un descriptif et d'une URL qui pointait vers lui. La procédure est assez semblable aujourd'hui pour le référencement des Apps dans les Stores : c'est leur descriptif qui est référencé et non leur code !

L'optimisation d'une App passe donc avant tout par celle de sa présentation dans le Store au travers de plusieurs champs principaux remplis lors de la soumission.

- Le nom de l'App.
- L'URL de la page qui la présente.
- Un résumé de son contenu (en 20 mots au maximum sur l'AppStore).
- Un texte de présentation.
- Une liste de mots-clés.
- Une catégorie à choisir dans une liste en ligne.

On peut également ajouter :

- Les URL des copies d'écran présentées.
- L'URL de l'icône de l'application.

Ces champs sont pour la plupart modifiables dans l'interface une fois la soumission effectuée sauf, semble-t-il, la liste de mots-clés qui ne peut être corrigée qu'à la soumission d'une nouvelle version de l'App chez Apple.

Une fois la soumission effectuée, il sera très important de créer sur un de vos sites web une page décrivant l'application (zone demandée dans le formulaire de soumission Apple sous le libellé Application page). Cette page doit être optimisée de façon classique pour les moteurs de recherche et se doit donc d'être très populaire, disposant de nombreux backlinks de qualité. Des actions de netlinking doivent donc être mises en place pour obtenir les meilleurs liens possible sur cette page web.

- Créez autant de liens que possible vers cette page depuis vos propres sites ou ceux de votre réseau d'entreprise.
- Faites la promotion de votre App auprès des nombreux sites qui décrivent les dernières ou les meilleures Apps sur le Web. Ils sont légion et ces sélections pourront vous amener de nombreux liens.
- Les réseaux sociaux (Facebook, Twitter...) sont également essentiels pour faire connaître une App et donc entraîner des liens par la suite.

Bien sûr, comme nous l'avons dit précédemment pour de nombreux formats de fichiers, la page présentant votre App sur votre site web doit être optimisée pour les moteurs de recherche (balises `<title>` et `<h1>`, URL, attributs `alt` des images, etc.) afin de ressortir en première page des résultats des moteurs classiques pour une requête effectuée sur le nom de votre App et les mots-clés connexes. Proposez également sur cette page un lien direct vers votre App sur le(s) Store(s) où elle est présente.

Voici quelques critères complémentaires pris en compte par la plupart des Stores pour classer les Apps lorsqu'une recherche est effectuée au travers de leur moteur interne.

- **Mises à jour.** Il semblerait que la date de dernière mise à jour ainsi que le fait qu'une App soit souvent corrigée soient des critères de pertinence pour les moteurs des Stores. N'hésitez donc pas à proposer de nouvelles versions de vos Apps, avec de nouvelles fonctionnalités adaptées à vos cibles privilégiées.
- **Nombre de téléchargements.** Le nombre de téléchargements de l'App est un critère de popularité important que le moteur prendra en compte. N'hésitez donc pas à communiquer pour faire en sorte que de nombreux téléchargements de l'App soient effectués dès sa sortie.
- **Critiques, avis et commentaires.** Lorsque le Store propose la saisie de commentaires, n'hésitez pas à en créer un maximum (sans cependant en écrire trop dans un laps de temps trop court ou qu'il soit évident que vous écrivez vous-même les commentaires… Agissez avec bon sens et étalez vos soumissions de remarques et de commentaires).

Il est très important de bien noter que les outils et les développements évoluent très vite dans le monde du mobile et nécessitent une veille importante, car la vérité d'un jour ne sera pas obligatoirement celle du lendemain. À vous donc de mettre en place cette veille pour vous tenir au courant des nouveautés très nombreuses de ce domaine si important pour l'avenir.

Firebase App Indexing : un mélange entre le moteur de recherche et les Apps

> Section rédigée avec la contribution de Daniel Roch

L'indexation d'applications est une démarche récente de la part des moteurs de recherche, qui consiste à afficher, dans les résultats de recherche, des liens pour ouvrir un contenu non plus sur le site web traditionnel, mais dans une application pour Android ou Windows Phone.

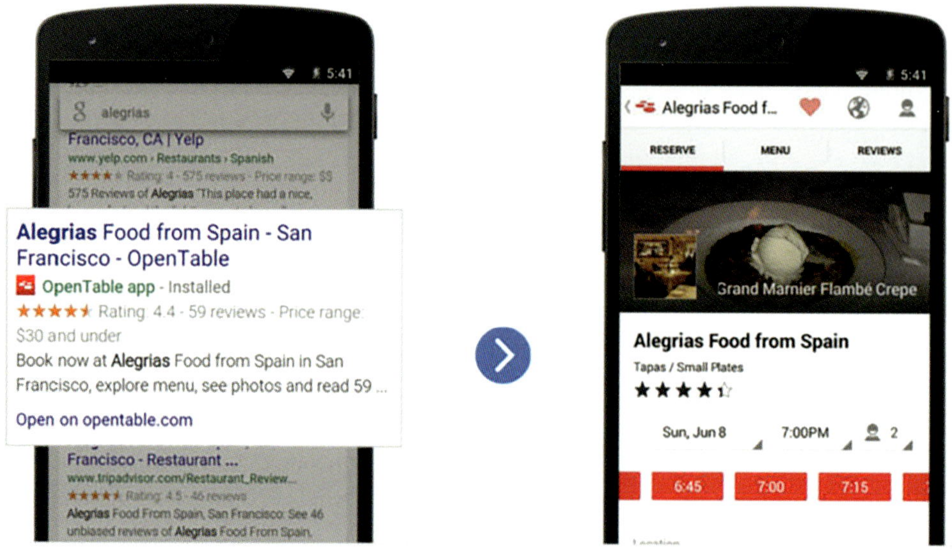

Figure 7-39

Exemple d'application de l'App Indexing dans les résultats de Google.

Qu'est-ce que l'App Indexing ?

L'indexation d'applications, ou *App Indexing* (renommé par la suite *Firebase App Indexing*), est un concept simple et assez récent. Il s'agit de pouvoir ajouter directement dans les résultats des moteurs de recherche des liens qui vont activer une application Android (pour Google) ou Windows (pour Bing).

L'idée est simple : faciliter la recherche et l'accès à l'information ou à des fonctionnalités spécifiques d'une application. L'internaute peut alors soit cliquer sur le site, soit cliquer sur le lien correspondant à son application.

Vous trouverez d'ailleurs sur cette page de Google une liste d'applications qui utilisent cette fonctionnalité, par exemple Dailymotion, Airbnb, Zappos ou encore Shazam : *https://www.speeny.fr/248*.

Mettre en place l'APP Indexing sur Google

Pour pouvoir activer l'App Indexing pour le moteur de recherche Google, vous devrez suivre un certain nombre d'étapes.

1. Activer la compatibilité de l'application avec les liens profonds.
2. Valider le site officiel lié à l'application.
3. Indiquer les liens profonds de chaque page web (soit dans chaque page du site, soit dans le fichier Sitemap).

Attention, ces étapes ne sont pas à la portée de tous et vous aurez sûrement besoin d'un développeur pour les mener à bien.

Activer les liens profonds et l'indexation

Dans la première étape, il faut indiquer à Google que l'application Android doit être indexée pour une utilisation dans les résultats des moteurs de recherche.

Il faut donc commencer par modifier votre application, et notamment ce que l'on appelle le « fichier manifeste » de celle-ci. Vous allez y appliquer des filtres d'intention, dans lesquels vous pourrez expliquer et détailler les actions d'application possibles. Vous allez ainsi définir une action, mais surtout un type de données auxquelles l'application générique doit réagir. Par exemple, *toutes les URL de mon site contenant « toto » devront afficher un lien vers l'application*.

Google pourra alors commencer son indexation, comme pour un site classique. Il se peut que vos contenus dans l'application mettent du temps à apparaître. Pour plus d'informations, consultez cette page qui détaille la méthode : *https://www.speeny.fr/249*.

Sachez également que l'on peut restreindre certaines sections de l'application à l'indexation, exactement comme on le ferait avec un fichier robots.txt pour des résultats web (*https://www.speeny.fr/250*).

Valider le site

Cela fonctionne peu ou prou comme la validation d'un site dans la Search Console de Google. Connectez-vous à votre console développeur de Google Play, puis sélectionnez l'application à valider. Après avoir cliqué sur le menu Services et API, vous verrez apparaître un bouton Valider le site web.

Vous devrez vous rendre ensuite dans la Search Console de Google pour valider définitivement le site.

La méthodologie complète est détaillée sur cette page : *https://www.speeny.fr/251*.

Ajouter des liens profonds

Il vous faut maintenant associer si nécessaire les pages de votre site web à l'application mobile. Il existe trois méthodes différentes pour y parvenir :

- la modification du `<head>` de vos pages avec une balise `<link>` (voir code donné précédemment dans cet article) ;
- l'ajout d'un élément dans le champ `<url>` de votre fichier Sitemap ;
- l'utilisation de l'API App Indexing.

Les trois méthodes se valent, la dernière permettant en plus d'accéder à l'historique de l'application pour avoir des prédictions relatives aux recherches de l'internaute et à ses besoins.

Pour obtenir des informations détaillées sur chaque méthode, consultez le guide de Google : *https://www.speeny.fr/252*.

Vous trouverez également un tutoriel en français à cette adresse : *https://www.speeny.fr/253*.

Vous êtes libre de choisir quelles URL doivent s'ouvrir dans l'application ou non (c'est vous qui ajoutez les liens profonds). Cela permet ainsi de conserver, *via* une navigation traditionnelle, les contenus ayant de meilleures performances en recherche naturelle que sur application mobile.

Sachez également qu'une application peut accepter plusieurs sites web, à condition que chaque site ait bien été validé.

Enfin, pensez à vérifier vos liens profonds avec l'outil en ligne de Google et une application pour lire les QR codes : *https://www.speeny.fr/254*.

Mettre en place l'APP Indexing sur Bing

Le concept est relativement similaire sur Bing : on va utiliser une méthode pour indexer l'application et une autre pour ajouter des liens profonds vers certaines pages. Là aussi, on peut cibler quelles pages nous voulons inclure dans ces liens profonds et quelles sections de l'application ne doivent pas être indexées.

La méthodologie détaillée est disponible à cette adresse : *https://www.speeny.fr/255*.

L'App Indexing a-t-il un impact sur le SEO traditionnel ?

A priori, le fait de mettre en place l'App Indexing ne va pas influencer vos classements sur les moteurs de recherche. Ni Google ni Bing ne communiquent sur ce sujet, et aucun site ayant mis en place ce type d'indexation n'a réussi à démontrer jusqu'à présent une amélioration de son positionnement par ce biais.

En revanche, on peut supposer que le taux de clics pour vos contenus dans les résultats des moteurs de recherche est meilleur, car cela ajoute une ligne supplémentaire et occupe donc une plus grande place dans une page de recherche. Et c'est déjà beaucoup…

Est-ce l'avenir ?

Oui et non. La principale problématique pour Google est de rendre plus globale cette indexation et la détection de l'appareil utilisé par l'internaute et des applications installées ou non. À l'heure actuelle, on peut penser qu'un nombre trop faible d'internautes est exposé à ce type de contenu enrichi. De plus, fin 2019, Google ne communiquait plus beaucoup sur l'App Indexing, ce qui ne sent généralement pas bon…

Cependant, les applications mobiles se développent encore et toujours plus. Quand on voit les téléchargements de celles-ci pour certains grands noms du Web, on ne peut que comprendre le pouvoir d'acquisition et de fidélisation des internautes que cela peut apporter.

L'idée est cependant louable : fournir une alternative parfois plus complète et pratique à l'internaute en fonction de ses recherches. Une application sur téléphone mobile, ou sur ordinateur avec Windows 10, peut en effet être bien plus aisée à utiliser qu'un site traditionnel. Prenons l'exemple d'une recette de cuisine : celle-ci sera généralement plus facile à suivre et à lire avec l'application que sur le site correspondant.

Malheureusement, cette indexation d'applications est encore très limitée, tant sur le fond que dans la forme. Il existe de trop nombreux contenus non indexés dans les applications, alors que l'indexation d'applications est active. Les moteurs de recherche sont également très rigides quant à la formulation de la requête qui déclenche ou non l'apparition des liens spécifiques. À noter cependant qu'en novembre 2015 Google proposait ce type d'application en streaming (*https://www.speeny.fr/256*), permettant ainsi de lancer une application, même si elle n'avait pas été installée auparavant sur le smartphone.

Cela dit, celle-ci n'est disponible que sur un nombre très restreint d'appareils et de configurations, rendant cette indexation d'applications inutile et coûteuse. Il est alors certainement plus rentable, dans la plupart des cas, de travailler d'autres aspects de la visibilité de son site pour avoir un réel retour sur investissement.

Il ne reste qu'à attendre pour voir si oui ou non l'indexation d'applications se généralisera dans les années à venir.

Référencement des boutiques en ligne (e-commerce)

Vous êtes peut-être l'heureux propriétaire d'une boutique en ligne, sur laquelle vous vendez vos produits. En soi, ce type de site web reste… un site web ! Donc, d'une façon générale, tout ce qui est dit dans cet ouvrage s'applique aux sites de commerce électronique. Mais ces derniers présentent cependant quelques particularités non négligeables qu'il faut prendre en compte.

Nous allons donc lister ici un certain nombre de « bonnes pratiques » à appréhender lorsque l'on gère ce type de source d'informations à but transactionnel. Pour cela, nous allons analyser les trois types de pages caractéristiques d'un site e-commerce : la page d'accueil, la page de liste de produits (catégorie) et la fiche produit.

Rappelez-vous : tous les conseils que nous listons ci-après sont spécifiques aux boutiques en ligne. Pour le reste, toutes les suggestions et recommandations proposées dans cet ouvrage restent valables !

Optimisation de la page d'accueil

- N'hésitez pas à proposer du texte statique, par exemple en bas de page, expliquant ce que propose votre boutique, sur un volume suffisant (au moins 200 mots). Ce texte est souvent absent sur bon nombre de boutiques, ce qui est très dommage.
- Le contenu des balises `<h1>` à `<h3>` doit être statique dans le temps (il ne doit pas changer souvent), afin d'asseoir l'analyse sémantique des moteurs au fil du temps.
- Si vous pouvez mettre à jour souvent ou de façon aléatoire le contenu de cette page d'accueil, cela sera un « plus ». Par exemple, en affichant 6 produits aléatoirement dans une liste de 20, et non pas toujours les mêmes 6 produits…
- Évitez au maximum les méga-menus, ou affichez-les en Ajax et en asynchrone, sur une action de l'internaute (clic, survol du menu…).
- Évitez les footers truffés de liens. Moins il y a de liens dans un footer, meilleure sera la situation.

Optimisation SEO de la page d'accueil d'une boutique en ligne

Voici quelques liens qui vous permettront d'approfondir le sujet :

- *SEO et E-Commerce. 1re partie : la page d'accueil idéale – Vidéo SEO : https://www.speeny.fr/257*
- *Méga-menus et Fat Footers, Ennemis du SEO ! Vidéo SEO : https://www.speeny.fr/258*

Page de liste de produits

Ce sont les pages qui vont lister tout ou partie des produits dans une catégorie donnée, un silo spécifique.

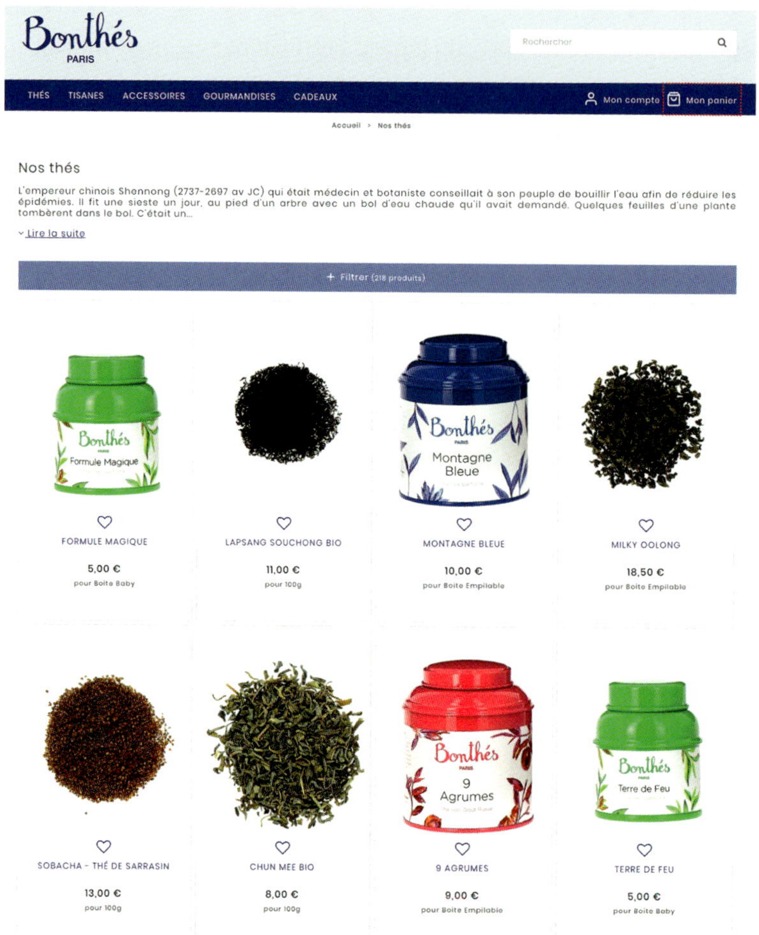

Figure 7-40

Exemple d'une page de liste de produits (site Bonthés : https://www.bonthes.com/fr/nos-thes).

- Le nom de la catégorie doit être en `<h1>`, si possible assez développé (la plupart du temps, ce champ est trop court, voire assez peu descriptif).
- Un texte introductif doit être affiché entre le nom de la catégorie (`<h1>`) et la liste des produits, présentant le type de produits listés. Ce texte doit être en haut de page, et pas en bas de page. Si le texte est long, utilisez un accordéon pour n'afficher que le début et dérouler le contenu complet si besoin (figure 7-40). Taille : 100 à 200 mots au minimum, plus si possible.
- Ce texte peut être entièrement en `<h2>` s'il n'est pas trop long, ou un premier paragraphe en `<h2>` + le reste en `<p>` avec des mots en gras à l'intérieur. À votre guise.
- Le nom de chaque produit de la liste peut être en `<h3>`.
- Le fil d'Ariane, s'il existe, pourra être en `<h6>`.
- Dans la liste, chaque produit doit être accompagné d'un court descriptif : vignette (image), puis nom du produit et descriptif.
- La navigation à facettes doit être traitée : la plupart des liens seront inhibés.
- Les balises de pagination doivent être intégrées. Attention : malgré ce que Google a dit en 2019 avant de rétropédaler à ce sujet, elles sont encore indispensables.
- Si vous utilisez un système de scroll infini, vous devez suivre les recommandations de Google à ce sujet (voir encadré).

Optimisation SEO des pages de catégories d'une boutique en ligne

Voici quelques liens qui vous permettront d'approfondir le sujet :

- *SEO et E-Commerce. 2e partie : la liste de produits idéale – Vidéo SEO : https://www.speeny.fr/259*
- *Google clarifie les choses au sujet des balises de pagination (next/prev) : https://www.speeny.fr/260*
- *Navigation à facettes, scroll infini et SEO : https://www.speeny.fr/261*

Fiches produit

Ce sont les pages qui vont lister tout ou partie des produits dans une catégorie donnée, un silo spécifique.

- Le nom du produit, voire la marque, doivent être en `<h1>`, si possible assez développé et explicitant parfaitement ce qu'est le produit.
- Le descriptif produit doit être le plus long possible : 100 mots au minimum, 200 mots de préférence. Plus il sera long, mieux cela fonctionnera. Les moteurs ont besoin de volume de texte pour bien comprendre ce que vous proposez en ligne.
- Il est possible de proposer deux types de descriptifs produits : un court, en <h2> et en haut de page, et un long (texte classique avec mots en gras) dans la partie basse de la fiche produit.
- Le fil d'Ariane, s'il existe, pourra être en `<h6>`.

Figure 7-41

Une fiche produit, sur le site Bonthés (https://www.speeny.fr/262).

- Les balises de données structurées de type « Product » (*https://schema.org/Product*) sont indispensables. Elles doivent être bien intégrées et ne pas renvoyer d'erreur. Aidez-vous de l'outil de test de Google (voir lien dans l'encadré).
- Un système de vote (étoiles) et d'avis est intéressant. Les étoiles (avec balises de données structurées adéquates) permettent également d'obtenir ces informations dans les résultats de recherche, augmentant le taux de clic (mais n'améliorant pas les classements, figure 7-42).
- Des vidéos expliquant comment fonctionne le produit ou permettant de le visualiser *in situ* peuvent être une bonne idée.
- Des liens de « cross-selling » (« Vous aimerez aussi… ») doivent être présents pour lier vers d'autres produits connexes. Pensez bien à proposer des liens vers d'autres produits qui ont un sens sémantique le plus évident possible par rapport à celui qui est proposé : même marque, même couleur, même type de produit, etc.
- Si le produit est présenté sous différentes variantes (couleurs, tailles), il est recommandé de n'en indexer qu'une seule. Si le fait de choisir une autre variante ne modifie pas l'URL, c'est parfait. Seule la version par défaut sera indexée.
- Si le produit est présent dans une marketplace et sur votre site, pensez à proposer des contenus différents sur les deux emplacements, afin d'éviter tout phénomène de contenu dupliqué.

Figure 7-42

Les balises de données structurées permettent d'afficher des étoiles, le prix du produit, la disponibilité, etc., directement dans les résultats de recherche.

Optimisation SEO des fiches produit d'une boutique en ligne

Voici quelques liens qui vous permettront d'approfondir le sujet :

- *SEO et E-Commerce. 3e partie : la fiche produit idéale – Vidéo SEO : https://www.speeny.fr/263*
- *Outil de test de balises de données structurées : https://www.speeny.fr/264*

La recherche vocale

Cela fait désormais plusieurs années que l'on nous parle de recherche vocale, voire de la « révolution » que cette nouvelle pratique va amener dans notre quotidien. Même si ce domaine reste de la R&D (nécessaire et indispensable) aujourd'hui, il est important de bien comprendre son foisonnant écosystème, bien plus complexe que celui du « Search » classique. Il existe en effet de nombreux acteurs, outils, supports pour répondre à des questions vocales qui se posent sous des formes très différentes et qui vont donc amener un traitement spécifique. Puisse ce chapitre vous aider à obtenir la meilleure « audibilité » possible…

Lorsque l'on évoque la recherche vocale et l'optimisation des contenus pour cette nouvelle voie (voix ?) que l'on nomme l'audibilité, on lit souvent qu'il faut « être présent en position zéro (featured snippet) pour être vocalisé par l'assistant de Google ».

Certes, cela est juste. Mais c'est surtout très partiel, car l'écosystème du vocal est aujourd'hui beaucoup plus large et complexe. On ne se trouve pas ici dans le domaine du SEO « classique » où on ne gère qu'un moteur (Google), au pire deux (Bing). En vocal, les acteurs sont plus nombreux et les technologies également, qui plus est pas toujours compatibles. Il nous semblait donc normal ici de tenter de mettre en place une vision qui soit la plus large possible de cet écosystème pour mieux comprendre la stratégie à mettre en place dès lors que l'on veut donner une audibilité à son entreprise.

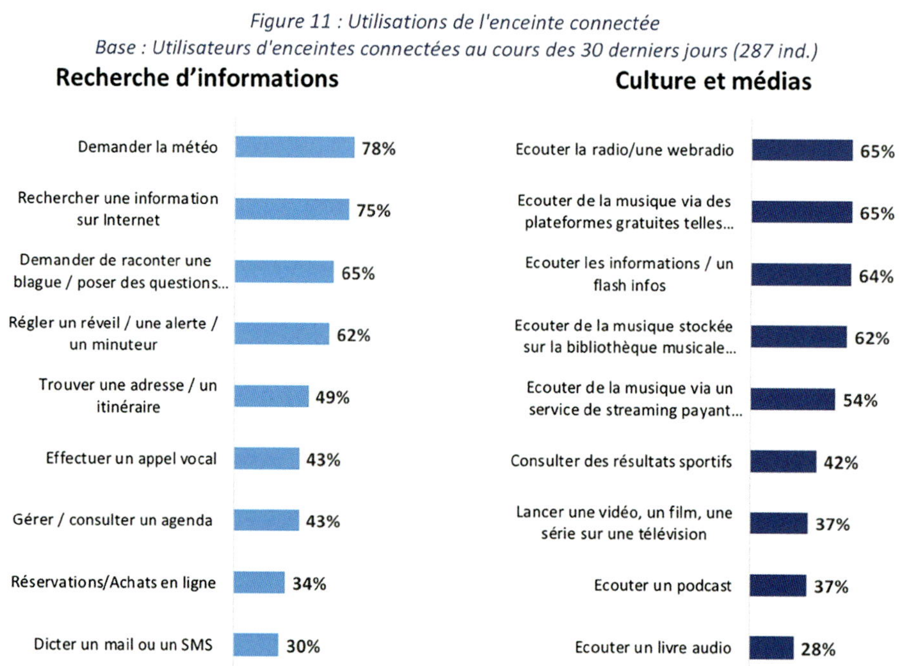

Figure 7-43

Utilisations des enceintes connectées en France, extrait de l'étude du CSA et de l'Hadopi publiée en mai 2019.

Finalement, on se retrouve aujourd'hui pour le vocal dans la même configuration que pour le SEO du début des années 1990 où il existait de nombreux moteurs (Excite, Webcrawler,

Infoseek, Lycos, puis Altavista, etc.), tout autant d'annuaires (Yahoo!, le Guide de Voilà, Nomade, l'Open Directory, etc.). Le monde du référencement naturel, comme on l'appelait à l'époque, était foisonnant et il fallait jouer sur plusieurs niveaux en même temps, tout comme pour le vocal désormais. Et il y a fort à parier que dans quelques temps, ce domaine va se resserrer avec moins d'acteurs et de technologies, suivant la voie du Web plus classique. Il s'agit d'ailleurs d'une bonne façon de s'apercevoir que le marché du vocal n'est pas encore arrivé à maturité…

Les acteurs du vocal

Commençons par les différents acteurs de ce (pas si) petit monde. Ils sont grosso modo au nombre de quatre.

- Amazon, leader mondial avec sa gamme Alexa/Echo, déclinée en de nombreuses enceintes connectées. Il est clairement le plus avancé dans le domaine.
- Google, avec son assistant vocal et ses enceintes Google Home, est arrivé plus tard mais a rapidement comblé une partie de son retard. Il est lui aussi, un mastodonte du milieu.
- Apple, qui a été l'un des premiers à démocratiser les interfaces vocales avec Siri, a investi le marché des enceintes connectées avec son Homepod. Il est également un acteur incontournable.
- Microsoft, entreprise qui utilise sa technologie Cortana principalement sur Windows 10, et dont nous ne parlerons pas ici, les usages vocaux restant ici trop limités à notre avis.

Figure 7-44

Les quatre acteurs principaux de l'écosystème du vocal.

Bien sûr, d'autres acteurs sont ou seront actifs à l'avenir avec d'autres technologies et les parts des marchés ne sont pas figées dans le marbre, loin de là. De l'innovation peut surgir (surgira) de nouveaux produits et de nouveaux noms et il y a fort à parier que les positions vont changer d'ici quelques années. Toujours est-il qu'aujourd'hui, Amazon, Google et Apple restent les 3 leaders incontestés lorsque l'on parle d'intégration du vocal dans notre vie quotidienne.

Les supports du vocal

Deux terminaux semblent aujourd'hui se partager le marché : les smartphones et les enceintes connectées. La plupart des applications vocales actuelles passent par ces deux canaux.

Pourtant, d'autres possibilités existent et vont se développer, comme les commandes vocales dans l'habitacle d'une voiture. Il s'agit ici de technologies embarquées qui répondent à un véritable besoin : effectuer des commandes sans utiliser ses mains, déjà occupées sur le volant. Mais il y a fort à parier que les terminaux, en général, vont évoluer : la télécommande de la télévision passera soit par le smartphone, soit par un nouveau terminal commandé par la voix, etc. Et les enceintes connectées évoluent au fur et à mesure, incluant de plus en plus souvent un écran. Bref, là aussi, le marché murit petit à petit et n'est pas encore stabilisé. Ce sont les usages qui le modèleront.

Les types de requêtes vocales

On classifie souvent les requêtes web classiques sur un moteur de recherche en trois familles : informationnelles, transactionnelles et navigationnelles. Il en est de même pour la voix, même si cette classification peut être légèrement adaptée.

- Informationnelle : requête vocale de type encyclopédique : « Quelle est la hauteur de la tour Eiffel ? », « Pourquoi le drapeau suisse est-il carré ? », « Quel âge a la planète Terre ? », « Quelle est le poids d'un chien golden retriever adulte mâle ? », etc. Bref, le type d'information que l'on rechercherait en général sur Wikipédia.
- Transactionnelle : requête vocale à but commercial, d'achat en ligne : « Je voudrais commander des croquettes pour mon chat », « Acheter le dernier prix Goncourt », « Commander une pizza quatre fromages », etc.
- Navigationnelle : on ne cherche pas (ou moins) ici l'adresse d'un site web mais plutôt une requête géolocalisée et un commerce proche : « Trouve moi un restaurant japonais dans le coin », « Où se situe la prochaine station-service ? », « Je veux réserver un hôtel à Paris la semaine prochaine », etc.
- Fonctionnelle : il s'agit dans ce cas de donner un ordre simple, de type domotique ou de la vie quotidienne, à son assistant vocal : « Monte la température du salon de 1 degré », « Lance un minuteur pour un œuf dur », « Descends les stores », etc.

On le voit, les requêtes peuvent être très différentes dans leur contenu et leur finalité. Et, en fonction des supports visés, les sources d'informations et les outils à utiliser seront bien différents.

Les sources d'informations du vocal

D'où viennent les réponses vocales lorsque l'on interroge un assistant ? Ces sources sont en fait multiples.

Les featured snippets

On le sait, sur les requêtes informationnelles, 80 % des réponses vocales de Google viennent de la vocalisation du contenu d'un featured snippet lorsqu'il existe. Ce chiffre a été cité par plusieurs études et validé par nos propres tests. Donc oui, il est important d'explorer ce domaine si votre entreprise doit répondre à des requêtes de type encyclopédique.

Consultez le chapitre 11 pour en savoir plus sur les featured snippets et comment obtenir ce graal de la « position zéro ».

Figure 7-45

Sur l'assistant vocal Google, les featured snippets jouent un rôle très important pour les requêtes informationnelles.

Les featured snippets et la recherche vocale

De nombreuses études ont été menées sur la recherche vocale. En voici quelques-unes (liste non exhaustive) :

- Google : *https://www.speeny.fr/265*
- Roast : *https://www.speeny.fr/266*
- Yext : *https://www.speeny.fr/267*
- Stone Temple : *https://www.speeny.fr/268*
- Search Engine Land : *https://www.speeny.fr/269*
- Backlinko : *https://www.speeny.fr/270*
- Search Foresight : *https://www.speeny.fr/271*
- Médiamétrie : *https://www.speeny.fr/272*
- CSA / Hadopi : *https://www.speeny.fr/273*

Ainsi que deux documents officiels de Google très intéressants à lire :

- Guidelines Google pour ses « Quality Raters » sur le contenu vocal : *https://www.speeny.fr/274*
- Brevet Google sur les résumés de texte : *https://www.speeny.fr/275*

Les bases de données internes

Google répondra parfois vocalement en reprenant des informations de sa base de données Wikidata (notamment les questions portant sur les entités nommées, les noms propres). Amazon vous prendra en main si vous êtes un de ses clients et que vous lui posez une question transactionnelle récurrente (par exemple, « Commande des cartouches pour mon imprimante »). Amazon vous connaît, il sait que vous avez déjà commandé ce produit, il ne vous demandera pas quel type de cartouche d'imprimante vous désirez. Il possède déjà ces informations stockées dans son système informatique.

Des sites partenaires

Amazon et Apple, par exemple, renverront souvent des informations issues de partenariats avec d'autres sites pour proposer des données qu'ils ne possèdent pas eux-mêmes : PagesJaunes, Yelp, La Fourchette, Trip Advisor, Yext, etc., notamment sur des requêtes navigationnelles.

Les services de cartographie géolocalisée

Toujours pour les requêtes navigationnelles, Google utilisera Google Maps et son pendant Google My Business pour proposer des réponses proches géographiquement. De même Apple proposera des données issues d'Apple Plan, son équivalent pour la marque à la pomme.

Les outils du vocal

En fonction de l'acteur, et donc de l'assistant vocal visé, il sera possible d'utiliser de nombreux outils à notre disposition, mais que nous devons apprendre à maîtriser pour mieux les utiliser.

Les skills Alexa

Les skills Alexa (*https://www.speeny.fr/276*) sont des « apps vocales » permettant de créer une application lancée vocalement (par exemple, « Alexa, lance Abondance ») qui permettra ensuite d'instaurer une conversation avec le logiciel (exemple : « Donne-moi la définition du mot seo »).

On peut créer ces apps en ligne (*https://blueprints.amazon.com/*) assez simplement avec quelques connaissances en programmation et un cahier des charges bien conçu. Il faudra bien sûr ensuite faire la promotion de l'app pour qu'elle soit connue et utilisée.

Les Google Actions (ou Assistants)

Il s'agit du pendant chez Google des skills Amazon. Les Google Actions, ou Assistants (*https://www.speeny.fr/277*), se créent de façon assez similaire aux skills. Comme chez Amazon, il en existe déjà un bon nombre que vous pouvez consulter pour vous donner une idée de ce qu'elles permettent (cela dit, la plupart d'entre elles sont très décevantes dans les faits et tout reste encore à inventer à ce niveau chez les deux leaders).

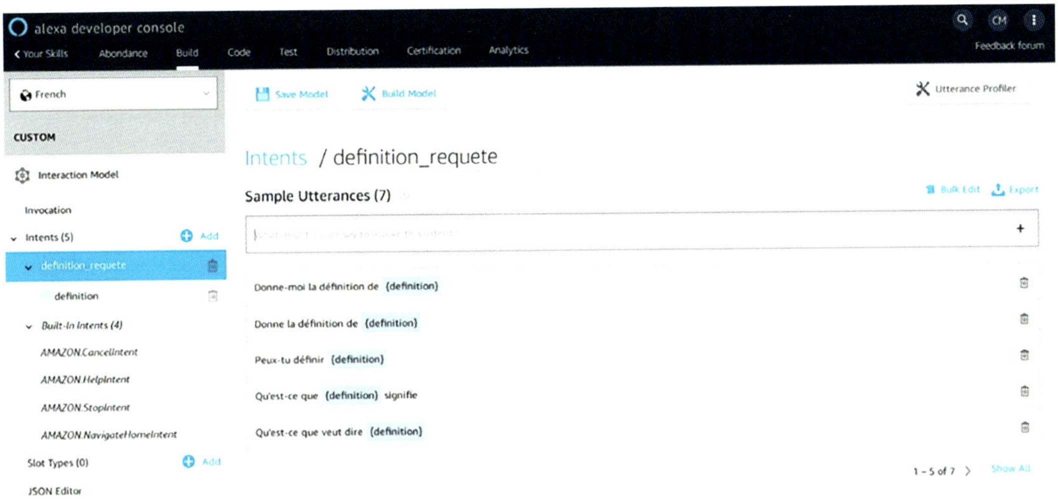

Figure 7-46

Exemple d'interface de développement d'une skill Alexa.

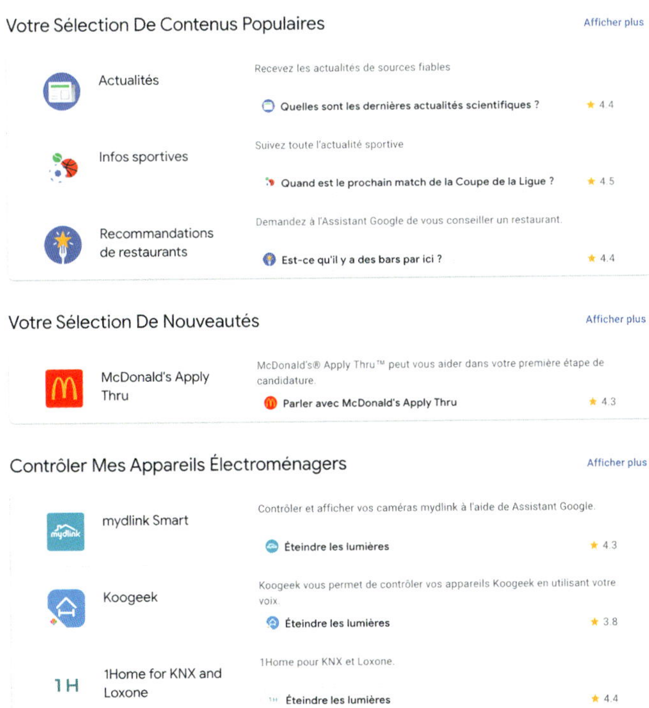

Figure 7-47

Quelques exemples de Google Actions/Assistants (https://www.speeny.fr/278).

Apple HomeKit

Apple propose également un kit de développement appelé HomeKit (*https://www.speeny.fr/279*) pour les constructeurs d'équipements domotiques (interrupteurs, thermostat, ampoules, etc.) qui permet de faire en sorte qu'ils soient contrôlables par la voix (requêtes fonctionnelles). Nous n'avons pas trouvé d'équivalent chez Amazon et Google.

Figure 7-48

Apple HomeKit, pour les constructeurs domotiques.

Comment faire pour toucher vocalement les internautes ?

L'écosystème est désormais dressé : des acteurs, des sources d'informations, des outils, pour répondre à certains types de requêtes vocales. Que faire maintenant ? Tout va dépendre du type de requête…

Requêtes informationnelles

- Pour Google, la situation est claire : on visera les featured snippet (position zéro), voire Wikipédia pour compléter, et on répondra à une majorité de besoins.
- Pour Amazon, qui est loin d'être le meilleur pour ce type de requête, on s'appuiera majoritairement sur Wikipédia. Il sera éventuellement possible de mettre en place un partenariat avec la société américaine (pas simple) ou de créer une skill si votre contenu s'y adapte.
- Et pour Apple, on ira également sur Wikipédia par défaut, et sinon la SERP Google puisque c'est elle qui est affichée par Siri s'il n'a pas de réponse précise à fournir.

Bref, si la situation est claire pour l'assistant de Google, elle sera beaucoup plus complexe pour Alexa et Siri.

Figure 7-49

Traitement des requêtes informationnelles en fonction des acteurs.

Requêtes transactionnelles

Les réponses transactionnelles « non régionalisées » sont quasiment absentes sur Google. La firme de Mountain View s'appuiera avant tout sur Google Maps et Google My Business pour proposer des résultats proches. Si Amazon est souvent décevant sur les requêtes informationnelles, il en est de même pour Google pour le transactionnel, surtout s'il n'y a pas de commerce correspondant proche de votre position géographique (ce qui peut arriver très souvent). Il faudra sinon développer une Google Action/Assistant adéquate.

Amazon sera au contraire champion pour ce type de requête, puisque c'est son fonds de… commerce ! Les réponses se feront donc *via* le site de commerce en ligne d'Amazon (sa grosse artillerie) et si vous voulez être audible à ce niveau, il n'y aura pas d'autre choix que de vendre vos produits sur Amazon et d'être visible sur ce site. Ou passer par une skill.

Pour Apple, en revanche, à l'instar de Google, c'est le module Apple Plan qui sera utilisé avec des commerces proches ou sinon, comme pour l'informationnel, une SERP Google.

Figure 7-50

Traitement des requêtes transactionnelles en fonction des acteurs.

Requêtes navigationnelles

Pour toutes les recherches géolocalisées, la situation est très éclatée avec de nombreuses possibilités.

- Pour Google, on l'a vu, c'est Google Maps et My Business qui seront majoritairement utilisés.
- Amazon passe par des partenaires comme Pages Jaunes, Yelp ou Yext. Pour voir la source des réponses, utilisez l'app Alexa (en corrélation avec l'enceinte connectée), elle affichera cette information.
- De même, Apple a conclu des accords avec de nombreux partenaires *via* Apple Plan : Yelp encore, TripAdvisor, Booking.com, La fourchette, etc. Là aussi, pour les voir, utilisez Siri sur un Mac desktop, la source des réponses est affichée.

Autant dire que la liste des possibilités est large, ce qui rend complexe et long le travail à effectuer…

Figure 7-51

Traitement des requêtes navigationnelles en fonction des acteurs.

Requêtes fonctionnelles

C'est le cas le plus simple :

- Pour Google, la Google Action s'impose.
- Pour Amazon, ce sera une skill.
- Pour Apple, on prendra en compte le HomeKit.

Ah, si tout pouvait être toujours aussi simple… ☺

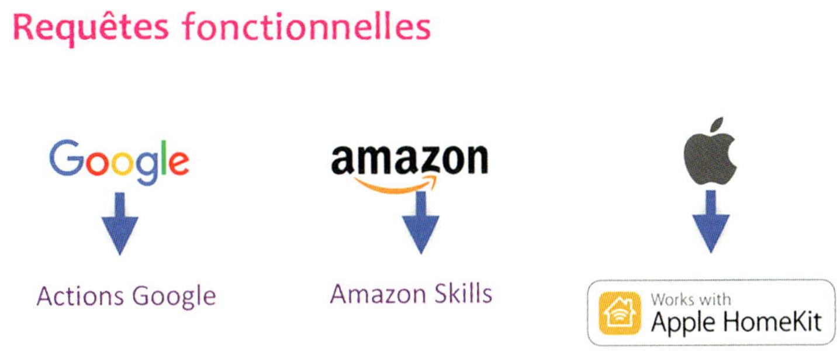

Figure 7-52

Traitement des requêtes fonctionnelles en fonction des acteurs.

La bonne stratégie selon le type de site

On le voit, si vous désirez développer une bonne stratégie d'audibilité, vous devrez mettre en place un plan d'action rigoureux en fonction du type de requête visé et du type d'informations que vous proposez. Rien n'est simple pour l'instant.

Un site de presse, et plus globalement de contenu, s'orientera donc vers les featured snippets, Wikipédia, voire une skill Amazon ou une Google Action.

Un site de e-commerce s'orientera vers Google My Business, Apple Plan et complètera ses actions avec une skill et une Action. Il devra également jeter un coup d'œil sur certains partenaires d'Amazon et d'Apple. Et bien sûr, vendre sur Amazon si Alexa est visée.

Un site à zone de chalandise locale (hôtel, restaurant, etc.) aura beaucoup à faire avec un travail sur Google My Business, Apple Plan et devra évaluer sa visibilité sur les partenaires d'Amazon et d'Apple. Une skill et/ou une Action seront éventuellement envisageables.

Un constructeur domotique créera une Action, une skill et implantera le Apple HomeKit.

De la R&D nécessaire, mais encore de la R&D…

Restons lucides cependant : tout cela n'est encore que du domaine de la R&D, car si le vocal commence à faire son trou dans notre quotidien, il reste encore à l'état de gadget tant que l'on n'a pas trouvé les usages qui nous le rendent indispensable. Cela viendra, mais cela mettra du temps. Certainement plusieurs années.

Un temps qu'il est donc intéressant de mettre à contribution pour travailler en mode « laboratoire de recherche », comprendre comment tout cela fonctionne, pour être prêt le jour où la machine s'emballera. Nous avons certes encore un peu de temps devant nous. Mais le temps passe vite à l'échelle de l'Internet où la prospective se mesure en années, voire en trimestres. Autant s'y mettre donc dès maintenant !

8

Le SMO

> Chapitre rédigé avec la contribution d'Emmanuel Fraysse

« Amis valent mieux qu'argent. »

Proverbe français

Les leviers à utiliser pour tirer le meilleur parti de son référencement se multiplient au fur et à mesure des années. Il suffisait, il y a de nombreuses années, de proposer quelques textes dans ses balises `meta` pour être positionné dans les moteurs de recherche classiques et le tour était joué. Aujourd'hui, le nombre de méthodes qu'il est possible d'utiliser pour favoriser son référencement est quasi illimité.

Parmi les derniers leviers apparus, on aurait pu imaginer que les réseaux sociaux prennent une place de choix. Avec les centaines de millions (voire les milliards) d'utilisateurs de Facebook, Twitter, Instagram, etc., le marché est plus que tentant pour les responsables marketing de tous bords. Comment fonctionnent au juste ces réseaux sociaux et comment en tirer parti dans une stratégie globale d'acquisition de trafic et de référencement ? C'est le but du SMO *(Social Media Optimization)* qui est aux réseaux sociaux ce que le SEO est aux moteurs de recherche. Indiquons-le cependant dès le départ : le SMO est une stratégie très tendance, dans la mouvance du succès des réseaux sociaux, et sa réelle efficacité reste encore à démontrer de façon claire, ce qui n'est pas (plus) le cas du SEO, qui bénéficie de nombreuses années d'expérience. Pour le SMO, donc, pas d'affolement et soyons très clair : les réseaux sociaux n'auront aucune incidence directe sur vos classements dans les résultats de recherche de Google. Ce qui ne signifie pas que ces stratégies ne sont pas intéressantes, loin de là, et notamment pour drainer un trafic de qualité sur vos pages.

Quels réseaux sociaux utiliser ?

Pour qui s'occupe uniquement de référencement naturel – le sujet de cet ouvrage – et donc du positionnement et du trafic des moteurs de recherche, les réseaux sociaux sont avant tout un moyen d'asseoir sa popularité et de mettre en avant ses contenus. Dans ce cadre, c'est avant tout la recherche indirecte de liens populaires et qualifiés qui est prisée. L'audience rapportée en propre par les réseaux sociaux importe, mais ce n'est pas l'objectif principal de cette approche. Il convient donc d'utiliser les réseaux permettant la création rapide de liens et surtout de liens visibles par les moteurs de recherche. Le but est de se faire connaître *via* les réseaux sociaux pour que des liens compatibles se créent par la suite (puisque les liens créés par les réseaux sociaux eux-mêmes sont dans leur immense majorité en `nofollow`, donc non lus par Google et consorts).

Le travail du référenceur, au sens stratégique, pourra cependant aller plus loin et commencer à prendre en compte le SMO dans un sens plus général, c'est-à-dire la diffusion d'informations et l'acquisition de trafic *via* les réseaux sociaux. Ici, on ne cherche plus seulement à créer des liens, mais on incite les visiteurs et les internautes à diffuser une information, à voter pour celle-ci et à partager un peu de la vie du site.

Dans cette stratégie, les cibles ne s'arrêtent donc plus aux plates-formes ouvertes. Ce sont potentiellement tous les sites qui peuvent apporter un trafic, si possible qualifié, sur un site web. Les communautés d'intérêts et les réseaux plus personnels sont alors mis à contribution pour diffuser les dernières offres et les dernières informations d'une marque. C'est dans une stratégie de type SMO que l'utilisation du réseau social du moment, Facebook, prend tout son sens. Twitter, autre site star, en sera également un relais évident.

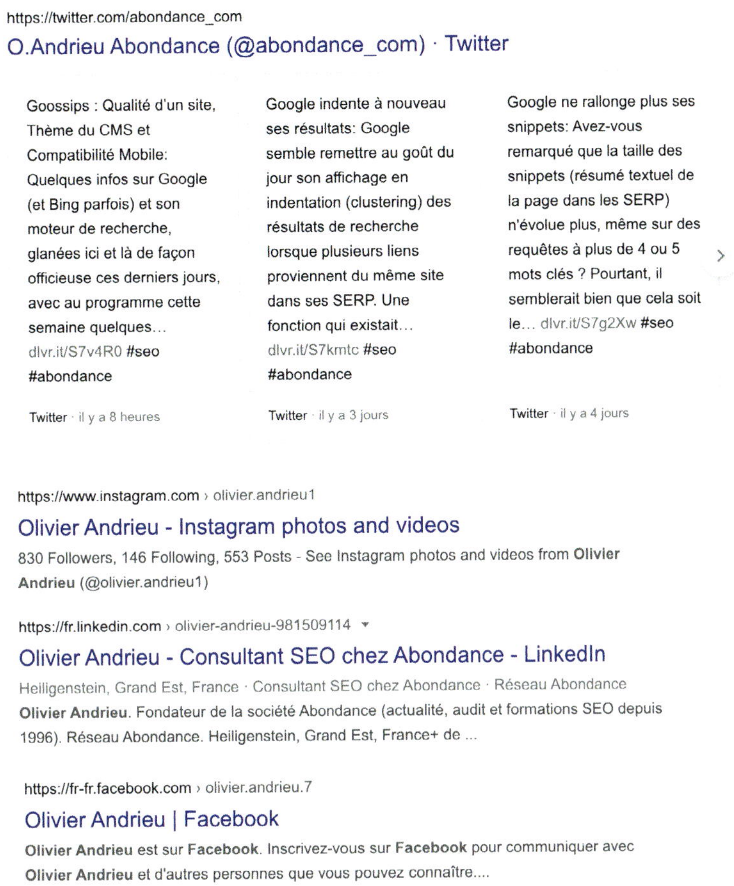

Figure 8-1

Les profils publics sur Facebook, Twitter, Instagram ou LinkedIn sont indexés par Google, mais pas toujours les informations publiées sur ces sites. L'impact est donc obligatoirement limité.

Twitter, Facebook et les autres : indispensables au SEO ?

Les réseaux sociaux « stars » sont bien évidemment Twitter, Facebook, Instagram, LinkedIn et autres, rejoints un peu plus tard par Google+ (qui, pour sa part, est mort en 2019). Cependant, quel est leur apport réel en termes de référencement ?

Le fait d'être présent dans ces réseaux sociaux est déjà une première réponse, puisque, si les profils publics Facebook sont indexés, c'est également parfois le cas des *tweets* de

Twitter, affichés par certains moteurs dans leurs résultats, même si leur visibilité s'est largement tarie au fil des ans. Ceci dit, ces tweets sont affichés de façon très éphémère et leur présence n'est le plus souvent que très rapide dans les résultats des moteurs, d'autres tweets venant les balayer quelques minutes plus tard.

En fait, on l'a vu auparavant, les réseaux sociaux apportent en théorie avant tout des liens pour améliorer le SEO des pages d'un site. Or, le plus gros inconvénient de ces réseaux est que les liens qu'ils proposent (sur Facebook, Twitter et les autres, comme YouTube) sont indiqués en `nofollow` et donc invisibles pour les moteurs de recherche. Ainsi, aucun des liens externes qui figurent dans les pages de ces réseaux sociaux ne peuvent servir à augmenter la popularité ou l'ancrage des liens vers un site web. Dommage !

Corrélation ou causalité ?

Cependant, l'excellent site américain Moz.com a publié en 2011 un billet intitulé *Facebook + Twitter's Influence on Google's Search Rankings* (*https://www.speeny.fr/280*), qui tentait d'en savoir plus sur l'influence des différents réseaux sociaux actuels (notamment Facebook et Twitter) sur l'algorithme de pertinence de Google et de Bing.

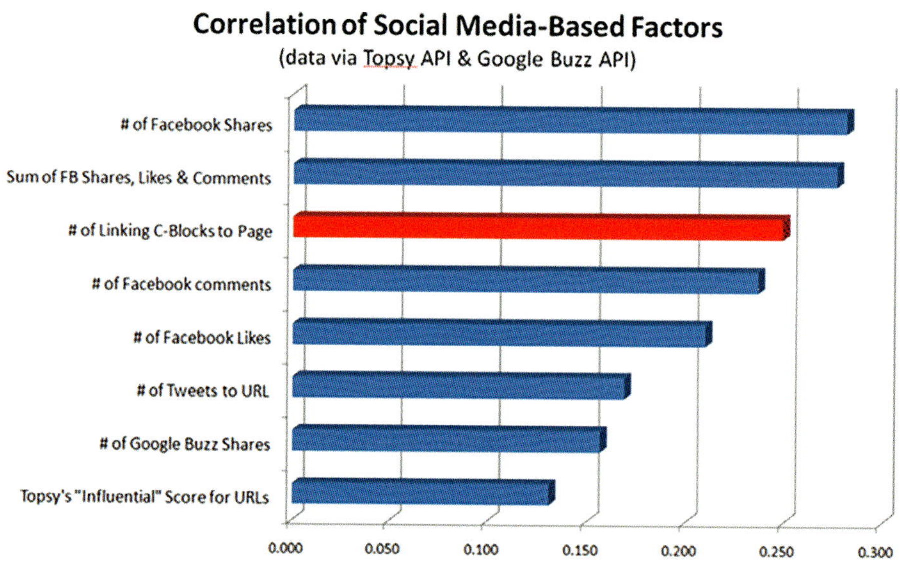

Figure 8-2

Les algorithmes de pertinence de Google sont avant tout affectés par les partages, les J'aime et les commentaires sur les réseaux sociaux.

Ces types d'études sur les critères de pertinence des moteurs de recherche sont régulièrement publiés. On trouve ainsi celle de Searchmetrics pour les États-Unis, intitulée *The Ranking Factors – Rank Correlations 2013 for Google USA* (*https://www.speeny.fr/281*), mais aussi deux études de Moz.com, l'une sur les critères de pertinence web (*https://www.speeny.fr/282*), une autre plus spécifiquement dédiée au SEO local (*https://www.speeny.fr/283*) et une étude de SemRush en 2017 (*https://www.speeny.fr/284*).

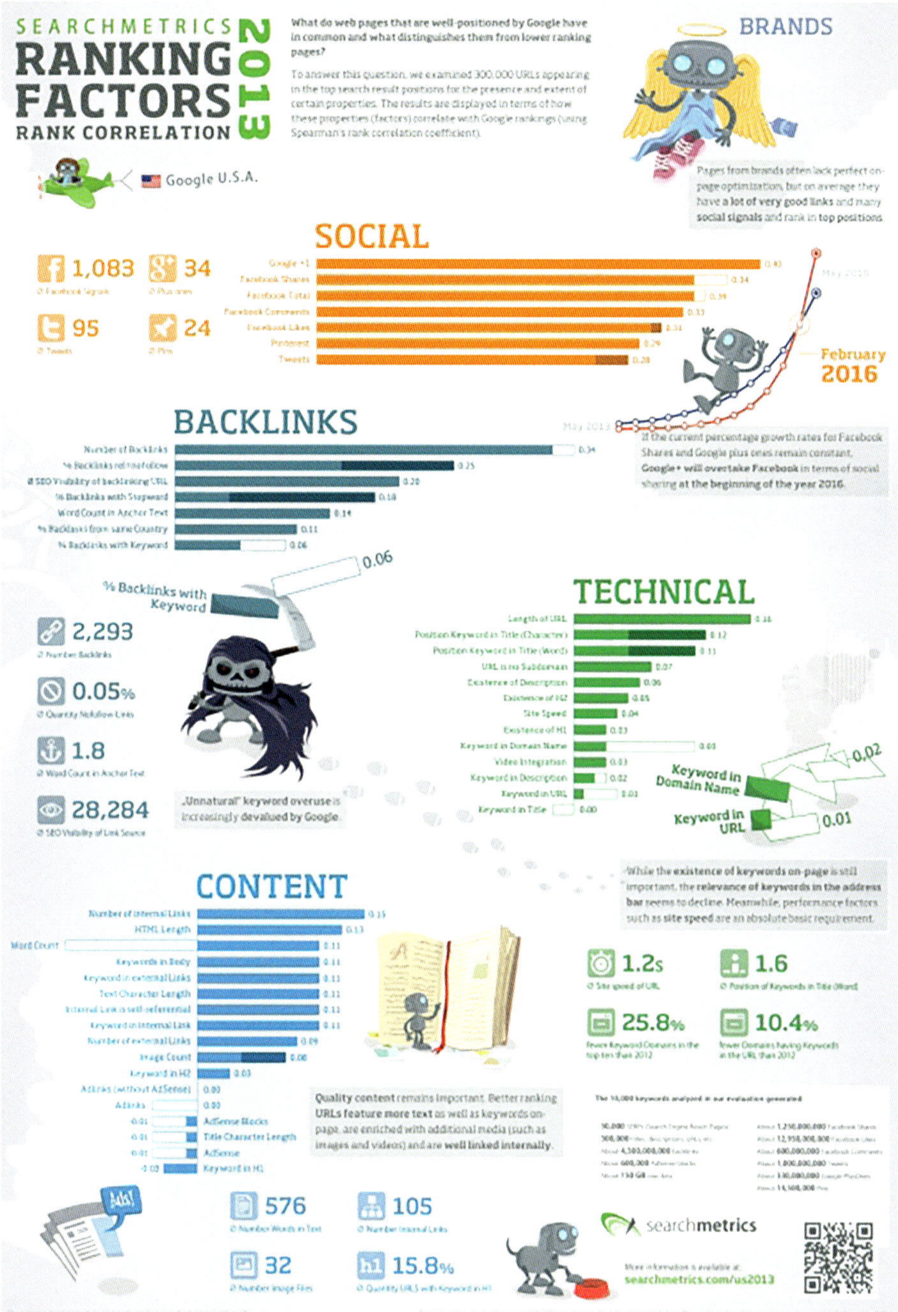

Figure 8-3

L'étude Ranking Factors 2013 de Searchmetrics.

Ces études sont, bien sûr, intéressantes et elles méritent d'être lues attentivement, mais elles peuvent également s'avérer trompeuses. En effet, elles se basent uniquement (et elles ne s'en cachent pas) sur le principe de corrélation, sans tenir compte de la causalité. Ceci peut induire de mauvaises interprétations, par exemple, concernant le poids des réseaux sociaux dans une stratégie SEO à l'heure actuelle. Ces études semblent ainsi indiquer que ce poids est actuellement très fort, alors que la réalité est certainement beaucoup plus nuancée.

Expliquons dans un premier temps ces deux termes.

- La corrélation est une sorte de constat : on examine les SERP d'un moteur et on analyse les liens qui sont bien classés ainsi que leur contexte. Par exemple, on peut s'apercevoir qu'il existe une corrélation entre les pages bien classées et le fait qu'elles aient beaucoup de « J'aime » sur Facebook. On constate donc qu'il existe une corrélation entre le nombre de J'aime et les pages bien classées sur Google pour un nombre important de pages. Mais rien ne dit que ces pages sont bien classées parce qu'elles ont beaucoup de J'aime sur Facebook !
- La causalité est l'étude des causes directes d'un événement. Prenons un exemple : je mets en ligne une page avec un mot-clé important à la fin de la balise `<title>`, puis une autre page avec le même mot-clé au début de la balise, toutes choses égales par ailleurs. La seconde se classe mieux, donc on peut dire qu'il existe une causalité entre le classement d'une page pour un mot-clé et sa position dans la balise `<title>`. Ce sera encore plus vrai si on multiplie les tests de ce type pour avoir des données plus importantes et plus exactes.

Avec la corrélation, on constate un fait, alors qu'avec la causalité, on analyse la cause directe de ce fait, ce qui est très différent. L'impact des réseaux sociaux sur le SEO est un bon exemple : une page très connue, avec un bon PageRank, des liens de qualité, une bonne optimisation, un contenu excellent, etc., aura des chances de bien se positionner dans les SERP de Google. Mais comme elle est de bonne qualité, etc., elle aura sûrement aussi de nombreux J'aime, partages ou retweet sur les réseaux sociaux. Il se peut très bien que ces signaux n'influent cependant pas du tout sur le classement dans les SERP ! Les études décrites précédemment y trouveront une corrélation, mais il n'y aura pas obligatoirement de causalité. Ou peut-être que si, mais il sera impossible de le prouver. De « vrais » tests seraient nécessaires pour le savoir et ne pas s'arrêter à de simples constats. Et ces tests ne peuvent se baser que sur la causalité !

Dans ce cas, on parle également d'« effet cigogne » (du fait d'une corrélation trompeuse entre le nombre de nids de cigognes et celui des naissances humaines). Bref, comme on dit en latin : *Cum hoc ergo propter hoc* (*https://www.speeny.fr/285*) ou, en d'autres termes, la corrélation n'implique pas la causalité. N'oubliez pas d'en tenir compte lorsque vous lirez ces études (très intéressantes par ailleurs).

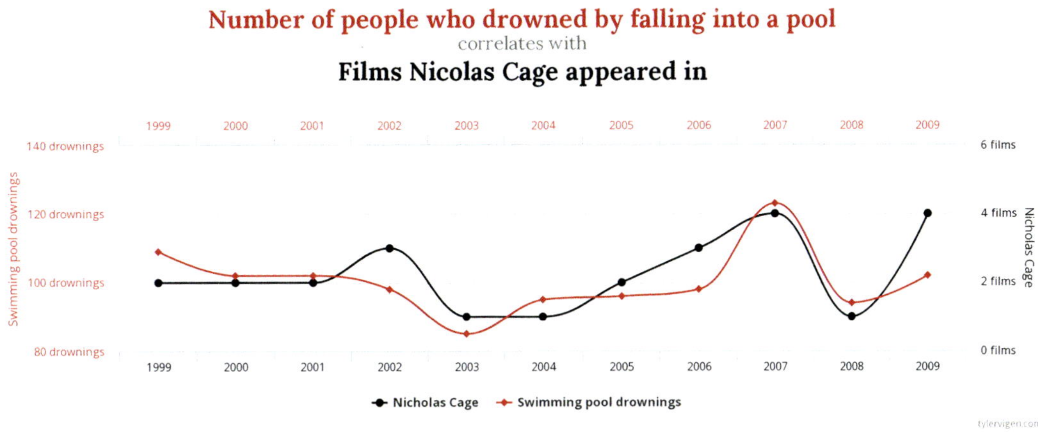

Figure 8-4

Le site Spurious Correlations (https://www.speeny.fr/286) montre de nombreuses courbes amenant à des corrélations étonnantes. Ici, les courbes indiquant en dix ans, d'une part le nombre de personnes se noyant dans une piscine et d'autre part le nombre de films dans lesquels Nicolas Cage apparaît, sont similaires. On peut en conclure qu'en fonction de l'actualité de l'acteur américain, il sera parfois déconseillé d'aller à la piscine… ☺

De nouveaux critères de pertinence

Il se pourrait cependant que les moteurs de recherche utilisent aujourd'hui les réseaux sociaux, non pas pour le fait de proposer de « simples liens » (d'ailleurs en `nofollow`) vers une page web, mais comme une source d'analyse et de détection de pages intéressantes à faire ressortir du lot, bref comme de nouveaux critères de pertinence à part entière ou des outils de méta-analyse.

L'erreur jusqu'à maintenant en SEO a finalement peut-être été pour certains de penser que Facebook et Twitter étaient traités par les moteurs comme des sites web à part entière, semblables à tous les autres, alors que Google et Bing peuvent avoir développé des détections de signaux totalement spécifiques à ces nouveaux outils.

Les projets « sociaux » de Google : une longue suite d'échecs

Section rédigée avec la contribution de Christophe Deschamps

- 2004 : lancement d'Orkut, un réseau social semblable à Facebook, utilisé seulement dans quelques pays (dont le Brésil qui représentait plus de 50 % des utilisateurs). Il a été fermé en 2014.
- Décembre 2007 : lancement de Google Profil, service qui permet de créer un profil numérique sur lequel s'appuiera Google+.
- Mai 2008 : lancement de Google Friend Connect, service qui permettait à un webmaster ou blogueur de créer et gérer un réseau social autour de son site web.
- Octobre 2009 : lancement de Google Wave, un service révolutionnaire par le nombre de fonctionnalités qu'il intègre, mais considéré comme une « usine à gaz » par beaucoup. Abandonné en août 2010.

- Octobre 2009 : lancement de Google Social Search dans les Google Labs, puis généralisation en janvier 2010. Ce service permettait de rechercher dans les contenus proposés par ses relations sur les réseaux sociaux.
- Février 2010 : lancement de Google Buzz. Ce service, dont le fonctionnement était proche de celui de Twitter, fut un échec en raison de son improbable gestion de la confidentialité.
- Septembre 2010 : Éric Schmidt annonce le lancement prochain de Google Me, une « couche sociale » qui viendrait s'ajouter à des services existants. Le projet aboutira avec Google+.
- Mars 2011 : des rumeurs, démenties par Google, annoncent le lancement d'un réseau social qui serait baptisé Google Circles.
- 1er juin 2011 : lancement du bouton +1 qui, comme le J'aime de Facebook, permet de privilégier certains résultats dans Google et d'influencer vos recherches ultérieures. Il sera ensuite au cœur de la stratégie Google+. Le même jour, on apprend que l'ex-PDG de Google, Éric Schmidt, dit « avoir foiré » sur les réseaux sociaux. Sans blague !
- 28 juin 2011 : lancement de Google+.
- Octobre 2018 : annonce de l'arrêt de Google+ (https://www.speeny.fr/287).
- 2 avril 2019 : fermeture définitive de Google+ (https://www.speeny.fr/288).

Pour ce qui est des réseaux sociaux, on peut donc conclure que :

- Facebook, Twitter et les autres sont des outils qui ont clairement un impact direct assez faible (voire nul) sur le SEO, puisque leurs liens ne sont pas pris en compte par les moteurs de recherche ;
- les signaux sociaux (J'aime, followers, partages, commentaires, nombre de fans, etc.) ne sont pas pris en compte par Google ;
- les réseaux sociaux majeurs, s'ils sont bien utilisés, peuvent en revanche avoir un effet indirect phénoménal en termes de trafic, de notoriété, etc. Et tout cela amène, là encore de façon indirecte, à la création de liens sur d'autres sites.

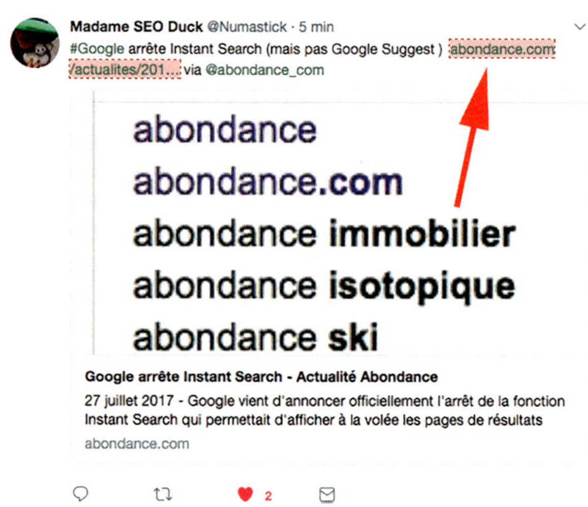

Figure 8-5

Les liens de Twitter (comme ceux de Facebook) sont en nofollow et donc ignorés par les moteurs (bien que le « raccourcisseur d'URL » utilisé ici traite correctement les redirections en 301).

Le SMO, concurrent du SEO ?

Beaucoup d'observateurs opposent le SMO au SEO. En schématisant cette « guerre » SEO/SMO, on peut évoquer la grande question du moment qui se résume à : Facebook est-il en train de tuer Google, rendant le métier de SEO caduc et, de fait, voué à disparaître ?

Dans la réalité, les choses sont plus complexes et, en définitive, SEO et SMO sont inséparables et complémentaires. Ils sont profondément imbriqués par la notion de « lien » sous toutes ses formes (liens organiques, liens retweetés). Le SMO précède et favorise le SEO grâce à des techniques comme le linkbaiting (voir chapitre 6). Comme nous l'avons vu précédemment, Facebook et Twitter sont de bons routeurs de trafic, mais de mauvais sites sources en termes de SEO direct. Les bénéfices du SMO sont donc indirects : l'amélioration de tout positionnement sur une expression clé dans Google passera par l'action d'un internaute ayant « buzzé » votre lien sur des sites plus SEO *friendly*. De plus, le SMO participe à la bonne gestion de la réputation numérique : les bons commentaires/citations sur un réseau social accroissent les probabilités de mentions flatteuses sur des sites externes jouissant d'un bon référencement.

Enfin, n'oubliez pas qu'une forte activité sur les réseaux sociaux générera du trafic et rendra donc votre site moins dépendant de Google. Ce qui est également une excellente chose !

Les réseaux sociaux indispensables à Bing

Dans une interview avec Eric Enge sur le site Stone Temple Consulting (*https://www.speeny.fr/289*), Duane Forrester, product manager pour le Webmaster Program de Bing (aujourd'hui parti de l'entreprise), avait indiqué que, si le contenu des pages web indexées par le moteur de recherche restait le critère de pertinence numéro 1, il était directement suivi par l'analyse des médias sociaux (Facebook, Twitter), alors que les liens ne venaient qu'en troisième place. Duane Forrester estimait même que, parfois, les réseaux sociaux représentent le signal le plus important. On se rend compte ainsi que Bing pousse à fond l'avantage qu'il a sur Google de par son accord avec Twitter et son actionnariat dans Facebook. Sera-ce suffisant pour être plus pertinent que son concurrent ? L'avenir le dira.

9

Suivi du référencement

« Ne fais pas attention à ce que l'on écrit sur toi. Contente-toi de le mesurer. »

Andy Warhol

Comme expliqué dans les chapitres précédents, référencer son site web est une phase essentielle dans le cycle de promotion d'une source d'informations sur le Web. Mais cette stratégie demande un suivi de la qualité des actions mises en place. À quoi bon investir dans une action de promotion bien menée si vous ne savez pas ce qu'elle vous rapporte ?

Le retour sur investissement : une notion essentielle

Vous avez suivi les différentes étapes listées tout au long de cet ouvrage ? Parfait, vous avez donc avancé sur le chemin, parfois laborieux mais si passionnant, de l'optimisation de site pour les moteurs de recherche. Mais une fois tout ce travail effectué, il va vous falloir mesurer l'efficacité de votre labeur. Au cours des dernières années, la mesure de la qualité du référencement s'est basée sur plusieurs notions successives.

- Le positionnement : l'objectif est de positionner dans les résultats du moteur certaines pages du site à référencer pour tel mot-clé ou telle expression (suite de mots-clés). Le référenceur fournit alors à son client des tableaux indiquant les mots-clés visés, les moteurs pris en compte et les positions obtenues. De nombreux logiciels ont par ailleurs été créés pour automatiser cette tâche et vérifier les différents positionnements acquis. Principal inconvénient de ce système : il ne donne pour la plupart aucun renseignement sur le réel trafic obtenu. Ainsi, vous pouvez obtenir 50 premières positions, ce qui réjouira l'éditeur du site, mais sur des mots-clés que personne ne saisit, ce qui est moins agréable du point de vue des statistiques. De plus, de nombreux moteurs sont mis au même niveau, ce qui correspond assez peu à la réalité. En effet, comment comparer – notamment en France – un positionnement sur Google d'un côté et sur Qwant, Yandex ou DuckDuckGo, voire Bing ou Yahoo! de l'autre ?

  De même, la notion même de positionnement est devenue, avec le temps, problématique et sujette à caution. En effet, tous les moteurs de recherche majeurs ont mis en place une stratégie de personnalisation de leurs résultats en fonction des habitudes de navigation de l'internaute qui effectue la requête (même si elle est plutôt en baisse ces dernières années).

  Ainsi, pour un même mot-clé, plusieurs personnes pourront obtenir des résultats différents en fonction de différents facteurs :

  - leur localisation géographique (encore très importante aujourd'hui) ;
  - la version du moteur utilisée (anglaise, française, espagnole…) et la langue choisie pour l'interface utilisateur ;
  - la langue de leur navigateur ;
  - leur historique de recherche (mots-clés et sites web), c'est cette partie qui a le plus baissé au fil du temps (elle n'est plus aussi forte qu'avant) ;

– le datacenter (centre de données) du moteur interrogé ;
– etc.

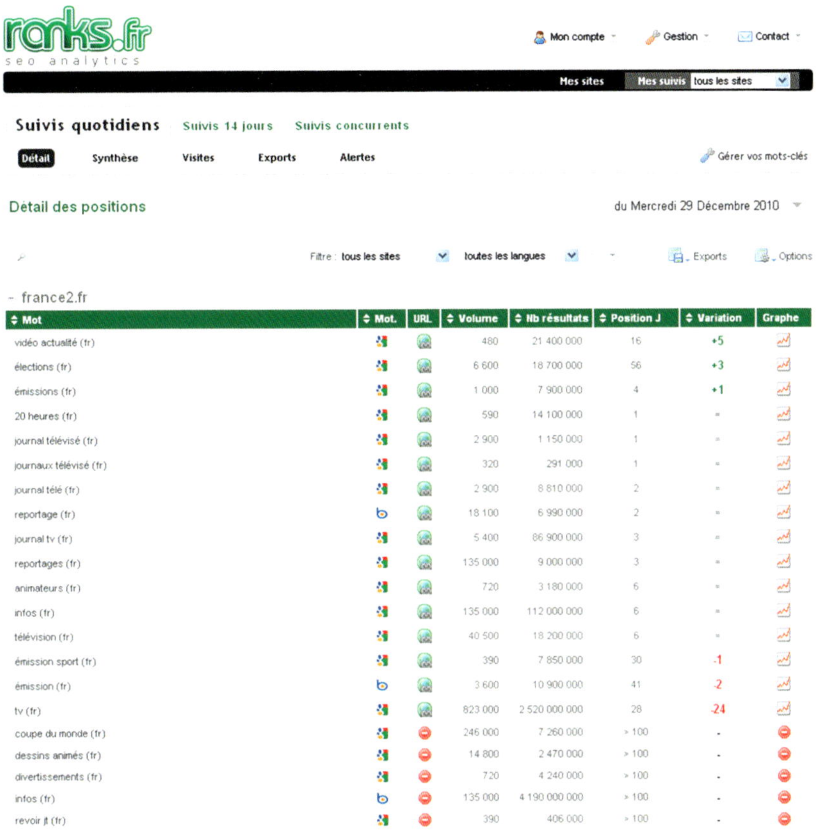

Mot	Mot.	URL	Volume	Nb résultats	Position J	Variation	Graphe
vidéo actualité (fr)			480	21 400 000	16	+5	
élections (fr)			6 600	18 700 000	56	+3	
émissions (fr)			1 000	7 900 000	4	+1	
20 heures (fr)			590	14 100 000	1	=	
journal télévisé (fr)			2 900	1 150 000	1	=	
journaux télévisé (fr)			320	291 000	1	=	
journal télé (fr)			2 900	8 810 000	2	=	
reportage (fr)			18 100	6 990 000	2	=	
journal tv (fr)			5 400	86 900 000	3	=	
reportages (fr)			135 000	9 000 000	3	=	
animateurs (fr)			720	3 180 000	6	=	
infos (fr)			135 000	112 000 000	6	=	
télévision (fr)			40 500	18 200 000	6	=	
émission sport (fr)			390	7 850 000	30	-1	
émission (fr)			3 600	10 900 000	41	-2	
tv (fr)			823 000	2 520 000 000	28	-24	
coupe du monde (fr)			246 000	7 260 000	> 100	-	
dessins animés (fr)			14 800	2 470 000	> 100	-	
divertissements (fr)			720	4 240 000	> 100	-	
infos (fr)			135 000	4 190 000 000	> 100	-	
revoir jt (fr)			390	406 000	> 100	-	

Figure 9-1

Exemple de tableau de positionnement pour un site web (site ranks.fr).

Le QDF pour les actualités chaudes

Google, par exemple, peut utiliser certains algorithmes différents en fonction de la requête demandée. Par exemple, si la requête correspond à une thématique d'actualité, Google va « switcher » sur l'algorithme QDF (voir chapitre 5) qui prend en considération la fraîcheur d'une information – sa date de parution ou date de première indexation – comme critère principal. Dans ce cas, ce sera le dernier article paru sur le sujet qui sera publié (en plus d'autres critères) et non pas le plus populaire. Puis, lorsque la notion d'actualité aura disparu, quelques jours plus tard, le moteur switchera à nouveau sur son algorithme classique. Pendant quelques jours, les pages de résultats de recherche auront donc été complètement perturbées. Nous vous invitons à relire si besoin le chapitre 5 qui traite des critères temporels pris en compte par les moteurs de recherche.

Si pour chaque internaute, à terme, s'affiche une page de résultats différente pour un même mot-clé, comment peut-on restreindre la qualité d'un référencement à la seule notion de positionnement, puisque le site sera affiché différemment pour chaque utilisateur d'un moteur ou presque ?

On pourrait donc penser que ce type de méthodologie n'est plus utilisé par les référenceurs. Il n'en est rien. De nombreuses sociétés de référencement fonctionnent encore ainsi. Ce qui prouve que cette tendance est loin d'être obsolète et qu'elle répond à une réelle demande. Mais il est vrai que la mouvance actuelle n'est plus au strict positionnement de pages web pour mesurer l'efficacité d'un référencement. Ceci dit, elle reste très intéressante dans deux cas notamment : la mesure des variations dans le temps des positions (gain ou perte) ainsi que le benchmarking par rapport à la concurrence.

Quelques outils de mesure du positionnement

Il existe plusieurs logiciels et sites web permettant d'automatiser la surveillance des positionnements obtenus sur les moteurs. Voici les principaux d'entre eux, classés par ordre alphabétique (vous trouverez d'autres outils, notamment des sites web, en annexe) :

- Advanced Web Ranking : *https://www.advancedwebranking.com/*
- MyPoseo : *https://www.myposeo.com/*
- Ranks : *https://www.ranks.fr/*
- SemRush : *https://fr.semrush.com/*
- Yooda SeeUrank : *https://seeurank.yooda.com/*
- Check Position : *https://check-position.com/*

- La vérification d'un référencement s'est alors tournée vers la notion de trafic généré. On était déjà plus proche de la réalité. Il ne s'agit plus seulement d'être bien positionné de façon plus ou moins artificielle, mais de créer un trafic (ou de l'augmenter s'il existe déjà) en provenance des outils de recherche. Les stratégies se modifient et s'affinent. On prend alors mieux en compte les différences entre moteurs (autant se focaliser sur les deux ou trois outils de recherche majeurs, voire le seul Google, plutôt que sur les « petits », notamment pour le travail effectué manuellement). Les baromètres (voir chapitre 3) ont également beaucoup œuvré dans ce sens en donnant une bonne hiérarchie d'importance aux outils de recherche dans le cadre du trafic moyen généré sur un site. Plusieurs stratégies peuvent alors être mises en place pour améliorer un trafic déjà existant. On peut tenter un bon positionnement sur Google, Yahoo! ou Bing sur des mots-clés porteurs mais encore peu concurrentiels (bien que la notion de *(not provided)* a depuis quelque temps compliqué la tâche, voir plus loin dans ce chapitre). On pourra ainsi rapidement s'apercevoir qu'une 11e position sur un mot-clé donné peut générer un trafic bien plus important qu'un 9e rang sur une autre requête… L'approche est bien plus fine (même si elle est un peu plus contraignante pour le client, qui doit mettre en place un outil d'analyse d'audience sur ses pages), mais il existe encore un inconvénient : elle ne prend pas en compte l'aspect qualitatif du trafic. Elle ne mesure qu'un aspect strictement quantitatif.

- Vient donc, de façon presque naturelle, la notion de retour sur investissement, très souvent appelée ROI (pour *Return on Investment*). Le but est de mesurer la qualité du référencement effectué en tenant compte de deux critères majeurs :
  – D'où vient l'internaute qui arrive sur mon site ?
  – Qu'y fait-il ?

  En d'autres termes : si mon site est marchand, les internautes achètent-ils ? Si je désire recruter des prospects, les visiteurs remplissent-ils le formulaire qui leur est proposé ? Si je désire présenter un produit, les visiteurs affichent-ils en majorité les pages qui le décrivent ?

En effet, l'heure n'est plus à la création de trafic stérile (le terme n'est pas obligatoirement péjoratif), qui pourrait être intéressant dans le cadre d'un modèle économique basé sur l'affichage de bannières publicitaires au CPM. Ce modèle est de moins en moins répandu sur les sites francophones. Aujourd'hui, le responsable de site désirera mesurer la qualité de son trafic en ayant la meilleure vision possible de ce que le visiteur y a fait et, surtout, en sachant s'il y a effectué une action « profitable » pour le site.

Différents types de calculs du retour sur investissement

Cette notion de « profitabilité » peut s'avérer très vaste. Les objectifs peuvent être très variés. En voici quelques-uns.

- **Vente en ligne.** L'éditeur du site veut que l'internaute achète chez lui ou prépare un achat pour une prochaine visite. Dans ce cas, le critère retenu est le chiffre d'affaires généré.

  Le ROI sera alors égal à :

  $$\text{ROI} = \frac{\text{chiffre d'affaires généré par des visiteurs issus des outils de recherche}}{\text{coût du référencement}}$$

  Ce calcul peut être effectué en fonction du chiffre d'affaires, de la marge brute, de la marge nette, etc., compte tenu des besoins de l'éditeur du site. Selon le paramétrage du système de tracking, un client qui achète un mois après être venu sur le site pour la première fois sera pris en compte ou non.

- **Notoriété active.** L'éditeur veut que l'internaute vienne sur son site pour y passer du temps. L'objectif se situe au niveau de la marque, d'une bonne gestion de la notoriété de l'entreprise et de sa visibilité. Dans ce cas, le ROI sera calculé en fonction du temps passé par l'internaute sur le site, du nombre de pages vues par visite, etc.

  Par exemple : Renault sort une nouvelle voiture et il veut que 10 000 internautes/mois se connectent sur la page qui la présente.

  Le calcul de son ROI s'effectue sur la base suivante :

  $$\text{ROI} = \frac{\text{durée des visites des internautes issus des outils de recherche}}{\text{coût du référencement}}$$

ou :

$$\text{ROI} = \frac{\text{nombre de visites d'internautes issus des outils de recherche}}{\text{coût du référencement}}$$

- **Notoriété passive.** L'éditeur veut que l'internaute voie sa marque sans pour autant l'amener sur son site.

  Son ROI sera calculé en fonction du nombre d'affichages par jour, par semaine ou par mois. Cela peut aussi correspondre à une campagne de liens sponsorisés.

  Par exemple : un constructeur automobile veut que sa marque soit affichée dans les 5 premiers résultats du mot « pick-up » sans être leader, car il n'a pas un modèle récent dans cette catégorie de véhicule.

  Le calcul de son ROI s'effectue sur la base suivante :

$$\text{ROI} = \frac{\text{nombre de fois où le lien est affiché dans les pages de résultats}}{\text{coût du référencement ou de la campagne de liens sponsorisés}}$$

- **Recrutement/actions/lead opt-in.** L'éditeur veut que l'internaute effectue une action sur son site. Une action peut être le remplissage d'un formulaire, l'abonnement à une newsletter, l'inscription en tant que membre, une demande d'information sur un produit/service.

  Dans ce cas, le ROI sera calculé sur la base suivante :

$$\text{ROI} = \frac{\text{nombre d'actes effectués par des visiteurs issus des outils de recherche}}{\text{coût du référencement}}$$

  Il peut exister bien d'autres possibilités de calcul de ce ROI, en fonction du type de site et des informations, ressources, produits ou services qu'il propose.

Ce type de calcul peut également être effectué pour de nombreuses actions de promotion :

- bannières publicitaires ;
- référencement ;
- positionnement publicitaire (liens sponsorisés de type Bing Ads ou Google AdWords) ;
- échange de liens : quel site pointant vers vous génère le trafic le plus qualifié ?
- insertion de liens dans une newsletter ;
- sponsoring de zones à l'intérieur d'un site (exemple : un fleuriste pour la Saint-Valentin) ;
- etc.

La mise en place de liens de tracking

Pour effectuer ces calculs, les outils de mesure du trafic – et donc du ROI – actuels se basent sur les *URL referers*, c'est-à-dire l'URL de la page d'où vient l'internaute arrivant sur votre site, que votre serveur reçoit à chaque nouvelle visite.

Comment ces statistiques sont-elles calculées ? Sur quelles bases les informations sont-elles traitées ? Raisonnons sur un exemple avec la façon dont les choses fonctionnaient il y a encore quelques années : un internaute allait sur Google et tapait les mots-clés « veille technologique ». La page de résultats de Google s'affichait à l'adresse : *https://www.google.fr/search?hl=fr&q=veille+technologique.*

Si l'internaute cliquait sur un des liens proposés, il arrivait sur le site affiché. Ce serveur recevait alors l'URL referer correspondant à l'adresse de la page de résultats de Google, indiquée précédemment.

Cette URL contenait de nombreuses informations intéressantes :

- le site de provenance (*Google*) ;
- la langue utilisée (*hl=fr*) ;
- la requête demandée sur le moteur (*q=veille+technologique*).

Le système fonctionne toujours comme cela à l'heure actuelle, à ceci près que la requête demandée n'est aujourd'hui plus fournie par Google (les mots-clés sont indiqués en « not provided » dans Google Analytics, voir plus loin). Ceci dit et mis à part ce point, les systèmes de tracking peuvent servir à mesurer ce que font les internautes sur votre site.

Les sociétés d'analyse d'audience insèrent ainsi des balises HTML et des scripts spécifiques dans les pages des sites qu'elles auditent. Ces bouts de programmes permettent de récupérer les URL referers à chaque venue d'un visiteur. Pour leur part, les logiciels d'analyse de logs lisent directement ces données dans les fichiers logs (la mémoire des connexions) du serveur en question.

Mesure d'audience : configuration du logiciel

Pour mesurer le ROI d'une action de promotion, on utilisera généralement un logiciel d'étude de logs ou d'analyse d'audience à base de marqueurs (de type « Site Centric »). Le plus fréquent est bien entendu Google Analytics.

Si vous utilisez ce type de logiciel, êtes-vous sûr qu'il prenne bien en considération les outils de recherche francophones comme lilo.org, qwant.com ou encore ecosia.org ? Souvent, ces logiciels sont fournis par défaut sous une configuration correspondant aux outils de recherche majeurs anglophones, voire américains, mais ont tendance à oublier les outils francophones. Pour prendre en compte ces derniers, il vous faudra alors configurer vous-même le logiciel.

Vérifiez donc bien cet état de fait pour être sûr que la globalité du trafic provenant des outils de recherche a été évaluée.

Le « not provided », fléau du webmarketeur

Google a instauré une nouveauté en 2011 en annonçant qu'il mettait en place un système de chiffrement des résultats renvoyés par son moteur de recherche en routant les utilisateurs logués sur leur compte Google directement à l'adresse *https://www.google.fr/* (donc sur une adresse sécurisée *https*), ayant pour effet un cryptage des requêtes et des pages de résultats fournies.

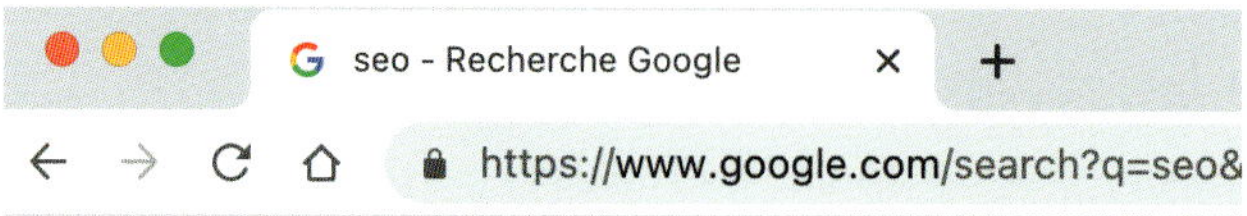

Figure 9-2

Les SERP de Google chiffrées lorsque l'internaute est connecté à son compte.

Cela a eu un impact direct sur les statistiques des sites visités par les internautes en provenance du moteur de recherche, puisque la requête utilisée par l'utilisateur du moteur pour trouver votre site (mot-clé dit « referer ») n'est dans ce cas plus transmise et ne peut donc pas être interprétée et analysée par votre outil de mesure d'audience. La requête génératrice de la visite est alors indiquée comme « not provided » dans Google Anaytics.

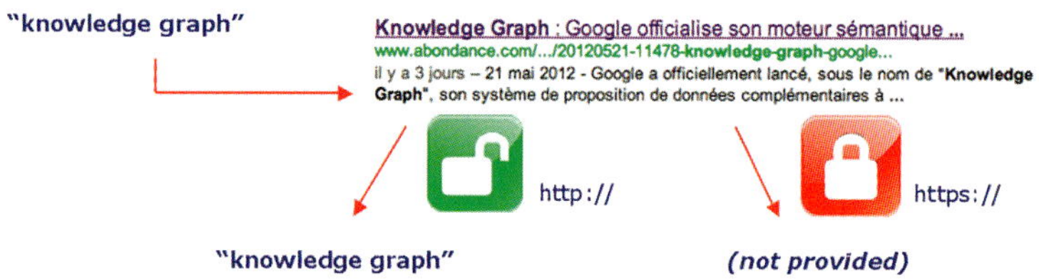

Figure 9-3

Les SERP « en clair » renvoient le mot-clé referer au site distant, les SERP cryptées ne renvoient rien.

Il s'agit donc clairement d'une mesure catastrophique en termes de SEO, puisqu'il devient ainsi de plus en plus complexe de mesurer le trafic généré par tel ou tel mot-clé. Les statistiques de mesure d'audience sur les mots-clés referers sont, par là même, clairement fausses depuis cette mise en place. Malheureusement, personne ne peut rien faire à ce sujet… à part Google !

Le sujet est en tout cas à suivre au plus près car depuis, Google s'est mis à chiffrer toutes ses pages de résultats, que l'internaute soit logué ou pas sur son compte. Ainsi, aujourd'hui, certains sites atteignent plus de 90 % de « not provided » dans leurs statistiques (figure 9-4) !

1.	(not provided)	**34059** (94,33 %)
2.	(not set)	**468** (1,30 %)
3.	amazon	**81** (0,22 %)
4.	abondance	**33** (0,09 %)

Figure 9-4

Les mots-clés en « not provided » représentent aujourd'hui près de 95 % des requêtes sur le site Abondance.

Les outils pour webmasters proposés par les moteurs

Enfin, vous l'avez certainement compris en lisant cet ouvrage, il est très important, lorsqu'on s'intéresse au référencement, de créer des comptes sur les outils pour webmasters que proposent les moteurs de recherche majeurs. Le suivi du bon référencement de votre site est souvent indissociable de l'utilisation de ces outils.

La Search Console (SC ou anciennement Google Webmaster Tools : *https://www.speeny.fr/290*) est le plus important. Tout d'abord, c'est de loin l'interface qui propose le plus d'outils utiles et parfois indispensables. Et, ça tombe bien, il est fourni par le leader actuel des moteurs de recherche. Il est inimaginable aujourd'hui de gérer son référencement sans un accès SC, car la richesse de ses informations et de ses diagnostics devient vite indispensable.

Microsoft propose également son propre site, similaire à celui de son concurrent (*https://www.speeny.fr/291*). À noter également celui du russe Yandex qui propose des outils assez intéressants (*https://webmaster.yandex.com/*), même si la Russie n'est pas votre zone géographique privilégiée.

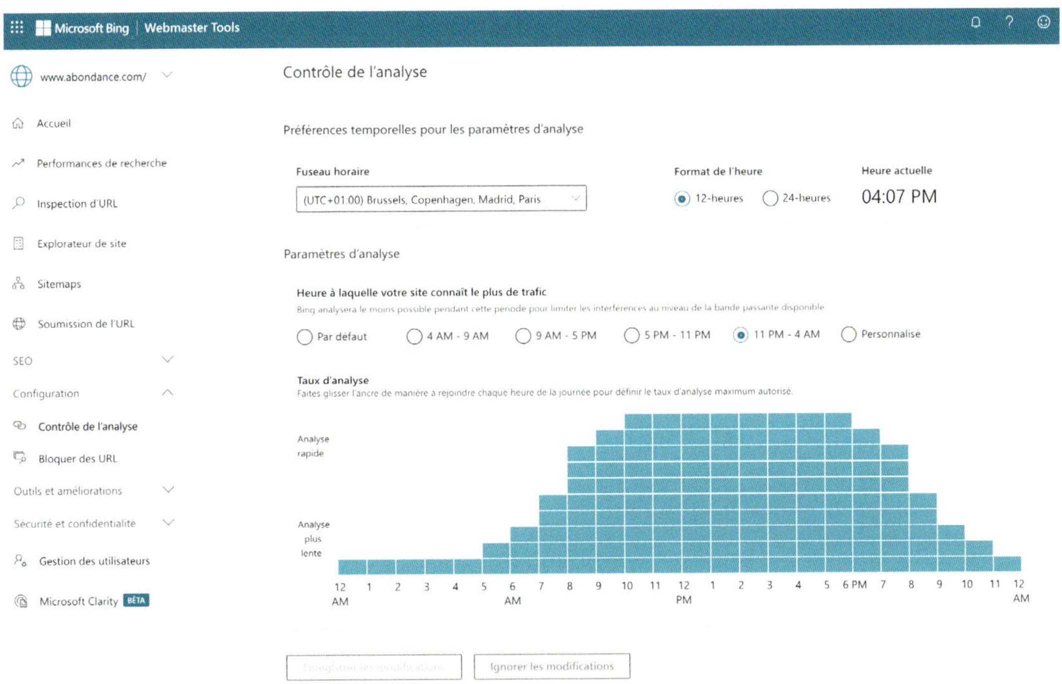

Figure 9-5

Les Webmaster Tools de Bing, un autre outil très intéressant.

Ces outils sont des espaces absolument indispensables pour toute personne s'intéressant aux moteurs de recherche et au référencement. Ils sont gratuits et ne demandent que la création d'un compte spécifique (que vous détenez peut-être déjà). Foncez !

La Search Console de Google : un indispensable !

Depuis de nombreuses années, Google propose des outils pour que les webmasters, les éditeurs de sites et les référenceurs, puissent obtenir des informations sur la façon dont le moteur de recherche « voit » leur source d'informations. D'abord nommés « Webmaster Tools », ils ont reçu le titre de « Search Console » en 2015. Puis, en 2017, Google a mis en place un nouveau chantier pour bâtir une version plus élaborée de l'outil. Un chantier qui est en perpétuelle amélioration.

Dans ce chapitre, nous avons pour objectif de vous présenter les différents outils que propose la Search Console, et surtout les principaux, ceux qui vont vous servir quasiment au quotidien. Nous ne rentrerons pas dans les détails des outils trop techniques ou de ceux qui ne nous semblent pas indispensables dans un premier temps. Vous pourrez tout à fait explorer au fur et à mesure les autres fonctionnalités quand vous vous serez familiarisé avec celles présentées et décrites dans ce paragraphe. Chaque chose en son temps !

Petit bémol important : ce chapitre a été écrit à une (longue) période de transition entre l'ancienne et la nouvelle version de la Search Console. Il est donc possible que, lorsque vous lirez ces lignes, la situation ait changé : une fonctionnalité de l'ancienne aura pu passer dans la nouvelle mouture, ou un des outils aura pu évoluer, etc. C'est malheureusement le lot de ces systèmes qui changent très souvent, et surtout dans leurs premiers mois de vie. En fonction de ce que vous lirez ici, vous devrez peut-être adapter ce qui est expliqué à la réalité de l'évolution de l'outil. Veuillez nous en excuser par avance.

Pour commencer, voyons comment inscrire votre site sur la Search Console.

Inscrire son site (propriété) sur la Search Console

Tout d'abord, allez sur la Search Console (que nous appellerons dorénavant par son acronyme : SC) sur l'adresse *https://www.speeny.fr/290* (ou tapez la requête search console sur le moteur). Pour y accéder, vous n'avez besoin que d'un compte Google (gratuit, tout comme l'accès à la SC). Si vous n'avez pas de compte Google (est-ce encore possible aujourd'hui ? ☺), vous pouvez le faire ici : *https://www.speeny.fr/292*.

Un « compte Search Console », pour votre site web, s'appelle une propriété. Pour chacun de vos sites (si vous en avez plusieurs), vous allez donc créer une propriété dans la SC. Pour cela, cliquez sur le bouton Ajouter une propriété.

Figure 9-6
Ajout d'une propriété dans la Search Console.

Puis saisissez l'adresse de votre site web (celui-ci devra être disponible en ligne, sans mot de passe ou autre).

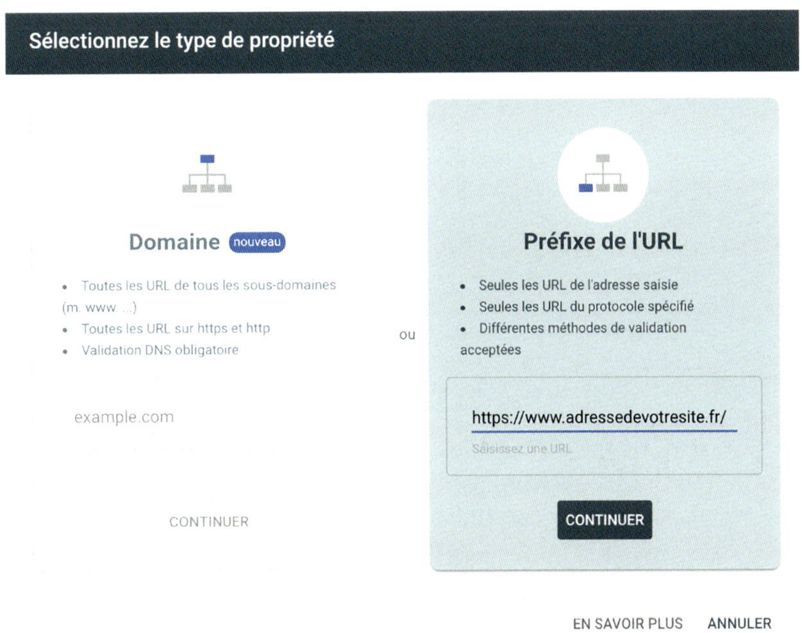

Figure 9-7
Ajout d'une propriété dans la Search Console : saisie de l'adresse du site.

L'étape suivante sera de confirmer à Google que vous êtes le propriétaire, ou le webmaster du site proposé. Pour cela, il existe plusieurs solutions.

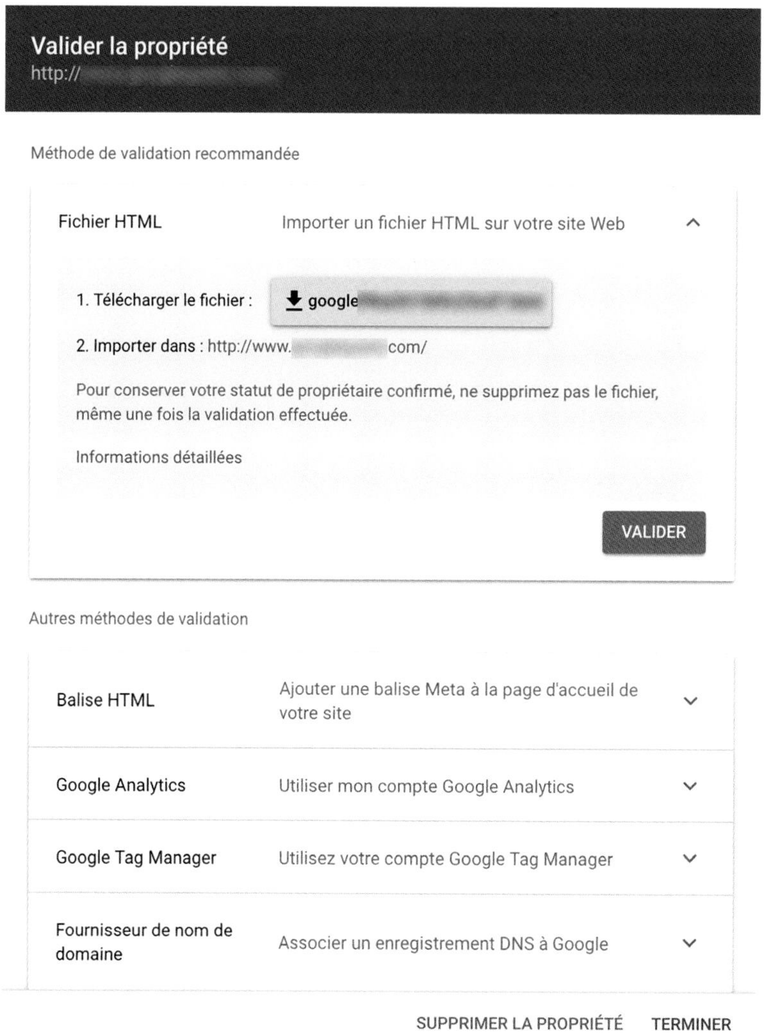

Figure 9-8

Vérification du site.

Nous ne les verrons pas toutes mais voici les plus utilisées (on peut les obtenir au travers de la liste Autres méthodes de validation) :

- Importer un fichier HTML : Google vous propose un fichier que vous allez envoyer sur votre serveur (il doit être accessible à la racine du site, comme indiqué). Pour cela, vous devez avoir un accès FTP sur votre serveur.

- Balise HTML : vous ajoutez une balise spécifique, fournie par Google, dans le code HTML de votre page d'accueil. Vous devez également avoir accès à votre code source pour le faire.
- Google Analytics : si vous êtes déjà administrateur du compte Analytics pour votre site, ce sera certainement l'option la plus simple. La création de la propriété SC devrait être automatique en optant pour ce choix.

Logiquement, vous avez trouvé une solution pour créer votre propriété, correspondant à votre site. Choisissez votre site (si vous en avez plusieurs) dans le menu déroulant.

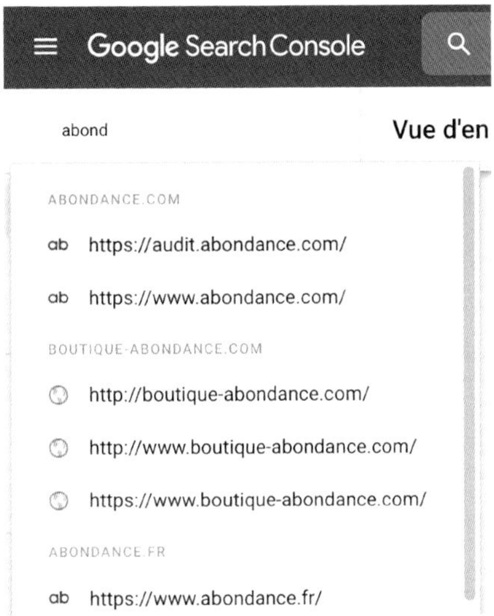

Figure 9-9

Liste des sites disponibles.

Cette liste sera très simple si vous avez peu de sites web, un peu plus longue si vous gérez de nombreuses sources d'informations. Peu importe, cliquez sur le lien correspondant à votre site. Vous découvrez alors les différents outils proposés par Google (figure 9-10).

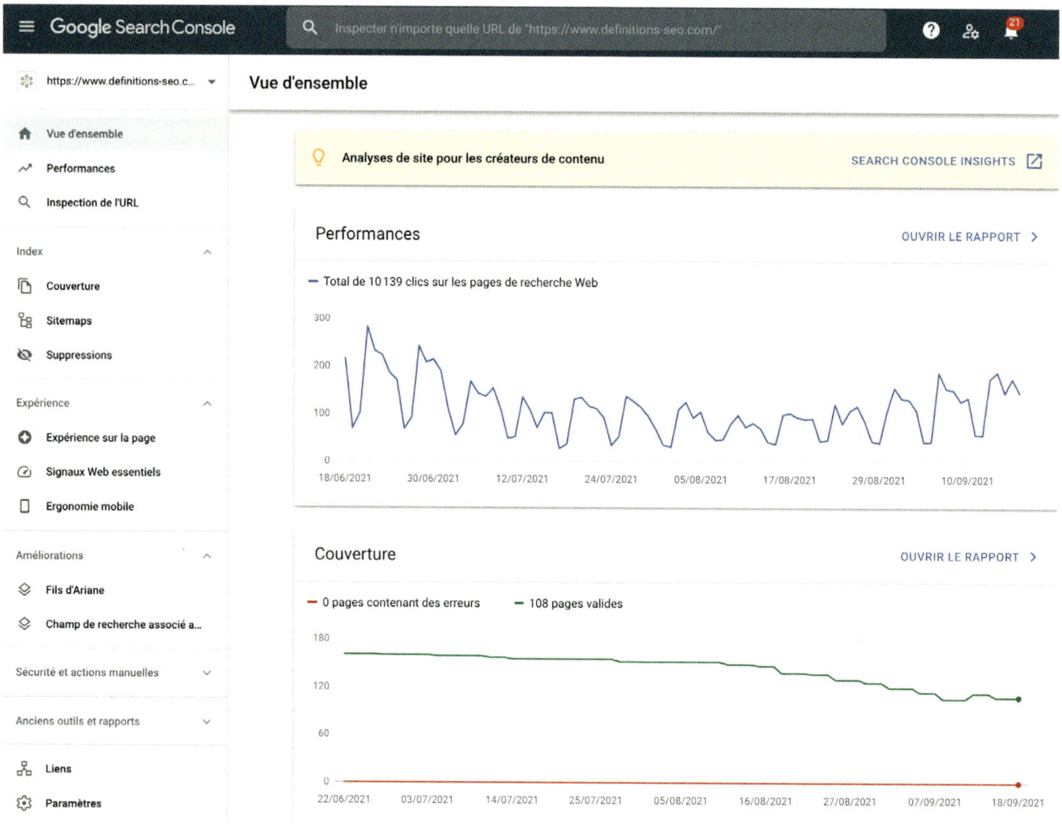

Figure 9-10

Tableau de bord de la Search Console pour une propriété donnée.

Voici un descriptif de ces principaux outils et rapports.

Performances

L'outil Performances vous permet d'obtenir des statistiques sur la visibilité de votre site sur le moteur de recherche Google.

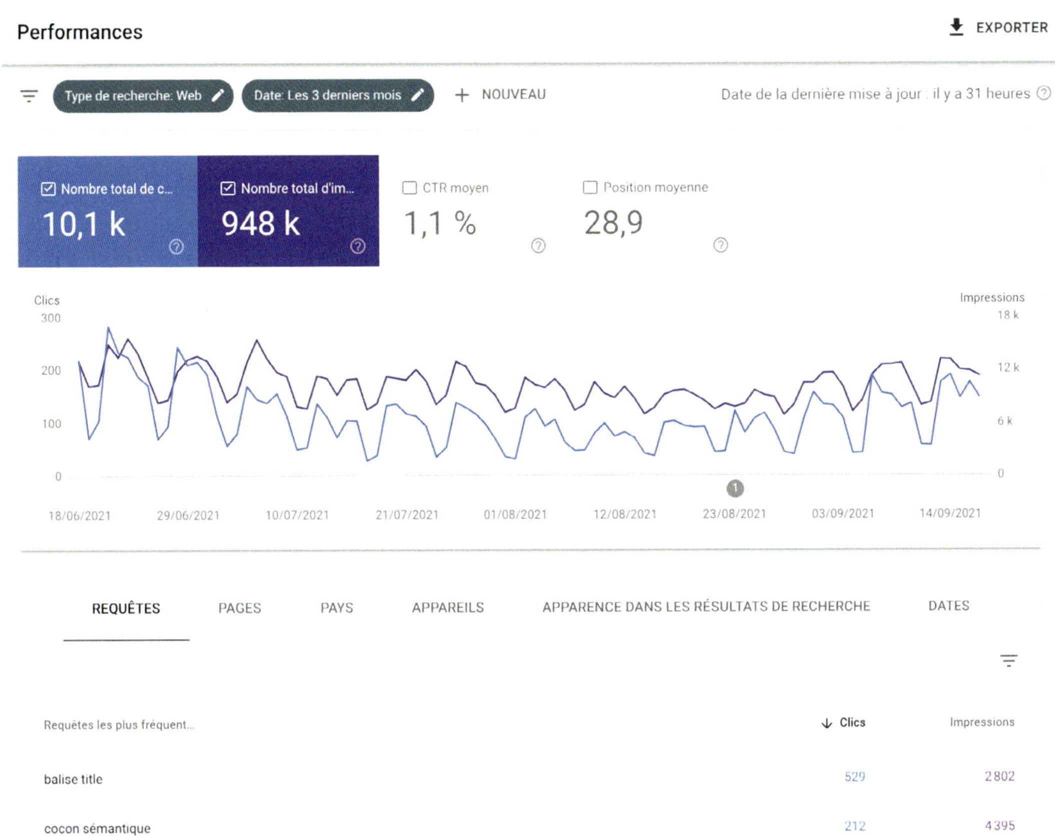

Figure 9-11

Rapport « Performances » du site.

Vous avez ainsi accès à plusieurs données sur la période choisie (vous pouvez aller jusqu'aux 16 derniers mois) et pour une liste de mots-clés affichés en-dessous.

- Nombre total de clics sur un lien dans les résultats de recherche du moteur pour générer une visite sur votre site.
- Nombre total d'impressions (d'affichage d'un lien de votre site dans les résultats de recherche). En effet, une impression ne génère pas forcément un clic.
- CTR moyen : taux de clics. Il s'agit donc du pourcentage d'impressions ayant abouti à un clic.
- Position moyenne de l'une de vos pages pour une requête donnée.

Le tout pour des recherches sur le Web, sur des images ou de la vidéo.

Vous pouvez ainsi savoir sur quelles requêtes votre site se positionne et si ce positionnement génère des clics. Ce qui est bien entendu extrêmement intéressant.

Couverture

L'outil Couverture est l'un des plus utiles de la SC, mais il demande des connaissances techniques assez importantes et vous n'en tirerez des bénéfices qu'au bout d'un certain temps, lorsque vous aurez « quelques heures de vol » en SEO et sur ce rapport. Ne soyez pas trop impatients.

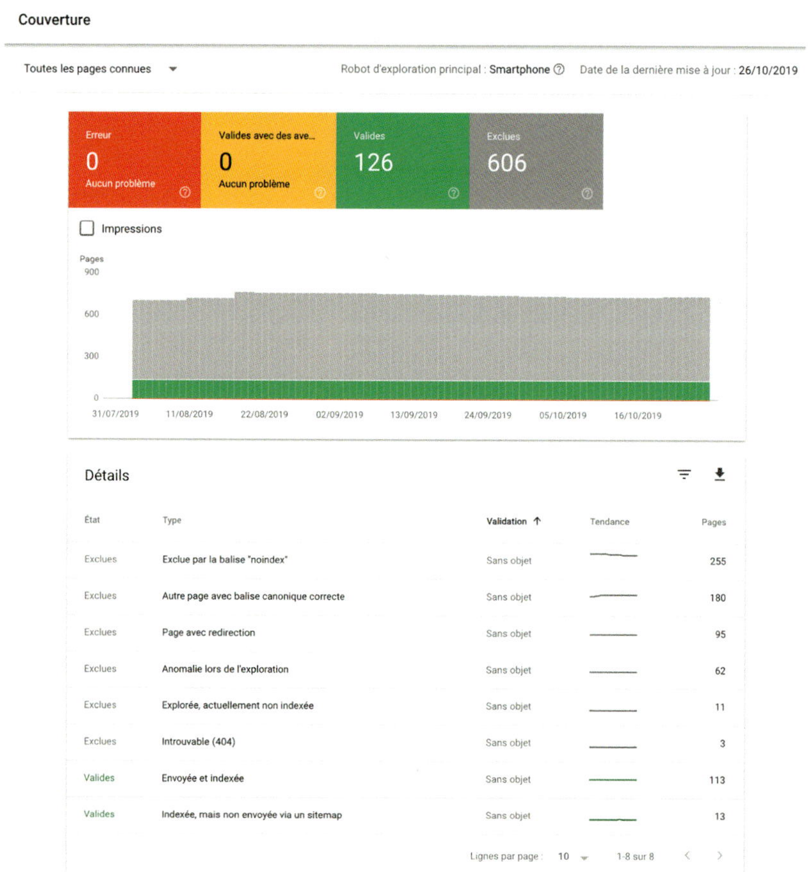

Figure 9-12

Rapport « Couverture ».

Au départ, regardez surtout la case « Valides » (figure 9-13) qui vous donnera le nombre de pages de votre site indexées par le moteur, ainsi qu'un historique de cette statistique sur les 3 derniers mois. Si vous savez combien de pages compte votre site, cela peut être intéressant de comparer les deux chiffres (nombre de pages dans votre arborescence / nombre de pages indexées par Google). Logiquement, ils doivent être identiques ou, au pire, similaires. Si ce n'est pas le cas, il y a un problème à résoudre. Et cela demandera quelques connaissances supplémentaires. N'allons pas trop vite. Oui, c'est vrai, c'est frustrant... ☺

Point également intéressant : vous avez ici la répartition entre les pages que Google a identifiées *via* un Sitemap XML (Envoyée et indexée) et celles qu'il a crawlées directement en suivant l'arborescence de votre site (Indexée, mais non envoyée *via* un Sitemap). En général, le premier nombre est supérieur au second.

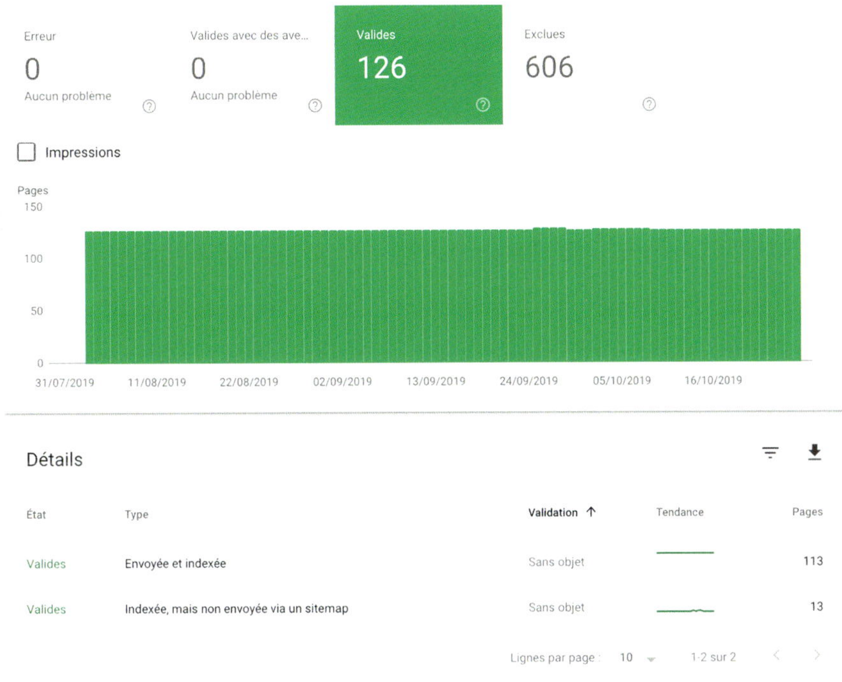

Figure 9-13

Rapport « Couverture » : pages valides.

Les zones « Erreurs » et « Valides avec un avertissement » signalent en général un nombre d'URL faible. Si ce n'est pas le cas, votre site pourrait avoir un souci de crawl et/ou d'indexation qu'il faudra analyser. On rentre là dans le domaine du cas par cas et du sur-mesure. Difficile d'en dire plus, hélas…

La zone « Exclues » est, comme nous le disions précédemment, très intéressante, mais nécessite le plus souvent quelques connaissances et un peu d'expérience. Voici les principaux messages renvoyés (issus de l'aide en ligne : https://www.speeny.fr/293), auxquels nous avons ajouté, lorsque cela nous semblait nécessaire, nos propres commentaires :

- Bloquée par une balise `noindex` : lorsque Google a tenté d'indexer la page, le robot a identifié une directive `noindex` et ne l'a donc pas indexée. Si vous ne voulez pas que la page soit indexée, vous avez procédé correctement. Si vous voulez qu'elle soit indexée, vous devez supprimer cette directive `noindex`.
- Bloquée par l'outil de suppression de pages : la page est actuellement bloquée par une demande de suppression d'URL effectuée *via* la SC. Si vous êtes propriétaire du site

validé, vous pouvez utiliser l'outil de suppression d'URL pour voir qui est à l'origine de cette demande. Les demandes de suppression ne sont valables que pendant 90 jours après la date de suppression. Au-delà de cette période, Googlebot peut explorer à nouveau votre page et l'indexer, même si vous n'envoyez pas d'autre demande d'indexation. Si vous ne souhaitez pas que la page soit indexée, utilisez une directive `noindex`, ajoutez des identifiants d'accès à la page ou supprimez-la. Ce message est très rare.

- Bloquée par le fichier robots.txt : un fichier robots.txt empêche Googlebot d'accéder à cette page. Vous pouvez vérifier cela grâce à l'outil de test du fichier robots.txt dans la SC.
- Bloquée en raison d'une demande non autorisée (401) : une demande d'autorisation (réponse 401) empêche Googlebot d'accéder à cette page. Si vous souhaitez que Googlebot puisse explorer cette page, supprimez les identifiants d'accès.
- Anomalie lors de l'exploration : une anomalie non spécifiée s'est produite lors de l'exploration de cette URL. Elle peut être causée par un code de réponse de niveau 4xx ou 5xx. Essayez d'analyser la page à l'aide de l'outil Explorer comme Google pour vérifier si elle présente des problèmes empêchant son exploration. La page n'a pas été indexée. En règle générale, les causes pour ce message sont très diverses et difficilement identifiables. Si le nombre d'URL concernées est faible, pas de problème majeur. S'il est important (plus de 5 % du nombre total de pages valides ?), votre site a un souci de crawl et/ou d'indexation. La situation est à analyser…
- Explorée, actuellement non indexée : la page a été explorée par Google, mais pas indexée. Elle sera peut-être indexée à l'avenir, il n'est pas nécessaire de renvoyer cette URL pour l'exploration. Ici aussi, si le nombre d'URL concernées est faible, pas de problème majeur. S'il est important, c'est le signe que votre site a un souci de crawl et/ou d'indexation qui doit être analyser.
- Détectée, actuellement non indexée : la page a été trouvée par Google, mais n'a pas encore été explorée. En règle générale, cela signifie que Google a tenté d'explorer l'URL, mais le site était surchargé. Par conséquent, Google a dû reporter l'exploration. C'est pourquoi la dernière date d'exploration ne figure pas dans le rapport. Là encore, si le nombre est faible, aucun problème. Sinon…
- Autre page avec balise canonique correcte : cette page est un doublon d'une page que Google reconnaît comme canonique. Elle renvoie correctement vers la page canonique. Vous n'avez donc aucune action à effectuer.
- Page en double sans balise canonique sélectionnée par l'utilisateur : cette page a des doublons, dont aucun n'est marqué comme canonique. Google pense que cette page n'est pas canonique. Vous devriez désigner la version canonique de cette page de manière explicite grâce à la balise `canonical` (chapitre 13).
- Page en double, Google n'a pas choisi la même URL canonique que l'utilisateur : cette page est marquée comme canonique, Google pense qu'une autre URL serait une version canonique plus appropriée. Google a indexé la page considérée comme canonique, plutôt que celle-ci. Pour plus d'informations, consultez le chapitre 13.

- Introuvable (404) : cette page a renvoyé une erreur 404 lorsqu'elle a été demandée. Googlebot continuera probablement à essayer d'accéder à cette URL pendant un certain temps.
- Page supprimée en raison d'une réclamation légale : la mention est assez claire ☺. Message très rare.
- Page avec redirection : l'URL est redirigée et n'a donc pas été ajoutée à l'index. Malheureusement, Google n'indique pas le type de redirection (301 ou 302 notamment).
- Soft 404 : la demande de page renvoie ce qui semble être une réponse de type « soft 404 ». Autrement dit, elle a un comportement de page 404 tout en renvoyant un code 200 (OK).
- Page en double, l'URL envoyée n'a pas été sélectionnée comme URL canonique : l'URL fait partie d'un ensemble d'URL en double sans page canonique explicitement indiquée. Vous avez demandé que cette URL soit indexée, mais comme il s'agit d'un doublon et que Google pense qu'une autre URL serait une meilleure version canonique, il n'a pas indexé cette URL. Là encore, le chapitre 13 vous en dira plus.

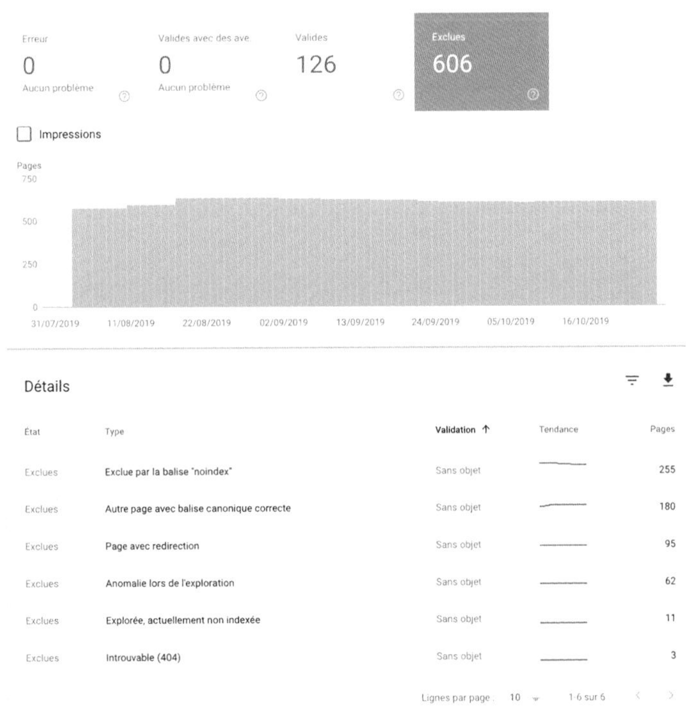

Figure 9-14

Rapport « Couverture » : pages exclues.

Ergonomie mobile

Ici, c'est assez simple : votre site doit être compatible mobile pour toutes ses pages. Donc la case « Erreur » doit afficher zéro. Si ce n'est pas le cas (figure 9-15), vous aurez en-dessous la liste des erreurs. En cliquant sur chacune d'entre elles, vous obtiendrez la liste des URL fautives. Il n'y aura plus qu'à les corriger.

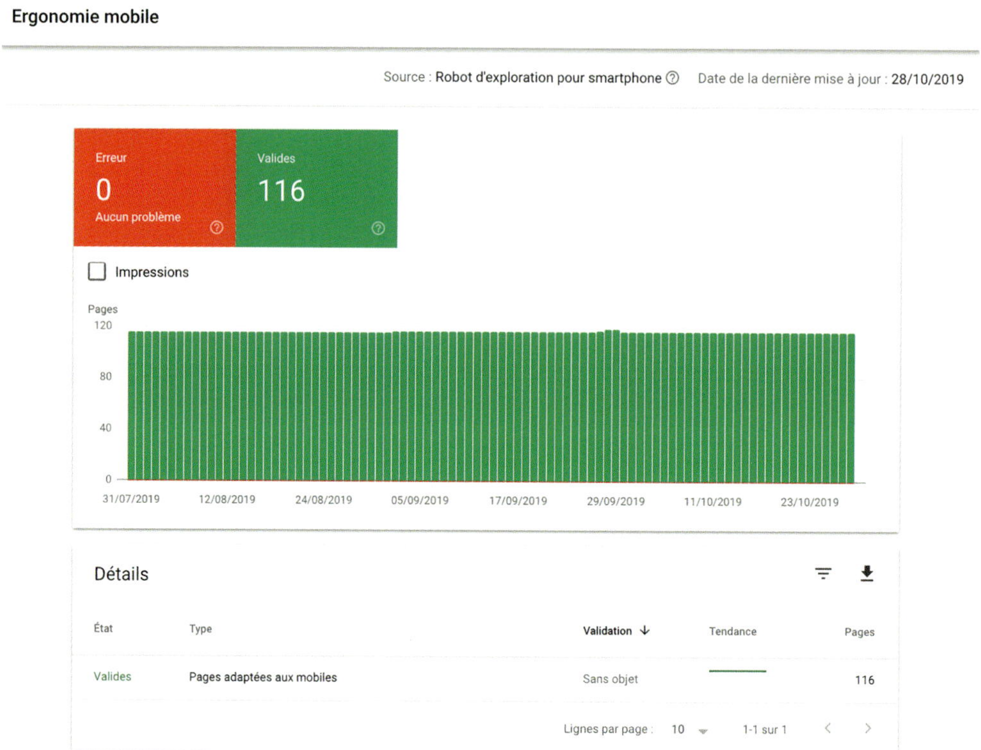

Figure 9-15

Rapport « Ergonomie mobile ».

Liens

Il s'agit d'une zone inestimable : Google vous donne un échantillon des sites web qui font un lien (backlink) vers votre site. Autant dire qu'il s'agit d'un trésor à exploiter au mieux. En-dessous de la mention Liens externes, vous aurez le nombre total de backlinks vers votre site, selon Google. Le premier encadré vous indique (Principales pages de destination) les pages de votre site qui ont obtenu le plus de backlinks, donc les plus populaires. Un clic sur le lien PLUS vous fournira une liste plus exhaustive.

Le bloc du dessous (Principaux sites d'origine) vous indiquera les sites qui font le plus de liens vers le vôtre. Un clic sur le bouton PLUS vous donnera accès à une liste plus importante de sites web vous apportant de la popularité à l'aide de liens.

Vous pouvez ensuite naviguer dans cette liste :

- en cliquant sur l'un des sites, vous obtenez la liste des pages de votre site qui reçoit un lien depuis le site externe ;

- en cliquant sur l'une de ces pages, vous obtenez la liste des pages du site externe qui vous renvoie un backlink.

Cela peut sembler complexe de prime abord, mais « jouez » un peu avec ces listes et vous devriez comprendre assez vite le fonctionnement. C'est en sciant que Léonard devint scie, non ? Bon, ok, on sort… ☺

Nous avons également déjà parlé de ce rapport dans cet ouvrage, aussi nous n'en dirons pas plus.

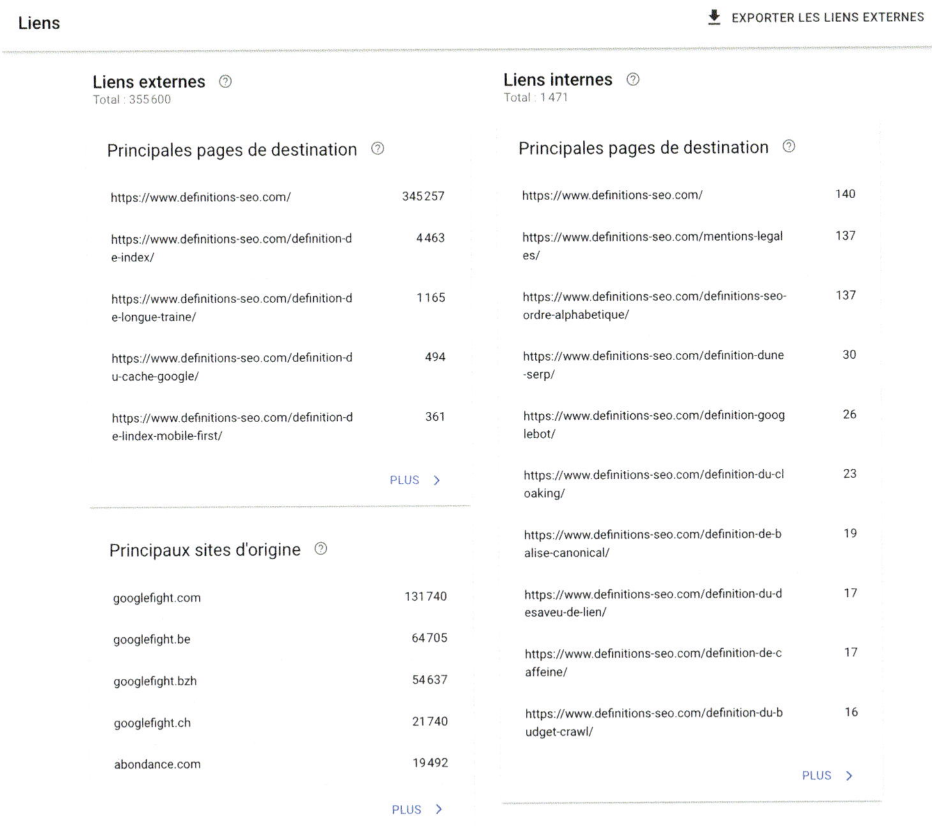

Figure 9-16

Rapport « Liens ».

Anciens outils et rapports

La rubrique « Anciens outils et rapports » proposait, au moment où ces lignes étaient écrites, les rapports de l'ancienne version de la SC qui n'avaient pas encore migré sous le nouvel habillage.

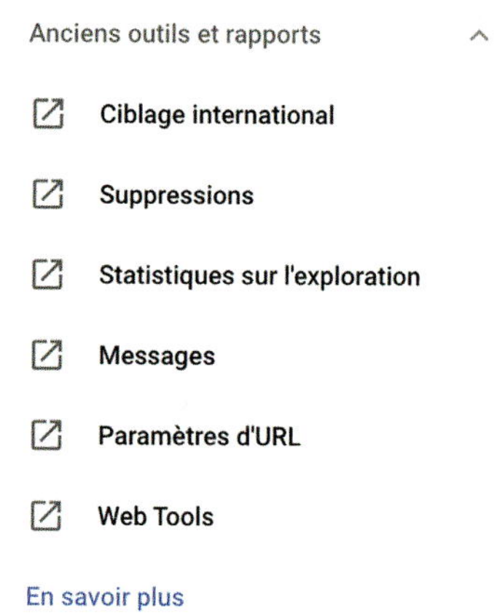

Figure 9-17

Anciens outils et rapports de la SC.

Peut-être la situation sera-t-elle différente lorsque vous lirez ces lignes. Parmi ces outils, deux nous semblent indispensables.

Ciblage international

La SC vous demande ici d'indiquer un pays-cible. Un site DOIT toujours avoir un pays-cible et un seul !

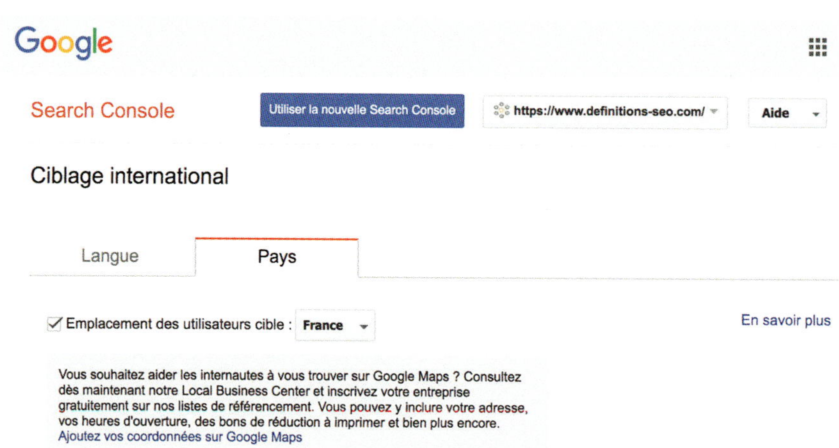

Figure 9-18

Indication du pays-cible du site.

Messages

Vous trouverez ici une zone qui présentera une liste d'archives des messages que Google vous a envoyés au sujet de votre site. Une petite lecture de ces derniers peut être intéressante pour être sûr que vous n'en n'avez pas oublié…

Voici donc ce qu'il en est pour les principales fonctionnalités de la SC. Nous ne les avons pas non plus explorées en profondeur. Ceci est volontaire, car l'outil peut vite s'avérer très technique et nous n'avons pas voulu vous noyer dans trop de détails, d'autant plus que l'outil étant nouveau, il évolue très vite et au gré des retours de ses utilisateurs.

Commencez avec les fonctionnalités décrites ici, adaptez-les à la réalité si Google les a modifiées entre-temps, imprégnez-vous de leurs possibilités, puis avancez au fur et à mesure. Vous vous rendrez compte également que vous n'avez pas besoin de tous les outils, seuls quelques-uns vous fourniront des informations intéressantes par rapport à vos besoins et attentes. C'est normal. L'essentiel est là et vous a été décrit dans ce chapitre. Pour le reste, il sera toujours temps de voir cela lorsque vous serez devenu un cador du SEO, et c'est tout le mal que nous vous souhaitons !

Conclusion

La mesure de l'efficacité d'un référencement a beaucoup évolué depuis quelques années, certainement grâce à l'éclosion du positionnement publicitaire. Aujourd'hui, les clients veulent savoir où va leur argent et dans quels types d'actions ils investissent. Il paraîtrait même que ce n'est pas spécifique au monde du référencement ni à Internet…

À l'heure actuelle, les outils existent, comme nous venons de le voir. Ils permettent d'obtenir une vision pertinente de la qualité du trafic généré et des actions menées par les visiteurs issus des outils de recherche. Bien sûr, il existe toujours un décalage entre le discours et la réalité sur le terrain. Peu de sites web utilisent encore ces outils de tracking et d'analyse du trafic de façon approfondie, même à l'heure actuelle. Tout le monde n'utilise pas non plus la Search Console ou son alter ego sur Bing. Ils sont pourtant la plupart du temps installés par défaut sur le site. La faute, le plus souvent, à un manque de temps pour comprendre la façon de les utiliser et surtout analyser les résultats fournis. Mais il y a fort à parier que leur usage va devenir de plus en plus répandu, car ils rendent de vrais services aux éditeurs de sites et aux référenceurs. Ils sont clairement indispensables !

10

Internalisation ou sous-traitance ?

«On ne peut pas faire les hot-dogs et servir le client.»

Proverbe québécois

En termes de référencement et de moteurs de recherche, plusieurs questions reviennent souvent de la part d'éditeurs de sites web, notamment de PME connaissant parfois mal ce marché si complexe à appréhender: combien coûte un référencement? Comment choisir un prestataire? Est-il possible de garantir un positionnement? Est-il possible de gérer soi-même son référencement, en interne de l'entreprise? Quel CMS choisir? Etc.

Ces questions sont complexes et n'amènent pas toujours de réponse unique et évidente. Savez-vous répondre à la question «Combien coûte un site web?» autrement que par l'affirmation: «Ça dépend»? *Idem* pour une question du type: «Dois-je faire mon site moi-même ou le confier à un professionnel?» qui amènera invariablement le même type de réponse... Bien sûr, cela dépend de nombreux critères!

Le coût d'un retour en arrière

Dans la pratique, on s'aperçoit vite que le coût d'un référencement revient surtout à la question: combien cela va-t-il me coûter de revenir en arrière pour rendre mon site web compatible avec les critères de pertinence des moteurs de recherche? Quand on vous dit que plus l'aspect «référencement» est pris en amont dans le cahier des charges, mieux cela vaut...

En effet, plusieurs facteurs entrent en jeu pour évaluer le coût d'un référencement. Parmi ceux-ci, nous pouvons citer:

- votre structure: site personnel, professionnel indépendant, PME, grand groupe, filiale d'une société étrangère, etc.;
- votre budget: de 0 à plusieurs centaines de milliers d'euros parfois;
- le temps que vous avez à consacrer à ce projet en interne;
- vos besoins: en nombre de sites, de langues, de mots-clés, etc.;
- votre volonté de mesure du travail effectué: positionnement, trafic, calcul du ROI (retour sur investissement), etc.;
- votre connaissance du domaine.

On pourrait multiplier les critères à l'envi, nous en trouverions encore bien d'autres.

Il est ainsi très difficile de répondre à certaines questions sur le SEO. Dans ce chapitre, nous tenterons cependant de vous apporter un certain nombre d'éléments qui vous permettront de prendre vos décisions en toute connaissance de cause.

Faut-il internaliser ou sous-traiter un référencement ?

Avant d'essayer de répondre à la question d'une éventuelle sous-traitance, il est nécessaire de bien prendre en considération le fait qu'un site web doit avant tout être « prêt » et donc optimisé pour être réactif aux critères de pertinence des moteurs dès sa mise en ligne. Les chapitres précédents de cet ouvrage devraient vous y aider.

Tout d'abord, nous prendrons bien entendu comme postulat que vous ne désirez pas spammer les moteurs de recherche et que vous renoncez donc à toute idée de passer par des rustines de type cloaking, netlinking de faible qualité ou autre système « industriel » de création de pages en très grand nombre (visibles ou non) et destinées aux moteurs de recherche. Vous avez donc en tête l'idée d'optimiser votre site *in situ* et donc de modifier vos pages afin qu'elles deviennent, de façon loyale et honnête, plus réactives par rapport aux moteurs de recherche. C'est une excellente idée.

Plusieurs situations sont alors possibles.

- **Vous créez votre site web de toutes pièces.** Vous en êtes à la phase de définition du cahier des charges. Dans ce cas, il est absolument nécessaire de prendre en compte les contraintes dues au référencement (et donc aux moteurs de recherche) dès le départ. Il est surtout primordial de ne pas faire d'erreurs technologiques comme l'absence de réécriture d'URL en cas de site dynamique (voir chapitre 14) ou la répétition de la même balise `title` sur toutes les pages (eh oui, on le voit parfois). Vous devrez donc penser au référencement dès le début mais également tout au long de la mise en place conceptuelle et technique de votre site. Pour cela, vous pouvez vous aider de cet ouvrage ou vous faire assister par une société spécialisée dans le référencement qui va suivre, en tant que conseil externe, la réalisation de votre site en inspectant les maquettes successives imaginées par la société qui crée les pages (si vous ne les faites pas vous-même). Nous insistons sur cette notion de suivi dans le temps, car le référencement est souvent synonyme de contraintes que l'on oublie parfois en s'en mordant les doigts par la suite lorsque des choix trop définitifs ont été faits.
- **Vous passez par un prestataire spécialisé.** Vous pouvez choisir une société de création de sites web sensibilisée aux techniques de référencement. L'expérience nous montre qu'elles sont assez peu nombreuses, mais que, bien heureusement, elles existent ! Cela pourra donc être un critère de choix important lors de votre appel d'offres. Cela vous évitera également de gérer des conflits avec cette entreprise lorsqu'il faudra lui expliquer les contraintes dues aux moteurs.

  La situation idéale sera donc constituée d'une société spécialisée dans la création de sites, assistée tout au long du projet d'un expert du référencement qui pourra apporter des conseils au fur et à mesure. Vous aurez ainsi la quasi-certitude qu'une fois en ligne vos pages seront bien prises en compte par les moteurs. Mais, encore une fois, rien ne vous empêche de tout faire vous-même. Vous êtes votre seul maître.
- **Votre site web est déjà en ligne et n'est pas optimisé.** Dans ce cas, vous pouvez entrevoir plusieurs solutions intermédiaires, comme la réécriture des titres des pages (balises `<title>`, qui ne modifient pas la charte graphique de votre site), la réinitialisation des balises `<hn>` et `meta description`, ainsi qu'un certain nombre d'autres pratiques

classiques dans le domaine du référencement. Vous pouvez bricoler (mais on peut faire du bricolage très professionnel) des solutions provisoires en attendant des jours meilleurs, c'est-à-dire une refonte future de votre site, afin de prendre en compte la problématique du référencement dès le départ. Nous sommes persuadés que l'on peut fortement augmenter le trafic issu du référencement uniquement en « colmatant quelques brèches », comme le fait de revoir les titres, de réviser certains textes, de réécrire les ancres des liens, de mieux gérer les liens entrants vers le site en général, etc. Pour le reste, vous pourrez vous en occuper plus tard, aucun souci.

Dans ce cadre, vous avez le choix entre sous-traiter ces opérations ou les effectuer tout seul, tout en sachant que l'intervention et les conseils d'un expert du domaine peut vous faire gagner pas mal de temps. Et chacun sait que le temps, c'est de l'argent.

Le « plus » de la sous-traitance par une société ou un expert spécialisé sera également parfois apporté par les outils de suivi : un extranet où vous pourrez analyser vos positionnements au jour le jour, le trafic généré avant et après la prestation, etc. Bref, les rapports d'évaluation du travail effectué seront accessibles grâce à des outils professionnels, ce qui est loin d'être négligeable.

De plus, le référenceur pourra également intervenir en cas de problème épineux : réécriture d'URL très technique, problèmes éventuels d'indexation, référencement dans des langues moins connues comme le roumain, le chinois ou le russe, etc. Enfin, son métier est également de mener une veille continuelle sur les moteurs de recherche et leurs algorithmes, car c'est un domaine qui évolue beaucoup. En avez-vous le temps de votre côté ?

Pour résumer, on peut dire qu'il est possible de faire beaucoup de choses soi-même, en interne, dans le cadre d'un référencement de site web, mais qu'il sera préférable, dès que l'on désire effectuer un travail réellement professionnel, de s'adjoindre les conseils d'une société experte en référencement afin d'éviter toute erreur technologique et de suivre au plus près l'évolution d'un projet de mise en ligne d'un site.

Dans ce cadre, quelle organisation peut être mise en place, mixant ou non sous-traitance et internalisation, pour obtenir le meilleur référencement possible ? Le mieux est certainement de reprendre, étape par étape, votre projet de référencement et de tenter de positionner la sous-traitance et/ou l'internalisation des tâches dans chacune d'entre elles.

Audit et formation préalable

Chaque projet de référencement demande un audit préalable de la situation.

S'il s'agit d'un site qui n'est pas encore en ligne (ou que vous désirez refondre en profondeur), vous devrez mentionner dans un cahier des charges les grandes lignes stratégiques que vous désirez suivre pour votre référencement : prestations demandées, outils utilisés, objectifs et garanties éventuelles demandés, délais, etc. Cette phase peut tout à fait être réalisée en interne si vous connaissez un tant soit peu le domaine du référencement. Difficile en revanche, si ce monde vous est inconnu ou mal connu, de vous passer d'un prestataire qui va vous conseiller pour savoir jusqu'où aller (ou ne pas aller), ce qui vous évitera de demander à des prestataires éventuels des objectifs qu'ils ne pourront pas atteindre. En tout état de cause, il semble préférable et salutaire de se renseigner dans un premier temps sur ce qu'est le référencement au moment de votre prise de décision (ce domaine évolue tellement vite) et sur les différentes manières d'optimiser un site, même si vous ne rentrez pas dans la technique pure. Une connaissance, même générale, du référencement sera intéressante, car elle vous permettra de poser les bonnes questions et de savoir si les réponses apportées par d'éventuels prestataires sont fantaisistes (cela arrive plus souvent qu'on ne le croit) ou sérieuses.

Il sera important et primordial, avant de prendre quelque décision que ce soit, d'avoir une connaissance générale de la façon dont un référencement s'effectue aujourd'hui. Il s'agit d'un monde qui évolue vite. Quelques lectures récentes et une journée de formation n'en seront que plus salutaires. Vous pouvez également assister à un séminaire, par exemple, il en existe de nombreux sur ce sujet.

Formation au référencement

Et pourquoi ne pas suivre la formation Formaseo, entièrement en ligne (100 vidéos à regarder à votre rythme) ? Elle a été conçue pour être complémentaire à cet ouvrage : *https://www.formaseo.fr/*.

Il se peut également que le site soit déjà en ligne et que vous ne désiriez pas le refondre de fond en comble. Dans ce cas, il est nécessaire d'effectuer un audit complet qui comprendra plusieurs rubriques.

- Problèmes actuels d'optimisation (titres mal rédigés, liens inefficaces, utilisation de JavaScript, etc.) à résoudre.
- « État de l'art » de votre site en termes de nombre de pages indexées par les moteurs et de backlinks déjà obtenus.
- Positionnements déjà acquis : la conservation de l'acquis sera un point important à traiter lors de votre projet. Comment améliorer votre référencement général sans perdre le travail déjà effectué et sans revenir en arrière sur le trafic déjà généré ?
- Trafic sur votre site actuellement apporté par les moteurs de recherche et sur quels mots-clés.
- Actions à entreprendre pour améliorer la situation et les délais de mise en œuvre.

Là encore, toutes ces données vous seront utiles pour établir votre cahier des charges SEO. Vous pouvez bien entendu effectuer ce travail d'audit vous-même, mais nous vous conseillons de le faire réaliser par une société extérieure, qui aura plus de recul sur un site qu'elle ne connaît pas et qui pourra, dans le cadre d'une prestation unique, vous donner bon nombre d'informations sur tout le travail qu'il reste à effectuer. Ces renseignements vous permettront de repartir du bon pied sur la base d'informations pertinentes et réelles.

L'audit SEO d'un site existant est toujours très intéressant à mettre en place avant une action de référencement, ne serait-ce que pour pouvoir estimer le travail effectué une fois l'optimisation mise en ligne. Une bonne base de réflexion, en quelque sorte…

Élaboration du cahier des charges

Une première phase préalable de définition des besoins est donc mise en place et va déboucher sur l'élaboration du cahier des charges « référencement ». La réflexion effectuée précédemment doit vous aider à réaliser ce document. Cependant, nous ne saurions que trop vous conseiller soit de le réaliser avec une société du domaine spécialisée dans le conseil, soit de le montrer, une fois rédigé, à une telle structure. Là encore, un œil extérieur sera salutaire.

Si vous travaillez en termes de conseil et d'audit avec une société qui propose aussi des prestations de référencement, vous courrez le risque qu'elle soit juge et partie et qu'elle vous oriente vers ses prestations plutôt que vers celles de la concurrence. Dans ce cas, et tant que le cahier des charges final ne sera pas rédigé, peut-être sera-t-il préférable d'opter pour des structures plus spécialisées en conseil (même s'il en existe hélas peu en France malgré la demande grandissante) qu'en prestations de référencement proprement dites.

L'intervention sur le cahier des charges « référencement » d'une société extérieure de conseil est toujours intéressante, soit pour la rédaction elle-même, soit pour la vérification que tout a bien été pris en compte. Les erreurs commises dès le départ seront d'autant plus complexes à réparer plus tard.

Définition des mots-clés

Tout d'abord, il est évident que vous maîtrisez un aspect essentiel : votre métier. Vous êtes le mieux placé pour définir, par exemple, les mots-clés qui correspondent à votre domaine professionnel et sur lesquels vous désirez vous positionner. Cependant, un prestataire extérieur qui connaît bien le référencement et ses outils disponibles en ligne pourra vous apporter un éclairage intéressant sur plusieurs aspects, par exemple sous la forme d'une formation aux méthodologies à adopter en interne.

- L'intérêt des requêtes que vous avez identifiées. Les mots-clés que vous avez imaginés sont-ils souvent saisis sur les moteurs de recherche ? La connaissance des différents outils générateurs de mots-clés disponibles en ligne sera un plus dans ce cadre.
- La vision que vous avez de votre métier au travers d'un certain nombre de termes est-elle la même que celle d'un internaute extérieur, pas obligatoirement spécialiste de votre métier, qui recherche une société comme la vôtre ou des produits/services tels que ceux que vous proposez ?
- Quels sont la faisabilité technique et les délais prévisionnels pour espérer atteindre de bons résultats en SEO ? Par exemple, si vous désirez être en première page des moteurs sur des termes génériques et concurrentiels comme « hôtel », « tourisme » ou « santé », cela peut prendre des années sans aucune garantie de résultats.

C'est pourquoi nous pensons que cette définition optimale des mots-clés se doit d'être accompagnée par des spécialistes du domaine. Et ce, d'autant plus que c'est une phase cruciale et essentielle dans votre projet. Combien de référencements ont-ils été ratés dans le passé, car ils portaient sur des requêtes que personne ne saisissait ou sur des mots-clés sur lesquels des bonnes positions étaient trop complexes à atteindre en peu de temps ou sur lesquelles le site n'était pas légitime ?

Vous connaissez bien votre métier, mais un intervenant extérieur vous apportera un éclairage important sur l'intérêt et la faisabilité d'un référencement sur les requêtes imaginées et vous donnera une visibilité sur des termes souvent utilisés auxquels vous n'aviez pas pensé. Le choix initial des requêtes principales vous appartient, mais leur analyse gagne souvent à être externalisée. Chacun son métier…

Mise en œuvre technique du référencement

Une fois le cahier des charges réalisé, vous aurez logiquement une vision un peu plus claire de ce qu'il vous faut faire pour améliorer votre référencement. Cette mise en œuvre technique s'accompagne alors le plus souvent de plusieurs étapes.

- Rédaction de meilleurs titres, textes, intitulés de liens, etc. Ici encore, vous êtes sans doute le mieux placé pour effectuer ce travail en interne puisque c'est vous qui gérez au quotidien votre site web. Le prestataire extérieur pourra en revanche intervenir sur deux domaines précis :
  – la rédaction d'un cahier de préconisations qui vous indiquera ce que vous devez faire pour optimiser vos pages actuelles au niveau éditorial (employer des titres plus longs et plus descriptifs, soigner les chapôs des articles en y insérant les termes importants en gras, etc.) et technique (utiliser la balise `<h1>` pour les titres rédactionnels, insérer les attributs `alt` pour chaque image, créer des balises `meta description` spécifiques à chaque page, etc.). Ce cahier constituera en quelque sorte un manuel des bonnes pratiques vous permettant d'écrire vos contenus afin qu'ils soient réactifs au mieux par rapport aux critères de pertinence des moteurs ;
  – éventuellement, la formation de vos équipes rédactionnelles pour leur apprendre non seulement à « écrire pour le Web » mais également à « écrire pour les moteurs » ou plutôt « écrire pour les internautes en tenant compte des contraintes des moteurs » pour être plus juste. Cela s'apprend et il n'est pas forcément évident d'appréhender les « gestes qui sauvent » lors de l'écriture de contenus, notamment lorsqu'on a l'habitude d'écrire pour le format papier. Les réflexes du « print » ne se transposent pas sous la même forme au digital. Le Web est un autre monde.

  Vous êtes certainement le plus à même d'intégrer l'optimisation des pages dans votre site. Mais un prestataire extérieur peut vous guider en vous expliquant comment le faire au mieux de vos intérêts.
- Prestations plus techniques comme la réécriture d'URL, la mise en place de redirections 301, etc., notamment lors de migrations. Si vous avez besoin de telles prestations, nous vous conseillons de faire appel à une société spécialisée, car ces domaines techniques sont souvent très sensibles et la moindre mauvaise manipulation peut donner des résultats catastrophiques. Le plus souvent, et si besoin est, il vaut donc mieux s'en remettre à des entreprises qui maîtrisent ces aspects techniques sur le bout des doigts.

  Un intervenant extérieur peut éventuellement être d'une aide estimable si le site est réalisé par une agence web. Celle-ci peut tout à fait envoyer des maquettes successives du site et de sa charte graphique à un spécialiste pour avis. Le référenceur indique alors ce qui, éventuellement, peut poser problème aux moteurs. Cela permet d'avancer rapidement et d'éviter tout écueil, le site web étant alors réactif dès sa mise en ligne.

- Dernier point : aujourd'hui, on ne soumet plus son site aux moteurs de recherche à l'aide d'un formulaire de type Add URL (voir chapitre 12). La meilleure façon de voir son site indexé est d'obtenir rapidement des liens émanant de pages populaires. Si un référenceur peut vous fournir un tel lien, la société ne vous aidera pas beaucoup dans le cadre de soumissions désormais obsolètes (quel crédit apporter aujourd'hui à une société de référencement qui facture des prestations de soumission d'un site sur les moteurs de recherche ? Quelle misère ! Quelle honte !).

Nicolas Plantelin (OUI.sncf) : « Notre objectif est d'automatiser au maximum le SEO. »

Nicolas Plantelin est responsable SEO du site OUI.sncf, l'un des plus importants sites web en France avec plus de 100 millions de billets vendus chaque année. Il a accepté en 2019 de répondre à nos questions sur l'organisation SEO au sein de sa société, ainsi que sur son travail au quotidien et les projets de cet organisme de presse.

Nous lui avions posé à cette époque quelques questions, dans le cadre de la lettre professionnelle « Réacteur » du site Abondance, sur son travail de « SEO in house ». Voici ses réponses, que nous reprenons ici avec son autorisation.

Bonjour Nicolas et merci de bien vouloir répondre à nos questions. Peux-tu, en introduction, te présenter ?

Tout d'abord merci pour l'invitation à prendre la parole ! Je suis actuellement Responsable SEO chez e-voyageurs SNCF, la filiale du Groupe SNCF qui s'occupe de tout le digital client et qui regroupe OUI.sncf, l'Assistant SNCF, Rail Europe et l'Usine digitale.

Je gère le pôle SEO qui s'occupe du référencement naturel de OUI.sncf France et Europe (soit 13 sites) et de ses applications mobiles, ainsi que dans le monde avec Rail Europe (30 sites).

Avant cela, j'ai commencé ma carrière dans le SEO en 2010 chez Netbooster pendant 4 ans, puis j'ai été Responsable SEO chez lastminute.com… Je crois que j'aime bien le tourisme !

Comment est structurée l'équipe qui traite le SEO chez OUI.sncf ? Tout est fait en interne ? Existe-il de la sous-traitance ?

Aujourd'hui, je suis épaulé par 2 chefs de projets et un apprenti, et sommes à la recherche d'une troisième personne à temps plein pour renforcer l'équipe ! Nous travaillons aussi avec des agences, plutôt de manière ponctuelle sur des sujets précis quand nous n'avons pas le temps ou les outils pour les traiter. C'est le cas pour nos optimisations ou le suivi SEO, ainsi que pour la rédaction de contenu.

Comment gérez-vous le SEO au quotidien ? Quelles sont les relations entre les équipes SEO et les autres services en interne (développeurs, marketing, etc.) ?

Le pôle SEO est intégré au marketing, nous avons donc de nombreuses relations au quotidien avec d'autres leviers impactant le SEO, comme le SEA et surtout l'équipe édito que nous aidons pour la rédaction et l'optimisation du contenu.

Les développeurs sont quant à eux rattachés au produit, tout comme l'UX, mais nous essayons de travailler main dans la main sur les bons sujets apportant de la valeur.

Mais vu le nombre de projets dans l'entreprise pouvant impacter le référencement, nous travaillons finalement au quotidien avec toute l'entreprise, des chefs de produit Train au SAV en passant par l'A/B Testing et la Data Analyse.

Quelles sont les principales spécificités, selon toi, au niveau du SEO pour un site tel que OUI.sncf ?

Nous vendons plus de 100 millions de billets par an en France mais OUI.sncf n'est pas un site énorme en soi : environ 150 000 pages crawlées par Google. La plus grosse spécificité est la puissance du domaine qui n'a que 2 ans mais qui bénéficie de l'historique de Voyages-sncf.com, un domaine qui avait quant à lui 19 ans.

Du fait aussi de notre historique sur le train, il est donc assez facile pour nous de se positionner sur cette thématique qui est notre cœur de business, car nous faisons preuve d'autorité auprès de Google. En revanche, le travail est plus compliqué sur d'autres produits (comme le bus) ou sur l'Europe où la situation est différente (moins d'autorité, plus de concurrence).

En général, quelles sont les plus grandes difficultés que tu rencontres au quotidien en termes de SEO ?

Nous sommes plus de 1 200 personnes à travailler sur le site OUI.sncf donc notre plus gros challenge est la synchronisation interne pour limiter les erreurs humaines, et leurs impacts sur le SEO. Pour ce faire, nous proposons régulièrement des formations à tous les nouveaux arrivants, et réalisons de nombreux crawls et analyses de logs pour détecter les problèmes au plus vite.

Quels KPI sont utilisés pour mesurer la qualité du SEO du site ?

Bien évidemment, le principal KPI que l'on suit reste le Volume d'Affaires généré par le SEO, ainsi que le trafic et le taux de conversion. Nous avons ainsi créé des dashboards actualisés chaque jour montrant ces KPI pour le SEO Marque & Hors Marque, ainsi que pour chaque page importante et les différentes catégories du site.

En second lieu, nous regardons beaucoup les informations de positions (position par mot-clé, position moyenne par groupe, taux de couverture) bien que cela fasse débat dans la communauté SEO, et l'affichage dans Google (Pzéro, PAA, données structurées).

Nous monitorons aussi de plus en plus finement les KPI comportementaux : CTR dans Google, taux de rebond, temps passé.

Le SEO est-il une source de trafic importante, voire capitale, pour le site OUI.sncf ?

Le référencement naturel est l'une des sources principales de trafic et de revenus en France et en Europe pour OUI.sncf, notamment grâce au trafic Marque qui est ultra qualifié et représente une grosse partie du SEO. Nous ne publions pas de chiffres, malheureusement.

Utilisez-vous des outils du marché ou des programmes développés en interne ?

Nous avons pour le moment uniquement des outils externes : suivi de position, outil de crawl/logs, suivi de visibilité globale. Cependant, nous internalisons une partie de nos outils et compétences sur d'autres leviers marketing, donc il est possible que cela arrive prochainement sur le SEO.

Les sites de la SNCF ont-ils déjà été touchés par des pénalités Google ? Et si oui, quelles actions ont été menées pour en sortir ?

Je ne peux vous parler que des sites OUI.sncf dont je m'occupe ☺

Quand je suis arrivé chez Voyages-sncf.com à l'époque, nous possédions un sous-domaine dédié au SEO, géré par un prestataire externe. Il fonctionnait très bien, jusqu'au jour où il a été pénalisé une première fois par Google Panda (à cause de son contenu), puis Google Phantom (à cause de son look).

La solution a été simple et radicale : j'ai fait supprimer ce sous-domaine pour refaire les pages sur le sous-domaine principal... L'historique a bien été transmis, sans la pénalité.

Quels sont les objectifs et projets SEO pour l'avenir ?

Pour 2020, nous allons essayer de monter une nouvelle marche dans le SEO : automatiser au maximum les choses (création de pages et de contenus automatique, maillage interne dynamique), Datascience (nous venons de lancer une Feature Team dédiée Data au pôle SEO dont l'objectif sera de nous aider à prioriser nos chantiers et prédire des positions/revenu grâce au Machine Learning), améliorer notre suivi. Et sans cesse rester à la pointe et innover : AMP, Position 0, temps de chargement, données structurées, vocal, recherche visuelle, etc.

Comment s'est passée la migration de Voyages-sncf.com à OUI.sncf au niveau du SEO ? Cela a-t-il été totalement neutre ou des fluctuations ont-elles été constatées ?

Globalement la migration s'est très bien passée. Pour rappel, nous n'avons eu que 6 mois entre l'annonce aux équipes (et grand public) et la sortie, en plus des projets déjà engagés !

Comme toute migration, il y a eu de grosses fluctuations au niveau des positions, le temps que Google transmette l'historique au nouveau site. La « Google Dance » a duré environ 3 mois, cela reste court par rapport à d'autres cas de rebranding.

Au bout de 3 semaines, toutes les pages étaient indexées sur le nouveau site, et en 1 mois nous avions récupéré presque toutes les positions. Au final il a fallu entre 2 et 3 mois pour tout récupérer à 100 %.

Question subsidiaire : vous arrive-t-il d'être en retard dans vos projets (vu que vous travaillez pour la SNCF) ? Désolé, je n'ai pas pu m'empêcher... ☺

Quel site ne connaît pas de retard dans ses projets ? ☺

Suivi du référencement

Une fois votre site optimisé, il vous faudra bien évidemment suivre le travail effectué. L'audit du trafic, effectué dans la phase préalable (voir précédemment) vous sera bien utile dans ce cas pour comparer les étapes avant et après le référencement. Pour cette phase de suivi, tout dépendra de votre volonté et de la stratégie que vous désirez mettre en œuvre. En effet, vous pouvez vous contenter (mais cela serait dommage) de vérifier les positionnements obtenus grâce à des outils adéquats (logiciels, sites web, outils fournis par le prestataire). Cette phase, si elle est essentielle, ne sera la plupart du temps pas suffisante, comme nous l'avons vu au chapitre 9.

L'étude du trafic généré par les différents moteurs, des mots-clés qui ont servi à trouver vos pages, voire le calcul du retour sur investissement sont des étapes successives qui peuvent vous permettre de grandement affiner votre référencement et votre visibilité sur les moteurs de recherche. Encore faut-il avoir du temps pour analyser toutes ces données ! Cela dit, vous serez le mieux placé pour faire ce travail qu'il semble difficile de sous-traiter. En revanche, une prestation de conseil sur le choix des outils de vérification de positionnement, de mesure d'audience et de ROI ne sera peut-être pas négligeable. De même, une prestation de conseil sur l'interprétation des résultats (qui n'est pas toujours évidente), pourra s'avérer un choix judicieux. Mais la plupart du temps, vous pourrez peut-être préférer des outils indépendants des sociétés de référencement afin d'être sûr que les résultats fournis sont objectifs.

Si un prestataire extérieur peut vous aider dans le choix des outils de suivi du référencement, l'analyse (indispensable) vous en revient en premier lieu.

Bien entendu, il faudra prévoir le cas où les résultats ne sont pas à la hauteur : nouveau travail sur le cahier de préconisations, nouvel audit, etc. Vous pourrez, dans ce cas, repartir en arrière vers une étape précédente.

Coûts

L'aspect financier est également à prendre en compte dans votre réflexion, comme vous pouvez vous en douter. Nous pouvons voir sur le tableau 10-1 quelques chiffres sur l'internalisation d'un spécialiste du référencement à un coût qui peut fortement varier bien évidemment suivant le type d'entreprise et sa localisation géographique. Pour une TPE ou une PME, l'intégration d'un spécialiste peut devenir au final très coûteuse par rapport au choix d'un prestataire spécialisé. Dans le cadre des grands comptes, une internalisation peut en revanche être plus envisageable.

Tableau 10-1 Coût d'une prestation de référencement en interne et en sous-traitance

	Internalisation d'une personne dédiée spécialisée (salaire moyen Paris et province)	Externalisation (prestation annuelle – prix moyens)
Grands comptes	Salaire entre 30 000 et 40 000 €/an + primes	Entre 20 000 et 50 000 €
PME	Salaire entre 20 000 et 30 000 €/an (primes comprises)	Entre 3 000 et 10 000 €
TPE	–	Entre 1 000 et 3 000 €

Bien sûr, ces chiffres sont donnés à titre (très) indicatif, puisque les salaires d'une personne embauchée, comme le tarif des sociétés de référencement, dépendent de nombreux facteurs. Mais, là encore, il sera intéressant pour vous d'effectuer un tel calcul par rapport à votre propre contexte pour savoir dans quoi vous vous aventurez.

Voici ce que nous conseillons.

- **TPE/PME.** Orientez-vous plutôt vers un webmaster qui pourra être le parfait relais avec un prestataire de référencement, mais attention aux « Je sais tout faire et je peux m'occuper du référencement». Le webmaster ne doit pas, de son côté, engager des actions de référencement sans en avoir averti le prestataire éventuel. Formez-le plutôt à optimiser votre linking, à trouver de bons partenaires, à mettre en place des échanges de contenu, à bien rédiger, etc.

- **Grands comptes.** Si vous choisissez d'internaliser toute la chaîne de référencement, assurez-vous que vous maîtrisez bien tous les aspects techniques de votre site (notamment pour les entreprises internationales pour lesquelles, par exemple, le site web est géré depuis les États-Unis) et que vous avez entièrement la main dessus, sans quoi votre spécialiste interne sera vite frustré de ne pas pouvoir appliquer toutes les techniques qu'il désire mettre en œuvre et de ce fait risque de vous quitter très rapidement. La tendance, chez les grands comptes, est clairement à l'internalisation de cette fonction, avec beaucoup de difficultés, d'ailleurs, à trouver des profils compétents en la matière. Les «experts SEO» sont rares et donc chers (souvent, ce sont eux qui font passer un entretien d'embauche à l'entreprise…).

Aurélie Moulin: gros plan sur la stratégie SEO d'aufeminin.com

Consultante SEO/SEM, Aurélie Moulin a été responsable acquisition audience chez aufeminin.com et, à la tête de son équipe SEO, elle développait et mettait en œuvre la stratégie de référencement du groupe. Cette interview a été réalisée en 2011, mais ses réponses en termes d'organisation et de fonctionnement interne restent tout à fait d'actualité.

Dans le cadre de la lettre professionnelle «Réacteur» du site Abondance, nous lui avions posé quelques questions sur l'organisation du SEO dans son entreprise et sur la façon dont elle gérait ses projets au quotidien. Voici ses réponses, que nous reprenons ici avec son autorisation.

En quelques mots, pouvez-vous nous présenter aufeminin.com?

Le site aufeminin.com a été fondé en 1999 par une femme enceinte, Anne-Sophie Pastel, et son mari, Marc-Antoine Dubanton, qui recherchaient alors des infos sur la grossesse sans trouver vraiment ce qu'ils désiraient. Décelant une opportunité, ils se sont alors lancés dans la création du site avec un tiers fondateur, Cyril Vermeulen. Le site a grandi, a été décliné en plusieurs langues et est devenu le leader féminin dans chaque pays où il s'est implanté, puis le groupe a été revendu au géant allemand, Axel Springer.

Le site aufeminin.com, c'était, en juin 2011, 39,3 millions de visiteurs uniques dans le monde (données comScore, juin 2011) et une présence dans 12 pays (France, Allemagne, Royaume-Uni, Belgique, Espagne, Italie, Pologne, Suisse, Canada, Maroc, Tunisie et Vietnam).

Pour les curieux, dix années de vie d'aufeminin.com ont été résumées à l'occasion de la célébration de la première décennie du site: *https://www.speeny.fr/294*.

Quelle est l'importance du SEO chez aufeminin.com?

Les moteurs de recherche, et donc Google, sont la première source de trafic de tous nos sites. Alors évidemment, chez aufeminin.com, tout le monde fait du SEO! Il n'y a guère que le comptable et la femme de ménage qui ne doivent pas s'y mettre. Toutes les équipes sont concernées à différents niveaux. C'est dans l'ADN d'aufeminin.com, aujourd'hui plus que jamais. Un rédacteur pense SEO quand il écrit, un développeur pense SEO quand il développe, un commercial pense SEO quand il vend une opération spéciale, même un dirigeant pense SEO quand il rachète un site... et j'exagère à peine ! C'est donc du pain béni quand on est référenceur que de travailler dans un tel environnement. C'est assez amusant de se lever pour aller prendre son café et d'entendre les collègues de tous services parler de SEO dans l'*open space*. La casquette SEO est une sorte de passe-droit dont on abuse évidemment, nous n'attendons pas six mois pour mettre en production des demandes d'optimisation du site, et pourtant il reste encore tant à faire !

Sous la direction de Christophe Decker, directeur général produit et technologie, l'équipe SEO est aujourd'hui constituée de trois personnes en France et d'un SEO manager dans quatre pays.

En France, après différents tests de formules, l'équipe se compose de la manière suivante :

- moi-même, responsable acquisition audience en charge principalement du SEO, SEM et du Web analytics. Je coordonne également le travail des SEO managers internationaux ;
- Michael Thirion, responsable SEO junior en poste depuis deux mois et en charge plus spécialement du référencement côté éditorial et des sites France ;
- Thomas Sacx, linkbuilder depuis quelques mois.

Cela peut paraître un peu fou, mais la notion d'équipe SEO chez aufeminin.com est très récente, elle n'a même pas un an. Auparavant, j'étais seule aux commandes et, avant que j'arrive, en février 2008, il n'y avait personne. Le SEO a été géré jusqu'à fin 2007 par les fondateurs, qui avaient eu suffisamment de compétences dans ce domaine pour mener les sites du groupe jusqu'à des sommets. Les sites totalisaient à cette époque 13,6 millions de visiteurs uniques en Europe. Avec de l'édito non optimisé SEO, une structure de sites *full SEO-friendly* et une petite dose de *black-hat* d'antan (sites satellites, cloacking), on faisait encore des miracles à l'époque – chose qui serait impensable aujourd'hui. C'est la prime aux premiers, aux plus gros et à ceux qui ont su résister aux tempêtes des différentes crises d'Internet.

Quels sont les plus gros challenges SEO chez aufeminin.com ?

- Gérer la volumétrie : sur le site aufeminin.com, 11 années d'archives éditoriales, 1 post dans les forums toutes les 4 secondes, cela fait beaucoup d'URL à crawler pour Google et une longue traîne hallucinante. Il est difficile d'avoir une vision claire et exhaustive sans avoir des outils puissants, malheureusement pas (encore) développés en interne et une connaissance approfondie du site et des différents types de contenus existants. Le tout multiplié par une vingtaine de sites sur six langues différentes.
- Gérer la diversité thématique : aufeminin.com est un portail généraliste sur l'univers de la femme, 13 rubriques sur des univers aussi différents que la beauté, la mode, la maternité, la cuisine... Nous devons faire face à une concurrence verticale très forte. On le voit très bien avec Marmiton par exemple : nous sommes leader sur la cuisine avec Marmiton.org et aufeminin Cuisine ne parvient pas à le rattraper. Il faut trouver des synergies entre les deux sites pour essayer de les faire monter tous les deux.
- Gérer la pluralité des contenus à référencer : on référence du contenu texte, des images, des vidéos, des news. On a des versions mobiles, des applications iPhone, Android... Il n'y a guère que Google Shopping que nous n'avons pas réussi à maîtriser.
- Assurer la formation continue des équipes : des équipes qui grossissent et des évolutions permanentes côté Google nécessitent de constamment former les personnes qui interviennent directement sur la matière première du SEO. L'équipe éditoriale est celle qui nécessite le plus de temps : on dépense beaucoup d'énergie auprès des rédacteurs pour leur faire maîtriser les réflexes qu'il faut avoir quand on publie du contenu pour le Web : choisir le bon sujet sur lequel écrire, optimiser les titres, le texte, les images, les vidéos, publier au bon moment, faire le linking interne... Contrairement à des collègues *in-house* SEO que je connais, nous avons la chance de travailler avec une équipe technique très au fait du SEO, nous ne perdons pas de temps à vérifier si les optimisations SEO ont sauté lors des mises en prod, ce qui est un gain de temps et de productivité considérable.

- Gérer l'internationalisation : techniquement, les sites sont gérés depuis Paris. Depuis deux ans, nous avons amorcé un travail de localisation de la rédaction : il y a maintenant une rédaction locale dans chaque pays. Côté SEO, nous avons également désormais un SEO manager senior dans chaque pays depuis début 2011. Il s'agit donc de coordonner tout ce petit monde, chacun travaille avec les mêmes outils et plus on est, plus on a d'idées, alors il faut prioriser les projets de développement.

Est-ce que aufeminin.com passe par un prestataire SEO ?

Nous travaillons ponctuellement avec des prestataires pour des missions très précises, sur un périmètre restreint. On leur demande ce qu'on ne sait pas faire ou ce qu'on n'a pas (encore) les moyens de faire, les résultats obtenus sont largement rentabilisés.

Exemples de prestations : des audits ponctuels et complets de parties de sites avec @position (comme sur la partie forums d'aufeminin.com : revoir l'arborescence, la navigation, orienter et faciliter le crawl de Google…), une mission de linkbuilding sur des mots-clés ciblés avec Oseox…

En tant que *pure players*, nous sommes avides d'apprendre auprès d'experts métier et d'intégrer les compétences en interne ensuite. Par mesure d'économie, bien sûr, mais aussi parce qu'on n'est jamais aussi bien servi que par soi-même. Venant moi-même du monde impitoyable des agences, je sais à quel point il est nettement plus rentable d'internaliser le SEO : parce que quelques heures par semaine d'un prestataire ne vaudront jamais un ou plusieurs temps pleins en interne. Évidemment, nous n'avons pas tous les avantages du prestataire extérieur (le fait qu'il travaille sur différents périmètres et développe une expertise qu'on n'aurait pas forcément autrement et qu'il travaille éventuellement aussi pour nos concurrents), mais nous y gagnons évidemment nettement plus qu'avec des prestations à six chiffres, aussi performante et réputée que soit l'agence en question.

Nous sommes par ailleurs très ouverts à toutes sortes de prestations novatrices, friands de tout ce qui nous permet d'apprendre, de tester : aufeminin.com est un acteur suffisamment important pour offrir un périmètre de test intéressant, avis aux prestataires créatifs et innovants qui nous lisent ☺.

Et côté outils ?

L'avantage d'être aussi gros et d'avoir reproduit un bon *business model* sur plusieurs langues est que nous avons les mêmes besoins et nous utilisons les mêmes outils. Du coup, une technique testée et approuvée par un pays bénéficiera à tous les autres. Malgré la distance, nous partageons beaucoup entre nous et chacun est toujours force de proposition pour perfectionner notre CMS interne ou nos outils SEO spécifiques, comme un outil maison de gestion de bases de données de mots-clés qui nous permet au quotidien de suivre le travail d'optimisation des contenus par la rédaction ainsi que l'évolution des rankings. Nous faisons tous beaucoup de veille et testons pas mal d'outils externes par ailleurs : même si nous sommes adeptes du « tout faire soi-même », il arrive quand même que nous achetions quelques licences ici et là, et notamment pour le linkbuilding qui est le domaine dans lequel nous avons le plus investi dernièrement (Majestic SEO, par exemple).

Est-ce que les sites du groupe aufeminin.com ont été touchés par Panda ?

Lorsque la première mise à jour a été déployée en Angleterre, notre site anglais avait bénéficié d'un bond d'audience de 10 à 15 %. Sur les autres pays, aucun impact n'a été signalé pour l'instant sur les sites. Comme beaucoup de monde, on a été dans l'expectative pendant des mois, en trifouillant à droite à gauche et en se posant les mêmes questions régulièrement. Qu'est-ce qui fait que nous pourrions être affectés ? Pourquoi certains sont tombés ? Est-ce qu'il y a des actions préventives que nous pourrions mener ? Comme tout le monde, on a désindexé les pages sans intérêt pour l'internaute (les posts sans réponse dans les forums, les pages d'index de listings…). Finalement plus de peur que de mal !

Quels sont les projets SEO chez aufeminin.com ?

Plus de ressources, plus d'idées et plus de projets ! La finalité étant bien sûr l'augmentation de l'audience monétisable.

Préconisations

En règle générale, il nous semble judicieux de mettre en œuvre une stratégie qui mixe vos propres interventions (vous connaissez bien votre métier, vous avez la main sur votre site web) et une prestation extérieure (cette société aura souvent le recul nécessaire et les connaissances techniques indispensables pour mener à bien le projet) afin d'optimiser votre projet de visibilité sur les moteurs de recherche. Le fait de travailler avec une agence extérieure permet aussi de bénéficier de l'expérience de différentes problématiques rencontrées sur la globalité de la clientèle et donc éventuellement de se voir proposer beaucoup plus de solutions personnalisées qu'avec une personne ne travaillant que sur un seul dossier en interne. Il en sera ainsi pour une veille constante orientée sur le fonctionnement et les évolutions annoncées ou constatées des outils de recherche (et tout particulièrement Google). En effet, il sera dans certains cas primordial de réagir (modification technique, travail sur l'environnement de liens, sur la structure du site…) afin de ne pas se voir touché (sanctionné) par un nouveau filtre d'un outil de recherche (Google et Bing évoluent régulièrement). En sachant qu'une réaction après coup sera souvent synonyme d'un délai de plusieurs semaines, voire plusieurs mois, avant d'être efficace, à vous de choisir un prestataire qui effectue une véritable veille quotidienne sur le monde des moteurs de recherche et du SEO.

Autre point qui peut jouer en faveur de l'externalisation : la notion de garanties ou de tiers responsable. En effet, externaliser le travail, c'est aussi externaliser les risques et avoir de meilleurs moyens juridiques pour se défendre, ce qui n'est pas négligeable.

Conclusion

Aujourd'hui, il n'est plus question de livrer un site, quel qu'il soit, à un référenceur qui fabrique de façon industrielle des centaines de pages satellites en toute opacité, met en place un netlinking massif de faible qualité ou qui utilise des astuces plus ou moins vaseuses dans son coin sans vous en faire part. Un travail important et commun devra être mis en place entre le client (vous), la société qui réalise le site et le référenceur (si les trois entités sont différentes, bien sûr). De la parfaite adéquation, entente, maîtrise et communication des uns avec les autres tout au long de la mise en place du projet dépendra la qualité du travail final.

Voici un tableau récapitulatif des différentes étapes de votre projet de référencement avec, pour chacune d'entre elles, ce que vous pouvez internaliser et ce qu'il est préférable, à notre avis, de sous-traiter.

Tableau 10-2 Différentes étapes du projet de référencement

Étape du projet	Ce que vous pouvez éventuellement internaliser	Ce que vous pouvez éventuellement externaliser
Formation préalable	Veille personnelle, lecture de guides, d'ouvrages, de newsletters, visites de salons, conférences, colloques, etc. Veille régulière sur le référencement et les moteurs de recherche (si vous en avez le temps)	Formation ou conseil auprès d'un organisme spécialisé du domaine Veille régulière sur le référencement et les moteurs de recherche (si vous n'avez pas le temps) Analyse concurrentielle
Audit du site, si déjà en ligne		Réalisation du guide d'audit et de préconisations techniques Analyse de l'acquis et propositions d'améliorations
Audit du site, si pas encore en ligne	Réflexion sur le CDC (cahier des charges)	Aide à la réflexion sur le CDC
Écriture du cahier des charges	Rédaction du CDC	Corédaction du CDC ou avis sur le CDC une fois rédigé
Définition des mots-clés	Définition de mots-clés « de départ »	Conseil sur d'autres mots-clés Évaluation de l'intérêt et de la faisabilité des mots-clés identifiés par le client
Optimisation des pages et du site	Intégration des préconisations	Rédaction du cahier de préconisations Suivi des maquettes réalisées par l'agence web Réécriture et optimisation des contenus existants Formation des équipes rédactionnelles Mise en place de fonctions techniques complexes (redirections, fichiers robots.txt, URL Rewriting...) Mise en place de liens
Suivi du référencement	Interprétation des résultats fournis par les outils de suivi	Mise à disposition d'outils de suivi Conseil sur le choix des outils de mesure d'audience et/ou de calcul de ROI Aide à l'analyse des données

Jean-Benoît Moingt (SoLocal/PagesJaunes) : « Le SEO est devenu un enjeu stratégique chez PagesJaunes »

Jean-Benoît Moingt était au moment de cette interview responsable SEO et acquisition pour le groupe SoLocal/PagesJaunes. Il avait accepté en 2013 de répondre à nos questions sur l'organisation SEO au sein de sa société, ainsi que sur son travail au quotidien et les projets de cet organisme connu et ancien sur la Toile, même si les préoccupations SEO étaient plus récentes dans l'entreprise.

Nous lui avons posé quelques questions, dans le cadre de la lettre professionnelle « Réacteur » du site Abondance, sur son travail de « SEO in house ». Voici ses réponses, que nous reprenons ici avec son autorisation.

En quelques mots, peux-tu te présenter ainsi que ton rôle au sein du groupe PagesJaunes ?

Bien sûr ☺. Je m'appelle Jean-Benoît, j'ai 26 ans. J'ai découvert le référencement très tôt en développant mes premiers sites. Je suis développeur de formation, ce qui explique mon affinité pour les sujets techniques. Je suis notamment passé par l'agence Aposition (iProspect). Je suis maintenant responsable SEO chez SoLocal Group (ex PagesJaunes Groupe). SoLocal Group possède de nombreux sites. Je m'occupe plus particulièrement du « vaisseau amiral », Pagesjaunes.fr, et des PVI (les sites que nous créons pour les professionnels ; nous en avons 100 000). Comme tout responsable SEO, mon rôle est d'améliorer l'audience de nos sites et, à travers ça, la visibilité et le ROI de nos clients.

J'essaie également de développer la culture SEO en interne. Il y a trois ans, le référencement n'était pas un sujet majeur pour PagesJaunes. C'est désormais un enjeu stratégique et cela implique une mobilisation à tous les échelons de l'entreprise.

Comment se compose l'organisation de l'équipe SEO chez PagesJaunes ?

Le SEO chez PagesJaunes est sous la direction de Mehdi Moreau. Il a à sa charge le SEO, le SEA, le content marketing et la « déportalisation » de nos contenus sur des sites partenaire comme Yahoo! ou Bing, par exemple. Nous sommes une dizaine à travailler sur les sujets SEO dont trois personnes en interne. Nous travaillons avec des experts SEO qui réalisent les analyses SEO les plus complexes et qui permettent de construire la roadmap. Des data analystes réalisent notamment des études de ranking. Et des chefs de projet assurent le bon déroulement de la roadmap et contribuent à mettre de l'huile dans les rouages.

Nous avons la chance d'avoir une équipe aux profils variés et disposant d'une grande expérience. Le fait de travailler sur des grosses volumétries de données nous permet également d'observer des phénomènes qui passent parfois inaperçus dans les évolutions de Google, comme ce fut le cas cet été.

L'implication de l'équipe SEO varie en fonction des sites. Pour Pagesjaunes.fr, nous disposons d'un budget propre auprès de la direction technique, ce qui nous permet de construire une roadmap annuelle précise. Pour les PVI ou Mappy par exemple, nous agissons davantage comme le ferait une agence, nous émettons des recommandations qui seront, en fonction des arbitrages, intégrées dans la roadmap principale.

L'univers concurrentiel ayant évolué, le SEO est devenu un enjeu stratégique qui doit tirer l'audience des sites du groupe vers le haut.

Nous sommes également largement sollicités par les services commerciaux. Google est désormais utilisé par tous et nos clients sont très sensibles au référencement naturel. Nous réalisons régulièrement des études sectorielles prouvant le gain de visibilité dans Google qu'apporte une présence sur le site Pagesjaunes.fr.

Quels sont les plus gros challenges SEO chez PagesJaunes ?

Les challenges sont nombreux. PagesJaunes est une organisation assez lourde avec des délais de mise en œuvre importants qui ne répondent pas aux exigences de réactivité du SEO. Nous avons donc mis en place un certain nombre de briques pour pouvoir faire des modifications sur le site indépendamment des cycles de mise en production habituels.

Lorsque je suis arrivé, il fallait au minimum trois mois pour changer la balise `<title>` d'une page. Nous ne sommes pas encore arrivés à du temps réel, mais nous sommes désormais sur des délais de deux ou trois jours, ce qui est beaucoup plus acceptable.

Le site Pagesjaunes.fr souffre également de son historique. Il s'agit d'un site qui a plus de dix ans, qui n'a jamais été pensé ni conçu pour être optimisé en termes de référencement. L'année 2012 a donc en grande partie été consacrée au « nettoyage » des mauvaises pratiques ainsi qu'à la mise en place de prérequis techniques. Enfin, comme tous les annuairistes, la sémantique que nous ciblons est extrêmement large puisque nous avons vocation à proposer du contenu sur toutes les requêtes liées à la recherche de professionnels en France.

Est-ce que PagesJaunes passe par un prestataire SEO ?

Nous faisons effectivement appel à un certain nombre de prestataires externes. Nous avons cependant la particularité de faire appel principalement à des free-lances. Nous ne cherchons pas à travailler avec une agence de renom, mais avec des personnes dont nous apprécions les qualités et disposant d'une expertise qui apportera une valeur ajoutée à notre équipe.

Nous sommes toujours curieux de découvrir de nouvelles techniques ou de nouveaux outils, n'hésitez d'ailleurs pas à nous contacter si vous avez un savoir-faire particulier.

Nous avons également sous-traité la partie « ranking » que nous ne souhaitions pas internaliser pour plusieurs raisons. Nous récupérons tous les mois les dix premières pages de résultats de Google pour plus de 500 000 mots-clés. Nous récupérons les résultats bruts qui sont ensuite traités par nos data analystes. En cumulé, cela représente mine de rien un milliard de résultats par an !

Pour être plus réactif pour des études urgentes ou lors de mise à jour Google, nous avons par ailleurs notre propre infrastructure logicielle avec un réseau de proxy adéquat.

Et côté outils ?

Au quotidien, nous utilisons :

- un analyseur de logs (Watussi Box, *https://box.watussi.fr/*), qui nous permet de comprendre la façon dont Google perçoit notre site. Il s'agit à la fois d'un outil de monitoring quotidien et d'un outil d'analyse avancé. Nous avons mis en place des mécanismes d'alerte pour pouvoir être réactifs si tel ou tel élément se produit. Nous l'avons également mis à disposition de notre direction technique pour mesurer les effets de bord lors des mises en production ;
- un crawler simulant le comportement de Googlebot, qui nous permet de dresser régulièrement une cartographie complète de notre site et de représenter ce qui est indécelable à l'œil nu, surtout pour un site qui fait plus de 20 millions de pages. Nous pouvons également étudier l'ensemble de notre maillage interne qui représente environ 900 millions de liens ;
- nos données de ranking, qui sont étudiées par nos data analystes. Ils utilisent entre autres le logiciel Qlikview (*https://www.qlik.com/fr-fr/*).

Est-ce que les sites du groupe PagesJaunes ont été touchés par Panda et Penguin ?

Pagesjaunes.fr n'a été touché ni par Panda ni par Penguin. Nous n'étions pas particulièrement dans la cible de ces mises à jour.

Quels sont les projets SEO chez PagesJaunes ?

Nous sommes en train d'initier un gros travail sur la sémantique. La nomenclature que nous utilisons actuellement est issue de l'annuaire papier et a été construite avec une logique commerciale. Elle n'est pas toujours *SEO compliant*, loin de là. Nous avons environ 8000 rubriques qui sont parfois trop fines, parfois pas suffisamment, avec beaucoup de doublons. Nous avons donc décidé de construire notre propre référentiel répondant à notre seule problématique. C'est un chantier complexe, car l'univers sémantique que nous ciblons est immense.

Nous allons également expérimenter des optimisations techniques qui n'ont jamais été testées à ma connaissance sur des sites à forte volumétrie, mais je resterai discret sur celles-ci pour le moment ☺.

Quelle est la part de Google dans le trafic global du site PagesJaunes et des PVI ?

Nous ne communiquons pas de chiffres précis, mais la part du SEO hors marque a triplé en un an.

Quelles garanties un référenceur peut-il proposer ?

On voit fleurir, dans les offres des différents prestataires du marché, de nombreuses notions de garanties, le plus souvent demandées à cor et à cri par les clients eux-mêmes. Il est cependant important de se souvenir d'une chose essentielle qui peut être résumée en une phrase : **il est absolument impossible de garantir en référencement naturel un positionnement sur un mot-clé donné pour un moteur de recherche donné** !

Cette phrase est un axiome évident, à partir du moment où :

- on ne connaît pas parfaitement – et de loin – les algorithmes de pertinence des moteurs de recherche ;
- ceux-ci sont très souvent modifiés par leurs propriétaires (de façon quotidienne, plus de 4800 changements d'algorithmes ont été effectués sur Google en 2020, soit près de 13 par jour !) ;
- de nouvelles pages optimisées peuvent venir modifier une situation que l'on croyait établie ;
- les moteurs de recherche personnalisent de plus en plus leurs résultats en fonction de l'internaute (géolocalisation de l'ordinateur, langue du navigateur utilisé, requêtes saisies et sites visités précédemment, etc.).

En partant du fait qu'une garantie « individuelle » (un mot-clé/un moteur) est impossible (tout référenceur proposant ce type d'offre ne pourrait clairement pas obtenir votre assentiment), il existe pourtant un certain nombre de garanties acceptables que proposent les entreprises spécialisées, de façon plus globale : par exemple, une cinquantaine de positions en première page sur 100 mots-clés et sur Google. Il s'agit ici de garanties statistiques qui semblent plus honnêtes. On peut imaginer également une garantie concernant l'augmentation globale du trafic issu des moteurs de recherche suite à la prestation effectuée.

Malheureusement, il est impossible pour un prestataire de fournir plus de garanties sur le résultat de son travail, puisque celui-ci est basé sur des technologies qui appartiennent aux moteurs de recherche et, donc, qu'il ne contrôle pas. N'hésitez pas cependant à clarifier ce point avec la société avec qui vous envisagez de traiter, car, dans certaines propositions, la notion de garantie n'est absolument pas expliquée par écrit, alors qu'il en est souvent fait mention dans les argumentaires commerciaux oraux. N'oubliez pas non plus que les résultats dépendent de votre site et de son contenu. Vous ne pourrez obtenir des résultats que si vous suivez les conseils des sociétés de référencement avec qui vous décidez de traiter et si vous les mettez parfaitement en œuvre. Eh oui, le problème peut aussi venir de vous !

Enfin, faites attention à ce que la garantie proposée ne soit pas synonyme d'achat de lien sponsorisé, mais bien de travail de positionnement organique et d'optimisation de site web. On voit, hélas, de tout sur le Web et, si certaines sociétés de référencement sont très sérieuses, il existe un certain nombre de charlatans et d'apprentis sorciers à qui il vaut mieux ne pas confier son site.

Guillaume Giraudet (*Le Parisien*) : « Google représente 45 % de notre trafic. »

Guillaume Giraudet était au moment de cette interview en 2013 responsable SEO et acquisition pour le journal *Le Parisien/Aujourd'hui en France* (il a aujourd'hui créé sa structure baptisée 209 Agency : *https://www.209-agency.com/*). Il avait accepté à cette époque de répondre à nos questions sur l'organisation SEO au sein de sa société, ainsi que sur son travail au quotidien et les projets de cet organisme de presse.

Nous lui avions posé à cette époque quelques questions, dans le cadre de la lettre professionnelle « Réacteur » du site Abondance, sur son travail de « SEO in house ». Voici ses réponses, que nous reprenons ici avec son autorisation.

Pouvez-vous vous présenter en quelques mots ?

Je m'appelle Guillaume Giraudet (*http://www.guillaumegiraudet.com/*), j'ai 24 ans et je suis responsable SEO et acquisition pour le journal *Le Parisien/Aujourd'hui en France*.

Arrivé dans le milieu du référencement en 2008 en tant que stagiaire chez 1re-Position, j'ai évolué en tant que chef de projet SEO avant de partir en 2010 chez l'*Usine Nouvelle* en tant que responsable SEO/SEA/SMO.

Depuis octobre 2011, j'occupe le poste de responsable SEO au *Parisien* et j'effectue des recommandations pour optimiser le référencement du site sur les moteurs et acquiers du trafic afin de ne pas dépendre que de Google.

Je m'efforce également d'augmenter la puissance du *Parisien* sur l'outil Médiamétrie Nielsen NetRatings.

Quelle est l'importance du SEO dans le trafic de vos sites web ?

Le Parisien (*https://www.leparisien.fr/*) est un site pour lequel le SEO est un levier d'acquisition vital. Depuis maintenant plus de quatre ans, l'expertise SEO est internalisée et cela nous permet d'être au plus près des besoins de nos équipes techniques et de la rédaction. Chaque acteur a conscience de l'importance du SEO et, dans chaque projet que nous débutons, la partie SEO est clairement prise en compte en amont.

Notre trafic moyen en provenance des moteurs se situe aux alentours de 45 %. Nous avons la chance d'être un des sites de presse les plus appréciés par Google Search et Google News, ce qui nous permet de nous rendre compte rapidement des résultats de tests effectués sur nos articles.

Entre Google Search et Google News, il est assez intéressant de voir l'évolution de la répartition de trafic. Lors d'actualités majeures, les statistiques en provenance de Google News prennent le dessus sur celle du Search. Lorsque l'actualité est plutôt calme, nos très bonnes positions en SEO nous permettent de maintenir nos statistiques, voire de jouer sur la longue traîne.

Globalement, la répartition fluctue aux alentours de 60 % SEO, 40 % Google News.

Comment est organisé le SEO au sein du *Parisien* ? Combien de personnes travaillent en interne, à temps complet ou partiel, sur le sujet ?

Au *Parisien*, je travaille seul sur les problématiques d'acquisition d'audience et de référencement. J'ai la chance d'avoir un directeur proche de ces problématiques et qui comprend les implications SEO dans un projet. En 2012, pendant quatre mois, nous avons recruté un stagiaire afin de m'aider à avancer plus vite sur les nombreux sujets sur lesquels nous travaillions. D'ici une semaine, un second stagiaire va m'épauler sur ces problématiques d'acquisition d'audience, ce qui me permettra d'approfondir nos sujets SEO et de proposer encore de nouvelles stratégies de visibilité.

Travaillez-vous avec des agences externes ou faites-vous tout en interne ?

Comme je suis seul sur le SEO et afin de pouvoir travailler sur l'ensemble des sujets, nous travaillons avec des agences pour nos stratégies d'acquisition de trafic afin de ne pas dépendre que de Google (développement du netlinking, affiliation sur nos offres abonnées).

Cependant, nous effectuons très peu de liens sponsorisés (moins de 1 % de notre trafic mensuel). Le SEO (référencement naturel) est également géré seulement en interne. Mais nous sommes ouverts pour essayer de nouvelles stratégies proposées par des acteurs innovants du marché.

Les rédacteurs sont-ils formés à la rédaction SEO ou les articles sont-ils repris par des personnes spécialistes du domaine avant publication ?

Nous avons la chance au *Parisien* d'avoir des journalistes et rédacteurs prêts à écouter des optimisations SEO afin de mieux se positionner sur Google. Nous suivons un objectif commun, à savoir : augmenter les statistiques du *Parisien* et faire rayonner notre marque.

J'ai déjà effectué trois formations de « Bonnes pratiques d'écriture web » afin de leur donner des conseils pour optimiser leurs articles. Mon objectif n'est pas de leur expliquer comment écrire, mais de jouer le rôle d'un facilitateur en leur donnant des pistes d'optimisations assez rapides à mettre en place et qui peuvent payer rapidement.

Aucun article n'est repris par mes soins, *Le Parisien* s'est doté récemment d'un desk plurimédia afin de pouvoir travailler des articles tant sur le papier que sur le Web (texte, diaporamas, vidéos). En soi, le bon positionnement du *Parisien* est lié à la qualité de son équipe de rédaction et à son ouverture sur l'évolution des pratiques du journalisme sur le Web.

Quels sont les principaux obstacles que vous rencontrez dans votre travail au quotidien ?

L'obstacle principal reste le peu de ressources en interne. Les équipes de développement sont externalisées, nous sommes une petite équipe sur le Web, composée d'environ une vingtaine de personnes. L'équipe technique comprend huit personnes, ce qui fait que nous fonctionnons toujours en flux tendu.

Paradoxalement, c'est ce qui fait notre force. Finalement, cette équipe réduite est une petite famille et l'implication en interne est très importante.

Cela est en train d'évoluer et nous sommes en phase de recrutements afin d'étoffer les équipes et d'avancer plus vite sur l'ensemble de nos sujets.

Quels sont les principaux challenges SEO à votre niveau ?

Les principaux challenges sont de se maintenir à notre très bon niveau. Dans la presse, les acteurs sont très matures au niveau des problématiques SEO et il faut savoir évoluer et réfléchir plus vite que nos confrères.

Les challenges sont également liés directement aux nombreuses évolutions de Google et de son algorithme. L'avantage du milieu SEO, c'est qu'il s'agit d'un petit monde et que tout se sait très vite, ce qui permet d'être à la pointe si on se remet en question et qu'on discute de ses problématiques avec des confrères.

Optimisez-vous spécifiquement vos articles pour Google Actualités ?

Les articles sont en effet optimisés pour Google Actualités.

Vous pourrez d'ailleurs trouver les astuces de positionnement que j'ai évoquées lors de ma conférence au SMX Paris 2012, à l'adresse suivante : *https://www.speeny.fr/295.*

J'ai effectué également trois formations SEO en interne pour notre rédaction en 2012 et d'autres sont prévues sur 2013.

En soi, l'article est déjà optimisé pour répondre aux recommandations de Google Actualités.

Nous avons également mis en place deux Sitemaps dédiés. Un avec nos articles gratuits et l'autre avec nos articles payants, comme le préconise les guidelines de la firme du Mountain View.

Nous avons également ajouté la dernière évolution en date, qui est la balise `News_Keywords`, à insérer dans la balise `head` de la page et nous reprenons ainsi une dizaine de mots-clés afin d'être encore plus pertinents sur les moteurs.

Les résultats sont assez intéressants et prometteurs pour les mois à venir.

Utilisez-vous des outils du marché ou des programmes développés en interne ?

L'industrialisation du SEO en interne n'est pas encore une chose très développée. Nous sommes pour le moment partisans d'utiliser la méthode traditionnelle et artisanale qui nous aide à réagir plus rapidement.

Cependant, tout évolue très vite et, pour se maintenir au niveau, des tableaux de bord sur des indicateurs précis ont été créés. Cela nous permet de voir rapidement dans quel canal investir et d'effectuer nos choix de manière rationnelle.

Pour toutes ces analyses, nous utilisons entre autres le très bon outil de Ranks.fr et Advanced Web Rankings pour l'analyse de notre positionnement.

Pour l'analyse de notre netlinking et de points SEO, nous nous servons de SEOMoz et des outils en ligne comme Majestic SEO.

Enfin, pour se tenir au courant de l'actualité du référencement, la lettre des abonnés *Abondance Recherche & Référencement* reste une référence en la matière ☺.

Quels sont vos objectifs et projets SEO pour 2013 ?

En 2013, nous avons pour objectif d'être dans le top 3 des sites de presse. Même si beaucoup de sujets sont confidentiels, je peux dire que nos ambitions sont fortes et que nous avançons très rapidement sur les sujets porteurs de trafic, d'audience et de ROI.

Nous allons également développer notre inventaire vidéo, pousser notre offre locale et notre offre abonnés. Avec une visibilité comme celle du *Parisien* dans les départements d'Île-de-France, il y a de fortes chances pour que cela paye très vite.

Combien coûte un référencement ?

Malheureusement, cette question sera vite traitée, car il est impossible d'y répondre, tout comme à la question « combien coûte un site web ? » (pour faire une analogie, si je vous demande « combien coûte une voiture ? », saurez-vous répondre ?). Nous l'avons vu – et la section précédente vous donne déjà quelques chiffres de prestations types –, vous pouvez mener de nombreux travaux par vous-même, qui ne vous coûteront que le temps que vous allez y passer.

Certaines offres basiques que l'on trouve en ligne, comprenant quelques conseils et un suivi simple, vont coûter quelques centaines d'euros, d'autres offres plus élaborées, avec du conseil sur le choix des mots-clés, un important travail d'optimisation de vos pages, un suivi par extranet des positionnements et du trafic généré, du travail quasi quotidien en netlinking, etc., seront facturées plusieurs milliers d'euros par mois. Certains budgets peuvent dépasser plusieurs centaines de milliers d'euros annuels pour des prestations SEO dans le cadre de projets importants mis en place par des grands groupes.

Puisqu'il faut indiquer des chiffres, nous dirons qu'une prestation de base, très simple, coûtera environ de 500 à 2 000 euros HT par an (mais ce seront des offres très basiques, ne vous y trompez pas) et qu'une prestation plus évoluée tournera autour de quelques milliers, voire dizaines de milliers d'euros en fonction des prestations proposées. Tout dépend, bien sûr, du type de prestation : one-shot (audit, formation) ou récurrente (actions d'optimisation et de rédaction, par exemple, tous les mois). Bref, tout est envisageable. Sur cette base, il est possible de tout imaginer et également des sommes bien plus importantes. Difficile, hélas, d'être plus précis…

Un référencement gratuit est-il intéressant ?

Certaines offres de référencement gratuit sont disponibles sur le Web. Ayez conscience que, dans ce cas, vous en aurez pour votre argent et qu'il ne faudra pas attendre grand-chose de ce type de prestation : pas de conseil, pas de suivi, la soumission de votre site à quelques annuaires et moteurs de recherche secondaires sera, la plupart du temps, effectuée automatiquement par des logiciels, ce qui, il faut bien l'avouer (et nous espérons que vous en serez convaincu après la lecture de cet ouvrage) n'est que peu intéressant, voire pas du tout, voire même pénalisant. Bref, disons que ces offres ont le mérite d'exister, mais ne venez pas vous plaindre par la suite si elles ne vous apportent que peu de trafic.

Où trouver une liste de prestataires de référencement ?

Il existe un très grand nombre de sociétés spécialisées en référencement. Certains sites tentent de les référencer, comme celui du JDN (*https://www.speeny.fr/296*).

Parfois, vous serez démarché directement, par téléphone ou par e-mail, par l'une d'entre elles (ce qui n'est pas très bon signe). Mais le plus souvent c'est le bouche-à-oreille, redoutable sur le Web, qui fera son office et qui vous indiquera les coordonnées d'entreprises sérieuses. Enfin, vous pouvez tenter de saisir des mots-clés comme « référencement », « seo », « agence seo » ou « prestataire en référencement » pour voir qui se positionne sur ces termes très concurrentiels !

Autre possibilité pour trouver une entreprise spécialisée : passer par une des associations les regroupant. Il en existe peu en France. SEO Camp (*https://www.seo-camp.org/*) est de loin la plus active, mais d'autres, au niveau international, comme le SEMPO (*https://www.sempo.org/*), pourraient vous être utiles.

Comment détecter une mauvaise agence SEO ?

L'auteur de ce livre a mis en ligne en septembre 2021 quatre vidéos sur ce thème. N'hésitez pas à les visionner, car elles contiennent de nombreux conseils :

- *https://www.speeny.fr/1257*
- *https://www.speeny.fr/1258*
- *https://www.speeny.fr/1259*
- *https://www.speeny.fr/1260*

Chartes de déontologie

En 2000, l'auteur de ce livre a travaillé pour le compte d'une association de référenceurs de l'époque (IPEA) sur une charte du référencement. Ce document résumait la plupart des indications que nous avions jugées nécessaires d'insérer dans le cadre d'une charte de qualité et de déontologie du métier de référenceur.

Le but de cette charte était de faire en sorte que les outils de recherche (dont l'objectif est de proposer des réponses pertinentes aux internautes) et les référenceurs (dont l'objectif est d'assurer à leurs clients – disposant la plupart du temps de sites web à fort contenu de qualité – une visibilité optimale sur le Web) travaillent ensemble pour bâtir de meilleurs outils de recherche et, par là même, fournissent de meilleures réponses aux visiteurs des annuaires et moteurs.

Cette charte avait le mérite de fixer un certain nombre de points. Elle avait également l'avantage, à l'époque, d'avoir été acceptée par bon nombre d'outils de recherche et de référenceurs. Dans le cadre de cet ouvrage, nous l'avons rajeunie pour la proposer dans une version plus actualisée.

Charte de déontologie du métier de référenceur

Les signataires de la *Charte de qualité et de déontologie sur le référencement de sites web* devront accepter les conditions suivantes (O-R = outils de recherche) :

Tableau 10-3 Charte de qualité du métier de référenceur

Titre	Contenu
Réalisme/garanties	Les signataires s'engagent à une obligation de moyens à mettre en œuvre et à ne pas promettre (garantir) de résultats de positionnement limités à une requête et un moteur, et plus généralement ne pas promettre de résultats qui ne pourront être tenus ou vérifiés par le client. Des garanties statistiques (X % de positionnement sur Y mots-clés et Z moteurs) pourront cependant être proposées.
Transparence	Les signataires s'engagent à tenir à disposition de leurs clients un document clair et précis présentant leur méthodologie de travail : technologies mises en œuvre, méthodes d'optimisation, procédures de référencement, etc.
Conseil	Les signataires s'engagent à aider leurs clients dans la réflexion sur les informations qui seront fournies aux O-R (descriptif, mots-clés, optimisation des titres et textes des pages, etc.) lors du référencement.
Méthodologie	Les signataires restent libres de la méthodologie mise en place pour référencer les sites de leurs clients, à partir du moment où elle respecte la présente charte, notamment en ce qui concerne la lutte contre le spam de la part des O-R (voir plus loin).
Loyauté	Les signataires s'engagent à suivre strictement les indications des O-R, publiées de façon spécifique sur leurs sites (et reprises ci-après dans la présente charte), afin d'effectuer une soumission efficace d'un site web dans leur index ou base de données.
Suivi	Les signataires s'engagent à remettre à leurs clients de façon périodique des rapports clairs sur l'avancée des travaux de référencement de leur site web (suivi du positionnement, du trafic généré, du retour sur investissement, etc.), sous la forme qui leur semble la plus appropriée (tableaux Excel, extranet, outils en ligne, etc.).
Autonomie	Les signataires s'engagent à remettre tous les éléments relatifs aux travaux réalisés dans le cadre de la prestation de référencement de façon à permettre à leurs clients de changer de prestataire s'ils n'étaient pas satisfaits de la prestation effectuée. Comme pour toute prestation informatique ou de service, les travaux effectués appartiennent au client qui en a payé le montant.
Veille	Les signataires s'engagent à mettre en place des mécanismes de veille afin de se tenir au courant de l'évolution des outils de recherche et à en faire profiter leurs clients.
Qualité	Les signataires s'engagent auprès des O-R à ne soumettre à leur indexation que des sites dont le contenu et la pertinence sont suffisamment riches pour alimenter leur base de données en vue d'apporter une information utile au visiteur.
Mode de fonctionnement	Les signataires s'engagent à n'effectuer pour leurs clients que des prestations de référencement manuel, sans l'aide d'aucun logiciel de soumission automatique, sauf dans le cas où cette prestation est explicitement indiquée dans la proposition commerciale, et uniquement si l'utilisation de logiciels n'intervient qu'en complément d'une prestation manuelle majeure et ce, aussi bien en phase de référencement qu'en phase de suivi et de veille.
Respect de la concurrence	Les signataires s'engagent à ne pas nuire au référencement d'un concurrent pour le compte d'un client et à ne pas utiliser la marque de concurrents pour le référencement de leurs clients. En règle générale, les signataires s'engagent à ne pas nuire au référencement d'un site pour lequel ils n'auraient pas été mandatés.

Titre	Contenu
Combat contre le spam	Les signataires acceptent de ne pas réaliser d'action de spamdexing (fraude sur les O-R). La notion de spamdexing (ce qui est considéré comme tel et ce qui ne l'est pas) est explicitée ci-après. Les signataires s'engagent notamment à ne cacher aux O-R aucun contenu destiné au référencement à l'intérieur du code HTML (balise `noscript`, utilisation de zones invisibles : `visibility-hidden`, `display:none`, etc.) du site de leur client.
Information	Les signataires s'engagent à remettre à leurs clients et prospects, dans leurs propositions commerciales, un exemplaire de la charte ici présente, accompagnée d'un document expliquant le fonctionnement des O-R, détaillant en quoi consiste un référencement de site web, ainsi que ses contraintes.
Clarté	Le signataire s'engage à expliciter de façon claire les actions effectuées sur les moteurs de recherche et notamment à ne pas entretenir de flou entre des prestations de référencement manuel et d'éventuelles actions d'achat de mots-clés dans le cadre de campagnes de liens sponsorisés. Les deux types d'actions, si elles cohabitent dans la prestation proposée au client, devront être clairement mentionnées et démarquées.
Blacklistage	Le signataire s'engage à rembourser intégralement la prestation réalisée s'il est avéré que le site est exclu d'un moteur suite à une faute de ses services.

Partie C

Devenir un as du SEO…

11

Comment obtenir plus de visibilité dans les résultats des moteurs ?

« L'art ne reproduit pas le visible, il rend visible. »

Paul Klee

Nous en avons maintenant fini avec les fondamentaux du SEO, lesquels ont occupé les deux premières parties de cet ouvrage. Si vous êtes désormais parfaitement familier avec toutes les notions évoquées jusqu'à présent, il est temps pour vous de tenter d'approfondir le sujet. C'est ce que nous vous suggérons dans cette troisième partie qui regroupe plusieurs chapitres traitant de sujets divers.

- L'augmentation de votre visibilité dans les SERP.
- Les index principal et secondaire de Google.
- Les aspects plus techniques comme le *duplicate content*, l'*URL rewriting* ou autres redirections.
- Les pénalités automatiques ou manuelles infligées par Google aux sites web enfreignant ses recommandations.
- Le déréférencement ou désindexation.

Le SEO est un sujet très vaste qui nous réserve encore bien des surprises. C'est un domaine où, quel que soit votre niveau, vous apprendrez tous les jours. C'est ce qui en fait son aspect passionnant.

Nous allons donc commencer cette nouvelle partie, un peu plus technique, en évoquant les différentes possibilités d'obtenir une meilleure visibilité dans les SERP. Il ne s'agit pas ici de positionnement *stricto sensu*, mais plutôt de faire en sorte qu'une page, déjà positionnée dans les résultats de Google, soit plus visible que les autres. Et il existe de multiples solutions pour cela.

Authorship, Author Rank ou la confiance apportée aux auteurs de contenus

Une nouvelle notion est apparue il y a quelques années dans le domaine du SEO avec l'Author Rank, sous la forme d'un niveau de confiance que Google donnerait à un auteur reconnu de contenus de bonne qualité.

Ainsi, en analysant la qualité d'un auteur, le moteur de recherche pourrait donner plus ou moins de « trust » à ses écrits et donc mieux les classer.

Sa première visualisation a été l'*Authorship* ou affichage de la photo d'un auteur dans les SERP du moteur, comme indiqué à la figure 11-1. Cette notion a hélas été abandonnée par Google à l'été 2014 (*https://www.speeny.fr/297*).

Figure 11-1

Dans ses résultats de recherche, Google affichait jusqu'en 2014 la photo de l'auteur de l'article proposé.

Pour mettre en place cet authorship, et montrer à Google qui est l'auteur d'un contenu, tout passait par l'insertion d'un certain nombre de données dans une balise spécifique, proposée dans les pages rédigées par l'auteur en question.

Si cette notion de balise d'authorship a été abandonnée par Google en 2014, on pense que l'analyse d'autres données pourrait donner à l'avenir un Author Rank à l'auteur de ces contenus. En d'autres termes, plus un auteur sera populaire et considéré comme de bonne qualité, plus il fournira de force, par l'intermédiaire de liens, aux pages vers lesquelles il fait pointer ses contenus.

La différence est donc ténue entre Authorship et Author Rank. L'Authorship était une façon, pour Google, de relier un contenu à son auteur, alors que l'Author Rank – qui ne semble, pour sa part, pas abandonné dans les cartons du moteur – consiste à analyser la qualité et la pertinence d'un auteur. Cette notion d'Author Rank est toutefois encore assez floue et non validée officiellement par Google, bien qu'elle soit au cœur de ses réflexions. Il s'agit d'un point essentiel pour faire évoluer son moteur. Elle est donc indispensable à prendre en compte !

D'une façon générale, voici quelques conseils à ce sujet.

- Si vos contenus s'y prêtent, signez-les du nom de l'auteur.
- Insérez, sur ce nom d'auteur, un lien qui pointe vers une page web, sur le site, qui le présente. Une sorte de CV en ligne, en quelque sorte.

Ces deux actions permettront aux moteurs de recherche de mieux détecter l'auteur du contenu et d'en savoir plus à son sujet en suivant systématiquement le lien.

Publié par Olivier Andrieu | 23 Sep 2021 | Actualité | ★★★★★

Figure 11-2

Dans les articles du site Abondance, le nom de l'auteur est cliquable et pointe vers une page le présentant.

Attention ! Cette notion ne fonctionne que pour des auteurs humains. Une entreprise ne pourra pas obtenir d'Author Rank, même si, en 2013, Google semblait faire des essais à ce niveau (*https://www.speeny.fr/298*). Votre stratégie devra donc être clairement orientée vers les personnes qui rédigent vos textes !

Les rich snippets et les balises de données structurées : l'avenir des balises meta ?

> Section rédigée avec la contribution de Jean-Noël Anderruthy

Google propose depuis le mois de mai 2009 des nouvelles fonctionnalités d'affichage de ses résultats. Parmi celles-ci se trouve une option d'enrichissement avec des *rich snippets*, soit des textes de présentation (snippets) enrichis. Cette fonction s'appuie sur des métadonnées aux formats RDFa, microdata, microformats ou JSON-LD et de façon plus générale sur un nouveau format décrit à l'adresse *https://www.schema.org/* lancé en juin 2011 (*https://www.speeny.fr/299*) qui doivent beaucoup à la notion de Web sémantique. Pour obtenir une bonne visibilité de vos pages sur les moteurs, vous allez peut-être devoir apprendre à rendre vos sites *Semantic friendly*.

Il s'agit donc d'une bonne occasion d'accompagner le développement du Web sémantique et d'optimiser la visibilité de votre site dans les pages de résultats de ce moteur.

RDFa, microdata, microformats et JSON-LD

Le Web sémantique offre différentes techniques permettant de rendre les pages web intelligibles pour les robots et ce, grâce à des métadonnées intégrées au code HTML. Ces dernières servent à définir la signification des informations qu'elles encadrent.

On peut dire que le Web sémantique est aussi une manière de faire du *Web-Scrapping*. Les robots explorent alors les pages web et peuvent extraire des informations compréhensibles d'un point de vue sémantique : qui est l'auteur de cet article ? Quel est son parcours professionnel ? Quels sont les événements que programme telle ou telle société ? Quelles sont les critiques qui ont été faites sur ce film, ce restaurant, etc.

Il existe plusieurs méthodes pour cela et plusieurs formats utilisables.

- Les **microformats** utilisent des classes et des attributs propres aux langages XHTML et HTML. L'adresse du site officiel est *http://microformats.org*. Les microformats sont le fruit du travail d'une communauté libre et ils se développent au gré des contributions de chacun. Ils indiquent la présence de métadonnées grâce aux attributs `class`, `rel` et `rev`. Voici un exemple de carte virtuelle :

```
<div class="vcard">
  <img src="https://abondance.com/images/moi.jpg" alt="photo" class="photo"/>
  <a class="url fn" href="https://abondance.com">Olivier Andrieu</a>
<div class="adr">
<div class="street-address"> 3, rue des Chateaux</div>
  <span class="locality">Heiligenstein</span>,
  <span class="region">Bas-Rhin (67)</span>
  <span class="postal-code">67140</span>
</div>
<div class="tel">(33)59145867</div>
  <a class="email" href="mailto:olivier.andrieu@abondance.com">olivier.andrieu@
➥ abondance.com </a>
</div>
```

Le nom formaté (`fn`), l'adresse web (`url`) et l'adresse physique (`adr`) ont été identifiés en utilisant des noms de classes spécifiques. On définit ainsi des attributs de balises de marquage. L'ensemble est encapsulé dans la classe `vcard` pour former une hCard (pour HTML vCard). Il faut bien dire que ce format est assez peu utilisé.

Une liste complète des microformats est disponible à cette adresse : *https://www.speeny.fr/300*.

- **RDFa** (*http://rdfa.info*) permet, de manière similaire, d'insuffler de la sémantique à du code HTML. RDFa est un standard pour lequel :
  - l'attribut `class` permet de définir le type de l'objet ;
  - l'attribut `id` sert à définir l'URL d'un objet dans la page ;
  - les attributs `rel`, `rev` et `href` définissent une relation avec une ressource tierce.

  RDFa utilise également des attributs qui lui sont propres :
  - `about` définit une URL pour la ressource décrite par les métadonnées ;
  - `property` spécifie une propriété pour le contenu de l'élément ;
  - `content` remplace le contenu d'un élément quand on utilise un attribut de propriété ;
  - `datatype` définit le type de donnée du contenu.

  Voici un exemple d'utilisation de RDFa :

```
<div xmlns:v="http://rdf.data-vocabulary.org/#" typeof="v:Person">
  <span rel="v:photo">
    <img src="http://www.abondance.com/moi.jpg" />
  </span>
  <p><span property="v:name"><strong>Olivier Andrieu</strong></span></p>
  <p><span property="v:title">Référenceur professionnel</span></p>
  <span rel="v:address">
    <p><span property="v:street-address">3, rue des Chateaux</span></p>
    <p><span property="v:locality">Heiligenstein</span></p>
    <p><span property="v:region">Bas-Rhin (67)</span> </p>
    <p><span property="v:postcode">67140</span></p>
  </span>
</div>
```

  Notez qu'il existe un outil permettant de valider votre code RDFa : *https://www.speeny.fr/301*. Indiquez l'adresse URL de votre page et cet outil va parcourir votre code et extraire la syntaxe RDF/XML. Le fichier de résultat sera automatiquement téléchargé sur votre disque.

  Là encore, on peut dire que ce format est assez peu visible dans les codes sources du Web à l'heure actuelle.

- **Les microdata** (*https://www.speeny.fr/302*) sont assez comparables aux deux précédentes avec des attributs de type objet (`itemscope`), propriétés de champs (`itemprop`) et type d'élément (`itemtype`). Il s'agit du format le plus utilisé à l'heure actuelle pour les balises de données structurées avec le JSON-LD.

Voici un exemple d'utilisation de microdata :

```
<div itemscope itemtype="https://schema.org/Person">
    <p><span itemprop="gender">M.</span></p>
    <p><span itemprop="name">Olivier Andrieu</span></p>
    <p><span itemprop="jobTitle">Référenceur professionnel</span></p>
    <p><span itemprop="address">3, rue des Chateaux 67140 Heiligenstein</span></p>
    <p><span itemprop="brand">Abondance</span></p>
  </div>
```

- **Le format JSON-LD** (*https://json-ld.org/*), dernier venu et recommandé par Google, est de plus en plus présent sur le Web. Il a clairement le vent en poupe. Sa forme est légèrement différente des trois précédents mais tout aussi compréhensible.

  Voici un exemple d'utilisation de JSON-LD :

```
<script type="application/ld+json">
{
  "@context": "https://schema.org/",
  "@type": "Person",
  "gender": "M."
  "name": "Olivier Andrieu"
  "jobTitle": "Référenceur professionnel"
  "address": "3, rue des Chateaux 67140 Heiligenstein"
  "brand": "Abondance"
}
</script>
```

Une implémentation simple

L'idée de base des rich snippets et balises de données structurées est l'ajout de balises sémantiques à un contenu HTML de base. Raisonnons sur un exemple avec la page *https://www.speeny.fr/303* qui présente les avis des personnes qui ont suivi notre (excellente bien sûr) formation Formaseo (figure 11-3). Notez qu'ils ont tous beaucoup aimé la formation… ☺

Figure 11-3

Les notes détaillées données par les personnes ayant suivi la formation Formaseo.fr.

Figure 11-4

Notes générales pour la formation : les balises Schema.org sont ici.

Pour l'internaute, rien ne peut laisser supposer que ce texte contient des balises sémantiques. Mais si l'on regarde de plus près le code HTML qui les compose, on trouve ceci (nous avons ici simplifié le code pour des facilités de lecture) :

```
<script type="application/ld+json">
  { "@context": "https://schema.org",
  "@type": "Course",
  "name": "Formaseo",
  "description": "SEO online formation",
  "provider": "Abondance",
  "aggregateRating":
  {"@type": "AggregateRating",
  "ratingValue": "4.8",
  "reviewCount": "171"
  }
  }
</script>
```

On s'aperçoit ainsi que des balises (ici celles pour les rich snippets sur les avis) ont été rajoutées pour indiquer aux moteurs la signification de certains termes : `ratingValue` pour la note, `reviewCount` pour le nombre d'avis, etc. Cela simplifiera grandement la tâche de Google pour comprendre de quoi parle la page.

Certaines de ces données seront alors reprises par Google dans ses résultats de recherche. Et cela vous donnera une ligne d'informations en plus dans ces SERP (voir figure 11-5) !

Figure 11-5

Reprise du contenu des balises sémantiques dans les snippets du moteur pour le site Abondance.

Google propose ainsi plusieurs formats de balise `rich snippet`. Vous les trouverez ci-dessous, avec, pour chacune d'elle, un exemple, les différents champs possibles et une URL pour en savoir plus sur l'aide en ligne de Google.

Avis

URL : *https://www.speeny.fr/304.*

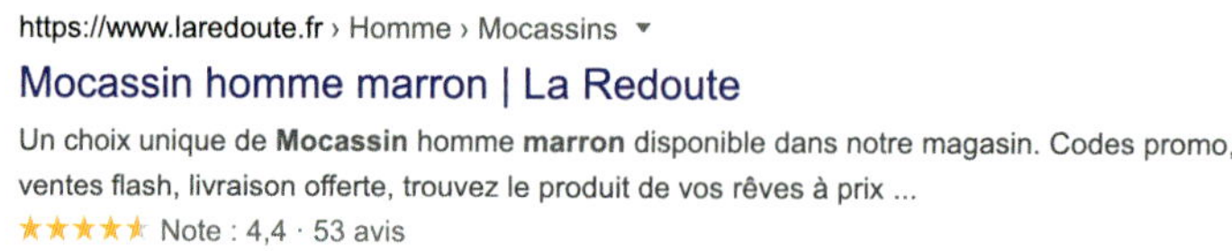

Figure 11-6

Exemple de rich snippet de type « avis ».

Les champs peuvent être plus ou moins complexes selon que les avis sont agrégés ou non. Nous vous conseillons de lire l'aide en ligne de Google à ce sujet pour connaître toutes les possibilités offertes.

Produits

URL : *https://www.speeny.fr/305.*

Figure 11-7

Exemple de rich snippet de type « produits » avec le prix et la disponibilité qui sont ajoutés à droite des avis.

Comme pour les avis, les possibilités offertes par les rich snippets touchant aux produits sont très nombreuses. Là encore, nous vous engageons à lire l'aide en ligne sur le site de Google pour en savoir plus.

Recettes de cuisine

URL : *https://www.speeny.fr/306.*

Figure 11-8

Exemple de rich snippet de type « recettes de cuisine ».

Événements

URL : *https://www.speeny.fr/307.*

Figure 11-9

Exemple de rich snippet de type « événements ».

Fil d'Ariane

URL : *https://www.speeny.fr/308.*

Figure 11-10

Exemple de rich snippet de type « fil d'Ariane ».

Ce rich snippet un peu spécial permet d'indiquer à Google l'arborescence dans laquelle se situe une page dans le site. Le moteur affichera alors, au lieu de l'URL brute, plusieurs catégories. Très intéressant et très simple à mettre en œuvre !

Si votre activité a un rapport avec les différents types de rich snippets ci-dessus, n'hésitez pas à les implémenter sur votre site. En effet, cela se fait la plupart du temps assez facilement et ces données complémentaires vous donnent une meilleure visibilité dans les SERP en ajoutant des informations qui attirent l'œil de l'internaute. De plus, ces balises sémantiques aident Google à mieux comprendre vos contenus. Que du bonheur !

Enfin, sachez que Google propose également un outil d'aide à la création et à la vérification de ces balises (*https://www.speeny.fr/309*) afin de visualiser la façon dont vos liens apparaîtront dans les SERP une fois toutes ces balises ajoutées.

Logos d'entreprise

Vous pouvez également fournir à Google l'URL de votre logo afin que celui-ci apparaisse dans le Knowledge Graph. Pour plus d'informations à ce sujet, consultez la page suivante : *https://www.speeny.fr/310.*

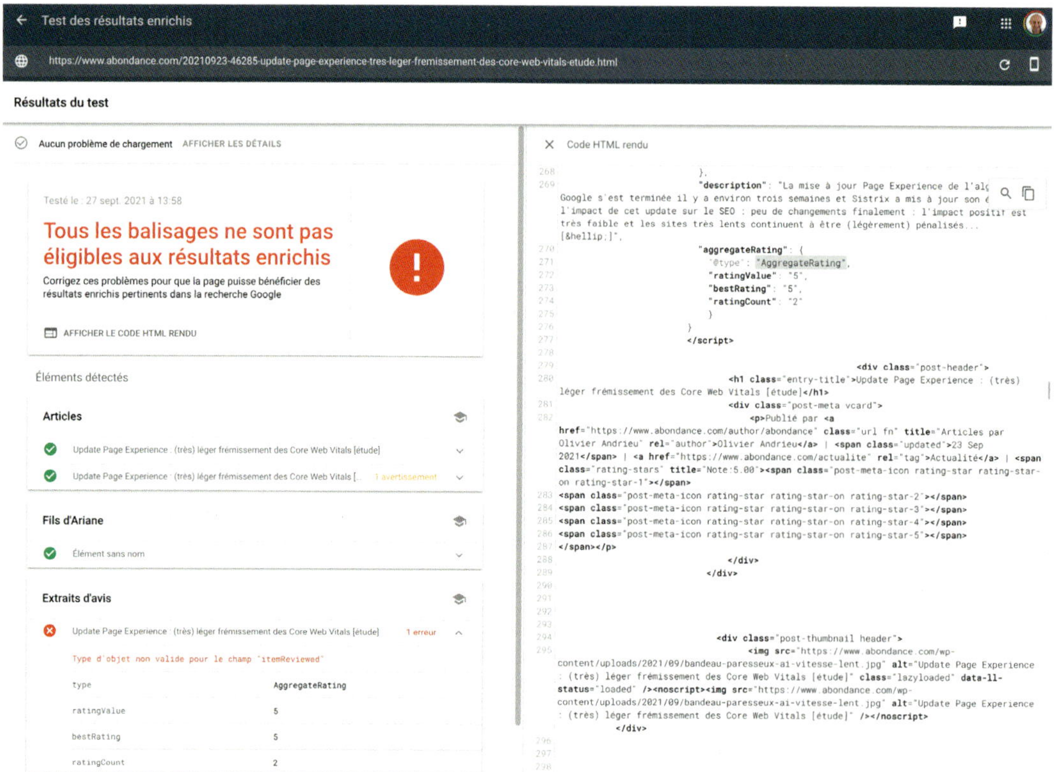

Figure 11-11

L'outil de test des balises de données structurées proposé par Google permet de vérifier si votre code est conforme aux préconisations.

Schema.org, pour aller au-delà des rich snippets

Section rédigée avec la contribution de Guillaume Thavaud

Dans la foulée des balises de rich snippets, Google a annoncé en 2011, avec Bing et Yahoo!, qu'ils adoptaient officiellement un nouveau protocole, Schema.org, conçu comme une plate-forme qui centralise l'ensemble des informations dont vous aurez besoin pour faire un pas (de plus) dans le Web sémantique. Par cette annonce, la firme de Mountain View et ses homologues entendaient bien populariser plus largement ce bouquet de fonctionnalités.

Avantages et limites

Pour comprendre la nécessité de telles balises, il faut se mettre à la place des moteurs de recherche quand il s'agit d'indexer des images : ils sont bien souvent incapables d'en comprendre le sens. Afin de les classer correctement, ils analysent les informations textuelles qui les entourent (attributs `alt`, légende, etc.). Il en va de même quand les spiders crawlent une page web et tombent, par exemple, sur cette occurrence : « Abondance ». Est-ce que nous parlons d'un site web bien connu (et apprécié) ? De la commune en Haute-Savoie ? Du fromage portant le même nom ? De la race de vache ? D'une agence immobilière ? Du nom commun (la société de l'abondance, la corne d'abondance…) ? Difficile à dire parfois…

Bien entendu, comme nous l'avons vu précédemment, les balises de rich snippets sont à même de produire des extraits enrichis (optimisés) qui augmentent la visibilité de vos snippets à l'intérieur des SERP (« vos données remontent à la surface ») et, logiquement, suscitent plus de clics.

En quoi Schema.org diffère-t-il des anciennes pratiques ?

Schema.org propose de très nombreux formats de données structurées. Autant dire que le champ d'application que cette spécification couvre est beaucoup plus large que les précédents éléments de type « rich snippets » (limitées aux avis, produits, recettes et événements). Il ne s'agit plus désormais d'enrichir les SERP, mais bien d'aborder la compréhension sémantique d'un contenu textuel par les moteurs. Et ça change tout.

Enfin, Schema.org est compris par l'ensemble des moteurs de recherche, ce qui offre une plus grande efficacité en termes de déploiement.

Quelles sont les bonnes pratiques ?

Plus vos données textuelles (et multimédias) sont sémantiquement balisées, meilleures seront vos chances que les moteurs de recherche en tiennent compte ! Et si Google et consorts comprennent mieux vos textes grâce aux balises de données structurées qu'ils contiennent, ceux-ci seront mieux analysés et on peut donc penser en toute logique qu'ils seront mieux classés. Il est tout de même (et bien sûr) indiqué que vous devez utiliser les métadonnées pour le contenu qui est visible par les internautes et non pour du contenu caché. Pas de spam ici, messieurs-dames !

N'hésitez donc pas à scruter du mieux possible les différents formats disponibles sur le site Schema.org. Vérifiez si certains d'entre eux correspondent aux types de contenus que vous mettez en ligne. Et si c'est le cas, suivez les préconisations fournies sur le site – des exemples d'intégration dans le code HTML sont fournis selon les quatre possibilités : microdonnées, microformat, RDFa et JSON-LD – pour intégrer ces balises dans vos pages. Tout le monde y gagnera et les moteurs de recherche en premier. Donc également votre visibilité sur ces derniers !

Balises de données structurées et rich snippets

On peut donc voir le monde de Schema.org comme ceci : les balises de données structurées sont un ensemble de balises permettant de mieux décrire vos contenus et donc aux moteurs de mieux les comprendre. Parmi ces balises, un sous-ensemble (les rich snippets) présente une particularité : en plus de leurs fonctions sémantiques, elles permettent d'enrichir les SERP avec des étoiles pour les avis, une image, le temps de préparation ou les calories pour les recettes de cuisine, une date pour les événements, etc.

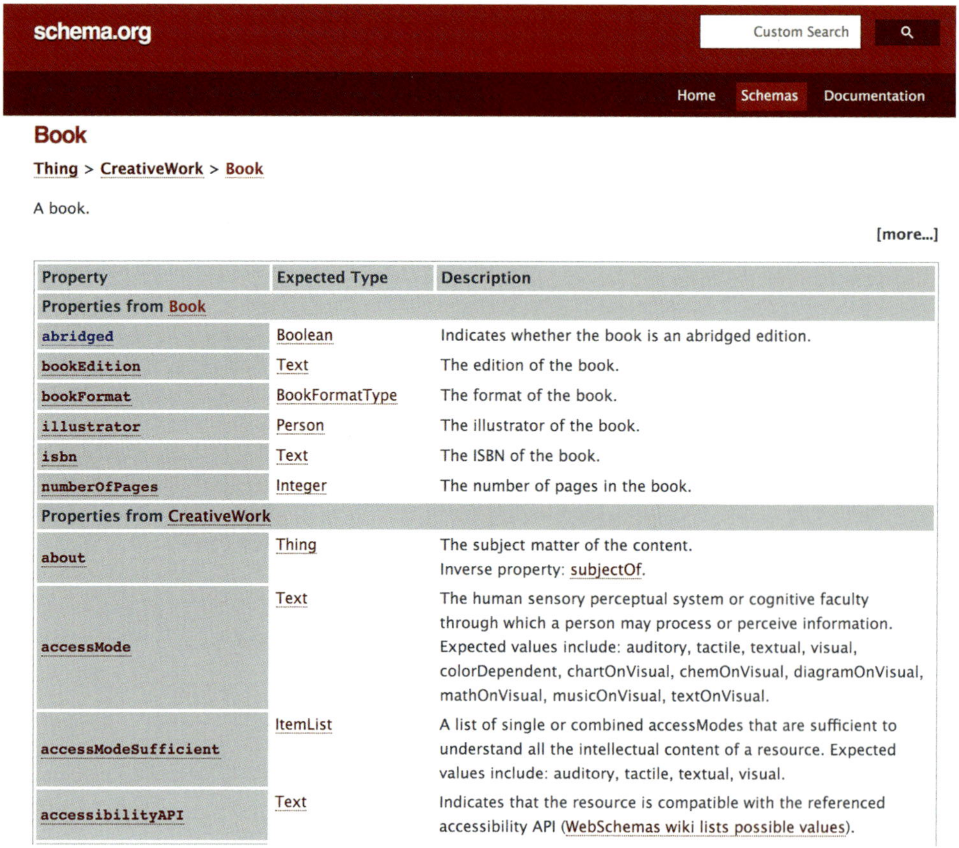

Book

Thing > CreativeWork > Book

A book.

[more...]

Property	Expected Type	Description
Properties from Book		
abridged	Boolean	Indicates whether the book is an abridged edition.
bookEdition	Text	The edition of the book.
bookFormat	BookFormatType	The format of the book.
illustrator	Person	The illustrator of the book.
isbn	Text	The ISBN of the book.
numberOfPages	Integer	The number of pages in the book.
Properties from CreativeWork		
about	Thing	The subject matter of the content. Inverse property: subjectOf.
accessMode	Text	The human sensory perceptual system or cognitive faculty through which a person may process or perceive information. Expected values include: auditory, tactile, textual, visual, colorDependent, chartOnVisual, chemOnVisual, diagramOnVisual, mathOnVisual, musicOnVisual, textOnVisual.
accessModeSufficient	ItemList	A list of single or combined accessModes that are sufficient to understand all the intellectual content of a resource. Expected values include: auditory, tactile, textual, visual.
accessibilityAPI	Text	Indicates that the resource is compatible with the referenced accessibility API (WebSchemas wiki lists possible values).

Figure 11-12

Exemple de balises de données structurées possibles pour des contenus décrivant des livres (books).

Un exemple d'intégration des rich snippets et de Schema.org

> Section rédigée avec la contribution de Sébastien Joncheray

Pour illustrer la façon dont les rich snippets fonctionnent, nous allons voir comment le site Raynette.fr (*http://www.raynette.fr/*), qui propose des boutiques en ligne « clé en main », les a intégrées.

Pourquoi intégrer le balisage de Schema.org sur les boutiques Raynette ?

Ce qui a initié cette démarche est la possibilité de baliser les avis clients, afin que Google puisse les reconnaître, et afficher les fameuses étoiles dans ses résultats web et Shopping. Avec l'arrivée de Panda (voir chapitre 15), fournir à Google des informations qualitatives et originales sur les articles des e-commerçants a paru un atout très sérieux au concepteur de ces sites.

Comme le but était de privilégier les choses légères, propres et carrées, c'est le format microdata qui a été choisi.

Quitte à utiliser Schema.org, autant le faire de façon complète ! On ne va donc pas uniquement baliser les avis clients, mais plus franchement toutes les caractéristiques des pages produits. Le but est donc ici, dans chaque page de détail d'article, de baliser les différentes informations sur l'article proposé à la vente, avec le format Schema.org. Ainsi, n'importe quel robot pourra extraire des pages articles, toutes les informations sur l'article (titre, description, prix, image, URL, note moyenne des avis clients, détails de chaque avis client).

Travaux pratiques : la mise en place du balisage Schema.org pour les articles

Type général du contenu de la page

Tout d'abord, une visite sur la liste des types de données disponibles (*https://www.speeny.fr/311*) nous indique qu'il nous faut encapsuler toute la partie détaillant un article par le type `Product`.

On entoure donc le code HTML de présentation de chaque article par :

```
<div itemscope itemtype="https://schema.org/Product">…</div>
```

`itemscope` indique qu'il s'agit d'une section du type (`itemtype`) `Products`.

La page *https://schema.org/Product* liste les informations reconnues pour ce type `Product`.

Note : dans la suite, pour simplifier la démonstration de mise en place, nous vous faisons grâce du code HTML de mise en forme (classes, ID, styles CSS).

Les propriétés simples de Product

- Intitulé de l'article : pour baliser le nom de l'article, il faut entourer son texte par une balise textuelle HTML (`<p>`, `<span>` ou `<div>` par exemple) contenant l'attribut `itemprop="name"`. On insère donc le code suivant :

```
<p itemprop="name">Paire de chaussettes grises</p>
```

- Image de l'article : pour baliser l'URL de l'image de l'article, il suffit d'ajouter à la balise image : `itemprop="image"`. La balise image devient donc :

```
<img itemprop="image" src="https://www.mondomaine.com/monimage.jpg" />
```

- Description de l'article : l'attribut à utiliser est `itemprop="description"`, on transforme donc le code HTML de la description en :

```
<span itemprop="description">. Ici la description complète, avec des balises <br />
➥ HTML si besoin et l'encodage des caract&egrave;res.</span>
```

Notez que vous pouvez utiliser un `<div>` ou un `<p>` à la place du `<span>`.

On obtient donc le code HTML suivant, qui ne modifie en rien l'affichage. Il a toutefois l'avantage de bien indiquer aux robots que l'on parle d'un article, dont on balise l'intitulé, l'image et la description :

```
<div itemscope itemtype="https://schema.org/Product">
<p itemprop="name">Paire de chaussettes grises</p>
<img itemprop="image" src="https://www.mondomaine.com/monimage.jpg" />
<span itemprop="description">Ici la description complète, avec des balises <br />
HTML si besoin et l'encodage des caract&egrave;res.</span>
</div>
```

Les propriétés plus complexes de Product

Le type `Product` comprend également, comme propriétés possibles, d'autres types, c'est-à-dire des sous-ensembles de propriétés.

Citons par exemple le sous-ensemble « offre de vente », nommé `"offers"`, de type `"Offer"` (décrit à l'adresse *https://schema.org/Offer*), qui doit préciser le prix de vente principalement. Il faut encapsuler la section détaillant l'offre de vente par :

```
<XXX itemprop="offers" itemscope itemtype="https://schema.org/Offer">…</XXX>
```

Dans notre cas, nous allons appliquer cela au formulaire d'ajout au panier, qui devient donc :

```
<form action="ajoutaupanier.php" itemprop="offers" itemscope itemtype=
➥"https://schema.org/Offer">…</form>
```

Puis on y intègre les informations sur l'offre de vente : le prix (propriété `"price"`), la devise (propriété `"priceCurrency"`), le type article neuf (propriété `"itemCondition"`) et l'URL de l'article (propriété `"url"`). Pour ne pas altérer du tout l'affichage, on choisit non pas de placer des balises autour de ces informations déjà affichées, mais de mettre tout cela dans des balises d'informations diverses qui ne sont pas affichées (`meta`). Le sous-ensemble présentant l'offre de vente devient donc :

```
<form action="ajoutaupanier.php" itemprop="offers" itemscope itemtype=
➥"https://schema.org/Offer">
<meta itemprop="price" content="10.00" />
<meta itemprop="priceCurrency" content="EUR" />
<meta itemprop="itemCondition" content="https://schema.org/NewCondition" />
<meta itemprop="url" content="https://mondomaine.com/url-page-article.php" />…
➥le reste habituel du code html d'ajout au panier ici…</form>
```

On n'altère pas l'affichage, mais toutes les informations sont bien présentes de cette façon.

Le sous-ensemble « note moyenne des avis clients », nommé `"aggregateRating"`, de type `"AggregateRating"`, est décrit à l'adresse *https://schema.org/AggregateRating*. Il contient les propriétés `"ratingValue"` (valeur de la note moyenne), `"reviewCount"` (nombre d'avis clients). On ne précisera pas `"bestRating"`, car il s'agit de la note maximale possible, qui est 5 et est donc standard.

On obtient alors le code HTML suivant pour ce sous-ensemble :

```
<span itemprop="aggregateRating" itemscope itemtype=
➥ "https://schema.org/AggregateRating">
<img src="url-image-4-etoiles.gif" alt="4" />
<meta itemprop="ratingValue" content="4" />,<span itemprop="reviewCount">
➥ 18</span> avis clients_</span>
```

Notez que l'on indique la propriété "ratingValue" à nouveau dans une balise non affichée, puisqu'on n'affiche pas directement la note moyenne, mais une image contenant le nombre d'étoiles correspondant à ladite note.

Le sous-ensemble « avis client », nommé "reviews", de type "Review", est pour sa part décrit à l'adresse *https://schema.org/Review*. Il définit de façon complète l'avis d'un client avec sa note (sous-sous-ensemble nommé "reviewRating" de type "Rating"), la date de l'avis client, son intitulé et le commentaire éventuel.

Voici un exemple type du code HTML produit :

```
<li itemprop="reviews" itemscope itemtype="https://schema.org/Review">
<!-- Sous-ensemble pour la note -->
<span itemprop="reviewRating" itemscope itemtype="https://schema.org/Rating">
<img src="url-image-5-etoiles.gif" alt="5" />
<meta itemprop="ratingValue" content="5" />
</span>
<!-- titre de l'avis client -->
<span itemprop="name">Super chaussettes de qualité</span>
<!-- Auteur de l'avis client -->
Par : <span itemprop="reviewer">Marcel Dupont</span>
<!-- date de l'avis client -->
le <time itemprop="dtreviewed" datetime="2020-12-31">31 décembre 2020</time>
<br />_<!-- Commentaire du client -->
<span itemprop="description">Ces chaussettes sont tr&egrave;s agr&eacute;ables,<br
/>
➥ _mon chat veut les mêmes.</span>
</li>
```

Notes :

- L'ensemble "Rating" est un sous-ensemble de "Review", qui est lui-même un sous-ensemble de "Product". Tout s'emboîte dans les boîtes.
- On utilise à nouveau une balise meta (information non affichée) pour indiquer la note.
- Pour que la date soit bien compréhensible par l'analyseur HTML, on utilise la balise "time" (balise non conforme HTML4/XHTML par le W3C, mais qui ne gêne pas l'affichage), en mettant cette date au format attendu par Schema.org (YYYY-MM-DD) dans un attribut "datetime", puis on l'affiche ensuite comme on le désire (« 31 décembre 2020 »).
- La description peut contenir les balises HTML classiques de mise en forme et des caractères html encodés sans aucun souci.
- On crée autant de sous-ensembles « avis client » qu'il existe d'avis à lister.

Résumé des travaux pratiques

On a donc ci-dessus :

- encapsulé toutes les informations sur le produit à vendre dans un type `"Product"` ;
- balisé les propriétés simples comme le nom, l'image, la description de l'article ;
- balisé des sous-ensembles d'informations comme l'offre de vente, la note moyenne des avis clients et chaque avis client.

Un robot venant visiter une page web balisée sait donc qu'il s'agit d'une page de détail d'article, dispose de ses caractéristiques et des avis des clients bien « étiquetés ». C'est un avantage sérieux et une technique d'avenir.

Et maintenant, à vous de mettre en place le balisage de Schema.org dans vos pages web et/ou vos boutiques en ligne !

Le Knowledge Graph, de la sémantique dans les SERP

> Section rédigée avec la contribution de Guillaume Thavaud

L'un des grands changements dans les SERP de Google en 2012 aura été l'apparition du *Knowledge Graph*. En novembre 2011, les premiers tests de ce type avaient déjà été lancés. Une nouvelle vague d'expérimentations eut lieu en mai 2012 avant que le Knowledge Graph soit officiellement annoncé ce même mois (*https://www.speeny.fr/312*).

Il se présente sous trois formes différentes dans les pages de résultats de Google.

- Désambiguïsation de la requête demandée. Par exemple, vous désirez des informations sur « Taj Mahal ». Mais s'agit-il du monument, du casino ou du musicien ? Abondance, c'est le site, la vache ou le fromage (figure 11-13) ?
- Résumé et informations connexes sous la forme d'un encadré permettant d'en savoir plus sur votre demande directement depuis la page de résultats ; voir l'exemple sur Albert Einstein à la figure 11-14.
- Propositions de liens pour en savoir plus sur des sujets proches de celui recherché.

Figure 11-13

Abondance de résultats ne tue pas.

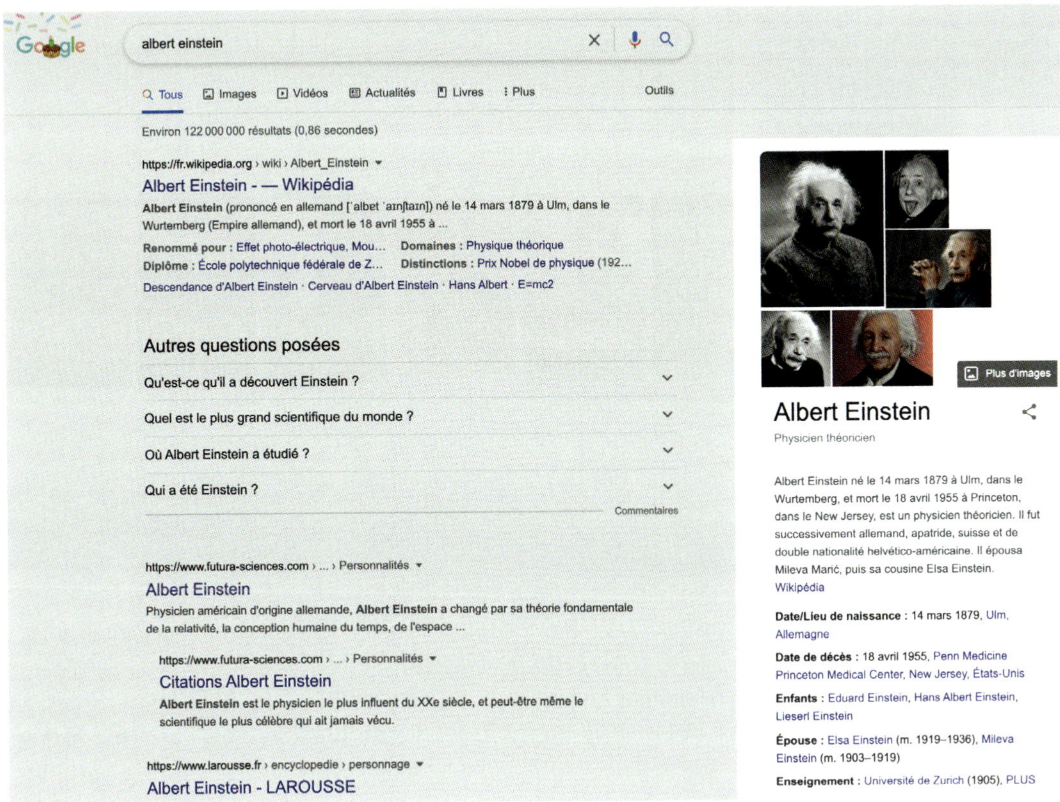

Figure 11-14

Le Knowledge Graph de Google apparaît sur la partie droite des SERP (ici, pour la requête « albert einstein »).

Dans plusieurs cas, on remarque aussi que le Graph intègre d'autres données, issues de l'offre Google My Business (voir chapitre 7). Cette concaténation de données est affichée notamment lorsqu'on recherche une entreprise qui dispose d'une implantation locale et d'une page My Business. C'est le cas, par exemple, si l'on recherche un nom de société de services dans Google, telle qu'une banque, une grande surface, une station essence, un restaurant, un hôtel, etc.

Un carrousel d'informations, notamment sous forme d'images, a également été testé puis validé et enfin étendu à tous les internautes.

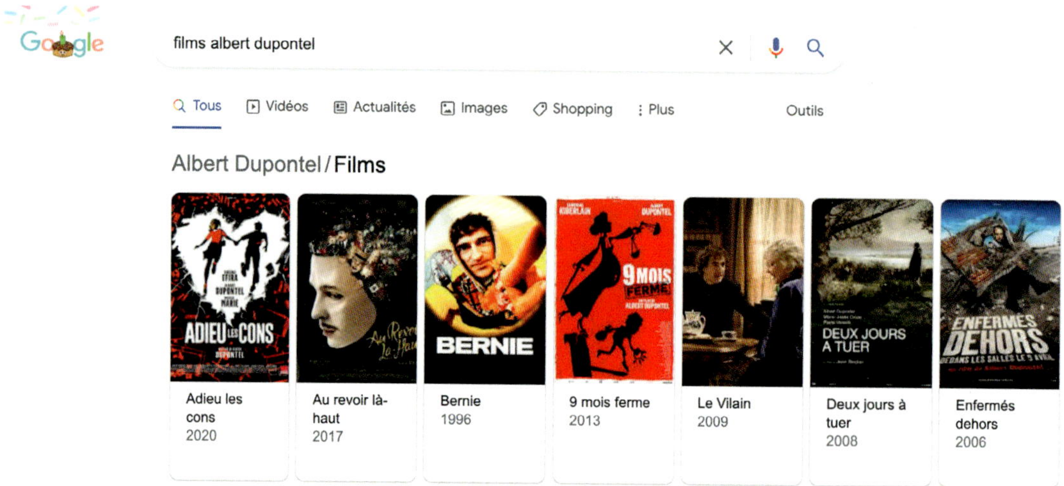

Figure 11-15

Carrousel d'images ajouté au Knowledge Graph.

Et c'est au mois de décembre 2012 que ce système a été officiellement lancé en France.

Peut-il changer notre façon d'utiliser Google, qui tend de plus en plus à devenir un moteur de réponses plutôt qu'un moteur de recherche ? Les clics dans les informations fournies par le Knowledge Graph se feront-ils au détriment des résultats naturels ? L'avenir le dira, mais ce phénomène devra en tout cas certainement être observé de très près dans les mois qui viennent.

Knowledge Graph et SEO

Google a, de son côté, indiqué que la mise en ligne de ce nouveau concept sémantique avait augmenté le nombre de requêtes effectuées sur son moteur (en revanche, le trafic sur Wikipédia a fortement diminué, même si le Knowledge Graph n'en est pas la cause unique). Autant de possibilités supplémentaires pour lui d'afficher encore plus de publicités AdWords. Conclusion, le phénomène n'est pas près de s'éteindre ! Mieux vaut le prendre en compte dès maintenant. Nous allons donc voir maintenant comment tenter d'améliorer sa visibilité au sein du bloc Knowledge Graph.

Wikipédia, la source d'information incontournable

Un certain nombre d'informations du Knowledge Graph sont basées sur le contenu présent dans Wikipédia. La plupart des résultats comportent en effet une courte description, issue de la page Wikipédia concernée.

On le voit bien en examinant les informations affichées pour la requête « albert einstein » dans le Knowledge Graph (figure 11-16) et Wikipédia (figure 11-17).

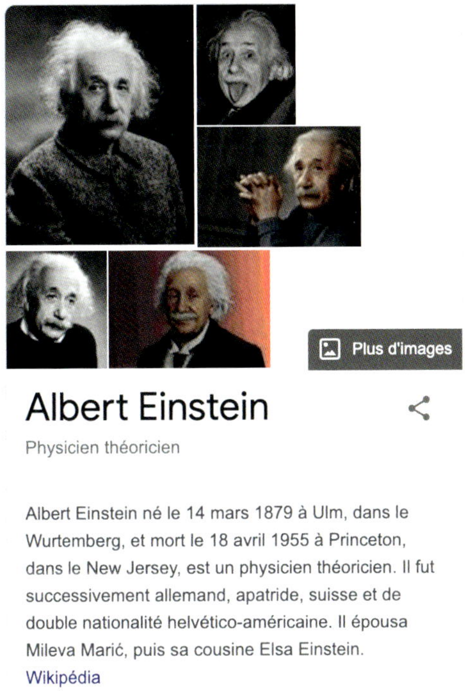

Figure 11-16

La présentation d'Albert Einstein dans le Knowledge Graph...

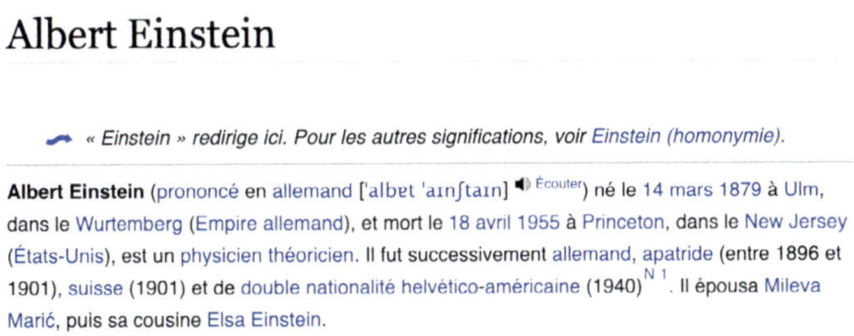

Albert Einstein

« Einstein » redirige ici. Pour les autres significations, voir Einstein (homonymie).

Albert Einstein (prononcé en allemand ['albɐt 'aɪnʃtaɪn] Écouter) né le 14 mars 1879 à Ulm, dans le Wurtemberg (Empire allemand), et mort le 18 avril 1955 à Princeton, dans le New Jersey (États-Unis), est un physicien théoricien. Il fut successivement allemand, apatride (entre 1896 et 1901), suisse (1901) et de double nationalité helvético-américaine (1940)[N 1]. Il épousa Mileva Marić, puis sa cousine Elsa Einstein.

Figure 11-17

...est bien reprise de Wikipédia.

Créer un article Wikipédia pour une entreprise, un site touristique ou même une personnalité peut donc servir à améliorer sa visibilité dans Google. Pour cela, il faudra particulièrement soigner le début de l'article Wikipédia, puisqu'il sera repris tel quel par le Graph de Google.

Si vous êtes célèbre en tant que marque ou personnalité, il sera indispensable de maîtriser le contenu de votre page Wikipédia, même si ce n'est pas vous qui l'avez créée ! En effet, toute information incorrecte se répercutera désormais dans Google. On imagine les possibilités de détournement des résultats ! Encore faut-il, bien sûr, être « recevable » pour obtenir une page qui parle de vous ou de votre entreprise dans Wikipédia, ce qui n'est pas la partie la plus facile, le plus souvent !

Entrer dans le Knowledge Graph par les images

Des images apparaissent également souvent au milieu des résultats de recherche classiques, dans le cadre de la recherche universelle. Dans le cadre du Knowledge Graph, ces images ont également été intégrées. La figure 11-18 montre les images affichées dans Google Images pour la requête « girafe ». On voit bien en figure 11-19 que ce sont les mêmes qui sont reprises dans le Knowledge Graph.

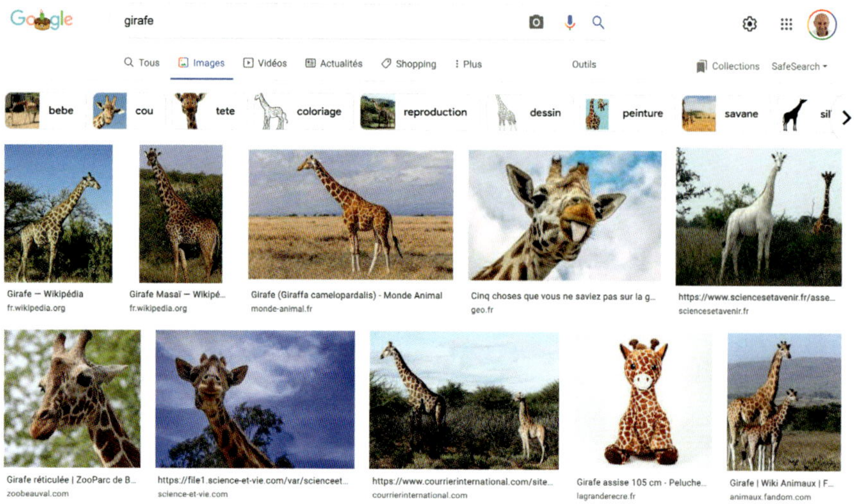

Figure 11-18

La plupart des premiers résultats de Google Images...

Figure 11-19

...sont repris dans le Knowledge Graph.

Avoir des images très bien positionnées dans Google Images, sur des requêtes très simples, peut donc s'avérer payant en termes de visibilité ! Voir le chapitre 7 pour optimiser vos images !

Soignez votre communication dans My Business

Vous êtes une entreprise ou une personnalité influente du Web et vous n'avez pas de page Google My Business (voir chapitre 7) ? Il va falloir combler cette lacune si vous souhaitez améliorer votre visibilité sur Google ! Qu'on le veuille ou non, cette offre devient incontournable pour améliorer la pertinence des résultats de recherche.

Créer, optimiser et animer une page Google My Business est donc un travail à mener correctement pour obtenir un bloc d'informations à droite des résultats Google.

La figure 11-20 montre un exemple de résultats Google My Business affichés dans le Knowledge Graph.

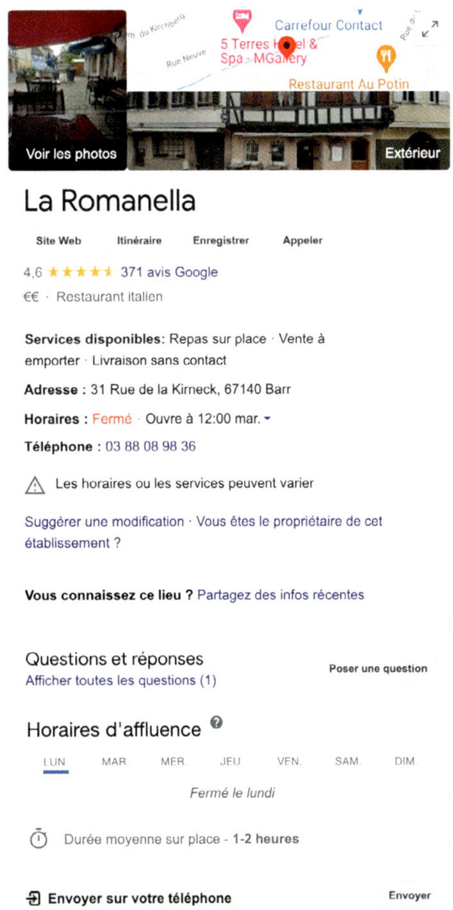

Figure 11-20

Le Knowledge Graph reprend également des éléments issus de Google My Business.

Quelques conseils à ce sujet…

- Donnez le plus d'informations possible sur votre activité : description, images, photos, actualités, etc.
- Validez votre e-mail de contact auprès de Google.
- Développez votre réseau et obtenez un maximum d'avis.

Utiliser les associations du Knowledge Graph

Le Knowledge Graph repose sur des informations connectées. Ainsi, chaque sujet traité est connecté à d'autres sujets connexes et cette connexion est matérialisée par des liens présents dans le Knowledge Graph, qu'il s'agisse de faits ou de recherches associées.

Par exemple, le Graph sur la tour Eiffel affiche des liens pointant vers d'autres recherches Google, à savoir l'architecte (Stephen Sauvestre), le concepteur et co-architecte (Gustave Eiffel) et différents monuments et sites touristiques parisiens (musée du Louvre, Arc de Triomphe, Notre-Dame, etc.), comme l'illustrent les figures 11-21 et 11-22.

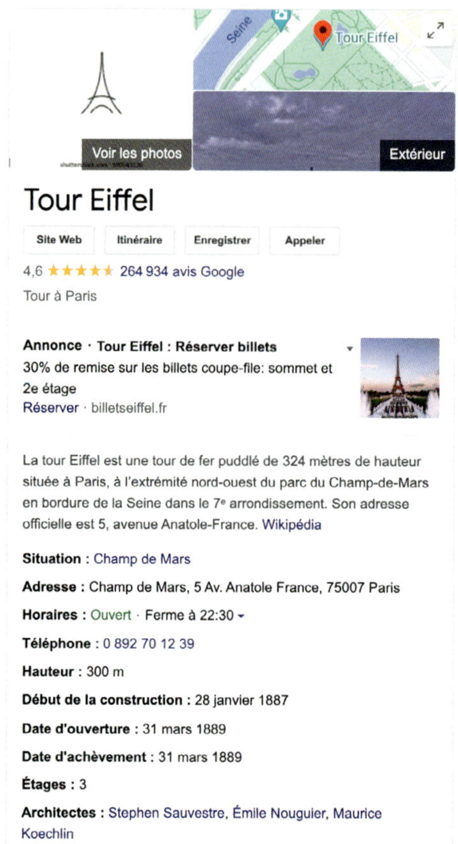

Figure 11-21

Le Knowledge Graph propose également des liens vers des informations connexes au sujet traité.

Figure 11-22

Des liens vers des sujets connexes sont également proposés.

Ainsi, si vous vous voulez positionner votre site web sur la requête « tour eiffel » (ce qui ne va pas être évident, étant donné la concurrence), vous avez intérêt à parler de Stephen Sauvestre, car il sera beaucoup plus facile d'être visible sur ce type de requête et qu'il y a fort à parier que les internautes consultent le lien proposé par Google, par curiosité.

Autre utilisation : pour Google, la tour Eiffel, le musée du Louvre, l'Arc de Triomphe, etc. font partie de la même famille. Si vous gérez un site d'informations sur la ville de Paris, il sera donc intéressant de parler de ces différents sites touristiques pour améliorer votre visibilité dans Google.

Un autre exemple ? Si votre site parle de Steve Jobs, il peut être intéressant d'évoquer Bill Gates, Steve Wozniak, Laurene Powell Jobs et Lisa Brennan-Jobs, qui font partie de la même communauté (et famille), selon le Knowledge Graph à la figure 11-23.

Le Knowledge Graph est donc devenu aujourd'hui incontournable. Cette nouvelle façon d'associer les données et les informations ouvre de nouvelles pistes pour le SEO, même si les données que ce bloc d'informations affiche ne sont pas toujours facilement accessibles et « manipulables ». Des données qui coulent parfois de source, mais qu'il vous faudra insérer dans vos contenus pour obtenir une meilleure visibilité sur le moteur de recherche majeur.

Figure 11-23

Le Knowledge Graph de Steve Jobs affiche des liens vers des personnalités proches.

La position zéro et les featured snippets

Les notions de « position zéro » (ou « P0 ») et de « featured snippet » ont été abordées rapidement au premier chapitre de cet ouvrage. Il nous a semblé intéressant de nous attarder un peu plus ici sur ces concepts importants pour l'avenir de la recherche d'information sur le Web (et donc du SEO). Ces notions préfigurent également la recherche vocale (de type « une question/une réponse ») qui sera très utilisée dans les années à venir, sur mobile (smartphone, tablette) ou assistant vocal (Google Home, Amazon Echo, etc.).

Qu'est-ce que la position zéro ? En clair, il s'agit de « tout ce qui est affiché au-dessus du premier résultat naturel dans la SERP Google ». Et cela peut représenter de nombreux types d'informations sous plusieurs formats :

- les *direct answers* ou *oneboxes* ou *answer boxes* dans lesquelles Google va répondre directement à la question des internautes, car il détient lui-même la réponse (voir figures 11-24 à 11-26) ;
- ces réponses directes peuvent provenir de **partenariats** comme pour la météo, dont les informations proviennent du site *weather.com*, comme indiqué en bas à gauche (voir figure 11-27) ;
- on trouve également la **recherche universelle**, déjà évoquée au premier chapitre, avec des données provenant de Google Actualités, Images, Shopping, Maps ou autres (voir figures 11-28 et 11-29) ;
- on y trouve également, parfois de façon éphémère, des *easter eggs* ou fonctions cachées qui renvoient des pages de résultats étonnantes et originales sur certaines requêtes. Tapez « easter egg » sur le site Abondance ou des requêtes comme « spinner », « zerg rush » ou « do a barrel roll » dans Google pour en avoir un aperçu. On vous en laisse la surprise ☺ ;
- les **POI** *(Point Of Interest)* sont des carrousels d'informations diverses, permettant d'affiner une recherche, sur lesquels on a très peu d'information (voir figure 11-30) ;
- les **PAA** *(People Also Ask)*, affichées en France depuis décembre 2017, proposent des questions souvent posées par les internautes sur Google sur une thématique donnée (voir la figure 11-31 pour les questions portant sur le fait de manger une nourriture saine) ;
- les **AdWords** (voir figure 11-32) peuvent également être considérés comme étant en position zéro puisqu'ils se trouvent, pour partie en tout cas, au-dessus de la première position naturelle ;
- et enfin, on trouve les **featured snippets** dont nous allons parler par la suite (voir figures 11-33 et 11-34).

Les featured snippets (ou FS) sont donc représentés par un encadré en haut des SERP, reprenant un texte (en noir), une date (en gris), un titre (en bleu), une URL (en vert), ainsi que parfois une image (qui peut être issue ou non, bizarrement, de la page en question).

Les FS peuvent prendre plusieurs formes : des paragraphes (cas le plus fréquent, voir figure 11-34), mais également des tableaux (pour un comparatif, voir figure 11-35) ou des listes à puces ou à numéros (par exemple, des tutoriels comme dans la figure 11-36). Ce type de réponse apparaît le plus souvent lorsque l'on tape une requête qui s'apparente à une question, avec un nombre de recherches mensuelles assez faible, si on en croit le planificateur de mots-clés de Google : « Qu'est-ce que la beauté intérieure ? », « Qu'est-ce qu'un CDN ? », « Que signifie not provided ? », « Comment faire de la confiture ? », etc.

Le texte affiché est repris de la page elle-même – et très souvent de la balise `meta description` de celle-ci – et fait entre 250 et 300 signes. Vous savez donc ce qu'il vous reste à faire dans vos pages à ce sujet ☺.

Bizarrement, la page choisie pour fournir le contenu du FS n'est pas toujours celle qui arrive en première position naturelle (même si c'est le cas pour un tiers des FS environ).

Ceci dit, le contenu de 99 % des FS provient d'une page qui se situe entre les positions 1 et 10, donc dans la première SERP, ce qui est assez logique. Mais cela signifie également qu'une frange certes faible (moins de 1 %) des FS vient de pages positionnées après la dixième position.

Autre point étrange : le PageRank (popularité) ou la notoriété d'un site ne semble pas jouer énormément dans le choix de la page qui fournit les contenus de FS. On y trouve des sites très importants comme des sites parfois totalement inconnus. Les liens semblent donc avoir un impact faible à ce niveau.

Comment faire alors pour voir l'une de vos pages apparaître en featured snippet ? Voici quelques conseils et préconisations :

- évaluer et définir les questions que se posent vos visiteurs au sujet d'un site comme le vôtre et de son contenu. Des outils comme AnswerThePublic (*https://answerthepublic.com/*) ou 1.fr (*https://1.fr/q*) devraient vous y aider. De même, n'hésitez pas à analyser les PAA affichées par Google dans ses SERP ;
- répondre à ces questions de façon intelligente et pertinente sous la forme : 1 page = 1 question = 1 réponse. Autant de questions posées, autant de pages y répondant de façon synthétique et spécifique, et avec un volume de texte suffisant pour satisfaire l'analyse de Google (plus de 200 mots et si possible plutôt entre 600 à 800). Votre objectif : répondre à cette intention de recherche en étant meilleur que tout ce qui a déjà été publié sur le Web à ce sujet (notion d'EAT) ;
- isoler un paragraphe qui répond parfaitement à la question sur 250 à 350 signes (environ 25 à 30 mots), si possible au début du texte et le recopier dans la balise `meta description` ;
- reprendre dans les balises `<h1>` et `<title>` la question posée (l'intention de recherche) ;
- bien optimiser la page au niveau SEO : code, texte, liens, etc. Cet ouvrage doit logiquement vous y aider...
- si vous ajoutez une image, préférez le format 4 × 3, qui semble être celui privilégié par Google ;
- la présence de balises de données structurées Schema.org n'est pas un critère déterminant pour voir s'afficher un featured snippet avec votre contenu. En revanche, ces balises permettent à Google de mieux analyser et comprendre vos contenus. Elles sont donc conseillées ;
- une balise de données structurées, nommée Speakable (*https://schema.org/speakable*) est réservée au contenu vocal. Elle doit donc, pour sa part, être intégrée. Au moment où ces lignes sont écrites, elle n'était pas encore disponible en France. Cela sera peut-être le cas lorsque vous lirez ce chapitre ;
- on l'a vu au chapitre 7, dans de nombreux cas (et notamment les requêtes informationnelles), l'assistant vocal de Google vocalise le contenu du featured snippet. Il faut donc faire attention à ne pas faire de fautes de syntaxe ou de grammaire, qui peuvent mettre à mal cette « vocalisation », tout comme le fait d'utiliser des termes trop complexes que l'algorithme de synthèse vocale ne pourrait pas interpréter. Faites simple et efficace, ne vous perdez pas dans des détails ;

- l'analyse des documents et brevets de Google au sujet des recherches vocales indiquent qu'il faut éviter : les parenthèses (leur contenu n'est pas vocalisé la plupart du temps), les citations (guillemets) et un trop grand nombre de virgules dans le paragraphe qui a vocation à apparaître en featured snippet et donc à être vocalisé ;
- en revanche, il semblerait que la taille du site (le nombre de pages) et sa popularité (PageRank) ne jouent pas dans le choix du snippet ;
- prier (le dieu Google ?) pour que votre page soit choisie…

Figure 11-24

Direct answer dans les SERP.

Figure 11-25

Direct answer dans les SERP.

Figure 11-26

Direct answer dans les SERP.

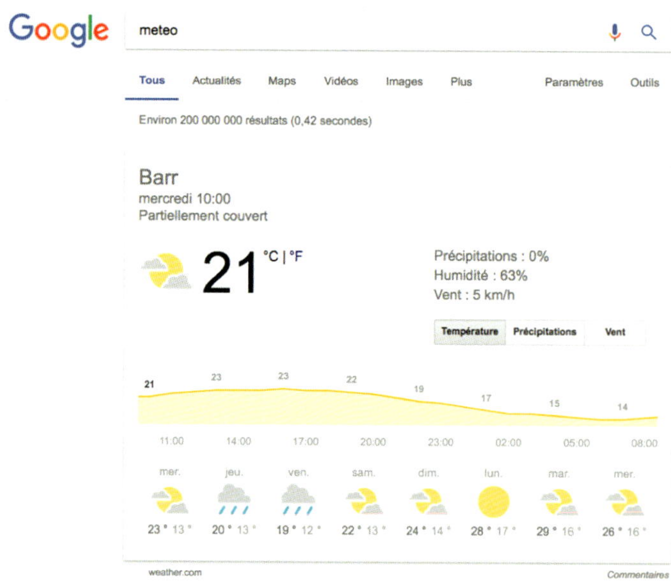

Figure 11-27

Indication de la météo en partenariat avec weather.com.

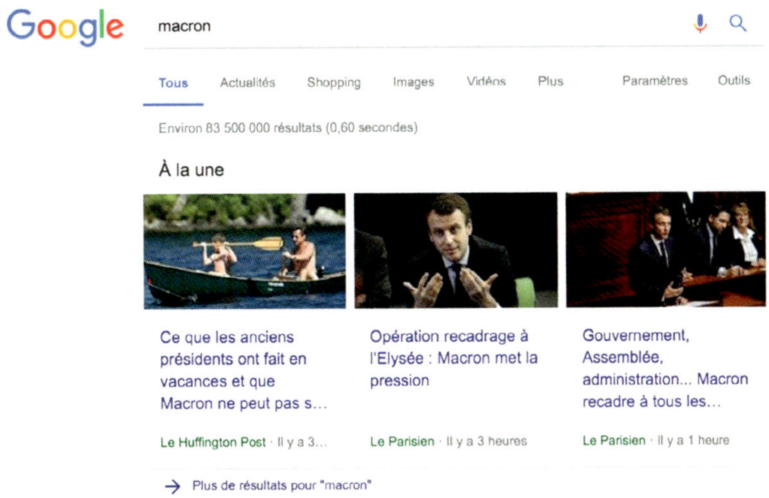

Figure 11-28

Recherche universelle sur l'actualité.

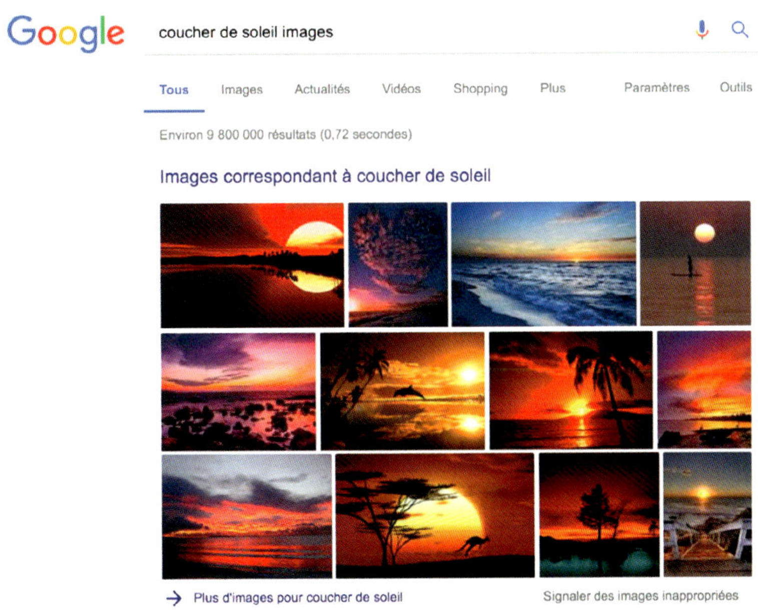

Figure 11-29

Recherche universelle sur les images.

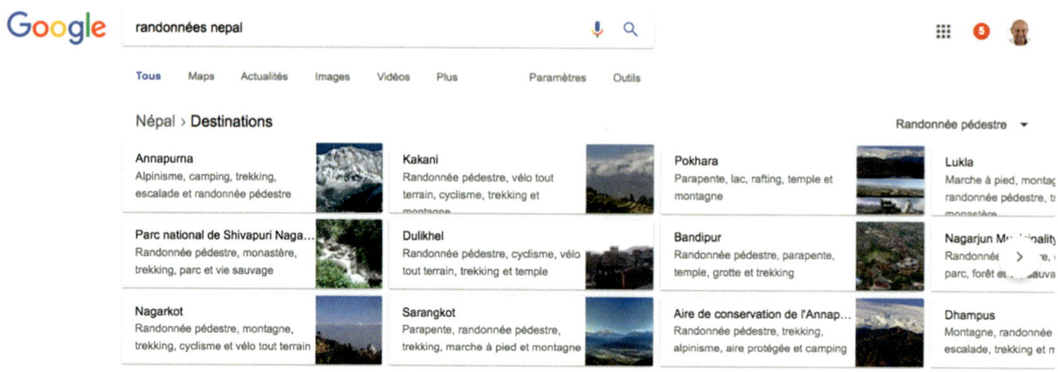

Figure 11-30

Les POI (Point of Interest) Google.

Figure 11-31

Les PAA (People Also Ask) ou Autres Questions posées.

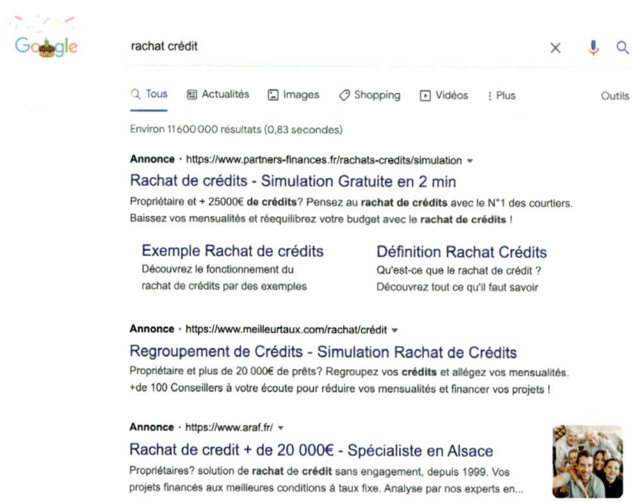

Figure 11-32

La publicité payante (AdWords/Google Ads).

Figure 11-33

Featured snippet sous forme de paragraphe.

Figure 11-34

Featured snippet sous forme de paragraphe.

Figure 11-35

Featured snippet sous forme de tableau.

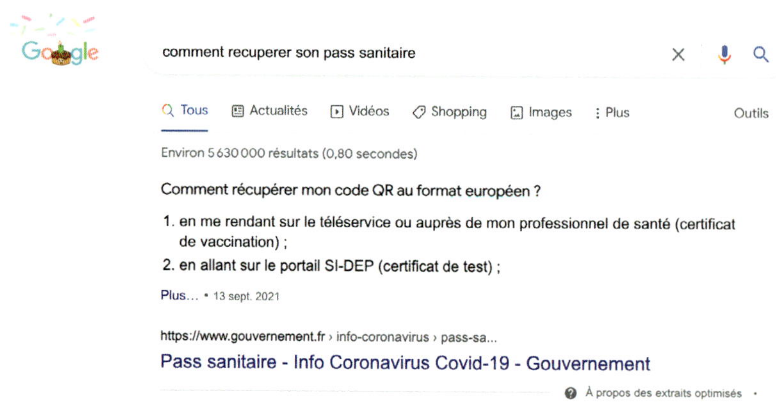

Figure 11-36

Featured snippet sous forme de liste.

Pour en savoir plus sur les featured snippets

Le concept de featured snippets est récent et évolue très vite. Nous vous conseillons donc une lecture assidue du site *Abondance.com* pour suivre au quotidien l'actualité de ce type d'affichage.

Voici également quelques liens intéressants à leur sujet :

- l'annonce de leur arrivée en France : *https://www.speeny.fr/313* ;
- l'aide en ligne officielle : *https://www.speeny.fr/314* ;
- un point complet sur le sujet : *https://www.speeny.fr/315* ;
- un autre article très complet : *https://www.speeny.fr/316* ;
- les slides d'une conférence au SEO Campus 2017 sur les FS : *https://www.speeny.fr/317*.

Les SiteLinks (liens de sites) de Google

Vous l'avez peut-être remarqué : sur certaines requêtes, Google propose, en dessous du premier résultat naturel, six liens, sous la forme de deux colonnes de trois éléments (le nombre d'éléments pouvant varier au fil du temps et des tests du moteur), vers des zones internes du site en question (voir la figure 11-37 pour le mot-clé « eyrolles », par exemple).

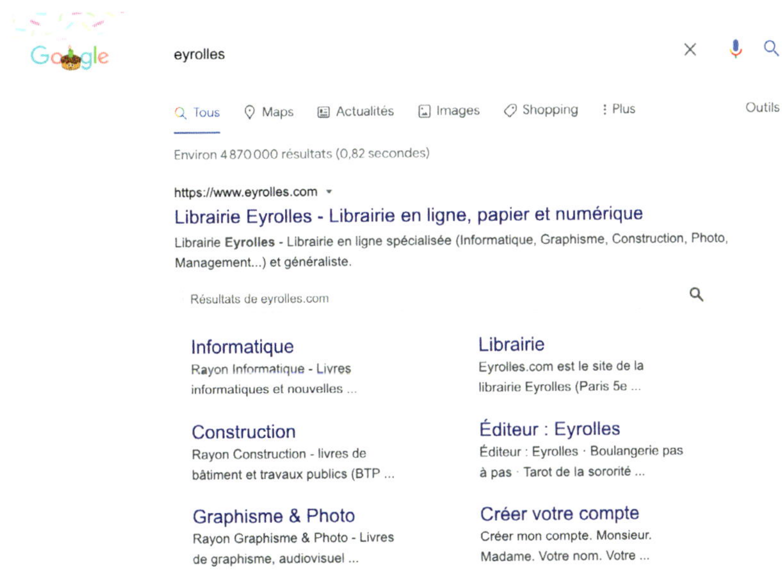

Figure 11-37

Google affiche six liens internes sous forme de deux colonnes pour le site proposé dans ses résultats.

Parfois, ce sont seulement trois ou quatre liens, disposés horizontalement cette fois, qui peuvent apparaître (voir figure 11-38).

Figure 11-38

Google affiche ici quatre liens horizontalement.

Ces liens sont appelés SiteLinks (ou « liens de site » en français) par Google. Le moteur de recherche explique ce concept à l'adresse suivante : *https://www.speeny.fr/318.*

Il est difficile d'en savoir plus sur ces liens, car peu d'informations officielles existent et leur forme a souvent changé. Cependant, certains points sont clairs, car provenant de constatations évidentes ou de bribes d'informations fournies par Google.

- Ces liens SiteLinks s'affichent :
  - sous la forme de deux colonnes de liens uniquement pour le premier lien de la page de résultats ;
  - sous la forme de trois ou quatre liens horizontaux pour n'importe lequel des dix résultats affichés par le moteur.
- Le fait qu'ils s'affichent ou pas (présence ou absence de SiteLinks) semble venir de deux critères essentiels : la pertinence (il est vraisemblable que les liens SiteLinks ne s'affichent que si le premier lien est évident par rapport à la requête demandée : présence du mot-clé dans le nom de domaine et/ou taux (ou note) de pertinence – valeur connue de Google mais non divulguée – supérieur à une certaine limite, etc.) et si la requête apparaît dans le nom de domaine (on tape la requête « eyrolles » et le site classé premier est à l'adresse *www.eyrolles.com*).
- Les SiteLinks ne semblent s'afficher que pour des pages d'accueil de sites (le plus souvent lorsque la requête est une marque).
- Le système est entièrement automatisé (pas d'intervention humaine).
- Selon Google, un critère important est la structure du site, donc la façon dont les liens internes y sont proposés, sans qu'il soit possible d'en savoir plus sur la façon dont le moteur de recherche choisit tel lien plutôt que tel autre.
- Les SiteLinks peuvent soit pointer vers une page interne du site lui-même (*www.votresite.com/repertoire/pageinterne.html*), soit vers une page d'un sous-domaine (*sousdomaine.votresite.com/repertoire/pageinterne.html*) de ce même site.
- Les SiteLinks peuvent représenter des liens au format texte, image (l'attribut `alt` fournit alors le texte affiché) ou même parfois JavaScript dans la page d'accueil.
- Il ne semble pas que Google tienne compte d'informations incluses dans le code HTML de la page d'accueil qui bénéficie des SiteLinks. En effet, pourquoi, dans ce cas, choisirait-il les liens « Emploi », « Outils » ou « Référencement » plutôt que d'autres, traités de la même façon, dans la page d'accueil du site Abondance ? Ce ne sont pas non plus les liens proposés en premier dans le code source, etc.

- Il ne s'agit pas non plus des résultats qui ressortent en premier sur l'utilisation de la requête « site: » pour n'obtenir que les pages issues du site en question. Par exemple, avec la requête « site:www.abondance.com », les pages proposées par Google dans ces deux cas n'ont pas grand-chose à voir avec celles affichées comme SiteLinks.
- Depuis la dernière version des SiteLinks (août 2011), le choix des liens affichés est dépendant de la requête demandée, alors qu'ils étaient le plus souvent immuables auparavant.
- Une hypothèse intéressante et crédible pourrait être la suivante : Google utilise des données de trafic renvoyées par son navigateur Google Chrome, voire Google Analytics (entre autres sources) pour déterminer quels liens sont le plus souvent cliqués par les internautes lorsqu'ils se trouvent sur la page d'accueil du site en question. Selon le site Social Patterns, il existerait de fortes similitudes entre les liens affichés dans les SiteLinks et les données de trafic de l'outil Alexa, comparables à ce dont Google pourrait se servir. À la lumière de cette information, examinez à nouveau les liens proposés en SiteLinks et regardez les pages d'accueil des sites proposés : n'avez-vous pas l'impression que les SiteLinks sont les liens sur lesquels « vous seriez le plus tenté de cliquer » ? D'autres tests que nous avons effectués à une certaine époque semblaient corroborer ce constat.

Notre hypothèse est donc la suivante : le choix d'afficher les SiteLinks ou non est basé pour Google sur cinq critères principaux.

1. Adéquation entre la requête demandée et le site, et notamment son nom de domaine. Si le nom de domaine du premier résultat affiché contient les mots de la requête, il y a de fortes chances que ce site soit potentiellement affublé de SiteLinks. Notez bien que ce critère n'est pas vérifié à 100 %.
2. Le premier résultat proposé doit être une page d'accueil (*https://www.siteweb.com*).
3. La note de pertinence du site par rapport à la requête (donnée non communiquée par Google mais dont nous pouvons attester de l'existence) doit être supérieure à une certaine limite, malheureusement inconnue, par rapport aux résultats suivants.
4. Des liens doivent être détectables au sein de cette page d'accueil.
5. Le mot-clé – le plus souvent une marque – ne doit pas présenter d'ambiguïté entre différents sites. Par exemple, la requête « abondance » ne renvoie pas de SiteLinks sous la forme de deux colonnes, car il existe une ambiguïté entre le site Abondance.com, celui du village savoyard et peut-être d'autres relatifs à la race de vaches du même nom, au fromage, à la corne d'abondance, etc. Les SiteLinks apparaissent, en revanche, lorsqu'on tape la requête « abondance.com », puisqu'elle présente moins d'ambiguïté.

Le choix des SiteLinks eux-mêmes s'effectuerait alors grâce à deux critères principaux.

1. Liens pointant vers une page interne du site ou d'un de ses sous-domaines (pas de lien externe).
2. Nous pensons, au vu de nombreux exemples analysés mais sans certitude absolue, que ces liens sont fournis par des statistiques de trafic et représentent les liens le plus souvent cliqués sur la page d'accueil du site.

Peut-être vous êtes-vous dit en lisant ces lignes : non, il n'est (hélas) pas possible de demander à Google d'afficher tel ou tel lien en SiteLink. Et on ne peut plus non plus en supprimer – comme c'était le cas à une certaine époque – dans la Search Console, cette fonction ayant disparu en 2016 (*https://www.speeny.fr/319*).

Comme vous pouvez le constater, Google propose de nombreuses possibilités de donner plus de visibilité à vos résultats s'ils sont bien classés (rappelons que tous les systèmes vus dans ce chapitre n'aident en rien au positionnement). Un lien présent en troisième ou quatrième position sera peut-être plus cliqué que le deuxième s'il affiche des données supplémentaires de type rich snippet ou autre (tout comme une bonne balise `meta description`). N'hésitez donc pas à intégrer ces possibilités et à suivre l'actualité (le site Abondance.com est là pour ça !) de ces différents outils et vous tenir au courant des dernières nouveautés !

12

Optimisation de l'indexation

« Mettre à l'index, c'est montrer du doigt. »
Anonyme

Dans les chapitres précédents, vous avez pu appréhender la meilleure manière d'optimiser vos pages web afin qu'elles soient réactives par rapport aux critères de pertinence majeurs des moteurs de recherche. Cependant, pour qu'elles soient bien placées – bien positionnées – dans les résultats de ces moteurs, encore faut-il qu'elles soient présentes dans les bases de données (c'est-à-dire les index) de ces outils. Logique, non ? La plupart du temps, cela se fait « naturellement », sans que vous n'ayez rien à faire. Mais comment optimiser cette présence, en termes de rapidité et de nombre de pages indexées ? C'est ce que nous allons voir dans ce chapitre.

Voyons donc, pour commencer, les différentes voies qui vous sont proposées pour faire en sorte que votre site web soit rapidement présent dans les index des moteurs de recherche. Les objectifs de cette procédure seront les suivants…

- Indexer le maximum de pages. Votre site contient un certain nombre de pages web, la situation idéale sera celle où 100 % de ces documents sont indexés par les moteurs de recherche, même si nous verrons dans la suite de ce chapitre que Google Panda a quelque peu changé la donne à ce niveau.
- Indexer le plus rapidement possible – si possible en 24 h, voire moins – un nouveau site ou les nouvelles pages, les nouveaux contenus d'un site déjà référencé.
- Faire en sorte que les robots des moteurs reviennent le plus souvent possible sur les pages web afin de prendre en compte les nouvelles versions mises en ligne.

Nous sommes ici dans le domaine du référencement proprement dit : faire en sorte que vos pages – si possible optimisées au préalable – soient prises en compte par les moteurs de recherche afin d'obtenir, dans un deuxième temps, le meilleur positionnement qui soit et d'engendrer un trafic de qualité.

Comme nous allons le voir, il existe plusieurs moyens de référencer son site. Certains sont très efficaces, d'autres moins. Ce sera à vous de faire votre choix en fonction de vos possibilités, de vos besoins et de vos attentes.

Le formulaire de soumission proposé par le moteur

Il s'agit ici de la voie officielle et historique. Il est difficile de ne pas la signaler. Google a supprimé cette fonction en 2018 (*https://www.speeny.fr/320*), suivi quelques semaines plus tard par Bing (*https://www.speeny.fr/321*).

Cela dit, il existe pour Google une façon plus ou moins rapide de soumettre une URL au moteur *via* la Search Console. Pour ce faire, utilisez la fonction Inspection de l'URL en indiquant l'adresse de la page à soumettre. Lorsque le résultat s'affiche (que la page soit ou non déjà indexée par le moteur), cliquez sur le bouton Demander une indexation, comme indiqué sur la figure 12-1.

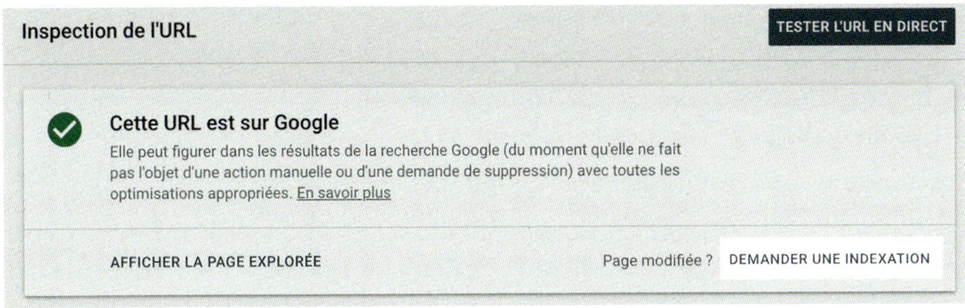

Figure 12-1

Formulaire de demande d'indexation de page dans la Search Console.

Quelques minutes plus tard (si tout va bien, car en 2022, le processus est beaucoup plus lent qu'auparavant et parfois même aléatoire), les robots du moteur de recherche vont visiter la page se trouvant à l'adresse indiquée pour prendre en compte le document en question.

Facturer une soumission ?

Certaines sociétés de référencement facturent cette soumission, parfois assez cher. Quand on sait que cette opération demande quelques secondes, on peut douter du sérieux des entreprises qui proposent ce type de prestation…

Seule la soumission manuelle est efficace

En règle générale, nous vous déconseillons l'emploi de logiciels ou de sites spécialisés dans la soumission automatique de sites web aux moteurs de recherche. L'emploi de tels outils (eh oui, on en trouve encore !) peut même se révéler dangereux pour votre référencement, les moteurs n'appréciant que modérément ce type de méthode. Ils sont d'ailleurs tombés en désuétude avec le temps (les outils, pas les moteurs !). Suivez plutôt les conseils de ce chapitre et tout se passera bien.

Le lien depuis une page populaire

La possibilité que nous allons vous décrire ici est celle que vous allez devoir privilégier pour référencer un site complet (et non pas une page isolée de temps en temps, un cas pour lequel la Search Console sera parfaite). Cette technique est quasi infaillible et nous l'utilisons fréquemment pour indexer en 24 h seulement – voire moins – la plupart des nouveaux sites que nous créons depuis plusieurs années. Jusqu'à maintenant, elle a toujours parfaitement fonctionné. Il n'y a donc aucune raison pour que cela ne soit pas le cas avec vos sites.

Comme pour toute recette, celle-ci nécessite des ingrédients. Imaginons que B soit le nom de la page d'accueil du site que vous désirez référencer. Pour ce faire, vous aurez besoin d'une autre page, que nous nommerons A et qui répondra aux caractéristiques suivantes.

- La page A doit déjà se trouver dans l'index des moteurs. Elle est donc déjà référencée.
- La page A peut se trouver sur votre site ou sur un autre sans différence (si B est la page d'accueil d'un nouveau site, il y a fort à parier que A appartienne à un autre site ; si B est une nouvelle page sur un site existant, A peut être la page d'accueil de ce même site).
- La page A doit être mise à jour quotidiennement.
- La page A doit si possible être populaire (oui, ce concept est devenu difficilement mesurable depuis que le Toolbar PageRank ou « petite barre verte » n'existe plus).

Ensuite, il ne vous reste plus qu'à faire en sorte que la page A établisse un lien vers votre page B et cette dernière sera indexée dans les 24 h ou, au pire, 48 h par tous les moteurs majeurs.

Pourquoi cela fonctionne-t-il ? Les explications sont les suivantes.

- La page A est déjà indexée. Elle est donc connue des moteurs.
- La page A est mise à jour quotidiennement. Les robots des moteurs ont donc calqué leur délai d'indexation sur ceux de la page et viennent donc, logiquement, tous les jours au moins « aspirer » sa nouvelle version.
- Que se passe-t-il lorsque vous ajoutez le lien de A vers B ? Les robots le détectent immédiatement et se disent qu'un nouveau lien émanant d'une page populaire pointe certainement vers un site intéressant. Ils vont donc suivre ce lien et indexer quasi immédiatement la page B. Le tour est joué !

Essayez cette procédure, vous verrez qu'elle fonctionne parfaitement. Bien sûr, il vous faudra trouver, pour cela, une page A qui réponde aux critères énoncés ci-dessus. Ce n'est pas si facile, mais en cherchant bien, c'est tout à fait possible. Et le jeu en vaut vraiment la chandelle !

Les fichiers Sitemap XML

Le format et le protocole Sitemap (*https://www.sitemaps.org/*) sont assez anciens puisqu'ils ont été initiés par Google en juin 2005 (*https://www.speeny.fr/322*). Il s'agit d'une solution permettant de fournir aux robots des moteurs de recherche (Google, Yahoo! et Bing prennent notamment en compte ce format) un plan de votre site, une liste exhaustive de vos URL au format XML. Ces robots peuvent alors identifier et aller chercher toutes les pages disponibles, selon les indications fournies dans le fichier.

Dans un premier temps, il est nécessaire de bien comprendre comment fonctionne le système, assez complet et parfois méconnu dans ses fonctionnalités avancées.

Le concept des Sitemaps

Le concept de ce format est extrêmement simple : vous créez un fichier XML qui contient la liste des pages de votre site, ainsi que certaines informations les concernant (fréquence de mise à jour, priorité de crawl, etc.). Vous chargez ce fichier sur votre serveur. Vous signalez au moteur sa présence grâce à une interface d'administration mise à votre disposition par l'outil ou à un fichier `robots.txt` adéquat (voir chapitre 15). Les robots du moteur viennent alors le lire et tiennent compte des données qui y sont proposées pour mieux indexer votre site, de façon plus approfondie et plus exhaustive. En clair, vous fournissez aux moteurs une liste des URL de votre site avec certaines de leurs fonctionnalités, dans un fichier au format spécifique. Simple, non ? Encore faut-il que votre fichier soit bien créé, bien soumis et bien placé sur votre site.

Cependant, notez bien les éléments suivants.

- L'utilisation d'un Sitemap n'est en rien une garantie que le moteur indexera toutes les pages qui y sont décrites. Il reste maître de la façon dont il indexe les sites. Néanmoins, l'utilisation d'un tel fichier facilite, logiquement, ce processus.
- De même, le fichier Sitemap n'est en rien une garantie que votre site sera mieux positionné. Cet outil n'est qu'un outil d'indexation et non pas de positionnement *(ranking)*.
- Enfin, l'utilisation d'un Sitemap ne remplace pas le « crawl » classique de votre site par les robots suivant les liens des pages web de façon traditionnelle. Les deux méthodes restent tout à fait complémentaires.
- Le fichier ne doit pas contenir les indications pour plus de 50 000 URL mais il est possible de créer plusieurs fichiers (Sitemap Index).

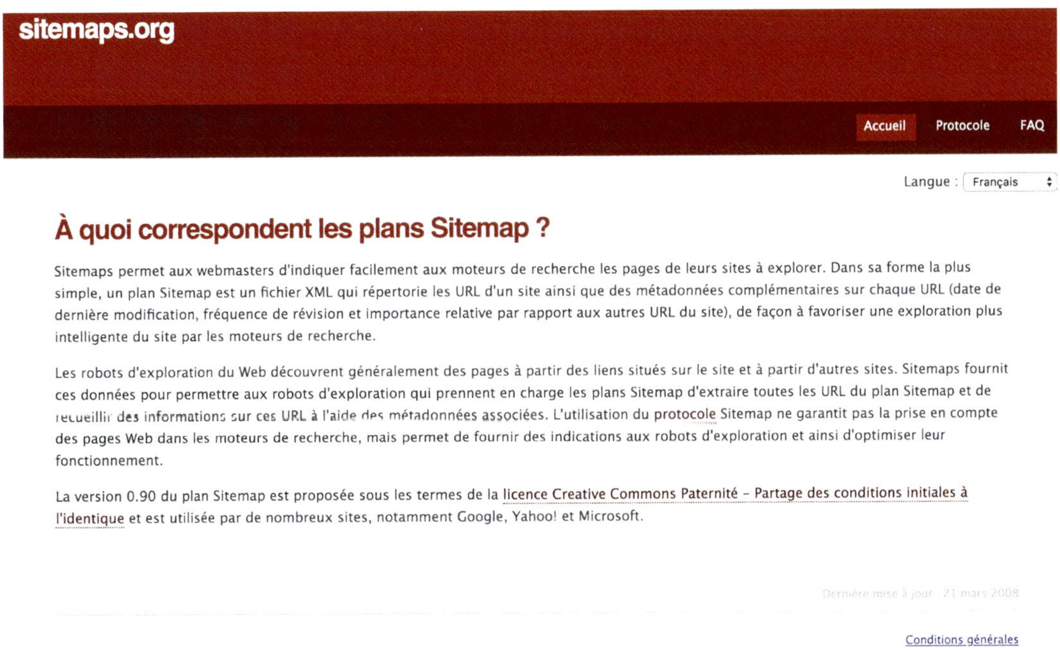

Figure 12-2

Le site sitemaps.org, indispensable pour tout savoir sur ce format.

Formats du fichier à fournir à l'applicatif

Le protocole Sitemap reconnaît un certain nombre de formats.

- Le format classique que nous décrirons ci-après.
- Les fichiers de syndication RSS et Atom, ce qui peut être très intéressant si votre site utilise déjà ce type de format et s'il propose des fils RSS à ses visiteurs. Il est tout à fait possible de signaler au moteur vos fichiers de syndication par ce biais, qui ne seront pas exhaustifs, loin de là, mais qui présenteront l'avantage d'être très rapides en indiquant les derniers articles parus sur votre site. Bref, un Sitemap des nouveautés, en quelque sorte.
- Les fichiers textes (par exemple, *www.votresite.com/sitemap.txt*) contenant une adresse de page (URL) par ligne.

Le format texte pour une simple liste d'URL

Nous recommandons l'utilisation du fichier texte si vous désirez uniquement fournir aux moteurs de recherche une liste d'URL sans indiquer d'informations connexes (date de dernière modification, priorité d'indexation, fréquence de mise à jour) pour ces pages.

Sachez que l'envoi d'une simple liste d'URL dans un fichier texte convient à la plupart des problématiques. Les champs facultatifs (fréquence de mise à jour, date de dernière modification, priorité d'indexation) sont réellement facultatifs et n'ont qu'un intérêt très relatif, surtout s'ils ne reflètent pas la réalité…

En règle générale, on utilise le format XML classique, dont il est important de signaler qu'il est fourni sous licence Creative Commons (*https://www.speeny.fr/323*), ce qui signifie que d'autres moteurs peuvent l'utiliser.

Format des fichiers Sitemap

Le format Sitemap décrit un fichier XML qui va fournir des indications pour chaque page de votre site.

Le fichier créé sera de la forme :

```
<?xml version="1.0" encoding="UTF-8"?>
<urlset xmlns="https://www.google.com/schemas/Sitemap/0.9">
  <url>
    <loc>url</loc>
    <lastmod>date de dernière modification</lastmod>
    <changefreq>fréquence de mise à jour</changefreq>
    <priority>priorité</priority>
  </url>
</urlset>
```

Ce fichier contiendra les indications suivantes.

- La balise `urlset` (obligatoire) commence et termine (`/urlset`) le fichier en question.
- Chaque balise `url` (obligatoire) décrit une page et contient les champs suivants :
  – `loc` représente l'adresse de la page (*https://www.votresite.com/page1.html*). Ce champ commence par *https://* et ne peut contenir plus de 2048 caractères.

Un champ qui doit être très précis

Le champ `loc` est important et assez strict dans son utilisation. Attention donc à bien suivre les indications suivantes.

- Chaque URL doit être indiquée de façon absolue (pas d'affichage relatif du type *./directory/page.html*), donc toujours commencer par la mention *https://*.
- Chaque page indiquée dans le fichier doit être située sur le site où se trouve le fichier Sitemap.

Par exemple : vous créez le fichier *https://www.votresite.com/produits/sitemap.xml*.

Ce fichier peut décrire les pages suivantes :

- *https://www.votresite.com/produits/index.html*
- *https://www.votresite.com/produits/gamme.html*
- *https://www.votresite.com/produits/electricite/rupteur.html*
- *https://www.votresite.com/contact.html*
- *https://www.votresite.com/clients/reference.html*

En revanche, il ne pourra pas décrire les pages suivantes :

- *https://votresite.com/produits/contact.html*
- *https://www.votresite.fr/produits/index.html*

Ces pages seront refusées par le moteur lors de la lecture du fichier.

L'emplacement le plus logique pour un fichier Sitemap sera le niveau le plus haut de l'arborescence (*https://www.votresite.com/sitemap.xml*). Cela dit, rien ne vous empêche :

- de mettre le fichier Sitemap dans un autre répertoire (en tenant compte, dans ce cas, des restrictions évoquées ci-dessus) ;
- de créer plusieurs fichiers Sitemap pour un même site ;
- de lui donner un autre nom que sitemap.xml (le nom est libre).

  – `lastmod` est la date de la dernière modification du fichier. Celle-ci doit répondre au format ISO 8601 (*https://www.speeny.fr/324*), le plus souvent sous la forme YYYY-MM-DD, soit 2021-09-15 pour le 15 septembre 2021, par exemple.
  – `changefreq` représente la fréquence de mise à jour de la page, à choisir parmi les possibilités suivantes : `always`, `hourly`, `daily`, `weekly`, `monthly`, `yearly` et `never`. Bien entendu, dans ce cas, il faudra faire des choix en optant pour la fréquence la plus vraisemblable si celle-ci n'est pas constante.

– `priority` indique l'importance que vous donnez à la page à l'intérieur de votre site. Sa valeur va de 0 à 1 et peut être, bien entendu, décimale (0.5, 0.7, etc.). Attention : n'utilisez pas de virgule, c'est le point qui marquera ici la décimale. Par exemple, la page d'accueil de votre site aura, vraisemblablement, une priorité de 1. Si rien n'est indiqué, la priorité par défaut est fixée à 0.5.

Fournissez des indications logiques et homogènes

Nous vous conseillons de ne pas tricher sur ce champ. Rien ne servira d'indiquer *hourly* pour toutes les pages de votre site, si la majorité de vos documents ne sont jamais mis à jour. Le moteur a appris à reconnaître, par d'autres voies, la fréquence de mise à jour des documents qu'il indexe. Il semble évident qu'il n'appréciera que modérément si les données que vous lui fournissez ne correspondent pas à ses propres constatations sur votre site. Cela peut même vous desservir. Soyez donc le plus loyal possible sur cette indication, vous ne vous en porterez que mieux (et votre site également).

Par ailleurs, cette indication n'est pas obligatoirement suivie à la lettre par les crawlers. Le fait d'avoir indiqué *never* ne signifie pas que les robots du moteur ne viendront qu'une seule fois indexer la page et l'ignoreront par la suite. Ils reviendront quand même, ne serait-ce que pour être sûr qu'elle existe encore. Là encore, jouez le jeu et indiquez des niveaux de priorité réels. Évitez de positionner ce champ à la valeur 1 pour toutes vos pages. Point important également : ce niveau de priorité ne joue pas sur le ranking de vos pages. Il s'agit de données fournies aux robots pour crawler de façon plus ou moins prioritaire vos documents (si ces robots se servent de cette indication, ce qui n'est pas prouvé).

Sachez également que les champs `lastmod`, `changefreq` et `priority` sont optionnels.

Indications géographiques et linguistiques

Il est possible d'insérer dans les fichiers Sitemap XML les attributs `hreflang` indiquant le pays et la langue cible d'une page web.

Exemple de Sitemap prenant en compte cette nouvelle fonctionnalité :

```
<url>
  <loc>https://www.example.com/en</loc>
  <xhtml:link
    rel="alternate"
    hreflang="de"
    href="https://www.example.com/de" />
  <xhtml:link
    rel="alternate"
    hreflang="en"
    href="https://www.example.com/en" />
</url>
<url>
  <loc>https://www.example.com/de</loc>
  <xhtml:link
    rel="alternate"
```

```
      hreflang="de"
      href="https://www.example.com/de" />
    <xhtml:link
      rel="alternate"
      hreflang="en"
      href="https://www.example.com/en" />
  </url>
```

Plus d'informations à ce sujet sur : *https://www.speeny.fr/531.*

Enfin, dans le domaine des restrictions, votre fichier non compressé (vous pouvez également fournir des fichiers compressés en GZip) doit avoir une taille inférieure à 10 Mo et contenir des informations sur 50 000 pages (URL) au maximum, ce qui laisse un peu de marge (d'autant plus que vous pouvez travailler sur plusieurs fichiers comme nous le verrons ci-après).

Exemples de fichiers

Ainsi, un fichier extrêmement simple, minimaliste mais fonctionnel, décrivant un site de trois pages sera le suivant :

```
<?xml version="1.0" encoding="UTF-8"?>
<urlset xmlns="https://www.google.com/schemas/Sitemap/0.9">
  <url>
    <loc>https://www.votresite.com/</loc>
  </url>
  <url>
    <loc>https://www.votresite.com/produits.html</loc>
  </url>
  <url>
    <loc>https://www.votresite.com/apropos.html</loc>
  </url>
</urlset>
```

Ce fichier est très simple et n'aura qu'une fonction : signaler au moteur la présence des trois pages. Cependant, il peut paraître plus rapide, dans ce cas, comme nous l'avons indiqué auparavant, d'utiliser le format texte (`.txt`). Ce fichier (par exemple : `Sitemap.txt`) contiendra alors uniquement les lignes suivantes :

```
https://www.votresite.com/
https://www.votresite.com/produits.html
https://www.votresite.com/apropos.html
```

Un fichier plus complet au format XML, contenant plus d'informations, pourra prendre la forme suivante :

```
<?xml version="1.0" encoding="UTF-8"?>
<urlset xmlns="https://www.google.com/schemas/Sitemap/0.9">
  <url>
    <loc>https://www.votresite.com/</loc>
    <lastmod>2020-09-01</lastmod>
    <changefreq>daily</changefreq>
    <priority>1</priority>
  </url>
  <url>
    <loc>https://www.votresite.com/produits.html</loc>
    <lastmod>2020-08-12</lastmod>
    <changefreq>weekly</changefreq>
    <priority>0.8</priority>
  </url>
  <url>
    <loc>https://www.votresite.com/apropos.html</loc>
    <lastmod>2020-09-15</lastmod>
    <changefreq>monthly</changefreq>
    <priority>0.5</priority>
  </url>
</urlset>
```

Chaque page se voit alors décrite avec ses quatre champs spécifiques : URL, date de dernière modification, fréquence de mise à jour et priorité d'indexation. Autant de données que le moteur va utiliser pour mieux les découvrir.

Facilitez la gestion de vos Sitemaps

Rien ne vous oblige à créer un seul fichier Sitemap global pour votre site. N'hésitez donc pas, pour des raisons de facilité de gestion et de suivi, à créer, par exemple, un Sitemap par rubrique, par rayon, par silo pour votre site ou par année d'archive, etc. Vous pourrez ainsi mieux suivre, au moyen de la Search Console, la façon dont chaque zone de votre site est indexée par les moteurs de recherche en général et Google en particulier.

Travail sur plusieurs fichiers

Le protocole Sitemap permet de travailler sur plusieurs fichiers XML. Il faudra dans ce cas créer un nouveau fichier descriptif (fichier-mère ou index), nommé `sitemap_index.xml`, qui va contenir les indications sur les sous-fichiers (fichiers-filles) utilisés, chacun de ces fichiers-filles pouvant soumettre jusqu'à 50 000 URL.

Sa structure est similaire à celle d'un fichier fille. Voici le format d'un tel fichier `sitemap_index.xml` :

```
<?xml version="1.0" encoding="UTF-8"?>
<Sitemapindex xmlns="https://www.google.com/schemas/Sitemap/0.9">
  <Sitemap>
```

```
    <loc>https://www.votresite.com/Sitemap1.xml</loc>
    <lastmod>2021-10-01</lastmod>
  </Sitemap>
  <Sitemap>
    <loc>https://www.example.com/Sitemap2.xml</loc>
    <lastmod>2021-10-15</lastmod>
  </Sitemap>
</Sitemapindex>
```

L'option `lastmod` indique ici la date de dernière modification du fichier Sitemap et non des pages dont il détient la description.

Cas particulier des sous-domaines

Votre site utilise peut-être des sous-domaines tels que :

- *www.exemple.com*
- *actu.exemple.com*
- *offre.exemple.com*
- *blog.exemple.com*

Dans ce cas, chaque sous-domaine est considéré par le moteur comme un site à part entière. Le mieux est donc de créer un fichier Sitemap pour chacun des sous-domaines, décrivant les pages que chacun contient. Par exemple :

- *www.exemple.com/Sitemap-top.xml*
- *actu.exemple.com/Sitemap-actu.xml*
- *offre.exemple.com/Sitemap-offre.xml*
- *blog.exemple.com/Sitemap-blog.xml*

Chaque sous-domaine étant indépendant pour les moteurs, un fichier de type `sitemap_index.xml` (voir ci-dessus) n'est donc pas nécessaire dans ce cas. En revanche, vous devrez déclarer chacun de ces fichiers. Nous y reviendrons…

La mise en place d'un fichier Sitemap s'effectue donc en quatre étapes chronologiques.

Étape 1 – Création du fichier

Vous pouvez créer un fichier Sitemap de plusieurs manières.

- Manuellement à l'aide d'un éditeur de texte. Cette solution sera peut-être la plus simple, voire la plus rapide pour un (tout) petit site. Elle deviendra rapidement fastidieuse, voire impossible à gérer pour des moyens et gros sites.
- En utilisant un script, un logiciel ou un site web en ligne, qui effectuera automatiquement cette manipulation, tout en vous donnant la possibilité (ou non) de modifier les résultats créés.

Le choix de l'outil est important, car tous ne sont pas équivalents, loin de là, au niveau des fonctionnalités. Les différentes solutions (scripts, solutions en ligne, logiciels) s'adaptent en fait aux besoins des éditeurs de sites web.

- Les solutions en ligne comme XML-Sitemaps (*https://www.xml-sitemaps.com/*) sont parfaites pour des petits sites, de quelques centaines de pages au maximum, assez statiques, sans mises à jour fréquentes et ayant un besoin très ponctuel de création de fichier Sitemap. Cependant, ces solutions souffrent d'un défaut majeur : il faut relancer la création d'un nouveau Sitemap dès qu'une modification est faite sur le site, ce qui peut vite s'avérer très fastidieux.
- Pour corriger cela, les outils intégrés dans les CMS seront indispensables pour automatiser la mise à jour du fichier Sitemap (la modification d'une page du site entraînant automatiquement, sans intervention humaine, celle des données la décrivant dans le fichier Sitemap). Ces scripts répondent donc à des besoins très pointus d'intégration d'informations, de façon rapide, fiable et automatisée dans les fichiers Sitemap. La plupart des CMS (*Content Management System* comme WordPress, Drupal, Spip, Joomla…) proposent aujourd'hui des solutions (plug-ins, extensions) permettant d'automatiser cette tâche. Souvent, les webmasters ont à leur disposition cette fonction mais ne l'ont pas activée. Vérifiez bien que vous avez ce type de possibilité sous la main (ou la souris). Et posez-vous la question de la pertinence de votre CMS si ce dernier ne propose pas la création de Sitemaps « à la volée ».

Figure 12-3

L'activation des fichiers Sitemap au travers de l'extension Yoast sur WordPress.

> **WordPress embarque désormais les fichiers Sitemap XML**
>
> Depuis sa version 5.5, le CMS WordPress permet de gérer de façon native les fichiers Sitemap XML. Mais en pratique, beaucoup de webmasters continuent d'utiliser un plug-in, comme Yoast, All in One SEO ou Rankmath, qui propose plus de fonctionnalités pour gérer ces fichiers. Pour plus d'informations à ce sujet, consultez la page suivante : *https://www.speeny.fr/1261*.

Quoi qu'il en soit, il existe aujourd'hui, quelle que soit la taille de votre site web et l'état de vos connaissances techniques, une solution pour créer un fichier Sitemap. N'hésitez pas, les quelques minutes consacrées à cette tâche pourraient grandement aider à une meilleure intégration de votre site dans l'index du moteur.

Étape 2 – Validation du fichier

Pour être sûr que votre fichier est bien conforme au format XML, vous pouvez utiliser un certain nombre de programmes de validation dont vous trouverez la liste aux adresses suivantes :

- *https://www.speeny.fr/325*
- *https://www.speeny.fr/326*

Ceci dit, au vu de la relative simplicité des fichiers Sitemap et du fait que vous allez rapidement utiliser un applicatif qui automatise sa création, vous n'aurez assez vite plus à valider vos fichiers puisqu'on peut imaginer que les documents fournis par les logiciels sont propres et réalisés « dans les règles de l'art ».

Lisez bien le site officiel

Le site officiel sur le format Sitemap à l'adresse *https://www.sitemaps.org/* (en français et en anglais notamment) regorge d'informations intéressantes. N'hésitez pas à le consulter !

Par ailleurs, sachez que l'interface d'administration de vos Sitemaps dans la Search Console vous donne aussi la possibilité de tester leur validité et notamment l'exactitude des URL fournies (voir ci-dessous).

Étape 3 – Déclaration du fichier

Placer votre fichier sur votre site ne suffit pas. Il faut signaler aux moteurs qu'il existe pour que ceux-ci viennent le prendre en compte. Deux solutions pour cela.

- Utiliser l'interface d'administration proposée par Google et Bing. Prenons l'exemple de Google (l'interface se trouve dans la Search Console du moteur de recherche).

Une fois identifié sur Google, vous avez accès à une interface d'administration très simple, telle que représentée sur la figure 12-4.

La zone « Ajouter un Sitemap » permet de signaler l'adresse de votre (ou de vos) fichier(s) et de vérifier sa(leur) conformité.

La zone « Sitemaps envoyés » indique, pour chaque fichier enregistré, plusieurs informations :

- La colonne « Type » indique s'il s'agit d'un fichier-mère (Index de Sitemaps), d'un fichier classique, d'un fil RSS, etc.
- « URL envoyées » donne la date de première soumission du fichier.
- « Dernière lecture » vous indique quand votre fichier a été lu la dernière fois par Google, ce qui peut constituer une information très intéressante.
- « État » indique si tout s'est bien passé, ou pas.
- « URL découvertes » indique combien, sur les URL soumises, ont été réellement indexées par Google.
- Un pictogramme à droite donne accès à des informations plus précises (figure 12-5).

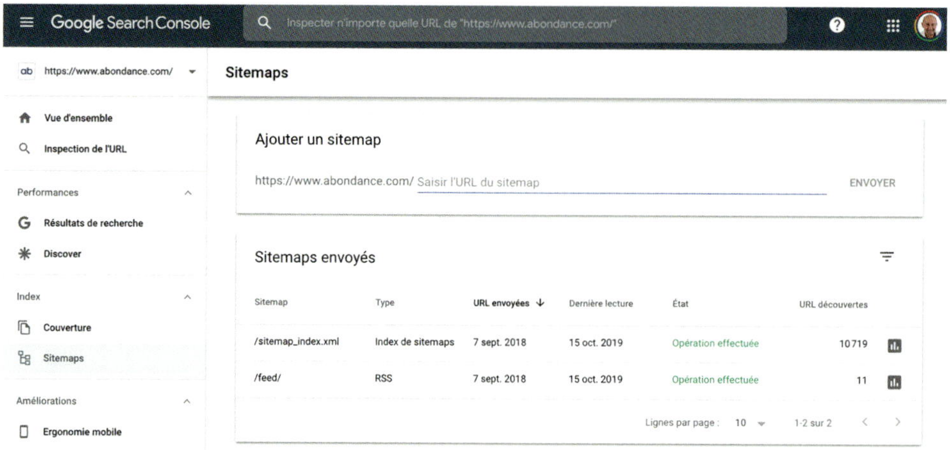

Figure 12-4

Interface d'administration des fichiers Sitemap dans la Search Console.

Figure 12-5

Indications plus précises sur la prise en compte des fichiers Sitemap dans la Search Console.

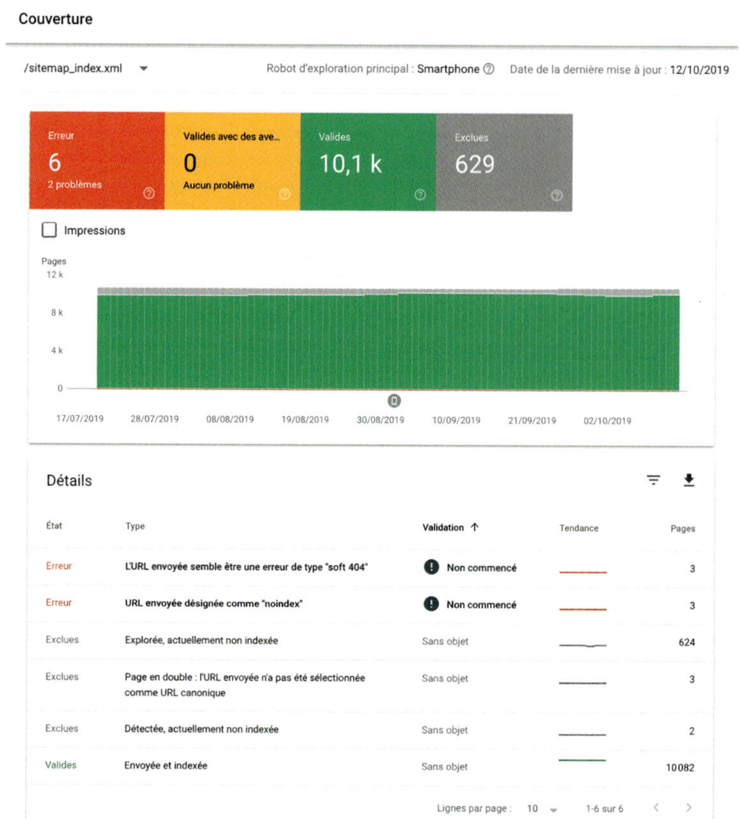

- L'autre façon de déclarer votre fichier Sitemap (notamment auprès de moteurs qui ne proposeraient pas de telles interfaces pour webmasters permettant de les gérer) est de notifier l'adresse du fichier grâce à une fonction nommée autodiscovery. Cette dernière permet au moteur de découvrir le fichier Sitemap de façon très simple en indiquant son URL dans le fichier `robots.txt` en ajoutant simplement cette ligne :

```
Sitemap: <sitemap_location>
```

  Exemple :

```
Sitemap: https://www.votresite.com/sitemap.xml
```

Le robot, lorsqu'il lira le fichier `robots.txt` (voir chapitre 15), aura ainsi immédiatement l'indication de la localisation de votre fichier Sitemap et pourra le lire sans souci. Vous trouverez plus d'informations sur ce sujet à l'adresse suivante : *https://www.speeny.fr/327*.

Étape 4 – Mise à jour du fichier

Enfin, il se peut que le contenu de votre site change dans le temps : de nouvelles pages apparaissent, d'autres sont supprimées, etc. Vous devez donc mettre à jour en conséquence votre fichier Sitemap, au fur et à mesure des changements. Google viendra l'indexer fréquemment. Vous n'avez rien à faire de plus à ce niveau : une fois que le moteur connaît l'adresse de votre fichier, il gère lui-même les nouveaux crawls, la prise en compte des modifications éventuelles, etc.

Plus d'informations sur le format Sitemap

Voici quelques liens importants au sujet de l'offre Google Sitemaps :

- documentation (en français) : *https://www.speeny.fr/328* ;
- le blog de Google dédié à la Search Console en général et aux Sitemaps en particulier : *https://webmasters.googleblog.com/* ;
- le fichier Sitemap du site Google (on n'est jamais si bien servi…) : *https://www.google.com/sitemap.xml* ;
- le site officiel : *https://www.sitemaps.org/*.

Notez bien que le format Sitemap évolue parfois (rarement). Consultez attentivement le blog dédié à cet applicatif (voir encadré « Plus d'informations sur le format Sitemap ») pour vous tenir au courant des dernières nouveautés !

Par exemple, au mois de juin 2010, Google a fait évoluer le format original des Sitemaps (*https://www.speeny.fr/329*) pour prendre en compte de nombreux formats de documents inclus dans une page web comme les images, les vidéos, etc., dans le cadre du format classique de ce fichier. Voici un exemple d'un tel fichier pour une page contenant des images et des vidéos :

```
<?xml version="1.0" encoding="UTF-8"?>
<urlset xmlns="https://www.sitemaps.org/schemas/sitemap/0.9"
    xmlns="https://www.sitemaps.org/schemas/sitemap-image/1.1"
    xmlns="https://www.sitemaps.org/schemas/sitemap-video/1.1">
<url>
  <loc>https://www.example.com/foo.html</loc>
  <image:image>
    <image:loc>https://example.com/image.jpg</image:loc>
  </image:image>
  <video:video>

<video:content_loc>https://www.example.com/videoABC.flv</video:content_loc>
    <video:title>Grilling tofu for summer</video:title>
  </video>
  </url>
</urlset>
```

Différents types de Sitemaps

Sachez enfin qu'il n'existe pas que des Sitemaps pour les pages web. Le protocole, au fil des années, s'est perfectionné et il est maintenant possible de créer :

- des Sitemaps pour les vidéos (*https://www.speeny.fr/330*). Par exemple :

```
<urlset xmlns="https://www.sitemaps.org/schemas/sitemap/0.9"
  xmlns:video="https://www.google.com/schemas/sitemap-video/1.1">
<url>
<loc>https://www.example.com/videos/some_video_landing_page.html</loc>
  <video:video>
<video:content_loc>https://www.site.com/video123.flv<video:content_loc>
      <video:player_loc allow_embed="yes">https://www.site.com/videoplayer.
      swf?video
      =123</video:player_loc>
<video:thumbnail_loc>https://www.example.com/miniatures/123.
jpg<video:thumbnail_loc>
      <video:title>Barbecue en été<video:title>
      <video:description>Pour des grillades réussies<video:description>
      <video:rating>4.2</Video:rating>
      <video:view_count>12345</video:view_count>
      <video:publication_date>2021-11-05T19:20:30+08:00.</video:publication_date>
      <video:expiration_date>2021-11-05T19:20:30+08:00.</video:expiration_date>
      <video:tag>steak</video:tag>
      <video:tag>viande</video:tag>
      <video:tag>été</video:tag>
      <video:category>Barbecue</video:category>
      <video:family_friendly>yes</video:family_friendly>
      <video:expiration_date>2021-11-05T19:20:30+08:00<video:expiration_date>
      <video:duration>600</video:duration>
  </video:video>
</url>
</urlset>
```

- des Sitemaps pour les sites mobiles (*https://www.speeny.fr/331*), même s'il existe de moins en moins de sites mobiles dédiés, le responsive ayant largement gagné la partie à ce niveau. Mais voici un exemple :

```
<?xml version="1.0" encoding="UTF-8"?>
<urlset xmlns="https://www.sitemaps.org/schemas/sitemap/0.9"
        xmlns:mobile="https://www.google.com/schemas/sitemap-mobile/1.0">
    <url>
        <loc>https://mobile.example.com/article100.html</loc>
        <mobile:mobile/>
    </url>
</urlset>
```

- des Sitemaps pour Google News (*https://www.speeny.fr/332*). Par exemple :

```
<?xml version="1.0" encoding="UTF-8"?>
<urlset xmlns="https://www.google.com/schemas/sitemap/0.9"
  xmlns:news="https://www.google.com/schemas/sitemap-news/0.9">
    <url>
      <loc>https://example.com/article123.html</loc>
      <news:news>
        <news:publication_date> 2017-08-14T03:30:00Z </news:publication_date>
        </news:news>
  </url>
</urlset>
```

- d'autres Sitemaps sont également disponibles, quoi que moins utiles au quotidien (Google recherche de code, par exemple). Plus d'informations à cette adresse : *https://www.speeny.fr/333*.

Une offre originale pour Bing

À noter qu'en février 2019, Bing a mis en place une solution, *via* ses Webmaster Tools, permettant de soumettre jusqu'à 10000 URL par jour pour indexation sur son moteur. Plus d'informations ici : *https://www.speeny.fr/334*.

La prise en compte par d'autres robots que ceux crawlant le Web

Les porte-parole techniques de Google ont également indiqué que tous les robots de leur(s) moteur(s) œuvraient pour découvrir de nouveaux documents et s'échangeaient les données. Ainsi, si vos photos sont prises en compte dans Google Images, si vous affichez des liens sponsorisés AdSense sur vos pages, etc., vos URL auront plus de chances d'être rapidement référencées dans l'index web du moteur, car certains de ses robots se transmettent les informations et les URL des nouvelles pages.

Ne l'oubliez pas, toutes ces voies peuvent être explorées pour voir votre site encore mieux « aspiré » par les moteurs de recherche.

Le référencement payant (paid inclusion, trusted feed)

Dernière solution, citée ici à titre historique puisqu'aujourd'hui obsolète : certains moteurs, comme Yahoo!, proposaient jusqu'en 2009 une offre de référencement payant (ou *paid inclusion*, *trusted feed*, ou encore *XML Feed*). Vous obteniez ainsi une garantie de référencement (mais pas de positionnement) et de mise à jour fréquente dans l'index du moteur.

L'offre de Yahoo!, baptisée Yahoo! Search Submit Express, proposait les tarifs suivants en 2009 : 49 $ la première URL, puis 29 $ jusqu'à la 10e et 10 $ l'URL au-delà. Un tarif était ensuite appliqué au clic (0,15 $ ou 0,30 $ en fonction de la catégorie dans laquelle votre site se trouve).

Rappelons qu'il ne s'agissait aucunement ici de garanties de positionnement mais bien uniquement de référencement et d'indexation.

Google n'a jamais proposé d'offre de ce type. Celles de Voila et de Yahoo!, qui ont subsisté quelques années, sont aujourd'hui abandonnées. Le *trusted feed* est actuellement une stratégie abandonnée par tous les moteurs de recherche, en raison du manque d'intérêt des webmasters et le rapport qualité/prix plus que moyen. Difficile en effet de penser qu'il était nécessaire de payer un moteur de recherche pour qu'il fasse bien son boulot.

Référencement payant et liens sponsorisés

Attention : contrairement à un usage erroné, le référencement payant n'a rien à voir avec les liens sponsorisés (AdWords, AdSense, etc.). Ces offres publicitaires, tout à fait honorables par ailleurs, n'ont aucune relation avec un quelconque référencement.

Il s'agit là d'un excellent critère pour choisir un éventuel prestataire de référencement. Si la société parle de référencement payant en lieu et place de liens sponsorisés, passez votre chemin : il y a de fortes chances que ses connaissances en référencement naturel ne soient pas très élevées.

Optimisez le temps d'indexation d'un nouveau site

Comment accélérer l'acceptation d'un nouveau site dans l'index des moteurs ? Comment faire en sorte qu'au lancement d'un site web celui-ci soit déjà indexé par les spiders des différents moteurs – même si ce n'est que provisoirement –, en attendant la mise à jour suite au rafraîchissement de l'index, quelques jours ou au pire quelques semaines plus tard ? Voici quelques astuces qui vous permettront de gagner du temps en faisant en sorte que votre site web soit présent dès son lancement sur les moteurs, même en version minimale.

Mettez en ligne une version provisoire du site

N'attendez pas le jour du lancement pour créer votre nom de domaine et proposer une page web en ligne. Au moins deux mois avant le lancement, créez un minisite avec une page d'accueil provisoire. Prenons pour exemple un ancien site nommé KSE du réseau Abondance, pour lequel on pouvait déjà trouver la page présentée en figure 12-6 bien avant son lancement officiel.

Une fois que les pages réelles seront mises en ligne et que le site sera officiellement lancé, il suffira d'attendre la prochaine mise à jour du moteur pour que les documents soient pris en compte dans leur contenu final. Ils seront au moins déjà présents dans l'index, ce qui est loin d'être négligeable.

Figure 12-6

Version provisoire du site KSE (Keyword Search Engine).

Le site fut alors rapidement indexé par Google comme le montre la figure 12-7.

Figure 12-7

Indexation du site provisoire par Google quelques jours après la mise en ligne du site – Copie d'écran d'époque.

Mot de passe et page d'accueil

Ne protégez pas la page d'accueil de votre site par un mot de passe, car cela bloquera les spiders et donc l'indexation de vos pages. En revanche, vous pouvez bloquer l'éventuelle aspiration des pages internes par un fichier `robots.txt` ou une balise `meta robots`. Vous pouvez pour cela utiliser un mot de passe, mais, dans ce cas, uniquement sur les pages que vous ne désirez pas voir indexées par les moteurs dans un premier temps. Surtout laissez bien la page d'accueil libre d'accès. Sinon, préférez une balise `meta robots`, car la seule lecture du fichier `robots.txt` pourrait indiquer à un internaute, et donc à vos concurrents, les emplacements de votre site test (voir chapitre 15).

Profitez de cette version provisoire

Vous avez mis en ligne une version plus ou moins expurgée de votre site afin que celle-ci soit, dans un premier temps, indexée par les moteurs ? Profitez-en pour faire de cette première version un pré-site attractif et efficace.

- Créez un jeu en demandant aux internautes de deviner de quoi parlera le site une fois lancé.
- Créez un *teasing* : « Rendez-vous sur ces pages dans 10 jours, 9 jours, etc. » Et soyez à l'heure le jour J !
- Mixez *Pull* (l'internaute va à l'information) et *Push* (l'information va à l'internaute). Demandez leur adresse e-mail aux internautes afin de les prévenir du jour où le site sera disponible (voir figure 12-8).

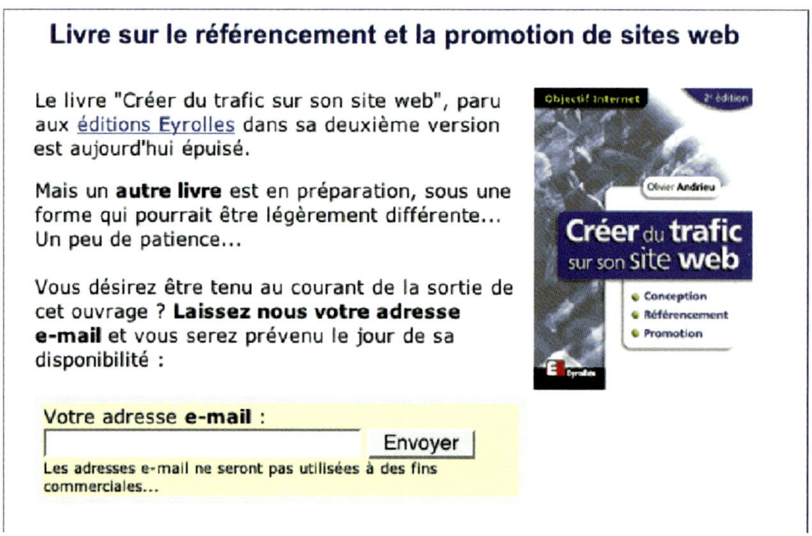

Figure 12-8

Formulaire de saisie d'adresse e-mail afin d'être alerté de la sortie d'un livre.

En revanche, n'en profitez pas pour revendre la base d'adresses e-mail au plus offrant ou pour l'utiliser à autre chose que l'alerte proposée au départ. Votre image de marque pourrait en pâtir.

Créez un mini-site de 10 pages au maximum présentant votre projet et faites en sorte que l'internaute revienne d'autant plus facilement sur vos pages une fois le site officiel mis en ligne.

Avec un peu de chance, ces tentatives de promotion généreront quelques liens sur le Web, qui favoriseront l'indexation de vos pages par les moteurs. Dans tous les cas, cela constituera une promotion intéressante pour votre futur site. Pour exemple, le formulaire présent sur la page d'accueil de la figure 12-8 avait généré à l'époque plus de 3 000 demandes d'alertes par e-mail de la part d'internautes intéressés. Autant de lecteurs potentiels du livre.

Faites des mises à jour fréquentes de la version provisoire

On sait que les moteurs calquent les intervalles entre deux visites de robot sur les fréquences de mise à jour des pages web. Par exemple, la page d'accueil du site Abondance, qui propose 5 jours sur 7 les titres de l'actualité des outils de recherche, est « aspirée » tous les jours par le spider de Google. Dans ce cas, la date à laquelle le robot de Google a crawlé la page est indiquée par le moteur en haut de la version en cache, comme le présente la figure 12-9 (cette information est accessible au travers de la syntaxe d'interrogation *cache:[URL]*, exemple : *cache:www.abondance.com*).

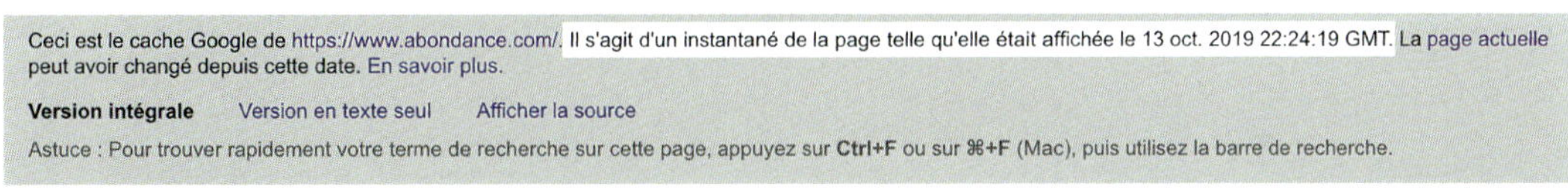

Figure 12-9

Indication de la date d'indexation de la page par Google.

La date d'indexation (plus approximative) est également parfois indiquée directement dans les résultats, notamment sur Google, comme sur la figure 12-10 avec la mention « il y a 39 minutes ».

Figure 12-10

Google indique parfois qu'un site a récemment été indexé.

N'hésitez pas à modifier tous les jours le contenu de votre site pour que le moteur prenne en quelque sorte l'habitude de vous rendre visite plus souvent.

Raccourcir le délai entre deux visites du spider est en effet très intéressant : le jour où votre site sera en ligne, il ne s'écoulera, dans le meilleur des cas, que quelques heures pour que les nouvelles versions de vos pages apparaissent sur le moteur.

> **N'utilisez pas le revisit-after !**
>
> N'utilisez pas la balise `meta revisit-after` pour indiquer au spider de revenir selon des délais prédéfinis, puisque cette balise ne sert strictement à rien pour le référencement et n'est prise en compte par aucun moteur majeur. Un vieux serpent de mer comme on en compte quelques-uns sur le Web…

Générez les premiers liens

On l'a vu en début de chapitre, la plupart des moteurs de recherche indexent de nouvelles pages en suivant les liens des pages web rencontrées lors de la création de leur index. Pour favoriser cette « aspiration », créez, si vous en avez la possibilité, quelques liens vers votre nouveau site depuis des sites existants.

Par exemple, nous avons créé, sur toutes les pages d'accueil des sites du réseau Abondance, des liens vers les différents sites du réseau. La figure 12-11 présente les liens créés sur la page d'accueil du site Abondance, dans le footer en bas de page.

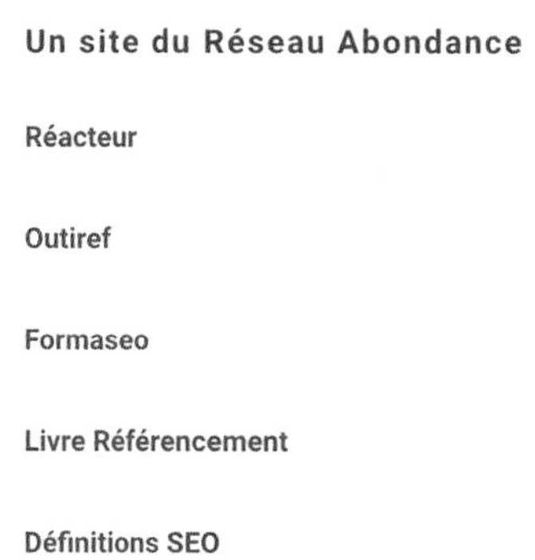

Figure 12-11

N'hésitez pas à créer les premiers liens vers un nouveau site.

Plus vous avez de sites web, plus vous pouvez multiplier ce type de signalement d'un nouveau site aux moteurs de recherche. Si vous n'avez pas d'autres sites web, essayez de contacter d'autres sites « amis » (si possible populaires) qui puissent faire un lien vers vous, à partir du moment où cette demande est légitime et que le lien « transfère du sens », bien sûr.

Inscrivez votre site sur certains annuaires dès sa sortie

Vous ne pouvez pas soumettre votre site aux principaux annuaires avant son lancement officiel, puisque la plupart de ces outils de recherche demandent à ce que le site soit « live » au moment de l'inscription. Mais n'hésitez pas à le soumettre dès sa mise en ligne. En même temps, ce type de stratégie ne génère plus de miracles de nos jours (voir chapitre 15). Mais, si c'est bien fait, et notamment avec parcimonie, vous y gagnerez toujours quelques liens supplémentaires.

Créez des liens le plus vite possible

Comme pour l'inscription sur les annuaires, n'hésitez pas à demander des liens, dans le cadre d'échanges avec d'autres sites, vers le vôtre pour attirer les spiders vers vos pages. Comme vous vous en doutez (l'éternel *Content is king* : le contenu est roi), plus votre contenu sera de bonne qualité, plus les liens seront faciles à obtenir. Voir le chapitre 5 à ce sujet.

Évitez les systèmes de type *links farms* (échanges de liens automatiques), souvent mal vus par les moteurs et peu efficaces, ainsi que tout lien artificiel. Privilégiez les vrais liens, émanant de sites connus, sur des pages populaires, notamment dans votre domaine d'activité. En effet, les moteurs s'orientent de plus en plus vers la contextualisation de l'information : un lien depuis un portail incontournable de votre thématique devient de plus en plus important, comparativement à un lien émanant d'un site plus généraliste.

Présentez votre site sur les forums et blogs

Les discussions des forums et les articles des blogs sont indexés par les moteurs qui suivent les liens qui y sont proposés (un site comme Googlefight, *https://www.googlefight.com/*, s'est principalement fait connaître ainsi).

Identifiez les forums et les blogs qui parlent de votre domaine d'activité et présentez votre site uniquement si cela ne passe pas pour une publicité gratuite et si cela présente une réelle information pour les internautes. Suivez la Netiquette de ces espaces communautaires et ne faites pas n'importe quoi, sinon abstenez-vous. Au pire, insérez l'URL de votre site dans votre signature, sans en faire trop non plus. Agissez avec parcimonie sur les forums et blogs, les autres internautes ne sont pas là pour lire vos pubs !

En revanche, si vous faites bien votre travail, toujours de façon loyale et honnête, l'URL proposée sera suivie par les moteurs si le fil de discussion est indexé par eux (et si le lien n'est pas en `nofollow`, ce qui devient de plus en plus rare, il est vrai).

En suivant ces quelques conseils, vous obtiendrez une bonne indexation, très rapide, de votre site web dès son lancement. Mais, comme d'habitude, agissez avec bon sens et ne vous laissez pas emporter : à vouloir aller trop vite, on frise le plus souvent la pénalité (voir chapitre 15) ! Restez dans une stratégie naturelle et tout se passera bien.

La fraîcheur des mises à jour des informations

> Section rédigée avec la contribution de Philippe Yonnet

Il y a déjà plus de dix ans, plusieurs chercheurs – en particulier Kumar (1999), Cho et Garcia-Molina (2000) et Kleinberg (2000)[1], spécialistes du domaine de l'extraction d'information *(information retrieval)*, la « science des moteurs de recherche » – avaient remarqué que la prise en compte de la dimension temporelle était indispensable pour construire un algorithme performant pour un moteur de recherche.

Pourtant, un moteur comme Google a très longtemps négligé la collecte d'informations sur l'évolution de ce qu'il appelle les « signaux », c'est-à-dire les critères utilisés dans l'algorithme. Tout en accordant dès l'origine une grande attention à d'autres critères liés au temps comme la fraîcheur de l'index et l'âge des pages.

L'un des premiers indices spectaculaires de l'existence d'une prise en compte de critères d'évolution temporelle dans l'algorithme de Google est malgré tout assez ancien : au cours du printemps 2004, des observateurs ont noté un phénomène étrange affectant de nouveaux sites et les empêchant d'apparaître en tête des résultats. Il fut baptisé « effet sandbox » par Barry Schwartz, éditeur du site Seroundtable. Depuis, les référenceurs ont tendance à appeler « sandbox » un peu tout et n'importe quoi, mais les phénomènes assimilés à la sandbox présentent tous des analogies troublantes avec ce que l'on peut produire par la technique d'analyse temporelle des liens (TLA pour *Temporal Link Analysis*) dont nous parlerons plus tard.

Depuis lors, les indices d'une prise en compte de multiples critères temporels dans l'algorithme se multiplient, mais sans que cela soit forcément remarqué et discuté dans les forums et les blogs.

La problématique de l'âge et de la fraîcheur

Le premier élément temporel que l'on doit prendre un compte pour réaliser un moteur performant est la « fraîcheur » de l'information restituée. Cette notion de fraîcheur n'a rien à voir avec l'âge d'une page : on mesure ici le caractère récent ou non de l'extraction d'information, et donc sa date de dernière mise à jour, que la page soit ancienne ou qu'elle vienne d'apparaître sur le Web.

En revanche, l'âge d'une page correspond à la mesure du temps qui s'est écoulé depuis sa publication. Dans le contexte d'un outil de recherche, il faut définir deux âges : l'âge de la page web proprement dite, qui mesure le laps de temps écoulé depuis son apparition, et l'âge de la page dans l'index, qui correspond à la durée écoulée depuis sa première indexation par le moteur. Plus le crawl est efficace, plus l'index est « frais » et plus les deux âges vont être proches.

1. La réflexion est même encore plus ancienne, car on retrouve des articles traitant de ce thème dès 1955 (Garfield).

Il existe également deux façons de définir la fraîcheur. La première part d'une notion binaire : une page dans l'index est à jour ou elle ne l'est pas. Une page dans l'index d'un moteur est considérée comme à jour si cette version est identique à celle qu'on trouve sur le Web. Cela signifie donc qu'elle n'a pas été mise à jour depuis. La fraîcheur de l'index est alors définie comme le taux de pages à jour rapporté à la taille de l'index. Une seconde définition consiste à mesurer le délai qui s'est écoulé depuis le dernier crawl de la page. Plus ce délai est court, plus la page est considérée comme fraîche.

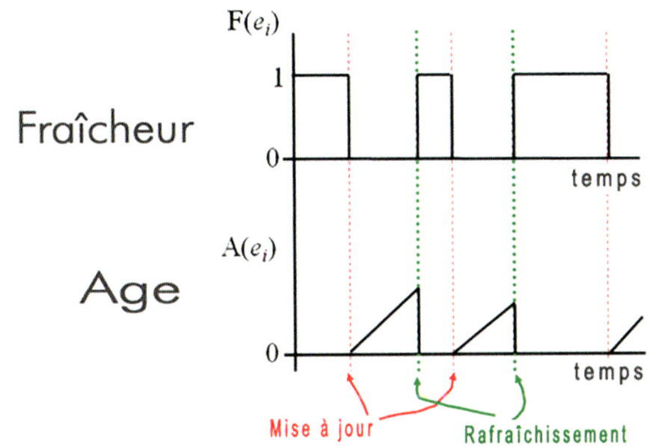

Figure 12-12

Problématiques d'âge et de fraîcheur pour l'index d'un moteur de recherche.

La figure 12-12 représente un graphique symbolisant l'évolution des mesures de l'âge et de la fraîcheur dans l'index d'un moteur. Lorsque la page vient d'être crawlée, son âge dans l'index retombe à zéro, et sa fraîcheur reste à 1 tant que la page est considérée comme à jour. La fraîcheur passe à zéro si la page de l'index n'est plus à jour (on est ici dans la conception : fraîcheur = taux de pages à jour). L'idée pour un moteur parfait est de déclencher un *recrawl* dès qu'une page est considérée comme obsolète.

Quelles sont les performances des moteurs en matière de fraîcheur de l'index ?

Dirk Lewandowski de l'Université des sciences appliquées de Hambourg a mené une étude de trois ans (entre 2005 et 2008) sur les performances des trois principaux moteurs de recherche sur le critère de la fraîcheur de l'index. Son étude, publiée en 2008 dans le JIS *(Journal of Information Science)*, révèle une très grande variabilité des performances entre les moteurs et aussi dans le temps !

La figure 12-13 montre qu'en 2005 le taux de pages à jour sur Google est très supérieur à celui de ses concurrents sur l'échantillon de pages étudié. Ce leadership est perdu en 2006, pour être retrouvé en 2007, mais avec des performances bien moindres. Il semble en fait qu'aucun des moteurs en 2007 n'avait résolu complètement le problème de la mise à jour de leur index. Il faut dire que le problème devient de plus en plus complexe au fil du temps avec l'évolution du Web. L'exploitation des Sitemaps (voir précédemment dans ce chapitre) fait ainsi partie des solutions trouvées par les moteurs pour améliorer la situation. La nouvelle structure d'index Caffeine a certainement amélioré la situation chez Google dès 2010.

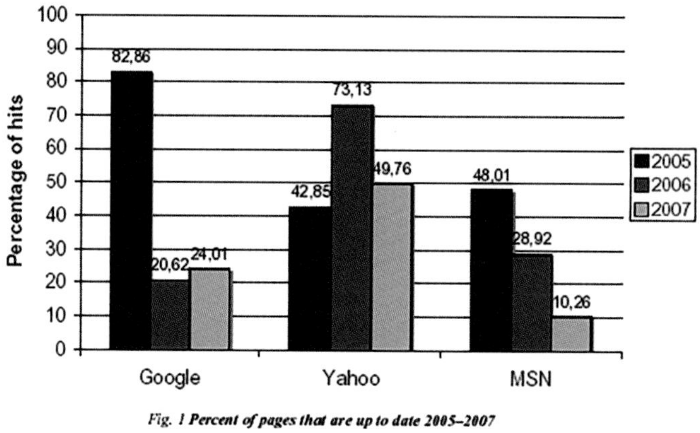

Figure 12-13

Pourcentage des pages à jour dans les index des trois grands moteurs.

Les obstacles à la détermination de l'âge d'une page ou d'un lien

Pour déterminer l'âge d'une page sur le Web, l'idée la plus simple est d'utiliser les informations de date de création et de dernière modification communiquées par le serveur web dans l'en-tête http. Cependant, les serveurs web ne renvoient pas toujours cette information et ils indiquent parfois dans le champ Last modified la date de consultation de la page.

Plusieurs études indiquent que le nombre de pages pour lesquelles on dispose d'une date de dernière modification fiable est inférieur à 50 %. La date de création de la page est encore plus fantaisiste : elle ne correspond que rarement à sa date de première mise en ligne.

Ceci explique pourquoi Google conseille aux webmasters de bien configurer leurs serveurs web pour renvoyer des dates correctes. Malheureusement, ces conseils prodigués depuis des années n'ont pas amélioré la situation. N'hésitez cependant pas à bien vérifier la configuration de votre serveur à ce niveau si vous désirez connaître une meilleure indexation de vos documents !

Un autre problème difficile à résoudre résulte de la complexité des changements qui interviennent sur les pages. Ces dernières ont souvent un comportement composite, avec certains de ses composants qui restent fixes et d'autres qui évoluent, dans des proportions et à des rythmes variés. Un site d'actualités verra de nouvelles informations chasser les anciennes rapidement, chaque nouvelle brève étant importante à indexer. Toutefois, le volume de texte de la page reste constant. À l'inverse, une page éditoriale accompagnée de commentaires verra son volume de texte augmenter, mais chaque commentaire ajouté n'a pas individuellement une grande valeur par rapport au reste de la page. Cela signifie-t-il pour autant que la page a été « modifiée » par l'apparition d'un commentaire ?

Quelles pages favoriser dans l'algorithme : les pages anciennes ou les pages récentes ?

Les premières versions des algorithmes des moteurs avaient tendance à accorder plus de poids à une page ancienne qu'à une page récente. Cela peut avoir du sens : une page ancienne, au sein d'un site en ligne depuis longtemps, peut être considérée comme plus fiable. D'abord, elle est moins suspecte d'être une page créée pour un objectif de spam. Ensuite, au fil du temps, de telles pages reçoivent de plus en plus de liens, ce qui fait qu'un algorithme comme celui du PageRank donne à la longue une prime aux pages anciennes qui sont considérées donc comme plus importantes. Parfois à raison, parfois à tort.

Pourtant, lorsqu'un internaute cherche une information liée à l'actualité, il y a de fortes chances pour que les pages pertinentes sur cette requête ne soient pas anciennes. Il faut donc ajouter dans l'algorithme un système qui favorise à bon escient des pages récentes (une « prime de fraîcheur » en quelque sorte).

De plus, les informations contenues dans les pages anciennes vont progressivement devenir obsolètes au fil des ans. Le problème, qui était anecdotique en 1999 lors des balbutiements de Google, est devenu réellement sérieux depuis. Il fallait donc élaborer des solutions pour détecter les pages obsolètes et pour éviter de leur donner une importance qu'elles n'ont plus.

L'une des méthodes envisageables pour détecter cette obsolescence est de tester si une page a cessé de recevoir régulièrement des nouveaux liens ou des liens depuis des pages actualisées. Cette approche s'appelle « l'analyse temporelle des liens ».

L'analyse temporelle des liens (ATL)

En 2004, un article publié par des chercheurs du laboratoire IBM d'Haifa (*Trend detection through Temporal Link Analysis*, par Amitay, Carmel, Herscovici, Lempel, Soffer, laboratoire de recherche IBM d'Haifa Israël : *https://www.speeny.fr/335*) a fait parler de lui parmi les spécialistes des outils de recherche. Après avoir remarqué que les algorithmes des moteurs (en particulier le PageRank de Google) ne prenaient pas en compte la temporalité, et pour améliorer le système, ils ont proposé une nouvelle approche qu'ils ont baptisé TLA *(Temporal Link Analysis)*. Le principe de l'analyse temporelle des liens consiste tout simplement à exploiter les informations suivantes :

- les dates de création des pages ;
- la date de dernière modification ;
- la date de disparition d'une page (date à partir de laquelle le serveur a renvoyé un code 404) ;
- la date d'apparition des liens sur les pages ;
- la date de disparition des liens sur les pages.

L'article n'explique pas de manière explicite comment exploiter les données, mais donne plusieurs pistes. La première est de détecter certains schémas de croissance anormale des liens pointant vers une page, afin de déceler l'existence d'une stratégie de *link spam*. La deuxième piste consiste à identifier les pages obsolètes et la troisième à introduire dans le PageRank une modification tenant compte du critère de temporalité.

À propos des codes 404 et 410

La nécessité pour les moteurs de bien comprendre la signification d'un code 404 explique pourquoi Google a annoncé fin 2009 qu'il voulait traiter les codes 410 différemment. Voici la signification théorique de ces codes.

- Erreur 404 *(Not found)*: le serveur indique que la page désignée par l'URL ne correspond pas à une ressource connue.
- Erreur 410 *(Gone)*: le serveur indique que la page désignée par l'URL n'existe plus (mais aussi qu'elle a existé et que l'URL est connue et a été valide à un moment donné).

Jusqu'à présent, Google considérait de la même façon les deux types de codes renvoyés. Ce n'est plus le cas (bien que les différences soient minimes) et Google recommande dorénavant l'utilisation du code 410 pour les pages qui ont disparu, pour indiquer le caractère « permanent » de cette disparition.

Pour plus d'informations à ce sujet, consultez la page suivante : *https://www.speeny.fr/336*.

L'analyse temporelle des liens a depuis cette période engendré une littérature scientifique abondante et de très nombreuses études, expériences et applications.

Les autres critères temporels

L'ATL ne permet pas d'exploiter tous les signaux temporels exploitables sur le Web. Un brevet publié par Google en 2005 en a révélé bien d'autres (*Information Retrieval Based on Historical Data, https://www.speeny.fr/337*). La figure 12-14 résume l'essentiel des critères évoqués dans ce brevet.

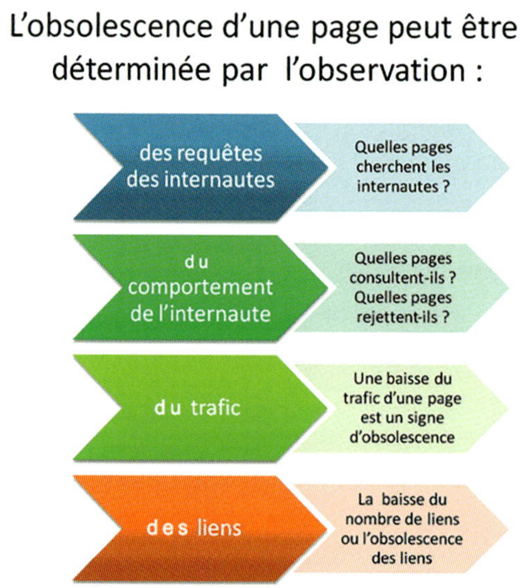

Figure 12-14

De nombreux critères peuvent déterminer l'obsolescence d'une page web.

Un exemple d'analyse temporelle des flux de requêtes : les requêtes QDF

Dans un article paru dans le *New York Times* (*Google Keeps Tweaking Its Search Engine*, 3 juin 2007, *https://www.speeny.fr/338*) et rédigé à partir de conversations avec Amit Singhal (le « maître » historique de l'algorithme chez Google) et Uri Manber (un autre ponte du domaine), il a été fait mention pour la première fois de l'existence des requêtes QDF *(Query Deserves Freshness)*. Si on en croit les informations fournies par différents interlocuteurs du moteur, il semble que les dirigeants de Google se soient émus de l'absence de résultats frais sur la requête « tsunami » au lendemain de la catastrophe de décembre 2004. Le fait qu'on ne trouve pas d'informations financières fraîches sur Google au moment de leur entrée en Bourse a certainement achevé de convaincre les ingénieurs d'introduire un changement dans l'algorithme ☺.

Une requête QDF est une requête qui, d'un seul coup, va être demandée en un laps de temps très court par un grand nombre d'internautes. Elle génère un « pic de demandes ». Ce comportement révèle qu'un événement est survenu et qu'il provoque un grand nombre de recherches d'informations. Quand une telle explosion de la fréquence de frappe d'une requête donnée est décelée, elle déclenche la mise en service d'un algorithme de classement des résultats alternatif, qui fait la part belle aux documents frais et récents et aux sources d'actualités.

On voit sur la figure 12-15 un exemple de comportement de Google pour une requête portant sur un sujet d'actualité. La page de résultats pour la requête « grève éboueurs marseille » est remplie de pages créées quelques heures auparavant. Il peut même parfois s'agir de minutes.

Figure 12-15

Exemple type d'une requête d'actualité qui déclenche l'apparition de liens récents.

Ceci explique également qu'une page web peut tout à coup disparaître ou apparaître dans les résultats d'un moteur sur une requête « chaude » : les critères pris en compte par le moteur ont changé pendant quelques jours, quelques heures.

Freshness Update et QDF

En novembre 2011, Google annonçait l'algorithme *Freshness Update* (*https://www.speeny.fr/339*), qui met en avant ces résultats frais sur certaines requêtes et qui peut toucher plusieurs types de requêtes :

- celles relatives à des faits récents et d'actualité (exemples : tremblement de terre, résultat sportif, déclaration politique, etc.), ce qui était déjà le cas avec les requêtes de type QDF ;
- les événements récurrents : marronniers (Fêtes des mères, Saint-Valentin, Noël…), événements sportifs (Coupe du monde, etc.), salons, élections, etc. ;
- contenus proposant des mises à jour fréquentes : essais de voitures, d'appareils photo, de téléphones portables, etc.

Un algorithme très proche donc du QDF, qui renforce l'impact des résultats frais sur les requêtes chaudes.

L'analyse des tendances

Avec l'évolution du Web, il est devenu particulièrement intéressant de découvrir les tendances et les « buzz » qui naissent et meurent sur la Toile. L'analyse de plusieurs types de signaux permet d'identifier ce qui, à un moment donné, constitue soit un élément nouveau, soit une information qui devient importante, soit un changement de comportement.

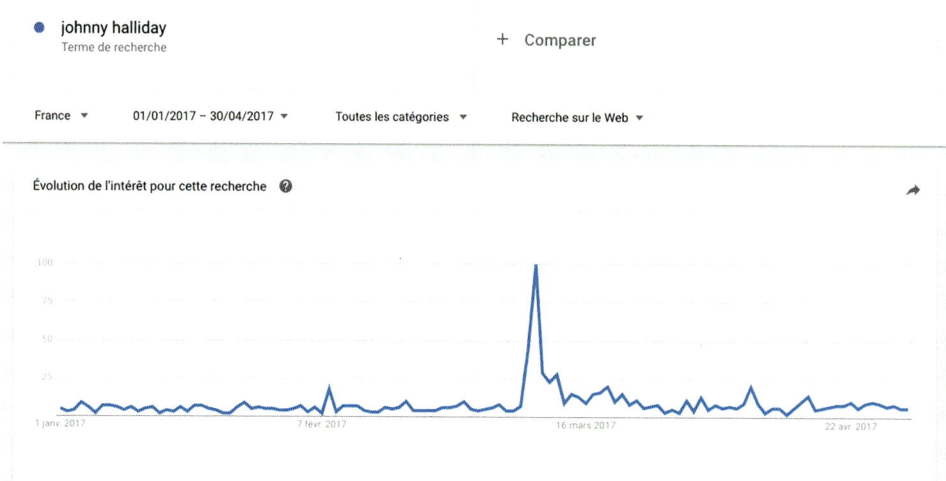

Figure 12-16

Utilisation de Google Trends pour détecter une requête QDF : mais qu'est-il donc arrivé à Johnny Hallyday au début du mois de mars 2017 (l'annonce de son cancer) ?

Les requêtes fournies par les internautes sont une source particulièrement intéressante pour détecter ce qui fait l'actualité. Par exemple, toute personne qui vit son « quart d'heure de célébrité » (pour reprendre l'expression d'Andy Warhol) peut être identifiée parce que son nom est soudainement beaucoup plus saisi. On peut également exploiter les données sur l'évolution des liens et des ancres, sur les billets publiés dans les blogs ou l'évolution des liens entre personnes dans les réseaux sociaux.

L'application la plus connue en ce qui concerne l'exploitation des données temporelles et des flux de requêtes pour déterminer des tendances est Google Trends (*https://www.google.com/trends*).

La temporalité : un élément à intégrer dans le référencement

Ce survol des techniques utilisées par les moteurs pour exploiter les informations temporelles met en lumière l'importance de ces critères dans l'algorithme. Il est donc indispensable de bien les prendre en compte dans la stratégie de référencement.

On s'attachera en particulier à réfléchir à la manière dont les pages web de nos sites naissent, meurent, changent, évoluent, pour savoir si ce comportement est cohérent, lisible par les moteurs et conforme à l'image que vous souhaitez donner de l'importance à ces pages.

Globalement, et pour résumer, on peut mettre en évidence certains éléments.

- Si votre site vise des requêtes froides (sans rapport avec l'actualité immédiate, par exemple, « biographie la fontaine », « discographie beatles », « histoire de la bretagne », etc.), la fréquence de mise à jour de votre site et de vos pages n'aura pas un impact très fort sur votre référencement (sans être nul).
- Si votre site vise des requêtes chaudes (ayant un rapport direct avec l'actualité, par exemple, « soldes », « saint valentin », « roland garros », etc.), vous devrez faire en sorte de « plaire » à l'algorithme QDF en mettant très souvent à jour votre site.

Pour information, Google estime qu'un tiers des requêtes demandées sur son moteur de recherche sont chaudes (*https://www.speeny.fr/339*).

13

Contenu dupliqué (duplicate content)

> « N'imitez rien ni personne. Un lion qui copie un lion devient un singe. »
>
> Victor Hugo

La notion de « duplicate content » est très souvent évoquée quand on parle de SEO. En effet, il s'agit là d'un « mal » dont souffre la majeure partie des sites web. Mais attention, il en existe plusieurs formes, parfois assez distinctes. Pour approfondir ce sujet, il nous faut d'abord aborder la notion d'index principal et secondaire chez Google.

Duplicate content : un mal récurrent…

Depuis de nombreuses années, on entend parler, dans le monde du référencement, de problèmes dus au concept de duplicate content. De quoi s'agit-il exactement ? Quels types de problèmes ce phénomène pose-t-il et quelles sont les solutions possibles ? Dans cette section, nous allons essayer de répondre à toutes ces questions et de faire en sorte que le duplicate content ne soit plus qu'un mauvais souvenir pour vous, si vous souffrez actuellement de ce problème (comme c'est le cas de très nombreux sites de la Toile).

Tout d'abord, qu'est-ce que le duplicate content ? En fait, il s'agit d'une situation assez simple en soi : Google (et les autres moteurs, bien sûr) indexe des pages web. Jusque-là, tout va bien…

Il ne désire pas garder dans son index principal toutes les pages proposant des contenus trop proches les uns des autres et il décide donc de n'en garder qu'une seule. Ce sera celle qui, selon lui, propose le contenu « original », qui a donc été « copié » par les autres documents. Il prend en compte ce contenu original, qu'il appelle « canonique » et délaisse les autres pages qui deviennent pour lui « dupliquées ».

Voici comment cela se passe : imaginons une première page web, sur le site de Boursorama, qui parle de l'élection en 2020 de Joe Biden contre Donald Trump pour la présidence des États-Unis (figure 13-1).

Figure 13-1

Google identifie une page web sur un sujet donné.

Pour cette page, Google va calculer ce que l'on appelle un *checksum* (ou « somme de contrôle » en français : *https://www.speeny.fr/1262*). Voyez cela comme une « empreinte digitale », une sorte de QR code représentatif du contenu de la page. Notez bien ici qu'il ne s'agit pas en réalité d'un vrai QR code, c'est simplement un exemple pour mieux comprendre le processus mis en place par le moteur de recherche.

Google va ensuite calculer un checksum pour toutes les pages web qu'il indexe.

Il est également très important de bien comprendre que cet indice est calculé uniquement pour le contenu éditorial de la page : il ne prend donc pas en considération le haut de page (logo, etc.), le menu de navigation, le bas de page (footer), etc. (voir figure 13-2).

Figure 13-2

Pour calculer son checksum, Google ne prend en compte que le cœur éditorial de la page.

Une fois qu'il a effectué ce calcul pour toutes les pages qu'il indexe, Google compare les différents checksums obtenus. Sur la figure 13-3, les deux articles parlent pour l'un de l'élection de Joe Biden et pour l'autre de la météo dans le sud de la France. Les sujets et les textes n'ont rien à voir, donc leurs checksums sont totalement différents. Il ne peut pas y avoir de contenu dupliqué entre les deux (vous commencez à voir où nous voulons en venir…).

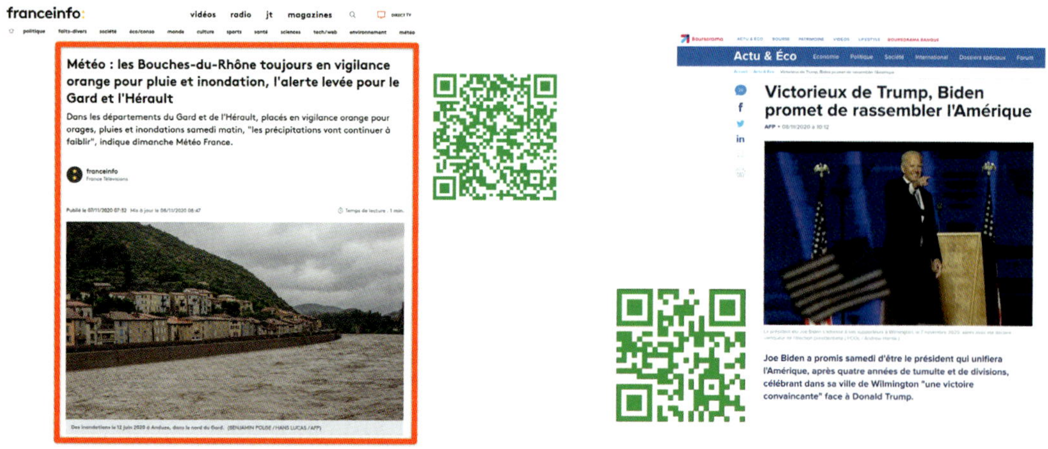

Figure 13-3

Deux pages affichant un contenu totalement différent auront des checksums très éloignés l'un de l'autre.

Prenons maintenant deux pages qui évoquent l'élection de Joe Biden, mais avec des textes légèrement différents (figure 13-4).

Figure 13-4

Deux pages affichant un contenu proche auront des checksums qui se ressemblent.

Les deux pages web ont un contenu similaire mais pas identique. Leurs checksums sont également assez proches. On entre ici dans une problématique dite de « near duplicate ».

Et si Google détecte deux pages web qui ont le même checksum, on est alors dans un cas de « full duplicate » ou « duplicate », tout simplement, comme sur la figure 13-5.

Figure 13-5

Deux pages ayant le même checksum sont considérées comme dupliquées.

Que se passe-t-il ensuite ? Google rassemble dans un « cluster » (un ensemble, une sorte de dossier) toutes les pages ayant un checksum proche ou identique, donc avec un niveau de similarité supérieur à un certain seuil. On lit souvent dans la littérature SEO que l'on rentre dans une problématique de contenu dupliqué au-delà d'un taux de similarité de 70 %. Ce chiffre n'a rien d'officiel, mais il semble cohérent.

Nous obtenons donc, pour un contenu donné, un cluster rassemblant les différentes URL proches. Dans cet ensemble, Google va devoir choisir celle qui est l'originale, dite « canonique », et les autres seront donc considérées comme « dupliquées ».

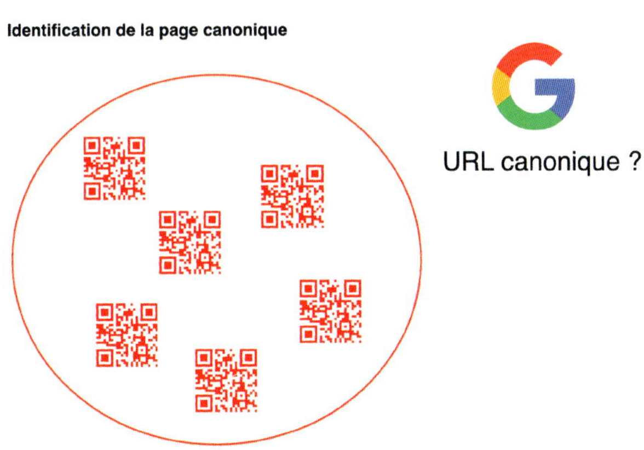

Figure 13-6

Google doit identifier la page canonique parmi celles constituant le cluster.

Pour cela, le moteur de recherche va utiliser une vingtaine de critères (dont tous ne sont pas connus officiellement), et parmi ceux-ci :

- la différentiation du contenu, bien sûr ;
- la popularité (la page qui a obtenu les meilleurs liens) ou PageRank ;
- si une page est en HTTP et l'autre en HTTPS, il va garder la première ;
- la priorité sera donnée aux URL qui sont présentes dans le fichier Sitemap XML du site ;
- le contenu de la balise « canonical » sera pris en compte (voir ci-après) ;
- la date à laquelle le robot a découvert la page ;
- une bonne dose de *machine learning* (algorithmes d'apprentissage automatique) ;
- etc.

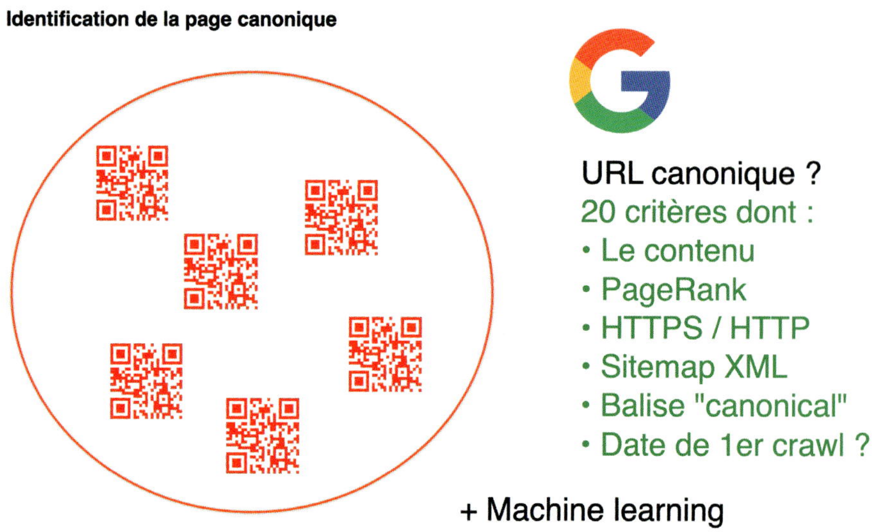

Figure 13-7

Google utilise plusieurs critères pour détecter quelle est la page canonique (l'original).

Ça y est ! Grâce à cet algorithme de détection du contenu canonique, le moteur de recherche a identifié la page à qui il va donner la visibilité.

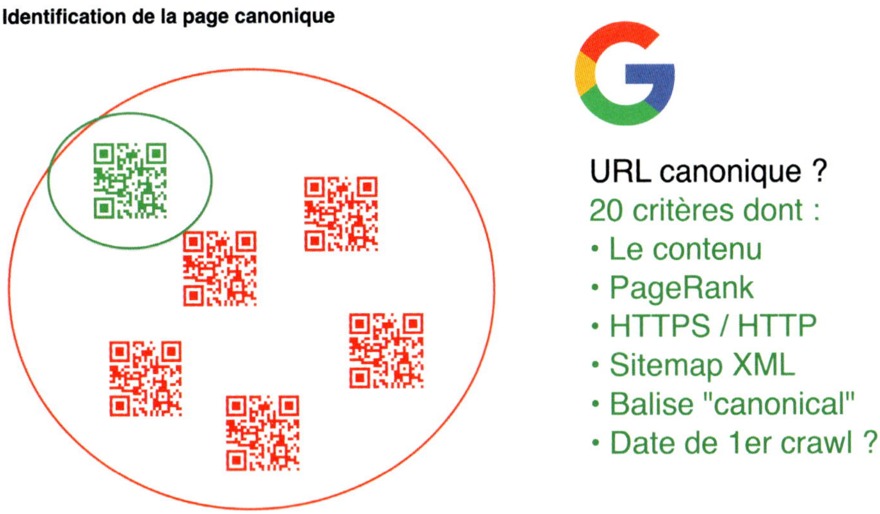

Figure 13-8

Identification de la page canonique (l'original).

Notons bien qu'il ne supprime (désindexe) pas obligatoirement les pages dupliquées, mais celles-ci auront très peu de visibilité (si elles sont indexées). Ce traitement, finalement assez logique, permet à Google de fournir à ses utilisateurs des résultats plus pertinents en évitant les doublons. Cependant, il existe bon nombre de cas où cette notion de duplicate content peut poser des problèmes aux éditeurs de sites web. C'est ce que nous allons étudier maintenant.

Quelques détecteurs de duplicate content

Vous pouvez utiliser d'autres sites pour estimer le taux de duplicate content entre deux pages. Vous saisissez les deux URL et l'outil vous in-dique le pourcentage de similarité entre les deux documents :

- WebRankInfo : *https://www.speeny.fr/342*
- Webconfs : *https://www.speeny.fr/343*
- Always Data : *https://www.speeny.fr/344*
- Copyscape : *https://www.speeny.fr/345*
- Outils référencement : *https://www.speeny.fr/346*

Cas 1 – Contenu dupliqué sur des sites partenaires

Le problème du duplicate content arrive très rapidement lorsqu'un même contenu se trouve sur des sites différents. Exemple type : une dépêche AFP qui va se trouver sur le site de l'agence de presse qui l'a conçue, mais également sur de nombreux sites web « officiels » qui la reprennent.

Autre exemple : un site web de contenu propose un article en ligne sur un sujet donné (mode, tourisme, sport, etc.) et cet article est repris par un site web partenaire qui a signé un contrat pour avoir le droit de reprendre ce contenu.

Figure 13-9

Exemple d'article repris à l'identique sur deux sites web différents.

Google va donc reconnaître quel est le contenu canonique et quel est celui qui est dupliqué (la copie) en utilisant son système de checksum et de cluster. Pour aider le moteur, il existe une première méthode consistant à demander à vos partenaires – si vous êtes le propriétaire du contenu canonique – de mettre (si ce n'est pas déjà fait) un lien sur leur page dupliquée vers votre page canonique. Attention : pas un lien vers la page d'accueil du site canonique. Chaque page reprenant l'un de vos contenus devrait ainsi « pointer » vers la page du site affichant le contenu original.

Ce lien vers le contenu canonique sera détecté par Google qui comprendra ainsi qu'un contenu est issu d'un autre et pourra « se faire son idée » sur la provenance originale du texte éditorial découvert. C'est également important pour Google News, outil pour lequel Google utilise fréquemment ses filtres de duplicate content, car il est quotidiennement confronté à ce type de problème.

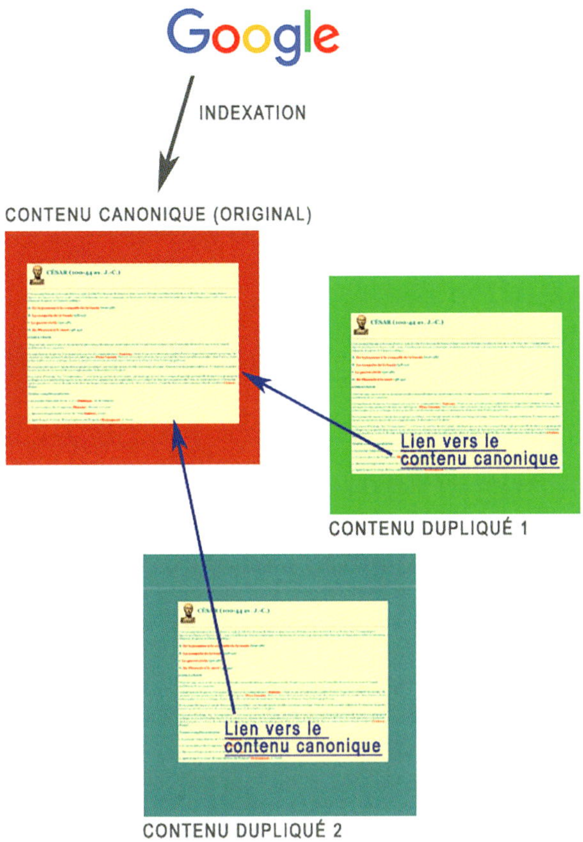

Figure 13-10

Lien depuis les pages dupliquées vers la page canonique.

Différences entre contenu éditorial et charte graphique

Notez que, même si vos pages ont 90 % de leur code HTML (représentant toute la partie « navigation, etc. ») identique, seul le contenu réel – éditorial – sera pris en compte par Google dans la détection du duplicate content (DC). Deux pages peuvent donc avoir un code HTML très différent mais un contenu éditorial identique. Cela ne leur évitera pas de tomber dans les filtres de « DC ». Ne l'oubliez pas !

Figure 13-11

Exemple de programme télé sur le site programme-tv.net.

Une autre solution, plus récente (et recommandée par Google) et certainement plus efficace, quoique complémentaire, pour indiquer aux moteurs qu'une page est dupliquée consiste à ajouter dans le code HTML de chaque version « dupliquée » une balise `canonical` (dans la zone `<head>` du code HTML) sous cette forme :

```
<link rel="canonical" href="https://www.votresite.com/page-canonique.html" />
```

Cette balise indique à Google que la page qui la contient est dupliquée et lui fournit l'URL de la page canonique qui lui est affiliée. Pour plus d'informations sur cette balise appelée `canonical` (proposée depuis janvier 2009 par les trois principaux moteurs), consultez la page : *https://www.speeny.fr/347*.

L'avantage de la balise `canonical` est qu'elle transmet également les backlinks (et donc la popularité) des pages dupliquées à la page canonique. Pas négligeable…

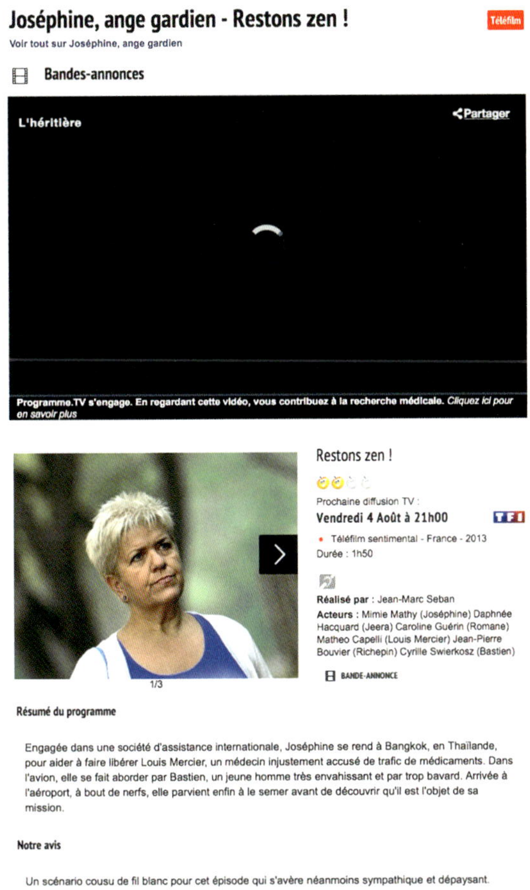

Figure 13-12

Le même programme sur programme.tv. Comment faire pour que l'un ne « phagocyte » pas l'autre ?

Pour éviter que votre contenu ne se trouve « dans la charrette » au profit de celui d'un de vos partenaires (qui aura mieux optimisé ses pages que vous), vous pouvez aussi prévoir, dès le début du partenariat, que ses pages ne doivent pas être référencées ; par exemple, par l'ajout d'une balise `meta robots` avec valeur `noindex` ou *via* un fichier `robots.txt` adéquat (voir chapitre 16 pour ces deux notions). Le partenaire a ainsi le droit de reprendre votre contenu sur son site, mais il doit « barrer le passage » aux spiders des moteurs.

Bien entendu, cette solution est beaucoup plus facile à mettre en place avant négociation et signature du contrat qu'après. Cette possibilité est également valable pour le lien en retour vu auparavant. Obliger vos partenaires à insérer un lien vers votre contenu canonique ou une balise `canonical` doit être inclus dans le contrat que vous signerez avec lui. Il vous faudra ensuite bien vérifier que ces informations sont présentes dans ses pages (et qu'elles y restent ☺). De même, si vous mettez en ligne un blog ou, plus simplement, du contenu sous la forme d'articles, etc., proposez une «charte de reprise du contenu» dans laquelle vous indiquez l'obligation de ces liens/balises vers la page canonique, et ce même si c'est le fil RSS (titre + résumé) qui est repris. On n'est jamais trop prudent…

L'illustration de la figure 13-13 explique bien comment le duplicate content est appliqué par les moteurs de recherche.

Balise canonical et spamdexing

Le site Search Engine Watch a relaté, en mai 2011 (*https://www.speeny.fr/348*), sur la base d'une discussion dans le forum Webmaster World, le fait qu'une nouvelle forme de spamdexing (fraude aux moteurs de recherche) avait vu le jour: l'insertion de balises `canonical` dans des pages d'un site à l'insu de son propriétaire.

Le principe est finalement assez simple: un pirate s'introduit sur votre site et intègre dans vos pages une balise `canonical` indiquant à Google que la page en question est dupliquée d'une page sur le site du pirate. C'est donc cette page qui sera mise en avant par le moteur de recherche dans ses résultats. La page «canonique» du pirate recevra également les backlinks de la page piratée.

Plus fort encore: certains pirates mettraient en place un système de cloaking, ne montrant la balise `canonical` qu'aux moteurs et pas aux internautes. Ainsi, ni vu ni connu et difficile de vérifier si tout va bien (on pourra, dans ce cas, utiliser l'outil, dans la Search Console, qui vous indique comment Googlebot voit votre code HTML).

Vérifiez donc que votre site ne connaît pas d'intrusion de ce type, sachant qu'un pirate pourrait faire bien pire une fois qu'il est dans la place…

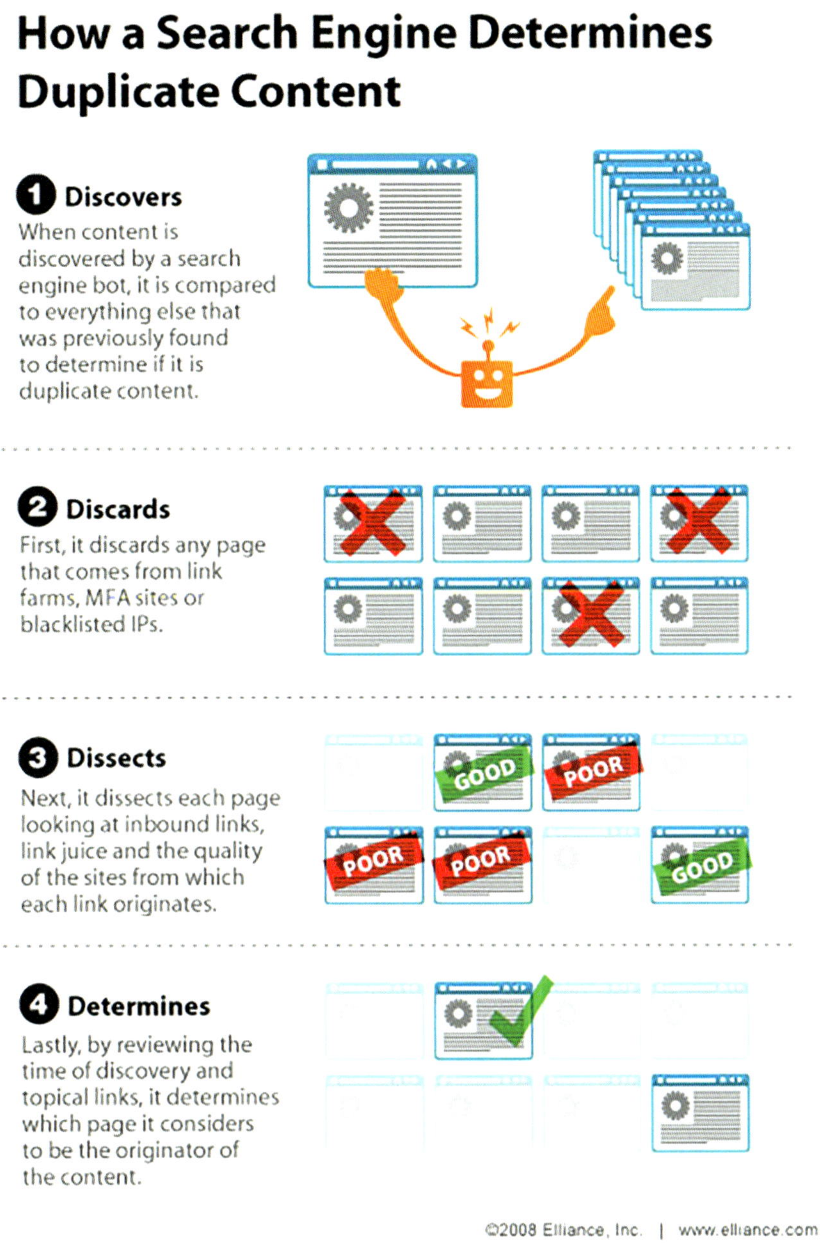

Figure 13-13

Comment les moteurs de recherche appliquent leurs filtres de duplicate content aux pages web. Source : https://www.speeny.fr/349.

Cas 2 – Contenu dupliqué sur des sites « pirates »

Le problème explicité précédemment risque également de se poser de façon accrue si votre contenu est repris par des sites qui ne sont pas vos partenaires. Dans ce cas, il sera encore plus énervant de voir l'un de ces contenus s'afficher en bonne position sur votre moteur de recherche favori, alors que le vôtre est passé dans les affres des filtres du duplicate content.

Bien entendu, il sera difficile de demander à un site web avec qui vous n'êtes pas « en affaires » et pire encore, qui vous pille du contenu sans votre autorisation, de mettre en place un lien vers vous ou une balise indiquant que son contenu est dupliqué. S'il a envie de le faire, il le fera, mais s'il n'a pas envie (et il y a de fortes chances pour que cela soit le cas), il ne le fera pas.

Quelle est la solution dans ce cas ? Premièrement, il vous faudra privilégier l'approche « amiable » en trouvant l'adresse e-mail du responsable du site « pirate » (sur ses pages ou *via* une fonction de `Whois` qui vous indiquera à qui appartient le nom de domaine) pour lui signifier que votre contenu est soumis à copyright et qu'il n'a pas le droit de le reprendre ainsi. Dans certains cas, l'éditeur du site distant sera de bonne foi et il stoppera ses activités illicites. Parions cependant que cette première approche ne donnera pas toujours des résultats positifs. Elle doit tout de même être tentée.

Dans le cas où l'approche « en douceur » ne donne pas de résultats, il vous faudra alors durcir le ton, faire constater (par un avocat ou un huissier) la fraude, envoyer un courrier en recommandé avec accusé de réception et demander à un avocat ou à votre service juridique qu'il brandisse la menace d'un procès si ce type de pratique ne cesse pas immédiatement. Si le site copieur est situé en France, le problème peut être réglé assez rapidement. S'il se trouve à l'étranger, les soucis risquent de s'accumuler assez vite pour vous, car la situation sera complexe à gérer selon le pays d'hébergement du site.

Dans ce cas, il vous faudra certainement lâcher prise et tenter de recevoir « le plus de backlinks possible » de la part des éditeurs de sites web reprenant vos contenus. Les moteurs vont trouver et identifier ces liens et comprendre ainsi que c'est le vôtre qui est canonique, pas celui des pirates. C'est alors la page qui aura la plus forte popularité (PageRank), notamment par l'analyse des liens émanant des pages dupliquées, qui sera retenue par le moteur.

Une solution peut également consister à insérer des liens internes (vers d'autres pages de votre site) dans votre contenu rédactionnel (par exemple, des tags sur certains mots). Si le site pirate reprend votre contenu, il reprendra (peut-être…) ces liens internes, qu'il faudra donc indiquer en absolu (*www.votresite.com/tags/mot.html*) et pas en relatif (*./tags/mot.html*) dans votre code HTML. Cela sera une indication intéressante pour le moteur lorsqu'il analysera les textes à filtrer : un lien non pas vers votre page canonique, mais au moins vers votre site, c'est toujours ça de pris.

Il est donc important, lorsque vous mettez en place un projet de reprise de vos contenus par un site tiers, de suivre les quelques conseils qui suivent.

- Pensez à cette problématique au moment de la mise en place du partenariat pour éviter tout souci par la suite : déréférencement des pages du site partenaire, mise en place d'un rétrolien, etc. Tout est important et doit être prévu à l'avance.

- Multipliez les liens externes vers votre contenu canonique.
- Créez, éventuellement, deux versions de votre contenu : l'une destinée à votre site, l'autre, moins riche, pour vos partenaires (par exemple, pour un descriptif produit sur une marketplace).
- Affichez sur votre site une « charte de reprise du contenu » si vous autorisez ce type de pratique (notamment *via* des fils RSS). Voici un exemple : *https://www.speeny.fr/350*.
- Insérez des liens internes (en adressage absolu) dans vos contenus.
- Faites une veille pour savoir qui reprend vos contenus, soit en saisissant comme requête sur un moteur de recherche une ou deux phrases de vos articles entre guillemets soit en utilisant des outils comme Copyscape (*https://www.copyscape.com/*), Compilatio (*http://www.compilatio.net/fr/*), Noplagia (*https://www.speeny.fr/351*) pour les contenus textuels ou TinEye (*https://tineye.com/*) pour les images. Le must dans ce domaine étant certainement l'outil français Kill Duplicate (*https://www.killduplicate.com/fr*).

Procédure DMCA

Notez que Google a mis en place une procédure de suppression de contenu au cas où un site web effectuerait une action de plagiat d'un autre site. Cette procédure, baptisée DMCA (pour Digital Millenium Copyright Act) est disponible sous la forme d'un formulaire affiché à cette adresse : *https://www.speeny.fr/352*. Vous devriez y expliquer aux équipes de Google pourquoi vous estimez que le site indiqué plagie vos contenus. Si la requête est acceptée, le site (ou la page) en question est désindexé du moteur de recherche.

Cas 3 – Duplicate content intrasite

Cette fois, les duplicate contents ne se passent pas entre plusieurs sites différents, mais à l'intérieur d'une même source d'informations. Par exemple, un article ou un produit est présent dans plusieurs rubriques/rayons différents. En bref, vous proposez le même contenu sous des URL différentes et des codes sources différents sur un même site.

Les solutions seront exactement les mêmes que pour les deux cas précédents : lien ou balise `canonical` de la page dupliquée vers la page canonique, avec une forte préférence pour la balise.

Il est un point qu'il faut bien comprendre : si plusieurs pages sont très proches sur votre site (par exemple, une robe en différents coloris : blanc, rouge, bleu), la seule solution pour voir les différentes versions présentes dans l'index principal de Google sera de suffisamment modifier le contenu éditorial de chaque page pour faire disparaître le problème de duplicate content. Si cela n'est pas possible et que les contenus restent très proches, vous devrez définir une page canonique (par exemple, dans le cas précédent, la couleur de la robe qui se vend le mieux) et faire pointer les autres (lien/`canonical`) vers elle. La page canonique y gagnera en visibilité puisqu'elle héritera des backlinks de ses dupliquées. Mais il est impossible de faire mieux. À l'impossible nul n'est tenu !

Pour contourner ce problème, certains tentent de modifier le plus possible ce qui existe « autour du texte » : images, vidéos, liens, encadrés, etc. D'autres changent, lorsque c'est possible, l'ordre des paragraphes (exemples de fiches produits où l'ordre n'est pas essentiel), mais Google a également appris à déceler le duplicate content lorsque l'ordre des informations change, ce n'est donc pas une stratégie gagnante à 100 %.

Duplicate content global et partiel

Il faut également noter que Google, si on en croit les brevets qu'il a déposés à ce sujet, arrive aujourd'hui non seulement à détecter les pages « globalement semblables », mais également à identifier des parties de contenus *(snippets)* qui seraient repris dans d'autres pages. Le fait de reprendre un contenu et, par exemple, de modifier l'ordre de ses paragraphes, ne sera peut-être pas suffisant, selon les cas, pour éviter les filtres de Google…

Vous pouvez également ajouter du contenu à l'une ou l'autre page, sur une base commune (des encadrés différents, par exemple, ou des infos connexes sur le même sujet). Ce sera autant de travail qui différenciera chaque page.

Il existe des dizaines de méthodes pour arriver à différencier le plus possible vos contenus et vos pages. C'est à vous de voir en fonction de vos possibilités, notamment techniques, lesquelles vous pouvez mettre en œuvre. Malheureusement, n'en attendez pas des miracles. Ce qui fonctionne le mieux est toujours de modifier le texte lui-même, de façon assez approfondie pour que les deux contenus soient assez différents. On parle souvent d'une limite de 70 % de similarité entre deux textes, en dessous de laquelle il faut se situer pour ne pas risquer d'être considéré comme du duplicate content. Comme dit précédemment, ce chiffre n'est pas officiel, mais il peut constituer une bonne base de travail

Comparateur de pages

Le site Copyscape propose à l'adresse *https://www.copyscape.com/compare.php* un intéressant outil de comparaison de page web. Vous indiquez deux URL et il calcule le pourcentage de similarité entre les deux. Simple et efficace…

Cas 4 – Duplicate content par similarité de balises

Autre cas possible de duplicate content : des pages web proposant un contenu éditorial différent les unes des autres, mais pouvant cependant tomber dans les affres des filtres de duplicate content, chez Google et ses concurrents.

Commençons par un exemple. La plupart du temps, on comprend vite les risques qu'on court en tapant sur Google (et les autres moteurs) la requête « site: » suivie du nom de domaine de son site. Si les résultats ressemblent à ce qu'on peut voir sur la figure 13-14, vous pouvez commencer à vous faire un peu de mouron.

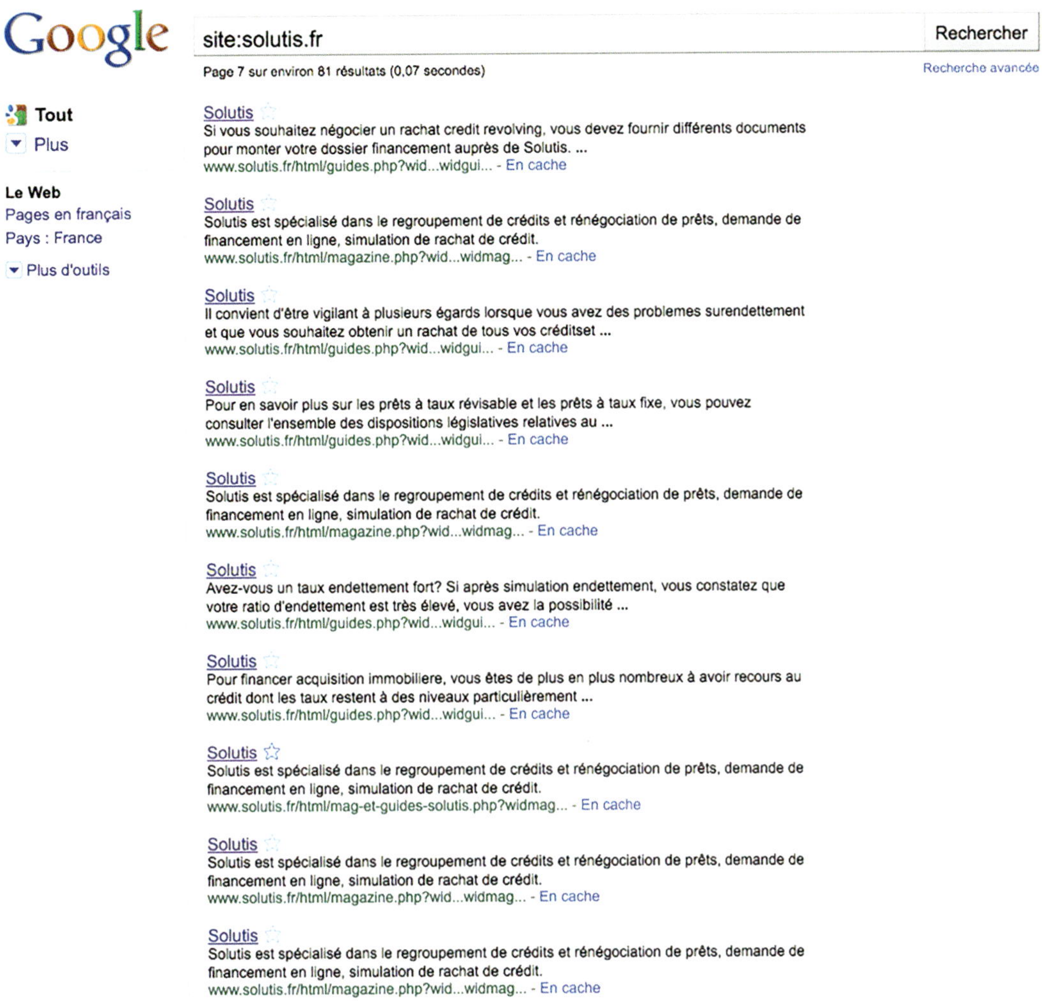

Figure 13-14

Exemple d'un site dont de nombreuses pages ont des balises <title>. Copie d'écran ancienne, le site ayant depuis corrigé le problème.

Dans cet exemple (« site:solutis.fr »), chaque page du site a le même contenu pour sa balise `<title>` (« Solutis »). On trouve pire encore avec l'exemple de la figure 13-15 (« site : chateaudemontvillargenne.fr »).

Figure 13-15

Exemple d'un site dont de nombreuses pages ont la même balise <title> et la même balise meta description. Copie d'écran ancienne, le site ayant corrigé le problème depuis.

Dans ce cas, les balises `<title>` sont identiques sur de nombreuses pages, mais également les balises `meta description` (reprises dans le snippet ou résumé fourni par Google) en dessous. Faites le test sur votre site pour voir ce qu'il en est.

On pourrait multiplier ce type d'exemple à l'envi. Il illustre bien une problématique de duplicate content que l'on trouve finalement assez souvent : les moteurs de recherche, au moment de « filtrer » les contenus identifiés sur le Web, trouvent trop de similitudes dans le code HTML des pages, notamment dans la partie `<head>` (balises `<title>` et `meta description`), et les classent en duplicate content même si leur contenu éditorial est différent.

Clairement différencier les codes HTML de chaque page

Dans ce cas, il sera essentiel de faire en sorte que le début du code HTML de chacune de vos pages (la partie `<head>`) soit clairement différent d'une page à l'autre. Proposez des balises `<title>` et `meta description` très descriptives et différentes d'une page à l'autre, que ce soit au niveau de la taille, de la structure ou du contenu.

Évitez notamment, si possible, les structures trop redondantes, trop « reconnaissables » et « automatisées » comme sur la figure 13-16 (« site:placedestendances.com »).

Figure 13-16

Exemple d'un site pour lequel les pages web ont une balise <title> et des balises meta description dont la structure est trop répétitive. La majeure partie du contenu des balises est identique d'une page à l'autre, seuls quelques paramètres changent. Copie d'écran ancienne, le site ayant depuis corrigé le problème.

Seule une faible portion du contenu des balises `<title>` et `meta description` est ici différente d'une page à l'autre (des paramètres en faible nombre sont en fait changés sur chaque page). N'hésitez pas à vous différencier plus que cela. Faites en sorte que la partie `<head>` de vos pages soit très différente d'une page à l'autre et tout devrait bien se passer.

Ensuite, attaquez le corps de la page (partie `<body>` du code HTML). Toute la partie « header » (haut de page), « footer » (bas de page) et « liens de navigation interne » ne devrait pas poser de problème, Google sait différencier ce contenu de la partie plus strictement éditoriale.

N'oubliez pas de donner du contenu en quantité suffisante (200 mots descriptifs au minimum) aux moteurs. Le titre (balise `<h1>`) et le chapô (premier paragraphe, trois à quatre premières phrases) doivent également être bien différenciés d'une page à l'autre.

Si vous suivez ces conseils, vous ne devriez pas avoir de trop gros problèmes, du type de ceux évoqués au début de ce chapitre.

Cas 5 – DUST : même code source accessible via des URL différentes

La première partie de cette section consacrée au duplicate content a exploré la problématique du contenu canonique dupliqué sur des codes sources différents, disponibles sur des URL différentes (même site ou sites différents). Toutefois, il ne s'agit pas de la seule problématique gravitant autour du phénomène de duplicate content, loin de là.

En effet, les webmasters sont souvent confrontés au fait qu'une page web unique – et donc un code HTML unique – peut être accessible par des URL différentes sur un même site. Cette situation – connue sous le nom de DUST *(Duplicate URL, Same Text) Self canonical* ou *Self referencing* – est dommageable pour un référencement et nous allons tenter d'expliquer pourquoi.

On le sait, les algorithmes de pertinence des moteurs de recherche majeurs sont fortement influencés par l'analyse des liens externes et internes qui pointent vers une page et les notions de popularité (quantité et qualité des liens entrants) et ancrage (textes des liens pointant vers la page). Reportez-vous au chapitre 6 pour en savoir plus sur tous ces concepts.

Si votre page d'accueil est très populaire, elle va, au travers de ses liens internes, transférer de la popularité (on parle de *Link Juice* ou « jus de liens », voir chapitre 6) aux pages internes vers lesquelles elles pointent. Or, si une même page est accessible par plusieurs adresses différentes, elle sera considérée comme autant de documents différents par les moteurs de recherche. Donc, un document unique A sera « vu » par Google et consorts comme plusieurs pages A prime, A seconde et A tierce, par exemple, chacune de ces pages répondant à une URL spécifique et détenant une fraction de la popularité globale de A. En effet, pour Google, une URL, quelle qu'elle soit, équivaut à une page web. Si une page web est accessible *via* quatre URL, Google voit quatre pages. C'est aussi simple (et problématique) que cela. Voici un exemple d'une même page accessible *via* plusieurs URL distinctes (pointant toutes vers le même document, le même code source) :

- *https://www.votresite.com/* ;
- *https://www.votresite.com* ;
- *https://votresite.com/* ;
- *https://www.votresite.com/index.html* ;
- *https://www.votresite.com/index.html?source=plandusite.html* ;
- *https://www.votresite.com/index.html?sid=12457845124578.*

Le fait d'avoir six URL ici équivaut pour le moteur à 6 pages web. Pourtant, en pratique, il n'y en a qu'une… Il sera donc important que, sur votre site, **chaque page soit accessible par une unique adresse (URL)** afin que l'analyse des liens internes (popularité et ancrage) soit la plus fine, juste et efficace possible.

Nous allons voir, dans la suite de ce chapitre, quels sont les cas les plus fréquents de duplicate content de ce type et les solutions à y apporter.

Figure 13-17

Une page est accessible par une URL unique : l'analyse de sa popularité par les moteurs est complète.

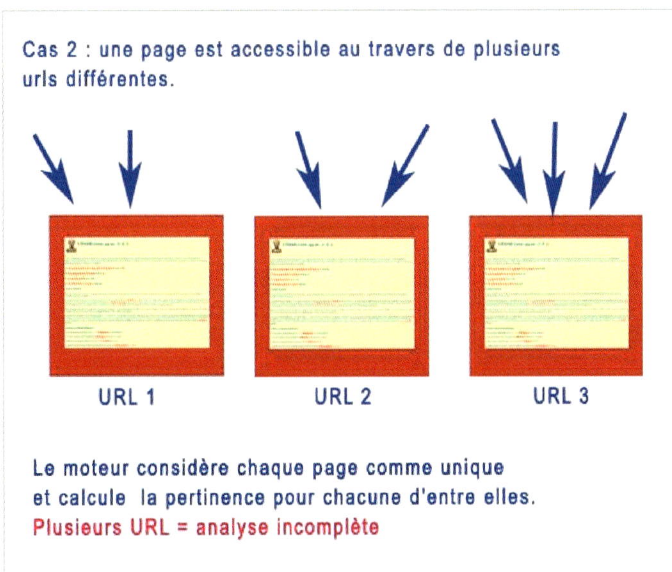

Figure 13-18

Une page est accessible par plusieurs URL : l'analyse de sa popularité par les moteurs est parcellaire et morcelée.

Nom de domaine dupliqué

Le premier cas est assez fréquent : votre site est accessible par plusieurs noms de domaine, par exemple *www.abondance.com*, *www.abondance.net* et *www.abondance.fr*.

Dans ce cas, la solution est simple : une redirection au niveau de votre DNS ou *via* un code 301 (redirection définitive, voir chapitre 14) est à privilégier. Vous prenez en compte pour votre communication un seul nom de domaine (pour nous : *abondance.com*) et vous redirigez tous les autres vers lui. Les redirections DNS et 301 sont bien interprétées par les moteurs de recherche, qui comprendront aisément que toutes ces adresses pointent vers un unique site web. Cela ne pose pas de soucis majeurs.

Nom de site dupliqué

Le deuxième cas est également assez fréquent : votre page d'accueil est accessible sous des adresses de type *www.votresite.com* et *votresite.com* (sans le préfixe *www*). C'est une bonne chose pour l'internaute, car cela lui rend la saisie plus simple et plus rapide, mais cela peut aussi créer un phénomène de duplicate content pour les moteurs en rendant un seul site accessible sous deux adresses différentes.

Un fichier `.htaccess` bien conçu avec une règle de réécriture (redirection 301) privilégiant l'une ou l'autre adresse (la plupart du temps celle avec *www*) résoudra le problème. Exemple (source : *https://www.speeny.fr/353*) :

```
RewriteEngine On
RewriteCond%{HTTP_HOST}!^www\.votresite\.com [NC]
RewriteRule (.*) https://www.votresite.com/$1 [QSA,R=301,L]
```

Adresse de la page d'accueil dupliquée

De la même façon, votre page d'accueil – toujours elle – est sûrement accessible à la fois *via* l'adresse *https://www.votresite.com/* mais également une adresse de type :

- *https://www.votresite.com/index.html*
- *https://www.votresite.com/index.htm*
- *https://www.votresite.com/index.php*
- *https://www.votresite.com/accueil.php*
- etc.

Ces deux adresses (*www.votresite.com* et *www.votresite.com/****) risquent fort d'être considérées également comme deux pages différentes par les moteurs de recherche. Le problème est donc identique au cas précédent et une redirection 301 sera la bienvenue pour n'afficher qu'une seule adresse « canonique » (là aussi, la plupart du temps *www.votresite.com*). De la même façon, évitez les liens vers des adresses comme *https://www.votresite.com* et *https://www.votresite.com/*. Le dernier slash (`/`) peut, là aussi, poser problème et on n'y pense pas forcément lorsqu'on crée les liens internes du site. Choisissez donc l'adresse « canonique » que vous voulez pour votre page d'accueil, mais unifiez-la partout sur votre site dans les liens qui pointent vers elle. Google l'explique ici : *https://www.speeny.fr/354*.

Figure 13-19

Exemple type d'un fil d'Ariane : sur quelle adresse irez-vous si vous cliquez sur le pictogramme Home du début ?

Vérifiez bien également que, dans les pages internes de votre site, les liens vers votre page d'accueil pointent bien vers *www.votresite.com* et non pas vers un autre intitulé d'URL. On a souvent pas mal de surprises suite à cette vérification ! Cette problématique peut se reproduire sur des pages internes et notamment des rubriques sommaires (*www.votresite.com/produits/* et *www.votresite.com/produits/index.html*) pour lesquelles le remède sera identique. Là encore, il y a du travail de vérification en perspective...

Cas des sites dynamiques

Les sites dynamiques sont très intéressants de par les possibilités d'automatisation qu'ils proposent, mais ils sont aussi souvent sources de soucis et de conflits dans les URL. On dénombre alors plusieurs problèmes qui peuvent subvenir en termes de duplicate content.

Cas 1 – Paramètres inversés dans l'URL

Par exemple, une même page est accessible par deux adresses différentes :

https://www.votresite.com/catalogue?ref=123456&pays=fr&langue=fr

Et :

https://www.votresite.com/catalogue?ref=123456&langue=fr&pays=fr

Ce sont deux pages exactement identiques, accessibles avec les mêmes paramètres, mais pas dans le même ordre dans l'URL. Résultat : deux adresses distinctes et un cas classique de duplicate content. Là encore, il faudra vérifier, au sein de votre site, l'ordre dans lequel vous passez les paramètres dans vos URL et bien garder, à chaque fois, une stratégie cohérente sur l'ensemble du site à ce niveau.

Cas 2 – Pagination des listes

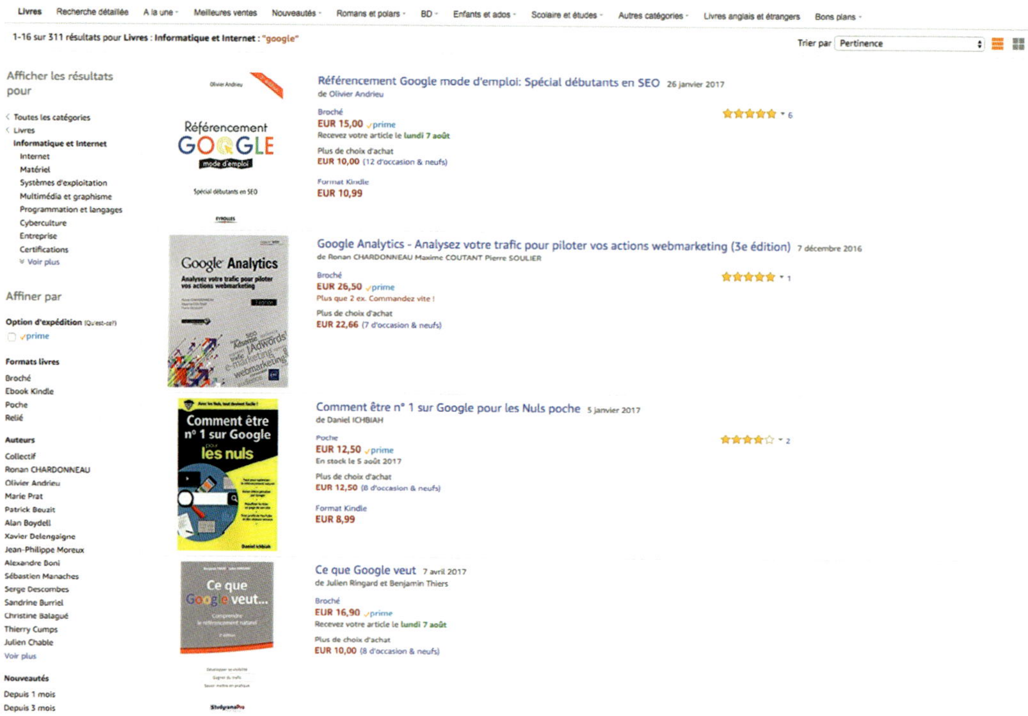

Figure 13-20

Exemple type d'une page listant des produits.

Ce cas est fréquent dans des pages qui listent des produits ou dans des fils de discussion de forums, par exemple. Une première page, listant un certain nombre d'« items » (discussions, produits, etc., le meilleur exemple restant encore une page de résultats de moteur de recherche…), sera accessible à l'adresse :

https://www.votresite.com/liste-produits?prod=telephones

Puis, si une deuxième page de produits est disponible, celle-ci sera accessible (*via* le bouton Suivant, par exemple) à l'adresse :

https://www.votresite.com/liste-produits?prod=telephones&page=2

Le problème surviendra si on revient (au travers du lien Précédent, par exemple) sur la page 1 et qu'on y accède *via* cette URL :

https://www.votresite.com/liste-produits?prod=telephones&page=1

Cette adresse est clairement différente de celle affichée en premier pour la même page. Soyez attentif à ce que tout accès à la première page se fasse sous la forme d'une URL unique. L'une ou l'autre (avec ou sans le paramètre indiquant le numéro de page) mais surtout unique !

Des balises spécifiques pour la pagination

En septembre 2011, Google a proposé de nouvelles balises (`rel="next"` et `rel="prev"`) pour la pagination des pages de listes ou les contenus découpés en plusieurs pages.

Plus d'infos ici : *https://www.speeny.fr/355*.

Ainsi que dans ces articles :

- « Pagination et SEO : le dossier complet… non paginé » : *https://www.speeny.fr/356*
- « Pagination et référencement naturel » : *https://www.speeny.fr/357*

Attention : Google s'est un peu pris les pieds dans le tapis de sa communication en 2019 au sujet de ces balises de pagination, mais elles restent encore importantes à notre avis et il est nécessaire de les intégrer dans vos codes. Pour plus d'informations à ce sujet, consultez la page suivante : *https://www.speeny.fr/358*.

Cas 3 – Réécriture d'URL

Si vous avez mis en place une réécriture d'URL (voir chapitre 14) sur votre site, vous devez avoir maintenant des adresses de type :

https://www.votresite.com/catalogue-telephone-samsung-8-fr-fr

Au lieu de :

https://www.votresite.com/catalogue?ref=123456&pays=fr&langue=fr

C'est une bonne chose et votre référencement ne s'en portera que mieux. Cependant, n'oubliez pas pour autant de mettre en place, dans votre stratégie d'URL Rewriting, une redirection 301 depuis l'ancien intitulé (avec les caractères `?` et `&`) vers le nouveau pour éviter tout souci. Ce serait trop bête d'œuvrer à créer des URL « propres » pour générer en même temps un phénomène de duplicate content… Vous trouvez cela évident ? Et pourtant, on trouve ce type de problème bien souvent…

Cas 4 – Plusieurs énoncés d'URL pour une même page

Ce cas se rapproche de celui qui concerne la duplication de la page d'accueil, déjà vu auparavant. Souvent, sur une page interne, lorsqu'on clique sur le logo générique ou sur un lien de type « Accueil », on est redirigé vers une adresse de type (ici, un exemple sous Domino) :

https://www.votresite.com/internet/webfr.nsf/0/08112EF3CAE171EBC1257393 0048A2C9?OpenDocument

Au lieu de :

https://www.votresite.com/

Cela peut être dû à plusieurs raisons : vous désirez garder une indication sur la navigation de l'internaute et la page depuis laquelle il revient à l'accueil, votre système de navigation est tout simplement *(sic)* configuré ainsi, des identifiants de session sont automatiquement ajoutés dans l'URL, etc.

Là encore, les moteurs de recherche vont identifier votre page d'accueil au travers de plusieurs adresses distinctes, ce qui n'est pas une bonne chose. Le remède est toujours le même :

- soit vous simplifiez les URL pour toujours indiquer dans les liens leur intitulé « canonique » ;
- soit vous mettez en place des redirections 301 depuis les intitulés « développés » (*https://www.votresite.com/internet/webfr.nsf/0/08112EF3CAE171EBC12573930048A2C9?OpenDocument*) vers les intitulés « canoniques » (*https://www.votresite.com/*). Encore une fois, ce conseil est valable pour n'importe quelle page du site et pas uniquement la page d'accueil.
- soit vous indiquez dans la page web une balise `canonical` vers elle-même.

Pour le cas des identifiants de session, toujours problématiques en termes de référencement, il faudra peut-être envisager une solution plutôt basée sur des cookies, qui laissent les URL « vierges » de toute indication de navigation et évitent le phénomène de duplicate content, comme on l'a vu auparavant.

Si le problème vient de paramètres présents dans l'URL et n'apportant pas d'informations supplémentaires (comme des identifiants de session, des paramètres de tracking ou autres), il est possible de demander à Google de les ignorer au travers de la Search Console, dans la rubrique Exploration>Paramètres d'URL (figure 13-21).

Mais la solution, une fois de plus, sera l'utilisation de la balise `canonical` dans chaque page canonique (voir encadré précédemment proposé).

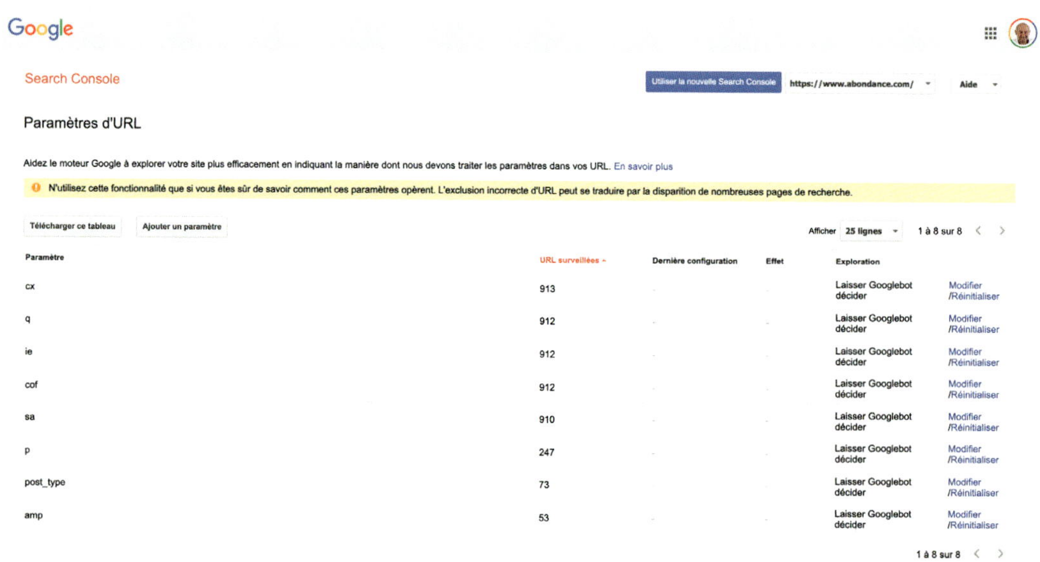

Figure 13-21

La Search Console propose une option de non-prise en compte de certains paramètres dans les URL.

La balise canonical à la rescousse

Dans tous les cas décrits dans cette section, le plus simple sera d'insérer dans vos pages une balise `canonical` indiquant l'URL de la page elle-même. Il s'agit de la solution préconisée par Google.

Toutes les pages de votre site doivent donc contenir une balise `canonical` :

- soit la page est dupliquée et, dans ce cas, la balise indique l'URL de la page canonique ;
- soit la page est canonique et la balise contient l'URL de la page elle-même.

Duplicate content : l'évangile selon saint Google…

Enfin, pour terminer cette section, n'hésitez pas à lire ce que dit Google dans son centre d'aide pour webmasters (*https://www.speeny.fr/359*) au sujet du duplicate content. Cette page résume bien la situation et contient de nombreux conseils judicieux.

On notera également, pour terminer, un article, sur le blog pour webmasters de Google (intitulé *Demystifying the Duplicate Content Penalty* et disponible à l'adresse suivante : *https://www.speeny.fr/360*) qui explique, avec raison, que le duplicate content ne génère pas de « pénalités » au sens où on l'entend souvent sur le Web (une punition de la part de Google pour pratiques malveillantes), même si cela peut être « pénalisant » (la nuance est importante) pour votre visibilité sur les moteurs.

Si avec tout ça vous vous laissez encore happer par les pièges du duplicate content sur les moteurs de recherche, c'est à désespérer de tout…

14

Freins au référencement et solutions possibles

« Celui qui met un frein à la fureur des flots
sait aussi des méchants arrêter les complots. »

Jean Racine

Votre site utilise le langage JavaScript pour sa navigation ? Il s'affiche sous des URL exotiques contenant les caractères « ? » ou « & » à en perdre haleine ? Il est structuré en frames (ou cadres) ou utilise des iframes ? Si c'est le cas, vos pages présentent quelques-uns des freins technologiques historiques qui furent longtemps synonymes de blocage pour les moteurs de recherche. Mais il faut avouer que la situation s'est bien améliorée à ce niveau depuis quelques années.

Devez-vous réécrire vos URL pour qu'elles soient plus intelligibles par les moteurs (et les internautes) ? Une nouvelle version de votre site nécessite des redirections « compatibles Google » ? Alors vous entrez dans l'engrenage des points techniques parfois indispensables à une stratégie SEO bien pensée.

Rassurez-vous, dans la plupart des cas, vous pourrez trouver une solution à vos problèmes. Nous avons essayé, dans ce chapitre, de lister tous les soucis pouvant intervenir lors de l'optimisation technique d'un site web et de mettre en regard les solutions adaptées.

Nous essaierons de prendre en compte la meilleure optimisation possible des pages du site lui-même et donc la solution technique à mettre en place pour corriger d'éventuelles contraintes… lorsque c'est possible ! C'est bien heureusement le cas la plupart du temps.

JavaScript et Ajax

Le JavaScript peut servir à de nombreuses possibilités « cosmétologiques » pour agrémenter l'aspect visuel d'un lien : *roll-over*, menus déroulants (figure 14-1), etc. De nombreux sites développés en Ajax utilisent également ce langage qui est devenu omniprésent sur le Web. On a eu longtemps tendance à dire, un peu rapidement parfois, que les liens JavaScript n'étaient pas pris en compte par les robots des moteurs de recherche. Ce n'est pas (ou plus) exact. En fait, les liens écrits en JavaScript doivent surtout être « spider compatibles ».

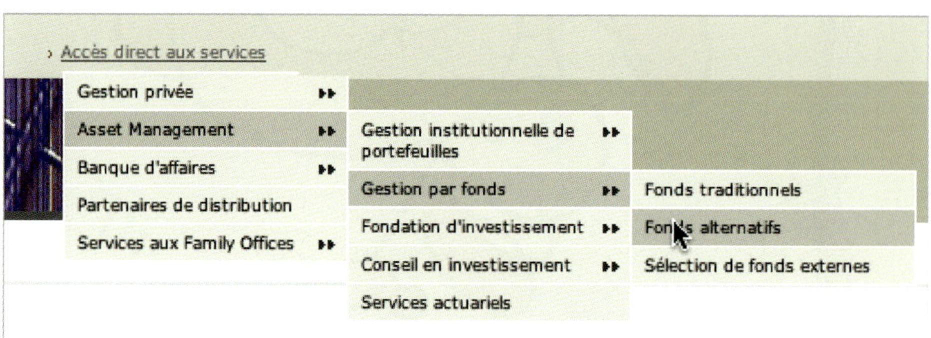

Figure 14-1

Exemple type d'un menu de navigation qui peut être écrit en JavaScript. Ou pas…

Un lien écrit en JavaScript compatible pour les moteurs sera suivi par les robots des moteurs. En revanche, un lien JavaScript non compatible hypothéquera grandement l'exhaustivité de l'indexation de vos pages par les moteurs, car les spiders ne les reconnaîtront pas (même si Google notamment fait de grands progrès à ce sujet chaque jour et reconnaît de mieux en mieux les liens écrits en JavaScript ; on peut même dire que rares sont les liens ainsi conçus que Google ne sait pas lire, même s'il en existe encore). Ne l'oubliez pas !

Ainsi, un spider comme Googlebot (le robot de Google), lors de son arrivée sur votre page d'accueil, va tenter de suivre les liens qui y sont présents pour découvrir d'autres pages afin de les indexer également. Si le lien est classique, c'est-à-dire de la forme :

```
<a href="https://www.votresite.com/page-distante.html">
Texte du lien
</a>
```

Cela ne lui posera aucun problème. Il suivra fidèlement ce lien pour indexer la page distante. Tout ira pour le mieux dans le meilleur des mondes.

En revanche, tout peut se compliquer si le lien est créé à l'aide d'un code JavaScript. Notez qu'il existe plusieurs façons de décrire un lien en utilisant le langage JavaScript. En voici quelques exemples, parmi de nombreux autres :

```
<a href="javascript:window.open('https://www.votresite.com/page-distante.html',
'newWindow')">Texte du lien</a>

<a href="#" onClick="javascript:toto()" >Texte du lien</a>

<a href="javascript:fonctionlambda()">Texte</a>
```

La page pointée dans le premier exemple ci-dessus, présente à l'adresse *https://www.votresite.com/page-distante.html*, devrait être visitée par les spiders, car à l'heure actuelle Google sait interpréter ce code et y trouver l'URL.

Notons de même que Google « découvre » de mieux en mieux les liens notamment dans ce type de code :

```
<div onclick="document.location.href='https://foo.com/'">
<tr onclick="myfunction('index.html')"><a href="#" onclick="myfunction()">
new page</a>
<a href="javascript:void(0)" onclick="window.open ('welcome.html')">
open new window</a>
```

Comment faire du JavaScript « spider compatible » ?

Il est possible de créer des liens JavaScript qui soient bien interprétés par les robots de plusieurs façons. Par exemple, voici le même lien que précédemment, plus simple et clairement plus compatible (donc à privilégier) :

```
<a href="page-distante.html" onclick="window.open(this.href); return false;">
Texte du lien
</a>
```

Ou :

```
<a href="https://www.votresite.com/page-distante.html" onclick="window.open(this.
➥ href); return false;">
Texte du lien
</a>
```

Le fait que l'adresse de la page distante se trouve maintenant dans la zone `href` permet au robot de la reconnaître et de la suivre pour indexer le document. En revanche, lorsque l'internaute cliquera sur le lien, c'est l'action JavaScript (`onclick`) qui sera prise en compte et qui se déroulera.

Il est également plus rapide d'écrire `this.href`, option qui permet de simplifier l'écriture et la maintenance puisque `this` représente l'objet courant, donc la balise `<a>`. `this.href` est alors égale à l'URL indiquée juste à gauche. On aurait pu écrire :

```
<a href="https://www.votresite.com/page-distante.html" onclick="window.open
➥ ('https://www.votresite.com/page-distante.html'); return false;">
Texte du lien
</a>
```

Mais cela aurait été plus long…

Votre code devient ainsi compatible à la fois pour l'internaute et les robots. N'hésitez pas à regarder à quoi ressemblent vos liens et à modifier leur forme si cela vous est possible. Vous faciliterez ainsi grandement la vie des spiders de Google et Bing.

Il est malheureusement très complexe de prendre en compte toutes les façons de créer un lien en JavaScript (notamment en fonction du type d'affichage que vous désirez obtenir en ligne), mais retenez que les codes HTML des liens optimisés pour les moteurs doivent proposer à la fois :

- un attribut `href` contenant l'URL de destination pour les robots ;
- une zone JavaScript propre à l'action que vous désirez créer en cas de clic ou de survol par la souris.

Si ces deux conditions sont réunies, on peut penser que tout devrait bien se passer pour vos pages et pour votre référencement ! Cela dit, répétons que même avec les autres formes de code Googlebot doit être capable de suivre le lien, la plupart du temps. Reste un soupçon d'aléatoirité dans ce « la plupart du temps »… En d'autres termes, Google sait certainement lire et suivre aujourd'hui 99 % des liens écrits en JavaScript. Pas de chance si vous tombez dans le 1 % restant…

Créer des menus autrement qu'en JavaScript

Pour créer des menus déroulants sympathiques et faciles à utiliser pour les internautes, il n'est absolument pas obligatoire de les réaliser en JavaScript. La tendance actuelle, largement suivie par la majorité des développeurs, vise à aller vers d'autres solutions tout à fait compatibles avec les moteurs de recherche et leurs spiders. Regardons cela au travers de quelques exemples.

Prenons le site de Bouygues Telecom (*https://www.bouyguestelecom.fr/*), qui proposait, au moment où ce livre était rédigé, des menus déroulants tout à fait *user friendly* et conviviaux (voir figure 14-2).

Figure 14-2

Menu déroulant sur le site Bouygues Telecom.

Le code pour réaliser ce menu est le suivant :

```
<li><a class="v2_menuLevel1" href="https://www.laboutique.bouyguestelecom.fr/
➥ nos-offres.html"
➥ onclick="xt_med('C','1','Hub::Header::Mobile','S')"
xtclib="HeaderMobile">Mobile</a>
<ul>
<li><a href="https://www.laboutique.bouyguestelecom.fr/nos-telephones-mobiles.html"
➥ onclick="xt_med('C','1','Hub::Header::Mobile::Telephones','S')"
➥ xtclib="HeaderMobile"> T&eacute;l&eacute;phones</a></li>
<li><a href="https://www.laboutique.bouyguestelecom.fr/1-forfait-formule.html"
➥ onclick="xt_med('C','1','Hub::Header::Mobile::Forfaits','S')"
➥ xtclib="HeaderMobile"> Forfaits</a></li>
<li><a href="https://www.laboutique.bouyguestelecom.fr/recherche-telephones-cle--
➥ cle+3gplus/edge.html" onclick="xt_med('C','1','Hub::Header::
➥ Mobile::Cle3GEdge','S')" xtclib="HeaderMobile">Clé 3G+/EDGE</a></li>
<li><a href="https://www.laboutique.bouyguestelecom.fr/3-universal-mobile-formule.
➥ html"
➥ onclick="xt_med('C','1','Hub::Header::Mobile::ForfaitBloque','S')" xtclib
➥ ="HeaderMobile"> Forfaits bloqu&eacute;s</a></li>
<li><a href="https://www.laboutique.bouyguestelecom.fr/2-carte-nomad-formule.html"
➥ onclick="xt_med('C','1','Hub::Header::Mobile::Carte','S')" xtclib="HeaderMobile">
➥ Cartes</a></li>
<li><a href="https://www.internetmobile.bouyguestelecom.fr/"
➥ onclick="xt_med('C','1','Hub::Header::Mobile::EspaceInternetMobile','S')" xtclib
="HeaderMobile">Espace Internet Mobile</a></li>
</ul>
</li>
```

On le voit, ce code est tout à fait *spider friendly* (facile à suivre), puisque, pour chaque choix du menu, l'option `<a href="https://www.laboutique.bouyguestelecom.fr/3-universal-mobile-formule.html"...>Forfaits bloqués</a>` est indiquée. Une adresse URL valable est indiquée dans l'attribut `href`, donc le lien sera suivi par les robots des moteurs (les événements `onclick` ou `xtclib` ne gênent en rien ces derniers).

Regardons maintenant les menus déroulants du site Amazon.fr (*https://www.amazon.fr/*), représentés sur la figure 14-3 (copie d'écran d'époque).

Figure 14-3

Menu déroulant sur le site Amazon.fr.

Le code suivant est proposé (extrait simplifié) :

```
<div class="navLeftNavTitle">
<h4 style="margin: 0px; font-size: 13px">Livres</h4></div>
<div class="leftNav"> <a href="/livre-achat-occasion-litterature-roman/b/ref
➥ =sa_menu_lv0_w?ie =UTF8&node=301061&pf_rd_p=218610591&pf_rd_s=left-nav-1&pf_rd_t
➥ =101&pf_rd_i=405320&pf_rd_m=A1X6FK5RDHNB96&pf_rd_r=1MKKR1 HRNC3Y6F7KFTW8">
Tous les livres</a> </div>
<div class="leftNav"> <a href="/livres-anglais-computers-business-used/b/ref
➥ =sa_menu_enlv0_w?ie=UTF8&node=52042011&pf_rd_p=218610591&pf_rd_s=left-nav-1&pf_
rd_t
➥ =101&pf_rd_i=405320&pf_rd_m=A1X6FK5RDHNB96&pf_rd_r=1MKKR1 HRNC3Y6F7KFTW8">
Livres en anglais</a> </div>
<div class="leftNav"> <a href="/Nouveaut%C3%A9s-para%C3%AEtre-Livres/b/ref
➥ =sa_menu_nfp0_w?ie=UTF8&node=112828011&pf_rd_p=218610591&pf_rd_s=left-nav-1&pf_
rd_t
➥ =101&pf_rd_i=405320&pf_rd_m=A1X6FK5RDHNB96&pf_rd_
r=1MKKR1 HRNC3Y6F7KFTW8">Nouveautés
et À paraître</a> </div>
<div class="leftNav"> <a href="/Chercher-Coeur-Livres/b/ref=sa_menu_si0_w?ie
➥ =UTF8&node=306966011&pf_rd_p=218610591&pf_rd_s=left-nav-1&pf_rd_t=101&pf_rd_i
➥ =405320&pf_rd_m=A1X6FK5RDHNB96&pf_rd_r=1MKKR1 HRNC3Y6F7KFTW8">Cliquez pour
feuilleter</a> </div>
</div>
```

Le cas est identique à celui de Bouygues Telecom avec un code de lien tout à fait compatible avec les moteurs de recherche :

```
<a href="/livre-achat-occasion-litterature-roman/b/ref=sa_menu_lv0_w?ie=UTF8&node
➥ =301061&pf_rd_p=218610591&pf_rd_s=left-nav-1&pf_rd_t=101&pf_rd_i=405320&pf_rd_m
➥ =A1X6FK5RDHNB96&pf_rd_r=1MKKR1 HRNC3Y6F7KFTW8">Tous les livres</a>
```

Si l'URL indiquée n'est pas optimisée pour les moteurs de recherche (ce qui est un autre problème), le lien, quant à lui, sera suivi sans problème puisque l'adresse de la page de destination apparaît dans l'attribut `href`.

Dernier exemple avec le menu du site Abondance, représenté à la figure 14-4.

Figure 14-4

Navigation par onglets sur la page d'accueil du site Abondance.

En voici le code HTML (simplifié ici pour plus de clarté) :

```
<ul class="nav">
<li ><a href="https://www.abondance.com/" aria-current="page">Accueil</a></li>
<li><a href="/2021">Actualité SEO</a></li>
<li ><a href="/video">Vidéos SEO</a></li>
<li><a href="https://www.abondance.com/audit-seo">Audit SEO</a>
        <ul class="sub-menu">
        <li><a href="/audit-seo">Présentation</a></li>
        <li><a href="/audit-seo-contactez-nous">Contact</a></li>
        <li><a href="https://www.abondance.com/calcul-audit-seo-abondance">Calcul
        du coût d&rsquo;un Audit SEO</a></li>
</ul>
</li>
<li><a href="https://www.abondance.com/formations-seo">Formations SEO</a>
        <ul class="sub-menu">
        <li><a href="/formations-seo">Présentation</a></li>
        <li><a href="/formations-seo-contactez-nous">Contact</a></li>
        </ul>
</li>
<li><a href="https://www.abondance.com/guides-pdf">Guides PDF</a>
        <ul class="sub-menu"><li><a
href="https://www.abondance.com/produit/cahier-des-charges-seo-guide-pdf">Cahier
des Charges SEO</a></li>
        <li><a href="https://www.abondance.com/produit/laudit-seo-guide-
        pdf">L&rsquo;Audit SEO</a></li>
        <li><a href="https://www.abondance.com/produit/netlinking-guide-
        pdf">Netlinking</a></li>
        <li><a href="https://www.abondance.com/produit/strategie-seo-a-
        linternational-guide-pdf">SEO international</a></li>
        </ul>
</li>
<li><a href="https://www.abondance.com/liste-des-offres-demploi">Emploi</a>
        <ul class="sub-menu">
        <li><a href="/liste-des-offres-demploi">Liste des offres</a></li>
```

```
        <li><a href="/soumission-dune-offre-demploi">Saisie d&rsquo;une offre</a></
        li>
        </ul>
</li>
</ul>
```

Vous l'avez compris, pour les mêmes raisons que précédemment, ces liens seront suivis sans aucun souci par les robots (adresse valable dans la zone `href` du lien). Il est donc tout à fait possible, au travers de balises `<div>` ou `<ul><li>`, et en gérant bien les feuilles de styles (CSS) correspondantes, de réaliser des systèmes de navigation qui ne poseront aucun problème aux spiders de Google et consorts. Bonne nouvelle. Pourquoi s'en priver ?

Dernier petit « truc » : pour savoir si vos menus sont compatibles avec les moteurs de recherche, observez-les sur la version textuelle du cache de Google (liens En cache>Version en texte seul) : s'ils apparaissent, c'est qu'ils sont compatibles ! Exemple à la figure 14-5 pour le site Abondance.

Webographie spider friendly

Voici quelques liens pour vous aider dans vos créations de menus en CSS :

- créer des menus simples en CSS : *https://www.speeny.fr/361* ;
- de façon plus générale, cet excellent site : *https://www.alsacreations.com/tutoriels/*.

Ceci est le cache Google de https://www.abondance.com/. Il s'agit d'un instantané de la page telle qu'elle était affichée le 21 oct. 2019 20:23:13 GMT. La page actuelle peut avoir changé depuis cette date. En savoir plus.

Version intégrale **Version en texte seul** Afficher la source

Astuce : Pour trouver rapidement votre terme de recherche sur cette page, appuyez sur **Ctrl+F** ou sur **⌘+F** (Mac), puis utilisez la barre de recherche.

AbondanceAbondance

- Accueil
- Actualité SEO
- Vidéos SEO
- Audit SEO
  - Présentation
  - Contact
  - Calcul du coût d'un Audit SEO
- Formations SEO
  - Présentation
  - Contact
- Guides PDF
  - Cahier des Charges SEO
  - L'Audit SEO
  - Netlinking
  - SEO international
- Emploi
  - Liste des offres
  - Saisie d'une offre
- Newsletter
-

Sélectionner une page

Abondance, toute l'actualité du SEO et des moteurs de recherche depuis 1998

Figure 14-5

Les liens du menu apparaissent sur la version textuelle du cache : ils sont donc suivis par les spiders du moteur !

Une question est également souvent posée au sujet des propriétés `display:none` et `visibility:hidden`. Certains webmasters s'interrogent sur le fait d'employer ces fonctions pour rendre invisibles certains contenus (assez souvent utilisées, par exemple pour cacher le contenu d'onglets) et le risque que les moteurs de recherche prennent cette technique pour du spam. En fait, la situation est assez simple : si vous utilisez ces propriétés pour des raisons de charte graphique et d'affichage conditionnels, par exemple (cas des onglets ou des accordéons), cela ne posera aucun problème. Si vous les utilisez pour cacher du texte aux internautes, mais le rendre visible aux moteurs pour un meilleur référencement, alors il y a de fortes chances pour que cela soit puni. Comme toujours, on ne fait pas le procès d'un marteau sous prétexte qu'il a servi à taper sur la tête d'une personne.

La problématique des sites en Ajax

> Section rédigée avec la contribution de Daniel Roch

Les sites web en Ajax ou dans la mouvance Web 2.0 posent quelques problèmes aux moteurs de recherche pour deux raisons majeures :

- ils contiennent une bonne dose de JavaScript et certains de leurs liens ne sont pas conçus pour être compatibles avec les moteurs de recherche ;
- de nombreux contenus, notamment textuels, sont compris dans des scripts (entre les balises `<script>` et `</script>`), qui sont des zones non lues par les moteurs de recherche, des quasi *terra incognita* pour leurs robots.

Pour pallier ces inconvénients, il vous faudra éviter le langage JavaScript le plus possible, bien que Google améliore de plus en plus sa compréhension de ce langage, comme on l'a dit précédemment. Dans certains cas (on vient également de le voir), il est de toute façon possible de faire autrement. Dans certains cas, non.

Il vous faudra alors, dans la mesure du possible, « extraire » le contenu textuel des scripts afin qu'ils soient lus par le moteur. Là encore, la vision d'une page de test dans le cache textuel de Google vous donnera beaucoup d'informations. En un mot, il faut que votre site reste consultable même si vous désactivez JavaScript sur votre navigateur. C'est d'ailleurs aussi une excellente pratique en termes d'accessibilité. Si votre code Ajax propose le chargement à la volée de petits bouts de contenu insérés dans des scripts, il y a de fortes chances pour que le problème soit pour l'instant insoluble pour les moteurs de recherche si vous ne faites rien de spécial pour le contrecarrer.

Pourtant, la vitesse et l'ergonomie sont des atouts dont un site ne peut plus se passer aujourd'hui, tant au niveau de l'expérience utilisateur que du référencement naturel. Pour optimiser ces éléments de manière simultanée, le passage à Ajax est parfois indispensable.

En effet, cette technologie permet de charger des contenus de manière dynamique, sans pour autant recharger l'intégralité de la page. Cela réduit donc les temps d'affichage, tout en donnant une sensation de navigation plus fluide à l'utilisateur.

Pour mieux comprendre la raison pour laquelle Ajax pose autant de problèmes en référencement naturel, il faut tout d'abord expliquer le fonctionnement d'un site web lors du chargement des pages.

L'ordinateur de l'internaute envoie une requête au serveur, avec pour paramètre une URL et éventuellement des cookies. Le serveur calcule alors la page dans son intégralité et la renvoie à l'utilisateur. Elle est donc entièrement recalculée, y compris au niveau des parties communes d'un site comme le haut de page, le footer et parfois les colonnes de droite ou de gauche.

On va donc recalculer et télécharger des éléments que l'utilisateur avait déjà mis en cache dans son navigateur.

Ajax est une technologie « tampon ». Avec elle, seule une partie de la page sera calculée par le serveur. Par exemple, l'utilisateur va envoyer une demande en Ajax pour charger le contenu d'une nouvelle page, sauf que les parties communes de celle-ci ne changeront pas : on ne va télécharger que la partie pertinente, ce qui va réduire drastiquement les temps de chargement.

La figure 14-6 explique le fonctionnement de cette méthode, en indiquant en sombre les éléments qui sont chargés par l'internaute lors du clic.

On observe facilement que les contenus Ajax sont de fait moins lourds, donc plus rapides à charger. D'un certain côté, on peut rapprocher le fonctionnement d'Ajax de celui des antiques « frames » (voir à la fin de ce chapitre), utilisées il y a quelques années de cela pour construire des sites web.

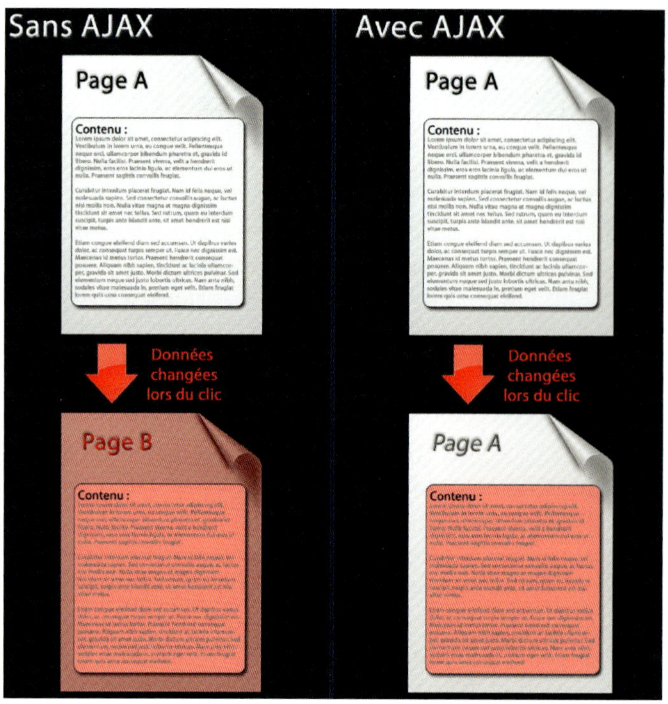

Figure 14-6

Avec Ajax, seules certaines zones de contenu sont chargées lors d'un clic, d'où un gain de temps lors de l'affichage des données.

Le problème de l'indexation d'Ajax

La technologie Ajax ne change que le contenu demandé par le script : théoriquement, elle ne modifie ni l'URL ni les balises `meta`. Google et les autres moteurs de recherche ne peuvent donc pas trouver ce contenu. Autrement dit, une page générée en Ajax est catastrophique pour le référencement naturel.

La difficulté est donc de mettre en place des liens en dur, du type *https://www.monsite.com/mapage*, qui vont charger le contenu en Ajax dans la page actuelle, tout en changeant l'URL et en dirigeant le moteur de recherche vers la page adéquate.

La dernière partie est primordiale, mais souvent oubliée ou mal conçue par les développeurs. On retrouve ainsi des sites superbes et fluides pour les internautes, mais qui sont aussi pertinents pour les moteurs de recherche qu'une page blanche... Heureusement, il existe trois solutions différentes pour pallier le problème.

1. La solution JavaScript

La première solution pour référencer ce type de contenu est simple. On commence par créer son site de manière purement statique, avec des liens en dur pour aller d'une page à une autre.

On ajoute ensuite une surcouche de JavaScript qui va s'appliquer à tous les liens internes et dans laquelle on indique au navigateur de remplacer une partie du contenu actuel par celui de la page demandée. On réussit donc à charger en Ajax un contenu pour le visiteur, tandis que le moteur de recherche continue à voir un site statique ayant un maillage et une structure interne cohérente. Pour cela, on utilise un code JavaScript ressemblant à celui-ci :

```
$('#IDdulien').live('click',function(e){
// On empêche le navigateur de charger le lien
e.preventDefault();
// On récupère la valeur du lien
var centercible = $(this).attr('href');
// On sélectionne les données à charger en Ajax
var loadUrl="data.html";
// On indique où il faut afficher ces nouvelles données
$("#ID").load(loadUrl + "ID");
//On change l'URL selon les données contenues dans le Href du lien
window.location=centercible;
});
```

Les avantages de cette solution sont multiples.

- Elle est simple à mettre en place.
- Google continuera à suivre chaque lien normalement, sans pénalité pour le référencement naturel.
- C'est parfaitement transparent pour l'utilisateur.
- Même si JavaScript est désactivé dans le navigateur, l'utilisateur pourra continuer à utiliser normalement le site web.

Malheureusement, cette technique a un gros défaut qui se situe dans l'URL du navigateur : un site en Ajax ne peut pas changer réellement l'adresse web sur laquelle se trouve l'utilisateur, du moins s'il est codé en HTML 4 (nous verrons plus loin que HTML 5 corrige le problème).

Dans le meilleur des cas, le script va ajouter une ancre, pour obtenir une adresse du type *www.monsite.com/#ancre-du-contenu-ajax*. Cet ajout du signe # sert uniquement à faire comprendre à l'utilisateur qu'il change de page lors du clic (sans réellement en changer pour autant). En effet, Ajax ne peut changer complètement une URL sans recharger la page dans son intégralité. Ainsi, il n'est pas possible de passer en Ajax de *www.monsite.com/url1* à *www.monsite.com/url2*, mais seulement à *www.monsite.com/url1#contenu-url2*.

L'internaute se trouve donc en présence d'une URL générée côté client et non côté serveur, ce qui pose un problème majeur : le visiteur ne pourra pas partager l'adresse par e-mail, sur Facebook, sur Twitter ou encore sur son propre site. Si jamais il fait un copier-coller de l'adresse web de la page, celle-ci ne proposera pas le bon contenu puisque l'ancre et le contenu associé n'apparaissent que lors du clic, ce que ne sait pas faire un moteur de recherche.

On pourrait bien entendu corriger le problème (pour le visiteur uniquement) en détectant l'ancre au chargement de la page et en adaptant le contenu si besoin, mais il est impossible de faire cela pour Google, qui n'exécutera pas le code. Et même si c'était faisable pour un moteur de recherche, cela surchargerait énormément les pages.

Autrement dit, la solution de base est incomplète...

- Il est impossible de partager l'URL en Ajax.
- Les boutons sociaux présents sur la page doivent être codés pour constamment récupérer la bonne URL pour fonctionner.
- Il existe une possibilité d'autoriser le partage de l'URL par l'internaute, mais cela surcharge le JavaScript, qui doit détecter l'ancre au chargement de la page.

2. La solution du HeadLess Browser

Pour pallier l'ensemble de ces défauts, il existe une solution donnée par le moteur de recherche Google lui-même : la mise en place sur son serveur d'un HeadLess Browser (un navigateur sans interface).

Le principe est simple : le site web ajoute un signe supplémentaire à chacune des URL en Ajax : un point d'exclamation. Notre adresse devient alors #! au lieu du simple #, comme c'est actuellement le cas sur Twitter. Cela indique à Google qu'il doit faire appel au HeadLess Browser pour indexer le rendu de la page. Autrement dit, le moteur de recherche va pouvoir visualiser le contenu Ajax comme le ferait un visiteur lors de sa navigation.

La procédure est en fait relativement longue et complexe. Elle n'est pas du tout destinée aux néophytes et il vous faudra avoir un minimum de connaissances en administration de serveur pour implanter cette solution. C'est pour cela que Google a annoncé en 2015 qu'il abandonnait cette solution (*https://www.speeny.fr/532*), car sa connaissance du JavaScript et de l'Ajax était désormais suffisante pour s'en passer.

Attention, depuis plusieurs années, cette méthode est déconseillée par Google.

3. La solution HTML 5

Puisque la première solution est incomplète et que la deuxième pose problème quant à son implantation, il est nécessaire de trouver une solution plus complète. Elle existe : c'est l'HTML 5.

Depuis quelques années, cette version de l'HTML s'est généralisée et a introduit de nouvelles possibilités pour le développement web. D'ailleurs, de plus en plus de sites web l'adoptent et les navigateurs s'adaptent de mieux en mieux à cette technologie. Autrement dit, il y a de moins en moins de risques à développer directement son site en HTML 5, d'autant plus qu'il existe des scripts de compatibilité pour les anciens navigateurs et que Google parvient parfaitement à indexer cette version de l'HTML.

La différence par rapport à la version 4 en ce qui concerne Ajax est qu'il existe désormais une fonction pour modifier en dur l'URL du navigateur, sans recharger la page. Mieux encore, ce changement permet de créer un historique de navigation, ce qui autorise l'internaute à utiliser comme il le souhaite les boutons Suivant et Précédent.

Cette fonction « miracle » s'appelle `history.pushState` et va nous permettre donc de modifier facilement l'URL sur laquelle se trouve l'utilisateur. Elle prend la forme suivante :

```
history.pushState(data, title, url);
```

En utilisant ce code, on indique au navigateur quelles données (`data`) sont associées à quel titre de page (`title`) pour une URL donnée (`url`). Cela va donc inscrire ces informations dans l'historique de navigation de l'utilisateur, lui permettant ainsi de naviguer librement.

Parfois, la donnée `data` de `history.pushState` est vide (ce qui peut arriver si votre script est mal conçu ou si votre animation de page est trop spécifique). Même dans ce cas, il existe une solution de secours si l'utilisateur cherche à appuyer sur le bouton Page précédente : elle consiste à vérifier si l'utilisateur fait appel à cette fonctionnalité et d'exécuter alors une fonction que vous aurez codée vous-même :

```
window.addEventListener("popstate", function(e) {
//ma-fonction-de-retour
}
```

Nous n'avons donc plus besoin d'ancres du type `#` ou `#!`, et encore moins d'un HeadLess Browser. Tout comme la première solution qui a été donnée, le site est codé en dur et c'est une surcouche JavaScript qui va gérer tous les contenus en Ajax. Les liens en dur sont corrects pour les visiteurs comme pour les moteurs de recherche. Notre site est donc parfaitement indexable et optimisé pour le référencement naturel.

Certains sites ont déjà mis en place cette technologie, comme le site *https://github.com/* qui permet à ses utilisateurs de partager et d'échanger du code source, des plug-ins et des hacks. Quand on est dans un projet, toute la navigation en Ajax pour passer d'un fichier à un autre fait appel à la fonction `history.pushState`.

Pour ceux que cela intéresse, un excellent article explique (en anglais) comment implanter une telle solution technique à l'adresse : *https://www.speeny.fr/362*.

Cependant, comme n'importe quelle technologie relativement récente, cette fonctionnalité de HTML 5 peut être incompatible avec d'anciennes versions de navigateurs, comme Internet Explorer, Opéra Mini, ainsi que Safari et Safari mini. Heureusement pour nous, des développeurs ont créé un JavaScript simulant la fonction `history.pushState` dont nous avons besoin. Il suffit de faire appel au script disponible à cette adresse: *https://www.speeny.fr/363*.

Conclusion

Ajax est une technologie réellement intéressante pour les visiteurs, qui leur donne une vraie sensation de vitesse et d'ergonomie et permet un certain nombre de fonctionnalités intéressantes. Malheureusement, cette technologie peut poser certains problèmes pour l'indexation et le référencement naturel, malgré les différentes solutions existantes. D'ailleurs, ces méthodes ne fonctionnent qu'avec Google: Bing, et donc Yahoo!, restent le plus souvent à la traîne du leader à ce sujet.

Si vous envisagez de travailler avec Ajax sur votre site web, attention à vous entourer de spécialistes SEO connaissant bien cette technologie pour être sûr que vous n'aurez pas de surprises une fois le site web en ligne…

Plates-formes et frameworks JavaScript: un réel obstacle au SEO?

> Section rédigée avec la contribution de Philippe Yonnet

Attention: chapitre technique et complexe, demandant certaines connaissances approfondies sur le monde JavaScript (pévoir une aspirine à la fin)…

Le domaine de la création de sites web utilise de plus en plus des frameworks plus complexes, à base de langage JavaScript (React, Angular, Vue.js sont les trois frameworks JS les plus employés en 2021), produisant des sites également compliqués à crawler et à analyser par les robots des moteurs. La situation évolue petit à petit, mais la maîtrise de ces plates-formes est absolument indispensable pour créer des sites web SEO *friendly*. Les obstacles sont encore nombreux et il faut savoir les déjouer pour obtenir une visibilité maximale sur les différents moteurs de recherche de la planète Web.

Ces frameworks JavaScript ont clairement mauvaise réputation chez les référenceurs. Mais est-ce vraiment mérité? À l'heure où le code JavaScript envahit de plus en plus les pages web, au point de rendre beaucoup de sites strictement inutilisables dans un navigateur dont le support du JavaScript est désactivé, la majorité des moteurs de recherche (à l'exception notable de Google) disposent de bots incapables de comprendre les contenus générés en JavaScript dans les navigateurs.

Cette situation crée un challenge nouveau et d'une rare complexité pour les moteurs de recherche et pour les webmasters. Pour les moteurs, il s'agit de moderniser leurs crawlers pour qu'ils soient capables de supporter ces nouvelles méthodes pour coder des sites web, et pour les webmasters, de savoir rendre leurs contenus SEO *friendly* malgré l'emploi de ces nouvelles techniques.

Qu'est-ce qu'un « framework JavaScript » ?

Les frameworks JavaScript sont des bibliothèques de fonctions en langage JavaScript permettant de réaliser des programmes complexes sans avoir à redévelopper tous les composants. Ils existent depuis de nombreuses années et ont notamment permis de rendre plus commodes l'utilisation de l'Ajax et des requêtes XHR.

Plus récemment, les frameworks JavaScript sont devenus des outils de développement d'applications complètes, aussi bien côté serveur que fonctionnant côté « client », dans votre navigateur favori. L'apparition de frameworks comme NodeJS a également inauguré la possibilité d'utiliser le langage JavaScript pour développer des applications desktop.

Petite histoire du JavaScript

Avant de devenir un langage évolué et (presque) universel, JavaScript a connu des débuts plutôt modestes. Il a été créé au départ pour résoudre les problèmes de standardisation du World Wide Web dans les années 1990 : chaque navigateur supportait différemment le langage HTML, et surtout, les CSS. L'une des solutions trouvées a été d'introduire la possibilité d'exécuter du code dans le navigateur : cela a donné le langage LiveScript, renommé plus tard JavaScript (notons qu'il n'y a aucun rapport entre le langage de programmation Java et JavaScript).

Il a fallu du temps et une longue guerre entre le navigateur de Microsoft et Netscape pour que JavaScript devienne le langage exécuté par les navigateurs modernes. Et la standardisation du langage lui-même est arrivée au début des années 2000, grâce au travail du consortium ECMA en charge de la supervision des normes et de l'évolution du langage (il joue un rôle similaire à celui du W3C pour le HTML).

Les possibilités du JavaScript ont été largement étendues depuis sa création :

- il permet de changer l'apparence de la page en modifiant le contenu du code HTML, ou ses propriétés ;
- il permet de déclencher des actions dans le navigateur ;
- il permet aussi de changer le contenu d'une page en envoyant des requêtes XHR au serveur web pour rafraîchir une partie de la page ou sa totalité (c'est ce que l'on appelle la technologie Ajax) ;
- et il permet enfin de générer du code HTML qui est ensuite interprété par le navigateur, et c'est cette possibilité qui est exploitée abondamment par les frameworks récents.

Pourquoi les frameworks JavaScript sont-ils si populaires chez les développeurs ?

Depuis l'apparition des langages de script spécifiques aux navigateurs web, les développeurs se sont spécialisés pour faire face au challenge de développer les différentes parties d'un site web dans des langages différents. On a vu ainsi apparaître :

- les développeurs « front-end » : chargés de développer le code exécuté dans les navigateurs, ils sont spécialisés dans les langages HTML/CSS et JavaScript ;

- les développeurs « backend » : chargés de développer le code exécuté côté serveur, ils se spécialisent dans un ou plusieurs langages de programmation orientés serveur (PHP, ASP.net, Java, Python…).

Dans la pratique, il est devenu assez difficile aujourd'hui de bien maîtriser TOUS les langages de programmation nécessaires pour construire un site web. Côté développeurs front-end, le langage qu'ils plébiscitent est le JavaScript.

Un seul langage pour tout programmer

Avec les frameworks JavaScript modernes, on peut utiliser un seul langage (le JavaScript) pour tout programmer, depuis le code à exécuter côté serveur, jusqu'au code exécuté dans le navigateur web de l'internaute.

Cela permet aux développeurs front-end de devenir des développeurs « full stack » (capable de gérer le front et le back) sans avoir à apprendre de nouveaux langages. Ce qui est évidemment un gros progrès.

Des pages web (vraiment) interactives

Évidemment, ces frameworks permettent aussi de transformer les pages web en de mini-applications interactives, capables de s'adapter à toutes les fantaisies des développeurs et de leurs donneurs d'ordre. En fait, les frameworks comme AngularJS ou ReactJS ont d'abord été conçus pour fabriquer ce type d'applications tournant dans un navigateur.

Assembler les infos des web services dans le navigateur

Cette interactivité requiert de plus en plus d'assembler des données issues de « web services », qui fonctionnent comme de mini-serveurs capables de répondre aux requêtes d'une application pour renvoyer des données ou des contenus. S'il est possible d'assembler ces informations côté serveur pour générer une page web (c'est la méthode classique), il est également possible d'interroger *via* le langage JavaScript ces web services depuis la page web exécutée par votre navigateur. Cette possibilité est notamment séduisante lorsqu'on veut présenter un contenu régulièrement mis à jour en Ajax.

La première génération de frameworks JavaScript orientée applications client

Après une première série de frameworks destiné à fournir des fonctions prêtes à l'emploi pour de multiples usages ou à améliorer l'expérience utilisateur, notamment en facilitant le recours à l'Ajax (avec JQuery par exemple), sont apparus une première génération de frameworks destinés à construire des pages web dont le seul objectif était de charger du code JavaScript dans le navigateur, ce code créant le contenu de la page (y compris éventuellement… du JavaScript inline dans le code HTML).

C'est ce concept que l'on appelle couramment une « Single Page Application » : le navigateur charge une seule page web, ensuite le contenu est changé de manière interactive sans qu'une nouvelle page web soit redemandée au serveur.

L'un des frameworks de ce type les plus populaires a été AngularJS version 1.x. Le fait que le framework Angular soit un projet soutenu par Google n'a pas été étranger à son succès. Mais cela a aussi fait croire aux développeurs qu'AngularJS version 1.x « était forcément SEO *friendly*, puisque c'était un produit Google ».

Mais c'était parfaitement faux, car les frameworks première génération n'étaient pas SEO *friendly* !

Lors des premières implémentations à l'aide de ces frameworks, il était courant de voir des sites développés à l'aide d'Angular, apparemment parfaits d'un point de vue expérience utilisateur, mais impossible à référencer correctement.

La figure 14-7 montre un exemple de site fait en AngularJS v1.0 : le site de Virgin Mobile USA, après une migration au cours de l'été 2015 vers une plate-forme Angular.

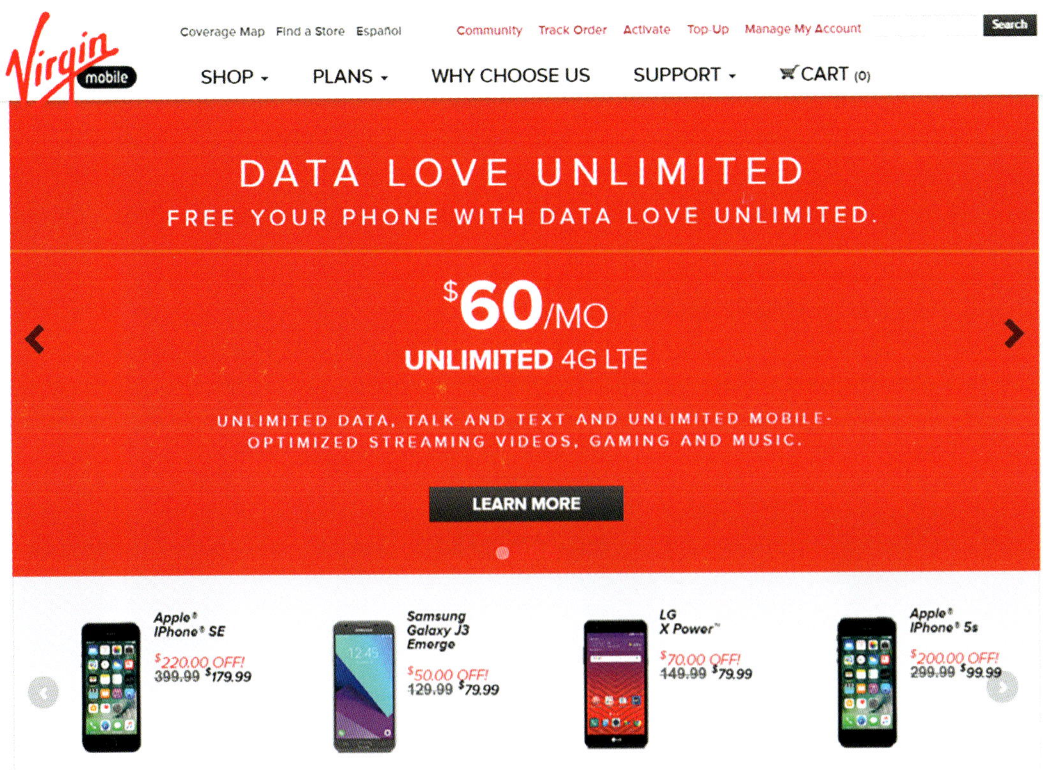

Figure 14-7

Site web de Virgin Mobile en 2015 (JavaScript activé).

Sauf que si on désactivait le JavaScript dans le navigateur, le site se mettait à ressembler à ce que l'on voit (ou pas) sur la figure 14-8… C'est-à-dire une jolie page blanche, ne comportant rien du contenu visible dans le navigateur !

Figure 14-8

Site web de Virgin Mobile en 2015 (JavaScript désactivé).

Le problème était qu'à l'époque, les moteurs de recherche avaient une capacité limitée à « rendre » (générer) le contenu fabriqué dans le navigateur en JavaScript, et *a fortiori* de le crawler et de l'indexer.

Le résultat est que la visibilité du site Virgin Mobile dans les moteurs de recherche a fortement diminué. Dans Bing (un moteur important aux États-Unis), seule la page d'accueil était indexée. Bingbot ne savait pas à l'époque indexer du contenu généré en JavaScript : et même si Bing a progressé dans ce domaine, son robot supportait encore le JavaScript de manière très limitée en 2021. Côté Google, les conséquences ont été moins importantes, car Googlebot en 2015 disposait déjà de capacités plus avancées dans le support du JavaScript. Mais la visibilité de la nouvelle version AngularJS du site a quand même été impactée de manière assez violente, comme le montre la figure 14-9.

Figure 14-9

L'indice de visibilité du site Virgin Mobile USA donné par l'outil SearchMetrics a fortement chuté après la migration du site vers AngularJS.

Conclusion : en 2015/2016 (autant dire hier), faire un site avec un framework JavaScript de type Angular version 1 était clairement une mauvaise idée si on souhaitait avoir un bon référencement.

Les concepts à connaître : SSR, CSR, et Hybrid Rendering

À ce stade des explications, il convient de définir quelques termes qui seront utiles pour comprendre la suite de nos explications.

Tout d'abord, définissons le terme « rendering » (qui se traduit en français par rendition). Le rendering est le travail effectué par un navigateur web pour transformer le code HTML + CSS + JavaScript en une page lisible par l'utilisateur final.

Ensuite, lorsqu'on parle des frameworks JavaScript, on différencie :

- le SSR : le Server Side Rendering (la rendition côté serveur) ;
- et le CSR : le Client Side Rendering (la rendition côté client).

Le SSR représente la méthode utilisée depuis plus de vingt ans pour fabriquer des sites web à l'aide de langages de programmation : le code HTML est généré côté serveur AVANT d'être envoyé au « client », c'est-à-dire le navigateur web.

Cette méthode permet à un crawler de moteur de recherche de récupérer le contenu de la page *via* une simple requête http et sans avoir à exécuter de JavaScript. Tous les crawlers des moteurs de recherche (et les algorithmes de ces moteurs) ont été conçus pour une Toile dans laquelle tous les sites fonctionnent en mode SSR.

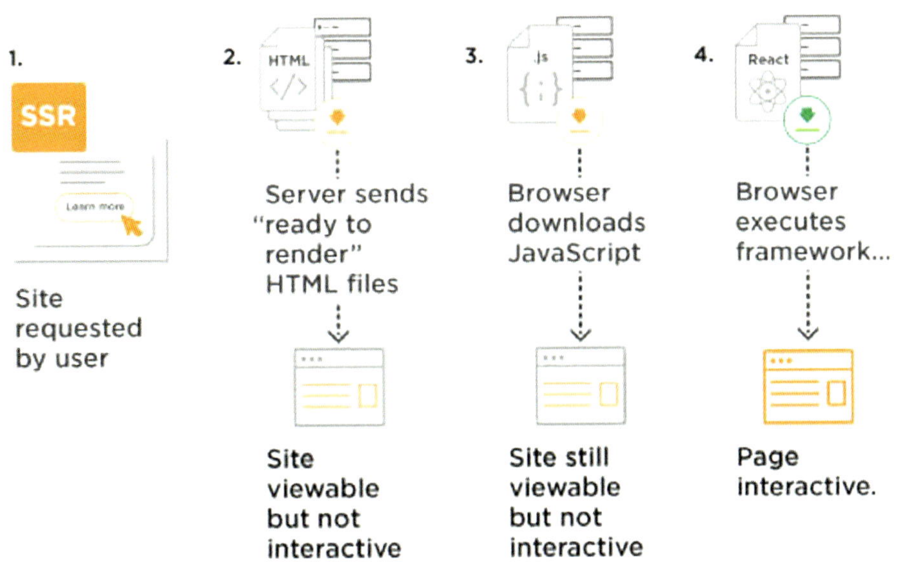

Figure 14-10

Site conçu en SSR : le contenu de la page est généré par le serveur, et entièrement disponible pour un bot.

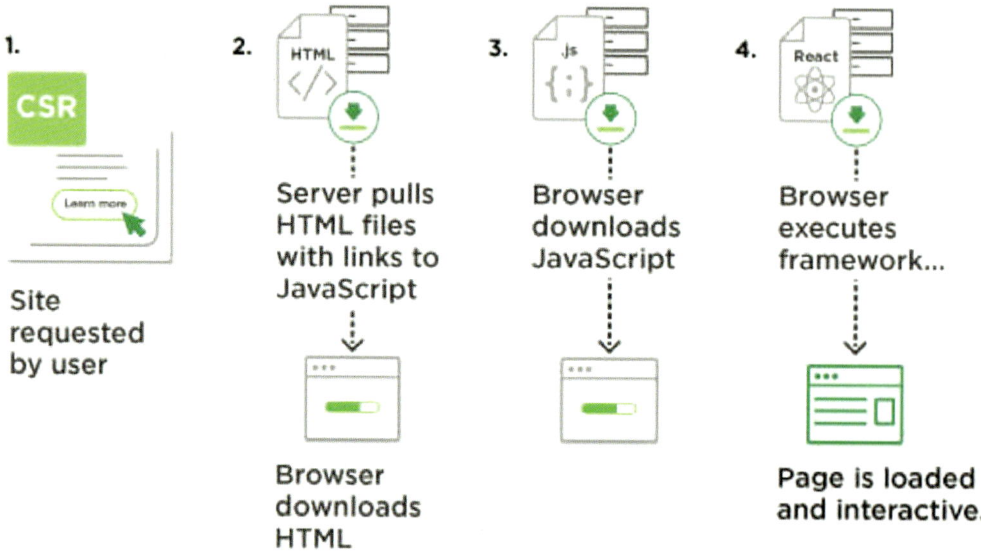

Figure 14-11

En revanche, si le site fonctionne en mode CSR, alors le contenu (et le code HTML qui en assure la rendition) est généré APRÈS la requête du navigateur, qui reçoit une page réduite à l'appel du code JavaScript nécessaire pour assurer la rendition finale du contenu.

C'est ce type de rendition (CSR) qui était utilisé dans le cas de Virgin Mobile USA évoqué plus haut.

Le problème, avec la rendition CSR, est que les bots des moteurs de recherche étaient jusqu'à une époque récente conçus comme des navigateurs très très limités et en pratique incapables d'exécuter le code JavaScript parfois très complexe utilisé pour générer le code HTML dans le navigateur de l'internaute.

Dans un premier temps, la solution préconisée classiquement pour les sites faits avec des frameworks de première génération était d'utiliser une solution de prérendition.

Première méthode pour rendre une SPA CSR SEO friendly : la prérendition

Le concept de prerendering (prérendition en français) consiste à émuler un navigateur côté serveur web, pour prégénérer le code HTML produit par le code JavaScript, avant de l'envoyer au navigateur. Ces navigateurs spéciaux sont appelés des « headless browsers » (des navigateurs sans tête) car ils ont pour particularité de ne pas avoir d'interface utilisateur car ils ne sont pas destinés à produire une page visible par un humain mais juste d'interagir avec un programme pour fabriquer la version prégénérée (pré-rendue) de la page.

Dans la pratique, le code ainsi pré-rendu n'est souvent envoyé… qu'aux moteurs de recherche, qui voient du code HTML facile à crawler et indexer (cela crée un site web SSR), l'utilisateur continuant de recevoir la version « CSR » de la page.

Oui, c'est du cloaking (on présente une version différente aux moteurs et aux utilisateurs) mais c'est du cloaking autorisé par Google, et même recommandé (c'est ce que Google préconise sous le terme Dynamic Rendering).

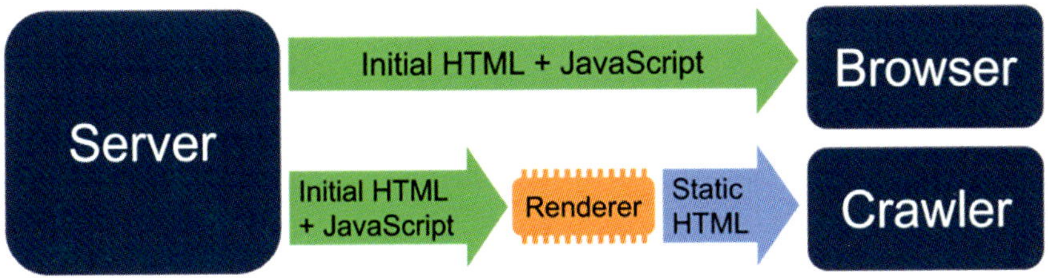

Figure 14-12

Le concept de « dynamic rendering » : Google préconise cette solution en cas de site conçu en full CSR. Quand le serveur web détecte qu'une page est demandée par un crawler (reconnu par son User Agent) il renvoie un code HTML pré-rendu. La version CSR est par contre envoyée à tous les autres navigateurs.

La solution proposée ressemble à celle jadis préconisée pour rendre l'Ajax crawlable (la méthode des « hash bangs »), méthode qui, on le rappelle, est devenue obsolète pour Google.

Au début, il fallait avoir recours à des solutions tierces pour réaliser la prérendition, comme Prerender.io, ou des browsers headless comme PhantomJS. Google, avant de préconiser le Dynamic Rendering a lancé ses propres outils : Puppeteer et Rendertron, qui permettent de réaliser la même chose.

Les limites du Dynamic Rendering

Le Dynamic Rendering est une solution qui fonctionne, mais qui a ses limites dans la pratique.

C'est un moyen de contourner le problème, mais pas de l'éviter. Cela augmente la complexité de l'architecture logicielle d'un site web (dans la pratique, tout se passe comme si on avait deux sites web à maintenir au lieu d'un). Cela suppose d'envoyer du code statique et potentiellement obsolète aux moteurs, et non personnalisé (par la géolocalisation par exemple).

Qui plus est, une implémentation 100 % fiable et réussie demande des compétences techniques minimales côté front, back et infra, et un bon niveau de dialogue entre tous ces acteurs, ainsi qu'avec le référent SEO (interne ou externe). C'est en fait assez simple à déployer, mais s'il manque une compétence dans votre équipe, vous risquez de buter sur des difficultés que vous ne saurez pas résoudre.

Il arrive par exemple fréquemment que le Dynamic Rendering tombe en panne et qu'il faille attendre des jours pour que quelqu'un le détecte. Où que les pages ne se mettent plus à jour. Où que la détection du User Agent fonctionne mal et produise des effets de bord.

Bref, c'est une rustine, pas une solution élégante et durable. Mais c'est une solution qui a du sens pour corriger une situation où le site a déjà été développé en full CSR.

Si le site n'est pas encore développé, il vaut mieux le concevoir différemment en utilisant les possibilités des frameworks JavaScript de dernière génération.

Les solutions apportées par les frameworks « universels » ou « isomorphes » : la deuxième génération de frameworks JavaScript

Car les frameworks JavaScript ont beaucoup évolué depuis leurs premiers balbutiements en 2009. Ils sont désormais conçus pour autoriser la création de code dit « isomorphe », c'est-à-dire un code qui est utilisable aussi bien côté client que côté serveur. Chez AngularJS, on préfère parler de code « universel », un concept que l'on retrouve depuis la version 2 d'Angular dans Angular Universal.

Cette évolution permet de construire des sites web différemment de l'approche « full CSR », en utilisant le langage JavaScript pour générer du code à n'importe quel stade de la rendition.

Solution 1 : utiliser le framework pour générer le code côté serveur (SSR)

C'est possible avec Angular Universal, mais aussi avec les autres frameworks populaires comme Vue.js (grâce à l'extension Nuxt), avec React (grâce à l'extension Next, oui les noms sont proches, et ce n'est pas un hasard).

Nuxt ou Next permettent de générer le HTML côté serveur, et donc d'avoir un site qui, bien que codé en langage JavaScript, fonctionne comme un site « normal », en SSR. Le JavaScript est utilisé à la place du PHP ou de l'ASP.net.

Si le code HTML peut être mis en cache, on aura un site web rapide. Sinon… Et bien c'est le problème que pose cette solution : on peut avoir des problèmes de performance.

Cette solution est SEO *friendly* par construction (à condition que le code HTML généré soit optimisé pour le SEO) et elle fonctionne avec tous les moteurs (Yandex, Baidu, Bing… et bien sûr Google).

Solution 2 (hybride) : utiliser le framework pour générer une partie du HTML côté serveur (SSR), et le reste côté navigateur (CSR)

Cette approche est souvent appelée « hybrid rendering » (rendition hybride). Elle n'est pas forcément SEO *friendly*, tout dépend de ce que l'on génère côté serveur ou côté client.

Une bonne implémentation en hybrid rendering demande dans la pratique une collaboration forte entre l'expert SEO et les développeurs, car il faut choisir avec soin les parties du code générées côté serveur.

Dans la pratique, le code généré côté serveur contient toutes les balises SEO (`title`, balises `meta`, `canonical`, etc.), ainsi que le code affichant le contenu que l'on souhaite voir absolument indexer (les principaux textes et images).

Au passage, les développeurs peuvent profiter de cette approche pour faire de l'amélioration progressive et du Mobile First : le code HTML généré côté serveur est aussi le code minimal pour afficher une version ultrasimple de la page, qui se charge rapidement, et est navigable également rapidement. Ensuite, la page est enrichie/améliorée par le JavaScript côté serveur.

Cette approche est plus flexible, plus élégante, plus performante… Mais c'est la plus difficile à coder. Elle a été popularisée par React.JS et sa communauté dont de nombreuses implémentations ont été réalisées en mode hybride.

Cette solution est LA solution pour avoir le meilleur de tous les mondes lorsqu'on veut un site SEO *friendly*, performant, avec un code allégé. Mais elle est souvent considérée comme très complexe à réaliser et à mettre au point par les développeurs, et il est impératif de bien tester le bon fonctionnement du site, et de tester aussi si les contenus générés en CSR (côté navigateur) sont bien explorés, indexés et positionnés correctement.

Solution 3 : SSR + hydration

La troisième solution est beaucoup plus simple à déployer pour les développeurs, mais est moins élégante.

Elle consiste à générer le code HTML côté serveur (en SSR) à l'aide du framework (et l'aide d'outils comme Next ou Nuxt ou leur équivalent) comme dans la solution 1.

Mais comme le code est isomorphe, on réutilise ce code de façon quasi identique dans le navigateur pour rafraichir le contenu (ou « l'hydrater »).

L'hydration permet de corriger les problèmes posés par le SSR.

- On peut générer côté serveur des contenus statiques, ou mis en cache. Tant pis s'ils sont obsolètes rapidement, l'utilisateur verra toujours du contenu frais « hydraté ».
- Les bots peuvent facilement crawler et indexer le contenu généré en SSR, qui sera en général suffisamment frais pour répondre aux besoins en référencement.
- Le contenu SSR peut être mis en cache, on peut facilement avoir de très bonnes performances avec ce système.

C'est juste moins élégant à cause de la redondance du code, qui alourdit la page par rapport aux solutions précédentes.

Dans la pratique, cette solution est aussi SEO *friendly* que la solution 1 (full SSR ou code HTML statique côté serveur). À condition de faire attention à ce que l'hydration ne vienne pas trop modifier le code HTML de la page initiale ou la contredire, car dans ce cas il faut s'attendre à des effets de bord. Rafraîchir une liste, ou une zone non fondamentale de la page pour le référencement ne pose aucun problème, mais changer le contenu des balises SEO comme un attribut `noindex` ou une `canonical` est une mauvaise idée.

La figure 14-13, que l'on trouve dans les pages développeurs de Google, fournit un bon résumé des différentes solutions disponibles fin 2021.

Server ← - - - - - - - - - → Browser

	Server Rendering	"Static SSR"	SSR with (Re)hydration	CSR with Prerendering	Full CSR
Overview:	An application where input is navigation requests and the output is HTML in response to them.	Built as a Single Page App, but all pages prerendered to static HTML as a build step, and the JS is **removed**.	Built as a Single Page App. The server prerenders pages, but the full app is also booted on the client.	A Single Page App, where the initial shell/skeleton is prerendered to static HTML at build time.	A Single Page App. All logic, rendering and booting is done on the client. HTML is essentially just script & style tags.
Authoring:	Entirely server-side (request response, HTML)	Built as if client-side (components, DOM*, fetch)	Built as client-side	Client-side	Client-side
Rendering:	Dynamic HTML	Static HTML	Dynamic HTML **and** JS/DOM	Partial static HTML, then JS/DOM	Entirely JS/DOM
Server role:	Controls all aspects. (thin client)	Delivers static HTML	Renders pages (navigation requests)	Delivers static HTML	Delivers static HTML
Pros:	👍 TTI = FCP 👍 Fully streaming	👍 Fast TTFB 👍 TTI = FCP 👍 Fully streaming	👍 Flexible	👍 Flexible 👍 Fast TTFB	👍 Flexible 👍 Fast TTFB
Cons:	👎 Slow TTFB 👎 Inflexible	👎 Inflexible 👎 Leads to hydration	👎 Slow TTFB 👎 TTI >>> FCP 👎 Usually buffered	👎 TTI > FCP 👎 Limited streaming	👎 TTI >>> FCP 👎 No streaming
Scales via:	Infra size / cost	build/deploy size	Infra size & JS size	JS size	JS size
Examples:	Gmail HTML, Hacker News	Docusaurus, Netflix*	Next.js, Razzle, etc	Gatsby, Vuepress, etc	Most apps

Figure 14-13

Différentes solutions de rendering disponibles.

La (fausse) révolution en 2019 : Googlebot Evergreen

En mai 2019, Google a annoncé avoir basculé sur une version nouvelle de son crawler, capable d'utiliser la dernière version stable de Chromium (la version open source de Chrome) comme browser headless. Cela voulait dire que le bot de Google était capable de se comporter comme les navigateurs les plus récents, alors que pendant très, très longtemps, il émulait Chrome 41 (une version assez ancienne).

Beaucoup de développeurs se sont alors dit : mais pourquoi s'embêter avec du SSR, de l'hybride ou de l'hydration puisque Googlebot est capable de générer ma page en CSR aussi bien que le navigateur d'un internaute lambda…

Mais rien n'a changé dans l'architecture de crawl : Google explore toujours le Web en deux passes. Et cela a des conséquences funestes pour les sites conçus en mode CSR.

Dans un premier temps, le vieux bot (qui n'exécute pas le JavaScript, et ne voit pas le contenu généré en CSR) explore le contenu et l'indexe. Et dans un deuxième temps seulement (parfois des jours après), le Web Rendering Service (le service de Rendition Web) va exécuter le JavaScript pour explorer le contenu généré en JavaScript et l'indexer.

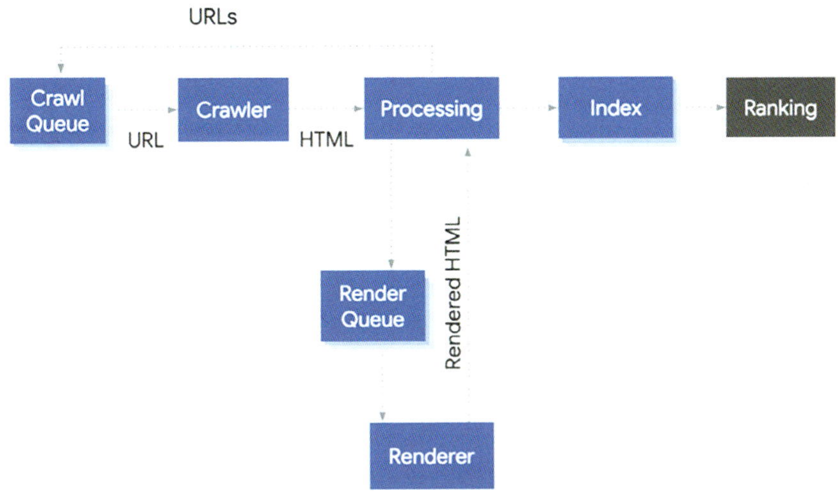

Figure 14-14

Le process de crawl et d'indexation de Googlebot : le passage à une version Evergreen n'a pas changé ce process, qui signifie que la plupart du temps les pages sont explorées par la version classique du crawler, qui n'exécute pas le JavaScript.

Comme la rendition complète en exécutant le JavaScript à l'aide du WRS est très gourmande en ressources (chez Bing, on parle de dix fois plus de ressources que pour un crawl « à l'ancienne »), cette rendition est non seulement faite « en différé » mais aussi bien moins souvent.

Par ailleurs, le service WRS n'utilise pas exactement la dernière version de Chromium, mais une version adaptée compte tenu des contraintes d'un crawler. Par exemple, toutes les fonctionnalités demandant l'accès des données stockées localement dans le navigateur, ne fonctionnent pas avec le Renderer (alias le WRS).

C'était déjà vrai avec les cookies et le bot « antique » (toujours en action, rappelons-le), c'est vrai aussi aujourd'hui avec les fonctionnalités basées sur les Service Workers et le stockage de données local.

Le CSR n'était pas SEO friendly au départ, l'est-il aujourd'hui ?

Côté Google, les progrès effectués ces derniers mois conduisent à ne plus devoir rejeter systématiquement les architectures full CSR, où le contenu est généré dans le navigateur du client à grand renfort de JavaScript.

Mais c'est encore un no-go absolu si vous avez besoin d'être bien référencé à l'international. Car ce type de site ne pourra pas être bien référencé chez les moteurs concurrents de Google.

Figure 14-15

L'état des lieux établi en 2018 par Bart Goralewicz de l'agence polonaise Elephate sur le caractère SEO friendly ou nom des frameworks JavaScript en fonction des moteurs de recherche testés.

Le CSR sera déconseillé également si le trafic issu du référencement est vital pour vous. Car si un site en CSR est bien implémenté techniquement, il n'y a pas de raison que le contenu ne soit pas exploré et indexé complètement par Google.

Mais il n'est pas certain qu'il soit bien positionné. Car l'un des défauts de certaines implémentations est de faire disparaître la notion de page web associée à des URL uniques. Fondamentalement, l'algorithme de Google s'attend à trouver une arborescence sur un site, et dans une « single page application », cette arborescence peut être très différente de celle d'un site classique. Il est donc important de savoir techniquement manipuler en JavaScript les URL de l'historique de navigation du browser (à l'aide de la méthode `pushstate()`) pour recréer cette arborescence.

On ne sait pas exactement ce qui se passe par ailleurs quand le contenu vu par le « vieux » Googlebot et celui généré par le WRS sont trop différents ou contradictoires. Il est évident que certaines erreurs conduisent à des impasses (par exemple, s'il y'a un `noindex` dans la méta `robots` de la page envoyée par le serveur, le Renderer ne sera jamais appelé, même si, lui, contient une directive `index` !).

Dernier point qui incite à la prudence : le service WRS (le Renderer) n'est pas du tout patient. Si le code JavaScript, les services web appelés, ou votre serveur sont lents à répondre ou à s'exécuter, alors le système réessaiera plus tard (on perd encore des heures, voire des jours), et risque… d'abandonner. Dans ce cas, votre contenu CSR ne sera jamais indexé (ou au mieux de manière incomplète) !

Bref, les implémentations CSR sont à déconseiller si le référencement est vital pour vous. Si c'est un site sans enjeu SEO, comme un site corporate, et que votre objectif est simplement que 100 % de votre site soit exploré et indexé, alors le CSR est possible. Mais attention, il faut que l'implémentation technique soit parfaite et que les performances de votre architecture logicielle soient correctes.

Conclusion : frameworks JavaScript & SEO ne sont plus incompatibles, mais…

Comme nous l'avons vu avec les implémentations SSR, hybrides ou l'hydration, il est tout à fait possible de faire des sites SEO *friendly* avec des frameworks JavaScript.

Si votre site est en Client Side Rendering, il existe toujours la solution du Dynamic Rendering (la pré-rendition) pour corriger le problème et le rendre SEO *friendly*.

Mais, en pratique, les problèmes avec les frameworks JavaScript proviennent plus de ceux qui les implémentent et des choix d'implémentation que de l'outil lui-même !

Ces approches sont nouvelles, en constante évolution, et pas toujours bien maîtrisées par les développeurs. Comme le domaine est complexe et très technique, la plupart des référenceurs ont du mal à challenger les équipes techniques sur ces sujets, et à tester et déboguer des sites fabriqués avec ce type de technologie.

Mais, messieurs et mesdames les spécialistes du SEO, ne vous lancez pas dans des combats d'arrière-garde en disant : je ne veux pas de cela chez moi. Ces technologies ont de nombreux avantages et sont là pour durer. La façon de créer des sites web est en train de changer et vous devez vous adapter, comme Google est en train d'essayer de le faire. Les « progressive web apps » par exemple, sont le reflet de cette évolution vers une frontière floue entre application et site web, et où on ne sait plus très bien non plus où est la frontière entre client et serveur et où est produit le contenu.

Quelques liens sur les frameworks JavaScript

Si vous êtes encore vivants ☺ après la lecture de ce chapitre sur les frameworks JS, voici quelques liens qui vous permettront d'aller plus loin :

- La page de la rubrique developers de Google sur le JavaScript et le SEO (récemment mise à jour en français) : *https://www.speeny.fr/364*
- Le « codelab » pour apprendre à coder avec les frameworks JavaScript de façon SEO *friendly* : *https://www.speeny.fr/365*
- Le billet du blog webmasters de Google sur le Dynamic Rendering : *https://www.speeny.fr/366*
- La série de vidéos de Martin Splitt de Google sur JavaScript et le SEO (à voir absolument si vous vous intéressez à ces technologies. Il faut avoir des bases en développement web pour suivre, mais c'est très clair et très pédagogique) : *https://www.speeny.fr/367*
- Un billet du blog de l'agence Search Foresight dans lequel sont commentées ces vidéos : *https://www.speeny.fr/368*
- Un billet du blog de Search Foresight sur l'hybrid rendering vs le dynamic rendering : *https://www.speeny.fr/369*
- L'annonce de Google sur Googlebot Evergreen : *https://www.speeny.fr/370*

Menus déroulants et formulaires

Si vous proposez sur votre site une navigation basée sur les menus déroulants, comme sur la figure 14-16, avec du code `<select><option>`, sachez que, si les textes compris dans ces menus sont bien pris en compte par les moteurs comme du texte visible, les robots ne suivent pas ce type de lien. Il vous faudra donc les doubler au travers de liens textuels ou compatibles avec les robots, sur la page elle-même ou sur le plan du site.

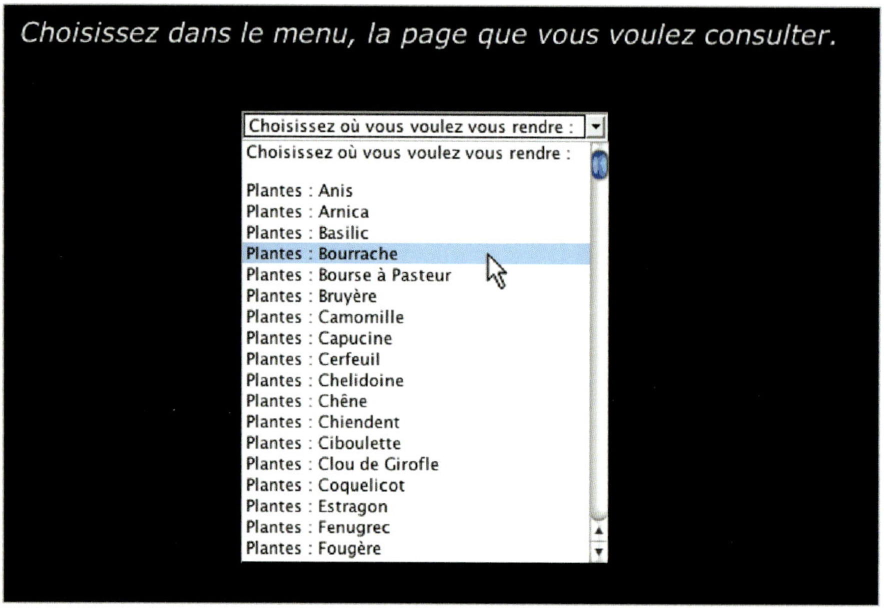

Figure 14-16

Une navigation par menus déroulants ne sera pas comprise des robots.

Il en va de même si vos contenus sont accessibles au travers d'un moteur de recherche interne, comme dans l'exemple de la figure 14-17.

Les robots des moteurs ne savent pas cliquer dans des cases à cocher, entrer des données dans un formulaire, choisir dans des menus déroulants et valider une recherche. Ils ne savent que suivre des liens (même si Google travaille depuis longtemps sur le sujet : *https://www.speeny.fr/371*). Donc, si seul ce type d'accès est disponible, vos produits ne seront jamais indexés par Google et consorts. Là encore, il faudra fournir aux robots des liens compatibles, toujours de façon visible et loyale (oubliez toute velléité de cacher ce type de lien dans vos pages HTML, d'une façon ou d'une autre). Dans ce cas, seule la page « Plan du site » (voir la fin de ce chapitre) ou des options de type Sitemaps (voir chapitre 12) seront envisageables, avec une large préférence au plan du site pour les internautes.

Figure 14-17

Les spiders des moteurs ne savent pas remplir des champs de formulaires pour trouver des pages web.

Sites dynamiques et réécriture d'URL

Un site dynamique est ainsi appelé par opposition à un site statique. Ce dernier gère des pages HTML créées au préalable et qui sont affichées telles quelles dès qu'un internaute les demande. Les pages sont donc créées à l'aide d'un éditeur HTML, puis stockées pour être affichées sous leur forme initiale.

Le site dynamique, pour sa part, puise ses informations dans une base de données (qui peut être d'origines diverses) et crée des pages à la volée, en fonction d'une action ou d'un événement. Par exemple, pour une saisie effectuée par un internaute, le moteur de recherche est l'exemple type de site dynamique.

En effet, lorsqu'un internaute arrive sur un moteur, saisit une requête dans un formulaire, sur la base des mots-clés demandés, se crée alors une page de résultats « sur mesure ». Bien entendu, cette page n'existe pas en tant que telle sur le disque dur du moteur, elle est donc créée à la volée. Nous avons affaire à un site dynamique. Aujourd'hui, une immense majorité des sites web sont dynamiques et créés sur la base d'un CMS de type WordPress, Joomla, Drupal, PrestaShop ou Magento.

Il en sera de même avec des sites web d'e-commerce, par exemple dans le cadre d'un catalogue en ligne, mais également la consultation d'archives de presse, etc.

Ce qui a longtemps bloqué les moteurs de recherche était représenté par l'URL des pages, qui contenait, pour ce type de site, deux caractères spécifiques et représentatifs des sites dynamiques : le point d'interrogation *(?)* et l'esperluette *(&)*.

Si votre site est dynamique, c'est-à-dire construit sur une base de données consultée à la volée, cela peut poser des soucis aux moteurs de recherche en fonction de la structure des URL de vos pages. Par exemple une telle structure, créée par défaut par le CMS :

https://www.sitedynamique.com/v2/V2_liste_produit.asp?id1=2155&id2=2159&id3=2177&inftyp=1&niv =3&marque=no&num=3

Cette URL contient un caractère *(?)*, synonyme de « passage de paramètres d'une page à l'autre » et des esperluettes *(&)* qui séparent les différents paramètres entre eux. Ici, ils ont pour nom : `id1`, `id2`, `inftyp`, `niv`, `marque`, `num`, etc.

La situation a longtemps été la suivante : si les URL de vos pages contenaient jusqu'à trois paramètres (soit deux esperluettes), votre site ne devrait pas poser de problèmes aux moteurs de recherche (hors souci spécifique comme les cookies ou les identifiants de session, voir plus loin). Si les URL de votre site contenaient quatre paramètres (soit trois esperluettes) et plus, il aurait eu du mal à être indexé, et ce, quel que soit le moteur de recherche. Son référencement devenait alors plus aléatoire. Heureusement, nous n'en sommes plus là aujourd'hui, car les dernières versions des CMS savent créer des URL totalement *spider friendly* par défaut s'ils sont bien configurés pour cela.

Un décalage entre les technologies de création de site et leur prise en compte par les moteurs

Il existe, et cela est vrai depuis la création des moteurs de recherche, un certain décalage entre le moment où les techniques de création de sites web sont utilisées et la façon dont les moteurs de recherche les indexent.

Cela s'est vérifié pour les frames (souvenez-vous du moteur Excite qui ignorait totalement les sites ainsi réalisés), puis pour le Flash ou le JavaScript, par exemple. Cela se vérifie encore avec les sites web dynamiques, qui ont longtemps représenté un obstacle rédhibitoire pour les moteurs. La situation s'est heureusement grandement améliorée aujourd'hui.

Format d'une URL de site dynamique

L'URL d'une page émanant d'un site dynamique est donc le plus souvent affichée sous une forme par défaut du type :

https://www.sitedynamique.com/prog.cgi?kw=motcle&langue=fr&zone=france&encodage=ISO-8859-1

Cette adresse peut s'interpréter ainsi : « sur le site *www.sitedynamique.com*, on a lancé le programme nommé `prog.cgi` en lui passant comme paramètres les variables `kw` (de valeur `motcle`), `langue` (de valeur `fr`), `zone` (de valeur `france`) et `encodage` (de valeur `ISO-8859-1`).

Il en est exactement de même sur Google. Si vous allez sur le site *https://www.google.fr* et si vous tapez le mot-clé « abondance », l'URL de la page de résultats aura un intitulé similaire à celui-ci :

https://www.google.fr/#hl=fr&source=hp&q=abondance&aq=f&aqi=&aql=&oq=&gs_rfai=&fp=8918f4ccf5797512

Sur Google, le programme a été lancé, avec pour paramètres :

- `hl = fr` (la zone linguistique) ;
- `source=hp` (la requête vient de la page d'accueil de Google) ;
- `q = abondance` (le mot-clé) ;
- etc.

Les méthodes GET et POST

Google utilise pour son formulaire de recherche la méthode GET (passage de paramètres dans l'URL) contrairement à un moteur comme celui de Free, qui utilise, sur sa page d'accueil, la méthode POST. Dans ce cas, la page de résultats a une URL identique quel que soit le mot-clé recherché. La méthode POST est rédhibitoire pour l'indexation des pages dynamiques puisqu'une seule URL est proposée aux robots pour chaque page. L'adresse des documents n'est donc plus différenciatrice de leur contenu.

Voici quelques exemples (réels) d'URL dynamiques :

- *https://www.nova-cinema.com/main.php?page=search.en.htm*
- *https://canadapost.internic.ca/search.asp?lang=fr*
- *https://www.medbioworld.com/MedBioWorld/TopicLinks.aspx?type=Reference%20Tools&&category=(All)&&concept=Medicine*

Le plus souvent, les sites dynamiques sont créés sur la base de technologies de programmation comme PHP, ASP ou autre. Néanmoins, ils peuvent également être conçus grâce à des produits propriétaires (qui poseront plus ou moins de problèmes supplémentaires) comme Domino, Vignette, BroadVision… ou un CMS classique avant réécriture d'URL comme WordPress, Drupal ou Joomla.

Pourquoi les moteurs de recherche n'indexent-ils pas, ou mal, les sites dynamiques ?

Le fait que les URL dynamiques aient un format spécifique ne nous explique pas pourquoi elles sont refusées ou mal comprises par les moteurs de recherche. Il y a en fait plusieurs explications à cela.

- Le nombre de pages créées à la volée par un site dynamique peut être quasi infini. En effet, prenez un catalogue du type de ceux d'Amazon ou de la Fnac, multipliez le nombre d'articles par le nombre d'options possibles (délai d'envoi, couleur, taille des vêtements, etc.) et vous obtenez rapidement, pour un seul site, plusieurs centaines de milliers, voire millions de pages web potentielles présentant chaque produit de façon unique. Il est difficile, pour un moteur, de les indexer toutes ou, dans le cas contraire, de savoir où s'arrêter.
- Il s'agit également là d'un système à haut risque pour ce qui concerne le spam contre les moteurs. Dans ce cas, ces derniers se méfient et, parfois, optent pour l'option la

moins risquée. Ils préfèrent ne prendre en compte aucune page plutôt que de courir le risque d'indexer un réservoir à spam au travers de techniques de création incessante de pages un peu trop optimisées.

- Une même page, proposant le même contenu, peut être accessible à l'aide de deux URL différentes (ce problème est notamment crucial en ce qui concerne les identifiants de session comme nous le verrons plus loin). Cela risque d'être problématique pour un moteur, qui devra alors mettre en place des procédures de dédoublonnage (duplicate content, voir chapitre 13) qui peuvent s'avérer complexes.
- La longueur excessive de certaines URL, passant de nombreux paramètres, peut également poser des problèmes aux moteurs. Par ailleurs, certains caractères apparaissant dans ces adresses (#, {, [, |, @, etc.) peuvent également être bloquants parfois, tout comme les lettres accentuées, peu fréquentes dans les URL statiques, qui peuvent causer des soucis de codage.
- Certains problèmes posés par les sites web dynamiques sont appelés *spider traps* : il s'agit de pages mal reconnues par les spiders des moteurs, qui s'y perdent parfois dans des boucles infinies et indexent alors des milliers de documents différents représentatifs de quelques pages web uniquement.

Certains formats sont rédhibitoires

Comment un moteur de recherche réagit-il face à une page dynamique ? Il y a de cela quelques années, elles étaient purement et simplement ignorées. Pour certains moteurs, les pages en PHP, ASP ou CFM étaient bannies, quelle que soit leur forme. Heureusement, cette période est aujourd'hui révolue.

En effet, à l'heure actuelle, les moteurs de recherche reconnaissent de façon bien plus optimale les pages dynamiques. On voit de plus en plus de pages possédant quatre paramètres, voire plus, dans leur URL et néanmoins présentes dans les index respectifs de Google et de Bing. Cependant, pour éviter tout problème et obtenir des URL « lisibles » et mnémotechniques, on préfère envisager une solution technique adéquate comme la réécriture d'URL que nous évoquerons très bientôt.

De plus, la présence de mots-clés dans les URL est un critère non négligeable pour les moteurs, ce qui est rarement le cas dans une URL dynamique par défaut. Dans tous les cas, vous devrez donc certainement passer par ces solutions de réécriture de vos URL dynamiques pour optimiser votre site. Des solutions que tout CMS digne de ce nom propose aujourd'hui.

Quelles sont donc les solutions disponibles pour référencer des pages disposant d'URL dynamiques ? En voici quelques-unes…

Le cloaking

La technique du cloaking (ou *IP delivery*) est interdite par Google, mais parfois utilisée par certains webmasters. Imaginons que votre page d'accueil s'intitule *index.html*. Vous allez créer, dans un premier temps, une copie de cette page. La première sera la page originelle du site, la seconde sera optimisée pour les moteurs.

Les systèmes de cloaking sont ensuite installés sur le serveur, sous forme de logiciels spécifiques, et tentent d'identifier qui arrive sur vos pages.

- Soit c'est le robot d'un moteur (reconnaissable par son `User-agent` et/ou son adresse IP, dont des bases de données sont aisément identifiables sur le Web) et, dans ce cas, le système lui fournit la page optimisée.
- Soit c'est un internaute et, dans ce cas, le serveur lui envoie la page « normale ».

Que penser de cette technique ? Elle constituerait, après tout, une bonne façon de pallier les problèmes techniques posés par les sites web dynamiques. Sauf que les gros moteurs de recherche, dont Google, ont pour la plupart indiqué par le passé qu'ils refusaient ce type de solution, considérée comme du spam. Google est très clair à ce sujet sur son site (*https://www.speeny.fr/372*) : « Le "cloaking" est une pratique qui consiste à présenter aux internautes des URL ou un contenu différents de ceux destinés aux moteurs de recherche. Cette pratique constitue une infraction aux Consignes aux webmasters de Google, car elle propose aux internautes des résultats différents de ceux attendus. »

Avantage du cloaking

Il est peu complexe à mettre en œuvre, les informations et les outils étant pour la plupart disponibles en ligne. Attention, il est nécessaire d'avoir quand même de solides connaissances en développement et gestion de site pour mettre en place ces techniques.

Inconvénient du cloaking

Les gros moteurs de recherche n'apprécient que modérément ce type de pratique. Google l'interdit clairement. De plus, le cloaking est assez facile à détecter sur un site par un moteur de recherche. Le risque de pénalité est donc assez important.

Conclusion : il sera difficile de prendre en compte le cloaking dans le cadre du référencement d'un site web dynamique.

Création de pages de contenu

Une autre solution est proposée par les sociétés de référencement : la création de pages web, sans redirection, hébergées sur votre site ou sur le serveur du référenceur, proposant un contenu spécifique et, bien sûr, une URL « propre » pour les moteurs.

L'idée, là encore, est simple : il s'agit de créer des pages disposant d'une adresse statique et qui serviront en priorité au référencement de votre site. Ces pages proposent un contenu réel, basé sur celui de votre site originel et respectant donc votre charte graphique.

Le référenceur travaille avec le client et crée des pages en piochant du contenu sur le site web de départ, contenu qui lui sert à proposer du code HTML optimisé. Cette page proposera également, comme toutes les pages du site, une barre de navigation permettant au visiteur de cliquer sur les autres rubriques.

Avantage des pages de contenu

Il s'agit d'une solution pérenne puisque mettant à la disposition de l'internaute un contenu de qualité, adapté à la requête demandée. Il est difficile de penser que les moteurs voient ce type de possibilité d'un mauvais œil à l'avenir.

Inconvénients des pages de contenu

Cela demande un vrai travail éditorial dont la mise en œuvre peut s'avérer longue et onéreuse.

La création de pages de contenu est une solution qui permet d'obtenir très souvent de bons résultats pour un rapport qualité/prix intéressant. Elle demande cependant un travail important (attention aux usines à gaz !) et un contrôle strict de la part du client sur les informations mises en ligne par le référenceur.

L'URL Rewriting

Il s'agit ici de la solution qui est certainement la plus efficace pour un site dynamique. Le but est de définir des règles de réécriture pour des adresses de pages web dynamiques, puisque ce sont elles qui, dans la plupart des cas, bloquent les moteurs.

Par exemple, des URL du type :

www.sitedynamique.com/prog.php?kw=motcle&langue=fr&zone=france&encodage=ISO-8859-1

pourront être réécrites en :

www.sitedynamique.com/prog.php/motcle/fr/france/ISO-8859-1

Cette adresse ne pose plus de problème au moteur de recherche. Le tour est joué et le site web dynamique devient indexable sans souci par les robots.

Ces URL facilitent l'indexation des sites dynamiques et donc leur référencement dans les moteurs.

En plus de cet avantage indéniable, la réécriture d'URL permet également de renforcer la sécurité du site en masquant les noms des variables passées dans l'URL.

Mettre en place une politique d'URL Rewriting (réécriture d'URL) ne pose pas de difficultés majeures, même si cela peut prendre du temps et demande surtout beaucoup de rigueur organisationnelle. Toutefois, une fois que cela est fait, vous n'avez plus à vous en occuper, sauf modification majeure dans la structure de votre base de données. Et, comme on l'a dit précédemment, la plupart des CMS actuels effectuent ce travail de façon transparente.

Avantages de l'URL Rewriting

Elle rend bon nombre de sites web dynamiques compatibles avec les moteurs de recherche.

Les règles de réécriture d'adresses sont établies une seule fois.

Elle est prise en compte par tous les moteurs de recherche.

Inconvénients de l'URL Rewriting

La mise en place des règles de réécriture peut parfois être assez longue et fastidieuse.

Certaines configurations techniques (serveurs/solutions propriétaires) ne proposent pas de telle solution, même si ce cas de figure devient de plus en plus rare.

Principe de l'URL Rewriting

Le principe de la réécriture d'URL est donc de mettre en place un système sur le serveur pour qu'il sache interpréter ce nouveau format d'URL. Par exemple, quand un visiteur accède à la page *https://www.notre-site.com/articles/article-12-2-5.html*, le serveur doit renvoyer exactement la même chose que si le visiteur avait demandé à accéder à la page *https://www.notre-site.com/articles/article.php?id=12&page=2&rubrique=5*.

La correspondance entre les deux schémas d'URL est alors décrite sous forme de règles de réécriture. Chaque règle permet de décrire un format d'URL. Dans l'exemple ci-dessus, la règle de réécriture va indiquer au serveur de prendre le premier nombre comme numéro d'article, le deuxième comme numéro de page et le troisième comme numéro de rubrique.

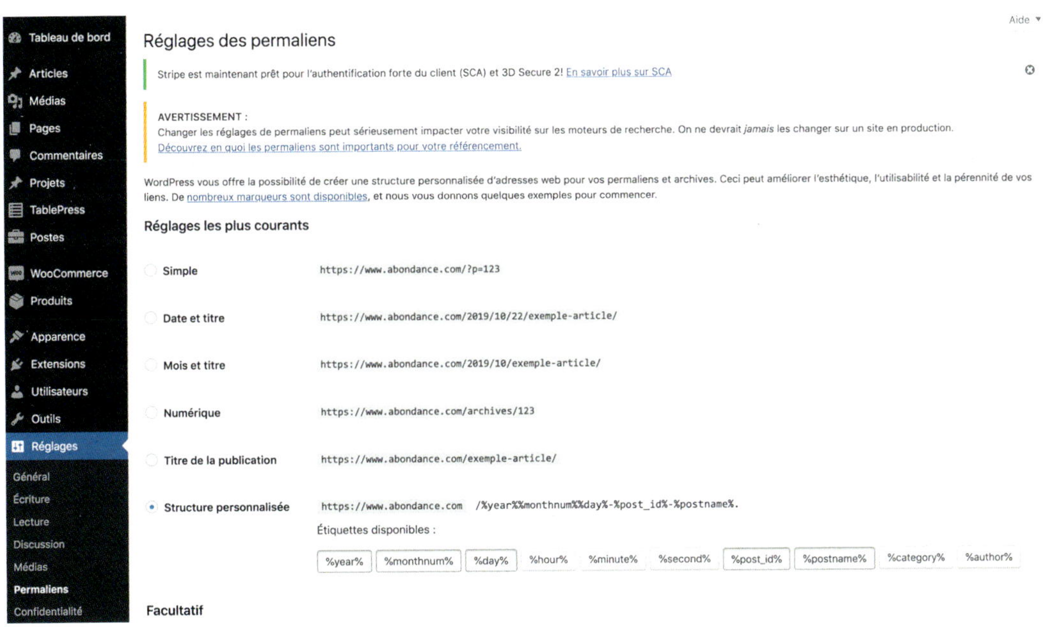

Figure 14-18

Sur WordPress, la rubrique Réglages>Permaliens permet de créer des URL réécrites en quelques clics.

Balises multilingues et multipays

> Section rédigée avec la contribution de Philippe Yonnet

Google propose depuis 2011 (*https://www.speeny.fr/373*) la prise en compte de la balise `hreflang` pour indiquer les différentes versions linguistiques et le pays cible d'une page. Cette section du chapitre a pour but d'expliquer comment Google détecte la langue d'un contenu ainsi que les différentes possibilités disponibles pour indiquer au moteur quelle est celle utilisée dans une page donnée et comment il faut les utiliser à bon escient.

Lors de leur exploration des pages web, les moteurs de recherche rencontrent des pages rédigées dans les nombreuses langues différentes utilisées sur la Toile. L'identification exacte du langage employé est indispensable pour « classer » et « filtrer » correctement les pages par langue utilisée. Associer une langue à une page se révèle évidemment plus pratique pour les utilisateurs, mais aussi pour pouvoir appliquer les bonnes règles et les bons analyseurs lexicaux et syntaxiques aux textes à indexer.

Or la détection de la langue employée n'est pas du tout triviale pour un moteur de recherche.

Le problème de la détection de la langue

Le premier écueil que rencontrent les moteurs pour identifier la langue d'une page est dans un premier temps la complexité des différents langages parlés sur Terre. Il existe tout un *continuum* de contextes entre la langue officielle, les langues locales, les variantes régionales, les dialectes, les « patois locaux », les niveaux de langage (par exemple, le langage SMS comparé au français littéraire), les usages (par exemple, l'arabe moderne/classique), les langues parlées, etc.

Cette absence de critère linguistique permettant de séparer clairement langues et variantes, ou dialectes, empêche de comptabiliser correctement le nombre de langues parlées sur Terre. On parle de plusieurs milliers, alors qu'un moteur comme Google n'en gère qu'une grosse centaine.

Le second écueil est bien sûr que les sites soient parfois rédigés en plusieurs langues et surtout que plusieurs langues puissent être présentes sur la même page !

La solution théorique : déclarer la langue du contenu dans le code de la page

La solution la plus simple pour permettre au moteur d'identifier la langue d'une page pourrait être d'analyser la langue déclarée par le webmaster. En effet, il est possible de déclarer, dans les en-têtes http ou HTML, la langue de la page.

Déclarer la langue utilisée est plus qu'une bonne pratique, c'est indispensable (même si ce ne sera pas suffisant comme on le verra par la suite) ! Et il est clairement recommandé de le faire à chaque fois que c'est techniquement possible.

Notons au passage qu'il existe deux types d'annotation pour les langues, avec des objectifs différents :

- celles destinées à spécifier la langue primaire du document ;
- celles destinées à spécifier la langue de traitement du document.

La « langue primaire » est une métadonnée qui s'applique à tout document. Dans la pratique, c'est une indication qui s'adresse aux navigateurs web. Si une page est destinée à être affichée dans le navigateur d'un internaute réglé pour lire des pages en italien par défaut, on utilisera soit (dans l'en-tête http) :

```
Content-Language: it
```

soit (dans l'en-tête html) :

```
<meta http-equiv="Content-Language" content="it">
```

On peut déclarer plusieurs langues dans ce type de balise, en séparant les langues par une virgule. Par exemple :

```
<meta http-equiv="Content-Language" content="it,da">
<!-- (italien + danois) -->
```

La langue de traitement est, quant à elle, une indication qui s'adresse à d'autres applications que le navigateur : les logiciels de traduction, ou les logiciels de correction grammaticale ou orthographique par exemple. Elle est spécifiée dans le code par l'attribut html `lang` ou `xml:lang`. Ces annotations servent à indiquer la « vraie » langue utilisée dans la zone entourée par le conteneur. Cela signifie par conséquent qu'une seule valeur est possible par cet attribut.

- En HTML classique : `<html lang="fr">`.
- En XHTML traité en tant que HTML : `<html lang="fr" xml:lang="fr" …>`.
- En XHTML traité en tant que XML (type de contenu application/xhtml+xml) : `<html xml:lang="fr" … >`.

Si une partie quelconque du contenu est rédigée dans une autre langue que celle déclarée dans la balise HTML, il suffit de l'indiquer dans les attributs `lang` et `xml:lang` de son élément conteneur. Par exemple, pour une citation en anglais dans un document en français :

```
<q lang="en">…</q>
```

Mais on ne peut pas faire confiance aux webmasters !

Dans la pratique, on constate que ces attributs, directives et annotations sont méconnus. Trop de webmasters n'utilisent pas ces possibilités de déclaration ou, pire, les utilisent mal, ce qui oblige les moteurs à tenter de reconnaître la langue en fonction du lexique utilisé dans une zone donnée de la page et à ne pas faire confiance aux déclarations de langue !

De plus, l'exercice atteint ses limites lorsque les textes sont courts, rédigés en style télégraphique, en langage SMS, bourrés de fautes d'orthographe, etc.

Par conséquent, les moteurs se trompent dans un certain nombre de cas et vont prendre par exemple pour de l'anglais un bout de texte technique rédigé en français et contenant de nombreux termes anglais !

Le problème des variantes locales

Si on prend un cas « simple » comme l'anglais, un Américain reconnaîtra assez vite qu'une page est rédigée en anglais du Royaume-Uni et non pour un internaute du Kansas. Les différences entre les textes rédigés dans les variantes locales sont en effet multiples :

- différences de graphie (« theatre », « colour » en UK, « theater », « color » aux US) ;
- différences de vocabulaire (« lorry », « bonnet » en UK, « truck », « hood » aux US).

En revanche, l'anglais américain est dominant sur les pages web, y compris en Grande-Bretagne, donc ce texte tiré de l'aide de Google, rédigé en anglais américain (révélé par l'orthographe « organization » avec un z et non un s comme en anglais du Royaume-Uni) :

« Good account organization helps you make changes quickly, target your ads effectively, and, ultimately, reach more of your advertising goals. »

ne peut pas être déclaré avec certitude comme rédigé en anglais américain pour des Américains ! C'est encore plus vrai pour des pages de sites canadiens anglophones, qui mélangent allégrement – et de plus en plus – les habitudes britanniques et américaines (en choisissant de plus en plus souvent la graphie américaine).

Si on prend le cas du français, les différentes versions parlées en France, en Suisse, en Belgique sont trop proches pour être distinguées automatiquement avec un bon niveau de certitude (c'est peut-être moins vrai pour le Canada). Le lexique est parfois différent, mais pas la graphie ni la grammaire, et il faut donc un texte assez long pour identifier immédiatement l'origine géographique du rédacteur.

En revanche, un seul terme de vocabulaire reconnu par le lecteur suffira parfois à identifier cette origine (exemple « char » à la place de « voiture » ou « automobile » dans un texte de nos amis québécois).

Des quasi-doublons dus aux différentes versions linguistiques

Le développement de versions multilingues des pages ou sites proposant des produits dont le contenu est très proche les unes des autres est un cas complexe. Ce phénomène est particulièrement net dans deux cas :

- lorsqu'on ne traduit que l'interface ;
- lorsqu'on « localise » subtilement les pages pour les adapter à des publics locaux.

1er cas : traduction de l'interface utilisateur uniquement

Si on prend par exemple un site d'annonces, le texte de l'annonce est rédigé dans la langue de l'offreur. Par contre, il est possible d'afficher l'interface dans une autre langue (comme le bouton Répondre à cette annonce), sans qu'on traduise le contenu de l'annonce (c'est même la pratique la plus courante). Les pages affichant chacune une version de l'interface dans une langue différente ont donc un contenu majoritairement similaire : ce sont des quasi-doublons.

2e cas : localisation de la page

Dans certains cas, la « localisation », c'est-à-dire l'adaptation des textes pour un public local, produit des quasi-doublons encore plus spectaculaires.

Prenons un vendeur de piscines espagnol : ses descriptifs de piscines seront évidemment identiques dans la version espagnole et dans la version mexicaine, sauf que « piscine » se dit « alberca » au Mexique et « piscina » en Espagne. Les deux pages seront donc identiques… à un mot près.

Parfois, la localisation consiste à changer uniquement la monnaie et les prix, ce qui crée des pages également très similaires.

Dans ces cas de quasi-doublons, les moteurs de recherche ont en général du mal à s'y retrouver sans qu'on les aide et font trop souvent les mauvais choix. En général, ces pages sont réellement considérées comme des doublons et éliminées ou canonicalisées sauvagement dans le processus d'indexation (y compris en l'absence de balises `canonical`).

Il y a donc des chances pour que nos amis mexicains ne voient pas les pages de notre marchand de piscines espagnol ou, pire, que les Espagnols soient perplexes devant des « albercas » soi-disant construites… en Espagne !

Le problème ici n'est donc pas uniquement un problème de détection de la langue : on cherche à obtenir aussi l'inverse d'une canonicalisation, c'est-à-dire que Google considère vraiment ses pages comme des pages différentes et les indexe au bon endroit !

L'annotation hreflang à la rescousse

Google a donc décidé d'introduire une annotation supplémentaire pour permettre aux webmasters d'indiquer clairement dans quel index linguistique classer les pages et pour spécifier également qu'un groupe de pages représente des variantes linguistiques de la même page. Dans la pratique on cherche à cibler :

- soit une langue ;
- soit une langue ET une zone géographique.

La syntaxe de cette annotation est :

```
<link rel="alternate" hreflang="[code langue]" href="[url]" />
```

Remarque : cette balise est correctement supportée par Yandex et Google, mais pas par Bing.

Important : une erreur fréquemment observée est de ne placer qu'une balise `link rel="alternate"` dans le header, pointant vers l'URL par défaut ! Cette logique ressemble à celle du `link rel="canonical"`, mais on cherche ici à faire l'inverse : faire indexer TOUTES les versions linguistiques et si possible au bon endroit. Il faut donc placer dans le header une balise par version linguistique y compris celle présente sur la page en cours. Voici donc un extrait de l'en-tête d'une page de support de Google :

```
<link rel="canonical" href="https://support.google.com/webmasters/bin/answer.py?hl
=fr&answer=2620865" />
<link rel="alternate" hreflang="ar" href="https://support.google.com/webmasters/
bin/
answer.py?hl=ar&answer=2620865">
<link rel="alternate" hreflang="bg" href="https://support.google.com/webmasters/
bin/
answer.py?hl=bg&answer=2620865">
<link rel="alternate" hreflang="id" href="https://support.google.com/webmasters/
bin/
answer.py?hl=id&answer=2620865">
<link rel="alternate" hreflang="ca" href="https://support.google.com/webmasters/
bin/
answer.py?hl=ca&answer=2620865">
<link rel="alternate" hreflang="cs" href="https://support.google.com/webmasters/
bin/
answer.py?hl=cs&answer=2620865">
<link rel="alternate" hreflang="sr" href="https://support.google.com/webmasters/
bin/
answer.py?hl=sr&answer=2620865">
<link rel="alternate" hreflang="da" href="https://support.google.com/webmasters/
bin/
answer.py?hl=da&answer=2620865">
<link rel="alternate" hreflang="de" href="https://support.google.com/webmasters/
bin/
answer.py?hl=de&answer=2620865">
<link rel="alternate" hreflang="en" href="https://support.google.com/webmasters/
bin/
answer.py?hl=en&answer=2620865">
<link rel="alternate" hreflang="es" href="https://support.google.com/webmasters/
bin/
answer.py?hl=es&answer=2620865">
<link rel="alternate" hreflang="es-419" href="https://support.google.com/
webmasters/
bin/answer.py?hl=es-419&answer=2620865">
…
```

En réalité, il existe une trentaine de versions linguistiques, donc la liste continue encore sur quelques lignes !

Mais on peut aussi spécifier cette information dans le Sitemap `XML` ! Cette possibilité permet de rendre l'implémentation de ces balises plus facile (pas besoin de toucher au code du site web avec cette implémentation). On trouvera la syntaxe pour les Sitemaps ici : *https://www.speeny.fr/374*.

Quels codes utiliser pour l'attribut hreflang ?

Les codes à utiliser pour l'attribut `hreflang` sont ceux définis par la norme ISO 639-1 (pour les codes de langue) et la norme 3166-1 pour les codes pays. L'ajout d'un code pays est optionnel :

- si une page est destinée à tout le public anglophone, on mentionnera uniquement `hreflang="en"` ;
- si une page anglophone est destinée au public américain, on mentionnera `hreflang="en-us"`.

Comment utiliser cette balise conjointement avec la canonical

Contrairement à ce qui a été longtemps expliqué dans l'aide de Google sur cette balise, utiliser la syntaxe `hreflang` conjointement avec des balises `canonical` est en général déconseillé, sauf exception !

Il faut bien comprendre l'impact de ces balises sur le comportement de Google. Lorsqu'elles sont utilisées conjointement :

- la balise `link rel="canonical"` va conduire à l'indexation d'une seule version (l'URL canonique) ;
- la balise `link rel="alternate"` sert à afficher une URL différente dans chaque version pays+langue.

Par conséquent, le résultat sera que l'internaute verra une seule version du snippet (celle de l'URL canonique) et sera redirigé vers la bonne version pays. Certes, mais un visiteur espagnol ne sera pas forcément ravi de voir la version anglaise du snippet sortir dans les pages de Google !

Conclusion : en règle générale, on utilisera la balise `hreflang` seule, sans balise `canonical`.

L'indication par défaut : x-default-hreflang

En avril 2013 (*https://www.speeny.fr/375*), Google a ajouté une nouvelle syntaxe pour indiquer qu'il existe une page d'atterrissage par défaut pour les langues qui ne sont pas supportées par un site web.

Si la page d'atterrissage est : `example.com/defaultlanding`, alors il convient d'ajouter cette ligne dans les en-têtes de toutes les pages qui sont des variantes linguistiques de cette page (y compris la page d'atterrissage par défaut elle-même) :

```
<link rel="alternate" href="https://example.com/defaultlanding" hreflang="x-
default" />
```

Conclusion : dans quels cas utiliser les annotations hreflang ?

Contrairement à ce que certains webmasters ont pu croire (les forums de Google sont remplis de questions démontrant que ces balises sont mal comprises), les annotations `hreflang` ne remplacent pas les spécifications de la langue primaire et des langues de traitement. Il est toujours primordial de fournir ces informations, même si les moteurs n'en tiennent pas toujours compte.

Les annotations `hreflang` servent uniquement à s'assurer que les différentes versions linguistiques d'une même page soient bien :

- toutes indexées et non considérées comme des doublons ;
- indexées dans la bonne combinaison index pays × index linguistique.

La portée de cette balise est donc particulièrement utile pour un site multilingue et/ou multi-pays. Son implémentation dans ce contexte est donc conseillée, mais le webmaster devra être particulièrement prudent et ne pas générer d'effets de bord, notamment en cas d'utilisation conjointe avec une balise `link rel="canonical"`.

En revanche, si on ne veut pas que ces variantes soient indexées (dans les cas de traduction de l'interface), on n'utilisera pas l'annotation `hreflang`, mais une balise `link rel="canonical"` pointant, pour toutes les variantes, vers la page en version par défaut.

Le SEO international

D'une façon générale, la problématique du SEO international est bien plus vaste et ne peut pas se réduire à la seule gestion des balises `hreflang`. Si votre vision dépasse les frontières de l'Hexagone, il vous faudra prendre en compte un certain nombre de points indispensables à votre visibilité dans de nombreux pays. Cette stratégie générale peut se décliner en dix étapes essentielles que nous allons maintenant décrire.

Étape 1 – Définir son pays cible

Premier point capital : une bonne stratégie SEO à l'international se base sur un choix de pays cibles et non pas un choix de langues cibles. En effet, la base même du SEO est d'adapter son site à la façon dont fonctionne Google. Or, le moteur de recherche est conçu pour proposer une version par pays : *Google.fr* pour la France, *Google.ch* pour la Suisse, *Google.it* pour l'Italie, etc., et *Google.com* pour les États-Unis (l'extension *.us* étant très peu utilisée). Il n'existe pas de « Google en français » ou de « Google en anglais ».

Votre vision devra donc être axée sur un choix de pays avant tout. Créer une version de votre site en français « pour les internautes parlant français partout dans le monde » et idem pour l'anglais sera une stratégie perdante en SEO. Pensez donc géographique avant de penser linguistique.

Le but sera donc de définir une liste des pays les plus importants pour votre stratégie internationale. Rien ne vous empêche de démarrer avec une *short-list* de pays indispensables, puis d'enrichir cette liste au fur et à mesure. Rien ne vous empêche non plus de lister des pays ayant une langue commune comme la France, la Belgique et la Suisse, par exemple, comme nous le verrons par la suite.

Et souvenez-vous que le fait de viser le monde entier sur le Web demande des moyens énormes. Les avez-vous ? Oui ? Alors c'est parfait, vous pouvez continuer. Sinon, focalisez vos ambitions sur quelques pays, mais traitez-les bien !

Étape 2 – Choisir les adresses des sites

Vous avez donc choisi une liste des pays cibles pour votre stratégie SEO. Prenons un exemple : la France, l'Allemagne, la Belgique, la Grande-Bretagne et les États-Unis. Vous allez maintenant créer un site web pour chacun de ces pays, sur une adresse spécifique (peu importe si le site est identique pour deux pays ou plus). Plusieurs choix s'offrent alors à vous :

- l'extension du pays : les adresses seront alors *votresite.fr* (France), *votresite.de* (Allemagne), *votresite.be* (Belgique), *votresite.co.uk* (Grande-Bretagne) et *votresite.com* (États-Unis).
- le sous-domaine : les adresses seront alors *fr.votresite.com* (France), *de.votresite.com* (Allemagne), *be.votresite.com* (Belgique), *uk.votresite.com* (Grande-Bretagne) et *www.votresite.com* (États-Unis).
- le répertoire : les adresses seront alors *www.votresite.com/fr/* (France), *www.votresite.com/de/* (Allemagne), *www.votresite.com/be/* (Belgique), *www.votresite.com/uk/* (Grande-Bretagne) et *www.votresite.com* (États-Unis).

Nous vous recommandons grandement la première solution dans laquelle l'extension correspond au pays visé. En effet, c'est celle qui fonctionne le mieux en SEO. Mais elle présente un inconvénient : il faut acheter (et maintenir) de nombreuses extensions et donc de nombreux noms de domaine. Dans certains pays, acheter une telle adresse n'est pas simple, car il faut par exemple avoir une entité (entreprise, filiale) basée localement. Bref, cela demande une gestion assez importante au départ et dans le temps. Mais on n'a rien sans rien…

La solution des sous-domaines présente l'intérêt de n'avoir à acheter qu'un seul nom de domaine, d'où une gestion simplifiée. Il peut s'agir d'une solution de repli si, pour certains pays, il vous est impossible d'acheter l'extension.

La solution du répertoire est à éviter car celui-ci va servir à autre chose en SEO. En effet, on va utiliser le répertoire pour indiquer d'éventuelles langues parlées au sein même d'un pays donné. Par exemple, avec la Belgique, on choisira l'extension *.be* pour le pays et les répertoires */nl* et */fr* pour les langues :

- *www.votresite.be/fr/* : site pour les internautes belges parlant français (wallons).
- *www.votresite.be/nl/* : site pour les internautes belges flamands.

Idem pour la Suisse :

- *www.votresite.ch/fr/* : site pour les internautes suisses parlant français.
- *www.votresite.ch/de/* : site pour les internautes suisses parlant allemand.
- *www.votresite.ch/it/* : site pour les internautes suisses parlant italien.

On peut alors imaginer des situations plus inhabituelles comme *www.votresite.ru/en/* pour les internautes russes parlant anglais, etc. Tout devient possible !

Posons l'hypothèse que vous avez parfaitement fait les choses et que vous disposez maintenant d'une adresse pour chacun de vos sites avec l'extension « qui va bien » pour chaque pays : *votresite.fr* (France), *votresite.de* (Allemagne), *votresite.be* (Belgique), *votresite.co.uk* (Grande-Bretagne) et *votresite.com* (États-Unis). Bravo ! Vous êtes prêt à passer à l'étape 3.

Étape 3 – Éviter les redirections automatiques

Certains sites ont pris l'option de rediriger automatiquement l'internaute sur tel ou tel site, notamment au travers de la détection de son adresse IP. Si l'adresse IP est originaire de France, l'internaute sera alors redirigé vers le site *.fr*. Si cette adresse est détectée comme allemande, c'est le site *.de* qui sera affiché, même si le visiteur désirait consulter le site en *.fr*.

Disons-le clairement : ces redirections ne sont pas conseillées, et ce pour plusieurs raisons :

- Googlebot, le robot de Google a le plus souvent une adresse IP américaine (même si, de plus en plus, Google essaie de rectifier cela avec parfois des adresses IP locales, mais ce n'est pas systématique). Que se passera-t-il si le robot, avec son IP d'outre-Atlantique, vient visiter votre site en *.fr* ? Pourra-t-il le faire ou sera-t-il redirigé sur le site en *.com* ?
- Les internautes ne sont pas stupides : si un visiteur espagnol arrive sur un site en français, il verra vite vos liens, en haut de page, qui permettent d'aller sur le site destiné à son pays et il cliquera sur le drapeau ou le texte correspondant.
- Pourquoi empêchez-vous un Espagnol d'aller sur votre site créé pour la France ou un Allemand d'aller sur votre site dédié à l'Italie ? Après tout, vos visiteurs ont bien le droit d'aller là où ils le désirent, non ?

Bref, ces redirections systématiques appartiennent souvent à un autre âge et, dans une majorité de cas, elles ne servent à rien. Prenez du recul par rapport à ces pseudo-fonctionnalités et supprimez-les. Tout le monde ne s'en portera que mieux, Google le premier !

Étape 4 – Proposer des liens Google friendly entre les sites

Nous venons de le voir, il est important (et logique) de proposer des liens entre chaque version régionale de votre site. Drapeaux, texte, peu importe, mais proposez des liens Google *friendly* soit, comme nous l'avons déjà vu dans cet ouvrage, avec l'URL appropriée dans l'attribut `href` de la balise. Voici donc un exemple de ce que cela pourrait donner dans le cadre de notre exemple précédent :

```
<a href="https://www.votresite.fr">France</a>
<a href="https://www.votresite.de">Deustchland</a>
<a href="https://www.votresite.be">Belgique</a>
<a href="https://www.votresite.co.uk">Great Britain</a>
<a href="https://www.votresite.com">US</a>
```

Les robots de Google pourront ainsi suivre ces liens sans problème et vous y gagnerez de plus des backlinks au passage.

Étape 5 – Implémenter les balises hreflang

Nous venons d'en parler dans les pages précédentes et nous ne détaillerons donc pas plus que cela cette étape : les balises `hreflang` adéquates doivent être intégrées dans vos codes sources. Cela donnera donc pour chacune des pages d'accueil de nos sites :

```
<link rel="alternate" hreflang="fr-FR" href=https://www.votresite.fr" />
<link rel="alternate" hreflang="de-DE" href=https://www.votresite.de" />
<link rel="alternate" hreflang="fr-BE" href=https://www.votresite.be" />
<link rel="alternate" hreflang="en-GB" href=https://www.votresite.co.uk" />
<link rel="alternate" hreflang="en-US" href=https://www.votresite.com" />
```

Ces balises (chaque page doit contenir la balise correspondant à sa propre URL ainsi qu'à toutes les autres versions géographiques) vont éviter le duplicate content entre des sites comme *www.votresite.fr* et *www.votresite.be*, pourtant identiques dans leurs contenus. Mais ces sites ne sont pas destinés au même pays, donc pas à la même version régionale de Google. La balise `hreflang` permettra donc d'effectuer ce distinguo et de faire sauter les barrières du contenu dupliqué.

Les sites Googlefight comme exemple

Si vous désirez étudier des sites web ayant implémenté de la meilleure façon possible les balises `hreflang`, explorez le code source des sites *googlefight.fr*, *googlefight.com*, *googlefight.it*, etc. (nombreux pays disponibles). Nous avons essayé d'intégrer au mieux ces balises dans ces sources d'information.

Étape 6 – Proposer une unicité de langue

Cela peut paraître évident et pourtant on voit de tout sur le Web à ce niveau : si le contenu d'une page est dans une langue donnée (par exemple, le français), tous les autres champs doivent également l'être : balises `title` et `meta description`, URL, balises `Hn`, etc.

Lorsqu'un site est créé de toutes pièces dans une langue donnée, cela pose en général peu de problèmes. Mais c'est à la traduction que, le plus souvent, les soucis arrivent : on traduit le texte en lui-même, mais pas l'URL, la balise `title` ou autre. À corriger donc.

Étape 7 – Configurer les Sitemaps XML avec les annotations hreflang

Il n'y a pas que dans les codes sources que l'on peut implémenter les indications `hreflang` pour fournir la langue et le pays cible d'une page. Le Sitemap XML peut également contenir ces données. Voir la documentation officielle de Google (*https://www.speeny.fr/376*) pour plus d'informations.

```
<?xml version="1.0" encoding="UTF-8"?>
<urlset xmlns="http://www.sitemaps.org/schemas/sitemap/0.9"
  xmlns:xhtml="http://www.w3.org/1999/xhtml">

    <loc>http://www.example.com/english/</loc>
    <xhtml:link
                 rel="alternate"
                 hreflang="de"
                 href="http://www.example.com/deutsch/"
                 />
    <xhtml:link
                 rel="alternate"
                 hreflang="de-ch"
                 href="http://www.example.com/schweiz-deutsch/"
                 />
    <xhtml:link
                 rel="alternate"
                 hreflang="en"
                 href="http://www.example.com/english/"
                 />
  </url>


    <loc>http://www.example.com/deutsch/</loc>
    <xhtml:link
                 rel="alternate"
                 hreflang="en"
                 href="http://www.example.com/english/"
                 />
     <xhtml:link
                 rel="alternate"
                 hreflang="de-ch"
                 href="http://www.example.com/schweiz-deutsch/"
                 />
     <xhtml:link
                 rel="alternate"
                 hreflang="de"
                 href="http://www.example.com/deutsch/"
                 />
  </url>
```

Figure 14-19

Exemple du début d'un fichier XML contenant les indications hreflang. Source Google : https://www.speeny.fr/376.

Étape 8 – Créer un compte Search Console pour chaque site

Vous avez créé un site web pour chacun de vos pays cibles ? Parfait ! Il est donc maintenant naturel et logique de créer un compte Search Console pour chacun d'entre eux afin de pouvoir les gérer au mieux, notamment pour les aspects géographiques des étapes suivantes.

Étape 9 – Indiquer le pays cible dans la Search Console

Dans la zone Ciblage international et l'onglet Pays, vous allez maintenant indiquer, pour chacun de vos sites, le pays cible pour lequel il est conçu.

Figure 14-20

Indication du pays cible du site dans la Search Console.

Notez bien que si votre site a une extension géographique (*.fr*, *.ch*, *.be*), le pays cible sera, dans une grande majorité de cas, déjà indiqué par défaut dans la Search Console.

Étape 10 – Vérifier les balises hreflang dans la Search Console

Dernière étape, toujours dans la Search Console, vérifiez bien l'implémentation des annotations `hreflang`, toujours dans la zone Trafic de recherche>Ciblage international et dans l'onglet Langue.

Figure 14-21

Suivi des balises hreflang du site dans la Search Console.

Si des erreurs apparaissent, elles seront répertoriées ici, avec les URL en cause, et vous pourrez donc les corriger à loisir.

Pour en savoir plus sur le SEO international

Si vous désirez en apprendre un peu plus sur la visibilité d'un site sur Google à l'international, vous pouvez approfondir vos connaissances grâce aux quatre vidéos que nous avons consacrées à ce sujet sur le site Abondance :

- SEO International : une stratégie en 10 étapes (7'22") : *https://www.speeny.fr/377* ;
- SEO International : la balise hreflang (7'18") : *https://www.speeny.fr/378* ;
- SEO International : le choix de l'adresse du site (8'13") : *https://www.speeny.fr/379* ;
- SEO international : 5 erreurs à ne pas commettre ! (7'17") : *https://www.speeny.fr/380*.

Voici donc les dix étapes d'une stratégie de référencement à l'international. Si vous les suivez à la lettre, votre visibilité en dehors de vos frontières devrait bien se porter. Le problème majeur que l'on rencontre est le plus souvent que les choix initiaux d'adresses de sites ont été mal faits et que cela demande une restructuration assez importante (et donc très sensible) du nommage des différentes sources d'informations. Exemple : on crée un site en *.com* pour la France et on se retrouve le bec dans l'eau lorsqu'on désire communiquer aux États-Unis. En effet, le *.fr* aurait certainement été un meilleur choix pour l'Hexagone à l'époque… Pensez donc à ces points le plus tôt possible dans votre stratégie et vous aurez alors moins de travail à tenter de récupérer les errances du passé…

Identifiants de session

Les identifiants de session permettent, notamment pour les sites de commerce électronique, de garder des éléments en mémoire au travers d'une navigation unique. Un identifiant, sous la forme d'une suite de lettres et de chiffres, est alors indiqué dans l'URL des pages consultées. Par exemple :

https://www.fnac.com/livres.asp?NID=-1&RNID=-1&SID=6dfbd5e4-e0d7-a61f-8a96-15a11e2f478f&Origin =FnacAff&OrderInSession=1&UID=14C2F AADA-AE12-C964-759B-7640FAEC5548&TTL=061020071056&bl =HGACong2[1pro]liv

Le paramètre représentant l'identifiant de session est ici `SID` (pour *Session ID*). Or, ce paramètre, quel que soit le nom qui lui est alloué dans l'URL, pose problème aux moteurs de recherche, car il change pour chaque visite (chaque session). Ainsi, une même page, visitée chaque jour par un robot, se verra attribuer un identifiant de session différent à chaque fois et donc une URL différente. Le problème est quasi insoluble. Le moteur choisit alors, le plus souvent, de ne pas indexer la page.

On trouve cependant, dans les index des moteurs, quelques-unes de ces pages. Tapez des requêtes comme `inurl:session_id` ou `inurl:sessionid` sur Google. Vous obtiendrez alors quelques milliers, voire dizaines de milliers de pages. Ceci dit, il est clair que l'identifiant de session est un problème assez important et bloquant pour les moteurs. Il s'agit certainement de l'un des plus bloquants à l'heure actuelle.

Il est d'ailleurs conseillé :

- d'appliquer un numéro de session le plus tard possible dans la navigation (donc en évitant ce type de système sur la page d'accueil, la page de présentation des produits et en ne l'appliquant – par exemple – qu'à partir du moment où une réelle vente est en cours et donc sur des pages du tunnel d'achat qui ne sont pas indexées par le moteur) ;
- d'utiliser de préférence les cookies (voir plus loin), qui autorisent également ce type d'action et posent moins de problèmes aux moteurs. Cependant, cela n'est pas une solution technique simple si le site a été réalisé, au départ, en tenant compte des identifiants de session. Il n'est pas toujours facile de revenir en arrière sur ce point ;
- de passer à un système d'URL Rewriting qui peut, dans certains cas, résoudre quelques problèmes (voir précédemment) ;
- de créer des pages statiques de présentation des produits principaux, pour les moteurs de recherche, ne contenant pas d'identifiant de session dans l'intitulé de leur URL ;
- d'éviter tout nom de paramètre qui contienne l'appellation `id` (`sid`, `s-id`, `mid`, `r_id`, etc.) pour éviter que cet intitulé soit pris pour un identifiant de session par le moteur, même si ça n'est pas le cas ;
- d'indiquer au moteur *via* la Search Console (zone Paramètres d'URL) que le paramètre caractérisant l'identifiant de session ne doit pas être pris en compte, comme l'indique la figure 14-22.

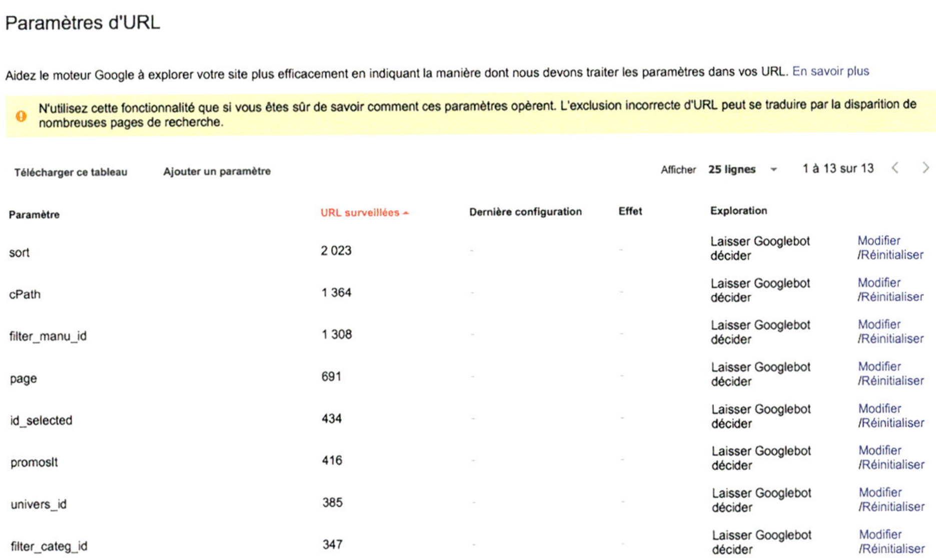

Figure 14-22

Dans la Search Console de Google, il est possible d'indiquer au moteur quels sont les paramètres d'URL à ne pas prendre en compte. Les identifiants de session en font partie.

Cookies

Les cookies sont une autre façon de récupérer des paramètres et des données lors de la navigation d'un internaute d'une page à l'autre. Ces informations s'inscrivent dans un fichier, présent sur le disque dur de l'utilisateur et le site va y puiser les indications dont il a besoin pour vous identifier.

En soi, les cookies ne posent pas de problèmes aux robots des moteurs, mais ce ne sont pas des navigateurs et ils ne peuvent pas les « accepter ». Malheureusement, certains sites ne prévoient pas ce cas et le spider se voit afficher une page comme celle représentée à la figure 14-23 en lieu et place du document recherché.

Pas très informatif, n'est-ce pas ? Il suffit donc que votre site web délivre une information (page « Plan du site », par exemple) au cas où le visiteur qui arrive ne soit pas un navigateur web du style Internet Explorer ou Firefox. Un visiteur qui n'accepte pas les cookies doit quand même pouvoir lire vos pages, sous une forme ou une autre et ne pas bloquer sur un message d'erreur.

Une autre façon de pallier cette contrainte de façon partielle consiste à utiliser les cookies le plus tard possible, comme pour les identifiants de session. Néanmoins, cela ne résout pas vraiment le problème puisque vos présentations de produits risquent de ne pas être indexées, ce qui serait dommage.

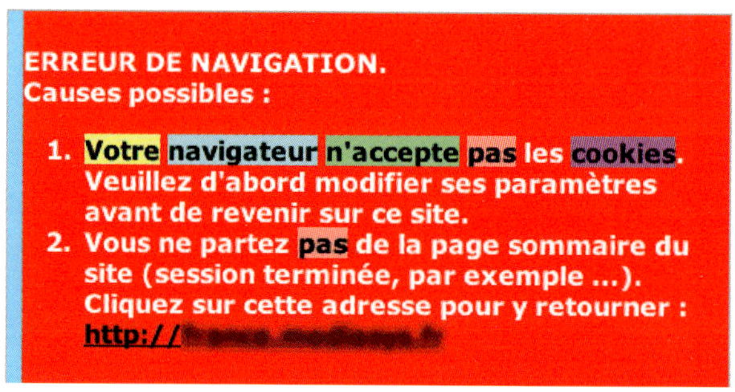

Figure 14-23

Il faut penser aux robots des moteurs qui ne prennent pas en compte les cookies.

Accès par mot de passe

Ce problème sera assez rapidement traité : si votre site est accessible uniquement par mot de passe, vos pages ne seront pas indexées, car les robots des moteurs ne disposent pas de ce sésame. Si vous désirez obtenir une certaine visibilité sur les moteurs de recherche, vous devrez donc créer une zone accessible librement sur votre site à l'attention des internautes « non abonnés » mais aussi des robots. Il n'y a pas d'autre voie possible.

Tests en entrée de site

Beaucoup de sites web effectuent des tests en entrée de site en fonction de certaines données : type et langue du navigateur, adresse IP, résolution d'écran utilisée, etc. Cela ne pose pas, *a priori*, de problème aux robots des moteurs si leur cas n'est pas oublié, tout comme pour les cookies vus auparavant. Si, par exemple, vous faites un test sur le type de navigateur (« si Chrome alors…, si Firefox alors… »), n'oubliez pas une condition « sinon… » pour traiter tous les autres cas, dont celui des robots. Sinon, ceux-ci seront bloqués à l'entrée de vos pages et ne pourront pas aller plus loin. Cela semble évident, mais on a déjà vu des cas bien pires sur le Web ces dernières années ; par exemple, un site web qui effectue un test linguistique (basé sur une géolocalisation de l'adresse IP) et renvoie l'internaute vers le site anglais ou français selon le cas. Malheureusement, les adresses IP des spiders étant localisées aux États-Unis, le site français n'était jamais référencé. N'oubliez pas les robots qui doivent pouvoir explorer tous vos sites !

Redirections

> Section rédigée avec la contribution d'Olivier Duffez

Il arrive souvent que, suite au remaniement d'un site ou pour toute autre raison technique ou organisationnelle, une page, un répertoire ou un site entier change d'adresse. Dans ce cas, si votre site est déjà référencé sur les moteurs de recherche du Web, comment leur faire savoir que votre adresse a changé, et ce sans souci technique bien sûr ? Existe-t-il une solution fiable et transparente à la fois pour l'internaute et les robots des moteurs pour mettre en place cette redirection de l'ancienne adresse vers la nouvelle ?

Il existe en fait plusieurs façons de mettre en place une redirection d'une page web vers une autre : JavaScript, balise `meta refresh`, redirections 301 et 302, etc.

Aujourd'hui, la meilleure façon de procéder est d'utiliser une redirection 301 qui signale une redirection définitive. Si vous pouvez la mettre en place, n'hésitez pas, c'est celle qui est la mieux prise en compte par les moteurs. Elle est pérenne et fonctionne parfaitement.

- La redirection JavaScript est en général déconseillée car elle n'est pas toujours lue par les moteurs (n'oubliez pas que Google n'est pas le seul moteur de recherche du Web).
- La balise `meta refresh` fonctionne pour l'internaute, mais elle ne permet pas, notamment, de transmettre le PageRank. Ainsi, si la page A redirige vers B à l'aide d'une balise `meta refresh`, B ne gagnera rien en termes de PageRank, celui de A ne lui sera pas transmis. Si tous les liens pointent vers A, alors B aura un très faible PageRank. Il repartira en tout cas à zéro à ce niveau.
- La redirection 301, quant à elle, transmet le PageRank d'une page à l'autre, d'où son indéniable avantage. La redirection 302 (temporaire) également, mais, dans ce cas, Google continuera à garder en mémoire l'ancienne adresse (celle qui est redirigée). Or, ce n'est pas exactement ce que vous désirez *a priori*.

Pas de redirection sur la page d'accueil

Il est important de rappeler ici deux points capitaux en ce qui concerne les interactions des redirections sur le référencement de votre site, et ce même si vous utilisez des redirections 301.

Nous vous conseillons de ne pas faire de redirection (même en 301) sur votre page d'accueil. Par exemple, si vous faites une redirection 301 de l'adresse *www.votresite.fr* vers *www.votresite.fr/fr/home/index.html*, cela peut poser des problèmes à certains moteurs. En théorie, cela devrait bien se passer, mais en pratique, nous avons étudié plusieurs cas où la redirection était mal analysée par Google. À éviter le plus possible donc.

Faites le moins possible de redirections en cascade sur une page web. Par exemple : *www.votresite.fr/fr/* qui redirige (301) vers *www.votresite.fr/fr/home/*, qui elle-même redirige (301) vers *www.votresite.fr/fr/home/index.html*. Il y a de fortes chances pour que les moteurs ne suivent pas ces redirections au bout d'un certain temps. Une ou deux redirections en cascade ne posent généralement pas de problème. Mais cela peut devenir plus complexe s'il y en a plus.

Nous allons donc nous pencher sur cette fameuse redirection 301 pour indiquer aux moteurs qu'une page a changé d'emplacement. De quoi s'agit-il et pourquoi cette redirection porte-t-elle ce nom ? En fait, à chaque fois qu'un navigateur accède à une page web, le serveur renvoie l'en-tête http de la page avant la page elle-même. Cet en-tête contient quelques informations à propos du document, dont son statut sous la forme d'un code.

Vous connaissez certainement l'erreur, ou plutôt le code 404, avec un message qui s'affiche sur l'écran de votre navigateur (Page not found ou URL not found) lorsqu'une page que vous désirez afficher a disparu. Ce code n'est pas le seul existant, loin de là. Ces derniers sont classés par familles dont voici un résumé très sommaire :

- 100 : information ;
- 200 : OK, tout va bien ;
- 300 : redirection ;
- 400 : erreur au niveau du document demandé ;
- 500 : erreur sur le serveur.

Liste des codes http

Vous trouverez à l'adresse suivante le document officiel de description des codes de statut (dont 404 et 301) du protocole HTTP : *https://www.speeny.fr/381*.

Si vous souhaitez consulter la liste de ces codes, elle est disponible à cette adresse : *https://www.speeny.fr/382*.

Le code 301 signifie *Moved Permanently*. Cela veut dire que la page que vous vouliez atteindre a été déplacée de façon permanente à une autre adresse. Lorsqu'un robot va venir sur votre site pour crawler vos pages, il recevra et lira ce code si certains documents ont été déplacés et il ira visiter la nouvelle adresse. Tout se passe exactement comme pour un système de suivi de votre courrier par La Poste en cas de déménagement. Encore faut-il, pour ce faire, bien configurer votre serveur.

Analyseur de code HTTP

Pour savoir si une redirection est effectuée sur une page et connaître son code de redirection, vous pouvez utiliser un analyseur comme celui du site WebRankInfo (*https://www.speeny.fr/383*, voir figure 14-24) ou le très utile httpstatus (*https://httpstatus.io/*) : vous saisissez une adresse URL et l'outil vous indique quel code le serveur renvoie (200, 302, 301, etc.). Très intéressant.

Si, par exemple, vous désirez rediriger tout accès à un fichier – quel qu'il soit – d'un répertoire donné vers une autre page ou un nouveau site, vous devez créer ou modifier, dans l'ancien répertoire ou à la racine de votre site, un fichier nommé `.htaccess` contenant la ligne suivante :

```
RedirectPermanent ancienne-adresse nouvelle-adresse
```

Exemple :

```
RedirectPermanent /ancien-repertoire https://www.nouveausite.com/
```

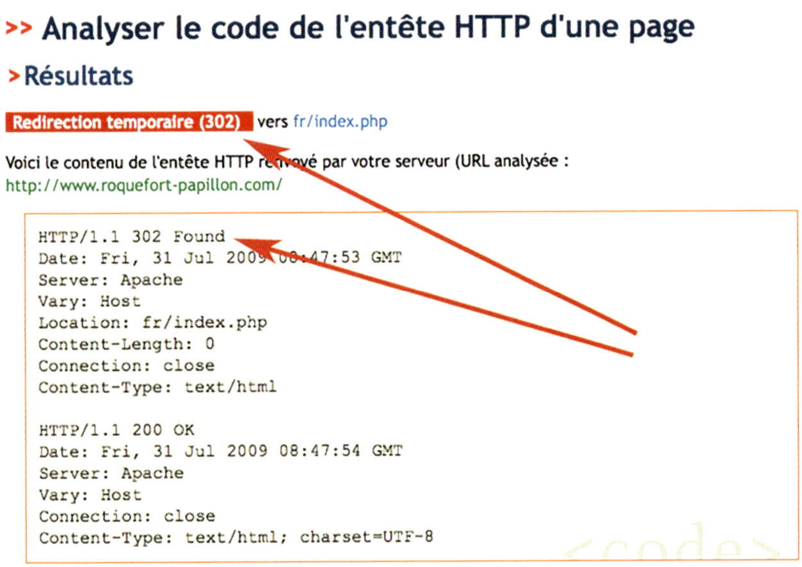

Figure 14-24

Analyseur d'en-tête http : ici, une redirection 302 a été mise en place sur la page testée.

Il est également possible de créer une redirection 301 dans un fichier `.htaccess` grâce à une règle de réécriture (*URL Rewriting*) :

```
RewriteEngine on
RewriteRule ancien_fichier.htm https://www.nouveau-site.com/nouveau-fichier.htm
[R=301]
```

Si votre site accepte le langage de programmation PHP, vous pouvez également effectuer cette redirection en ajoutant dans chaque ancienne page l'en-tête suivant :

```
<?php
  header("Status: 301 Moved Permanently");
  header("Location: https://www.votrenouveausite.com/");
  exit();
?>
```

En langage ASP, une fonction similaire existe :

```
<%
  response.status = "301 moved permanently"
  response.addheader "location", "https://www.votrenouveausite.com/"
  response.end
%>
```

L'avantage du fichier `.htaccess` est qu'avec une seule commande vous pouvez rediriger tout accès à un fichier, quel qu'il soit, vers une nouvelle adresse, alors que les commandes PHP ou ASP doivent être insérées dans chaque page et induisent donc la présence effective d'un document à chaque ancienne adresse, ce qui est obligatoirement plus lourd à mettre en place.

Les robots de Google et des autres moteurs lisent sans problème ces données, suivent ce type de redirection et remplacent sans souci l'ancienne page par la nouvelle. Ils transfèrent également le PageRank de l'ancienne page vers la nouvelle si la redirection est de type 301 ou 302.

Google en parle d'ailleurs dans son aide en ligne (*https://www.speeny.fr/384*) : « Si vous souhaitez modifier l'URL d'une page affichée dans les résultats du moteur de recherche, nous vous recommandons d'utiliser une redirection 301 côté serveur. C'est le meilleur moyen de vous assurer que les internautes et les moteurs de recherche sont redirigés vers la bonne page. Le code d'état 301 signifie que la page a été déplacée de manière définitive vers un autre emplacement. »

Connexion sécurisée (HTTPS/SSL/TLS)

De nombreux sites proposent depuis longtemps une connexion sécurisée, soit pour leurs clients, soit pour saisir un numéro de carte bancaire ou des informations d'ordre personnel (coordonnées postales, adresse e-mail, etc.). Puis, ce type de sécurisation s'est étendu petit à petit à toutes les pages d'un site. Aujourd'hui, il s'agit même du standard le plus souvent rencontré sur le Web : le transit des informations sur le réseau se fait à l'aide du protocole sécurisé HTTPS ou SSL/TLS et les adresses des pages commencent donc la plupart du temps par cet intitulé.

L'https comme critère de pertinence ?

> Section rédigée avec la contribution de Philippe Yonnet

Le 6 août 2014, Google a annoncé sur son blog pour webmasters que le moteur de recherche avait commencé à intégrer le support du protocole SSL/TLS comme un critère de son algorithme de classement (*https://www.speeny.fr/385*). Google est donc censé accorder un « bonus » aux sites qui encryptent et authentifient la communication entre leur site et les navigateurs des internautes.

Qu'est-ce que le protocole SSL/TLS ?

Avant de traiter des motivations qui expliquent cette nouvelle orientation de Google, il faut rappeler quelques informations sur le protocole SSL/TLS, qui reste finalement assez mal connu.

SSL/TLS est un protocole permettant de sécuriser les échanges de données entre le navigateur de l'internaute et un serveur web (et accessoirement un site web). Le protocole SSL *(Secure Sockets Layer)* a été inventé dans un premier temps par Netscape. Mais suite au rachat des brevets de Netscape par l'IETF en 2001, le nom officiel de ce protocole est devenu TLS *(Transport Layer Security)*. Ce qui signifie que, très souvent, ce que l'on appelle « protocole sécurisé SSL » désigne en réalité le protocole TLS.

La sécurisation apportée par SSL/TSL est obtenue par l'utilisation conjointe de deux approches :

- le chiffrement (le cryptage) des données avec une méthode asymétrique (basée sur une clé publique et une clé privée) ;
- l'authentification du serveur web auquel se connecte le navigateur de l'internaute.

On reconnaît qu'une page web est sécurisée par le protocole https:// à l'aide de plusieurs indices :

- l'URL commence par https:// au lieu de http:// ;
- un petit cadenas fermé apparaît devant l'URL sur la plupart des navigateurs ;
- si le certificat appartient à une hiérarchie de certificats connue par le navigateur, un affichage supplémentaire permet d'identifier que la page consultée appartient à un domaine identifié, comme le montre la figure 14-26.

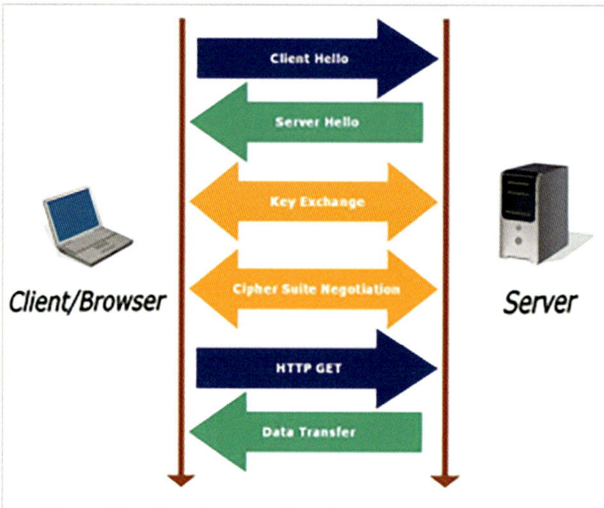

Figure 14-25

Un schéma décrivant le déroulement d'une connexion sécurisée : elle commence par un « handshake » : le client (votre navigateur) demande une page (client hello) et le serveur lui répond (serveur hello) en communiquant son paramétrage. Le handshake se poursuit par l'échange des clés de chiffrement. Enfin, le serveur pourra répondre à un GET du client par l'envoi de la page en mode crypté.

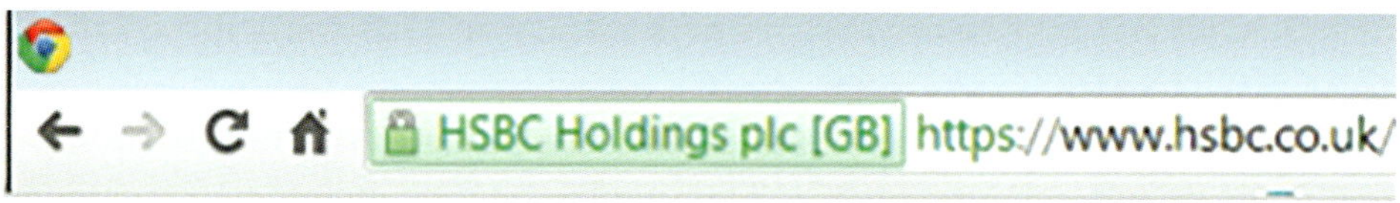

Figure 14-26

Exemple de l'affichage obtenu sur Chrome en mode sécurisé quand le certificat est reconnu par le navigateur.

Pourquoi Google veut-il utiliser ce critère dans son algorithme de classement ?

Google a évoqué pour la première fois sa volonté de promouvoir le protocole SSL/TLS au cours de la conférence Google I/O en juin 2014. Le principal argument évoqué était de rendre le Web « plus sûr » en incitant les webmasters à utiliser ce protocole pour toutes les pages de leur site web.

Depuis cette annonce, il est plus clair que Google désire utiliser ce critère comme un signal pour son algorithme de classement et son objectif semble logique. En effet, quand on se demande qui risque d'accepter de sécuriser son site et de payer un certificat (même si la situation a changé avec la mise à disposition des certificats gratuits Let's Encrypt *https://letsencrypt.org/*), on identifie plutôt des sites disposant des moyens et de la motivation pour le faire. Ce qui sélectionne plutôt des sites « légitimes ».

Et qui risque d'être gêné par ce changement ?

D'un autre côté, les sites ne désirant pas « passer le pas » sont assez simples à identifier (même s'ils ne sont pas tous à ranger dans ces catégories).

- Les sites illégaux, de contrefaçon, clandestins, etc., qui ont peu de chance d'obtenir un certificat de la part d'une autorité sérieuse, faute de pouvoir ou de vouloir fournir les documents nécessaires pour identifier les sites et leurs propriétaires.
- Les sites de spam dont l'économie repose sur la création de galaxies de sites qui vont se positionner un moment en tête des résultats, jusqu'à leur déclassement (par Penguin ou un autre filtre ou pénalité). Il suffit ensuite de recommencer avec un nouveau site et une nouvelle stratégie pour poser des backlinks. Évidemment, ici encore, le processus de certification pose problème et le coût du certificat peut rendre ce genre de tactique « black hat » beaucoup moins tentante, car bien moins rentable, même si, là encore, Let's Encrypt a changé la donne.

Le communiqué officiel de Google précise qu'utiliser le « https:// » comme un signal positif par l'algorithme a été testé et que ces tests ont été concluants. Cela signifie en clair que les résultats ont été améliorés par l'exploitation de ce critère : « Au cours des derniers mois, nous avons réalisé des tests en considérant l'utilisation de connexions sécurisées et chiffrées sur les sites en tant que signal dans nos algorithmes de classement. Nous avons pu observer des résultats positifs et c'est pourquoi nous commençons à utiliser le protocole HTTPS en tant que facteur de positionnement. »

Les messages dans les navigateurs

Soyons clairs : le boost actuel (trop faible) dans l'algorithme de Google pour les sites en https n'est pas une motivation suffisante pour franchir le pas, au vu du travail à faire, même si on sait bien qu'il s'agit d'un objectif vers lequel il faudra tendre un jour ou l'autre.

En revanche, la plupart des navigateurs majeurs (et Chrome en premier bien sûr) ont pris en 2016 la décision d'afficher, à gauche de la barre d'adresse, un message de type « Site non sécurisé » (ou Not Secure) lorsque l'URL indiquée est en http (voir figure 14-27).

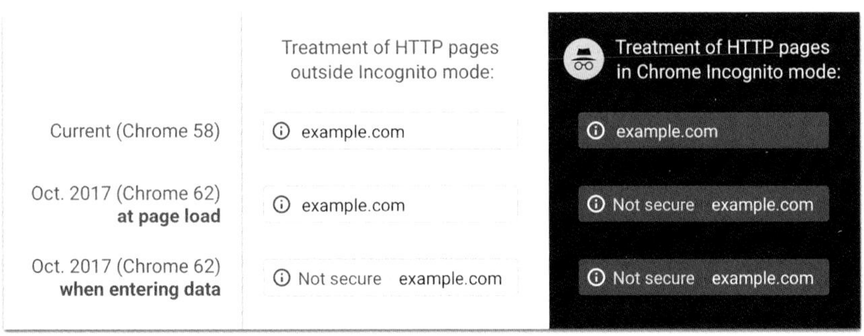

Figure 14-27

Projet d'affichage de message dans le navigateur Chrome : une mention « Not Secure » est affichée pour les sites en http.

À ce niveau, on peut donc estimer que ce message peut amener une perte de confiance de la part de l'internaute qui verra cette mention lorsqu'il désire consulter un site. Ces messages constituent en fait la véritable motivation pour passer un site en https...

Quelle est l'importance du bonus accordé par Google aux sites sécurisés via SSL/TLS ?

Pour le moment, de l'aveu même des auteurs du communiqué d'annonce, ce signal est très faible pour Google (pour ne pas dire... moins) : « Pour l'instant, cet indicateur a très peu de poids, et ce afin de laisser le temps aux webmasters de passer au protocole HTTPS. Il concerne moins de 1 % des requêtes mondiales et il est moins important que d'autres indicateurs tels que le contenu de haute qualité. Mais, au fil du temps, il est possible que nous décidions de lui donner une plus grande importance, car nous aimerions encourager tous les propriétaires de sites web à passer du protocole HTTP au protocole HTTPS pour assurer la sécurité de tous les internautes sur le Web. »

La tactique utilisée ici était limpide : comme le niveau d'utilisation du protocole https:// était encore faible, l'emploi de ce critère en tant que signal ne permet pas encore de l'utiliser comme un critère discriminant efficace. Google a donc décidé de communiquer dans un premier temps sur sa volonté d'utiliser le signal dans le futur, pour renforcer son utilisation. La même approche a d'ailleurs été utilisée pour la vitesse de chargement des pages.

En 2021, ce critère restait encore de faible poids, quasi négligeable en matière de classement. De très nombreux sites ont franchi le pas, HTTPS devenant le standard universel du Web. À tel point qu'il devient parfois difficile de trouver encore des sites en HTTP (mais ils existent...).

Quels sont les avantages et les inconvénients d'un site en https:// ?

Utiliser un protocole d'échange crypté et sécurisé pour ses pages web représente, quoi qu'il arrive, un progrès pour les utilisateurs d'un site. Mais il faut souligner que la sécurité apportée par ce protocole est loin d'être suffisante pour préserver à 100 % les utilisateurs d'un piratage. Rien n'empêche en particulier pour un bon hacker d'utiliser une attaque pour intercepter les échanges entre un utilisateur et un site. Mais cela rend la tâche des pirates plus difficile.

Précisons au passage que Google annonce vouloir accorder un coup de pouce aux pages en https:// et non aux sites, comme cela a été dit par erreur dans plusieurs commentaires au sein de la communauté SEO. Il existe une confusion, car certains webmasters pensent que sécuriser un site signifie employer https:// sur certaines zones du site (backoffice, pages de transaction, panier, compte personnel de l'utilisateur), mais pas sur la totalité des pages. Ce que cherche à obtenir Google ici, c'est l'emploi du protocole SSL/TLS sur toutes les pages du site et non sur quelques pages dites « sensibles ».

Parmi les reproches adressés au protocole, le plus fréquent est qu'il augmente le délai de téléchargement des pages.

En pratique, la phase de handshake, d'échange de clés et le cryptage créent un délai supplémentaire (et accessoirement, une charge serveur accrue). Mais ce délai supplémentaire ne dépasse pas dans la pratique quelques dizaines de millisecondes.

Les webmasters inexpérimentés observent souvent une dégradation beaucoup plus sensible des performances. En général cela est dû au fait qu'ils ont oublié de changer les en-têtes de leurs pages pour permettre la mise en cache des pages en https://.

L'impossibilité de mise en cache des pages en https:// est une légende urbaine tenace : on peut « cacher » ces pages en https:// exactement comme des pages en http://, mais il faut utiliser des commandes *ad hoc*.

Par ailleurs, le protocole est un peu plus exigeant quant à l'intégrité des données envoyées que le protocole http://, et cela se voit lorsque la bande passante vient à manquer ou sur des connexions lentes. Souvent, le navigateur arrivera à afficher une page incomplète en http://, mais pas en https://.

Le principal inconvénient : le problème des pages composites

L'un des reproches adressés aux webmasters au sujet du protocole https:// est l'envoi intempestif de messages par le navigateur sur des pages sécurisées avertissant l'utilisateur que la page contient « à la fois des éléments sécurisés et non sécurisés ». Ce message désagréable s'affiche lorsqu'une page comporte des frames, des iframes ou des appels externes à des pages non sécurisées. Ce qui ne manque jamais d'arriver quand un site affiche des flux externes ou – et c'est encore plus fréquent – des publicités affichées *via* des serveurs en cascades qui ne sont pas toujours sécurisés.

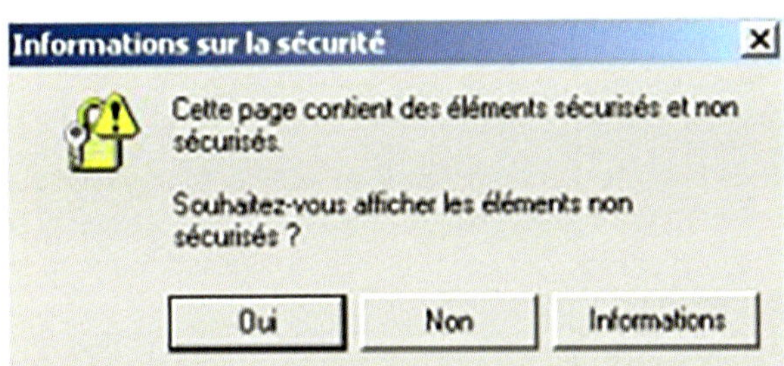

Figure 14-28

Exemple de message d'erreur affiché par un navigateur lorsque des éléments non sécurisés se trouvent dans une page sécurisée.

L'importance du bon choix du type de clé et du bon fournisseur de certificat

Le principal reproche adressé à SSL/TLS a longtemps été le coût des certificats. En matière d'offres de certificats et de prix, c'est franchement la jungle et le novice est souvent déconcerté de voir que les prix varient de quelques euros (voire la gratuité…) à des centaines de milliers de dollars, sans que la différence de service rendu saute aux yeux.

Dans un premier temps, techniquement, il existe plusieurs types de certificats et il est important de choisir le bon en fonction des « hosts » que l'on souhaite sécuriser :

- les certificats « simples » *(single domain)* : ils ne sécurisent qu'un seul host, donc *www.votresite.com* et pas une adresse de type *sousdomaine.votresite.com* ;
- les certificats « multidomaine » : beaucoup plus chers, ils permettent de sécuriser plusieurs domaines avec le même certificat. Le coût est le plus souvent proportionnel au nombre de domaines à sécuriser ;
- les certificats « wildcards » : ils couvrent tous les hosts appartenant à un domaine donné (donc *www.votresite.com*, *ssdomaine1.votresite.com*, *ssdomaine2.votresite.com…*). Plus chers que les certificats « single domain », ils sont plus économiques à l'usage dès lors que l'on utilise plusieurs sous-domaines.

La longueur de la clé est également un critère important. Google recommande des clés de 2048 bits de longueur : c'est aujourd'hui le standard minimal pour les fournisseurs sérieux (plus la clé est longue, plus « casser » la clé demande du temps et des ressources machine). Il est possible de commander des clés plus longues, mais il vous faudra remettre la main à la poche.

Quel fournisseur de certificat choisir ?

Les sociétés qui délivrent des certificats ont des pratiques extrêmement différentes. Certaines font preuve d'une rigueur extrême dans le processus de délivrance du certificat, d'autres beaucoup moins. Certaines s'engagent sur le niveau de sécurité, au point de vous indemniser si votre certificat est compromis. C'est ce qui explique le prix parfois exorbitant de certaines offres de certificats : il inclut une sorte « d'assurance dommages » pour le cas où le fournisseur de certificats serait pris en faute. Ce n'est pas une hypothèse d'école : l'une de ces sociétés les plus en vue a fait l'objet d'un piratage en 2014 !

Mais l'annonce de Google a chamboulé le marché et le paysage concurrentiel ; le prix des certificats a énormément bougé dans les mois qui viennent de s'écouler et les certificats gratuits Let's Encrypt (*https://letsencrypt.org/*) ont totalement changé la donne du marché en mettant cette sécurisation à la portée de tous.

Pour l'instant, le discours officiel est neutre : la société de Mountain View n'évoque pas l'idée de faire une différence entre les certificats délivrés par des autorités reconnues et ceux à prix cassés ou gratuits. Comme il est facile d'identifier le fournisseur d'un certificat, gageons que si nécessaire, Google pourrait à terme donner des coups de pouce différents pour les certificats « sérieux » et les autres. Évidemment, cela instaurerait une sélection par l'argent entre différents types d'éditeurs de sites… Mais c'est peut-être la volonté ultime de Google : renchérir de manière sensible le coût des actions de webspam. Rappelons que les certificats sont délivrés pour une durée limitée, qu'ils expirent, et que les coûts évoqués sont… annuels.

Comment basculer un site en https:// ?

Si votre site n'est pas encore sécurisé, il convient donc de se préparer à le faire. Mais attention, ce changement n'est pas anodin. Il est sans risques si la migration est bien maîtrisée, mais comme toute migration ce changement demande beaucoup de préparation et une rigueur de tous les instants.

- Il faut bien sûr « installer » le certificat sur le ou les serveurs qui hébergent vos sites web. La tâche est relativement simple, mais demande un bon niveau de technicité. Puis activer le support du SSL/TLS sur vos serveurs web. Attention : à ce stade, beaucoup de webmasters ont des déconvenues, parce qu'ils ont mal enregistré le « host » dans la phase de demande de certificat, et celui-ci peut se révéler inopérant sur le domaine ou le sous-domaine choisi ! Il faut être très rigoureux quand vous remplissez les formulaires du fournisseur.
- Il faut aussi s'assurer que votre site peut afficher des URL en https:// au lieu de http://. Il faut donc faire la chasse aux URL absolues « en dur » mentionnant « http:// » et si possible les remplacer par des URL relatives sans mention du protocole.
- Toutes les ressources d'une page doivent être appelées *via* https://. C'est souvent là que réside le travail le plus compliqué à réaliser. Tous les fichiers images, `.css`, `.js`, `.json`, `.xml` doivent être appelés *via* https:// et le code doit être changé en ce sens.
- Il faut ensuite créer une redirection 301 des URL en http:// vers https://, ce qui n'est pas le plus compliqué (quelques lignes dans votre fichier *.htaccess* feront l'affaire). Cela permettra d'éviter un doublon entre les URL http et https. Il faut également doubler la sécurité en « canonisant » les pages en http:// vers les pages en https://.
- Notez bien qu'on ne pouvait pas, fin 2021, « migrer » les URL en http:// vers https:// à l'aide de l'outil de migration de la Search Console. Ce n'était pas prévu, mais ce bogue sera peut-être corrigé au moment où vous lirez ces lignes.
- Pensez aussi à mettre à jour votre fichier `robots.txt`, votre compte Bing Webmaster Tools et Google Search Console (création d'un nouveau compte) pour suivre les URL en https, ainsi que les paramétrages de vos CDN si vous en utilisez.
- Les instructions de mise en cache dans les headers doivent être changées systématiquement pour éviter les problèmes de performance évoqués plus haut.

Attention aux effets de bord

Ce type de migration n'est jamais neutre : tous les outils de tracking sont potentiellement impactés par un tel changement et vous serez obligés de les reparamétrer et/ou d'agir pour maintenir une série statistique intègre. Les effets de bord sont inévitables : remise à zéro de certains compteurs (chez Facebook par exemple) ou de certains indicateurs pour Google AdWords.

Pour les sites utilisant des technologies anciennes voire obsolètes, il peut s'avérer difficile de réaliser ce type de migration sans opérer des changements importants (comme passer à une nouvelle version d'un CMS, renoncer à un plug-in, refondre le code de zones entières du site).

Quels sont les risques liés à la bascule entre les URL en http:// et https:// ?

En dehors des points évoqués plus haut, il n'existe pas de risques particuliers liés à ce genre de changement. Mais il s'agit d'une migration, et comme pour toutes les migrations, la moindre erreur peut avoir des conséquences importantes. On suivra donc les mêmes consignes de précautions que pour un changement de plate-forme logicielle accompagné d'un changement de serveurs : tout doit être planifié, exécuté dans l'ordre avec rigueur, testé avant et après mise en production.

Dans quels délais le « bonus https:// » deviendra-t-il significatif ?

Les équipes de Google surveillent ce qui se passe sur le Web avant de « pousser le curseur » pour accorder un bonus sensible aux pages en https://. Et même si, au moment où ces lignes étaient écrites, une majorité de sites web franchissaient le pas pour migrer en https, le poids accordé à ce critère dans l'algorithme du moteur restait faible. La prise en compte des nouvelles URL par le moteur est en général très rapide (quelques jours) et reste la plupart du temps neutre (pas de hausse ou de baisse) dans le trafic ou les positionnements. Si la migration est bien réalisée, bien sûr...

Google vous pousse à le faire : préparez-vous

En conclusion, nous ne pouvons que vous recommander d'envisager dès maintenant la mise en place de ce protocole pour l'ensemble des pages de votre site web si ce n'est pas encore fait. Google accompagne avec ce geste une tendance lourde du Web. Aujourd'hui, le « bonus » accordé par Google est symbolique, mais ce travail représente une préparation pour le futur. En revanche, les messages négatifs renvoyés par les navigateurs sur les sites http devraient avoir un réel effet incitatif à ce niveau !

Il est donc devenu indispensable, selon nous, d'opérer ce changement (*https://www.speeny.fr/386*). Il est raisonnable de l'inclure dans votre feuille de route au plus vite, si ce n'est pas déjà le cas.

Quelques liens sur la sécurisation HTTPS

Le post officiel de Google sur le blog Webmaster Central « HTTPS as a ranking signal » : *https://www.speeny.fr/387.*

Le même billet sur le blog en français : *https://www.speeny.fr/388.*

Les bonnes pratiques fournies par Google : *https://www.speeny.fr/389.*

Outil de test de configuration SSL Qualys : *https://www.speeny.fr/390.*

Les widgets pour créer des liens

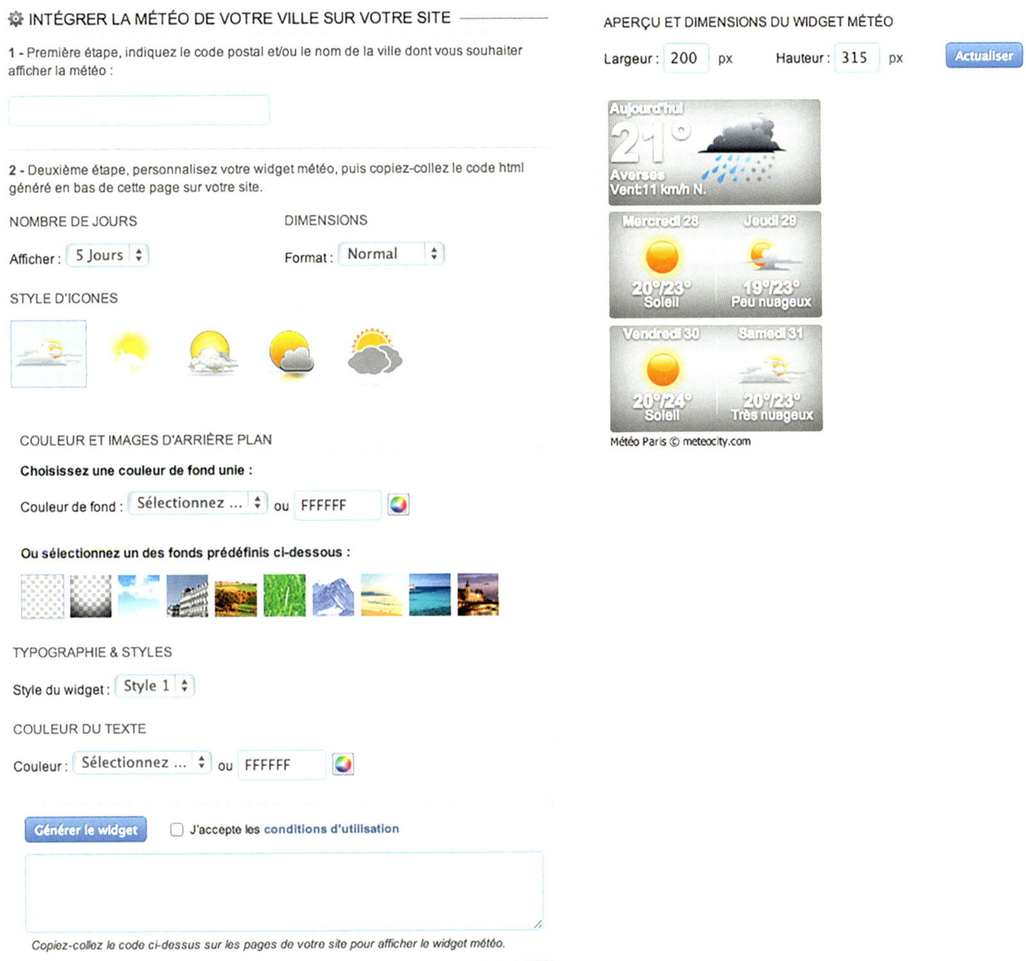

Figure 14-29

Un site de météo (https://www.speeny.fr/391) propose ici un widget pour insérer ses données dans votre site web.

Les widgets, ces petits modules qui se glissent dans les pages web et sur les bureaux des systèmes d'exploitation, se sont multipliés de façon exponentielle, d'autant plus qu'il est relativement simple de créer son propre widget grâce à des applications en ligne. Il peut donc être tentant de créer un widget contenant un lien vers votre site web, l'intégration de ce programme sur d'autres sites générant ainsi autant de backlinks vers votre site. Mais est-ce si facile ?

Google et les widgets

En juillet 2008, Matt Cutts (il était à l'époque le porte-parole SEO de Google) était interviewé par Eric Enge lors du salon SMX Advanced aux États-Unis. De nombreux sujets étaient abordés au sujet du linking et on y parlait notamment de l'utilisation des widgets et de la pêche aux liens *(linkbait)* appliquée aux widgets.

Voici quelques extraits, d'après la transcription de l'entretien proposée sur le site StoneTemple (*https://www.speeny.fr/392*) :

« Le widgetbait ressemble au linkbait d'une certaine façon. Nous en avons parlé un peu avec Danny Sullivan [NdA : éditeur du site Search Engine Land (*https://searchengineland.com/*)] lors des sessions de questions-réponses de SMX Advanced, influencés par le fait que le premier widgetbait que nous avons vu était du spam dans un compteur web. Les gens avaient signé pour un compteur web et ils se retrouvaient avec des liens dont ils ignoraient l'existence, cachés à l'intérieur du compteur.

Quelques-uns des critères à prendre en compte sont : est-ce que les liens sont cachés ? Est-ce que l'image est cliquable ? Ou est-ce que les liens sont enterrés dans un `noscript` ou quelque chose comme ça ? Si c'est le cas, cela ne sera pas très bon pour les utilisateurs. À quel point un widget est-il pertinent ?

Nous voulons que les liens soient comme ceux du linkbait habituel ; nous voulons que les gens soient informés de l'endroit vers où ils créent des liens et nous voulons que les liens soient éditoriaux. Et nous voulons savoir si quelqu'un s'est fait avoir en créant un lien, comme en s'inscrivant à un service sans réaliser qu'un lien allait être superposé à ce service.

Vous pouvez aussi prendre en compte des éléments tels que : quelle est la cible du lien ? Est-ce qu'il pointe vers l'endroit où vous avez eu le widget ? Ou est-ce qu'il part vers un site tiers complètement différent ?

Un site tiers est souvent hors sujet et vous pouvez aussi regarder le texte d'ancre du lien lui-même. Si c'est juste un nom de société ou si c'est bourré de mots-clés ou de spam. Et aussi, combien de liens il y a à l'intérieur du widget ? Et est-ce qu'il y a une tonne de liens enterrés à l'intérieur du widget ?

Une chose également intéressante est la façon dont le webmaster a été informé lorsqu'il a placé le widget sur son site. En effet, nous avons déjà vu des widgets où il n'y avait pas vraiment d'informations, ou peut-être enterrées à la fin d'un accord de licence. »

Comme on vient de le voir, le porte-parole de Google à cette époque était assez réticent à l'utilisation des widgets, car il trouvait qu'il existait de nombreux « gadgets » douteux qui circulaient sur le Web. En août 2013 (*https://www.speeny.fr/393*), il allait plus loin en indiquant dans une vidéo que, logiquement, un lien inséré dans un widget devrait être mis en `nofollow`. Il semblerait qu'aujourd'hui cette situation soit la ligne directrice de Google, à nouveau réitérée en 2016 (*https://www.speeny.fr/394*). À vous de voir si vous désirez suivre cette voie, ou pas...

Compatibilité W3C : un réel impact ?

Le W3C (Word Wide Web Consortium) est un organisme créé en 1994 pour standardiser et uniformiser le langage utilisé dans les technologies web (HTML mais aussi XML, CSS, XHTML, RDF, etc.). Son rôle est de définir le code à utiliser dans les pages web, de façon à ce que celles-ci s'affichent correctement sur les ordinateurs utilisés par les internautes du monde entier.

Une page web respectant les normes W3C est donc avant tout une page bien écrite d'un point de vue technique. Ceci a un impact significatif sur l'affichage dans le navigateur et favorise l'accessibilité des internautes. Cependant, est-ce que cela joue sur le référencement et la façon dont les moteurs de recherche perçoivent la page ?

En mars 2008, Google publiait un article sur l'accessibilité (*https://www.speeny.fr/395*), ainsi qu'une version de son moteur proposant uniquement des résultats utilisables par les personnes malvoyantes et basée en grande partie sur le respect des normes W3C. Dans un autre article datant de septembre 2008 (*https://www.speeny.fr/396*), Google rappelait l'importance du respect des normes W3C pour l'affichage d'un site sur tous les navigateurs.

Si l'on consulte le guide en ligne Google destiné aux webmasters, on trouve dans la section « Assurez-vous que votre site s'affiche normalement sur différents navigateurs » (*https://www.speeny.fr/397*) des conseils tels que ceux-ci : « Votre site peut apparaître correctement dans certains navigateurs, même si votre code HTML est incorrect. Par contre, il n'est pas garanti qu'il s'affichera correctement dans tous les navigateurs, ni dans les versions à venir de tout navigateur. La meilleure façon de vous assurer que votre page présente le même aspect dans tous les navigateurs est de la créer en utilisant des codes HTML et CSS corrects, puis de la tester dans le plus grand nombre de navigateurs possible. Un code HTML correct et clair équivaut à une bonne police d'assurance. L'utilisation du code CSS permet de distinguer la présentation du contenu et d'obtenir un meilleur rendu et un chargement des pages plus rapide. Les outils de validation, tels que les validateurs HTML et CSS fournis par la société W3C, vous permettent de vérifier votre site. »

Tout ceci semblait indiquer que le respect des normes W3C était pris en compte par Google, au moins pour l'aspect qualitatif des sites web. De nombreux webmasters ont ainsi pris comme principe de base qu'une page web devait être à 100 % compatible avec le standard du W3C pour être bien référencée. Il existe un service gratuit, appelé « Validateur W3C », accessible à l'adresse *https://validator.w3.org/* et qui analyse en ligne le code source de vos pages afin d'en relever les problèmes. C'est un véritable correcteur orthographique pour site web, qui fournit un logo « valide W3C » à placer sur votre site en cas de « zéro faute ».

Ce qui est certain, c'est que la validation W3C est utile avant tout pour l'internaute, car elle apporte une meilleure qualité d'affichage des pages web. Toutefois, est-il réellement utile pour le référencement, en termes de SEO, de passer des heures à peaufiner le code source pour obtenir ce fameux logo de compatibilité ? Un site « valide W3C » est-il mieux classé dans les résultats de Google ?

Le message relayé par Matt Cutts a toujours été sibyllin à ce sujet. En septembre 2009, il répondait en vidéo (*https://www.speeny.fr/398*) à une question d'un internaute lui demandant pourquoi la page d'accueil de Google n'était pas valide W3C. La réponse était que

Google préférait travailler l'efficacité et la compatibilité de son site plutôt que le rendre parfaitement valide W3C. « Faites ce qu'on dit, pas ce qu'on fait » pourrait être la morale de l'histoire.

SimplyTestable teste un site entier

SimplyTestable *(https://simplytestable.com/)* est un outil qui vérifie la compatibilité W3C de toutes les pages d'un site dont on fournit l'URL de la page d'accueil. Attention : l'analyse peut être très longue en fonction de la taille du site testé.

De toute manière, rappelait Matt Cutts, il existe très peu de sites entièrement valides W3C et Google ne tient donc pas compte du respect des normes pour favoriser tel ou tel site dans les résultats de recherche, car cela serait pénalisant pour le plus grand nombre.

La même réponse apparaît dans le guide en ligne Google précédemment cité : « Bien que nous recommandions l'utilisation d'un code HTML correct, cela n'a normalement aucune incidence sur la façon dont Google explore et indexe votre site. » Notez bien l'utilisation de l'adverbe « normalement ».

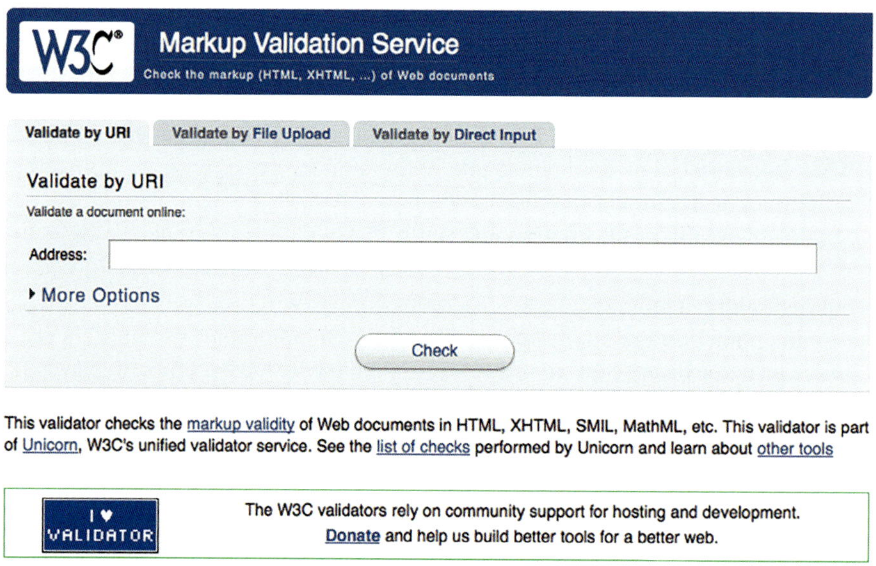

Figure 14-30

Le validateur W3C détecte les erreurs HTML dans une page et en indique la liste.

Bing propose plusieurs conseils aux webmasters dans son blog dédié. Dans un article publié sur son site (*https://www.speeny.fr/399*), on trouve ceci : « Si votre code HTML est mauvais, vous risquez d'avoir des problèmes d'exploration. Mais vous risquez de ne pas savoir que les problèmes existent si votre test a seulement consisté en "De quoi ça a l'air dans mon navigateur ?" Les navigateurs modernes sont tout à fait capables de deviner ce que vous vouliez probablement dire et d'en faire une présentation exploitable à l'écran. Ils peuvent souvent se débrouiller avec du code qui est libre comme l'air vis-à-vis du respect des standards. Mais les robots des moteurs de recherche ne sont pas aussi flexibles que les navigateurs de bureau, et les problèmes de code peuvent souvent les induire en erreur et faire stopper l'exploration de votre site. En complément de cela, les navigateurs des interfaces mobiles ne sont pas aussi accommodants avec le code source pauvrement écrit que les navigateurs de bureau. Tout ce que vous pouvez faire pour rendre votre code solide et conforme aux standards est bon, à la fois pour les utilisateurs et les moteurs. »

Selon Microsoft, les standards W3C ont une utilité certaine pour améliorer la qualité d'un site web et cela peut jouer sur l'exploration d'un site par les moteurs. Néanmoins, cela peut-il influer sur le positionnement ? La question n'est pas tranchée pour ce moteur, mais il y a fort à parier qu'il suive la lignée de son concurrent Google et que la réponse soit la même : « Non ».

Le W3C : pour ou contre ?

Faut-il se soucier ou non de respecter les règles du W3C si cela n'influe pas sur le référencement ? La réponse n'est pas simple. Certaines erreurs W3C sont des peccadilles qui n'ont aucun impact sur l'affichage dans les navigateurs et sur la lisibilité des pages. D'autres erreurs sont plus gênantes, car elles touchent à la structure profonde d'un site et à son fonctionnement. W3C ou pas, le débat divise profondément les webmasters, entre ceux qui pensent qu'il est inutile de se casser la tête à rédiger son code source de façon correcte et ceux qui pensent au contraire qu'il faut respecter les standards du Web (voir par exemple les avis publiés sur *https://www.speeny.fr/400*).

La validation W3C peut en tout état de cause servir ces différents objectifs.

- Assurer l'accessibilité à tous les internautes. À l'exception des responsables de portails associatifs ou institutionnels, peu de webmasters se préoccupent de savoir si un internaute handicapé peut facilement utiliser un site web. Néanmoins, un robot de moteur de recherche peut être considéré comme un internaute malvoyant et handicapé (il ne peut pas voir le contenu des images par exemple, en tout cas pas encore) : optimiser un site en vue de l'accessibilité, c'est également l'optimiser pour les moteurs.
- Assurer la compatibilité d'un site web avec différents outils de navigation. On parle souvent de la compatibilité entre différents navigateurs (Firefox *versus* Internet Explorer *versus* Chrome), mais on peut parler aussi de la percée importante du Web mobile. Les smartphones peuvent lire directement les sites web, à condition que ceux-ci respectent la bonne grammaire. Voici un point non négligeable en faveur de la validation W3C.
- Utiliser un langage universel. Un site web conforme aux standards sera utilisable dans tous les pays du monde et son code source sera compréhensible par tous les webmasters pouvant être amenés à travailler dessus. Respecter les règles du W3C, c'est donc penser à la globalisation du Web et pas seulement aux internautes français qui peuvent accéder au contenu.

Comme on le voit, le respect des normes W3C tient de la philosophie de vie : rendre un contenu universel et accessible à tous, y compris aux moteurs de recherche et aux internautes les plus éloignés de la cible visée. On ne travaille pas son code source pour asseoir sa réputation et son classement auprès des moteurs, mais plutôt pour proposer un site web compatible et efficace avec toutes les technologies.

Le respect des standards W3C est donc utile pour les internautes, mais aussi – dans un certain sens – pour les moteurs de recherche. Tout d'abord, un site normalisé est plus facilement explorable et indexable. Ensuite, un site *user friendly* peut bénéficier d'une prime de classement et de notoriété. En effet, un site bien conçu et bien construit sera plus souvent visité et obtiendra facilement des liens et de bonnes critiques dans les médias sociaux, ce qui le poussera dans le classement des moteurs.

Faut-il pour autant corriger 100 % des erreurs de son code source et atteindre la perfection, quitte à recommencer le travail à chaque mise à jour des pages web ? La réponse est clairement non dans une vision SEO, dans la mesure où il s'agit là d'un travail laborieux qui est actuellement peu, voire pas du tout, valorisé par les moteurs.

L'idée est plutôt de corriger les grosses erreurs W3C, celles qui peuvent nuire à l'affichage et à l'indexation d'un site. Parmi elles, on peut citer l'absence de document de déclaration (`doctype`), les problèmes d'imbrication de balises, les confusions entre apostrophes simples et doubles, les balises non fermées... L'outil de validation W3C est donc indispensable à tout bon webmaster. Pourtant, rien n'empêche une page contenant des centaines d'erreurs HTML d'être bien positionnée dans les résultats des moteurs de recherche !

Temps de chargement des pages, temps de réaction du serveur

> Section rédigée avec la contribution de Jean-Noël Anderruthy

Google l'a annoncé officiellement depuis la fin de l'année 2009, les webmasters sont maintenant priés de concevoir des pages web dont le temps de chargement est optimisé, car ce critère va devenir (petit à petit) important. Matt Cutts l'avait prédit sur son blog à cette époque : « La vitesse va être un facteur important dans l'évolution du référencement. » Cette prédiction a ensuite été confirmée officiellement par Google : *https://www.speeny.fr/401*. Même si, dans les faits, l'impact reste très faible en matière de classement.

La vitesse de chargement des pages serait donc, si l'on en croit Google, un critère important pour votre référencement. Mais avant tout, les performances globales d'un site sont également bénéfiques pour votre site web et ses visiteurs (dont font partie les robots des moteurs).

En effet, les internautes sont de plus en plus impatients et, pour près de la moitié d'entre eux, n'attendront pas plus de deux secondes qu'une page se charge. Alors, retroussez vos manches et faites de votre site un véritable bolide de course !

Voici quelques chiffres éloquents glanés ici et là sur le Web...

- Perdre 500 ms, c'est aussi perdre 20 % de trafic pour Google.

- Réduire de 25 % le poids d'une page, c'est gagner 25 % d'utilisateurs à moyen terme.
- Augmenter la latence de 100 ms signifie, pour Amazon, 1 % de ventes en moins.
- Perdre 400 ms, c'est avoir 5 à 9 % de taux d'abandon supplémentaire pour Yahoo!.
- Enfin, on estime généralement qu'au-delà de 4 secondes d'attente le taux de rebond devient réellement important.

Les problèmes de lenteur entraînent donc cette série de conséquences certaines :

- une moins bonne indexation de la part des moteurs ;
- une expérience décevante chez les internautes ;
- moins de profondeur de visites ;
- moins de recherches de la part des utilisateurs ;
- moins d'affinage des recherches ;
- moins de revenus *online* car moins de conversions.

Il est certain que les mauvaises performances d'un site web vous font perdre de l'argent et du trafic. Nous allons donc voir dans la suite de ce chapitre comment améliorer le temps de téléchargement de la page (son poids), mais aussi les temps de rendu de la page web (temps de téléchargement *vs* temps de chargement).

Soyons clairs : réduire le temps de chargement de ses pages n'induira quasiment aucun changement dans les résultats de recherche. En revanche, les internautes et les robots des moteurs exploreront mieux le site, et c'est là que se trouve le véritable gain !

Quels problèmes pour quelles solutions ?

Bien entendu, le choix de l'hébergeur est l'élément à considérer en priorité pour améliorer éventuellement le temps de chargement de vos pages. Nous pouvons nous interroger à la fois sur le temps de réponse d'un serveur, mais aussi sur l'adéquation entre une offre d'hébergement et le trafic engendré par un site web.

Voici une autre suggestion de bon sens : limitez le nombre de résolutions DNS en hébergeant l'ensemble de vos fichiers sur un même serveur.

Nous allons voir qu'il existe d'autres solutions possibles : optimisation du code, des images, du cache serveur et, indirectement, du cache des navigateurs.

Les outils de test

La première démarche consiste à identifier les causes et, donc, à se doter des meilleurs outils de benchmark, car « on n'améliore réellement que ce qu'on mesure ». Nous verrons ensuite quels sont les remèdes à apporter.

Le site Pingdom Tools (*https://tools.pingdom.com/*) va par exemple simuler l'affichage de la page dans un navigateur et mesurer le temps de chargement de chacun des éléments qui la composent, comme l'illustre la figure 14-31.

Google Analytics (figures 14-32 et 14-33) propose également une fonctionnalité donnant des statistiques sur :

- le temps de chargement moyen de vos pages ;
- l'évolution du temps de chargement moyen des pages de votre site sur une durée déterminée…
- le temps de réponse moyen du serveur, qui est un critère important (il doit être inférieur à 200 ms).

Vous pouvez également utiliser les outils de Google baptisés PageSpeed Insight (*https://www.speeny.fr/402*) qui fournissent des indications très intéressantes dans ce domaine ainsi que des conseils à suivre pour améliorer la situation (figure 14-34).

Enfin, signalons également l'outil YSlow (*http://yslow.org/*), cette fois fourni par Yahoo!, qui fournit des données similaires, tout comme l'excellent GTMetrix (*https://gtmetrix.com/*).

Avec ces différents outils, vous devriez être à même d'étudier au plus près les performances de votre site.

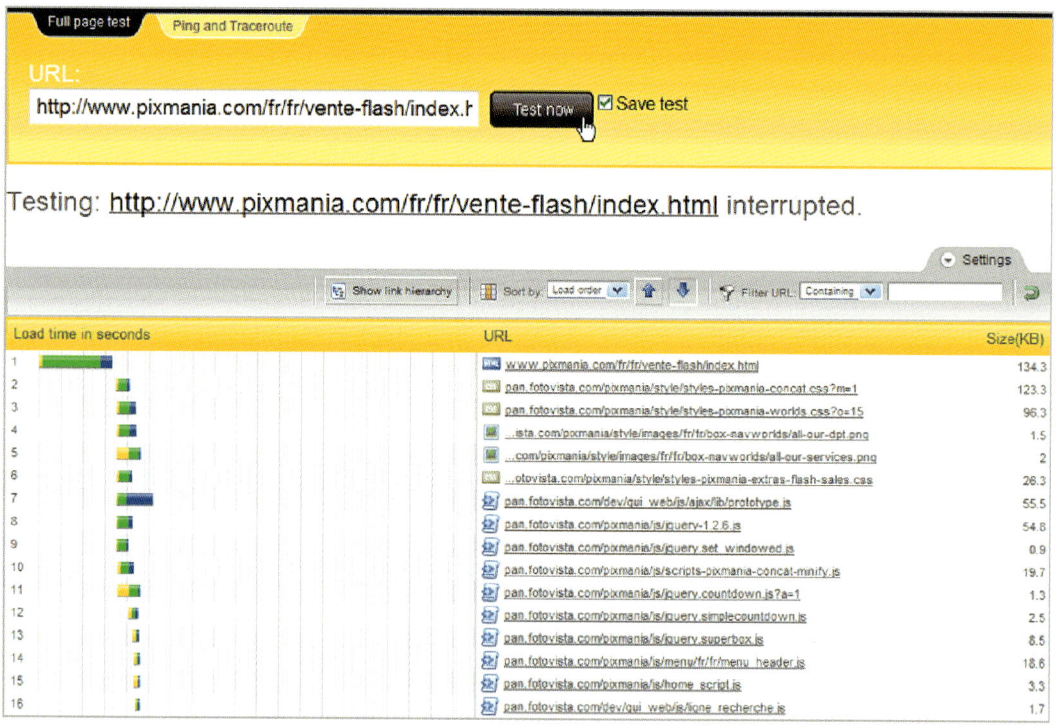

Figure 14-31

Le site Pingdom Tools vous permet de tester la vitesse de réaction de votre site.

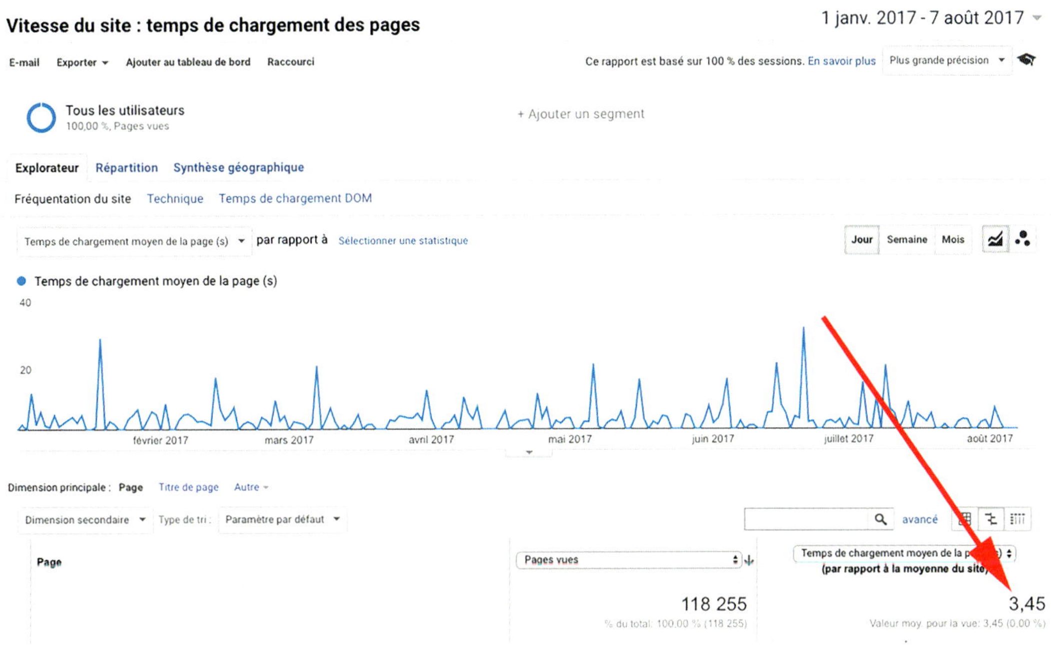

Figure 14-32

Google Analytics propose des graphiques et des tests de performance de votre site. Ici, le temps de chargement moyen des pages. Objectif : moins de 4 secondes environ.

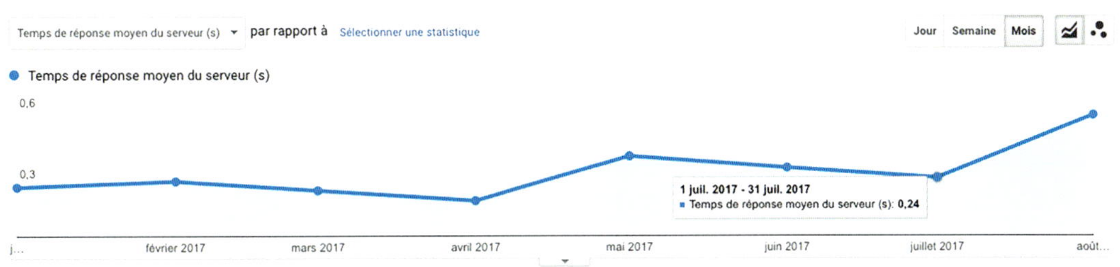

Figure 14-33

Autre information fournie par Google Analytics : le temps de réponse moyen du serveur. Objectif : moins de 200 ms (0,2 seconde).

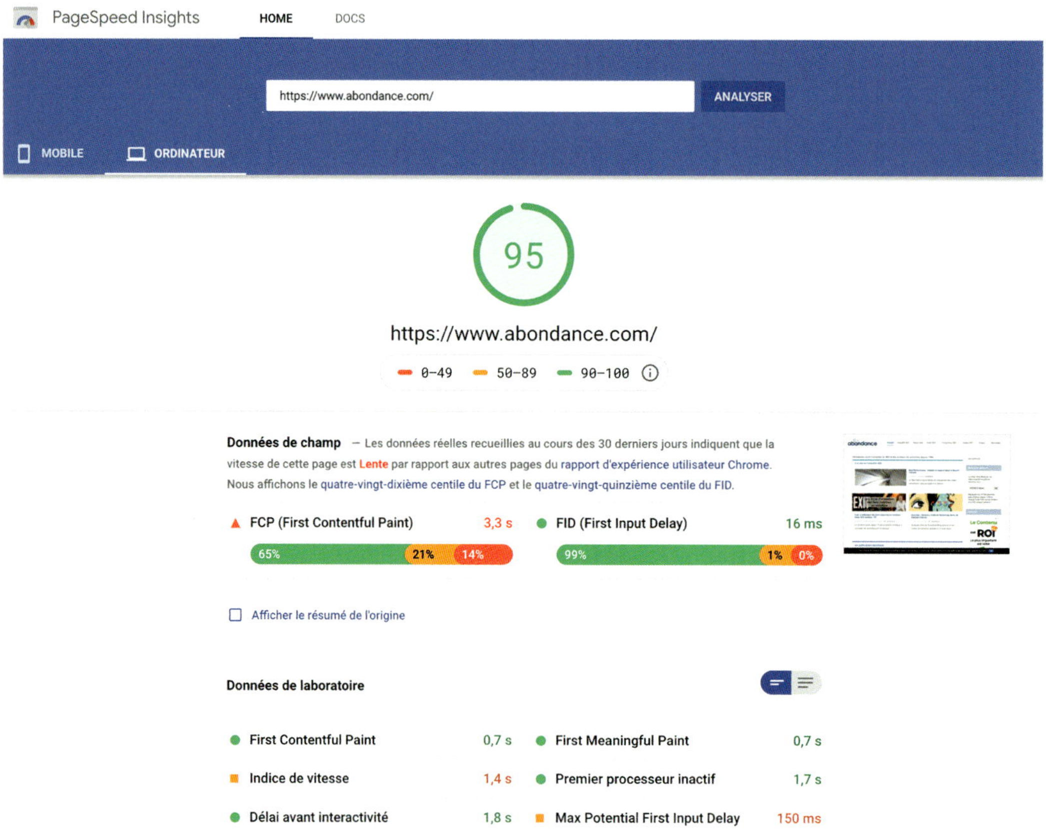

Figure 14-34

PageSpeed Insights donne une note pour les versions desktop et mobile d'un site. Objectif: une note supérieure ou égale à 85/100.

Compressez pour diminuer le nombre de Ko téléchargés

Le premier réflexe, lorsqu'on désire optimiser le temps de chargement des pages web de son site, est de limiter la bande passante et donc le nombre de kilo-octets transférés. Et une arme est imparable à ce niveau: la compression.

Selon le même principe que pour les fichiers présents sur votre disque (WinZip, WinRar, etc.), il est possible d'activer la compression sur un serveur Apache en utilisant le module *Deflate* ou *Gzip*.

Il existe différentes versions de ces outils:

- Apache 2.0: module mod_deflate utilisant zlib;
- Apache 1.3: mod_gzip ou mod_deflate.

À vous de modifier ou d'activer ces modules en fonction de la version de votre serveur.

Cela s'effectue la plupart du temps au travers du fichier `.htaccess` en ajoutant des lignes de commandes spécifiques en fonction des extensions de fichiers pour lesquelles vous souhaitez activer la compression. Par exemple :

```
SetOutputFilter DEFLATE
AddOutputFilterByType DEFLATE text/plain text/xml text/html text/css image/svg+xml
application/xhtml+xml application/xml application/rss+xml application/atom_xml
application/x-javascript application/x-httpd-php application/x-httpd-fastphp
application/x-httpd-eruby
```

La compression fonctionne notamment pour les éléments textuels (HTML, XML, JSON, CSS et fichiers de script). Il est inutile de compresser les images, les fichiers PDF ou les vidéos. Sachez enfin que les fichiers de moins de 2 Ko ne nécessitent aucune compression.

Activez le cache du navigateur

Les serveurs Apache gèrent déjà la mise en cache : à chaque fois qu'un élément est appelé, une requête `Get conditionnel` est envoyée. Quand le navigateur charge une page et qu'il voit que l'élément est déjà présent dans le cache, il fait parvenir une requête au serveur en lui demandant si le fichier a été modifié ou non. Si ce n'est pas le cas, le serveur renvoie une requête (code 304) en lui indiquant que la version en cache est toujours « d'actualité ».

En apparence, le système semble au point, mais, dans la réalité, ce fonctionnement entraîne un grand nombre de requêtes inutiles. Prenons le cas d'un internaute qui vient régulièrement sur votre site. Lors de chacune de ses visites, le navigateur va interroger le serveur pour vérifier si l'élément contrôlé a été modifié depuis son dernier passage. Une solution consiste alors à indiquer les éléments qui restent, pour ainsi dire, intangibles, et notamment les feuilles de styles, les fichiers de script et les images.

Là encore, il suffit d'ajouter ces lignes dans le fichier `.htaccess` :

```
# 1 mois
<FilesMatch "\.(ico|jpg|jpeg|png|gif|swf|js|css|png)$">
Header set Cache-Control "max-age=2592000, public"
</FilesMatch>
# 1 jour
<FilesMatch ".(html|htm)$">
Header set Cache-Control "max-age=43200, public"
</FilesMatch>
```

La valeur indiquée pour `max-age` est simplement le nombre de secondes que contient un jour ou un mois.

Attention ! Cette méthode vous oblige, quand vous changez une image par exemple, à renommer cet élément afin que le navigateur soit dans l'obligation d'en télécharger la dernière version.

Vous pouvez aussi vous servir des en-têtes d'expiration HTML (*Last-Modified* et *ETag*) afin d'orienter le navigateur à bon escient. Ce site est une référence sur le sujet : *https://www.speeny.fr/403*.

Activez le préchargement des pages

Cette technique utilise le temps que passe l'internaute sur une page précédente pour charger les éléments de la page suivante. Imaginons que vous accédiez à la page d'accueil de Google. Il va se passer un laps de temps avant que vous ayez terminé de saisir votre requête et lanciez votre recherche. Ce délai va donc être utilisé par le moteur de recherche pour mettre en cache, par exemple, les éléments graphiques qui composent la page suivante (la page de résultats). Tout le processus va se dérouler en tâche de fond et de manière complètement transparente pour les utilisateurs. C'est donc une manière de combler les trous et d'utiliser au mieux les « temps morts ».

Utilisez des serveurs tierce partie

Google permet aux webmasters d'utiliser une série de bibliothèques hébergées sur ses propres serveurs (Google Hosted Libraries) et disponibles à l'adresse suivante : *https://www.speeny.fr/404*. Vous pouvez ainsi employer des scripts qui se trouvent directement sur les serveurs du moteur de recherche. Il existe plusieurs avantages à utiliser cette méthode.

- Les serveurs de Google ont de bonnes chances d'être beaucoup plus rapides que les vôtres.
- Les internautes se verront servir le script par le serveur qui est le plus proche de leur localisation géographique.
- Les visiteurs qui ont déjà accédé à d'autres sites web ont les scripts correspondants sur leur disque dur.
- Vous économisez une part non négligeable de bande passante.

Installez le code Google Analytics asynchrone

Le code asynchrone de Google Analytics crée dynamiquement une balise `<script>` qui s'occupera des tâches de tracking de vos pages. La conséquence directe est que le chargement de la page sera indépendant de celui du code de tracking. Voici l'adresse de documentation de cet outil bien pratique, *https://www.speeny.fr/405*, ainsi que des exemples de migration : *https://www.speeny.fr/406*.

Les feuilles de styles CSS

Une des techniques les plus courantes pour optimiser son site est de compacter les fichiers CSS (mais également les fichiers JavaScript). Dans le cadre d'un fichier de script, l'emploi combiné d'un programme de compactage et d'une compression (*Deflate* ou *GZip*) peut représenter un gain de 80 % par rapport à la version originale.

Il faut tout d'abord comprendre comment se déroule le chargement d'une page HTML. Les éléments HTML sont les premiers à être téléchargés. À chaque appel vers une feuille de styles, la page sera automatiquement rafraîchie. Si nous possédions de bons yeux, nous pourrions nous apercevoir du phénomène de scintillement qui en est la conséquence directe.

L'idéal est d'externaliser vos feuilles de styles. Cependant, nous pouvons aussi vouloir combiner les différentes feuilles de styles en un seul fichier, et ce afin de diminuer le nombre de requêtes http.

Par exemple, avant :

```
<link rel="stylesheet" type="text/css" href="contenu.css" />
<link rel="stylesheet" type="text/css" href="societe.css" />
<link rel="stylesheet" type="text/css" href="contact.css" />
```

après :

```
<link rel="stylesheet" type="text/css" href="tous-les-css.css" />
```

Par ailleurs, vous devez placer votre appel au tout début de votre code HTML :

```
<html>
<head>
<title>CSS</title>
<link rel="stylesheet" type="text/css" href="style.css"/>
</head>
</html>
```

Une astuce consiste également à grouper les mêmes propriétés CSS afin de limiter le nombre de caractères descriptifs de chaque style. Voici un exemple de bonne pratique (pour les deux exemples, « marge » et « bordure », on indique ici en premier le CSS optimisé, en second celui qui l'est moins) :

```
/* MARGE */
h1 {margin:1.5em 0 0.2em 0.4em;}
h1 {margin-top:1.5em;
  margin-right:0;
  margin-bottom:0.2em;
  margin-left:0.4em;
}
/* BORDURE */
h1 {border:1px solid #000;}
h1 {border-width:1px;
  border-style:solid;
  border-color:#000;
}
```

Cette page offre de nombreux exemples de mise en pratique : *https://www.speeny.fr/407*.

On s'aperçoit également que l'on utilise souvent les mêmes styles pour des éléments différents et qu'il est possible de les regrouper.

Par exemple, avant :

```
h1 {padding:4px 0; font-family:verdana; font-weight:100;}
#box1 .heading {padding:4px 0; font-family:verdana; font-weight:100;}
#box2 .heading {padding:4px 0; font-family:verdana; font-weight:100;}
```

après :

```
h1, #box1 .heading, #box2 .heading {padding:4px 0; font-family:verdana;
➥ font-weight:100;}
```

Enfin, pour les purs et durs de l'optimisation, il est toujours possible de supprimer l'ensemble des éléments inutiles : retour chariot, dernier point-virgule, commentaires, codages des couleurs (3 caractères au lieu de 6), indication des pixels, etc., pour arriver à une feuille de styles exempte de toute fioriture (mais pas vraiment simple à mettre à jour).

Par exemple, avant :

```
/* Titres H3 */
H3 {
  font-family:verdana;
  padding:0px;
  color: #112233;
  text-decoration:underline;
}
```

après :

```
H3 {font-family:verdana;padding:0;color:#123;text-decoration:underline}
```

Il existe enfin une multitude d'outils en ligne pour optimiser, nettoyer et compresser un fichier CSS :

- CleanCSS : *https://www.cleancss.com*
- CSS Optimizer : *https://speeny.fr/533*
- OrganizeCSS : *http://www.styleneat.com*
- CSSCompressor : *https://speeny.fr/534*

Si vous suivez tous ces conseils, vos fichiers CSS devraient vite devenir ultralégers.

Les Sprites CSS pour optimiser le chargement d'images

Il arrive souvent qu'un site web repose sur un « template » composé de plusieurs images différentes : boutons, logo, menus, puces, etc. À chaque chargement de page, le navigateur doit donc procéder à autant de requêtes http pour vérifier la validité de ces différents composants.

Le principe des Sprites CSS est de regrouper cette multitude de petites images dans un seul fichier.

Figure 14-35

Les poids lourds du Web utilisent cette technique de Sprites CSS, par exemple Google à une certaine époque.

Le navigateur n'aura donc plus qu'à télécharger une seule image et à « faire son marché » au sein de celle-ci pour y trouver les fragments d'images à afficher. C'est autant de temps de transfert de gagné.

Pour un exemple complet de mise en œuvre, n'hésitez pas à lire la page *https://www.speeny.fr/408*. Cet autre site propose aussi des démonstrations très parlantes : *https://css-tricks.com/css-sprites/*.

Signalons, pour être tout à fait complet, qu'il existe des Sprites Generator (*https://www.speeny.fr/409*) qui peuvent automatiser certaines tâches.

Notons cependant que l'utilisation des Sprites CSS peut rendre les tâches de maintenance d'un site particulièrement compliquées en cas de changement d'images. Vous devrez alors mettre en place des procédures précises afin que les différents intervenants apportent des modifications au site en toute connaissance de cause.

Terminons sur ce sujet avec le fait que, dans l'optique d'un bon référencement, seules les images fonctionnelles, répétitives et faisant partie de votre charte graphique doivent être placées en arrière-plan. Celles qui sont importantes et qui montrent vos produits ou illustrent l'excellence de vos services doivent faire partie des éléments « inline » de la page web.

Les fichiers JavaScript

La position des fichiers JavaScript dans votre code HTML est importante et il est conseillé de les placer le plus possible en bas de page et juste avant la balise de fermeture `</body>`.

Imaginons une page HTML qui comporte un certain nombre d'images importantes et du code JavaScript qui est appelé juste avant. Le chargement des images sera alors conditionné à celui du code JavaScript. En effet, pendant le chargement d'un script, le téléchargement en parallèle est bloqué du fait que le code peut modifier les éléments et l'aspect de la page correspondante. Veillez donc à bien contrôler l'ordre de chargement de vos scripts.

En complément, comme pour les CSS, il existe des outils qui permettent la compression de fichiers JavaScript :

- Packer : *https://www.speeny.fr/410*
- JavaScript Minifier : *https://www.speeny.fr/411*
- CloserCompiler : *https://www.speeny.fr/412*

Par ailleurs, de nombreuses bibliothèques Ajax sont disponibles en version compacte. Sachez également que vous pouvez vérifier la qualité de votre code en utilisant ce service en ligne : *http://www.jslint.com*. De nombreuses autres pistes sont proposées sur cette page : *https://www.speeny.fr/413* (optimisation d'Ajax, ThinkVitamin, etc.).

Pour optimiser encore plus vos fichiers JavaScript, il est également possible de les grouper, comme expliqué ici : *https://www.speeny.fr/414*.

Prenons un exemple, imaginons que vous utilisiez ces trois fichiers externes :

- *www.exemple.fr/javascript/contenu.js*
- *www.exemple.fr/javascript/contact.js*
- *www.exemple.fr/javascript/effets.js*

L'appel à ces trois fichiers de script se fera alors à l'aide d'une seule ligne :

www.exemple.fr/javascript/contenu.js, contact.js, effets.js

Le script PHP est téléchargeable à cette adresse : *https://www.speeny.fr/415*.

Optimisation des images

L'optimisation des temps de transfert des différents composants d'une page web passe souvent par l'optimisation de ses images. Un premier principe consiste à enregistrer directement les images à la taille voulue. Ainsi, vous n'aurez pas à les redimensionner en HTML. Par ailleurs, spécifiez la taille de chaque image afin que le navigateur n'ait pas besoin d'ajuster le contenu après coup. Par exemple :

```
<IMG SRC="image.png" height="100" width="100" / >
```

Les fichiers JPEG et GIF sont souvent moins volumineux que les fichiers BMP ; les fichiers PNG sont moins gourmands que les fichiers JPEG. Tenez-en compte.

Il n'est pas question, dans cet ouvrage, d'aborder en profondeur la thématique de l'optimisation des images, qui demanderait un livre à elle seule. Citons cependant deux outils qui effectuent une compression avancée des images au format PNG :

- *http://optipng.sourceforge.net/*
- *https://www.speeny.fr/416*

Ils exécuteront les opérations suivantes :

- choix du meilleur type de codage en fonction de votre image ;
- application du meilleur filtre de transparence ;
- choix de la meilleure méthode de compression à adopter et de la réduction de la profondeur des couleurs.

Jpegtran est également un outil de compression des images au format JPEG sans perte de qualité : *https://www.speeny.fr/417*. L'application va retirer l'ensemble des métadonnées présentes dans l'image.

Des techniques plus avancées sont expliquées sur cette page, *https://www.speeny.fr/418* :

- postérisation des images ;
- suppression ou modification de la transparence ;
- masquage de zone, etc.

D'autres informations sont également disponibles ici : *https://www.speeny.fr/419*. Enfin, pour les « photoshopeurs », cette vidéo fait un tour d'horizon assez exhaustif de différentes possibilités disponibles : *https://www.speeny.fr/420*.

Google et les Core Web Vitals

> Section rédigée avec la contribution d'Aymeric Bouillat

Pour prendre en compte le critère de la « web performance » sur son moteur, Google a mis en place trois critères qui vont lui indiquer si le site – ou la page – peut recevoir un « coup de boost » en matière de positionnement.

Ces trois critères, connus sous l'expression « Core Web Vitals » ou « Signaux Web Essentiels », font partie d'une stratégie plus globale que Google appelle « Page Experience », très proche donc de l'UX pour « expérience utilisateur ». Ils sont les suivants.

LCP : Largest Contentful Paint

La mesure la plus importante pour avoir le ressenti de l'utilisateur sur la vitesse de chargement d'une page est le LCP. Cette métrique mesure la performance de chargement et indique le temps de rendu du plus grand élément de contenu visible dans la fenêtre du navigateur. Pour offrir une bonne expérience à l'utilisateur, le LCP doit se produire dans les 2,5 secondes qui suivent le début du chargement de la page.

Figure 14-36

Les fourchettes de prise en compte du critère LCP.

Lors du chargement de la page, le LCP mesure la dimension à l'affichage des principaux éléments pris en compte, à savoir :

- les balises `<img>` (ou `<image>` à l'intérieur d'un `<svg>`) ;
- les balises `<video>` ;
- les éléments ayant une image d'arrière-plan chargée *via* url() ;
- des éléments de type bloc HTML (*https://developer.mozilla.org/en-US/docs/Web/HTML/Block-level_elements*).

La taille de chaque élément qui apparaît dans la fenêtre est calculée jusqu'à ce que l'élément le plus important à l'écran soit chargé.

Afin d'optimiser le LCP, il sera nécessaire de porter une attention toute particulière aux éléments suivants :

- le temps de réponse du serveur (TTFB) ;
- les fichiers JavaScript et CSS pouvant bloquer le rendu de la page ;
- le temps d'exécution du JavaScript par le navigateur ;
- le temps de chargement des ressources (images, vidéos).

Pour améliorer le LCP, les principales recommandations sont d'avoir une bonne gestion du cache côté serveur, de charger les fichiers JavaScript de façon asynchrone (et de ne charger que les éléments nécessaires pour afficher la page), ainsi que de compresser de façon optimale les images et vidéos.

Ce KPI est donc intéressant car il permet de mesurer les impacts de plusieurs optimisations d'un coup. Cependant, il sera nécessaire de mettre en place une analyse approfondie pour détecter les éléments qui ralentissent le LCP.

FID : First Input Delay

Le FID mesure l'interactivité avec l'utilisateur. Il s'agit du temps écoulé entre le moment où un utilisateur interagit pour la première fois avec une page (lorsqu'il clique sur un lien, tape sur un bouton ou utilise une commande personnalisée en JavaScript) et le moment où le navigateur est effectivement capable de répondre à cette interaction. Pour offrir une bonne expérience à l'utilisateur, les pages doivent avoir un FID inférieur à 100 millisecondes.

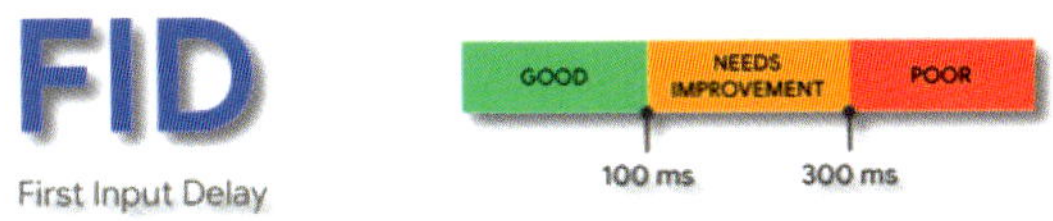

Figure 14-37

Les fourchettes de prise en compte du critère FID.

Entre le moment où un utilisateur souhaite interagir avec une page et le moment où cette dernière répond, il doit parfois patienter plusieurs centaines de millisecondes. Ce retard dans le traitement des événements se produit souvent parce que le navigateur est occupé par une autre tâche (traitement des scripts), il n'est pas disponible instantanément pour répondre à l'utilisateur. Les gros fichiers JavaScript à exécuter peuvent parfois être la source d'un FID important. Le FID peut aussi être important à cause de scripts externes (ressources tierces). Il convient donc de mesurer l'intérêt de chaque fichier JS externe (Facebook Connect, Criteo, etc.) sur vos différentes pages.

CLS : Cumulative Layout Shift

Le CLS mesure la stabilité visuelle (car il arrive que des éléments changent de position pendant le chargement d'une page). Pour offrir une bonne expérience à l'utilisateur, les pages doivent maintenir un CLS inférieur à 0,1.

Figure 14-38

Les fourchettes de prise en compte du critère CLS.

Plusieurs éléments peuvent faire augmenter le CLS, mais parmi les principaux, on note :

- les images chargées sans dimensions (attributs `width/height`) ;
- les publicités, contenus intégrés (`embed`) ou iframe sans dimensions ;
- le contenu injecté de façon dynamique (*via* JavaScript qui modifierait le DOM) ;
- les polices qui ne sont pas encore chargées (par exemple, une police par défaut, puis le chargement d'une police spécifique) ;
- etc.

La méthode de calcul de cet indicateur est relativement complexe. Le CLS a une approche intéressante, car certains sites mobiles peuvent être déroutants avec des déplacements nombreux et rapides qui amènent parfois les utilisateurs à faire des actions non souhaitées.

La Search Console pour suivre ces indicateurs

Bien sûr, il existe de nombreux outils permettant de mesurer les trois KPI de Google pour ses Core Web Vitals, notamment Page Speed Insights. Mais d'une façon générale, on utilisera le plus souvent, pour avoir une vision macroscopique du problème, la Search Console et son rapport « Signaux Web Essentiels ».

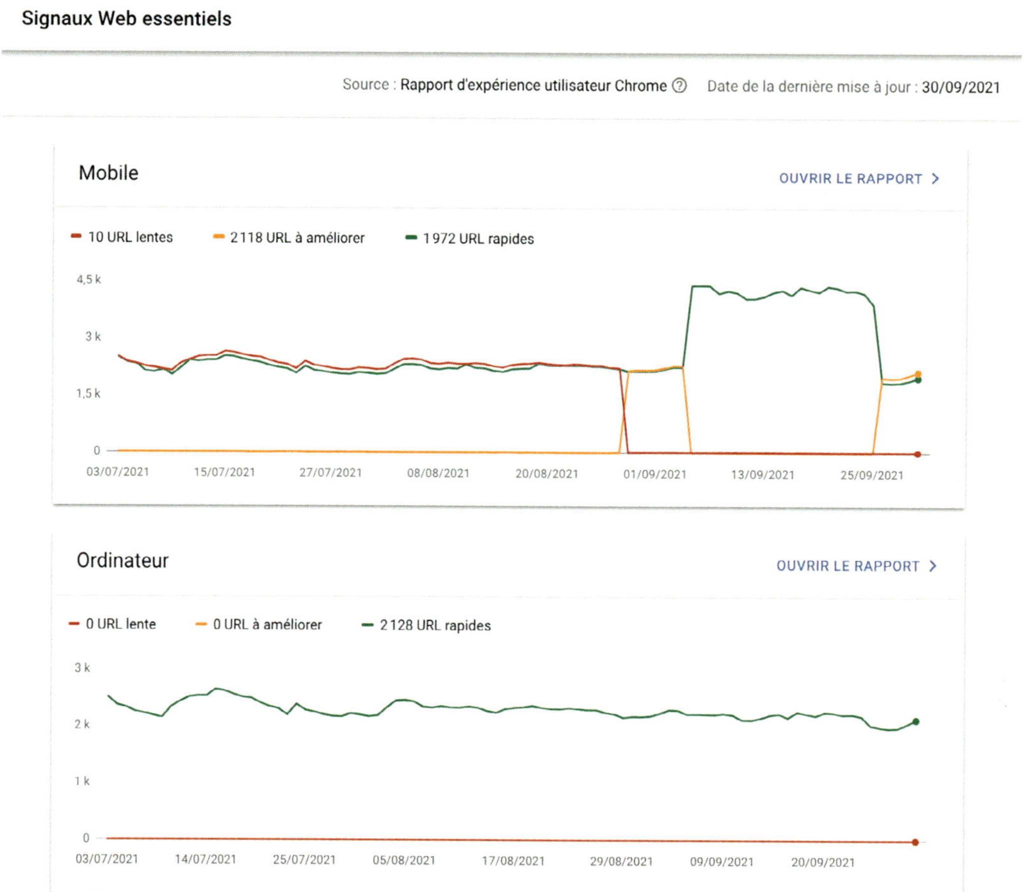

Figure 14-39

Rapport Signaux Web Essentiels de la Search Console.

Ce rapport indique, pour les versions web et mobile du site, et pour un échantillon de pages, combien sont rapides (tout va bien), moyennes (il faut les améliorer) ou lentes (problème donc). D'une façon générale, on essaie d'avoir le moins de pages web lentes et le plus de pages rapides possible, bien entendu ☺.

L'avantage de l'outil est qu'il donnera, pour chaque KPI (LCP, CLS ou FID) des exemples d'URL ayant un problème, ce qui vous aidera fortement à corriger les soucis éventuels.

Quel impact pour les Core Web Vitals en SEO ?

Google a lancé en juin 2021 une mise à jour de son algorithme nommée Page Experience (*https://speeny.fr/1263*) qui prend en compte les trois KPI des Core Web Vitals. Cette mise à jour s'est terminée début septembre 2021 (*https://speeny.fr/1264*).

Le site Sistrix a lancé à cette occasion une étude pour mesurer l'impact de cette mise à jour sur les classements des différents sites web. À mi-parcours (mi-juillet 2021 : *https://speeny.fr/1265*), cet impact était considéré comme nul. Aucun site n'avait gagné ou perdu des places pour des raisons liées à la « web performance ». En septembre 2021, après la fin de cette mise à jour donc, l'étude a été refaite et a donné les résultats suivants (*https://speeny.fr/1266*).

- Si l'impact n'est plus nul (par rapport à la première étude), il est en revanche très faible : les sites web répondant aux exigences de Google sur les trois KPI n'ont obtenu en moyenne qu'un gain en visibilité de 1 %.
- Les sites web ne répondant à aucun des trois KPI de Google (et dans ce cas, il faut vraiment avoir de gros problèmes de performance sur son site car, la plupart du temps, on a au moins l'un des trois recevable, le plus souvent le FID) ont perdu en moyenne 3,7 % de visibilité.

Fin 2021, l'impact du temps de chargement des pages sur le SEO reste donc très faible, la plupart du temps imperceptible. Mais ce qui a changé, par rapport à la situation quelques mois auparavant, c'est qu'il est désormais mesurable. C'est une avancée. Mais elle ne suffit pas pour en faire un critère de pertinence majeur du moteur de recherche.

L'UX aura du mal à s'imposer comme critère de pertinence majeur en SEO

Et finalement, c'est assez logique. Que l'UX d'une façon générale, donc le temps de chargement des pages en particulier, soit pris en compte comme critère, après tout, pourquoi pas ? C'est tout sauf incohérent… Car il s'agit d'un point important aux yeux de nombreux internautes. Mais cela ne pourra jamais être un critère SEO majeur. En effet, le but d'un moteur de recherche est de répondre de la façon la plus pertinente possible à l'intention de recherche de l'internaute. Et cela, l'UX ne pourra jamais permettre d'y arriver puisque ce n'est pas son job. En revanche, une fois que la réponse est identifiée, il peut être intéressant, lorsque les scores de pertinence de plusieurs résultats sont proches les uns des autres, de privilégier celui proposant l'expérience utilisateur la plus appropriée. L'UX sera donc toujours un critère léger, bien que non négligeable. Si les moteurs donnaient une importance forte aux critères d'UX, ils failliraient à leurs tâches et à leurs objectifs qui sont de toujours fournir la réponse la plus appropriée à la requête demandée. La sémantique sera donc toujours plus forte que le confort de lecture, et c'est tout à fait logique. Au mieux, l'UX sera un *tie-breaker*, il permettra de départager deux pages ayant par ailleurs un score de pertinence proche.

La question qui va alors se poser, si tant est que Google exploite bien ce type de critère à l'avenir (et cela reste à prouver…) est bien d'évaluer le poids de l'UX (et donc du temps de chargement des pages, de la compatibilité mobile, de l'usabilité, etc.) dans l'algorithme complet du moteur. Et ce poids sera certainement de « léger » à « très léger ». Pour l'instant, nul ne le sait. Bref, rien ne va fondamentalement changer dans la méthodologie SEO, à notre avis… Mais, bien sûr, nous serons les premiers à reconnaître notre erreur s'il en va différemment.

Finalement, le plus important dans tout cela, c'est réellement le fait que l'UX est une stratégie avant tout basée sur le confort de l'internaute plutôt que sur l'idée d'être un travail d'optimisation SEO. Faites des sites web intéressants, pertinents, faciles à consulter et qui s'affichent vite, etc. L'internaute sera le premier à vous en remercier ! Et, ma foi, si cela plaît également aux robots des moteurs de recherche et, éventuellement, à leurs algorithmes, ce sera un bonus, peut-être même un bonus non négligeable. Mais ne vous trompez pas de priorité ! L'UX ne sera jamais un critère SEO majeur, bien qu'il soit indispensable pour vos futurs visiteurs ; ne l'oubliez pas !

Boostez votre référencement en boostant vos pages web !

En fin de compte, le principal avantage de la démarche d'optimisation du temps de chargement des pages est que les effets en sont permanents, résultant en un meilleur taux de conversion des visiteurs et une plus forte fidélisation de ces derniers. Nous aurions tendance à dire alors que vouloir développer son trafic sans définir, en amont, des politiques efficaces en termes de performance revient, pour ainsi dire, à vouloir remplir un panier percé.

Un peu de recul sur ce critère

Le temps de chargement des pages est-il réellement un critère de pertinence permettant d'améliorer ses classements dans les résultats de recherche de Google ? Pour être francs, nous n'avons aucun exemple, au moment où ces lignes étaient écrites, d'un site web qui ait amélioré ses positionnements suite à la diminution de ce temps. Ce critère nous semble donc, pour l'instant, beaucoup plus important pour le confort de l'internaute et de Googlebot que dans le cadre d'une stratégie purement SEO.

Ce qui est bon pour votre référencement sera donc bon pour vos visiteurs : deux bonnes raisons d'optimiser votre site en termes de « boost ».

Quelques liens intéressants sur le sujet

Nous vous conseillons ces quelques lectures pour approfondir le sujet :

- le site de Steve Souders : une référence absolue en matière d'optimisation de site web : *http://stevesouders.com* ;
- Google a aussi publié un manuel complet sur tous les vecteurs d'optimisation possibles : *https://www.speeny.fr/421*, ainsi qu'un grand nombre de tutoriels : *https://www.speeny.fr/422*.

Les frames

La technique des frames, ou cadres en français, a longtemps été très utilisée pour créer des sites web en plusieurs fenêtres indépendantes dans le navigateur. Même si elles sont quasiment abandonnées aujourd'hui, on trouve encore quelques sites qui font appel à cette technique. Donc, dans notre immense bonté, nous en parlerons ici, notamment parce que les iframes, plus souvent utilisées, répondent à la même problématique.

Le site représenté à la figure 14-40 est un exemple de cette technique. Il est constitué de trois frames : A et B qui sont des frames de navigation, et C qui est la frame de contenu (on voit son ascenseur spécifique sur la droite). Le tout est encapsulé dans une frame dite « mère » qui décrit la taille, l'emplacement et diverses informations sur ces trois frames « filles ».

De façon assez générale, les frames sont très souvent considérées comme un réel obstacle pour les moteurs de recherche, et donc pour le bon référencement d'un site qui prendrait en compte cette technique de subdivision de l'écran en différentes fenêtres indépendantes. Ce n'est qu'à moitié vrai, comme nous le verrons plus loin.

Avant de voir comment les moteurs réagissent lorsqu'ils arrivent sur une page ainsi bâtie, il est nécessaire de dire deux mots de la réalisation de ce type de page en HTML. Imaginons une page web (page mère) qui aurait pour nom `frames.html` et dont le code HTML serait le suivant :

```
<frameset rows=20%,80%>
  <frame src="fh.html" name="haut">
  <frameset cols=*,2*>
    <frame src="fgb.html" name="gauchebas">
    <frame src="fdb.html" name="droitebas">
  </frameset>
  <noframes>
    Cette page a &eacute;t&eacute; r&eacute;alis&eacute;e avec des frames.
  </noframes>
</frameset>
```

La balise `<frameset>` … `</frameset>` permet de définir les cadres qui rempliront l'écran du navigateur et d'indiquer quels fichiers HTML (ici, `fh.html`, `fgb.html` et `fdb.html`) seront affichés à l'intérieur de ces cadres. Notez bien que le fichier `frames.html`, que nous appellerons fichier mère, sert uniquement à la description des zones de découpage de l'écran et ne contient aucune indication sur le texte ou les images qui y seront affichées.

Figure 14-40

Exemple de site web créé avec des frames.

Les fichiers `fh.html`, `fgb.html` et `fdb.html`, que nous appellerons fichiers filles, contiennent pour leur part les informations à afficher dans chaque partie d'écran. Le fichier mère `frames.html` décrit donc la façon dont les fichiers filles seront affichés sur l'écran (figure 14-41).

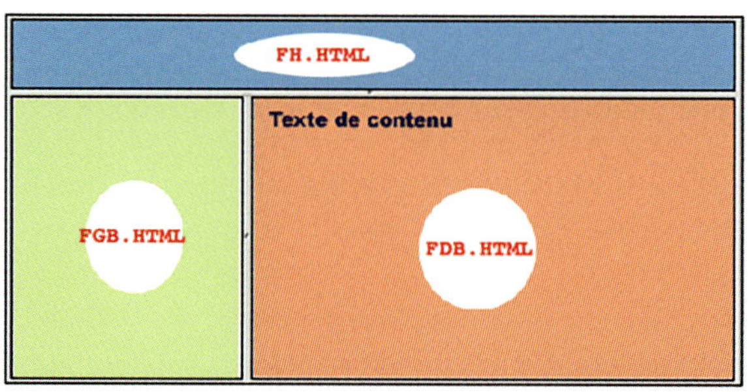

Figure 14-41

Représentation dans un navigateur du code HTML précédent.

Mettons-nous maintenant à la place du spider du moteur de recherche qui, dans un premier temps, arrive sur une page de type mère. Il peut avoir trois réactions différentes.

1. Il ignore complètement la page web et ne l'indexe pas, car il a décidé (enfin, ses concepteurs ont décidé pour lui) de ne pas prendre en compte les pages avec frames. Ce type de cas n'existe plus aujourd'hui sur le Web (mais cela est arrivé par le passé, sur le moteur Excite, par exemple, qui refusait un peu tout et n'importe quoi).
2. Le spider indexe uniquement la page mère et ignore délibérément les fichiers filles en ne suivant pas les liens présents dans les balises `<frame>`. Là encore, ce type de comportement est obsolète. De plus, il n'est pas cohérent puisque le « vrai » contenu se trouve dans les pages filles.
3. Le spider indexe les fichiers mère et filles, puis il les considère tous comme des pages web distinctes, sans rapport les unes avec les autres. Si un mot-clé est trouvé, par exemple, dans la page `fdb.html`, le moteur proposera un lien direct vers ce document et non pas vers la page mère `frames.html`. La page fille `fdb.html` s'affichera alors seule dans le navigateur. Le moteur n'a pas pu reconstituer le lien entre le fichier fille `fdb.html` et la page mère `frames.html`. Le contexte des frames est ainsi perdu. L'internaute, qui a cliqué sur un lien dans la page de résultats du moteur, se retrouve avec une page extraite de son contexte de cadres. Pour tout dire, c'est assez gênant, comme le montre la figure 14-42.

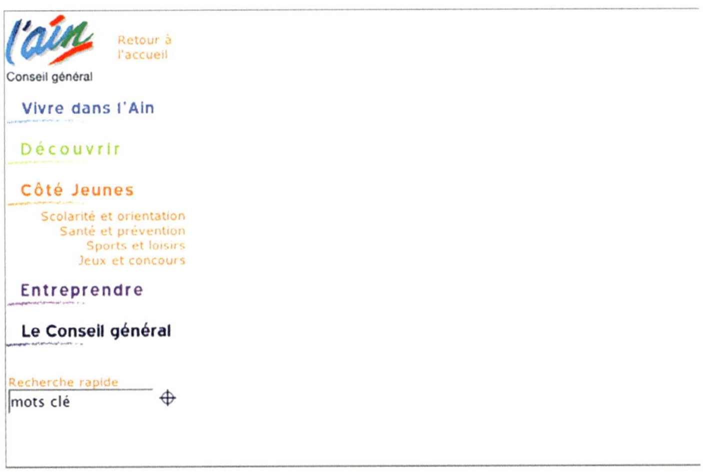

Figure 14-42

Exemple de page trouvée sur un moteur de recherche : la barre de navigation gauche d'un site web, soit une page fille faisant partie d'un environnement à frames et ayant perdu ses repères avec sa page de contenu et sa page mère.

La conclusion est simple, mais bien souvent irrémédiable : réfléchissez bien avant d'utiliser des frames dans vos pages. Et comme il existe de moins en moins de sites réalisés avec des frames, il y a peu de chances que les moteurs fassent quoi que ce soit pour mieux les prendre en compte à l'avenir.

Cependant, si votre site est ainsi réalisé (euh, et si vous pensiez à une refonte un de ces jours ?), il existe des solutions grâce à la balise <noframes> et au JavaScript, pour faire en sorte que votre site, bien que réalisé avec des frames, soit bien pris en compte et correctement affiché par les moteurs de recherche.

Optimisation de la page mère

L'utilisation de la balise <noframes> … </noframes>, qui permet d'indiquer un texte, à l'origine destiné aux navigateurs n'acceptant pas cette fonctionnalité, peut être un palliatif intéressant.

Soignez le texte que vous allez indiquer ici, car il y a de fortes chances pour que seules ces lignes soient affichées dans la description du fichier mère sur la page de résultats du moteur. Si votre page a été réalisée avec le code suivant :

```
<noframes>
Votre navigateur n'accepte pas les frames.
</noframes>
```

Voici ce qui s'affichera dans la page de résultats du moteur :

```
Chaussures de sport Stela
Votre navigateur n'accepte pas les frames.
https://www.stela.com/index.html
```

On peut rêver mieux comme description de document, non ? Soignez donc les textes introduits dans la balise <noframes> pour qu'ils décrivent parfaitement votre site et les pages en question !

Optimisation des pages filles

Il existe une façon de contourner le fait que les moteurs peuvent proposer un lien vers une page fille devenue orpheline, perdant ainsi le contexte de cadres. Dans le code HTML de chacun de ces fichiers filles (dans la balise <head>), insérez le code JavaScript suivant :

```
<script type="text/javascript">
  <!-
    // Test d'affichage sans l'environnement frames
    if (parent.frames.length==0)
    {
      parent.location.href="pagemere.html";
    };
    // -->
</script>
```

Ce code recrée obligatoirement l'environnement de la page avec des frames en rappelant la page mère. Ainsi, si un internaute tente d'afficher la page fille, ce code appelle la page mère et recrée l'environnement sous forme de cadres de la page. Vous avez gagné ! Indiquez, à la place du nom `pagemere.html`, le nom de la page mère (ici, `frames.html`, par exemple) correspondant à chaque page fille au sein desquelles vous allez insérer ce bout de code.

Du travail en plus...

Ce travail – auquel vous n'aviez pas forcément pensé – peut s'avérer considérable si vous avez de très nombreuses pages filles à modifier. Il sera toutefois nécessaire si vous désirez que votre site réalisé avec des frames soit bien référencé. Un conseil : à la prochaine refonte de votre site, abandonnez les frames ! On n'est plus au Moyen Âge ! ☺

Enfin, n'oubliez pas de donner un titre explicite à toutes vos pages filles ainsi qu'aux autres documents qui seront indexés par le spider, car cela constituera une zone de mots-clés importante. De même, insérez des balises `meta` spécifiques (au moins des balises `meta description`) à chacune des pages filles, puisqu'elles seront traitées comme des pages à part entière par les moteurs. En définitive, traitez les pages filles exactement comme si elles n'étaient pas des parties de frames mais de simples pages HTML. Là aussi, cela peut représenter beaucoup de travail. Et si vous supprimez les frames de votre site, cela nous permettra de supprimer également ce chapitre de la prochaine édition de ce livre ☺.

Si vous ne voulez (pouvez) pas insérer le code JavaScript de reconstitution de l'environnement sous forme de cadres et si vous voulez éviter que les pages filles soient indexées par les moteurs (seules seraient prises en compte, dans ce cas, les pages mères), il vous faudra insérer des balises `meta name="robots"` dans chacun de ces documents. Voir le chapitre 16 à ce sujet. Cependant, ce serait dommage de ne pas vouloir indexer vos contenus textuels qui se trouvent le plus souvent dans vos pages filles.

Frames et iframes : même combat

Si votre site utilise des iframes (intégration de contenu dans des « embed », exactement comme quand vous intégrez une vidéo YouTube sur votre site), la situation est strictement identique à celles des frames. Les solutions sont également les mêmes, notamment le code JavaScript à rajouter à la page affichée dans l'iframe afin que la « page mère » soit affichée si on essaie d'ouvrir ce contenu « framé ».

Voici également un petit test effectué sur les iframes pour vérifier comment Google les prend en compte : *https://www.speeny.fr/423*.

Conclusion

Comme on a pu le voir au cours de ce chapitre, le SEO peut vite devenir assez technique si on veut aller plus loin dans l'optimisation de son site et de ses pages web. Mais rien ne vous empêche de sous-traiter tous ces aspects en gardant pour vous la vision stratégique globale de votre projet. Par ailleurs, il existe de nombreux points pouvant potentiellement freiner le référencement d'un site web par les moteurs de recherche s'ils sont mal implémentés. Pourtant, à l'heure actuelle, les critères réellement bloquants sont rares, car il existe quasiment toujours des solutions aux problèmes éventuellement rencontrés. Encore faut-il, bien sûr, les mettre en œuvre, ce qui peut représenter du temps et/ou de l'argent si ces procédures ne sont pas internalisées.

Il s'agit encore ici d'un argument pour la prise en compte du référencement à la base, au départ du projet de création ou de refonte de site web : plus les options technologiques seront compatibles avec les moteurs de recherche, moins le travail à faire par la suite sera important et onéreux. Gardez-le toujours à l'esprit !

15

Spam et pénalités, Panda et Penguin

« Il n'est pas de punition plus terrible que le travail inutile et sans espoir. »

Albert Camus

Après les aspects techniques liés au référencement, il n'est pas négligeable de passer en revue un certain nombre d'informations sur les pénalités que les moteurs de recherche, et notamment Google, infligent aux sites qu'ils estiment fraudeurs, car cela a – et pour cause – une grande implication dans leur référencement. Et également une incidence dans l'optimisation du délai d'indexation que nous étudierons par la suite dans ce même chapitre.

Une attitude intéressante à avoir, lorsqu'on désire améliorer son propre référencement, est de se mettre parfois à la place des moteurs de recherche afin de comprendre leur fonctionnement, ce qui permet de s'adapter plus facilement à leurs contraintes. Cela est certainement tout à fait vrai en ce qui concerne la détection du spam (ou spamdexing : fraude visant à détourner l'algorithme des moteurs).

En effet, les moteurs de recherche font quotidiennement face à des milliers de webmasters de par le monde qui optimisent, voire « suroptimisent » leurs pages de façon plus ou moins *borderline*, sachant qu'en fait toute optimisation peut être assimilable à du spam, selon le degré d'optimisation mis en place au regard des règles internes de chaque moteur, qui sont parfois bien difficiles à appréhender, il faut bien le dire.

Figure 15-1

Trois catégories de SEO se partagent le « milieu »…

Le monde du SEO se subdivise donc en trois profils.

- Le « white hat » suit religieusement les recommandations du « dieu Google » et s'interdit absolument toute manœuvre frauduleuse. Il est blanc comme neige !

- Le « black hat » fait tout le contraire : dès qu'une stratégie de contournement et de manipulation des SERP est imaginée, il la teste et la met en place si elle s'avère payante. Pas de scrupules à avoir : Google est l'ennemi et avant tout une source de revenus importante !
- Le « grey hat » (et les « 50 nuances de grey » qui vont avec ☺) sera plus tempéré, plus modéré : il se base sur des méthodes « white hat » mais peut parfois griser ses stratégies si cela ne suffit pas. Tout dépendra, effectivement, de la nuance, entre gris clair et gris foncé, qu'il appliquera à ses méthodes pour savoir s'il dépasse ou non la ligne jaune…

Quelques pistes de réflexion au sujet des pénalités

Voici donc quelques pistes que les moteurs de recherche explorent, afin de détecter les sites suroptimisés et d'améliorer la qualité de leurs données. Il est important de noter que, bien entendu, tous les moteurs font face sans exception à ce « fléau » du spamdexing et des « black hat ».

Google profile-t-il les référenceurs ?

Selon le site Outspoken Media (*https://www.speeny.fr/424*), Google « profilerait » les sociétés de référencement en fonction du danger potentiel qu'elles représentent. Réalité ou paranoïa ? Rien ne dit en tout cas que ce soit le cas dans la réalité…

La dénonciation

L'une des principales sources de détection du spamdexing par Google est certainement son formulaire de Spam Report (figure 15-2) permettant de dénoncer au moteur toute pratique considérée comme frauduleuse (*https://www.speeny.fr/425*).

C'est bien pour cela qu'il est totalement vain de tenter de frauder et de contourner les moteurs de recherche aujourd'hui. Si vous arrivez à être plus malin que les algorithmes des moteurs (et on ne voit pas pourquoi vous n'y arriveriez pas, ce n'est pas si compliqué…), il y aura toujours quelqu'un sur le Web (et notamment vos concurrents) qui s'en apercevront (ce n'est pas beaucoup plus compliqué…) et qui vous dénonceront. Et ce jour-là, vous vous en mordrez les doigts… ou plutôt le clavier (ou la souris, au choix).

Il y a tellement de choses à faire de façon honnête, loyale et pérenne que ce serait quand même dommage de voir votre site pénalisé, parfois à long terme. Réfléchissez-y avant de vous lancer dans des stratégies douteuses.

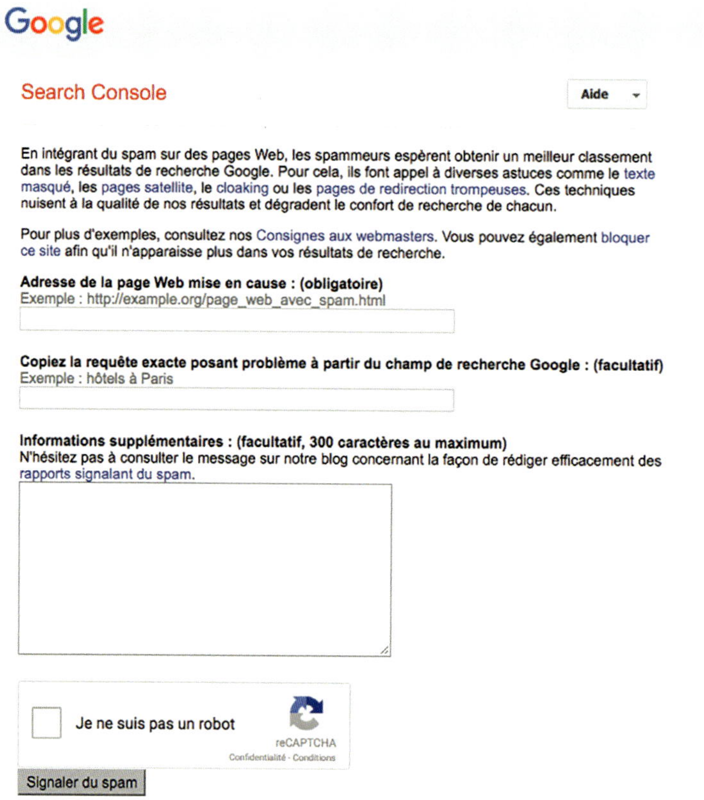

Figure 15-2

Formulaire de Spam Report sur le site de Google.

Paul Sanches : pourquoi être « black hat » aujourd'hui ?

Paul Sanches est une figure très connue du milieu « black hat », notamment depuis qu'il intervient dans de nombreuses conférences à ce sujet. Dans le cadre de la lettre professionnelle « Réacteur » du site Abondance, nous lui avions posé quelques questions pour mieux comprendre son métier, les méthodes black hat qu'il utilise et, plus généralement, la vision qu'il a de son quotidien et du domaine parfois controversé du spam aux moteurs de recherche… Voici ses réponses, que nous reprenons ici avec son autorisation.

Bonjour Paul, peux-tu te présenter en quelques mots ? Quel est ton parcours ?

Mon parcours est le suivant : tout d'abord à la faculté, en psychologie du travail. J'ai ensuite découvert le Web grâce à un professeur qui nous avait demandé de faire un site web sur la psychologie, je n'y connaissais rien du tout en Web ni en HTML. J'ai découvert ce dernier, ainsi que Frontpage et Paint Shop Pro, etc. J'ai obtenu la meilleure note du TD ☺.

Puis, de fil en aiguille, j'ai commencé à faire des sites web en SPIP pour des ONG comme *coordinationsud.org* ou le *cidr.org*.

Je me suis intéressé au référencement bien plus tard, en 1998; j'avais acheté ton livre sur le référencement, mais je n'ai pas poussé plus loin à ce moment-là.

C'est avec les concours que j'ai commencé à réellement m'intéresser au référencement. Le premier auquel j'ai participé s'intitulait « tiger l'osmose », d'où le pseudo Tiger que j'ai pris pour aller spammer le forum *seosphere.com*.

J'ai donc découvert le netlinking et le webspam grâce aux concours SEO ☺.

Je me suis passionné pour ces concours, j'ai participé à bon nombre d'entre eux, j'ai affiné mes connaissances en référencement et c'est naturellement que cette passion s'est transformée en métier par la suite.

En quoi consistent tes principales prestations en termes de SEO ?

Je gère deux sociétés, Impact Seo et Seo Hackers (avec mon associé Mathieu Gheerbrant). Je diversifie mon activité avec, à la fois de l'édition de sites web, de la prestation en référencement pour tous types de clients, de la PME aux grands comptes.

Pour les prestations SEO, on vient me voir essentiellement pour du linkbuilding et parfois pour du consulting/audit. Selon la demande du client, je fais du white ou du black hat. Je propose également des formations au référencement, des formations individuelles ou des formations en groupe avec le Seo High Level.

Je gère aussi l'e-réputation de certaines sociétés ou individus qui n'ont plus d'autres recours que de faire appel à des « nettoyeurs ».

Et, pour finir, je vends des outils comme *https://www.killduplicate.com/fr.*

Selon toi, Google est-il dépassé par le spam aujourd'hui et/ou arrivera-t-il un jour à le combattre de façon efficace ?

Tant que Google accordera autant d'importance aux liens, alors non, il ne pourra pas combattre le webspam. En revanche, il lui suffirait de donner une valeur nulle et non négative à un lien pour anéantir la plupart des actions de netlinking black hat.

Les algorithmes de Google se modifient souvent. Comment fais-tu ta veille ?

J'ai un compte Twitter qui me permet de suivre les évolutions du moteur, cela ne suffit pas pour être proactif. Pour pouvoir anticiper, rien ne vaut les tests, l'expérience et les discussions avec les amis SEO.

Panda, Penguin et compagnie : réels filtres de nettoyage ou vaste fumisterie selon toi ?

Réels filtres, mes collègues et moi avons été impactés majoritairement par la mise à jour du 22 mai 2013. Celle-ci a été beaucoup plus fine que les précédentes, ce qui fait qu'elle a été beaucoup plus simple à analyser et donc à combattre.

As-tu conscience de prendre des places dans les SERP à des sites qui désirent travailler « proprement » ? Est-ce que cela te pose problème ?

Non, je ne considère pas prendre la place de qui que ce soit, nous avons le même terrain de jeu, chacun l'occupe avec ses armes. Travailler proprement son référencement ne veut rien dire pour moi. Est-ce qu'acheter 5 000 articles à des Malgaches pour donner à manger à Googlebot est un travail propre ?

Est-ce qu'acheter des liens est respectueux des guidelines ? Pourtant la plupart des « gros » achètent et vendent du lien !

Tu co-organises des formations « High Level ». Peux-tu nous en dire plus sur leur contenu ? À qui s'adressent-elles ?

Oui, j'organise une formation SEO High Level (*https://www.seohighlevel.com/*) avec Kévin Richard. Elle a pour essence le partage d'expériences et est avant tout une formation pratique où chaque intervenant communique sur ses stratégies, son expérience, ses réussites comme ses échecs.

Le but est d'en ressortir avec des stratégies concrètes pour générer du trafic, être plus visible que les concurrents et éviter les filtres Google.

Ce n'est pas une formation Black Hat contrairement à ce qu'on pourrait penser, nous présentons toutes les techniques avec ce qu'elles impliquent : coûts/bénéfices/risques. Chacun peut ainsi décider de la voie qu'il souhaite suivre en connaissance de cause.

Les profils des participants sont pour la plupart des référenceurs en agence de référencement, in-house et indépendants.

Peut-on être autre chose qu'autodidacte dans ce domaine ?

On peut se former seul ou suivre une formation pour aller plus vite, mais il n'existe pas d'école ☺ – tout comme il n'existe que très peu de formations universitaires ou écoles proposant du référencement classique.

Pour s'autoformer, il faut selon moi :

- lire les blogs BH SEO FR et US ;
- lire les forums BH SEO FR et US ;
- discuter avec des Seo, plusieurs canaux : se rendre à des événements SEO, Forums et Twitter pour sympathiser avec des SEO ;
- lancer des sites ;
- imiter les autres ;
- améliorer ce que font les autres ;
- tester par soi-même.

Certains black hats n'acceptent pas le terme de « spammeur ». Qu'en est-il pour toi ?

Oui, je suis un linkbuilder qui spamme.

Depuis quelques mois, tu interviens souvent dans des conférences (SEO Campus, etc.). Pourquoi étais-tu moins « visible » auparavant ? Préférais-tu être discret ? ou te demandait-on de ne pas intervenir ? ou est-ce une stratégie de conquête de prospects que de faire ces conférences ?

Depuis quelques années tu veux dire, la première fois que j'ai pris la parole en public pour parler de black hat SEO, c'était aux SMX de Paris en 2010. J'ai ensuite enchaîné les SEO Campus et d'autres événements. Avant cette première prise de parole, je préférais effectivement rester totalement anonyme.

Un jour, un ami SEO m'a dit que je devrais « brander Paul Sanches ». Après réflexion, j'ai suivi son conseil en commençant à intervenir dans des conférences SEO.

Bien sûr qu'il est important de rester visible, et que c'est bon pour mon « branding », d'être interviewé ici par le *number one*, le papa du SEO FR ☺ (NDLR : ça change du « pape » ou du « papy » ☺).

Ça fait toujours du client potentiel, ça permet de choisir ses clients, d'élargir son cercle de contacts, cela évite de devoir prospecter, de devoir faire une landing page pour présenter mes services et puis c'est bon pour mon ego, c'est mon côté « j'aurais voulu être un artiste » ☺.

Le mot de la fin ? Une question que j'aurais oubliée ?

Merci de m'avoir invité pour cette interview Olivier, et je voudrais ajouter un mot sur le black hat SEO. J'ai des sites sur lesquels je ne fais pas d'actions de black hat et d'autres où je « mets la gomme ». Si je prends l'exemple d'un site où je ne fais pas de black hat, celui-ci génère 300 à 400 visiteurs par jour dans la thématique de la grossesse. Le site a plus de 150 articles écrits par une maman traitant la plupart des sujets de la thématique. Il a un design plutôt sympathique et une architecture pas trop mal optimisée, des aspects sociaux développés… Si j'appliquais à ce site des techniques black hat, je pourrais générer beaucoup plus de trafic et beaucoup plus rapidement. Je pourrais par exemple passer de 300 ou 400 visiteurs uniques/jour à 1 500, mais je prendrais le risque de me prendre un « Penguin » et donc de voir mon trafic chuter de 40 à 50 % et de repasser à 800 visiteurs/jour… ce qui resterait supérieur à mon trafic actuel, tu vois où je veux en venir ? Pourquoi je ne le fais pas ? Je me pose la question justement ☺ !

Les pénalités infligées par Google

Depuis que Google existe, ce moteur de recherche pénalise, comme la plupart de ses confrères, les sites web qui tentent de le « spamindexer » ou, en d'autres termes, de contourner ses algorithmes de pertinence pour tenter, grâce à de nombreuses techniques prohibées, de mieux se positionner dans ses pages de résultats.

Au fil du temps, Google a mis en place une panoplie assez complète de pénalités, parfois *soft*, mais également parfois très dures (comme la liste noire, qui a cependant quasiment disparu) selon la gravité estimée de la faute commise.

Dans ce chapitre, nous allons essayer de répertorier les différentes pénalités imaginées par les ingénieurs de Google, sachant qu'il est complexe d'en parler avec exactitude puisque Google n'a que très rarement communiqué sur ce point, et pour cause. La plupart des informations proposées ici sont donc issues de notre expérience, de tests empiriques, de discussions dans des forums, d'avis d'experts, etc.

Sachez cependant que le contenu ci-après a été transmis à Google et lu par les équipes qui gèrent ces pénalités. Nous n'avons pas eu de retour détaillé de leur part sur son contenu, nous en conclurons donc qu'il n'y a pas d'erreur monumentale dans les indications qui suivent, car, dans ce cas, nos correspondants auraient certainement jugé utile de nous en faire part…

Il n'en reste pas moins vrai qu'il est intéressant de comprendre comment fonctionne la « Spam Brigade » de Google et de bien comprendre que la seule façon de ne jamais avoir affaire à elle est bien de concevoir un site web pour les internautes, optimisé pour les moteurs de recherche, mais sans chercher à aller trop loin. Toute velléité de « suroptimisation » est donc risquée. N'oubliez pas que, même si vos techniques un peu *borderline* échappent aux ingénieurs de Google (qui ont beaucoup de choses à faire et de sites à vérifier), vos concurrents risquent, eux, de s'en apercevoir et se feront un plaisir de vous dénoncer auprès du moteur sur son formulaire de Spam Report. Un webmaster averti en vaut toujours deux…

Techniques à ne pas employer

Il est tout d'abord important de comprendre quelles techniques d'optimisation sont à éviter pour ne pas avoir à subir les foudres des moteurs de recherche. En voici quelques-unes :

- pages satellites (ou alias, fantômes, *doorway pages*, etc. : pages conçues spécialement pour les moteurs de recherche et contenant une redirection automatique vers le site « réel ») ;
- *keyword stuffing* (répétition non naturelle de mots-clés à l'intérieur d'une page) ;
- contenu textuel et/ou liens cachés au sein du code HTML d'une page à des fins de référencement ;
- ajout dans une page, d'une façon ou d'une autre, de contenu n'ayant pas de rapport direct avec celui qui apparaît de façon visible dans la page ;
- redirection frauduleuse.

Voici quelques autres pratiques interdites par Google, rapidement décrites (mais la littérature à leur sujet est foisonnante sur le Web).

Le cloaking

Cette technique consiste à proposer un contenu différent aux internautes et aux moteurs. La règle de Google est implacable pour ces pratiques : il n'existe pas de « bon cloaking ». Google interdit donc, quelles que soient vos motivations (excellentes ou spammantes), de faire du cloaking (*https://www.speeny.fr/426*). Le moteur et l'internaute doivent avoir potentiellement accès au même contenu. *Dura lex sed Google lex…* Dans le domaine des plates-formes JavaScript complexes, Google peut cependant être plus souple parfois, car une certaine forme de cloaking reste la seule solution pour présenter un contenu fiable aux moteurs. Mais cela reste une exception.

Obfuscation : cloaking ou pas ?

Il existe un débat au sein de la communauté SEO au sujet des techniques d'obfuscation (ou offuscation) de liens, c'est-à-dire le fait de mettre en place un code complexe (la plupart du temps en JavaScript) pour qu'un lien soit visible par un internaute mais pas par les moteurs. Cloaking ou pas ? Interdit ou autorisé ? C'est par exemple le cas des liens pointant en interne vers les pages de type « Mentions légales » ou « Conditions générales de ventes », sans intérêt SEO mais répliquées à l'identique – le plus souvent dans le footer – dans toutes les pages. Google lui-même n'a jamais été très clair sur ces techniques mais il y a fort à parier que si elles se répandent et que si le moteur estime qu'elles faussent ses analyses, elles seront pénalisées à terme (ce qui n'était pas le cas en 2021).

Le content spinning

Il s'agit ici de méthodes de réécriture automatique de texte. Le principe en est simple : vous prenez un texte de départ (original) et pour ne pas tomber dans des problématiques de duplicate content, vous le passez dans une « moulinette » de *content spinning* qui va le réécrire en changeant les mots, les verbes, etc. par des synonymes ou expressions proches. En voici un exemple assez parlant (source : Discodog) :

> *{ Parmi les | Un des | Dans les } { grands | petits | supers } { atouts | avantages } du { Texas Hold'em | Omaha | poker }, c'est que { lorsque | quand } vous { créez | activez | validez | ouvrez } un { identifiant | compte } { dans | sur } { une salle de poker | une poker room | un site de poker | une salle de jeu } { en ligne | sur Internet | sur le Net | via votre ordinateur }, vous { obtenez | gagnez | recevez | êtes gratifié d' | êtes doté d' | avez droit à } un { super | mega } bonus { automatiquement | gratuitement | systématiquement }.*
>
> *Les grands avantages du { Texas Hold'em | Omaha | poker } est que vous { obtenez | gagnez | recevez | êtes gratifié d' | êtes doté d' | avez droit à } un { super | mega } bonus quand vous { créez | activez | validez | ouvrez } un compte { dans | sur }{ une salle de poker | une poker room| un site de poker | une salle de jeu }.*

Chaque zone entre crochets, dans l'exemple ci-dessus, peut être ainsi réécrite sous plusieurs formes, chaque combinaison créant alors une nouvelle version du contenu plus ou moins différente, ce qui permet d'éviter de tomber dans les arcanes du duplicate content. L'avantage est que ces techniques sont entièrement automatisables et que l'on peut produire de nombreuses versions d'un même texte sans aucune intervention humaine ou presque…

Google, de son côté, a cependant été très clair également au sujet de ces techniques : « Tout contenu proposé sur un site web doit avant tout être créé pour les utilisateurs et non pour les moteurs de recherche. Le content spinning n'offre rien de nouveau aux internautes (si ce n'est un contenu déjà existant rendu illisible) et est clairement destiné aux moteurs de recherche plutôt qu'aux utilisateurs. Par conséquent, des actions peuvent être prises à l'encontre des sites qui proposent ce genre de contenu. Il en va de même pour tout contenu réécrit, traduit automatiquement, ou modifié de façon à vouloir le faire apparaître comme unique au robot Googlebot. » (*https://www.speeny.fr/427*).

Il nous reste à savoir comment le moteur arrive à détecter ce type de pratique, car un content spinning bien fait est tout à fait lisible par un internaute et extrêmement difficile à identifier. Toutefois on compte les « gros cerveaux » par centaines chez Google, aussi conviendra-t-il de réfléchir à deux fois avant de tenter de « spinner » en grand le contenu d'un site web.

Le scraping

Il s'agit ici d'aller « copier » un contenu sur le Web pour le « coller » dans son propre site, de façon légale ou pas.

De nombreux logiciels existent dans ce domaine (beaucoup sont également développés par les sociétés désirant « scraper » le Web pour leurs propres besoins). Ils sont assez faciles à dénicher sur Internet. Le « ténor » s'appelle certainement ScrapeBox (*http://www.scrapebox.com/*), même s'il sert surtout, en technique black hat, à remplir de façon automatique des formulaires (commentaires de blogs, de forums, etc.) afin d'y ajouter des liens vers son site par centaines ou milliers.

L'indexation de pages de résultats de moteur interne

Google interdit l'indexation des pages de résultats de votre moteur interne : « Utilisez le fichier `robots.txt` pour empêcher l'exploration des pages de résultats de recherche ou d'autres pages créées automatiquement par les moteurs de recherche et qui n'offrent aucun intérêt particulier pour les internautes. » (*https://www.speeny.fr/428*). La plupart du temps, il est donc conseillé d'intégrer une balise `meta robots` adéquate dans le gabarit de la page de résultats de ce moteur intrasite, sous la forme suivante :

```
<meta name="robots" content="noindex,follow">
```

Le robot trouvera cette balise dans la page et ne l'indexera donc pas.

Bref, en règle générale, n'essayez pas de jouer « aux gendarmes et aux voleurs » avec les moteurs de recherche et relisez bien cette page intitulée *Conseils aux webmasters* sur l'aide en ligne de Google : *https://www.speeny.fr/428.*

Le moteur de recherche leader propose également un guide intitulé *Optimisez vos contenus – Guide pour les éditeurs de sites web* (*https://www.speeny.fr/429*), 22 pages que vous pouvez étudier avec intérêt. À lire également, le *Guide de démarrage Google – Optimisation pour les moteurs de recherche* (32 pages) qui reprend les fondamentaux du SEO. Retrouvez ce document indispensable à l'adresse suivante : *https://www.speeny.fr/430.* Idéal pour obtenir les bases du référencement et apprendre les règles à ne pas transgresser. Et l'information vient ici directement de la source Google…

Bref, il existe quelques « règles d'or » à suivre pour éviter tout problème de pénalité sur les moteurs de recherche.

1. On ne cache rien (ce que l'internaute voit, le moteur le voit et *vice versa*).
2. On n'utilise pas de lien factice ou suroptimisé.
3. Chaque lien doit transférer du sens au travers de son ancre (nous y reviendrons).
4. Un site web est avant tout fait pour les internautes.
5. Une optimisation de qualité pour les moteurs (balises HTML, texte, liens, etc.) fournit rapidement une bonne visibilité à un contenu de qualité.
6. Il est important de veiller à la bonne indexabilité de son site par les spiders (navigation, liens *spider friendly*, fichier Sitemap, etc.).

Si vous suivez ces quelques conseils, vous ne devriez pas avoir de réels soucis avec les équipes de lutte contre le spam qui officient au sein des moteurs. En outre, il existe une expression magique à se rappeler au quotidien dans le SEO pour ne pas aller trop lion : **le bon sens** ! Gardez-le toujours à l'esprit. Cependant, il se peut que, même sans le faire exprès (ceci dit, quand on est pénalisé, on sait la plupart du temps pourquoi), vous passiez, à un moment ou à un autre, de l'autre côté de la ligne jaune (ou rouge, à votre guise). Voici à quelle sauce vous risquez alors d'être mangé…

Google découvre 40 milliards de pages de spams chaque jour !

Un chiffre qui semble incroyable, révélé par le « Webspam Report 2020 » de Google qui donne des statistiques sur la façon dont le moteur lutte contre les spams au quotidien. Et ce n'est pas le seul chiffre qui laisse penseur parmi ceux dévoilés à cette occasion… Le spam a connu une croissance énorme sur les dix dernières années.

Selon le moteur : « *En 2020, nous avons détecté 40 milliards de pages de spams chaque jour – y compris des sites qui ont été piratés ou créés de manière trompeuse pour voler vos informations personnelles – et les avons empêchés d'apparaître dans les résultats. […] Le spam de contenu piraté était encore très répandu en 2020 car le nombre de sites web vulnérables est resté assez important, bien que nous ayons amélioré notre capacité de détection de plus de 50 % et supprimé la plupart des spams piratés des résultats de recherche.* »

Il est clair que la lutte contre ce fléau qu'est le spam (sous toutes ses formes : spam, piratage, création de contenu de faible qualité, liens factices, etc.) est l'une des principales préoccupations de Google. De là à dire, comme ci-dessus, que 99 % des SERP sont *spam-free*, c'est peut-être aller vite en besogne et donner une image par trop idyllique de la situation. Cela dit, il est clair que, au vu des chiffres publiés, la situation empire chaque année et devient de plus en plus problématique… Aussi pour la crédibilité du métier de SEO également, d'ailleurs…

Pour plus d'informations à ce sujet, consultez la page suivante : *https://speeny.fr/1269*.

Pénalité numéro 1 – Le mythe de la sandbox

La sandbox ou « bac à sable » est une pénalité dont on a beaucoup parlé il y a quelques années de cela, notamment à partir de 2004, mais qui semble moins d'actualité aujourd'hui. Il semblerait qu'elle frappe certains sites au moment où Google les découvre et estime que « quelque chose ne va pas » au niveau de l'analyse de ses liens entrants.

Par exemple, Google identifie, lors de sa première visite du site, le fait que ce dernier a déjà obtenu de très nombreux liens entrants (backlinks) ou de nombreux liens entrants depuis des sites distants, chaque fois avec le même « texte d'ancre » (notion d'ancrage), etc. Google essaie de comprendre la « courbe de vie d'un site ». Il horodate toutes les informations qu'il acquiert et, lorsqu'il découvre une nouvelle source d'informations, il compare notamment sa structure et la situation constatée en termes de liens entrants par rapport à la moyenne de celle d'un site qui vient de sortir. Si les courbes et indices ne concordent pas, il peut y avoir manipulation.

Certains sites qui auraient trop « forcé la dose » dès leur lancement en termes de popularité et d'ancrage se seraient donc vus, par le passé, « mis en quarantaine dans la sandbox ». Résultat : aucune possibilité de sortir en bonne position sur une quelconque requête pendant plusieurs semaines (*a priori* de 1 à 12 selon les chiffres le plus souvent constatés). Le site est bien là, il est bien « référencé », mais jamais positionné. Puis, un jour, sa pénalité est terminée, il sort du « bac à sable », sa période de quarantaine est terminée et il se classe tout de suite mieux… Il semblerait que la sandbox touche, dans ce cas, toutes les pages d'un même site.

Cependant, on entend beaucoup moins parler de ce phénomène depuis quelque temps. Google l'a-t-il abandonné ou remplacé par un autre système de pénalité ? Nul ne le sait… Mais il est sûr que ce phénomène a traumatisé plus d'un webmaster qui se voyaient parfois « sandboxés » tous les matins, créant une réelle psychose sur le Web pendant de nombreux mois. D'ailleurs, nombreux sont ceux qui, à l'heure actuelle, voient encore des sandbox partout… Traumatisme profond ?

Pénalité numéro 2 – La liste noire

On entre ici dans la pénalité la plus « dure » avec la « blacklist » ou « liste noire ». Pour savoir si vous y avez plongé (malheur à vous !), le plus simple est d'utiliser une requête avec la syntaxe « site:www.votresite.com » en utilisant bien sûr l'adresse de votre site. Si Google ne renvoie aucun résultat, alors qu'auparavant ce n'était pas le cas, il y a effectivement de fortes chances pour que votre site soit blacklisté et que vous l'ayez bien cherché… Mais cette pénalité est devenue de plus en plus rare au fil du temps. Elle semble définitivement abandonnée aujourd'hui (sauf lors de bogues d'indexation de Google, comme le moteur en a connu depuis 2019, mais ceci est une autre histoire).

Pénalité numéro 3 – Le déclassement

Parfois – et le plus souvent –, pour un site donné, mais le plus souvent pour une requête donnée, un site web perd, du jour au lendemain, plusieurs (et parfois de très nombreuses) places dans les résultats du moteur. Ces pénalités ont longtemps été connues sous les noms de « minus 30 », « minus 60 » ou « Position 6 penalty » pour l'une d'entre elles, apparue en 2008 (*https://www.speeny.fr/431*).

Ainsi, une page web sera « déclassée » pour une requête spécifique, par exemple « rachat crédit », et disparaîtra en quelques heures des premières pages de résultats pour ces mots-clés, alors qu'elle reste toujours bien placée pour des requêtes utilisant la syntaxe « allintext:rachat crédit » ou « allintitle:rachat crédit ». Cela semble prouver qu'un site web, voire une page web, serait pénalisée par Google pour une requête bien particulière.

Selon la pénalité, la perte en termes de positions peut être minime (Position 6 penalty : le site passe de la 1re à la 6e place, ce qui le fait passer « en dessous de la ligne de flottaison », affectant donc de façon forte le trafic généré) ou plus importante (minus 30 : perte de 30 places ou plus). Une pénalité « minus 950 » a même été évoquée un temps sur certains forums… En même temps, à partir du moment où on sort de la première page de résultats, la visibilité tend vers le néant. Rappelez-vous l'adage : « Si vous voulez cacher un cadavre, planquez-le en page 2 de Google, personne ne le trouvera jamais… »

Là encore, un silence de cathédrale revient de la part de Google lorsque ces pénalités sont évoquées (ce qui n'est pas illogique, notez-le bien). Difficile donc de faire la part des choses entre mythe et réalité… Mais il semblerait bien que ces pénalités punissent une suroptimisation des pages du site (*keyword stuffing*, texte et liens cachés, backlinks de faible qualité, etc.) et ne touchent que certaines pages d'un site et pas les autres.

Matt Cutts et les pénalités Google

Matt Cutts fut le « porte-parole référencement » chez Google et son blog personnel était très lu à cette époque. Voici quelques posts où il parlait des pénalités infligées par Google à certains sites :

- *Alerting Site Owners to Problems* : *https://www.speeny.fr/432*
- *Confirming a Penalty* : *https://www.speeny.fr/433*
- *Notifying Webmasters of Penalties* : *https://www.speeny.fr/434*

Et quelques vidéos du même Matt Cutts sur le spam et les pénalités manuelles : *https://www.speeny.fr/435*

- *Matt Cutts et les erreurs commises avec l'outil de désaveu de liens : https://www.speeny.fr/436*
- *Vidéos Matt Cutts – Lutte contre les liens spammy et pénalités :https://www.speeny.fr/437*
- *Quand Matt Cutts parle des pénalités appliquées à un site… : https://www.speeny.fr/438*
- *Matt Cutts et les actions manuelles pour pénaliser un site : https://www.speeny.fr/439*
- *90 % des messages envoyés aux webmasters concernent le black hat : https://www.speeny.fr/440*
- *Attention au rachat de noms de domaine spammés : https://www.speeny.fr/441*
- *Matt Cutts et les réseaux de liens : https://www.speeny.fr/442*
- *Matt Cutts et les liens internes à texte d'ancre similaire : https://www.speeny.fr/443*
- *Ne mettez pas en ligne trop de pages à la fois : https://www.speeny.fr/444*
- *5 erreurs fondamentales en SEO selon Matt Cutts : https://www.speeny.fr/445*
- *Netlinking : Matt Cutts donne son point de vue : https://www.speeny.fr/446*

Comme vous pouvez le voir, Matt Cutts a beaucoup communiqué sur le sujet ☺, même si ses interventions étaient souvent frustrantes par manque d'informations précises. Nous ne vous proposons ici qu'une petite partie des vidéos et informations qu'il a proposé sur le Web lorsqu'il « sévissait » chez Google ☺. N'hésitez pas à taper son nom dans le moteur de recherche interne du site Abondance (*https://www.speeny.fr/447*), vous y découvrirez de nombreux autres liens intéressants…

Matt Cutts a quitté Google depuis plusieurs années et travaille maintenant pour le gouvernement américain. Les portes-parole SEO de Google sont désormais John Mueller (compte Twitter : @JohnMu), Gary Illyes (@methode), tous deux basés à Google Zurich, Danny Sullivan (@Searchliaison) à Mountain View et Vincent Courson (@VincentCourson) à Dublin. Ils sont très actifs sur Twitter, donc suivez-les fidèlement sur ce réseau social. Vous pouvez également lire cet article qui vous donne plus d'informations sur la meilleure façon de leur poser une question : *https://www.speeny.fr/448*.

Je suis blacklisté ! Au secours !

Vous croyez que votre site a disparu de Google et vous êtes en pleine panique ? Calmez-vous. C'est un cas radical et, surtout, très rare, quoi qu'en pensent certains. En effet, on voit souvent apparaître dans les forums de discussion de nombreuses questions sur la mise en liste noire de sites web. Des webmasters en sueur ne retrouvent plus leur site dans les résultats des moteurs de recherche et se posent des tas de questions sur la procédure à suivre dans ce cas.

Nous allons essayer d'expliquer dans les pages suivantes ce qu'il faut faire lorsqu'une telle situation se produit. On s'apercevra rapidement que, dans de nombreux cas, la solution est évidente et que le terme « blacklistage » est le plus souvent bien exagéré et le fruit d'un vent de panique passager. Mais tentons tout d'abord de récapituler les étapes de façon chronologique.

Étape 1 – Respirez un grand coup…

Dans un premier temps, imaginons donc que vous testiez, un beau matin, la présence ou le positionnement de vos pages sur les moteurs de recherche et que vous ne le trouviez plus sur l'un d'entre eux (ou plusieurs). Que s'est-il passé pendant la nuit ? Votre site a-t-il disparu ? No stress !

1. Dans un premier temps, respirez un grand coup et ne paniquez pas, la situation n'est peut-être pas si grave. Avant de vous précipiter sur les forums de discussion pour indiquer que votre site est blacklisté par les moteurs alors que vos concurrents, qui font bien pire, sont encore là, asseyez-vous, prenez un café (pas trop fort) ou un Prozac – au choix – et faites quelques vérifications. Par exemple, refaites les requêtes effectuées dans un premier temps (n'avez-vous pas fait une faute de frappe ?). Essayez également d'effectuer la même requête depuis un autre ordinateur utilisant un système d'exploitation (et un navigateur) différent et si possible localisé dans une autre zone géographique (en passant par exemple par un système *anonymizer*, qui permet de naviguer sur le Web de façon anonyme, sans laisser de « traces » ou par un proxy afin de ne pas fournir la même adresse IP au moteur). Cela peut avoir son importance.
2. Vérifiez que votre site est bien encore présent dans l'index des moteurs. La syntaxe « site: » (« site:www.votresite.com ») fonctionne sur tous les moteurs majeurs (Google, Yahoo!, Bing) comme nous l'avons vu précédemment. Vérifiez déjà, dans un premier temps, que vos pages sont toujours là. Si c'est le cas, vos pages sont certainement déclassées, de façon temporaire ou définitive. Bonne nouvelle, vous n'êtes pas blacklisté. Allez au point 4. Si vos pages ont disparu, il y a certainement un problème, mais peut-être temporaire seulement. Allez au point 5 (sympa, ce jeu de l'oie, non ?).
3. Vérifiez vos logs pour identifier si les robots des moteurs passent bien sur votre site. Dans le cas où les pages de votre site ne seraient pas visitées, essayez d'en trouver la cause. Cela peut venir d'erreurs dans les liens (404), d'erreurs sur le fichier `robots.txt`, d'erreurs de programmation (cela peut arriver si les pages de votre site sont prévues pour s'afficher lorsque le `User-agent` Chrome ou Firefox est détecté, mais pas celui d'un robot !).

Étape 2 – Vos pages ont été déclassées (elles sont moins bien positionnées)

4. Vos pages ont été déclassées par rapport au positionnement de la veille. Elles sont toujours là, mais elles sont moins bien classées. Il peut y avoir plusieurs explications.
   - Le moteur a changé son algorithme de pertinence. Cela arrive très régulièrement.

     En règle générale, si votre site est fortement déclassé, c'est qu'il y a eu une modification majeure de la part des moteurs. C'est assez rare mais cela arrive (les réorganisations techniques baptisées Florida, Bourbon, Jagger, MayDay, Medic, Fred, des changements d'infrastuctures comme Big Daddy ou Caffeine, ou des filtres algorithmiques comme Panda ou Penguin, par exemple, ont fait couler beaucoup d'encre par le passé…). Dans ce cas, ces changements sont certainement amplement discutés et commentés sur les forums de discussion spécialisés. Pour obtenir une liste de ces derniers, voir les annexes à la fin de cet ouvrage. Vous pourrez ainsi consulter les archives récentes avant de poster tout message. Il y a de fortes chances pour que vous y trouviez des informations sur ce qui s'est passé.

Autre possibilité : regarder les outils qui sont la « météo des SERP » et qui indiquent si les résultats de recherche de Google ont plus ou moins changé dans les heures qui viennent de s'écouler. Il en existe de nombreux : Semrush Sensor (*https://fr.semrush.com/sensor/*), Algoroo (*https://algoroo.com/*), Serpomètre (*https://www.ranks.fr/fr/serpometre*), Mozcast (*https://moz.com/mozcast/*), Serpmetrics (*https://serpmetrics.com/flux/*), Rank Risk Index (*https://www.rankranger.com/rank-risk-index*), etc. Notez qu'ils sont tous rassemblés dans une seule page ici : *https://www.visibilite-referencement.fr/meteo.php*. Bref, avec tous ces outils, vous aurez à votre disposition un bon baromètre des changements d'algorithme de Google. Si une tempête est annoncée, vos investigations peuvent commencer et il y a de fortes chances pour que les sites web sur le SEO regorgent d'indications à ce sujet… Si le temps semble être au beau fixe, le problème ne vient pas de là.

- Vos conditions techniques d'hébergement ont peut-être changé, éventuellement à votre insu. Si vous ne maîtrisez pas totalement les aspects techniques, notamment de votre hébergement, demandez aux techniciens qui s'en occupent si des modifications ne sont pas intervenues dans le mois qui vient de s'écouler : changement de serveur, d'adresse IP, mise en place de redirections, de filtres robots, etc. Tout changement technique peut éventuellement avoir une incidence sur votre présence et votre positionnement sur les moteurs. Vérifiez cela.
- Le contenu de vos pages a changé. Si c'est le cas, le moteur de recherche va prendre en compte cette modification, ce qui est logique. Parfois, cela peut améliorer votre note de pertinence, parfois cela peut la faire chuter. C'est le jeu… À vous de voir ce qu'il faut faire pour éventuellement revenir en arrière et les implications que cela peut entraîner.
- Vous avez un peu trop optimisé votre site et celui-ci est pénalisé par les moteurs. C'est possible… Dans ce cas, allez au point 5.
- Vos pages sont classées en contenu dupliqué. Le code source de chaque page est pour le moteur en grande partie identique, beaucoup de cas de pages similaires apparaissent, notamment sur les sites de commerce électronique, où seules deux ou trois informations changent dans chaque document (le nom du produit, le nom de la photo, le prix). Pensez à proposer un contenu assez différent pour chaque page. Vérifiez aussi que d'autres sites n'aient pas utilisé vos contenus, cela arrive de plus en plus malheureusement (voir au chapitre 13 le thème du duplicate content qui y est amplement décrit).
- Vous ne savez pas ce qui se passe, car vous sous-traitez le référencement de votre site web. Cela déplace le problème mais ne le modifie pas outre mesure. Vous devrez alors faire un point de la situation avec votre prestataire.

En tout état de cause, ne faites rien dans un premier temps et attendez toujours au moins une semaine voire quinze jours avant de modifier quoi que ce soit (à moins que cela soit urgent, mais sachez que tout ce que vous allez faire peut également aggraver la situation, peut-être même de façon irréversible, alors qu'une simple attente peut tout résoudre en quelques heures). Donc, si cela est possible, il est recommandé d'attendre. On a vu des dizaines – voire des centaines – de cas, dans le passé, où des modifications de positionnement sur Google ou d'autres moteurs n'ont été que temporaires. Les résultats font très souvent le « yo-yo ». Au bout de quelques jours, voire quelques heures, tout revenait dans l'ordre. Cela peut provenir d'un retour en arrière du moteur, qui a estimé ses changements trop abrupts (le cas s'est déjà produit) ou simplement d'un « dérèglement » dû à la synchronisation des *data centers* (les différents serveurs du moteur de recherche, disséminés à travers le monde, qui doivent continuellement synchroniser leurs données pour détenir les mêmes index).

Étape 3 – Votre site a disparu de l'index

5. Votre site n'apparaît plus dans les pages de résultats du moteur. C'est effectivement problématique, mais ce n'est peut-être pas si grave. Voici quelques raisons qui ont pu conduire à cette situation.
   - Problème technique sur votre site : avez-vous changé quelque chose récemment au niveau d'éventuelles redirections, du fichier `robots.txt`, des balises `meta robots` ? Si votre site est un site dynamique ayant de nombreuses pages, il se peut que lors du crawl par les moteurs de recherche la charge machine du serveur soit mise à mal, ce qui amène parfois les hébergeurs à interdire le crawl de la partie dynamique. Cela peut paraître idiot, mais il y a des vérifications qu'il vaut mieux faire rapidement. Pistez donc tout changement survenu dans les semaines précédentes et agissez en conséquence.

> **Anecdote vécue**
>
> Nous avons eu plusieurs fois le cas de personnes venant nous voir en formation ou nous contactant par e-mail parce qu'un site nouvellement créé était « très mal référencé » sur Google. Après vérification, il s'avérait que le site de développement avait un fichier `robots.txt` contenant la directive `Disallow: /` (donc interdit au crawl des moteurs), ce qui était une bonne chose. Mais lorsque le site a été mis en production, le `robots.txt` n'a pas été modifié. Erreur… Donc, interdiction d'entrer pour Google et consorts ! Difficile de faire mieux, en effet, en termes de « mauvais référencement » : eh oui, petite cause, grandes conséquences !

   - Votre serveur a-t-il été disponible tout le temps dans le mois qui vient de s'écouler ou a-t-il fait l'objet d'une panne ? Il se peut que le robot du moteur, lorsqu'il a voulu lire vos pages, ait trouvé un serveur inaccessible pour raisons techniques. Même si les moteurs arrivent aujourd'hui à contourner ce type de problème (le spider programme d'autres visites quelques minutes ou quelques heures plus tard, confirmation de Google et plus d'informations ici : *https://www.speeny.fr/449*), il peut s'agir d'une raison valable pour que votre site ait été provisoirement considéré comme ayant disparu du Web. Ceci dit, cette éventualité est de moins en moins probable, les moteurs ayant heureusement fait de gros progrès à ce sujet ces dernières années.

> **Faites surveiller votre site par un outil adéquat**
>
> Notre conseil : souscrivez à des services de surveillance de disponibilité comme *https://www.netvigie.com/fr/*.

- Relisez le point 4 pour vérifier que certains points qui y sont listés ne correspondent pas à un événement qui se serait passé sur votre site. Par exemple, certains changements sur votre site (refonte, etc.) peuvent avoir influencé la façon dont ce dernier est pris en compte par les robots. En tout état de cause, vérifiez que, si certaines pages ont changé d'URL, les robots en trouvent facilement la nouvelle version et que des redirections 301 ont bien été faites.
- Enfin, votre site a peut-être été mis en liste noire par le moteur. Répétons cependant que cela n'est pas monnaie courante de leur part et qu'une mise en liste noire est toujours manuelle et décidée par un être humain. En d'autres termes, un blacklistage, ça se mérite, comme on l'a vu auparavant. Et vous avez dû faire quelque chose de bien grave pour mériter un tel châtiment.

En cas de mise en liste noire :

- soit vous pensez que votre site n'a rien fait pour mériter une telle sanction et décidez d'en informer Google (voir la procédure ci-après) ;
- soit votre site était effectivement à revoir à ce niveau. Les techniques à éviter sont claires et nous les avons déjà passées en revue : texte, liens ou contenus cachés (balises `noscript` orphelines – sans balises `script` –, utilisation trop poussée de systèmes comme `display:none` ou `visibility:hidden`, etc.), balise remplie de mots-clés, cloaking, pages satellites, page visible dédiée aux moteurs et sans intérêt pour l'internaute, utilisation de systèmes outranciers pour capter de nombreux liens artificiels vers votre site, etc. Vous êtes allé trop loin et il vous faudra donc bien faire votre *mea culpa* au travers d'une demande de reconsidération comme nous allons le voir par la suite.

Maintenant que les types de pénalités sont définis (en gros, seul le déclassement est réellement observé de nos jours), il est important de voir comment les manipulations sont détectées et les sanctions infligées. Il en existe de deux types : les actions manuelles et les filtres algorithmiques.

Les actions manuelles

Les actions manuelles sont des pénalités infligées par des êtres humains (des googlers ou employés du moteur de recherche) faisant partie de la Search Quality Team (SQT). Ils sont par exemple basés à Dublin pour l'Europe.

Le travail des personnes de la SQT est de traquer les sites qui tentent de manipuler l'algorithme du moteur de recherche. Ils peuvent travailler – selon un mode collégial la plupart du temps, les décisions sont toujours prises en équipe – sur la base de la lecture des *spam reports* qui leur sont adressés, sur des systèmes d'alertes automatiques en interne ou sur leurs propres investigations.

Que se passe-t-il à partir du moment où ils estiment qu'un site web spamme le moteur et ne suit pas les recommandations officielles ?

À ce moment-là, un message est envoyé dans le centre de messagerie de la Search Console (figures 15-4). La zone « Trafic de recherche>Actions manuelles » vous en livrera également plus sur ladite pénalité (figures 15-5 et 15-6). Google en dit également plus à ce sujet ici : *https://www.speeny.fr/450*.

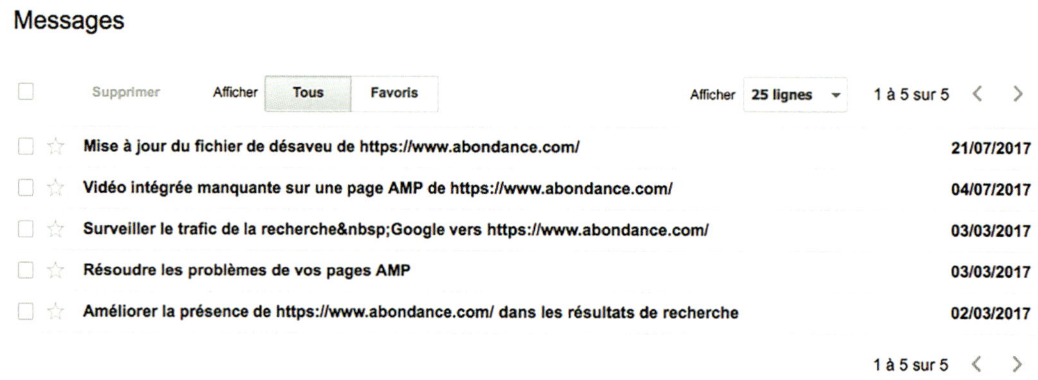

Figure 15-4

Centre de correspondance dans la Search Console permettant à Google d'alerter les propriétaires de sites sur des points plus ou moins importants.

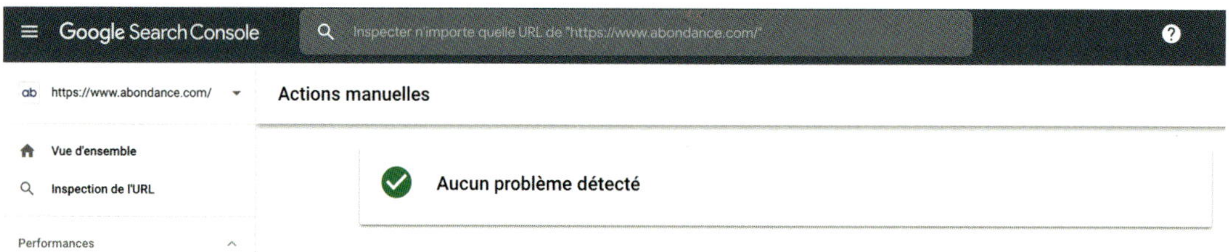

Figure 15-5

Ce message dans la zone « Actions manuelles » de la Search Console indique qu'aucune pénalité manuelle n'a été infligée à votre site. Ouf…

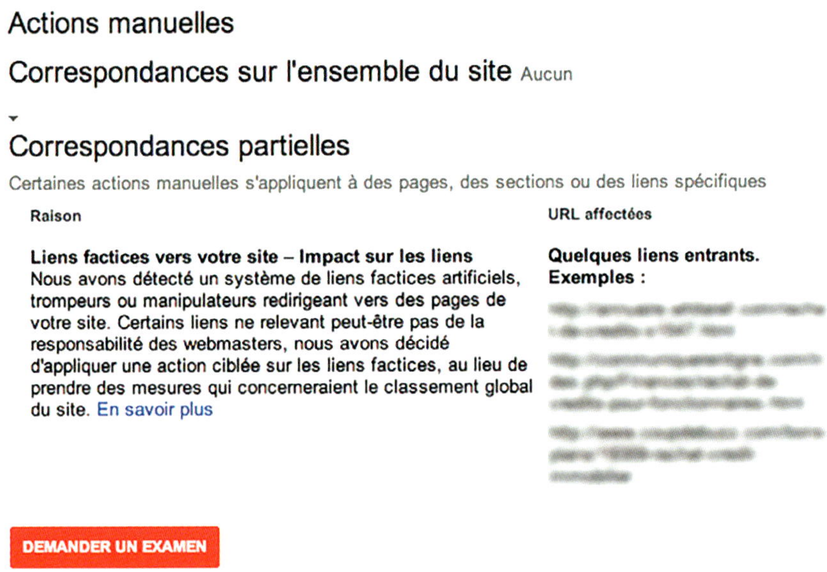

Figure 15-6

Exemple de pénalité (action) manuelle pour des liens de faible qualité.

Si votre site est impacté par une action manuelle, il existe un formulaire dit « de reconsidération » permettant à votre site d'être revu par les équipes de Google après avoir corrigé d'éventuels problèmes (*https://www.speeny.fr/451*).

Tout n'est donc pas perdu. Lisez bien le contenu de la page qui vous demande de faire amende honorable. Avant toute demande, vous devrez donc avoir enlevé de votre site tout ce qui a pu créer le problème (texte et lien caché, système de cloaking, netlinking frauduleux, etc.). Vous avez certainement une petite idée à ce sujet.

Indiquez ce que vous avez fait pour enlever le spam (ou en tout cas ce que vous pensez que Google considère ainsi) de vos pages. Expliquez votre vision de la chose (Pourquoi votre site a-t-il été exclu selon vous ? Qu'avez-vous fait pour corriger la situation ?).

Dites clairement que vous ne recommencerez plus. Oui, c'est vrai, c'est un peu puéril, mais ce *mea culpa* sera certainement nécessaire pour voir votre situation s'arranger (cela dit, en cas de récidive, ne vous attendez pas à des miracles).

Il existe également un outil de désaveu de lien, dans le cadre du nettoyage faisant suite à une pénalité pour netlinking artificiel, dont nous parlerons dans ce chapitre lorsque nous évoquerons le filtre Penguin.

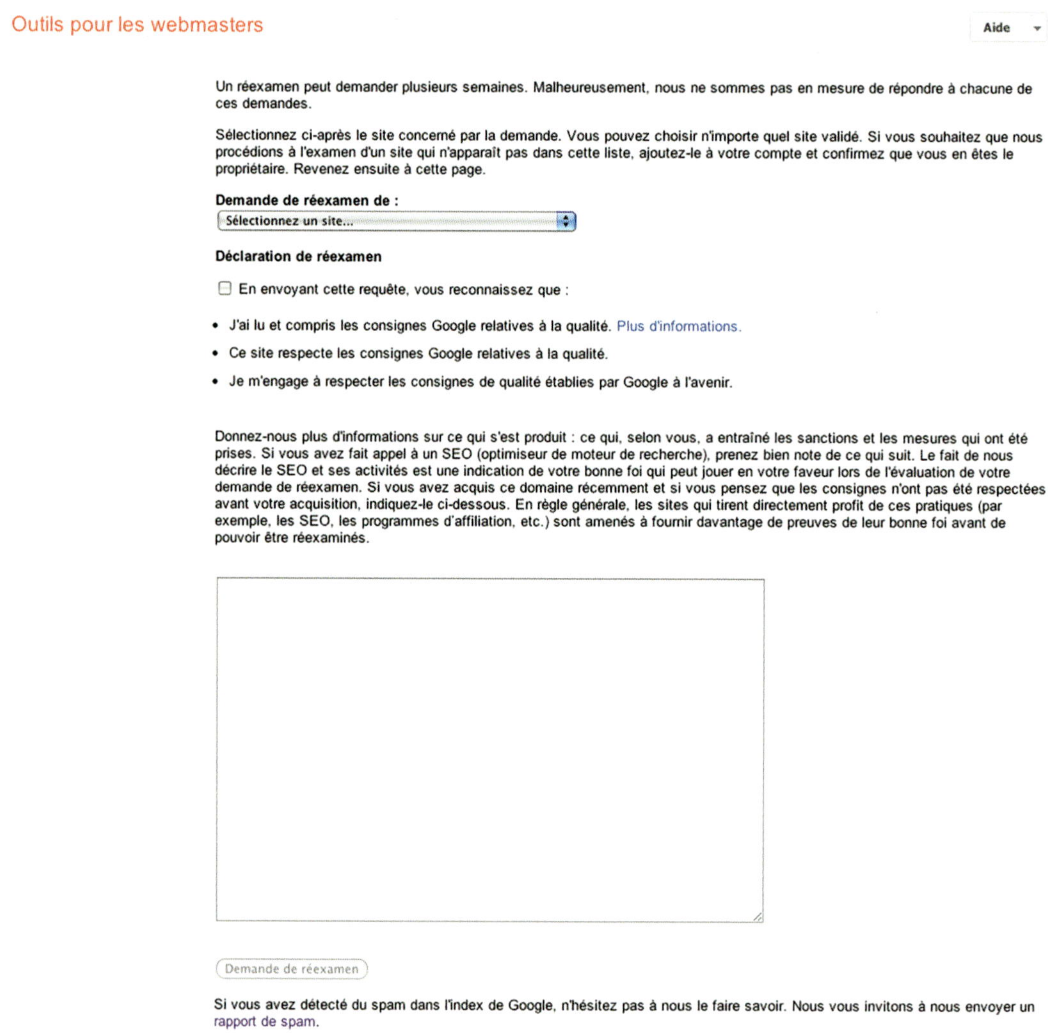

Figure 15-7

Formulaire de demande de réexamen du site.

Si on en croit le moteur de recherche, on devrait donc maintenant obtenir dans tous les cas une réponse de Google à chaque demande de reconsidération.

Bref, s'il n'est jamais agréable d'être sanctionné par Google au travers d'une action manuelle, il n'en reste pas moins vrai qu'un processus de « dialogue » existe avec les équipes du moteur de recherche et qu'à un moment où à un autre on s'en sort et la pénalité est levée. C'est souvent long et douloureux, on peut parfois estimer que c'est injuste, mais l'issue est favorable dans la plupart des cas. On ne peut pas en dire autant des filtres algorithmiques…

Guide de lecture

Pour conclure, nous ne saurions trop vous recommander la lecture des *guidelines* des différents moteurs de recherche en ce qui concerne le spamdexing.

Google

- *https://www.speeny.fr/452*
- *https://www.speeny.fr/453*
- *https://www.speeny.fr/454*

Yahoo!

- *https://www.speeny.fr/455*

Bing

- *https://www.speeny.fr/456*

Nous vous avons déjà donné ces adresses dans les chapitres précédents. Nous nous permettons cependant de vous les rappeler, car leur contenu est primordial. À lire donc avec attention avant tout référencement !

Pour en savoir plus

Voici également quelques liens qui vous donneront des informations complémentaires sur les pénalités manuelles et automatiques de Google :

- *Explications des 31 types de messages envoyés par Google dans la Search Console* : *https://www.speeny.fr/457*
- *Pénalités algorithmiques ou manuelles (Google) ?* : *https://www.speeny.fr/458*
- *Comment sortir d'une pénalité sans trop de bobos ?* : *https://www.speeny.fr/459*
- *Google Reconsideration Request Guidelines & Example* : *https://www.speeny.fr/460*

Les filtres algorithmiques : Panda, Penguin, EMD…

Depuis que Google existe, le moteur de recherche a fait évoluer son index et ses algorithmes de pertinence, pour coller au plus près à la réalité du marché et à la concurrence croissante de nouveaux acteurs, notamment avec l'avènement de Bing.

Le but de Google est toujours resté le même, année après année, soit rester ce que l'outil était rapidement devenu au début des années 2000 : le meilleur moteur de recherche de la planète web !

Pour cela, les équipes d'ingénieurs de la firme de Mountain View travaillent quotidiennement d'arrache-pied pour s'adapter aux évolutions du Web. Il en résulte plus de 3 200 changements par an, pour le chiffre officiel de 2018 (soit près de dix par jour, source : *https://www.speeny.fr/461*) de l'algorithme utilisé pour mesurer la pertinence d'une page par rapport à une requête donnée.

« Créer pour durer », voici le credo du moteur de recherche ciselé par Google. Et force est de constater que, jusqu'à maintenant, il y arrive plutôt bien…

Si l'année 2011 a été l'année du Panda pour Google, 2012 aura sans conteste été celle du Penguin (ou « manchot » en français). Mais d'autres filtres, comme EMD, Payday Loan, Pirate ou Page Layout, ont également été lancés, de façon moins médiatique il est vrai.

Rappel du fonctionnement des filtres algorithmiques de Google

Il nous semble important de rappeler ici comment fonctionnent ces différents filtres mis en place par Google. Dans un premier temps, ils ont été lancés à certaines dates.

- Tout au long de l'année, l'algorithme de pertinence de Google (représenté sur la figure 15-8 par une sinusoïde) répondait aux requêtes des internautes grâce à ses 200 critères et ses milliers de changements annuels.
- À certaines dates précises, Google décidait de « nettoyer » son index du spam qui l'avait envahi grâce à des filtres qu'il lançait. Le premier filtre de ce type a eu pour ambition de lutter contre les « Google Bombings » et a été mis en place en 2007. Puis Panda (2011) et Penguin (2012) sont arrivés, tout comme EMD et Page Layout, qui seront décrits dans les pages suivantes.

Figure 15-8

Mode de fonctionnement de Google : l'algorithme de pertinence, en perpétuelle évolution (sinusoïde), répond aux requêtes des internautes et les filtres (ici Panda et Penguin) nettoient l'index du spam qui le pollue.

Les deux systèmes ont donc longtemps fonctionné de façon séparée et indépendante, chacun ayant sa fonction propre : l'algorithme de pertinence répond aux questions des internautes et les filtres nettoient l'index. Mais lorsque vous tapiez vos mots-clés dans le formulaire de recherche de Google et que vous obteniez vos résultats, aucun Panda ou Penguin n'intervenait lors de la recherche de la meilleure réponse possible à votre demande. L'algorithme était synchrone et les filtres asynchrones. Le nettoyage était réalisé lors du dernier lancement d'un de ces filtres et était réitéré à la mouture suivante. Panda a ainsi été lancé 29 fois (dernier lancement le 18 juillet 2015) et Penguin 7 fois (dernier lancement le 23 septembre 2016). La figure 15-9 détaille les dates de ces différents lancements.

Figure 15-9

Différentes dates de lancement des filtres algorithmiques Panda et Penguin.

Il n'en est rien aujourd'hui : Panda et Penguin sont désormais intégrés dans l'algorithme du moteur et ne sont plus lancés à date fixe. Ils fonctionnent donc en temps réel, ce qui rend d'autant plus complexe leur détection.

En effet, lorsque ces filtres étaient lancés à certaines dates (et Google communiquait à chaque fois à ce sujet), il suffisait de regarder si le trafic de son site avait connu des fluctuations sur cette période. Si rien n'était détecté, c'est que le filtre n'avait pas frappé. Si des soubresaults étaient visibles, il était fort probable qu'un Panda ou un Penguin ait frappé. Et il fallait réagir en conséquence (voir un exemple sur la figure 15-10)… Mais maintenant que ces filtres sont intégrés à l'algorithme général, ils sont devenus quasiment indétectables…

Figure 15-10

Exemple de site web pénalisé par Penguin 1.0, pénalité levée lors du lancement de la version 2.0. L'analyse du trafic aux dates de lancement du filtre permettait d'émettre des diagnostics fiables.

Un système de notes négatives

Que se passe-t-il si un site ou une page est frappé par un filtre algorithmique ? Il s'agit en fait d'un système de notes négatives infligées à un site (Panda) ou une page (Penguin) pour cause de spam. Ce phénomène est illustré par la figure 15-11.

Google doit calculer la note de pertinence d'une page web par rapport à une requête donnée. Son algorithme « classique » va donc donner des notes positives (ou nulles) à cette page selon que tel ou tel champ contient la requête. Pour simplifier : +5 points si la requête se trouve dans la balise `h1`, idem pour le `title`, +1 point dans l'URL, etc. On obtient ainsi une note positive globale.

Les filtres algorithmiques sont là pour noter de façon (plus ou moins) négative la page ou le site : Panda va pénaliser toutes les pages d'un site si elles contiennent du texte de faible qualité. Par exemple, –3 points pour toutes ces pages. Penguin va punir une page (de façon individuelle) qui reçoit des liens de faible qualité. Va pour –5 points. Et ainsi de suite.

La note globale de pertinence de la page sera donc sa note positive moins sa note négative. Dans l'exemple de la figure 15-11, on obtient 26 – 8 = 18.

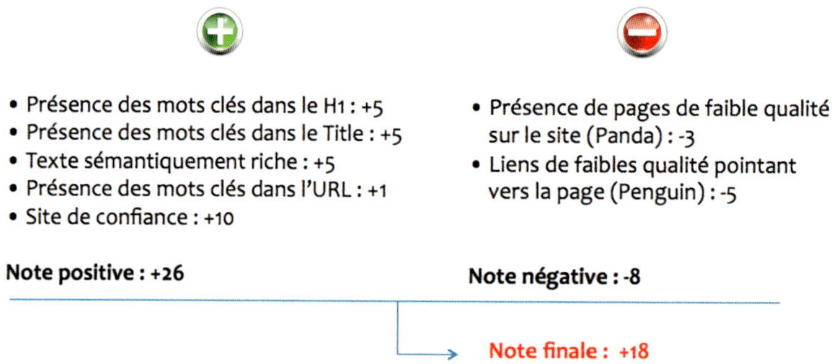

Figure 15-11

Exemple de pénalité Panda et Penguin : des notes négatives (dues aux filtres) sont soustraites aux notes positives calculées par l'algorithme classique du moteur.

Ce qui signifie qu'une page peut être pénalisée par un filtre, mais sans que cela soit décelable. Imaginons une note positive de +50 et une note négative de –2 : impossible de voir la différence. En revanche, une différence de 50 – 40 = 10 aura des conséquences bien plus funestes. Il va sans dire qu'à aucun moment Google ne communiquera ces notes aux pauvres webmasters que nous sommes. Ce serait trop beau (et un peu naïf de le croire)...

Tout cela est donc totalement opaque et nous n'avons à l'heure actuelle aucun moyen de détecter ces pénalités. On comprend maintenant mieux pourquoi Panda et Penguin sont encore aujourd'hui très mystérieux...

Ceci ne veut cependant pas dire que l'on ignore tout de ces deux filtres. Voyons donc maintenant ce que ces deux aimables bestioles ont dans le ventre (cela nous changera des dissections de grenouille de notre enfance)...

Google Panda

Si la formule de classement des résultats évolue chaque jour, la structure d'indexation des pages du Web a également changé avec l'avènement en 2010 de Caffeine (voir chapitre 2), une nouvelle façon de référencer la Toile donnant à Google beaucoup plus de capacités pour « digérer » le flux croissant de pages qui apparaissent chaque jour sur Internet.

Toutefois, lorsqu'on « avale » plus de pages web qu'auparavant, le risque d'ingurgiter plus de spam est également plus important et la digestion n'en est que plus difficile. C'est certainement ce phénomène qui a engendré la mise en place du filtre Panda chez Google.

Chaque année ou presque, parmi les nombreux changements effectués sur les systèmes de gestion de Google, il en est un ou deux pour lesquels les googlers (nom des employés de la société) « appuient un peu plus sur les curseurs » (ou le champignon, selon que vous soyez *geek* ou mycophile) et les changements, en termes de positionnement dans les résultats et de trafic engendré sur un site web, sont parfois profondément chamboulés. Lorsque ces modifications de l'algorithme sont plus « violentes » que la normale, la communauté des webmasters et des référenceurs donne communément un nom au nouvel algorithme, comme pour un cyclone…

Dans le passé, on a donc connu (et dû affronter) les mises à jour Florida (décembre 2003), Vince (mars 2009), Mayday (mai 2010), Quality Update (2016), Fred (2017), Medic (2018), etc. Certaines ont fait couler beaucoup d'encre, d'autres sont restées confinées au petit monde du SEO.

Et puis un jour est arrivé Panda, qui a assez fortement bouleversé la façon dont on envisage le référencement naturel.

Historique de Panda

Panda est donc certainement né de la structure d'indexation Caffeine, mise en place par Google en juin 2010. On l'a vu, qui dit « capacité plus importante d'indexation » dit « risque accru d'indexation de spamdexing ». Dans la foulée de Caffeine, le moteur de recherche a donc, semble-t-il, mis à contribution des *quality raters* (googlers dont le métier est d'évaluer des résultats de recherche pour améliorer l'algorithme) afin de définir des règles de qualité et des grilles d'évaluation des contenus disponibles en ligne (*https://www.speeny.fr/462*).

Le but était clair : définir ce qu'il est possible d'appeler « contenu de bonne qualité » et le différencier de façon suffisante du « contenu de faible qualité ». En d'autres termes, il fallait séparer le bon grain de l'ivraie.

Sur la base de ces critères, plusieurs aménagements ont été conçus dans les algorithmes du moteur pour tenir compte de cette nouvelle donne. Une première salve d'opérations a été lancée en janvier 2011, touchant 2 % des requêtes aux États-Unis et semblant être les prémices de Panda et d'une lutte accrue de Google contre les « scrapeurs » (voir plus loin). Panda commençait à aiguiser ses griffes. Il était encore en phase de gestation, mais allait bientôt voir le jour.

Panda 1.0

Le 24 février 2011, ce qui allait bientôt s'appeler Panda 1.0 est lancé, aux États-Unis uniquement. De nombreux webmasters se rendent alors compte que leurs positionnements ont énormément changé, tout comme l'apport en trafic de la part de Google, parfois de façon positive, parfois de façon négative.

Cette mise à jour majeure est appelée « Farmer » dans un premier temps par Danny Sullivan (célèbre gourou du site Search Engine Land, aujourd'hui chez Google), car le moteur communique très vite sur le fait qu'elle vise en priorité les « fermes de contenu ». Ce patronyme, « Farmer », reste en vigueur pendant quelques jours avant d'être remplacé par le nom officiel donné en interne par Google, « Panda », du nom de deux des principaux ingénieurs ayant travaillé sur le projet.

Peu après, les premières statistiques tombent : la société Sistrix propose fin février la liste des 25 sites web ayant perdu le plus de trafic suite à ce déploiement (*https://www.speeny.fr/463*). Les statistiques de Sistrix sont assez claires : certains sites qui trustaient de nombreuses premières pages sur Google apparaissent maintenant au-delà de la septième ou de la huitième page.

Une nouvelle liste, proposée par SearchMetrics (*https://www.speeny.fr/533*), donne des chiffres similaires pour d'autres sites : *Blippr.com* (-97,9 %), *suite101.com* (-92,5 %), *tradekey.com* (-92,2 %), *associatedcontent.com* (-91,6 %), etc.

De plus, si certains sites perdent des positions ou du trafic, d'autres en gagnent par un jeu logique de vases communicants. Bref, certains gagnent, d'autres perdent, ce qui semble évident. On voit également apparaître, dès cette époque, un certain nombre de « dommages collatéraux », certains sites perdant du trafic sans pouvoir être considérés comme spammants.

Panda 2.0

Le 11 avril 2011 est lancé Panda 2.0, qui caractérise l'extension de la première vague du 24 février à tout l'espace anglophone : Australie, Grande-Bretagne, etc. Il semblerait que cette deuxième mouture corrige également quelques anomalies de la première version : certains sites (et notamment des « fermes de contenus » notoires), qui auraient dû logiquement être punis par Panda 1.0 et qui étaient passés au travers des mailles du premier filet, se retrouvent cette fois pris au piège du Panda outre-Atlantique.

Par la suite, Panda connaîtra plusieurs répliques mineures qui ont en majorité corrigé les défauts des versions précédentes. Les ingénieurs de Google ont également corrigé plusieurs paramètres de Panda pour que le trafic de certains sites revienne à la normale, alors qu'ils avaient été impactés de façon négative.

L'étape suivante a été le lancement dans le monde entier (en dehors des pays asiatiques) le 12 août 2011, de la version 2.4 (ou 3.0 pour certains). Finalement, Panda a été lancé 29 fois entre février 2011 et juillet 2015 avant d'être intégré dans l'algorithme global du moteur, comme expliqué précédemment.

Google Panda, qu'est-ce que c'est ?

Nous avons passé en revue l'historique des différentes phases « pandaesques » ou « pandanoïdes » depuis le début de l'année 2011, mais nous n'avons pas encore répondu à cette question cruciale : Panda, qu'est-ce exactement ?

Un système basé sur les théories de Machine Learning ?

Google Panda, comment ça marche ? Que peut-on trouver dans le ventre de la bête ? En fait, il semblerait que Google nous ait mis sur la voie de la compréhension de ce filtre en le nommant « Panda ». On l'a vu, la raison de ce patronyme est que deux des ingénieurs principaux ayant travaillé sur ce système s'appellent ainsi : Navneet Panda et Biswanath Panda. Ces deux Panda-là sont les auteurs de nombreuses publications dans le domaine du Machine Learning, technologie autrement appelée « apprentissage automatique » en français.

Amit Singhal (l'une des autres têtes pensantes du moteur à cette époque) décrit ainsi l'algorithme de Panda dans un entretien accordé au site Wired : « Vous pouvez imaginer dans un espace multidimensionnel un groupe de points ; certains points sont rouges, certains points sont verts, et pour d'autres c'est un mélange des deux. Votre travail est de trouver un hyperplan qui indique que les choses d'un côté de ce plan sont pour la plupart rouges, et celles de l'autre côté sont généralement le contraire de rouges. »

Cette description rappelle fortement, pour les initiés, la recherche d'une fonction « noyau » *(kernel)* dans la technique des SVM *(Support Vector Machines)* utilisés en Machine Learning…

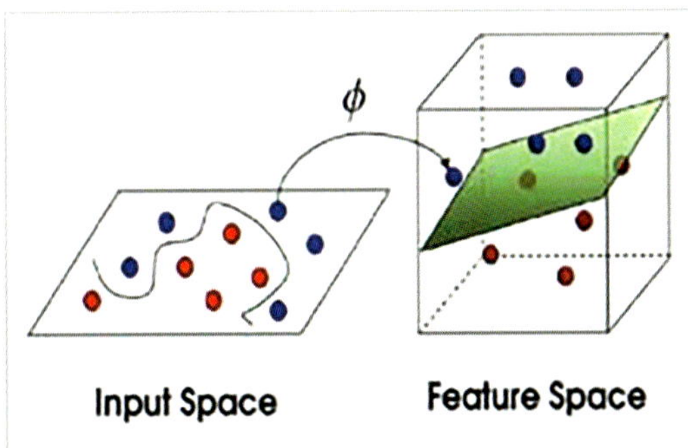

Figure 15-12

Recherche d'un hyperplan « frontière » dans la technique des SVM : la frontière ici est relativement complexe si on la décrit dans l'espace à deux dimensions correspondant aux données d'entraînement. En transposant le problème dans un espace multidimensionnel (trois dimensions sur ce schéma), on peut trouver un hyperplan (ici, un plan), simple à décrire, qui permet de classifier facilement les données. Ce schéma correspond de manière troublante à la description d'Amit Singhal.

D'autres indices, plus ténus ceux-là, confirment qu'un algorithme de ce type a servi pour Panda : il semble être universel, mais nécessite des calculs spécifiques à partir des données locales avant d'être déployé. Le temps de calcul doit être long, puisque la mise à jour de l'algorithme ne paraît pas pouvoir s'effectuer régulièrement. Ces caractéristiques nous font penser à des systèmes d'apprentissage automatique se trouvant au cœur de Panda. Bien sûr, aucune communication officielle n'a été faite à ce sujet par Google.

Nous ne parlerons pas plus ici des systèmes de Machine Learning qui semblent être à la base de Panda. Vous trouverez de nombreuses informations à ce sujet sur le Web et nous vous suggérons de lire l'excellent article de Philippe Yonnet (PDG de la société Search Foresight) dans la lettre professionnelle *Réacteur* du site Abondance (*Google Panda : l'apprentissage automatique dans les algorithmes des moteurs de recherche*, juin 2011 : *https://www.speeny.fr/464*).

En tout état de cause, Panda est fondé sur des systèmes très complexes, algorithmiques et automatisés. Loin d'être un filtre à base de tri essentiellement humain, il est clair qu'il sera extrêmement difficile de percer ses secrets à jour, car les théories sur lesquelles il repose sont loin d'être accessibles à tout un chacun. Autant donc « clarifier son site » pour éviter les foudres et les coups de bambou du Panda plutôt qu'essayer de le contourner d'une façon ou d'une autre…

Un système automatique, sans whitelist

Les ingénieurs de Google, et notamment Matt Cutts, ont distillé également à l'époque d'autres informations intéressantes sur Panda au fil des conversations, des tweets et des conférences SEO, aux États-Unis notamment.

- Panda est un système entièrement automatisé, sans intervention humaine. Les machines et les microprocesseurs de Google sont donc les maîtres de Panda, une fois programmés pour faire leur travail, d'où certainement les versions successives destinées à corriger quelques effets de bord et dommages collatéraux non désirés au départ.
- Panda n'utilise pas de système de whitelist ou « liste de sites intouchables » (*https://www.speeny.fr/465*) qui ne seraient pas affectés, par définition, par le filtre. Tous les sites web sont donc au départ potentiellement mis dans la « moulinette »…

A priori, pas un filtre antispam classique

L'avènement de Google Panda a coïncidé avec de nombreuses actions de Google dans le cadre de sa lutte contre le spam, et notamment contre le *paid linking* (achat massif de liens, souvent placés dans les pieds de page, sur des sites n'ayant la plupart du temps aucun rapport avec celui de l'acheteur), pratique clairement considérée comme du spam par Google (*https://www.speeny.fr/466*).

Ainsi, dans le courant de l'année 2011, de nombreux sites ont été pénalisés par le moteur pour cause de création massive de liens de faible qualité : JC Penney (*https://www.speeny.fr/467*), Overstock (*https://www.speeny.fr/468*), Milanoo (*https://www.speeny.fr/469*), BeatThatQuote (pourtant fraîchement racheté par Google : *https://www.speeny.fr/470*), Interflora (*https://www.speeny.fr/471*), etc.

Il ne semble pas que Panda ait un rapport avec ces pénalités, qui relèvent plutôt de la lutte classique et normale qu'effectue Google au quotidien contre le spam et dont Penguin s'occupera quelques mois plus tard. Néanmoins, leur fréquence et la communication faite par Google autour de ces affaires a pu semer la confusion dans les esprits, en faisant passer ces pénalisations pour le résultat du Panda. Que cela ne vous empêche pas cependant de réviser complètement votre politique de netlinking, Google étant très tatillon sur ce sujet depuis longtemps (et Penguin se charge, de son côté, de ce type de spam)…

En effet, plutôt que de s'attaquer à la qualité des liens, Panda s'en prend au contenu de faible qualité. Encore faut-il expliquer ce que Google entend par ce concept.

Le contenu de faible qualité

Le but de Panda est effectivement d'améliorer la qualité des résultats naturels de Google. Pour cela, il est donc nécessaire de supprimer ou de pénaliser dans les résultats les sites proposant du contenu « de faible qualité ».

Notons que Panda a certainement aussi comme objectif de faire savoir à grande échelle que Google ne perd pas de vue le cœur de son activité, c'est-à-dire la recherche d'informations, notamment au vu de la concurrence de Bing (aux États-Unis en tout cas), et qu'il améliore toujours ses résultats.

Les pénalités deviennent globales

Une des nouveautés de Panda est que, lorsqu'un site propose une partie (un certain nombre de pages) considérée comme spammante, c'est le site complet qui court le risque d'être pénalisé. La pénalité peut donc couvrir de façon globale un site, même si seule une partie de son contenu est détectée de façon négative. Google a également indiqué qu'un site ainsi pénalisé serait crawlé (visité par les robots du moteur) de façon moins fréquente et assidue. Un webmaster averti en vaut toujours deux… C'est aussi une façon de détecter une pénalisation par Google (Panda ou autre) : si les robots du moteur visitent de manière moins énergique votre site depuis quelques jours, vous avez peut-être des soucis à vous faire…

Certains diront également que Panda est tombé à point nommé pour supprimer ou diminuer la visibilité de certains sites qui pourraient s'avérer être des concurrents importants de la firme de Mountain View à moyen terme : comparateurs de prix, annuaires locaux, agrégateurs de coupons, etc. Nous laisserons ces mauvaises langues assumer leurs dires, tout en notant que certaines coïncidences sont en effet troublantes…

Toujours est-il que Panda chasse en priorité ce que Google appelle le « contenu de faible qualité ». Ce concept fait écho à deux notions complémentaires : le type de site web et le type de contenu visés. C'est ce que nous allons maintenant détailler.

Les types de sites visés par Panda

Le filtre Panda vise en priorité certains types de sites web, assez bien répertoriés et classifiés. Parmi ceux-ci, on peut identifier cinq grandes familles.

Les fermes de contenu

Il s'agit là de la première cible imaginée et visée par Panda. Les fermes de contenu (*content farms*, en anglais) peuvent être définies de la façon suivante.

1. Elles se basent au départ sur les mots-clés le plus souvent demandés par les internautes sur les moteurs de recherche. De nombreux outils fournissent ce type de statistiques et indiquent donc des thématiques majeures, très prisées sur le Web.
2. Les thématiques une fois définies, ces sites créent alors un contenu de faible qualité, le plus souvent écrit par des *freelances* sans qualification et sous-payés (voire basés dans des pays exotiques). Parfois même créé (spinné) de façon automatique. Ce contenu est publié en quantité, parfois sous plusieurs formes différentes, le tout inséré dans des pages parfaitement optimisées pour les moteurs de recherche.
3. Ces pages ressortent donc bien, de par leur optimisation, dans les résultats des moteurs, ce qui engendre un fort trafic. En insérant des publicités (plus ou moins distinctes du contenu éditorial), on assure ainsi des revenus de façon simple et rentable.

Ces sites, dont la stratégie est entièrement basée sur le trafic issu des moteurs, sont dès le départ la cible favorite de Panda. Il en existait bon nombre aux États-Unis, mais beaucoup moins en France, car plusieurs velléités dans ce domaine semblent avoir été mises à mal par l'annonce du filtre googlien et ont tué dans l'œuf moult projets allant dans ce sens…

Stratégie à majorité SEO = danger !

Notons qu'il semble s'agir là d'une constante importante : un site dont la stratégie de création de trafic est essentiellement basée sur le trafic Google a tout à craindre de Panda et des filtres algorithmiques du moteur en général !

Il en est de même des sites dits « MFA » (pour *Made For AdSense*, du nom du programme de liens sponsorisés contextuels de Google), qui sont créés dans un seul but : afficher des pages web et donc des publicités ayant vocation à être cliquées pour rapporter de l'argent. Ces sites-là sont également dans la ligne de mire du vorace mammifère…

Les agrégateurs de contenu

Ces sites récupèrent sur le Web (de façon licite ou non) des contenus ou bribes d'informations, qu'ils agrègent selon une interface spécifique. Certains peuvent ainsi fournir des informations sur des entreprises, des commerces, etc. Autrement dit, il s'agit de sortes de Pages Jaunes, parfois un peu bricolées, parfois plus professionnelles. D'autres agrégateurs proposent des coupons, des petites annonces ou des offres/demandes d'emploi, des formations, etc.

Bref, la caractéristique commune à tous ces sites est qu'ils ne sont pas propriétaires du contenu qu'ils affichent dans leurs pages. Ce contenu peut provenir d'autres sources, en marque blanche et de façon tout à fait légale (ces sites sont alors partenaires et clients d'autres sites proposant des contenus originaux). Parfois, il est « scrapé », c'est-à-dire copié-collé automatiquement à partir d'autres sites sans leur demander leur avis et donc de façon illégale. Nous reviendrons sur la notion de « scrapeur » plus loin dans ce chapitre.

Les comparateurs de prix

De façon évidente, de nombreux comparateurs de prix (Kelkoo, Shopzilla, Twenga, Dooyoo…) ont senti passer le vent du Panda en Grande-Bretagne et en France notamment à cette époque-là. Plusieurs hypothèses coexistent pour expliquer ce phénomène.

A priori, on peut expliquer ce fait de façon très simple : Google interdit le référencement des pages de résultats de moteur interne d'un site dans son index. Or, les pages intéressantes d'un comparateur de prix sont le plus souvent celles qui… comparent les prix d'un produit sur le Web, et donc clairement des pages de résultats de moteur interne (celui du site comparateur). Google les prohibant, il est donc normal qu'il les pénalise si elles sont indexées…

D'autres diront que Google a lui aussi un site nommé Google Shopping (qu'il a lancé en France en 2010 : *https://www.speeny.fr/472*) et dont les résultats sont très présents sur de nombreuses requêtes commerciales dans ses SERP. Google a également racheté en 2011 plusieurs sites de comparaison de produits et services (BeatThatQuote, SparkBuy…) qui semblent montrer une volonté évidente d'avancer de façon importante dans ce domaine. Tous n'ont, bien entendu, pas été pénalisés…

La pénalisation de sites semblables pourrait en effet servir les intérêts du moteur en mettant en avant les services de Google au détriment de concurrents existants. Peut-être s'agit-il de coïncidences. Il se pourrait aussi que les comparateurs de prix aient un peu exagéré avec leurs politiques de SEO ces dernières années et récoltent avec Panda la monnaie d'une pièce un peu trop « chargée en suroptimisation »… On le voit, le monde n'est pas manichéen et il n'existe pas de vérité première sur ce point. Celle-ci est peut-être à reconstituer parmi toutes ces raisons.

Les forums et sites de questions/réponses

Ces sites ont pour vocation de permettre aux internautes de poser une question et de laisser la communauté y répondre. S'ils sont très intéressants sur le principe, on constate cependant que de nombreuses questions se retrouvent sans réponse (il en est de même dans les forums de discussion web). La page en question présente donc peu d'intérêt, sans réponse adéquate. Google demande par conséquent que ce type de contenu soit désindexé quand il est considéré comme « vide ».

Le fait de désindexer une page de son site tant qu'elle n'offre pas de contenu suffisamment intéressant est certes une bonne chose pour l'utilisateur. Cela évite également de voir son site entièrement pénalisé pour quelques pages considérées comme sans intérêt. Ceci dit, il s'agit là d'un véritable casse-tête pour l'éditeur d'un site qui, en règle générale, automatise de nombreuses fonctions. Comment, sur un forum important, insérer une balise `meta robots noindex` sur certaines discussions puis l'enlever lorsqu'on estime que le contenu est devenu assez intéressant ? Selon quels critères ? On imagine assez rapidement l'aspect chronophage de ce travail, même s'il peut être automatisé.

Cette demande de Google a également des relents de « roi du Web », le moteur de recherche faisant la loi et dictant aux sites web les règles de bonne conduite. « Vous ne pouvez pas les suivre ? Tant pis pour vous ! », dirait le seigneur à ses serfs. Est-ce là l'essence d'Internet ?

Il serait donc étonnant que Google pénalise de façon globale un forum ou un site de questions/réponses uniquement parce qu'un certain pourcentage de ses pages ne trouve pas de réponses aux questions posées par les internautes. Pourtant, théoriquement, si on suit à la lettre les discours de Google, c'est bien ce qui devrait se passer. L'avenir dira si le bon sens l'a emporté… ou pas !

Le duplicate content

Google ne désire pas indexer de la même manière plusieurs versions d'un même contenu. Ainsi, une fiche produit recopiée à plusieurs endroits d'un site ou sur un autre site n'apporte pas grand-chose à l'internaute sous ces diverses moutures. De même, la dépêche AFP reprise sur un autre site n'a pas plus de valeur ajoutée.

Il est important de bien noter qu'un phénomène de duplicate content (voir chapitre 13) sur un site web ne génère pas une pénalité au sens où l'entend Google : un site ne sera donc pas pénalisé de façon globale parce qu'il souffre de duplicate content. C'est bien heureux, car sinon, la moitié du Web le serait peut-être ! En revanche, dans ce cas, une page web sera privilégiée alors que les autres (les copies) seront rétrogradées dans le classement. Nous y reviendrons lorsque nous reparlerons des solutions à mettre en place. Mais, globalement, Panda n'a rien à voir avec un quelconque phénomène de duplicate content.

Les dommages collatéraux

Les sites web répondant aux types précédemment listés ont toutes les chances d'être pénalisés par Google Panda et, dans de nombreux cas, la cause est connue… À trop vouloir optimiser sa présence sur les moteurs de recherche, on passe vite des techniques de *white hat* (référencement éthique qui suit les directives de Google) au *black hat* (techniques interdites) ou au mieux au *grey hat*. Dans ce dernier cas, tout dépend du niveau de gris utilisé ☺.

En résumé, certains jouent au gendarme et au voleur avec les moteurs de recherche et se trouvent par la suite punis pour avoir trop joué avec le feu.

Parfois, cependant, il est arrivé que certains sites, tout à fait *white hat*, sans spam aucun, soient pénalisés par Panda, notamment dans sa version 1.0. Après plusieurs salves dont les trois dernières ont permis de régler bon nombre de problèmes et d'anomalies, l'arrivée de Panda 3.0 en Europe, et en langue française plus précisément, a connu moins d'« effets de bord ». Pourtant, l'adaptation de Panda aux autres langues que l'anglais a pris beaucoup de temps ; cela signifie que les réglages ont certainement été nombreux, ce qui peut remettre en cause de nombreux paramètres. Il est hélas difficile de prévoir quoi que ce soit dans ce domaine…

Les recommandations de Google

Google a publié sur son blog pour webmasters, en mai 2011 (*https://www.speeny.fr/473*), une liste de questions que les éditeurs de sites web devraient se poser pour savoir si leurs contenus sont potentiellement visés par Panda (et qui ont en partie été reprises lorsque Google a voulu expliquer son concept d'EAT et des « core updates », voir plus loin dans ce chapitre : *https://www.speeny.fr/474*). En voici un résumé.

- Auriez-vous confiance dans l'information fournie par les contenus que vous proposez ?
- Est-ce que ces contenus sont écrits par un expert du domaine ou une personne connaissant bien le sujet ? Le texte est-il superficiel ?

- Est-ce que votre site propose un contenu dupliqué, partiellement repris, redondant ou plus ou moins réécrit (système de content spinning) ?
- Est-ce que cela vous poserait un problème de donner votre numéro de carte bancaire à un site tel que le vôtre ?
- Est-ce que vos articles contiennent des fautes d'orthographe, de frappe ou des erreurs flagrantes ?
- Est-ce que les thèmes traités sont déterminés par les véritables intérêts de vos lecteurs ou le principal objectif de votre site est-il d'identifier des thèmes permettant de bien apparaître dans les résultats des moteurs de recherche ?
- Proposez-vous des contenus, des recherches, des analyses et des reportages originaux ?
- Est-ce que vos pages apportent réellement un plus, comparées à d'autres sites apparaissant déjà dans les résultats des moteurs ?
- Quel contrôle de qualité est effectué sur vos contenus ?
- Vos articles décrivent-ils plusieurs aspects d'une histoire ?
- Est-ce que votre site est reconnu comme étant de référence sur les thèmes qu'il traite ?
- Le contenu est-il créé par de très nombreux rédacteurs ou réparti sur de nombreux sites afin de diluer son impact ?
- L'article a-t-il été écrit avec soin ou est-il négligé ou hâtivement rédigé ?
- Pour une réponse relative à la santé, est-ce que vous auriez confiance dans la réponse apportée par votre site ?
- Est-ce que vous reconnaîtriez ce site comme faisant autorité dans un domaine si on vous en donnait le nom ?
- Est-ce que cet article propose une description complète et exhaustive du sujet traité ?
- Cet article propose-t-il une analyse perspicace et des informations intéressantes, au-delà des évidences ?
- Aimeriez-vous *bookmarker*, partager avec des amis ce type de page ?
- Cet article propose-t-il un excès de publicités qui interfère avec le contenu principal ?
- Est-ce que vous vous attendriez à lire cet article dans un magazine papier, une encyclopédie ou un livre ?
- Les articles sont-ils courts, sans substance ou manquant de précisions utiles ?
- Les contenus sont-ils écrits avec soin et détails ?

Ces questions sont assez étonnantes et parfois redondantes, voire floues et absconses, en tout cas souvent très subjectives. Pourtant, quand c'est Google qui le dit, on essaie d'en tenir compte au maximum, même quand ça ne semble pas si clair que cela.

N'hésitez donc pas à vous poser les questions listées ci-dessus au sujet du contenu de votre site web et d'envisager les réponses que vous pourriez y donner. Si celles-ci ne vont pas dans le bon sens, il semble préférable de désindexer les pages concernées des moteurs de recherche pour éviter les prises de « Kung-fu Panda » qui font mal.

Les actions à mettre en place

Quelles actions mettre en place pour éviter le « coup de bambou » de Panda ? On peut en envisager plusieurs.

Revoir son contenu éditorial

Dans un premier temps, révisez votre contenu éditorial et favorisez toujours le contenu de qualité. La question principale à vous poser est simple : est-ce qu'une page que vous décidez de mettre en ligne sur votre site possède suffisamment de valeur ajoutée pour justifier son existence dans Google ?

Si oui, pas de soucis, vous pouvez la laisser en ligne, elle ne devrait pas subir la colère de Panda. Si non, nous vous conseillons de la désindexer (voir chapitre 16).

Bien sûr, la notion de « valeur ajoutée » est très subjective et votre vision de ce concept n'est peut-être pas la même que celle de Google. Il faudra laisser faire votre bon sens pour savoir de quel côté faire pencher la balance.

Insérer une balise source

Google propose une balise qui l'aide à définir la source d'un contenu. Autant donc l'utiliser pour lui simplifier la vie.

Balise `source` (*https://www.speeny.fr/475*) :

```
<meta name="syndication-source" content="https://www.example.com/article-original-
➥ pouvant-etre-publie-ailleurs.html">
<meta name="original-source" content="https://www.example.com/article-original-
➥ pouvant-etre-publie-ailleurs.html"">
```

Dans ce même cadre de balises qui préfigurent une forte sémantisation du Web dans les années à venir, nous vous suggérons de regarder de près le standard Schema.org (chapitre 11), que nous vous conseillons d'intégrer au plus vite dans vos codes sources afin d'aider les moteurs de recherche à mieux analyser vos contenus…

Bien démarquer éditorial et publicité

N'hésitez pas également à marquer une distinction nette entre contenu et publicité dans vos contenus éditoriaux (un autre filtre algorithmique, Page Layout, pénalise également des contenus au sein desquels la publicité est trop présente et pas assez identifiée). N'insérez pas de publicité au cœur de vos articles, utilisez les zones à droite, à gauche ou dans le header pour cela. Pensez toujours à vos lecteurs et simplifiez vos pages en créant une démarcation nette entre pub et éditorial. Panda et vos visiteurs vous en remercieront !

Mesurer le taux de rebond de vos pages

Pour avoir une idée de la « qualité » d'une page, vous pouvez vous aider de Google Analytics (ou équivalent) et du taux de rebond indiqué par votre outil de mesure d'audience. Il est surtout important de mettre en relation ce taux de rebond et le type de page. Une page qui présente un produit sur une boutique, par exemple, ne pourra se satisfaire d'un taux de rebond élevé, signifiant que le visiteur n'a pas entamé de processus d'achat et qu'il n'a pas cherché à en savoir plus. En revanche, pour un article sur un site de presse, cela pourra paraître plus logique : l'internaute a lu l'article et, si celui-ci n'est pas découpé en plusieurs pages, il est allé ailleurs, ce qui n'a rien d'anormal en soi.

Bref, faites une révision de vos types de pages et identifiez quel taux de rebond « type » celles-ci peuvent recevoir. Confrontez cette théorie à la réalité. Si certaines pages ne correspondent pas à ce que vous aviez imaginé, essayez de comprendre pourquoi. Car, dans ce cas, il se peut que le contenu soit considéré comme de « faible qualité » par l'internaute et ce sera peut-être la même chose pour le moteur…

Spammer, c'est mal !

Stoppez immédiatement toute technique éventuelle pouvant passer pour du spamdexing : cloaking, content spinning, scraping ou autres mots en « -ing »… Vous voulez tenter d'être plus ingénieux que les ingénieurs de Google et essayer quelques techniques *black hat* ? Allez-y si le cœur vous en dit, mais le temps est à l'orage de ce côté-là. Nous ne pouvons que vous déconseiller de tenter le diable ou attendez au moins que la tempête se calme et que le Panda s'éloigne. Enfin, chacun est libre de faire comme il l'entend, mais on vous aura prévenu ! En tout état de cause, ne testez jamais une technique « limite » sur la même adresse que votre site phare. Faites des essais sur un autre nom de domaine afin que, même si ce domaine est pénalisé, cela n'affecte pas votre site. Au moins, vous n'aurez pas tout perdu. Encore une fois, l'heure n'est pas vraiment aux expérimentations *in vivo* en ce moment.

Diversifier ses sources de trafic

Autre point important : diversifiez vos sources de trafic pour ne pas être (trop) dépendant de Google.

Ce point est extrêmement important. Il existe plusieurs sources de trafic différentes sur un site web :

- les accès directs (les internautes viennent en tapant l'adresse du site dans leur navigateur ou depuis leurs favoris, etc.) ;
- les sites référents (vos visiteurs trouvent sur le Web un lien vers votre site et cliquent dessus) ;
- le trafic transmis par les moteurs de recherche ;
- les réseaux sociaux.

L'équation est simple : plus le pourcentage de trafic issu des moteurs est fort, plus vous êtes dépendant de ces derniers et des soubresauts de leurs algorithmes. Ainsi, certains sites ont un trafic qui provient à 90 % des moteurs de recherche, donc à environ 88 % du seul Google. C'est énorme et très dangereux ! Cela peut être assimilé à une entreprise qui n'aurait quasiment qu'un seul client : le jour où celui-ci ne commande plus, l'entreprise est morte.

En règle générale, on préconisera donc une répartition égale du trafic sur un site entre les trois sources d'information, comme sur la figure 15-13, issue de Google Analytics.

La bonne répartition entre les sites référents (venant d'une bonne stratégie online), les accès directs (stratégie off-line), les réseaux sociaux et les moteurs de recherche garantit de ne pas devenir dépendant d'une source donnée et de ne pas être trop influencé par d'éventuels changements sur l'une de ces sources...

En tout état de cause, orientez-vous vers un pourcentage oscillant entre 30 et 40 % du trafic total pour la partie « moteurs ». Au pire 50 % : ce sera la meilleure stratégie possible.

1.	Organic Search	**41 952** (48,16 %)
2.	Direct	**16 520** (18,96 %)
3.	Referral	**15 021** (17,24 %)
4.	Social	**12 529** (14,38 %)
5.	(Other)	**854** (0,98 %)
6.	Email	**237** (0,27 %)

Figure 15-13

Un trafic également réparti entre les différentes sources distinctes : une garantie de ne pas être dépendant de l'une d'entre elles.

Mesurer la qualité du trafic transmis par les moteurs

En outre, il semble nécessaire de s'orienter aujourd'hui vers la mesure de la qualité du trafic amené par les moteurs (plutôt que vers le positionnement pur) pour mesurer la qualité d'un référencement. En effet, de trop nombreuses personnes prennent encore en compte de façon unique le positionnement (« Je suis premier sur Google, quel bonheur, même si personne ne saisit le mot-clé en question ! ») pour mesurer la qualité d'un référencement. Cette notion est intéressante et nécessaire, mais elle n'est pas toujours suffisante.

On l'a bien vu dans les prémices de Panda depuis le mois de mars 2011 : certains sites web ont beaucoup perdu en matière de positionnement, faisant croire que Panda avait débarqué, alors qu'aucun trafic n'avait été globalement et réellement perdu. Cela doit nous mettre la puce (de panda) à l'oreille : le positionnement est-il un critère fiable ? Être référencé, est-ce être bien positionné et seulement cela ?

Pour nous, la réponse est nuancée, et ce pour plusieurs raisons.

- Il ne sert à rien d'être bien positionné sur une requête que personne, ou presque, ne saisit. Ce que l'on désire avant tout, c'est du trafic et si possible du trafic de qualité (qui transforme), plus que des positions *stricto sensu*.
- Les moteurs de recherche personnalisent de plus en plus les pages de résultats (les SERP), en fonction de nombreux critères : adresse IP (géolocalisation), historique de recherche, langue du navigateur utilisé, datacenter interrogé, etc. Une page peut donc, à moteur et requête égaux, se retrouver en première position, en sixième voire en cinquantième en fonction de la contextualisation plus ou moins forte du moteur. Comment mesurer, dans ce cas, une position fiable et stable ? Impossible (voir chapitre 9 à ce sujet).

On l'a dit, l'important en termes de SEO est avant tout d'obtenir du trafic de qualité. Il est de plus en plus conseillé de se pencher vers l'analyse des résultats renvoyés par votre outil de mesure d'audience (Google Analytics, XiTi/AT Internet, Piwik ou autre) pour mesurer la qualité de ce référencement naturel. Ainsi, il est possible de définir des KPI (indicateurs clés de performance) intéressants, parmi lesquels on peut identifier :

- la part du trafic « moteur » par rapport au trafic global ;
- l'évolution du trafic « moteur » dans le temps ;
- le taux de transformation du trafic SEO ;
- le nombre de pages recevant du trafic des moteurs et celles ne recevant pas de trafic.

On peut imaginer bon nombre d'autres KPI issus de l'analyse du trafic transmis par Google, Bing, etc. Le positionnement en lui-même n'est peut-être pas définitivement mort, mais il ne nous semble plus suffisant pour donner une vision fiable de la qualité du travail effectué en termes de référencement. Bien sûr, un bon référencement, donc un trafic de qualité, viendra toujours d'un bon positionnement à un moment donné (c'est assez logique), mais ne vaut-il pas mieux analyser les conséquences plutôt que les causes, en l'occurrence ?

Revenir aux fondamentaux du référencement

Au fil des indications fournies par Google dans les forums, dans les blogs, par Twitter ou dans les salons spécialisés, on peut aussi retenir plusieurs points qui peuvent aider à affronter Panda.

- Optimisez proprement vos pages, dans les « règles de l'art », sans suroptimiser. N'oubliez pas que le monde du SEO est changeant et qu'on a passé l'ère de la balise `meta keywords` depuis bien longtemps déjà. Des problèmes suite au passage de Panda sur un site peuvent survenir pour cause de mauvaise analyse du contenu par le moteur. En optimisant proprement vos pages, vous aidez le moteur à comprendre vos contenus.
- Proposez des liens sortants dans vos pages et ne les indiquez pas en `nofollow`. Pour Google, un site qui ne propose aucun lien sortant semble « suspect ». Et puis, on est sur le Web, que diable ! Il est logique de pointer vers d'autres sources d'informations.
- Ne proposez pas trop de crosslinking (liens internes) à l'intérieur de vos contenus. Un ou deux liens internes par paragraphe peut être une bonne moyenne, mais si vous insérez un lien quasiment sur chaque mot, cela peut vite tourner à la suroptimisation.
- Privilégiez les sujets connexes pour le crosslinking : lorsque vous créez des liens dans vos contenus, faites en sorte qu'ils pointent vers des pages parlant de sujets similaires et non vers des pages n'ayant qu'un rapport très lointain avec ce que l'internaute est en train de lire.
- Concentrez le nombre d'articles sur un sujet spécifique : si vous désirez parler d'un sujet, n'écrivez pas une dizaine d'articles parlant quasiment de la même chose (pratique assez courante dans les fermes de contenu). Focalisez-vous sur un contenu ou présentez plusieurs visions du même sujet si vous écrivez plusieurs articles (les « pour » et les « contre », par exemple).

Bref, si vous suivez ces quelques conseils et si vous « clarifiez » vos pages, vous ne devriez pas connaître les affres des griffes du Panda. C'est tout le mal que nous vous souhaitons pour le bien de votre site !

Conclusion

Nous avons essayé ici de vous proposer un aperçu le plus complet possible de l'information connue sur Google Panda à l'heure où ces lignes étaient écrites.

Bien sûr, il est difficile, voire impossible, d'être certain à 100 % de ce qui est dit ou écrit à ce sujet sur le Web, même lorsque cela provient d'une source officielle de Google ☺.

Cependant, les quelques règles que nous vous avons données précédemment ne pourront que vous aider à proposer sur le Web des contenus intéressants et informatifs à vos visiteurs, qui devraient les apprécier.

Certains verront dans Panda une nouvelle occasion pour Google de s'approprier le Web et d'en dicter les règles, voire les lois. D'autres remarqueront qu'il était temps pour le moteur de recherche de faire le ménage dans son index. Nous laisserons chacun se faire sa propre opinion sur ces points.

Finalement, si Google Panda a en grande partie servi à faire en sorte que nombre d'éditeurs de sites web reviennent aux fondamentaux et se rendent compte que sur la Toile le contenu est le capital, cet épisode googlien n'aura pas servi à rien, loin de là, même si quelques chutes seront payées durement.

Rappelons, pour conclure, la phrase que nous avons proposée à la fin de toutes nos formations durant de nombreuses années, encore plus vraie aujourd'hui après la visite dans nos contrées de ce sacré *Ailuropoda melanoleuca* (*https://www.speeny.fr/476*) : « Content is King, Link is his Queen, and Semantic Content is Emperor ! »

Google Penguin

Nous l'avons dit précédemment, l'année 2011 a vu l'avènement du filtre de nettoyage Google Panda, qui avait pour principal objectif de nettoyer l'index de Google de son contenu estimé « de faible qualité ». En 2012, un autre animal a fait son apparition : le « manchot » ou, en anglais, Penguin.

> **Manchot ou pingouin ?**
>
> Pour l'anecdote, la traduction de « penguin », le nom donné par Google à son algorithme, est « manchot » en français. Traduire « penguin » en « pingouin » est donc un abus de langage, car les deux volatiles sont différents. Les pingouins vivent dans l'hémisphère nord et peuvent voler, alors que les manchots ne volent pas et vivent dans l'hémisphère sud (leurs « ailes » leur permettent seulement de nager dans l'eau). En anglais, « pingouin » se dit plutôt « great auk » (grand pingouin), « auk » (ensemble des alcidés) ou « razorbill » (petit pingouin).
>
> C'était notre séquence « culture animalière »…
>
> Vous trouverez plus d'informations ici : *https://www.speeny.fr/477* et *https://www.speeny.fr/478.*

Historique de Penguin

Le 28 janvier 2012, un article intitulé « Net-blingbling : une prestation de netlinking honnête est-elle encore possible en SEO ? » (*https://www.speeny.fr/479*) secouait le petit monde du SEO français en posant certaines questions importantes sur la qualité des liens obtenus au travers de certaines stratégies de netlinking…

Le 9 mars de la même année, au salon SEO Campus à Saint-Denis, l'auteur du présent ouvrage (éditeur du site Abondance.com) indiquait, lors de la séance plénière, qu'« il fallait s'attendre à ce que Google mette en place en 2012 un algorithme de nettoyage des liens, qui serait le pendant de Panda *(sic)* pour les backlinks de faible qualité ». Le nom fourni – par pure divagation intellectuelle – était alors : « Google ornithorynque » (ou *platypus* en anglais). Finalement, c'est le manchot « Penguin » qui a été choisi par les équipes de Mountain View, même si l'on peut penser que « Google Platypus » sonnait bien également. Les couleurs monochromes (noir et blanc) des filtres de nettoyage de Google sont-elles une référence à la dichotomie « black hat – white hat » ? Possible…

Le 19 mars 2012, Matt Cutts fait une déclaration lors d'un salon américain : plusieurs personnes de son équipe travailleraient à une pénalité visant les sites suroptimisés en SEO. Premier indice qu'il se trame quelque chose au sein de la Search Quality Team du moteur de recherche (*https://www.speeny.fr/480*).

Le 26 mars, première action : Google désindexe un réseau complet de création de liens artificiels visant à améliorer le référencement de sites web. Le site Abondance se pose alors la question suivante : « Est-ce un premier pas dans le cadre d'une *karcherisation* à grande échelle qui s'avère aujourd'hui clairement nécessaire ? » (*https://www.speeny.fr/481*).

Le 2 avril, Google continue en mettant en place une campagne de communication plus forte envers les webmasters pour les avertir de pratiques de *bad linking* sur leurs sites web et du risque de pénalisation qu'ils encourent (*https://www.speeny.fr/482*). Un webmaster averti en vaut alors deux ! Au moins, on ne pourra pas dire que Google n'a pas prévenu. Cela dit, de nombreux sites pénalisés plus tard par Penguin n'avaient pas reçu ce type de message au préalable.

Enfin, le 24 avril 2012, le lancement de l'algorithme antispam est officiel : le blog pour webmasters de Google, par la voix de Matt Cutts, indique que la grande lessive a commencé (*https://www.speeny.fr/483*).

L'analyse du phénomène est rendue complexe, car juste après on apprend que la version 3.5 de Panda, l'autre animal monochrome, a été lancée le 19 avril. La 3.6 sera d'ailleurs en ligne le 27 du même mois, générant un conglomérat difficile à dénouer autour de ces trois événements importants. Quel phénomène est dû à Panda ou à Penguin ? Difficile à dire. Mais un site dont le trafic aurait fortement chuté à partir du 25 avril 2012 aurait certainement pris un « coup de manchot » !

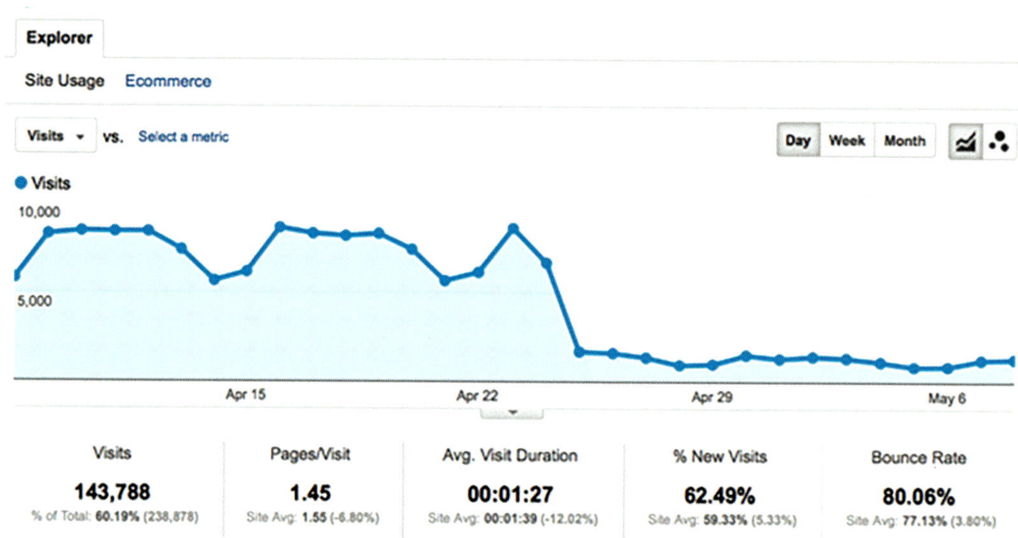

Figure 15-14

Exemple de courbe statistique, issue de Google Analytics, pour un site ayant subi une chute conséquente de trafic due à Google Penguin, à partir du 25 avril 2012. Source : https://www.speeny.fr/484.

Point important : si Google Penguin génère des pertes de positions pour certaines pages d'un site web, il ne *blackliste* (suppression de l'index) pas et ne pénalise pas un site entier comme Panda. Il punit de façon granulaire (à l'échelle de la page).

Penguin, tout comme Panda, fait en tout cas clairement partie de la stratégie FUD (*Fear, Uncertainty and Doubt* : *https://www.speeny.fr/485*) de Google : communiquer sur ses algorithmes pour faire peur aux spammeurs et créer la panique dans le monde du SEO. Les années qui viennent de passer nous y ont habitué.

Le résultat de Penguin est très clair : certains sites, notamment en France, ont clairement été touchés de façon forte au niveau de leur trafic. Il s'agissait cependant, et nous y reviendrons par la suite dans ce chapitre, dans leur immense majorité, de sites qui avaient « abusé » en termes de netlinking de mauvaise qualité.

En 2012, Penguin a connu trois lancements aux dates suivantes :

- Penguin 1 : 24 avril ;
- Penguin 2 (parfois appelé 1.1) : 26 mai ;
- Penguin 3 : 5 octobre.

Ensuite, Penguin 4 (rebaptisé par la suite 2.0) sera lancé en mai 2013 (*https://www.speeny.fr/486*) et s'avérera particulièrement virulent en France.

Trois autres lancements ont ensuite eu lieu :

- Penguin 2.1 : 4 octobre 2013 (*https://www.speeny.fr/487*), qui a lui aussi causé de nombreux dégâts en France ;

- Penguin 3.0 : 18 octobre 2014, soit plus d'un an après le précédent ;
- Penguin 4.0 : 23 septembre 2016. Ce sera le dernier lancé à date fixe avant son intégration, comme Panda, dans l'algorithme global du moteur et un fonctionnement en temps réel qui le rend donc aujourd'hui indétectable.

Une fois cet historique évoqué, tentons maintenant de comprendre pourquoi ce manchot a été mis en place et comment « arranger les choses » pour sortir de cette pénalité ou ne pas y tomber.

Que combat Google Penguin ?

Dans son post officiel, Matt Cutts indiquait clairement que Google Penguin avait été mis en place pour combattre deux fléaux de spamdexing :

- le spam de contenu et les suroptimisations, comme le « keyword stuffing » (bourrage de mots-clés) ;
- le spam de linking (liens artificiels et de mauvaise qualité).

En fait, la pratique et l'expérience ont montré que Penguin luttait avant tout contre le netlinking de faible qualité. C'est donc ce point que nous allons analyser par la suite en priorité (Panda s'occupe de toute façon très bien du contenu de faible qualité ; chacun son job !).

Le lien est essentiel dans une stratégie SEO, c'est une évidence. Votre objectif va donc être d'obtenir des liens de qualité, qui soient les plus « naturels » et les moins « artificiels » possible (voir le chapitre 6 à ce sujet).

Mais il vous faudra tout d'abord effectuer un état des lieux de votre netlinking pour savoir s'il est de bonne qualité ou si vous devez l'améliorer. Pour cela, la Search Console de Google est disponible. La rubrique « Liens » vous donnera de nombreuses informations intéressantes :

- sites qui font le plus de liens vers vous ;
- pages de votre site qui reçoivent le plus de liens ;
- pour chaque page du site, le nombre de backlinks et le nombre de sites qui pointent vers elle ;
- etc.

Il s'agit là d'informations souvent indispensables, assez simples à analyser, mais qui se heurtent à deux inconvénients majeurs.

- Le nombre d'informations analysées (sites referrers, pages de votre site recevant au moins un backlink) pour un site est limité à 1 000, ce qui sera parfait pour des petits sites, mais deviendra très vite problématique pour des sources d'informations plus importantes.
- Le système est limité, par essence même, aux sites auxquels vous avez accès (vous en êtes le webmaster ou celui-ci vous y a donné accès). Pas question donc d'avoir accès à ces données aux sites des concurrents !

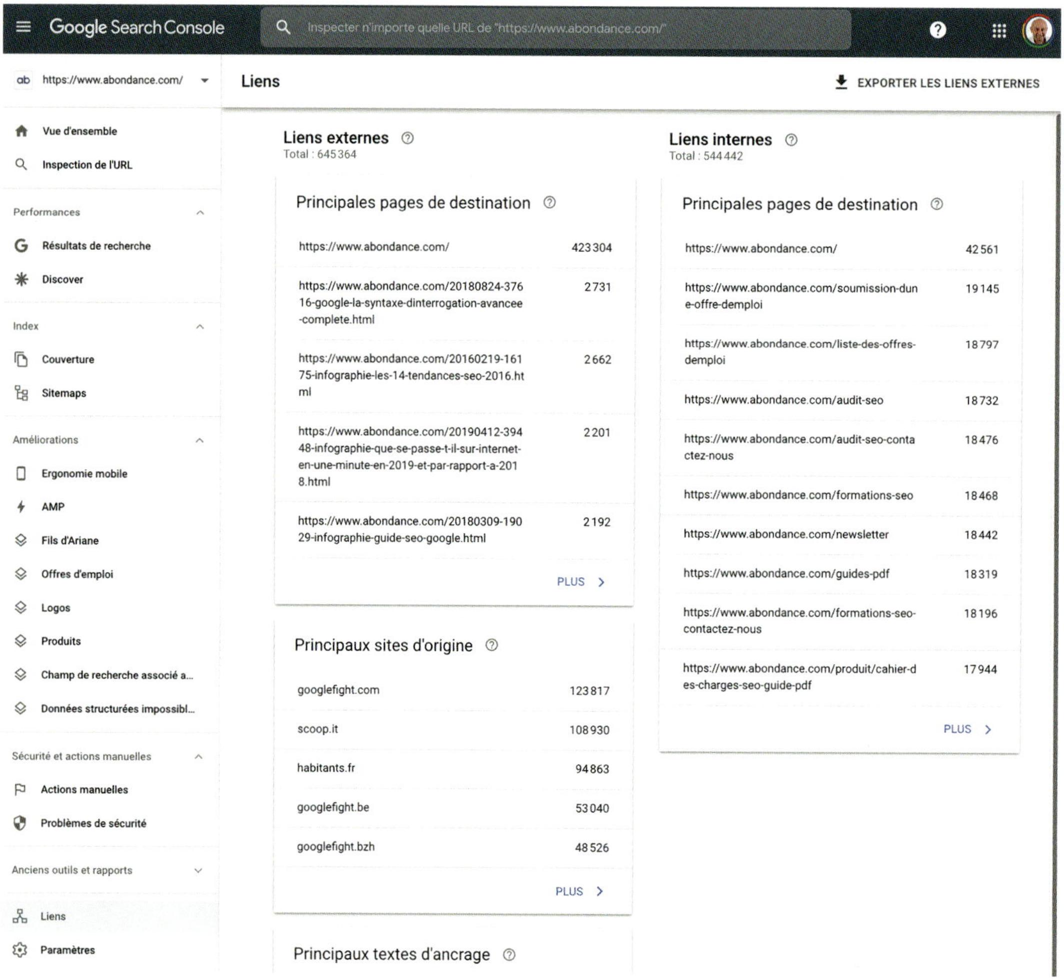

Figure 15-15

Google Search Console : interface d'analyse des backlinks pointant vers votre site.

Aussi, lorsque la Search Console de Google aura atteint ses limites, vous devrez vous tourner vers d'autres outils du marché, même s'ils sont pour la plupart disponibles en version payante, pour avoir accès à toutes leurs fonctionnalités (et les limites du gratuit y sont rapidement atteintes, hélas !). Parmi ceux-ci, trois se détachent nettement à l'heure actuelle :

- Ahrefs (*https://ahrefs.com//*) ;
- Majestic SEO (*https://fr.majestic.com/*) ;
- Link Explorer (*https://moz.com/link-explorer*).

Il y en a bien d'autres, mais ces trois-là sont de loin les plus utilisés.

L'idée de base, avec ces outils (Google Search Console ou sites spécialisés), sera donc :

1. de vérifier quels sont les sites qui ont créé le plus de liens vers vos pages. Si, parmi ces sites, certains vous semblent trop « spammy » en regard des critères que vous lirez par la suite dans ce chapitre, n'hésitez pas à supprimer les liens générés ou à les désavouer auprès de Google grâce au formulaire adéquat (voir plus loin également dans ce chapitre) ;
2. de vérifier quelles pages de votre site ont le plus de backlinks et, pour chacune d'entre elles, depuis quels sites. Si cette situation est « naturelle », pas de soucis. Mais si vous vous apercevez que des sites « suspects » pointent vers vos pages importantes, agissez comme indiqué ci-dessus !

En résumé, faites un état des lieux des liens qui pointent vers votre site en privilégiant la notion de qualité à celle de quantité. Mieux vaut quelques dizaines de « bons liens » que plusieurs milliers de « mauvais liens ».

Les différentes stratégies de netlinking

Revenons rapidement, pour compléter ce qui a été dit au chapitre 6, sur les différentes catégories de liens (backlinks), puisque Penguin les a remises en lumière. Historiquement, il existe plusieurs possibilités pour obtenir des backlinks sur un site.

Certaines stratégies de netlinking et certaines sociétés de référencement proposent la création de liens entrants plus ou moins automatisée.

Réseaux, PBN et compagnie

Nous passerons rapidement sur les dizaines de façons « illicites » de créer des liens en utilisant des techniques « black hat » (allant à l'encontre des recommandations de Google). Les outils existent, ils sont performants, et passent souvent entre les mailles du filet de Google. La création de « splogs », de PBN (*Private Blog Network*) ou de pages satellites, etc. est également possible. Tous ces outils permettent de créer des multitudes de backlinks en un minimum de temps grâce à des techniques plus ou moins raffinées…

Bien sûr, cela fonctionne. Mais c'est (très) dangereux. Nous utilisons souvent cette analogie à propos du « black hat SEO » : pour gagner de l'argent, vous avez deux solutions, travailler ou braquer une banque. La seconde vous apportera peut-être beaucoup d'argent très rapidement, mais elle est risquée et si vous vous faites arrêter, la sanction sera lourde. La première présente moins de danger, mais l'inconvénient est qu'il faut bosser !

La recherche de backlinks relève des mêmes lois : en utilisant au mieux les outils *black hat* dédiés à cette fonction, vous pouvez être le roi du pétrole en quelques jours, voire en quelques heures. Mais si Google et son Penguin vous « pincent », votre site est mort ! À vous de voir donc si le risque en vaut la chandelle !

Nous éliminerons ici ce type de technique, de toute façon interdite par Google et connue de ses services, pour envisager d'autres voies afin de faire connaître votre site web.

Communiqués de presse et annuaires

Après les « techniques qui laissent à désirer », voyons maintenant les « techniques qui manquent de finesse » en termes de netlinking (nous allons nous faire des amis) avec les communiqués de presse et les annuaires.

Les communiqués de presse (CDP) ont fleuri ces dernières années comme système automatisé (ou semi-automatisé) de netlinking : dans ce type de stratégie, on crée un CDP, on le « spinne » (on en écrit, grâce à un logiciel de *content spinning*, plusieurs versions de façon plus ou moins automatisée pour éviter le duplicate content) ou pas, et on l'envoie sur des plates-formes de CDP créées à cet effet.

Pour information, rappelons que toute manœuvre de « spinning » est interdite par Google. Reste à prouver, ensuite, comment un spinning « bien fait » est détectable par Google. Mais enfin, la « loi Google » est celle-ci.

Pour ce type d'action, il est complexe de démontrer quel est l'intérêt de ces communiqués de presse pour l'internaute ! Pour l'instant, personne n'a pu nous donner le moindre début d'explication : à part la création de liens pour le SEO, et donc pour manipuler l'algorithme de Google, l'intérêt nous semble nul ou, tout au mieux, au ras des pâquerettes. On peut en effet se donner bonne conscience en se disant qu'il s'agit de « contenu textuel informatif », l'argument ne tient pas longtemps. Les CDP sont là pour créer du netlinking artificiel, un point c'est tout !

En l'absence d'argumentaire recevable, on peut donc en conclure que les CDP sont des actions, disons-le, « bidons », créées dans un pur but SEO et n'amenant rien aux internautes. Ceci dit, réalisées avec modération et un brin de bon sens, ce sont des techniques qui peuvent encore fonctionner en SEO. Mais pour combien de temps ? Car ce type de lien est clairement l'une des cibles visées par Penguin ! Elles sont donc devenues à la marge.

L'inscription sur des annuaires est, elle, vieille comme le Web (l'annuaire de Yahoo! est né en 1994) : on inscrit son site sur de nombreux annuaires, ce qui crée des liens vers sa page d'accueil. Inattaquable, indémodable ? Ça reste à prouver !

L'auteur de cet ouvrage est un grand défenseur des annuaires dans le domaine de la recherche d'informations, car nous avons toujours cru que l'intelligence et le tri humains étaient irremplaçables et que ces outils pouvaient réellement nous aider dans nos recherches de sources d'informations.

Ceci dit, la réalité est tout autre : aujourd'hui, aucun annuaire n'amène de trafic consistant sur un site, bien que les annuairistes disent certainement le contraire.

Et puis, comme pour les CDP ci-dessus, il faut bien se rendre à l'évidence. 99 % des annuaires actuels n'ont été créés que dans une seule optique : faire du netlinking et rien d'autre ! Et ceux qui prétendent le contraire sont les référenceurs qui disent à leurs clients que les annuaires sont irremplaçables pour leur SEO !

Il reste peut-être 1 % des annuaires qui, pour leur part, sont utiles aux internautes, notamment dans un domaine professionnel. Très bien, mais ne se référencer que sur ceux-là est-il réellement efficace ? Et comment les trouver dans le magma en fusion des centaines, voire des milliers d'annuaires actuels ? Pas si simple.

Dernier point important : fuyez comme la peste les offres de type « inscription dans 500, 1 000 annuaires ou plus pour quelques dizaines d'euros », car ils peuvent être clairement négatifs pour votre référencement ! Quant à ceux qui demandent un lien en retour obligatoire, méfiance… Évitez également tout prestataire de référencement qui vous proposerait ce type d'offre de services (pas sérieux).

L'achat de liens

Un « marché parallèle » d'achat de liens existe, c'est une évidence, bien que cette pratique soit interdite par Google, qui demande que, dans ce cas, le lien soit mis en `nofollow`, ce que tout le monde fait, bien entendu ☺.

On sait tous que l'achat de liens se pratique aujourd'hui « sous le manteau » (car il est quasiment impossible de les détecter, techniquement parlant, surtout si les achats sont avant tout qualitatifs avant d'être quantitatifs), il reste à définir sur quels sites ces liens seront achetés (même thématique ou pas ?) et où (dans la zone éditoriale, en footer ?). Un lien acheté n'est donc pas obligatoirement synonyme de lien « puissant » et fournissant beaucoup de « jus de liens ». Et quand on achète, on veut un minimum de retour sur investissement… Autant donc acheter un « double lien » : bon pour le SEO et qui ramène du trafic en plus. Les deux notions semblent ici indissociables !

Et si vous achetez des liens sur le Web, n'oubliez pas de mesurer le trafic direct qu'ils vous ont ramené. Encore une fois, un « bon lien » est un lien qui amène du « jus de liens » à votre référencement et du trafic à votre site. Là encore, nous en avons déjà parlé dans ce chapitre et nous ne reviendrons pas dessus.

Les commentaires de blogs et interventions dans les forums

Attention ! De très nombreux blogs et forums mettent systématiquement les liens externes des contributions de leurs visiteurs en `nofollow`, (ou en `ugc` désormais) pour cause légitime de lutte contre le spam. Cela rend en revanche caduques la plupart des tentatives de netlinking sur ces sites.

Ceci dit, des interventions intelligentes sur des sites en `dofollow` (il en existe, heureusement) pourront créer des liens de bonne qualité. Si c'est fait de façon sérieuse (évitez les classiques « moi aussi je suis d'accord » ou « j'adore votre blog » assortis d'un beau lien, qui seront virés dans la minute qui suit par le modérateur), cela peut être un plus pour votre netlinking. Bien sûr, ce type de travail est chronophage, puisqu'essentiellement réalisé à la main. Mais on n'a rien sans rien.

Les liens 100 % naturels

Dans la catégorie des « liens naturels », on fera entrer les liens acquis de façon manuelle (aucune automatisation) et qui peuvent réellement avoir un intérêt pour les internautes. Bref, les liens « à valeur ajoutée », « bio », « sans OGM » ! Ce sont les garants d'un bon netlinking !

Et les meilleurs liens sont ceux qui se créent sans que vous deviez faire quoi que ce soit. Pour cela, une seule possibilité : créer un contenu de grande qualité, original, voire polémique. On parle souvent de *linkbaiting* à ce sujet (voir chapitre 6). Nous n'en parlerons pas plus ici, mais suivez toujours cette règle d'or : privilégiez les liens naturels et de qualité et vous n'aurez jamais de problème avec le Penguin de Google. Et ceux qui disent qu'il s'agit là d'une « stratégie de Bisounours » devraient revoir leur vision du Web !

Penguin combat avant tout les ancres suroptimisées

On a vu au chapitre 6 de cet ouvrage que Google donnait un point d'honneur à l'analyse des ancres des liens (le texte cliquable) : si un lien s'intitule « assurance vie », la page de destination (celle sur laquelle on arrivera si l'on clique sur le lien) aura, pour Google, la « réputation » de parler d'assurance vie. Parfait. Mais si l'ancre est « cliquez ici », la page distante parlera de « cliquez ici ». Moins bien…

Penguin a été avant tout conçu dans cette optique par les ingénieurs de Google pour éviter des manipulations à ce niveau, car trop de liens (factices, la plupart du temps) proposaient une ancre qui ressemblait à une requête : « tourisme new york », « immobilier paris », « plombier lyon », « route des vins alsace », etc. Le tout pour se positionner, bien sûr, sur ces requêtes !

Donc sachez que si de nombreux liens pointent vers votre site avec ce type de requête, votre source d'informations est parfaitement dans la cible du Penguin ! Au moins, vous serez averti…

Un « bon lien » répond donc aux caractéristiques suivantes (qui vous éviteront toute velléité penguinesque) :

- il vient d'un site de qualité (populaire) ;
- il vient d'un site dans votre thématique, votre domaine ;
- il vient d'un site écrit dans votre langue ;
- l'ancre du lien transfère du sens (évitez donc les « cliquez ici », « lire la suite » ou « pour en savoir plus ») ;
- l'ancre du lien est écrite en « bon français » (« tourisme à New York » et non pas « tourisme new york ») ;
- l'ancre du lien ne ressemble pas de façon trop évidente à une requête SEO.

Si vous suivez tous ces conseils (en clair : pas de liens factices et pas d'ancres suroptimisées), vous n'aurez pas de soucis avec le manchot…

Negative SEO, mythe ou réalité ?

Lorsque Google Penguin a été lancé, l'une des premières réactions de nombreux webmasters a été de s'élever contre ce type de pénalité, arguant que si Google pénalisait le « mauvais linking », il suffisait de créer des campagnes de « bad linking » sur les sites concurrents afin de les voir pénalisés de façon quasi systématique par le moteur de recherche. En bref, on s'occupe plus de tenter de détériorer le référencement des sites des concurrents plutôt que d'améliorer le sien. Et on a alors commencé à entendre un peu plus parler de « negative SEO ».

Le negative SEO, c'est quoi ?

Sur le papier, ce raisonnement est logique et Google en est conscient. Il est évident que le « negative SEO » existe depuis des lustres, même si on en parlait moins jusqu'à maintenant. Là encore, rien ne peut empêcher des personnes mal intentionnées de vouloir mettre à mal un concurrent. Le monde est ainsi fait.

Cela dit, la plupart des experts s'accordent à dire que les techniques de negative SEO fonctionnent plutôt sur des petits sites ou à faible notoriété, et la plupart du temps récents. Il sera très complexe de « tuer » un gros site ayant pignon sur Web, disposant d'une forte notoriété et présent depuis des années sur la Toile.

De plus, on laisse beaucoup de traces sur le Web et si une société se met en tête de casser la stratégie SEO d'un concurrent, rien ne dit qu'à un moment donné on ne puisse pas remonter jusqu'à elle. Et c'est la notoriété et l'image de marque de celui qui a initié ces méthodes qui en prendra un coup, avec peut-être un procès à la clé. Le jeu en vaut-il la chandelle ?

Enfin, il est évident que Google est au courant de ces pratiques. Comment pourrait-il en être autrement ? S'il a mis en ligne Penguin, c'est qu'il estime avoir les armes pour répondre à bon nombre de tentatives de negative SEO. Il dispose de nombreux outils et critères pour « tracker » les tentatives de manipulation de ce type. Là encore, êtes-vous prêt à prendre ce risque ?

L'outil de désaveu de liens de Google

Toujours est-il que si vous vous estimez victime de ce type de pratique, vous pouvez (depuis le 17 octobre 2012) utiliser l'outil de désaveu de liens fourni par Google (*https://www.speeny.fr/488*). D'ailleurs, Bing avait lancé le sien quelques semaines plus tôt (*https://www.speeny.fr/489*).

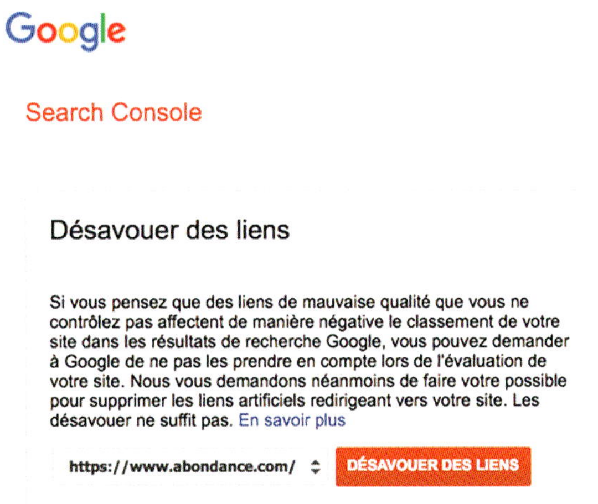

Figure 15-16

Interface de l'outil de désaveu de liens par Google.

L'interface (*https://www.speeny.fr/490*) présentée sur la figure 15-16 est spartiate et permet d'« uploader » un fichier texte contenant une URL à désavouer par ligne (les lignes commençant par le caractère # étant des commentaires). La syntaxe `domain:` indiquant que vous désirez désavouer les liens venant de toutes les pages de ce site. Exemple :

```
# Contacted owner of spamdomain1.com on 7/1/2018 to
# ask for link removal but got no response
domain:spamdomain1.com
# Owner of spamdomain2.com removed most links, but missed these
https://www.spamdomain2.com/contentA.html
https://www.spamdomain2.com/contentB.html
https://www.spamdomain2.com/contentC.html
```

Matt Cutts avait donné plus d'indications sur cet outil dans une vidéo de plus de 9 minutes disponible à l'adresse : *https://www.speeny.fr/491*.

Une FAQ est également disponible à cette adresse : *https://www.speeny.fr/492*.

Deux outils pour vous aider dans votre « délinking »

Link Detox (*https://www.speeny.fr/493/*) et Rmoov (*https://www.speeny.fr/494*) ont pour vocation de détecter les « mauvais liens » qui pointent vers votre site afin d'éviter des pénalités. Une fois les liens détectés, ces outils proposent des campagnes de suppression des liens en envoyant des e-mails aux propriétaires des sites incriminés.

Bien sûr, ne désavouez des liens que si vous êtes certain du pouvoir négatif qu'ils peuvent avoir sur votre site.

Attention : en règle générale, l'outil de désaveu n'est réellement intéressant que lorsque votre site est victime d'une action manuelle pour linking de faible qualité. La plupart du temps, ce système n'aura aucune utilité pour le filtre Penguin, par exemple. Cependant, créer un fichier de désaveu ne sera pas pénalisant en soi, il sera juste la plupart du temps inutile si vous n'avez aucun message dans la Search Console vous avertissant d'une action manuelle.

Google EMD et Page Layout

Parmi les filtres mis en place par Google, hormis Panda et Penguin, on note également la présence de EMD et Page Layout. De quoi s'agit-il ?

EMD, pour lutter contre les noms de domaine suroptimisés

En septembre 2012, une étude du site SEOMoz (*https://www.speeny.fr/495*) semblait indiquer que l'influence – en termes de référencement – de la présence d'un mot-clé dans le nom de domaine d'un site tendait à décroître au fil des années. On peut constater la même chose aujourd'hui : le phénomène a continué à évoluer dans le même sens.

Il s'agit certainement d'une tendance voulue par Google devant la recrudescence de noms de domaine ou sous-domaines correspondant exactement à la requête visée, comme

« vente-appartements-pas-cher-paris-banlieue.com » (exemple fictif) ou pire encore « trophee-andros-circuit-pilotage-glace-conduite-neige-stage.circuitserrechevalier.com » (exemple réel).

Pour lutter contre ce phénomène appelé EMD *(Exact Match Domain)*, Google a donc lancé un nouveau filtre fin septembre, baptisé EMD, du nom de la pratique utilisée par les SEO un peu trop zélés.

Un tweet de Matt Cutts, envoyé à cette occasion, indiquait que ce filtre ne touchait que 0,6 % des requêtes en anglais (on ne sait pas si le chiffre pour les requêtes en français est inconnu ou si ce filtre n'impacte que l'anglais, ce qui serait assez étonnant). *A priori*, ce filtre aurait été lancé deux fois en 2012 si on en croit la communication de Google. On n'en a plus entendu parler ensuite de façon officielle, ce qui ne veut pas dire bien sûr qu'il n'existe plus... Peut-être est-il lui aussi, comme Panda et Penguin, passé en fonctionnement temps réel dans l'algorithme.

Cela ne veut pas dire non plus que le poids d'un mot-clé dans le nom de domaine soit négligeable pour autant. Mais on peut estimer qu'il ne faut pas dépasser la limite des 2 à 3 mots-clés par nom de domaine pour rester « dans les clous ». Et, encore une fois (on se répète souvent en SEO), restez naturel et agissez avec bon sens.

Page Layout, contre les pages mêlant trop étroitement publicité et éditorial

En janvier 2012, Google, toujours par la voix de Matt Cutts, annonçait une nouveauté avec la pénalisation des pages proposant trop de publicités et obligeant l'internaute à « scroller » pour atteindre le vrai contenu éditorial de la page (*https://www.speeny.fr/496*). Ce nouveau filtre recevait le nom de Page Layout.

Le post de Google est clair : « sites that don't have much content "above-the-fold" can be affected by this change ». Soit, en français : les sites qui proposeront trop de publicités dans la zone affichée par défaut dans le navigateur sans avoir à scroller seront pénalisés par l'algorithme du moteur et seront moins bien positionnés. Reste à savoir où se situe la limite entre « a normal degree », comme il est expliqué par Google, et un excès de pub (« an excessive degree », toujours selon le moteur)... Selon Google, ce changement d'algorithme ne touchait cependant que 1 % des requêtes.

Notez que Google a lancé une seconde fois son filtre Page Layout en octobre 2012 (*https://www.speeny.fr/497*). En 2017, Gary Illyes, nouveau porte-parole SEO de Google, indiquait que le filtre fonctionnait toujours (*https://www.speeny.fr/498*) et qu'il avait une importance non négligeable.

Par expérience, peu de sites web semblent avoir été touchés par ce filtre en France, ce qui ne semble pas le cas d'EMD qui a été beaucoup plus virulent sur le Web en général et francophone en particulier.

Les Quality Updates et Core Updates (Phantom et autres)

> Section rédigée avec la contribution de Philippe Laine

Malgré un certain silence observé par Google sur ce phénomène, il est clair que de nombreuses mises à jour majeures de l'algorithme ont été mises en place par le moteur de recherche de novembre 2015 à janvier 2016 (en 2017, on parlera également de Fred et de bien d'autres). De nombreux sites ont perdu du trafic SEO à cette période, alors que d'autres en ont gagné. Ces *updates* ont rapidement été appelées Phantom 1, Phantom 2 puis Phantom 3 du fait du manque d'informations de la communauté à leur égard. Ces mises à jour faisaient écho à des phénomènes similaires relevés depuis mai 2013.

Tout a commencé par une baisse – ou une hausse – du trafic naturel, pour certains sites, autour du 11 novembre 2015. Jour férié, puis attentats à Paris et état d'urgence, baisse de l'activité économique, tout cela pouvait éventuellement expliquer des variations à la baisse sur certaines typologies de pages. Mais le phénomène s'est installé durablement.

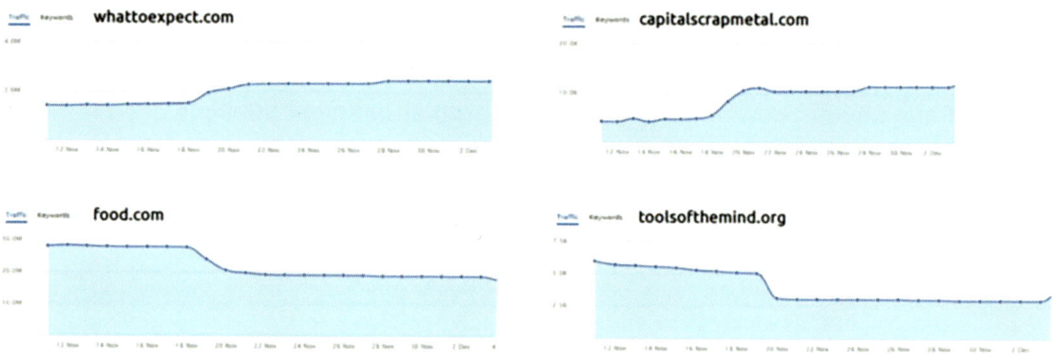

Figure 15-17

Quatre exemples de sites dont le trafic naturel a été impacté fin novembre 2015. Source : SEMrush.

Une mise à jour de Penguin était attendue avant fin 2015. Cela aurait pu être une explication, mais Google a finalement annoncé qu'elle n'était pas en cause (*https://www.speeny.fr/499*).

Google avait donné un indice de poids en mettant à jour le 12 novembre 2015 le *Page Quality Rating Guideline* concernant l'évaluation de la qualité d'une page et de son contenu (*https://www.speeny.fr/500*). De là à imaginer que son contenu serait appliqué en France à peine une semaine après…

C'est finalement un excellent article (*https://www.speeny.fr/501*) du spécialiste SEO américain Glenn Gabe qui va donner certaines clés pour mieux comprendre le phénomène. Du haut de ses 20 ans d'expérience en marketing digital, il dirige l'agence G-squared Interactive depuis 14 ans et justifie de références prestigieuses. Il s'est livré, comme il se doit, à des analyses comparatives poussées pour essayer de faire parler des chiffres. Avec une bonne dose d'intuition et d'expérience, il proposa une approche très fine et particulièrement convaincante de cette mise à jour Google. Voici la traduction des éléments essentiels.

- De nombreux sites ayant gagné ou perdu des positions le 19 novembre 2015 avaient également connu des mouvements significatifs lors de précédentes mises à jour *Quality Update* (mai 2013, février 2015, mai 2015 et septembre 2015). Cette hypothèse est d'ailleurs confirmée par des statistiques publiées par SEMrush.
- Si on se réfère à ce qui s'est passé lors du déploiement de Phantom 1 en mai 2013, les sites impactés à la baisse auront besoin de plusieurs mois de travail pour espérer retrouver leur niveau initial de trafic naturel.
- Notez que du 2 au 16 septembre 2015 a eu lieu une mise à jour qui semble avoir avantagé les sites déclassés en février et en mai 2015 (*https://www.speeny.fr/502*). Tout porte donc à croire que ces mises à jour sont liées. Cela a pu passer inaperçu avec la reprise conjoncturelle de la rentrée, mais en se concentrant sur les positions plutôt que sur le trafic, c'est facile à vérifier.
- Même constat pour Google Phantom 3, qui semble toucher le même type de sites que les précédentes mises à jour Quality Updates.

Trois phénomènes liés à cette mise à jour

Toujours selon Glenn Gabe, voici les éléments qui ressortent à propos de cette mise à jour.

1. Les Rich Snippets sont affectés. Ils ont pu disparaître ou apparaître dans les SERP, selon les sites.
2. La mise à jour commencée le 19 novembre 2015 a vu ses effets ajustés le 28 novembre 2015 (ce deuxième « effet Kiss Kool » que l'auteur nomme « Trémor »). Dans certains cas, le phénomène s'est concrétisé par une baisse supplémentaire de positions.
3. On constate enfin un pic dans les pénalités manuelles pour spam après le 19 novembre 2015.

L'engagement des utilisateurs ciblé par Google Phantom 3

Glenn Gabe souligne que Phantom ressemble à Panda, car ces mises à jour s'attaquent à la qualité du contenu. Mais la principale différence vient de l'importance donnée aux critères d'engagement des utilisateurs. En effet, on constate que d'une façon générale les pages impactées à la baisse sont certes pauvres en contenu, mais surtout ont de mauvais indicateurs d'engagement des visiteurs.

Les éléments susceptibles de déplaire à Phantom 3 seraient alors :

- déception de l'utilisateur due à la publicité cachée. Les pages contenant de la publicité présentée comme du contenu « normal » peuvent être considérées comme décevantes. Ce n'est pas une bonne nouvelle pour ceux qui espéraient remplacer le display (les bannières) par du *native advertising* (publi-rédactionnel) ;
- expérience utilisateur « maladroite » : *infinite scroll*, *overlay* et autres éléments désagréables qui rendent l'accès au contenu difficile ;
- contenu caché ou dévalorisé par la publicité (bannières énormes qui poussent le contenu vers le bas), pire encore si c'est de la vidéo ! Et insupportable si cette vidéo est en auto-play ;

- pagination excessive à des fins de monétisation. On parle de sites qui découpent volontairement le moindre de leurs articles en 30 ou 35 pages différentes, chacune d'entre elles étant très pauvre, uniquement pour augmenter l'exposition des visiteurs à la publicité ;
- contenu complémentaire de basse qualité et désorganisé. Par exemple, des liens épars, des miniatures et des listes dans la barre verticale de gauche, ou de droite, tout autour du contenu principal. En effet, cela rend la lecture du contenu moins confortable et augmente les risques de clic accidentel sur un mauvais lien ;
- pop-up qui apparaît au scroll. Par exemple, « Suivez-nous sur Facebook » ou « Inscrivez-vous à notre newsletter » ;
- et bien d'autres exemples de problèmes d'engagement utilisateur du même acabit.

SEMrush pense trouver une corrélation entre le contenu dupliqué (ou au moins les balises title dupliquées) et les pénalités Phantom. C'est peut-être une coïncidence, mais de toute façon, il s'agit d'un problème à traiter.

La monétisation des contenus dans le collimateur de Google ?

Vous noterez que beaucoup de ces critères sont directement en lien avec la monétisation des sites. Difficile de savoir si Google agit dans l'intérêt des internautes et pour économiser ses ressources de crawl, ou s'il cherche à asseoir sa position dominante. La ligne de conduite officielle étant « Don't be evil », on peut toujours se dire que c'est pour rendre service aux internautes (même si...).

Que faire si on a été déclassé par Google Phantom ?

Il s'avère que les éditeurs dont le site avait souffert du passage de Phantom 2, et qui ont travaillé dur depuis pour rendre leur site plus conforme aux attentes du moteur de recherche, ont été ensuite plutôt avantagés par Phantom 3.

Glenn Gabe ayant aidé de nombreuses sociétés à se relever de Phantom 2 nous livre des conseils avisés.

- Pour commencer, il convient bien entendu de s'attaquer sérieusement et sans tarder à la liste des critères énoncés précédemment. Donc, pour résumer, ne pas noyer les pages sous de la publicité intrusive.
- Éviter également la publicité cachée. L'internaute doit savoir qu'il clique sur de la publicité. Nous nuancerons quand même ce point, considérant que si le contenu sponsorisé est hébergé sur le site éditeur, et qu'il est pertinent, unique, de qualité, en lien avec la thématique du site, on ne voit pas comment Google pourrait le détecter, ni en quoi ce serait insupportable pour l'internaute. Mais, effectivement, cela demande de gros efforts à l'annonceur. Ce contenu doit apporter une réelle valeur ajoutée au lecteur.
- Mettre de l'ordre dans les suggestions de contenu complémentaire : si celui-ci est désorganisé et de mauvaise qualité, cela posera des soucis. Ne saturez pas vos pages de liens vers des articles connexes à mauvais escient. Organisez bien les suggestions et assurez-vous qu'elles soient pertinentes pour l'internaute. Vos visiteurs doivent aussi savoir clairement quand vous proposez un lien externe qui va leur faire quitter votre site. Cela peut simplement passer par un titre explicite et un design différent.

- Corriger les soucis d'interface utilisateur. Soyez exigeant et pensez utilisateur d'abord en ce qui concerne la navigation, l'infinite scroll, les pop-ups, etc. La monétisation ne doit jamais gêner l'accès au contenu.
- Chasser le contenu pauvre. Que ce soit pour Panda ou pour Phantom, privilégiez les pages à contenu dense. L'internaute qui clique sur un résultat de recherche et arrive sur une page de votre site doit trouver ce qu'il cherchait au départ. Sans quoi, le temps passé sur le site, le nombre de pages vues et le taux de rebond vous trahiront très vite et la sanction de Google tombera.
- Faire en sorte de répondre, voire de dépasser, les attentes des internautes, en leur fournissant des informations exhaustives. Si vous n'êtes pas en mesure de proposer quelque chose de nouveau et d'utile, peut-être qu'il vaut mieux renoncer et simplement afficher un lien externe vers une meilleure source.
- Combattre la pagination excessive. Concentrez vos articles sur une seule page s'il n'y a pas d'autre raison que la monétisation pour la découper. Au pire, proposez une version *view all* de la page que vous pousserez pour le SEO, notamment en plaçant des balises canoniques sur chaque sous-page vers cette nouvelle page principale.
- Mettre en avant l'expertise de ses auteurs. Particulièrement pour le contenu susceptible « d'impacter le bonheur futur, la santé ou le bien-être des utilisateurs », Google recommande clairement de citer l'auteur ou la source de l'information. Vous assurerez ainsi la crédibilité du site et montrerez à vos visiteurs que le contenu est rédigé par un auteur expérimenté (un médecin, un juriste, un expert dans son domaine, etc.). Évitez donc le contenu écrit par « Author », « Admin » ou encore « Anonyme » et indiquez le véritable auteur. La notion d'autorité, d'expertise, de confiance qu'on peut accorder à l'auteur est importante. Qui a dit Authorship/Authorrank ?
- S'assurer que Google voit bien les pages comme on le pense. N'oubliez pas de vérifier (à l'aide de la Search Console) la façon dont Googlebot perçoit vos pages. Vous pourriez avoir de mauvaises surprises à cause de ressources bloquées ou de publicités perçues comme le contenu principal d'une page !
- Gérer correctement ses pages mobiles (pour les sites séparés). Si vous avez un site mobile sur un sous-domaine, suivez bien les recommandations de Google pour signaler la relation entre deux URL proposant le même contenu, à savoir :
  - placez une balise `rel=alternate` sur la version bureau pointant sur la version mobile ;
  - placez une balise `rel=canonical` sur la version mobile pointant vers la version bureau.
- De plus, il faut être vigilant concernant la détection et la redirection des User Agent. Glenn a constaté un impact de Phantom sur les sites n'ayant pas appliqué ces recommandations.
- Optimiser le temps de chargement. Il n'est pas certain que ce soit un critère pour Phantom, mais ce ne serait pas surprenant. De toute façon, cela ne sera pas perdu et participera à une meilleure expérience utilisateur.

Penser d'abord à ses visiteurs et Google suivra

Chaque site est différent et seul un audit approfondi, assorti d'une analyse du crawl des robots, permet de cibler précisément ses points faibles. Il est probable qu'une simple analyse segmentée des typologies de pages ayant perdu des positions, et un examen des pages à fort taux de rebond, vous mette sur la voie.

Glenn explique n'avoir jamais vu un site déclassé par Phantom et ne présentant pas de réels soucis d'engagement des utilisateurs. Pour retrouver les positions, et donc le trafic naturel perdu, il n'y a pas d'autre choix que de remettre l'utilisateur au cœur de vos préoccupations et de le respecter. Ne faites pas subir aux internautes ce que vous ne voudriez pas qu'on vous fasse…

Les Core Updates

Depuis 2018, Google n'a plus beaucoup communiqué sur les mises à jour de son algorithme, mis à part une exception : les Core Updates ou « mises à jour du cœur de l'algorithme », qui sont mises en place tous les deux ou trois mois par le moteur. Exemples : Medic le 1er août 2018 ou Florida 2 le 12 mars 2019.

Google, par l'intermédiaire de Danny Sullivan, dont c'est clairement le job au sein de la firme de Mountain View, a publié en août 2019 un post sur le blog pour webmasters de Google, expliquant ce que sont ces Core Updates (*https://www.speeny.fr/503*).

Bien évidemment, ne vous attendez pas à des révélations extraordinaires dans ce type d'article, mais plutôt à une explication, certes nécessaire, sur ce que Google estime être du « contenu de bonne qualité » et, par opposition, du « contenu de faible qualité », très souvent la cible de ce type de mise à jour.

Danny explique que, lors de ces Core Updates, il ne s'agit pas de « punir » tels ou tels types de sites tentant de manipuler les algorithmes, comme ont pu l'être par exemple Panda ou Penguin. Laissons-lui la parole : « Il n'y a rien de mal à ce que certains sites fonctionnent moins bien après un Core Update. Ils n'ont pas violé nos recommandations pour les webmasters et n'ont pas été soumis à une action manuelle ou un filtre algorithmique, comme cela peut arriver sur des pages qui ne respectent pas ces directives. En fait, il n'y a rien dans un Core Update qui cible des pages ou des sites spécifiques. Il s'agit plutôt d'améliorer la façon dont nos systèmes évaluent le contenu dans son ensemble. Ces changements peuvent également faire en sorte que certaines pages qui étaient auparavant sous-récompensées se positionnent mieux.

Une façon de penser au fonctionnement d'un Core Update est d'imaginer que vous avez fait en 2015 une liste de vos 100 films préférés. Quelques années plus tard, en 2019, vous actualisez cette liste. Elle va changer, naturellement. Certains films nouveaux et merveilleux qui n'avaient jamais existé auparavant seront maintenant des candidats à l'inclusion. Vous pourriez aussi réévaluer certains films et vous rendre compte qu'ils méritaient une place plus élevée sur la liste qu'auparavant. La liste changera, et les films qui se trouvaient auparavant en haut de la liste et qui se déplacent vers le bas ne sont pas plus mauvais. Il y a tout simplement d'autres films dignes d'intérêt qui sont arrivés entre temps. »

Certes, c'est une analogie que l'on peut comprendre. Mais que faire alors suite à des pertes de positions et/ou de trafic lors d'un Core Update ? Car il n'est pas possible de se satisfaire de l'habituel discours des porte-paroles de Google expliquant qu'il ne faut rien faire… Danny explique qu'il faut, une fois encore, se focaliser sur la qualité du contenu. Et il se réfère aux conseils déjà fournis en 2011 sur le contenu de qualité en se posant les questions suivantes (mises à jour par rapport à la première version).

Questions sur le contenu et la qualité

- Le contenu fournit-il des renseignements, des rapports, des recherches ou des analyses originaux ?
- Le contenu fournit-il une description substantielle et complète du sujet ?
- Le contenu fournit-il une analyse perspicace ou des informations intéressantes qui vont au-delà de l'évidence ?
- Si le contenu s'inspire d'autres sources, évite-t-il de simplement copier ou réécrire ces sources et apporte-t-il une valeur ajoutée et une originalité substantielles ?
- Le titre de la page fournit-il un résumé descriptif et utile du contenu ?
- Le titre de la page n'est-il pas de nature exagérée ou choquante ?
- Est-ce le genre de page que vous aimeriez mettre dans vos favoris, partager avec un ami ou recommander ?
- Vous attendriez-vous à voir ce contenu dans un magazine, une encyclopédie ou un livre imprimé ou à y faire référence ?

Questions sur l'expertise

- Le contenu présente-t-il l'information d'une manière qui vous donne envie d'y faire confiance, comme une source claire, des preuves de l'expertise, des renseignements généraux sur l'auteur ou le site qui le publie, comme des liens vers une page de l'auteur ou la page « À propos » d'un site ?
- Si vous faisiez des recherches sur le site qui produit le contenu, en sortiriez-vous avec l'impression qu'il est digne de confiance ou largement reconnu comme une autorité en la matière ?
- Ce contenu est-il écrit par un expert ou un passionné qui connaît bien le sujet ?
- Le contenu est-il exempt d'erreurs factuelles facilement vérifiables ?
- Seriez-vous à l'aise pour faire confiance à ce contenu pour des questions relatives à votre argent ou à votre vie (critères YMYL ou Your Money, Your Life) ?

Questions de présentation et de production

- Le contenu est-il exempt de fautes d'orthographe ou d'absence de style ?
- Le contenu a-t-il été bien produit ou semble-t-il négligé ou rédigé à la hâte ?
- Le contenu est-il produit en masse par un grand nombre de créateurs ou sous-traité à un grand nombre d'entre eux, ou encore réparti sur un vaste réseau de sites, de sorte que les pages ou les sites individuels ne reçoivent pas autant d'attention ou de soins ?
- Le contenu comporte-t-il une quantité excessive de publicités qui détournent l'attention du contenu principal ou interfèrent avec celui-ci ?

- Le contenu s'affiche-t-il bien sur les appareils mobiles lorsqu'il est visionné sur ces derniers ?

Questions comparatives

- Le contenu offre-t-il une valeur substantielle par rapport aux autres pages des résultats de recherche ?
- Le contenu semble-t-il servir les intérêts réels des visiteurs du site ou semble-t-il n'exister que pour les moteurs de recherche ?
- Danny conseille ensuite d'analyser les pertes de position ou de trafic subies. Quelles pages ont été les plus touchées et pour quels types de recherches ? Examinez-les attentivement pour comprendre comment ils sont évalués par rapport à certaines des questions posées précédemment.

Une autre ressource pour obtenir des conseils sur un contenu de qualité est de consulter le guide pour les Quality raters (*https://www.speeny.fr/504*) : « Il est important de comprendre que les Quality Raters n'ont aucun contrôle sur le classement des pages. Les données d'évaluation ne sont pas utilisées directement dans nos algorithmes de classement. Nous les utilisons plutôt comme un restaurant peut analyser les avis de la part de ses clients. La rétroaction nous aide à savoir si nos algorithmes semblent fonctionner. Si vous comprenez comment les Quality Raters apprennent à évaluer un bon contenu, cela pourrait vous aider à améliorer votre propre contenu, et les résultats seront meilleurs en SEO. »

Bien sûr, tous ces conseils restent assez vagues, mais comment peut-il en être autrement ?

Nous ne pouvons que continuer, de notre côté, à répéter le même credo : sur le long terme, il n'y a que la qualité qui compte. Rédigez dans l'unique but d'être les meilleurs pour répondre à l'intention de recherche de vos visiteurs et vous verrez que la situation s'améliorera !

Conclusion

Spammer, c'est mal ! On pourrait ainsi conclure ce chapitre, de façon un peu naïve, et pourtant c'est la stricte vérité. Si vous avez pignon sur rue, si votre présence sur le Web est stratégique, ne vous amusez pas à tenter de spammer Google. Un jour ou l'autre, vous vous en mordriez les doigts. La lutte contre le spam et les black hats est devenue quotidienne chez Google et vous vous exposez à de gros risques en voulant manipuler les algorithmes du moteur leader.

Tout sera, comme toujours en SEO, question de bon sens : tenter des petites expérimentations minimes ne posera, la plupart du temps, pas de gros problèmes. Mais mettre en place des techniques industrielles au niveau de votre contenu ou de votre netlinking vous retombera dessus un jour ou l'autre. De nombreux webmasters le regrettent amèrement aujourd'hui.

Cela dit, Google a annoncé en 2018 effectuer plus de 3 200 changements dans son algorithme chaque année (*https://www.speeny.fr/505*). Parmi ces changements, de nombreux concernent la lutte contre le spam. Et certaines updates ont un impact fort à ce niveau.

Google a également pris la décision de ne plus communiquer à ce sujet. Gary Illyes a indiqué en 2017 avec ironie que tous les updates s'appelleraient dorénavant « Fred ». Et des Fred, il y en a eu de très nombreux depuis… Donc à vous de voir si, un jour ou l'autre, vous désirez que ce Freddy devienne votre pire cauchemar…

BERT, une mise à jour basée sur le traitement du langage naturel

Fin 2019, Google a annoncé BERT (pour *Bidirectional Encoder Representations from Transformers*), une mise à jour qui va, selon les dires du moteur, être une avancée importante dans l'évolution de la recherche sur le Web : « Grâce aux dernières avancées de notre équipe de recherche dans la science de la compréhension du langage – rendue possible grâce à l'apprentissage automatique – nous améliorons considérablement la façon dont nous comprenons les requêtes, ce qui représente le plus grand bond en avant des cinq dernières années et l'un des plus grands bonds en avant dans l'histoire du Search. » Rien que ça…

Deux liens pour en savoir plus sur BERT : *https://www.speeny.fr/506* et *https://www.speeny.fr/507.*

Suivi de MUM !

En mai 2021, Google a communiqué sur un nouvel algorithme, appelé MUM (pour *Multitask Unified Model* ou Modèle Unifié Multitâches). En voici la présentation par Google : « *Comme BERT, MUM est construit sur une architecture Transformer, mais il est 1 000 fois plus puissant et peut fonctionner en multitâche afin d'identifier une information de manière inédite. MUM ne se contente pas de comprendre le langage, il le génère également. Il est formé à 75 langues et à de nombreuses tâches différentes à la fois, ce qui lui permet de développer une compréhension plus complète de l'information et de la connaissance du monde que les modèles précédents. Et MUM est multimodal, c'est-à-dire qu'il comprend l'information à travers le texte et les images et, à l'avenir, il pourra s'étendre à d'autres modalités comme la vidéo et l'audio. […] Nous avons déjà lancé des pilotes internes avec MUM et nous sommes enthousiasmés par son potentiel d'amélioration des produits Google.* »

En effet, Google a constaté que les internautes ont besoin de huit recherches en moyenne pour accomplir des tâches complexes comme le fait de planifier une sortie en famille. Le but de MUM ? Arriver à répondre à des requêtes comme celle-ci, donnée en exemple lors de l'annonce de MUM : « *J'ai fait une randonnée sur le mont Adams et je veux faire une randonnée sur le mont Fuji l'automne prochain, que dois-je faire différemment pour me préparer ?* » Effectivement, pas si simple comme intention de recherche…

Et la firme de Mountain View de conclure : « *Dans les mois et les années à venir, nous apporterons à nos produits des fonctionnalités et des améliorations liées à la technologie MUM. Bien que nous n'en soyons qu'au début de l'exploration de MUM, il s'agit d'une étape importante vers un avenir où Google pourra comprendre toutes les différentes façons dont les gens communiquent et interprètent naturellement les informations.* » En même temps, ce type de phrase fait quand même un peu peur, non ? En tout cas, on risque de manger du MUM à toutes les sauces dans les mois et années qui viennent…

Deux liens pour en savoir plus sur MUM : *https://www.speeny.fr/1267* et *https://www.speeny.fr/1268.*

16

Comment ne pas être référencé ?

« La présence diminue la réputation, l'absence l'augmente. »

Baltasar Gracian y Morales

Dans les précédents chapitres, nous vous avions présenté les différentes manières de référencer votre site sur les moteurs de recherche. Il se peut toutefois que vous ayez besoin de déréférencer une source d'informations déjà indexée ou de signaler aux moteurs un certain nombre de pages ou d'éléments à ne plus prendre en compte. Il faut pour cela empêcher certains robots de les considérer. Il existe heureusement plusieurs façons de leur signaler cela. Nous allons les passer en revue dans cette partie.

Pourquoi déréférencer un contenu ?

On peut effectivement se poser la question de la raison d'un déréférencement. Elles peuvent être multiples.

- Un site de test, en cours de construction, n'aura aucun avantage à se retrouver dans les résultats de Google.
- Panda (voir chapitre 15) nous a appris à ne soumettre à Google que le contenu « de bonne qualité ». Toute page qui n'apporterait pas de réponses précises et pertinentes à l'internaute pourra donc être désindexée.
- Les pages de résultats du moteur de recherche interne, notamment, devront faire partie de la « charrette » puisque Google le demande.
- Plus vous proposerez des documents pertinents et intéressants *via* Google, meilleur sera votre taux de rebond.
- Pour des raisons de confidentialité ou de droits/copyright, vous désirez peut-être que certains documents (images, contrats, etc.) ne soient pas disponibles directement depuis les SERP, mais uniquement lors d'une première visite.
- Il en est ainsi des documents PDF, par exemple : si Google les indexe, les internautes pourront les télécharger directement depuis les pages de résultats sans venir faire un tour sur votre site. Est-ce vraiment ce que vous recherchez ?
- Si vous n'avez aucun souci avec les robots des moteurs majeurs (Google, Bing, etc.), d'autres, plus « exotiques », peuvent gêner le fonctionnement de votre serveur et vous ne désirez pas les voir entrer sur votre site.
- Pour des raisons judiciaires (diffamation ou autres), on vous demande de supprimer au plus vite un document (par exemple, un post injurieux sur un forum) du Web et des résultats des moteurs sous peine de procès.
- On a vu, par le passé, des intranets plus ou moins complets et des zones pourtant accessibles par mot de passe indexés par Google. Un grand moment de solitude pour le responsable web des sociétés en question.
- Le duplicate content peut être traité *via* la désindexation des fichiers dupliqués, notamment entre une page HTML et son équivalent au format PDF.

- Idem pour un site qui est disponible sous une version « simple » (*http://*) et une version sécurisée (*https://*) : autant n'en montrer qu'une aux moteurs (mais bien sûr, dans ce cas, la redirection 301 sera préférable).
- Certains types de fichiers (CSS, scripts, etc.) n'ont pas d'intérêt pour les moteurs. Autant se poser la question de leur désindexation, même si Google vous demande de ne pas le faire (*https://www.speeny.fr/508*).
- Moins vous montrerez de pages inutiles à Googlebot (et ses collègues), plus il pourra se concentrer sur le crawl des pages utiles (gestion du « budget crawl ») !

On pourrait continuer à l'envi la liste des raisons qui font que, parfois, il devient nécessaire de désindexer des contenus pour les rendre invisibles aux moteurs de recherche.

Les risques de la désindexation

Bien entendu, mettre en place ce type d'action n'est pas neutre. En effet, une désindexation peut avoir des effets qui peuvent s'avérer négatifs.

- Moins de pages indexées signifie un site moins important quantitativement aux yeux de Google et donc une éventuelle perte de « confiance » ou de TrustRank (voir chapitre 6).
- Idem pour le trafic de longue traîne (voir chapitre 3) : c'est le nombre de pages indexées qui le crée. En même temps, une page peu pertinente, de faible qualité, génère-t-elle un trafic intéressant ?
- En indiquant aux moteurs de recherche les documents que vous ne souhaitez pas voir indexés, vous mettez publiquement le doigt sur les « zones d'ombre » : en effet, tous vos internautes et concurrents peuvent voir ces informations. Cela peut-il poser problème, sans tomber dans la parano la plus échevelée ?
- La transmission du PageRank en interne d'un site est importante pour Google. Chaque page passe du PageRank aux autres, même en faible quantité. Le fait qu'il y ait moins de pages indexées diminue donc cette transmission de façon mathématique.

À vous de prendre les bonnes décisions en mettant dans la balance les aspects positifs et négatifs de ces actions. Une chose est sûre : cette réflexion est aujourd'hui nécessaire et essentielle dans le cadre d'une stratégie SEO bien ficelée. Et la tendance actuelle est clairement de désindexer le contenu « de faible qualité », même si on peut penser qu'en le faisant on se substitue en réalité à Google !

Globalement, et pour résumer la situation, on désindexera donc les pages qui n'apportent pas une réponse satisfaisante aux internautes si on les trouve dans les SERP, notamment si elles sont présentes en grande quantité sur votre site.

Pour cela, trois moyens sont majoritairement disponibles, lesquels seront développés dans la suite de ce chapitre.

- Le fichier `robots.txt`.
- La balise `meta robots`.
- La directive X-Robots-Tag du protocole http.

Fichier robots.txt

Si vous souhaitez que votre site, ou certaines de vos pages, ne soient plus pris en compte par les moteurs, la première possibilité est d'insérer un fichier `robots.txt` sur votre serveur. Ce fichier va donner des indications au spider du moteur sur ce qu'il peut ou non faire sur le site.

Dès que le spider d'un moteur arrive sur un site (par exemple, sur l'URL *https://www.monsite.com/*), il va rechercher le document présent à l'adresse *https://www.monsite.com/robots.txt* avant d'effectuer la moindre « aspiration ». Si ce fichier existe, il le lit et suit les indications qui y sont fournies. S'il ne le trouve pas, il commence son travail de lecture et de sauvegarde de la page HTML qu'il est venu visiter, considérant qu'*a priori* rien ne lui est interdit.

> **Quelques points à vérifier**
>
> Il est important que votre fichier `robots.txt` soit à la racine de votre site. Sans cela, il ne sera pas pris en compte par les moteurs de recherche. En outre, il ne peut exister qu'un seul fichier `robots.txt` sur un site. Enfin, le nom du fichier (`robots.txt`) doit toujours être en minuscules. Attention également à ne pas oublier le « s » final du nom du fichier : « robots ».

La structure d'un fichier `robots.txt` classique est la suivante :

```
User-agent: *
Disallow: /cgi-bin/
Disallow: /tempo/
Disallow: /abonnes/prix.html
```

Le répertoire `/tempo/`, par exemple, correspond à l'adresse *https://www.monsite.com/tempo/*.

Dans l'exemple ci-dessus :

- `User-agent: *` signifie que l'accès est accordé à tous les robots (tous les spiders), quels qu'ils soient ;
- le robot n'ira pas explorer les répertoires `/cgi-bin/` et `/tempo/` du site ni le fichier `/abonnes/prix.html`.

Chaque répertoire à exclure de l'aspiration par le spider doit faire l'objet d'une ligne `Disallow:` spécifique. La commande `Disallow:` permet d'indiquer que « tout ce qui commence par » l'expression indiquée ne doit pas être indexé.

Ainsi :

- `Disallow: /perso` ne permettra l'indexation ni de *https://www.monsite.com/perso/index.html* ni de *https://www.monsite.com/perso.html* ;
- `Disallow: /perso/` n'indexera pas *https://www.monsite.com/perso/index.html*, mais ne s'appliquera pas à l'adresse *https://www.monsite.com/perso.html*.

De plus :

- Le fichier `robots.txt` ne doit pas contenir de lignes vierges (blanches).
- Des wildcards (jokers) sont possibles pour créer des règles d'exclusion : `*` (remplacement d'une séquence de caractères) ou `$` (signalement de fin d'URL). Ils sont décrits ici : *https://www.speeny.fr/509*. Mais attention, ces fonctionnalités peuvent rapidement créer des règles complexes qu'il faut parfaitement maîtriser si vous désirez que les moteurs fassent bien ce que vous voulez qu'ils fassent !
- Il est possible d'utiliser des directives `Allow:` pour permettre l'indexation de certaines zones, même si, là aussi, leur utilisation peut s'avérer sensible.
- Enfin, le champ de description (`User-agent`, `Disallow`) peut être indifféremment saisi en minuscules ou en majuscules, mais pas les URL, car dans ce cas la casse est importante.

Les lignes qui commencent par un signe dièse (#), ou plus exactement tout ce qui se trouve à droite de ce signe sur une ligne, sont considérées comme un commentaire.

Le tableau 16-1 présente quelques commandes très classiques et non moins importantes du fichier `robots.txt`.

Tableau 16-1 Syntaxe d'utilisation du fichier robots.txt

Syntaxe	Explications
`Disallow:/`	Permet d'exclure toutes les pages du serveur (aucune aspiration possible).
`Disallow:`	Permet de n'exclure aucune page du serveur (aucune contrainte). Un fichier `robots.txt` vide ou inexistant aura une conséquence identique.
`User-agent: googlebot`	Permet d'identifier un robot particulier (ici, celui de Google).

`User-agent: googlebot`
`Disallow:`
`User-agent: *`
`Disallow:/`
	Permet au spider de Google de tout aspirer, mais « ferme la porte » aux autres.

N'oubliez pas également que le fichier `robots.txt` permet de déclarer votre fichier Sitemap en ajoutant simplement cette ligne :

```
Sitemap: <sitemap_location>
```

Par exemple :

```
Sitemap: https://www.votresite.com/sitemap.xml
```

Robot d'exploration	Jeton du user-agent	Chaîne complète du user-agent (conformément aux fichiers journaux du site Web)
Googlebot (ordinateur)	Googlebot	Mozilla/5.0 (compatible; Googlebot/2.1; +http://www.google.com/bot.html) ou (rarement utilisé) : Googlebot/2.1 (+http://www.google.com/bot.html)
Googlebot (smartphone)	Googlebot	Mozilla/5.0 (Linux ; Android 6.0.1 ; Nexus 5X Build/MMB29P) AppleWebKit/537.36 (KHTML, par exemple Gecko) Chrome/41.0.2272.96 Mobile Safari/537.36 (compatible ; Googlebot/2.1 ; +http://www.google.com/bot.html)
Googlebot Google Actualités	Googlebot-News (Googlebot)	Googlebot-News
Googlebot Google Images	Googlebot-Image (Googlebot)	Googlebot-Image/1.0
Googlebot Google Vidéos	Googlebot-Video (Googlebot)	Googlebot-Video/1.0
Google AdSense pour mobile	Mediapartners-Google ou Mediapartners (Googlebot)	(différents types d'appareils mobiles) (compatible ; Mediapartners-Google/2.1; +http://www.google.com/bot.html)
Google AdSense	Mediapartners-Google Mediapartners (Googlebot)	Mediapartners-Google
Contrôle qualité de la page de destination Google AdsBot	AdsBot-Google	AdsBot-Google (+http://www.google.com/adsbot.html)
Robot d'exploration de l'appli Google (Utilisé pour explorer des ressources pour les applications mobiles. Respecte les règles des robots AdsBot-Google.)	AdsBot-Google-Mobile-Apps	AdsBot-Google-Mobile-Apps
APIs-Google	APIs-Google	APIs-Google (+https://developers.google.com/webmasters/APIs-Google.html)

Figure 16-1

Les différents robots de Google. Source : https://www.speeny.fr/510.

Vous pouvez vous reporter au chapitre 12 pour plus d'informations. Notons enfin que Google a publié en août 2011, sur son blog pour webmasters (*https://www.speeny.fr/511*), une information selon laquelle le spider qui vient désormais explorer vos pages pour Google News ne s'appelle plus Googlebot-News, comme depuis décembre 2009, mais Googlebot, comme le spider web. On revient donc sur ce point en arrière, à la situation de 2009.

Cependant, les indications concernant Googlebot-News dans le fichier `robots.txt` resteront valables pour les sites qui désirent voir leurs pages indexées dans le moteur web, mais pas dans le moteur d'actualités de Google.

Quelques liens utiles au sujet du fichier robots.txt

Un site très complet sur le sujet : *http://robots-txt.com/*

Comment trouver les noms des robots des différents moteurs ?

- *http://www.robotstxt.org/orig.html*
- *http://www.robotstxt.org/*

Vérificateur de syntaxe pour votre fichier `robots.txt` (la Search Console le permet également) :

https://www.speeny.fr/512.

Notez que la Search Console de Google propose également un vérificateur de fichier `robots.txt`.

Projet de mise à jour du standard

Google et Bing ont annoncé en 2019 qu'ils travaillaient à une mise à jour de la définition originale du fichier robots.txt basé sur le Robots Exclusion Protocol (REP), et conçu par le webmaster Martijn Koster en 1994, aidé par d'autres éditeurs dont les sites avaient été envahis par des robots aspirateurs de données. Depuis cette date, il n'avait pas réellement évolué et n'avait surtout jamais fait l'objet d'un standard officiel du Web, ce qui a amené des interprétations diverses de la part d'éditeurs et de moteurs. Certains outils de recherche, et Google le premier, ont également ajouté des fonctionnalités de façon plus ou moins officieuse (comme le `Allow`: et bien d'autres possibilités). Vous trouverez plus d'informations ici : *https://www.speeny.fr/513*.

Notons enfin que Google a profité de cette annonce pour expliquer qu'il ne prenait plus en compte la directive `Noindex`: dans le robots.txt. Elle n'était de toute façon pas recommandée jusque-là, n'étant pas supportée officiellement par le moteur. Elle est donc désormais obsolète.

Balise meta robots

Nous avons vu dans le chapitre 4 qu'il existait des balises `meta` à insérer dans le code source de vos pages, permettant ainsi de délivrer aux moteurs de recherche un certain nombre d'informations, au travers des balises `description` et `keywords` – et ce même si l'importance de cette dernière a fortement baissé depuis de nombreuses années.

Seule la balise `<meta name="robots">` nous intéressera ici.

Elle ne sert jamais comme critère de pertinence pour les moteurs, mais elle permet de leur indiquer la façon dont ils doivent indexer la page. Une balise `meta robots` spécifique peut effectivement être utilisée – dans chaque document HTML – pour permettre ou interdire l'accès aux spiders des moteurs et l'indexation de la page. Elle se présente sous la forme suivante :

```
<meta name="robots" content="attribut1,attribut2">
```

où les champs `attribut1` et `attribut2` peuvent prendre les valeurs suivantes :

- `attribut1` :
  - `index` : page à indexer par le spider,
  - `noindex` : interdiction d'indexer la page ;
- `attribut2` :
  - `follow` : le spider peut suivre les liens contenus dans la page pour indexer d'autres documents,
  - `nofollow` : le spider ne peut pas suivre les liens de la page.

Les indications `index`, `noindex`, `follow` et `nofollow` peuvent indifféremment être saisies en minuscules et en majuscules. Voici les différentes possibilités offertes par cette balise :

```
<meta name="robots" content="index,follow" />
<meta name="robots" content="noindex,follow" />
<meta name="robots" content="index,nofollow" />
<meta name="robots" content="noindex,nofollow" />
```

Ces balises `meta`, comme celles présentées auparavant, doivent se trouver dans l'en-tête du document HTML, entre `<head>` et `</head>`, et si possible après la balise `<meta name="-keywords">` (si elle existe). Elles doivent figurer dans tous les documents dont vous désirez filtrer l'accès, contrairement au fichier `robots.txt` qui est unique pour toute l'arborescence d'un site. Grâce à cette balise, l'accès aux robots est très finement filtré, à la page près, ce qui est plus complexe (mais cependant pas impossible) avec le fichier `robots.txt`.

Enfin, deux derniers points sont à préciser.

- Le premier exemple donné ci-dessus (`"index,follow"`) n'a pas d'application pratique. En effet, il est équivalent à l'absence de balise `meta robots`.
- Les syntaxes suivantes sont également équivalentes :

```
<meta name="robots" content="index, follow" /> et <meta name="robots"
content="all" />
<meta name="robots" content="noindex, nofollow"" />
et <meta name="robots"content="none" />
```

Tous les moteurs de recherche majeurs prennent en considération cette balise `meta`, tout comme ils explorent le fichier `robots.txt`.

Procédure d'urgence sur Google

On peut noter que Google propose dans la Search Console une procédure d'urgence qui permet d'éliminer très rapidement des pages web de son index.

Vous trouverez également davantage d'informations à cette adresse (aide en ligne officielle de Google) : *https://www.speeny.fr/514*.

En mettant en ligne ces informations – fichier `robots.txt` ou balise `meta robots` – sur votre site, vous indiquerez au spider, lors de son prochain passage, ce qu'il doit faire ou non. Nous verrons plus loin quelle fonction utiliser et dans quel cas.

Oooops...

En juillet 2011, un consultant avait identifié une faille de la Search Console qui permettait de supprimer n'importe quel site de l'index de Google en quelques secondes, même si ce site ne vous appartenait pas. Google a rapidement trouvé une parade. Plus d'informations ici : *https://www.speeny.fr/515*

Quelques liens utiles

Notez une série de quatre posts sur les meilleures façons de supprimer du contenu de l'index de Google, issus du blog officiel du moteur pour les webmasters :

- *Part I: Removing URLs & directories: https://www.speeny.fr/516*
- *Part II: Removing & updating cached content: https://www.speeny.fr/517*
- *Part III: Removing content you don't own: https://www.speeny.fr/518*
- *Part IV: Tracking your requests & what not to remove: https://www.speeny.fr/519*

Dernier point au sujet des balises `meta robots` : si vous en insérez dans vos pages, n'indiquez pas les URL dans le fichier `robots.txt`, car Google ne viendra pas crawler les pages et ne pourra donc pas lire les balises !

Directive X-Robots-Tag

Le protocole HTTP propose également une directive appelée `X-Robots-Tag` décrite à l'adresse suivante : *https://www.speeny.fr/520*.

Elle est intéressante, notamment quand le `robots.txt` ou la balise `meta robots` ne peuvent pas être utilisés, par exemple pour désindexer des fichiers Word ou PDF.

Cette information est renvoyée dans l'en-tête http de la page web lorsqu'elle est demandée par le navigateur (ou le spider).

Voici quelques exemples de ces en-têtes – contenant la directive `X-Robots-Tag` – envoyés par le serveur lorsque l'URL d'une page est demandée :

```
HTTP/1.1 200 OK
Date: Tue, 25 May 2022 21:42:43 GMT
(…)
X-Robots-Tag: noindex
(…)

HTTP/1.1 200 OK
Date: Tue, 25 May 2022 21:42:43 GMT
(…)
X-Robots-Tag: noarchive
X-Robots-Tag: unavailable_after: 25 Jun 2023 15:00:00 PST

HTTP/1.1 200 OK
Date: Tue, 25 May 2022 21:42:43 GMT
(…)
X-Robots-Tag: googlebot: nofollow
X-Robots-Tag: otherbot: noindex, nofollow
(…)
```

La figure 16-2 indique les différents champs qu'il est possible d'insérer dans cette directive.

Instruction	Signification
`all`	Il n'existe pas de restrictions pour l'indexation ou l'affichage. Remarque : Cette instruction est la valeur par défaut, et il est inutile de l'indiquer explicitement.
`noindex`	Ne pas afficher cette page dans les résultats de recherche et ne pas afficher de lien "En cache" dans les résultats de recherche.
`nofollow`	Ne pas suivre les liens de cette page.
`none`	Équivaut à **`noindex, nofollow`**.
`noarchive`	Ne pas afficher de lien "En cache" dans les résultats de recherche.
`nosnippet`	Ne pas afficher d'extrait de cette page dans les résultats de recherche.
`noodp`	Ne pas utiliser les métadonnées de l'Open Directory project pour les titres ou les extraits de cette page.
`notranslate`	Ne pas proposer la traduction de cette page dans les résultats de recherche.
`noimageindex`	Ne pas indexer les images de cette page.
`unavailable_after: [RFC-850 date/time]`	Ne pas afficher cette page dans les résultats de recherche après la date et l'heure indiquées. La date et l'heure doivent être spécifiées au format RFC 850.

Figure 16-2

Différentes valeurs possibles pour la directive X-Robots-Tag. Source : https://www.speeny.fr/520.

Il existe plusieurs façons d'intégrer cette directive à vos pages. Cela peut se faire directement dans le programme PHP comme dans ces deux exemples :

```
header("X-Robots-Tag: noindex", true);
header("X-Robots-Tag: noindex, nofollow", true);
```

ou au travers d'une configuration adéquate du fichier `.htaccess` sur le serveur. Voici également deux exemples ci-dessous : le premier interdit l'indexation des fichiers Word (`.doc`), le second traite les fichiers Word et PDF :

```
<FilesMatch "\.doc$">
Header set X-Robots-Tag "noindex, noarchive"
</Files>

<FilesMatch "\.(doc|pdf)$">
Header set X-Robots-Tag "noindex, noarchive"
</Files>
```

La directive `X-Robots-Tag` est assez méconnue, mais elle gagne à être utilisée, car, dans certains cas, elle peut rendre de nombreux services !

SeeRobots affiche les données de désindexation

SeeRobots (*https://www.speeny.fr/521*) est un outil qui permet de visualiser si une page possède une balise `meta robots "noindex"` ou une directive `X-Robots-tag` dans son en-tête HTTP. À tester ! Version pour Chrome également ici : *https://www.speeny.fr/522*.

Quel type de désindexation utiliser ?

Nous avons donc vu trois façons de désindexer un contenu. Laquelle utiliser alors et dans quel cas ? Car elles ne sont pas toutes égales devant le dieu Google !

En effet, le fichier `robots.txt` interdit le crawl d'une page, mais son URL est indexée par Google. Ainsi, des URL bloquées par Google peuvent quand même apparaître dans les SERP de Google avec comme snippet « La description de ce résultat n'est pas accessible à cause du fichier robots.txt de ce site. En savoir plus. » (voir figure 16-3).

On a donc ici affaire à une « semi-indexation ». La page n'est pas crawlée, mais l'URL est indexée. Google connaît l'existence de cette page et vous la signale. Il peut même y rajouter un titre issu de ses algorithmes (et non pas du code source de la page puisqu'il ne la crawle pas) comme l'illustre la figure 16-4.

Le `robots.txt` n'est donc pas totalement satisfaisant en termes de désindexation. En revanche, il a l'énorme avantage de soulager Googlebot sur de gros sites en lui évitant les « efforts » de crawl de nombreuses pages inutiles.

Car pour lire la balise `meta robots`, il est clair qu'il faut avant tout crawler la page et en lire le code source. Sur de gros sites, comme indiqué précédemment, cela peut prendre beaucoup de temps de crawler des centaines de milliers de pages pour s'apercevoir qu'il ne faut pas les indexer. Beaucoup de temps perdu pour rien et Googlebot peut s'essouffler à effectuer tout ce travail inutile (notion de « budget crawl ») ! En revanche, cette balise permet de réellement et totalement désindexer une page, ce qui la fera disparaître des SERP.

www.abondance.com/search/
La description de ce résultat n'est pas accessible à cause du fichier robots.txt de ce site. En savoir plus

www.abondance.com/search.php
La description de ce résultat n'est pas accessible à cause du fichier robots.txt de ce site. En savoir plus

www.abondance.com/search/12?kw=Kazaa
La description de ce résultat n'est pas accessible à cause du fichier robots.txt de ce site. En savoir plus

www.abondance.com/search.php%2017%2017
La description de ce résultat n'est pas accessible à cause du fichier robots.txt de ce site. En savoir plus

www.abondance.com/search/14?kw=Certificat%2520SSL
La description de ce résultat n'est pas accessible à cause du fichier robots.txt de ce site. En savoir plus

www.abondance.com/search?kw=Sens%20de%20l
La description de ce résultat n'est pas accessible à cause du fichier robots.txt de ce site. En savoir plus

Figure 16-3

Une page interdite de crawl par le robots.txt peut quand même apparaître dans les SERP.

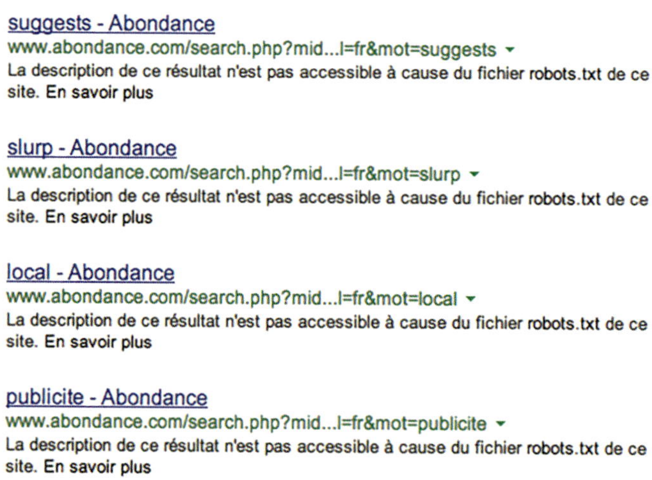

suggests - Abondance
www.abondance.com/search.php?mid...l=fr&mot=suggests
La description de ce résultat n'est pas accessible à cause du fichier robots.txt de ce site. En savoir plus

slurp - Abondance
www.abondance.com/search.php?mid...l=fr&mot=slurp
La description de ce résultat n'est pas accessible à cause du fichier robots.txt de ce site. En savoir plus

local - Abondance
www.abondance.com/search.php?mid...l=fr&mot=local
La description de ce résultat n'est pas accessible à cause du fichier robots.txt de ce site. En savoir plus

publicite - Abondance
www.abondance.com/search.php?mid...l=fr&mot=publicite
La description de ce résultat n'est pas accessible à cause du fichier robots.txt de ce site. En savoir plus

Figure 16-4

Une page interdite de crawl par le robots.txt apparaît dans les SERP avec un titre créé par Google.

De même, la directive X-Robots-Tag peut être très intéressante pour des documents pour lesquels les deux autres actions ne peuvent s'appliquer. Elle peut également s'avérer plus simple à mettre en œuvre.

Clairement, la situation est loin d'être manichéenne. Vous disposez de trois possibilités pour désindexer un contenu. À vous de choisir celle qui s'adapte le mieux à votre site, au type de document à traiter et à vos besoins. N'hésitez pas à consacrer un peu de temps à ces réflexions : vos pourrez ainsi grandement améliorer la façon dont Google voit – et ne voit pas – votre site web !

Fonctions spécifiques de Google

Google propose un certain nombre de fonctionnalités qui lui sont propres et qui permettent de mieux gérer la façon dont cet outil indexe vos pages. Voici un florilège des possibilités supplémentaires permises par le moteur.

Balise meta robots spécifique

Pour empêcher uniquement les robots de Google d'indexer une page de votre site, tout en autorisant cette opération à d'autres robots, utilisez la balise suivante :

```
<meta name="googlebot" content="noindex, nofollow" />
```

Bien entendu, vous pouvez également utiliser des attributs comme index ou follow dans cette balise (voir précédemment).

Suppression des extraits textuels (snippet)

Un snippet est, comme le montre la figure 16-5, un extrait de texte qui apparaît parfois sous le titre d'une page dans les résultats de recherche du moteur et qui décrit le contenu de la page en question.

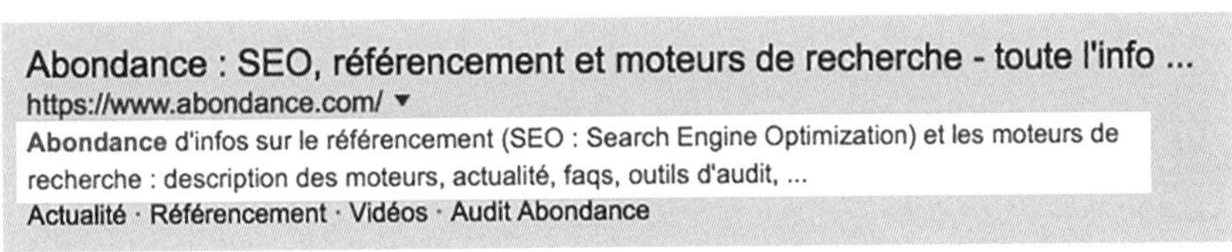

Figure 16-5

Exemple de snippet dans les résultats de Google.

Pour éviter que Google affiche des extraits de votre page (ce qui serait dommage, mais vous pouvez agir comme bon vous semble), placez la balise suivante dans la section <head> de la page :

```
<meta name="googlebot" content="nosnippet" />
```

Cette balise supprimera également l'affichage de votre contenu dans les « featured snippets ».

Google a ajouté d'autres possibilités en 2019 (*https://www.speeny.fr/523*) :

```
<meta name="robots" content="max-snippet:[number]">
```

Permet d'indiquer la taille maximale du texte affiché (par exemple : `max-snippet:160`). Attention au Featured Snippet, cette limite s'y appliquera également !

```
<meta name="robots" content="max-video-preview:[number]">
```

Spécifie la durée (en secondes) pour la prévisualisation d'une vidéo affichée (par exemple : `max-video-preview:30`).

```
<meta name="robots" content="max-image-preview:[setting]">
```

Indique la taille de l'image éventuellement affichée. Paramètres possibles : `"none"`, `"standard"` ou `"large"`.

Les différents paramètres peuvent également être combinés en les séparant par des virgules, comme ici :

```
<meta name="robots" content="max-snippet:50, max-image-preview:large">
```

La balise `meta robots` n'est pas la seule à recevoir des nouveautés à cette occasion. En effet, il est désormais possible d'utiliser l'attribut `data-nosnippet` dans des balises comme `<span>`, `<div>` et `<section>`. Dans ce cas, le texte inclus entre ces balises ne sera pas utilisé par Google au cas où il aille chercher une partie du contenu de la page pour son snippet (et où il ne prendrait donc pas en compte votre balise `meta description`). Voici un exemple :

```
<p data-nosnippet><span>Harry Houdini</span> is undoubtedly the most famous
magician ever to live.</p>
```

Dans ce cas, vous indiquez à Google qu'il ne doit pas utiliser le texte « Harry Houdini is undoubtedly the most famous magician ever to live » pour son snippet, mais qu'il peut se servir ailleurs. Une page d'aide en ligne officielle sur cette possibilité est disponible ici : *https://www.speeny.fr/524*.

Suppression des extraits issus de l'Open Directory

Cette balise est aujourd'hui obsolète depuis l'arrêt de l'annuaire Open Directory en 2017 (*https://www.speeny.fr/525*). Dans la foulée, Google a annoncé qu'il ne la prenait plus en compte (*https://www.speeny.fr/526*).

Google proposait en effet, jusqu'à cette date, une balise à insérer dans ses pages, permettant de ne pas afficher le descriptif issu de l'Open Directory pour une page donnée dans ses résultats :

```
<meta name="robots" content="noodp" />
<meta name="googlebot" content="noodp" />
```

Yahoo! utilisait son annuaire, le Guide Web, et avait donc lui aussi sa balise particulière sous la forme :

```
<meta name="robots" content="noydir" />
```

ou :

```
<meta name="slurp" content="noydir" />
```

Les annuaires de Yahoo! ayant disparu, cette balise est aujourd'hui également obsolète.

Suppression de contenu inutile

Yahoo! a annoncé en 2007 que ses robots allaient dorénavant suivre des consignes que les webmasters pouvaient mettre dans leurs codes sources sous la forme d'une balise nommée `robots nocontent`. Cette balise, sous forme d'une classe CSS, conjuguée à des balises comme `div`, `p` ou `span`, permet par exemple d'indiquer aux robots que le contenu qui suit n'est pas le plus important dans la page et ne doit pas être indexé. Voici des exemples fournis par Yahoo! :

```
<div class="robots-nocontent">
  This is the navigational menu of the site and is common on all pages. It contains
  many terms and keywords not related to this site
</div>
<span class="robots-nocontent">
  This is the site header that is present on all pages of the site and is not
  related
  to any particular page
</span>
<p class="robots-nocontent">
  This is a boilerplate legal disclaimer required on each page of the site
</p>
<div class="robots-nocontent">
  This is a section where ads are displayed on the page. Words that show up in ads
  may be entirely unrelated to the page contents
</div>
```

Dans chacun de ces exemples, le texte contenu entre les balises indiquées ne sera pas pris en compte pour des recherches et ne sera pas affiché dans les snippets. Yahoo! semble à l'heure actuelle le seul à proposer cette fonction.

En revanche, Google propose une balise `meta` intitulée `unavailable_after` qui indique aux moteurs qu'une page ne sera plus pertinente ou sera indisponible après une certaine date : il ne sera donc plus la peine pour les spiders de l'indexer. Une façon pratique et intelligente d'informer Google qu'une page, présentant une offre promotionnelle limitée dans le temps, n'est plus valable passé un certain délai. Par exemple :

```
<meta name="googlebot" content="unavailable_after: 23-Jul-2022 18:00:00 EST" />
```

Suppression des pages en cache

Google prend automatiquement un instantané de chaque page explorée afin de l'archiver. Cette version en cache permet d'extraire une page web pour les utilisateurs finaux si la page d'origine vient à être indisponible (en raison d'un arrêt temporaire du serveur web de la page). La page en cache se présente exactement comme elle se présentait la dernière fois que Google l'a analysée. Seule différence : un message apparaît en haut de la page afin d'indiquer qu'il s'agit de la version en cache. Les utilisateurs peuvent accéder à la version en cache en cliquant sur le lien « En cache » sur la page des résultats de recherche (figure 16-6).

Figure 16-6

Exemple d'accès à une page en cache dans les résultats de Google.

Pour empêcher tous les moteurs de recherche de proposer un lien en cache pour votre site, placez cette balise dans la section <head> de la page :

```
<meta name="robots" content="noarchive" />
```

Pour empêcher uniquement Google de proposer un lien en cache et autoriser cette opération pour les autres moteurs de recherche, utilisez la balise suivante :

```
<meta name="googlebot" content="noarchive" />
```

Suppression d'images

Pour supprimer une image de l'index des images Google (ou de tout autre moteur), le mieux est de vous servir du fichier `robots.txt` vu précédemment.

Par exemple, si vous souhaitez que les moteurs excluent l'image `chiens.jpg` qui apparaît sur votre site à l'adresse *www.votresite.com/images/chiens.jpg*, insérez dans votre fichier `robots.txt` le code suivant :

```
User-agent: *
Disallow: /images/chiens.jpg
```

Pour interdire uniquement au robot de Google l'accès à ce fichier :

```
User-agent: Googlebot-Image
Disallow: /images/chiens.jpg
```

Pour supprimer de l'index de Google toutes les images de votre site uniquement, placez le fichier `robots.txt` suivant à la racine de votre serveur :

```
User-agent: Googlebot-Image
Disallow: /
```

Vous pouvez également, si vous désirez interdire l'accès à toutes vos images (pour des questions de droit d'auteur, par exemple), stocker tous ces fichiers dans un répertoire unique (suggestion : `/images/`) et en interdire l'accès à tous les robots :

```
User-agent: *
Disallow: /images/
```

17

Le futur du SEO

« Le futur a été créé pour être changé. »

Paulo Coelho

Parler du futur du SEO dans un tel livre, n'est-ce pas un peu suicidaire, sachant que tout ce que l'on va supposer dans ce chapitre sera rapidement vérifiable, voire totalement contredit… Mais qu'importe, après tout ? Il faut savoir prendre des risques. Et puis, l'auteur de ces lignes est proche de la retraite, alors peu importe finalement si ce qui suit et les quelques prédictions proposées ne se vérifient pas. On aura osé. N'est-ce pas le plus important ? ☺

Bref, que sera le SEO dans les années qui viennent ? Bien sûr, il est impossible de le savoir et toute tentative allant dans ce sens ne sera que divination. Jouons donc à la Madame Irma de service et tentons quelques approches.

L'arrivée de nouveaux acteurs

Jusqu'à la mi-2021, on aurait pu dire que la situation des parts de trafic « moteurs » n'évoluait plus depuis des lustres, avec Google en leader mondial omnipotent, Bing en outsider et quelques moteurs plutôt en vue dans leur pays respectif (Seznam en République tchèque, Yandex en Russie, Baidu en Chine et Naver en Corée du sud). Rien ne bougeait à ce niveau-là. Et puis Brave (*https://search.brave.com/*) est arrivé et nous a fait grosse impression, en montrant qu'avec une équipe réduite et pas mal d'ingéniosité, on pouvait créer un moteur de recherche qui tenait la route avec un algorithme et un index « maison ». Une belle claque que la découverte de ce nouvel outil. Alors, la situation peut-elle changer à l'avenir ? Après tout, pourquoi pas ? En tout cas, depuis la découverte de Brave, nous sommes beaucoup moins catégoriques sur ce point.

L'arrivée de nouveaux critères de pertinence

Les moteurs pourront-ils prendre en compte de nouveaux critères de pertinence ? Bien sûr, et il est fort probable que cela arrive. Tout dépendra des capacités techniques de calcul et de stockage, et des progrès des algorithmes, notamment en matière d'intelligence artificielle. En cela, l'analyse et la compréhension de la requête de l'internaute, tout comme l'analyse sémantique du contenu des pages web sont des objectifs d'amélioration tous trouvés. Bien sûr, tout cela sera certainement saupoudré d'un peu d'UX (temps de chargement, navigation de l'internaute sur le site, etc.), mais l'avantage ira toujours à la pertinence du contenu, puisque les moteurs de recherche ont cette vocation. Tout se jouera donc autour de la potentielle « intelligence », voire du « supplément d'âme » cher à Henri Bergson, que les moteurs gagneront grâce aux progrès de l'algorithmie. Et la cible principale à ce niveau est bien la mise en correspondance de l'intention de recherche détectée, côté internaute, et la qualité de la réponse, côté site web.

L'avènement des balises de données structurées

Google a besoin d'aide pour mieux comprendre le Web et le contenu des pages qu'il indexe. Et la Toile mondiale est un immense magma de contenus complexes, dans des dizaines de langues différentes, avec des technologies disparates, de nombreux bogues dans les sites web et les serveurs, etc. Bref, un incroyable bazar très complexe à appréhender. Tout ce qui peut être fait pour améliorer la compréhension des contenus par les moteurs sera du pain béni pour ces derniers. Et les balises de données structurées (*https://schema.org/*) sont exactement là pour ça. Elles aident à « étiqueter » les contenus et à proposer un Web structuré, permettant une analyse plus simple et plus efficace. La plupart des balises n'aident pas, dans l'absolu, à être mieux classé (la simple présence de ces balises n'est pas une garantie de monter dans les SERP), mais si les contenus sont mieux compris par les algorithmes tout en étant de la meilleure qualité possible, on peut facilement imaginer que le résultat sera plutôt positif… Bref, les balises de données structurées (en format JSON-LD) ont un bel avenir devant elles, qu'elles permettent d'enrichir les résultats de recherche (les fameux « résultats enrichis » ou *rich results* en anglais) ou pas.

L'arrivée de nouvelles façons de rechercher l'information

Le vocal a-t-il un avenir ? Oui, selon nous, si on parle d'interface vocale : créer une version textuelle d'un SMS vocalisé, commander à un assistant vocal d'allumer les lumières d'une pièce ou de jouer tel ou tel morceau de musique, etc., c'est un vrai « plus » et cela change notre vie quotidienne. Mais effectuer des recherches vocales sur le Web ? Pour le moment, c'est peu probable. Les technologies sont trop nombreuses, incompatibles entre elles et le marché ne bouge plus depuis pas mal de temps. Le fait qu'une seule réponse soit possible limite également énormément ce type d'interrogation. Quant à la pertinence des réponses, elle laisse encore souvent à désirer… Sur Internet, l'usage est le juge de paix. Connaissez-vous aujourd'hui beaucoup de gens autour de vous qui font réellement des recherches vocales ? D'ailleurs, en matière de SEO, la vraie question est celle-ci : comment générer du trafic grâce à la recherche vocale ? À notre connaissance, personne n'a de réponse sur ce point…

Nous croyons beaucoup plus à la recherche visuelle, sur des parties d'images (Bing propose de très belles choses à ce niveau) ou à partir de la caméra de notre téléphone (Google Lens en est l'exemple type). Nous avons tous un appareil photo dans notre poche et donc la possibilité d'envoyer nos demandes sous la forme d'une image à un moteur qui les comprend. Dans de nombreux cas, cela peut réellement apporter une nouvelle façon de rechercher l'information, complémentaire de la requête par mots-clés ou de la question. D'ailleurs, avec la pandémie mondiale, n'avons-nous pas appris à utiliser un QR code pour obtenir une information ? C'est le début de la recherche visuelle…

Autre format intéressant (en dehors de la vidéo, bien sûr, qui a toujours ses *aficionados* mais qui n'est pas nouvelle) : les podcasts, qui semblent très utilisés par de nombreux internautes et mobinautes. Les possibilités SEO semblent certes encore un peu limitées, mais il peut paraître intéressant de voir comment tout cela évolue dans les années qui viennent.

L'importance du crawl et de l'indexation

Prenons un pari : l'analyse du crawl et de l'indexation des sites web aura de plus en plus d'importance à l'avenir. Le nombre de pages indexables (accessibles *via* des liens dans l'arborescence en suivant la navigation naturelle) doit se rapprocher le plus possible du nombre de pages indexées (visualisées dans la Search Console et le rapport Couverture>Valides). Bref, il va devenir capital de donner à Google uniquement les « bonnes pioches » de votre site, les pages proposant un contenu de qualité et pas les autres. Et une part majeure du « budget crawl » doit servir à crawler ces pages importantes. Google n'a plus les capacités aujourd'hui d'explorer et d'indexer tout le Web (on voit bien tous les bogues et soucis d'indexation que le moteur connaît depuis quelques années). Il doit faire des choix et il ne prend en compte que le « gratin » ! Il ne perd pas de temps à tenter d'explorer les « zones d'ombre » de votre site et doit absolument aller à l'essentiel en trois clics au maximum. L'analyse d'une navigation bien pensée, rapide et permettant d'atteindre de façon efficace les pages proposant un contenu de qualité est donc une condition *sine qua non* pour un bon référencement à l'avenir. Et bon nombre de sites vont devoir remettre leur ouvrage sur le métier…

Le Mobile First, évidemment

Enfonçons une porte ouverte : la version mobile d'un site web est désormais celle qui est crawlée en priorité par les robots, depuis la mise en place du projet IMF (Index Mobile First) par Google. Donc oui, les derniers sites (Mohicans) qui ne sont toujours pas compatibles en mobile (il paraît qu'il en reste) devront vite passer le Rubicon sous peine de rester en rade en matière de SEO. Mais cela, il y a longtemps qu'on le sait…

Discover, un affichage à suivre ?

Tout éditeur qui a vu l'un de ses contenus affiché dans Discover (directement depuis la page d'accueil du moteur sur mobile) a vite compris tout le parti qu'il pouvait tirer de cette « nouveauté » de Google. Mais sait-on réellement aujourd'hui comment optimiser un contenu pour Discover ? Ce n'est pas si simple. Pourtant, il s'agit assurément d'une piste à suivre de très près, car le trafic généré peut être réellement fort quand le moteur « tombe en amour » pour l'un de vos articles et l'affiche de cette façon. Bref, une veille assidue s'impose sur Discover, pour voir comment cette possibilité va évoluer dans le futur.

Des outils toujours plus nombreux

Quand on repense à la situation que l'on vivait au début des années 1990 pour faire du référencement, quand aucun outil n'existait (même pas d'éditeur HTML, c'est pour dire !)… En 2022, la problématique se pose surtout sur le choix de l'outil utilisé pour mener à bien ses travaux, tant il y en a des centaines à notre disposition (et, cocorico, les meilleurs d'entre eux sont parfois d'origine française). Les outils de crawl, d'aide au choix des requêtes et des champs lexicaux, d'audit, d'analyse de l'arborescence d'un site, etc., sont légion et c'est tant mieux. Cependant, faire un bon travail SEO, ce n'est pas uniquement appuyer sur le bouton du bon outil mais aussi, et surtout, apporter une réflexion, un recul, une analyse, une expérience sur les data fournies par l'outil en question. Le meilleur outil SEO actuellement sur le marché est, et reste, notre cerveau ! Il ne faut jamais l'oublier.

La lutte contre le contenu automatisé

Les prochaines années vont voir l'avènement d'une myriade de contenus automatisés générés par des algorithmes d'intelligence artificielle tels que le GPT-3 d'Elon Musk. Le grand défi des moteurs de recherche sera alors de gérer cette évolution (peu souhaitable mais, hélas, inévitable) pour séparer le bon grain (le contenu de qualité rédigé par des êtres humains experts dans leur domaine) de l'ivraie (la « bouillie » de faible qualité et uniforme, délivrée par les algorithmes quasiment sans aucune intervention humaine). Un chantier complexe mais essentiel à la survie des outils de recherche.

Le contenu reste le capital

On peut dire ce que l'on veut, le principal restera donc la qualité du contenu rédigé par des êtres humains et c'est bien cela qui fera la différence à l'avenir : le niveau d'expertise de l'auteur, la confiance que le moteur (et l'internaute !) pourra avoir dans la source d'informations, la légitimité de cette source par rapport à la requête visée… Voilà les critères essentiels qui feront un bon référencement et donneront une bonne visibilité.

Un SEO de moyenne et longue traîne ?

On peut malheureusement penser que les possibilités du SEO vont peut-être tendre à se réduire pour certaines requêtes, notamment de courte traîne (les recherches très demandées qui génèrent un fort trafic), pour lesquelles la politique de « moteur de réponse » de Google va jouer à plein. Sur ces requêtes phares, il y a fort à parier que le moteur maîtrise totalement la SERP, quitte même à ne plus proposer de « liens bleus » mais uniquement des réponses « made by Google » sur certains types de requêtes. Le SEO devra alors se concentrer sur la moyenne et la longue traîne, où plus de possibilités seront envisageables. Il faudra peut-être alors travailler sur un plus grand nombre de mots-clés. N'oublions pas que Google découvre chaque jour 15 % de nouvelles recherches, ce qui laisse entrevoir un potentiel et un « réservoir » de requêtes non négligeables.

Une prise en compte du développement durable

Nous nous en voudrions de terminer ce chapitre sans parler de la responsabilité que nous avons tous, en tant que référenceur, sur l'avenir de notre planète. Tout ce que nous faisons au quotidien (e-mails, crawls, analyses, etc.) consomme des ressources. Il ne s'agit pas de tout arrêter, bien sûr, mais d'être conscients de nos actes et d'essayer d'être plus mesurés dans nos tâches quotidiennes, d'aborder notre métier avec une réelle réflexion sur l'avenir de la Terre, sur laquelle nous vivons, et sur le fait que ses ressources ne sont pas inépuisables. Nous avons tous la possibilité d'agir à ce niveau. Ne l'oublions pas !

Le SEO a-t-il tant changé que cela en 25 ans ?

Grosso modo, le SEO (ou sa dénomination précédente, le référencement naturel) est une discipline jeune, âgée d'à peine 25 ans. Lorsque nous rencontrons d'autres référenceurs, nous aimons bien poser cette question : « Cite-moi un critère de pertinence qui a réellement changé la donne dans notre métier sur les quinze dernières années ? » Eh bien, croyez bien que le nombre de réponses que nous obtenons n'est pas si grand que cela. Un point d'interrogation subsiste sur la compatibilité mobile, qui a quand même beaucoup chamboulé le Landerneau du SEO depuis quelques années, mais sinon, quel critère majeur correspondrait ? À notre connaissance, aucun. Le monde du SEO n'a pas connu de révolution sur la dernière décennie, mais il est en complète et constante évolution. N'est-ce pas cela qui fait également son charme et qui nous passionne ? ☺

Conclusion

> « Les gens deviennent rarement célèbres pour ce qu'ils disent jusqu'à ce qu'ils soient célèbres pour ce qu'ils ont fait. »
>
> Cullen Hightower

Vous voici arrivé à la fin de cet ouvrage. Nous espérons qu'il vous a apporté une meilleure compréhension du monde du référencement et qu'il vous a fourni une aide pour mener à bien vos futurs projets dans ce domaine.

Si vous l'avez lu attentivement, vous aurez certainement retenu quelques « grandes idées fortes » que nous vous résumons dans cette ultime partie.

La règle des « 4C » : Contenu, Code, Conception et Célébrité

Pour optimiser au mieux le référencement d'un site, vous avez certainement compris au fil de ces pages qu'il est devenu important, voire primordial, de le penser dès le départ pour qu'il soit compatible avec les différents moteurs de recherche qui vont venir le visiter grâce à leurs robots.

Pour qu'un site soit parfaitement « compris » et « analysé » par les moteurs de recherche, il doit donc avoir été pensé pour être compatible avec les critères d'exploration et de pertinence de ces outils. D'où la règle qui nous est chère et que nous avons pu expérimenter sur de nombreux sites : celle des « 4C ».

Ces « 4C » sont les suivants.

- **Contenu éditorial :** tout part de là. Un bon contenu, écrit pour les internautes tout en étant pensé – dans une certaine mesure et sans exagérer ou suroptimiser – pour les moteurs, est primordial.
- **Code HTML :** il doit être optimisé et permettre de mettre en exergue votre (excellent) contenu éditorial en le rendant, là aussi, réactif aux critères de pertinence des moteurs de recherche.
- **Conception :** un site bien conçu doit proposer une « journée portes ouvertes » aux spiders des moteurs au travers d'une indexabilité sans faille.
- **Célébrité :** bien évidemment, des liens entrants (backlinks) de qualité donneront bonne popularité, ancrage et confiance aux yeux de Google. Bref, augmenteront sa célébrité !

Si on prend les 4C à l'envers, on peut dire que :

- des liens entrants (backlinks) de qualité mettant en avant vos contenus attireront automatiquement les robots des moteurs (Célébrité) ;
- ces spiders devront pouvoir accéder à toutes vos pages facilement et sans obstacle (Conception) ;
- une fois les pages trouvées, les moteurs doivent pouvoir lire leur code HTML et l'analyser facilement afin d'en extraire ce qui les intéresse le plus, le contenu éditorial (Code) ;

- une fois le contenu textuel trouvé, ils doivent le « comprendre » et pouvoir identifier aisément de quoi parle la page, quelle est sa thématique principale (Contenu).

La règle des 4C fonctionne donc dans les deux sens !

Nous allons aborder ces quatre concepts sous la forme de « mémentos » ou « pense-bêtes » afin de vous aider à ne rien oublier dans le cadre de la création – ou de la refonte – de votre site. Une bonne façon également de réviser tout ce qui a été dit dans les pages précédentes.

Contenu éditorial : tout part de là !

Votre contenu éditorial, ce que certains appellent le « text appeal » (*https://www.speeny.fr/527*), est-il optimisé pour les moteurs de recherche ? Ce contenu éditorial est effectivement la source du trafic généré par la longue traîne (voir chapitre 3) qui va représenter une bonne partie du trafic « moteurs ». Raison de plus pour bien le penser afin qu'il soit le plus réactif possible aux critères de pertinence des outils de recherche, sans jamais oublier toutefois que vous écrivez pour que vos textes soient lus avant tout par des internautes… Voici les questions qu'il faut se poser à leur sujet.

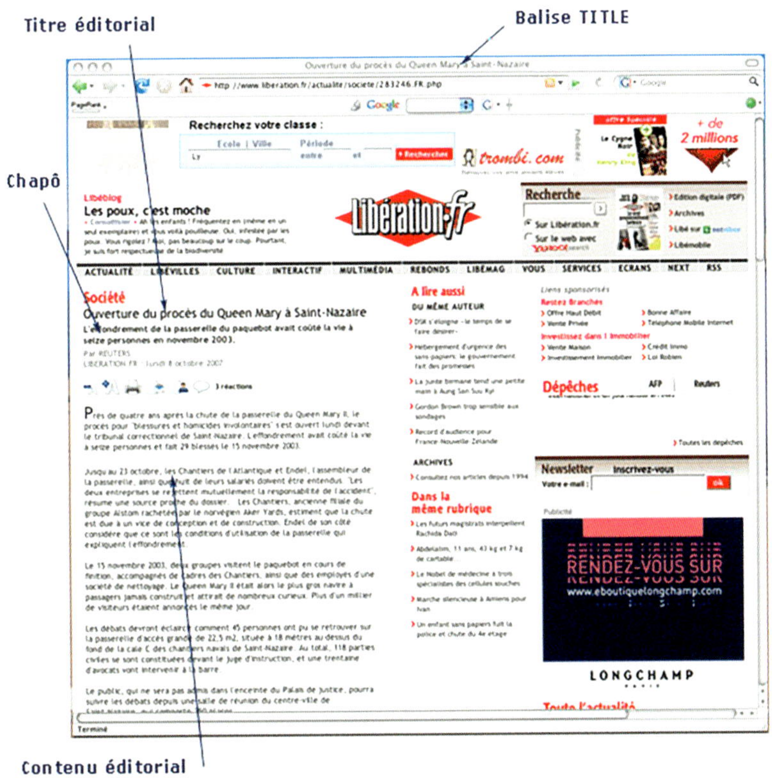

Figure C-1

Différentes zones dans une page web.

Contenu>Titre éditorial

Dans ce paragraphe, nous parlons du titre du contenu éditorial et non pas du contenu de la balise `<title>` de la page web (voir figure C-1).

- Le titre éditorial de la page est-il descriptif (factuel) et contient-il des mots-clés importants pour définir le contenu de la page ?
- Contient-il environ 5 à 7 mots descriptifs ?
- Est-il inséré dans une balise `<h1>` ?
- Y a-t-il une seule balise `<h1>` dans votre page (ce qui est le plus logique, mais plusieurs écoles existent) ?

Contenu>Premier paragraphe du texte (chapô)

- Le premier paragraphe (deux à trois premières phrases, les 100 premiers mots, les 200 à 300 premiers caractères) du texte éditorial contient-il les mots-clés déjà présents dans le titre éditorial ? En propose-t-il d'autres, qui décrivent son contenu ?
- Les mots importants sont-ils mis en exergue (en gras (balise `<strong>`), ou via la balise `<hn>` (logiquement, de `h2` à `h6` notamment) ?
- La mise en exergue est-elle insérée dans le code HTML lui-même (méthode compatible avec le référencement) ou dans les feuilles de styles (ce qui la rendra invisible pour les moteurs) ?

Contenu>Texte éditorial

- Les autres niveaux de titres éditoriaux sont-ils gérés par des balises `<hn>` ?
- Avez-vous pensé à « disséminer » dans votre texte votre champ lexical servant à expliquer le concept expliqué dans la page ?
- Avez-vous fait en sorte que votre page soit la plus « monothème » possible et que son contenu éditorial ne soit pas dispersé (ce qui impliquerait alors de créer plutôt des pages différentes pour chaque thème traité) ?
- Le texte éditorial est-il résumé par le titre éditorial et la balise `<title>` de la page ? Ces deux dernières zones sont-elles décrites en 200 à 300 caractères au maximum dans la balise `meta description` ?
- Le texte comporte-t-il des zones « descriptives » (en dehors des « effets de style », humour, nuances, etc.) pouvant être analysées sémantiquement par des robots pour comprendre « de quoi parle la page » ?
- Les règles journalistiques (5W : *who, what, where, when, why* et 2H : *how, how much*) sont-elles respectées pour fournir le plus d'informations possible aux spiders (et aux internautes) ?
- L'article ou contenu éditorial comporte-t-il 200 mots descriptifs, ou plus ?
- Lors de la rédaction, vous êtes-vous mis à la place du lecteur en utilisant ses propres mots ou ceux qu'il emploierait pour rechercher sur un moteur une page comme la vôtre ?

- Avez-vous fait une étude préalable sur les mots-clés les plus souvent utilisés par les internautes sur cette thématique, grâce au planificateur de mots-clés de Google (voir chapitre 3) ?
- N'avez-vous pas « suroptimisé » la page pour les moteurs, rendant son contenu éditorial complexe à lire pour les internautes (qui restent les lecteurs principaux de vos contenus) ?

Contenu>Liens textuels

- La partie éditoriale de vos pages contient-elle des liens sortants vers des pages (internes ou externes) du même domaine sémantique dans le cadre d'une rubrique « Pour en savoir plus » ou au sein de votre texte ?
- Les liens sont-ils textuels et compatibles avec les moteurs ?
- Les ancres (textes) des liens sont-ils en rapport avec la page distante pointée (évitez les intitulés de type « Voir la suite » ou « Cliquez ici ») ?

Code HTML : les grands classiques

Bien sûr, une fois votre contenu bien « calibré », il va falloir mettre en place un code HTML optimisé pour les moteurs de recherche. C'est, on peut le dire, l'enfance de l'art du domaine, historiquement parlant, mais cette phase reste aujourd'hui essentielle. Vous trouverez dans ce paragraphe quelques répétitions avec certaines recommandations édictées dans la partie « Contenu », mais nous avons préféré « enfoncer le clou » pour être sûr que tous les points sont bien pris en compte. Veuillez donc nous en excuser par avance.

Code HTML>Header

- La balise `<title>` contient-elle de 7 à 10 mots descriptifs ?
- Sa structure est-elle de la forme suivante pour une page interne :

```
<title>[De quoi parle la page?] - [Rubrique] - [Source]</title>
```

  où `[De quoi parle la page?]` reprend ou paraphrase et enrichit le titre éditorial (balise `<h1>`), `[Rubrique]` la rubrique de la page (pour les pages internes) et `[Source]` le nom ou la marque du site ?
- La balise `<title>` de votre page d'accueil reprend-elle, pour sa part, le nom du site au début ?
- Les balises `meta description` (utiles pour mieux maîtriser la façon dont les moteurs affichent votre site dans leurs résultats) sont-elles prévues pour recevoir un contenu strictement en rapport avec le contenu de la page et différenciant des autres pages de votre site ?
- La balise `meta description` est-elle présentée sur 200 à 300 caractères ?
- Son contenu donnera-t-il « envie de cliquer » lorsqu'il sera repris dans les pages de résultats des moteurs ?

- Chaque page présente-t-elle un couple `<title>/meta description` spécifique à son contenu ?
- Avez-vous prévu d'éventuelles balises `meta robots` pour indiquer certaines actions (indexation, suivi des liens) aux spiders des moteurs, notamment sur des pages de test (voir chapitre 16) ?
- Le codage des lettres accentuées a-t-il été pris en compte ? Si les pages de votre site sont codées en ISO-8859-1 (balise `meta` : `<meta http-equiv="Content-Type"content="text/html; charset=iso-8859-1" />`) ou si vos pages sont en UTF-8 (balise `meta` : `<meta http-equiv="Content-Type" content="text/html; charset=utf-8" />`), les lettres accentuées doivent être codées de façon cohérente avec le codage choisi au préalable ainsi que pour le serveur web ou la base de données éventuellement utilisée. Si vous n'êtes pas sûr de vous, codez ces lettres en HTML (`é` pour le « é », par exemple).
- Si vous utilisez des frames, avez-vous fait tout ce qu'il fallait pour qu'elles soient bien prises en compte par les moteurs de recherche (voir chapitre 14) ? Idem pour tous les autres critères freinants étudiés dans ce chapitre ?

Un header bien optimisé !

Voici un exemple de « header « HTML compatible avec les moteurs de recherche :

```
<html>
<head>
<title>R&eacute;f&eacute;rencement et moteur de recherche: toute l'info et
➥ l'actu sur le référencement avec Abondance</title>
<meta name="description" content="Abondance d'infos sur le r&eacute;
➥ &eacute;rencement et les moteurs de recherche: description des moteurs,
➥ actualit&eacute;, faqs, outils d'audit, m&eacute;thodologie de r&eacute;
➥ f&eacute;rencement, articles, offres d'emploi, bibliographie, etc.">
<meta http-equiv="content-language" content="fr">
<meta http-equiv="Content-Type" content="text/html; charset=iso-8859-1">
<link title="styles abondance" type="text/css" rel="stylesheet" href="styles-
➥ homepage.css">
<link rel="canonical" href="https://www.abondance.com/">
<link rel="shortcut icon" href="https://www.abondance.com/Bin/favicon.ico">
<script language="javascript" src="https://www.abondance.com/js/scripts.js">
</script>
</head>
</html>
```

Code>Contenu textuel

- Vos pages sont-elles prévues pour proposer au moins 200 mots en texte visible ?
- Avez-vous la possibilité (ou donnez-vous la possibilité aux rédacteurs) de créer/modifier des liens et le texte des liens affichés dans les pages ?

- Si vous utilisez du code JavaScript, avez-vous vérifié qu'il était compatible avec le fonctionnement des spiders des moteurs de recherche (voir chapitre 14) ?
- Avez-vous regardé vos pages dans la version « En cache » de Google avec l'option « Version en texte seul » afin de visualiser la façon dont le moteur comprend vos contenus ?
- Vos menus et liens peuvent-ils être lus par les robots des moteurs (sont-ils lisibles dans la version en cache textuel) ?

Code>Mise en exergue des mots importants de la page

- Vos pages sont-elles prévues pour recevoir un titre (balise `<title>`) ? Eh oui, on voit de tout sur le Web… Pourrez-vous le modifier au quotidien quelle que soit la page du site ?
- Vos images contiennent-elles des attributs `alt` dans les balises `<img>` ? Ces options textuelles contiennent-elles du contenu intelligible et descriptif pour les moteurs de recherche ? Comment les rédacteurs de contenu auront-ils accès à cette zone ?
- Avez-vous vérifié que vous ne proposiez aucun contenu caché dans vos pages, que l'internaute voit tout ce que le spider voit et *vice versa* ?

Conception : indexabilité sans faille

Comment imaginer pour son site une structure qui soit totalement compatible avec son exploration par les spiders ? Comment mettre en place un réseau de liens aidant ces robots à obtenir une meilleure compréhension du maillage de votre source d'informations ? Comment faire pour éviter tout obstacle technologique freinant ou bloquant pour les moteurs ? Bref, nous allons lister ici, toujours sous la forme d'un « mémo », une suite de « bonnes pratiques » pour mettre en ligne un site qui sera 100 % *spider friendly* dès son lancement.

Conception>Structure du site

Le premier des points à inspecter est la structure du site : les robots peuvent-ils aller partout de façon efficace et découvrir toutes vos pages ? Voici quelques points à vérifier.

Conception>Structure du site>Fichier robots.txt

- Votre site contient-il un fichier `robots.txt` (voir chapitre 16) ?
- Son nom est-il bien orthographié (« r » minuscule, « robots » au pluriel) ?
- Est-il disponible à la racine de votre site (*www.votresite.com/robots.txt*) ?
- En cas d'utilisation de sous-domaines (*motclé.votresite.com*), chaque sous-domaine dispose-t-il de son propre fichier `robots.txt` (*actu.votresite.com/robots.txt*, *produits.votresite.com/robots.txt*) ?
- Les zones « interdites aux robots », si elles existent, sont-elles bien listées dans le(s) fichier(s) `robots.txt` ?

- Certains spiders moins importants sont-ils pris en compte ou interdits, si nécessaire ou si vous avez remarqué dans vos statistiques que leur venue gêne votre serveur (trop de bande passante occupée lors du crawl, par exemple) ?
- Votre fichier `robots.txt` indique-t-il l'URL de votre fichier Sitemap (fonction `Autodiscovery`) ?
- Avez-vous vérifié la syntaxe de votre fichier `robots.txt` grâce à un outil disponible en ligne (notamment la Search Console) ?

Conception>Structure du site>Fichier Sitemap

Un fichier Sitemap XML (voir chapitre 12) peut être une bonne chose pour obtenir une bonne indexation quantitative de votre site. Voici la liste des questions qu'il faut se poser au sujet de vos fichiers Sitemap.

- Votre site propose-t-il un fichier Sitemap ? Comme pour le fichier `robots.txt`, si vous utilisez des sous-domaines, n'oubliez pas de proposer un fichier Sitemap par sous-domaine.
- Le fichier Sitemap recense-t-il de façon exhaustive toutes les pages importantes de votre site ?
- Les indications qu'il fournit pour chacune d'elles (date de dernière modification, fréquence de mise à jour) sont-elles conformes à ce que le robot découvrira de lui-même s'il parcourt votre site en suivant les liens mis à sa disposition ? Il est important que les informations que vous délivrez dans le fichier Sitemap soient le reflet de la réalité et soient cohérentes par rapport aux voies d'exploration de votre site par les robots.
- Avez-vous mis en place une procédure simple de gestion de votre fichier Sitemap pour les zones dynamiques dont les informations changent souvent (nouvelles pages, modifications des pages existantes) ? Le but sera de fournir aux moteurs les données les plus fraîches possible.
- Avez-vous indiqué l'adresse du Sitemap dans le fichier `robots.txt` (voir section précédente) ?
- Avez-vous soumis votre fichier Sitemap à Google et Bing au travers de leurs outils pour webmasters ? L'outil de Google, notamment, vous fournira des statistiques de visites ainsi que des diagnostics d'erreurs éventuelles sur vos fichiers, bien utiles parfois.

Conception>Navigation

Votre site doit proposer une opération « portes ouvertes » aux robots des moteurs de recherche (pour les zones auxquelles ils ont accès, bien sûr...). Aussi est-il important de répondre aux questions suivantes.

- Vos liens seront-ils tous compris et suivis par les spiders (sous la forme `<a href="https://www.votresite.com/…">`) même s'ils sont écrits en langage JavaScript ?
- Chaque page de votre site est-elle accessible en trois clics au maximum à partir de la page d'accueil, ce qui garantira une meilleure prise en compte quantitative de vos pages ?

- Les liens situés à l'intérieur du contenu éditorial sont-ils facilement configurables lors de la saisie du contenu (texte du lien, URL de destination, etc.) ?
- Un plan du site proposant des liens textuels simples est-il disponible ? Permet-il aux spiders d'accéder à chaque page de votre site en trois clics au plus ?
- Avez-vous prévu des pages d'erreur en cas de renvoi de code 410, 404, 403, etc. ? Ces pages contiennent-elles des liens vers les différentes zones de votre site, autant de points d'entrée pour l'internaute mais également pour les spiders ?

Conception>Obstacles technologiques éventuels

- Si votre site propose (encore ?) des animations Flash, avez-vous fait le nécessaire (zone `noembed`, emploi de la norme sIFR, pages HTML complémentaires, etc.) pour le référencer au mieux ?
- Si votre site est réalisé avec des frames (ce qui peut paraître étrange, car rares sont aujourd'hui les sites web qui utilisent encore cette technologie), avez-vous fait ce qu'il fallait pour pallier les inconvénients liés à ce type de système ?

Pour tous ces points (et bien d'autres), rendez-vous au chapitre 14.

Conception>Intitulés des URL et redirections

- Si vos URL contiennent des caractères `?` et `&`, avez-vous mis en place des techniques de réécriture d'URL ?
- Vos URL proposent-elles des mots-clés descriptifs du contenu des pages (*www.votre-site.fr/epicerie/condiments/exotiques/sel-guyane.html*) ? Et notamment le nom de domaine et le nom de fichier (premier et dernier intitulé de l'URL) ? Ces mots sont-ils séparés par un trait d'union, ou tiret haut (-), et pas par des underscores, ou tiret bas (_) ?
- Les redirections éventuelles d'une page vers une autre sont-elles réalisées en 301 ?
- Avez-vous évité de mettre en place une redirection sur votre page d'accueil ?
- Avez-vous évité les redirections 301 en cascade (à la suite les unes des autres sur une même page) ?
- Votre site utilise-t-il des identifiants de session qui apparaissent dans l'URL ? Ceci peut poser de nombreux problèmes à certains moteurs.

Conception>Pages web

Enfin, vos pages web, dans leur structure, sont-elles compatibles avec les moteurs ?

- Par exemple, ont-elles été conçues pour être monolingues ? Une langue donnée doit être affichée majoritairement dans une page web donnée pour être « compréhensible » par les robots.
- De même, les pages doivent être conçues pour être le plus « monothème » possible. Peu importe leur longueur, mais il est important que chaque page cerne un point donné, quitte à multiplier les pages sur votre site. En d'autres termes, si vous avez 10 produits à présenter, n'hésitez pas une seconde : créez une page de présentation pour chaque

produit et surtout pas une longue page qui les présente tous sur un même document. Vous devez être capable de résumer le contenu d'une page en 10 mots au maximum (ce sont les termes qui constitueront son titre).

Conception>Rubriquage

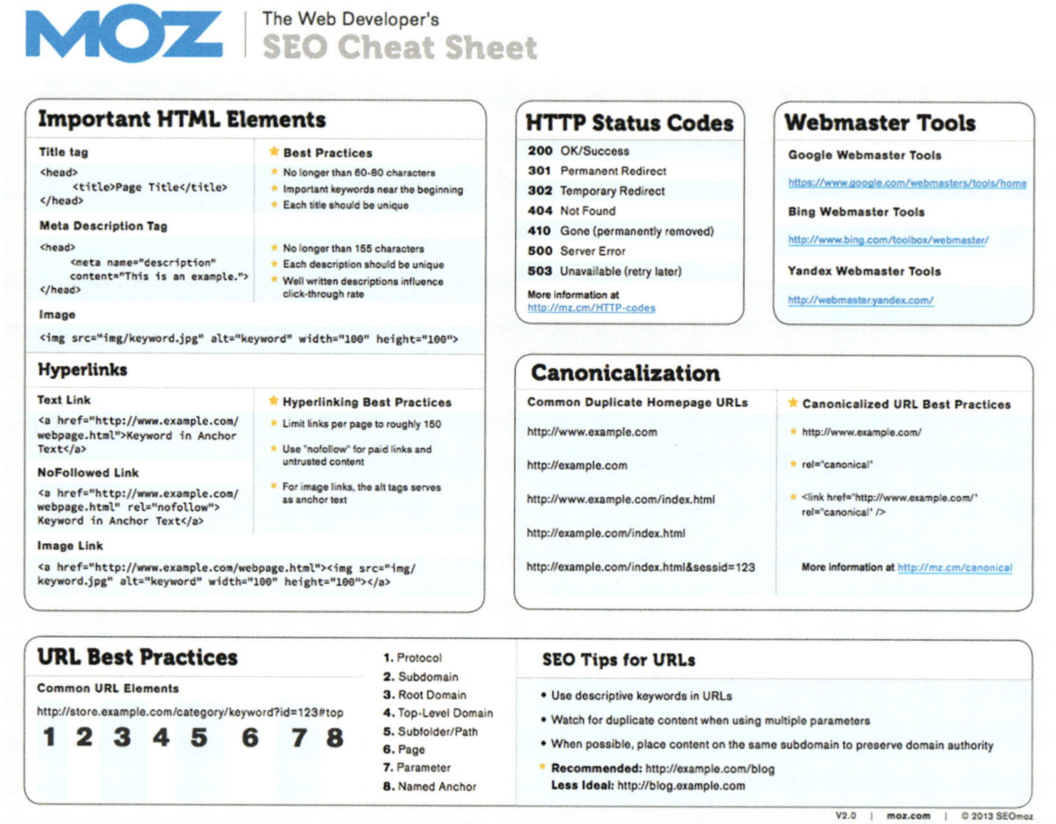

Figure C-2

Les différents points stratégiques SEO à mettre en place sur un site web, regroupés dans un document PDF.

- Avez-vous pensé les différentes rubriques du site en fonction de ce que les internautes recherchent et pas en fonction de la structure de la base de données ou de notions techniques (comme cela arrive parfois) ?
- N'oubliez pas de donner des noms explicites à chaque zone thématique de votre site. Ces noms explicites seront ensuite repris dans les intitulés de liens.

Le « SEO cheat sheet » par Moz.com

Le site américain Moz.com propose un récapitulatif (en anglais) de tous les points auxquels il faut penser, au format PDF. Une sorte de pense-bête disponible à cette adresse :

https://www.speeny.fr/528.

Célébrité : popularité, ancrage et confiance

Une fois le site mis en ligne, l'aspect netlinking est bien sûr indispensable. D'autres sites doivent « voter » pour le vôtre à l'aide de liens hypertextes pour montrer sa qualité aux yeux de Google.

Célébrité>Popularité et confiance

- Les meilleurs backlinks viennent de pages elles-mêmes populaires.
- Les backlinks doivent se trouver sur des sites qui sont dans le même domaine d'activité que le vôtre.
- Si le site qui fait un lien vers vous est connu et à fort trafic, c'est encore mieux !
- Plus le backlink est ancien, mieux c'est.
- Le backlink doit se trouver dans la zone éditoriale et non pas dans le footer ou la sidebar de la page le proposant.
- La page qui vous envoie le lien doit proposer le moins de liens sortants possible.
- Évitez tout lien artificiel, visez le naturel ! Vive le « bio » !
- Tentez de multiplier le nombre de sites qui font un lien vers vous et donc le nombre de liens émanant de sources différentes.
- Un site web unique faisant de très nombreux liens vers votre page d'accueil ne sera pas efficace. Google n'en lira que quelques-uns. Variez les URL de destination !

Célébrité>Ancrage

- Soignez les textes d'ancre des liens (internes et externes) qui pointent vers vos pages.
- Ne suroptimisez pas pour autant ces textes d'ancre : restez dans une logique naturelle. Si 90 % des textes d'ancre pointant vers votre site s'intitulent « immobilier paris pas cher », il y a fort à parier que cela mette la puce à l'oreille de Google et de son Penguin.

Conclusion

Tous les points visés dans cet ouvrage touchent au contenu, au code, à la conception et aux liens entrants d'un site web. Ils sont capitaux car ils représentent des étapes essentielles, fondamentales, sur lesquelles il sera très difficile, voire impossible de revenir lorsque le site sera en ligne. Et Dieu sait si, par le passé, ce type d'erreur a été commis, nécessitant parfois une remise en question complète du site pour le rendre compatible avec les moteurs.

Autant penser à ces points dès le départ, cela facilite bien les choses et permet d'éviter des surprises désagréables.

Bien sûr, une fois que tous les points évoqués dans les paragraphes précédents auront été validés, vous devrez cent fois remettre votre ouvrage sur le métier en proposant un contenu de qualité sans cesse renouvelé. Un nouveau travail de rédaction mais également de recherche de partenariats commencera alors, souvent difficile, long et chronophage, mais tellement indispensable à un bon référencement. Le tout au travers d'une approche loyale et honnête. Qui a dit que l'optimisation d'un site pour les moteurs de recherche était un long fleuve tranquille ?

Les 12 phrases clés du référencement

1. Il est nécessaire de prendre en compte les contraintes du référencement dès l'élaboration du cahier des charges d'un site web. Plus vous tarderez, plus la complexité augmentera et plus les moyens humains et financiers à mettre en œuvre seront importants.
2. Il est important de gérer au mieux un arbitrage entre la réalisation d'un site pour les internautes (faire « beau », proposer une navigation intuitive, etc.) et pour les moteurs de recherche.
3. Choisissez avec soin les mots-clés sur lesquels vous désirez vous positionner. Il est dommage de tenter un positionnement sur un terme trop concurrentiel ou sur une expression qui n'est jamais saisie sur les moteurs.
4. N'oubliez jamais que le trafic généré par les moteurs de recherche sur un site est de deux ordres : la courte traîne (mots-clés que vous avez définis au préalable et pour lesquels vous avez optimisé une ou plusieurs pages de votre site) et la longue traîne (mots-clés issus du contenu du site, non définis au préalable, mais mis en valeur par une optimisation du code HTML, du contenu et de la conception même du site).
5. Soignez les titres, les URL, le texte visible de vos pages. Insérez-y les mots-clés importants pour votre activité.
6. Soignez le plus possible les liens entrants (backlinks). Ils sont toujours la *killer application* du référencement.
7. Suivez votre référencement pour être toujours « au top », même si une optimisation bien faite est très souvent extrêmement pérenne !
8. Le positionnement n'est plus une stratégie suffisante de mesure d'un référencement. Complétez-la avec l'analyse du trafic généré par les moteurs de recherche.
9. N'hésitez pas à vous faire aider par un professionnel du domaine, qui peut vous faire gagner beaucoup de temps et d'argent. Mais choisissez-le soigneusement !
10. Évitez tout système de référencement reposant sur des techniques interdites. Le meilleur référencement, le plus efficace, le plus pérenne, est basé sur l'optimisation loyale (sans suroptimisation) des pages de votre site et sur un contenu de qualité.

11. Ne trichez jamais, ne cachez rien dans vos pages, on arrive à de superbes résultats en optimisant ses pages de façon propre et honnête !
12. En tout état de cause, *Content is king, Link is his queen* et, mieux, *Optimized content is emperor!* (en français, « Le contenu est votre capital, les liens sont essentiels et l'optimisation de vos textes leur donne la meilleure visibilité ! »). Allez, risquons à l'heure actuelle un : *Semantic content is Emperor!* Le référencement peut donc être vu comme le moyen de donner une bonne visibilité sur les moteurs de recherche à un contenu de bonne qualité. Tout commencera donc toujours par la qualité de ce contenu.

Pour finir, n'hésitez pas à mettre en place une veille quotidienne sur le monde des moteurs de recherche et du référencement. Les moteurs, et Google en particulier, sont comme des organismes vivants qui évoluent quotidiennement : de nouveaux critères se créent, d'autres se modifient, certains disparaissent, les poids respectifs de chacun d'eux changent au fil des ans. Bref, sans suivre de près ce petit monde du référencement, on est vite dépassé par les nouveautés qui apparaissent les unes après les autres. Bien sûr, le meilleur moyen de se tenir au courant reste de consulter des sites comme Abondance ou d'autres dont vous trouverez une liste en annexe.

Et maintenant, à vos claviers et n'hésitez pas à nous envoyer un petit message à l'adresse *livre-referencement@abondance.com* si cet ouvrage vous a aidé. Nous le publierons, éventuellement, sur le site *www.livre-referencement.com* (vous y gagnerez un lien vers votre site, ce qui est toujours bon pour votre popularité) qui présente ce livre.

D'ici là… bon référencement !

Olivier Andrieu
www.abondance.com
www.livre-referencement.com
E-mail : *livre-referencement@abondance.com*
Facebook : *https://www.facebook.com/abondancecom/*
Twitter : *https://twitter.com/abondance_com*
LinkedIn : https://www.linkedin.com/in/olivier-andrieu-981509114/

Annexe

Webographie

Voici quelques adresses de sites web et outils qui pourraient s'avérer très intéressants pour votre référencement. N'hésitez pas à les consulter.

La trousse à outils du référenceur

Tout webmaster qui s'intéresse au référencement a besoin, au quotidien, d'utiliser un certain nombre d'outils qui vont lui faciliter la vie. Nous en avons signalé bon nombre tout au long des chapitres précédents et nous ne reviendrons pas obligatoirement dessus ici. Voici (classés par ordre alphabétique dans chaque chapitre) quelques sites, logiciels et extensions pour votre navigateur que nous n'avons pas toujours mentionnés auparavant et qui peuvent vous aider dans vos quêtes et vos analyses.

Add-ons pour Firefox, Chrome...

Il existe des dizaines d'extensions pour Chrome et Firefox orientées SEO. Nous n'indiquons ici qu'un échantillon, car il est impossible de toutes les décrire et de détailler leurs fonctionnalités. N'hésitez pas à les tester pour voir si ces dernières vous conviennent et à fouiller sur le Web, vous y découvrirez certainement quelques pépites !

- **Mozbar** (*https://moz.com/products/pro/seo-toolbar*) met à votre disposition une barre d'outils entièrement créée pour les référenceurs, par l'incontournable site Moz.
- **Nofollow** (*https://chrome.google.com/webstore/detail/nofollow/dfogidghaigoomjdeacndafapdijmiid*) affiche avec un liseré en pointillés les liens en nofollow. Très utile. Existe également pour Firefox (*https://addons.mozilla.org/fr/firefox/addon/nofollow-advanced/*).
- **SEO for Firefox** (*http://tools.seobook.com/firefox/seo-for-firefox.html*) propose de très nombreuses fonctionnalités également. À tester !
- **SEOQuake** (*https://www.seoquake.com/index.html*) offre de très nombreuses informations sur une page web en cours d'affichage.

Figure A-1

Web Developer, indispensable compagnon de route du référenceur.

- **Web Developer** (*https://chrispederick.com/work/web-developer*), outil indispensable qui propose de nombreux utilitaires de diagnostic et tests de pages web : désactivation du JavaScript, des images, des CSS, recherche de texte caché, affichage des balises `<hn>`, etc. Difficile de s'en passer…

Audit de liens

Les trois indispensables (en plus de la Search Console) :

- **Ahrefs** (*https://ahrefs.com/*).
- **Majestic SEO** (*https://fr.majestic.com/*).
- **Link Explorer** (*https://moz.com/link-explorer*).

Mais aussi :

- **Linkody** (*https://www.linkody.com/*) vérifie que vos backlinks sont encore valides.
- **Backlink Watch** (*http://www.backlinkwatch.com/*) est un outil de suivi des backlinks.
- **Link Valet** (*http://htmlhelp.com/tools/valet/*) teste si les liens dans une page sont valides ou cassés.
- **W3C Link Checker** (*https://validator.w3.org/checklink*) effectue le même type d'action que Link Valet.

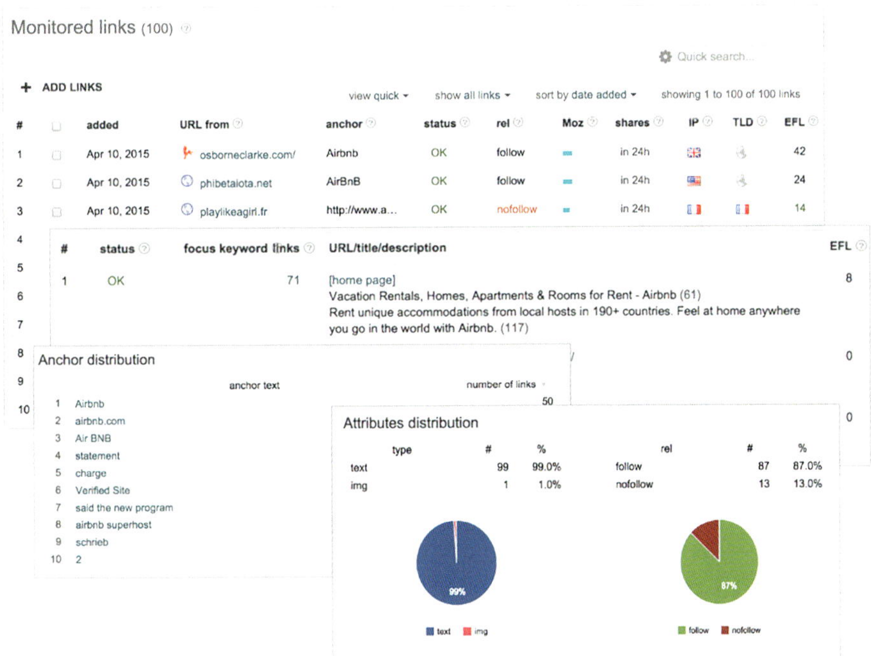

Figure A-2

Linkody, un outil très utilisé pour vérifier si un lien est encore en ligne au bout d'une certaine période.

Outils pour WordPress

Yoast (*https://yoast.com/wordpress/plugins/seo/*) : un incontournable pour les sites sur WordPress.

All in One SEO (*https://fr.wordpress.org/plugins/all-in-one-seo-pack/*) : concurrent de Yoast.

Rankmath (*https://rankmath.com/*) : concurrent de Yoast.

SEOPress (*https://fr.wordpress.org/plugins/wp-seopress/*) : un nouveau venu qui a envie de se frotter aux deux dinosaures précédents.

Bombyx4WPy (*https://www.bombyx4wp.com/*) : outil d'intégration du concept de cocon sémantique pour WordPress.

WP-Backlinks (*http://wp-backlinks.com/*) : extension WordPress permettant de suivre les backlinks.

SEO Key (*https://www.seo-key.com/*) : extension d'analyse et d'optimisation SEO pour WordPress.

Analyse du header http

- **L'analyseur de header http** de WebRankInfo (*https://www.webrankinfo.com/outils/header.php*) vous indiquera le code de retour du serveur pour une URL donnée. Une bonne façon de savoir, par exemple, si une redirection est faite en 301, en 302…
- Idem pour les sites **httpstatus** : *https://www.httpstatus.io/,* **Webconfs** : *http://www.webconfs.com/http-header-check.php* ou **Yakaferci** : *https://www.yakaferci.com/*

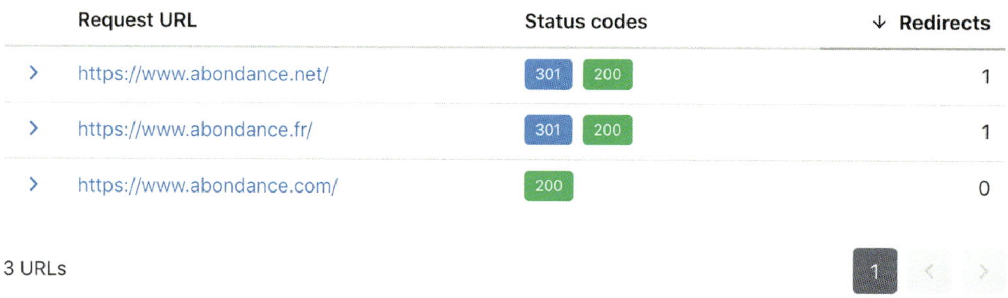

Request URL	Status codes	↓ Redirects
https://www.abondance.net/	301 200	1
https://www.abondance.fr/	301 200	1
https://www.abondance.com/	200	0

Figure A-3

L'excellent httpstatus permet d'envoyer des interrogations sur l'en-tête http de plusieurs URL, en lots.

Sites web d'audit SEO

- **Alyze** (*https://alyze.info/*) est un outil assez complet d'analyse de l'optimisation d'une page.
- **Ranking Metrics** (*https://fr.myrankingmetrics.com/*) outil complet et automatisé d'analyse et d'audit SEO de site web par Olivier Duffez (WebRankInfo).

- **Outiref** (*https://www.outiref.fr*) propose un audit complet du site de façon automatique, avec notamment un calcul des champs lexicaux de la page.
- **Woorank** (*https://www.woorank.com/fr/*) sert pour l'audit et l'analyse de site web orienté SEO.

Positionnement

Il existe de très nombreux logiciels de calcul et de suivi du positionnement de vos pages dans les résultats des moteurs. En voici quelques-uns :

- **Advanced Web Ranking** (*https://www.advancedwebranking.com/*).
- **Myposeo** (*https://fr.myposeo.com/*).
- **Ranks.fr** (*https://www.ranks.fr/fr/*).
- **Rank Tracker** (*https://www.link-assistant.com/rank-tracker/*).
- **SEMRush** (*https://fr.semrush.com/*) est un outil qui sert à la gestion et à l'analyse de mots-clés d'un site web.
- **Serposcope** (*https://serposcope.serphacker.com/fr/*).
- **SeeURank Yooda** (*https://seeurank.yooda.com/*), sur PC uniquement.

De nombreux autres outils peuvent vous aider au quotidien dans vos optimisations de site et votre référencement. La liste ci-dessus n'est qu'une liste non exhaustive de quelques-uns d'entre eux qui nous ont semblé intéressants. N'hésitez pas à en rechercher d'autres sur le Web !

Crawlers

Ces outils crawlent votre site web comme le ferait Googlebot et vous donne de nombreuses indications sur ce qui va (ou pas…) en termes de SEO :

- **Botify** (*https://www.botify.com/*).
- **Oncrawl** (*https://fr.oncrawl.com/*).
- **Screamingfrog** (*https://www.screamingfrog.co.uk/seo-spider/*).
- **Seolyzer** (*https://seolyzer.io/fr/*).
- **Xenu's Link Sleuth** (*http://home.snafu.de/tilman/xenulink.html*) crawle votre site et indique, entre autres, d'éventuels liens cassés. Gratuit mais peu intuitif.

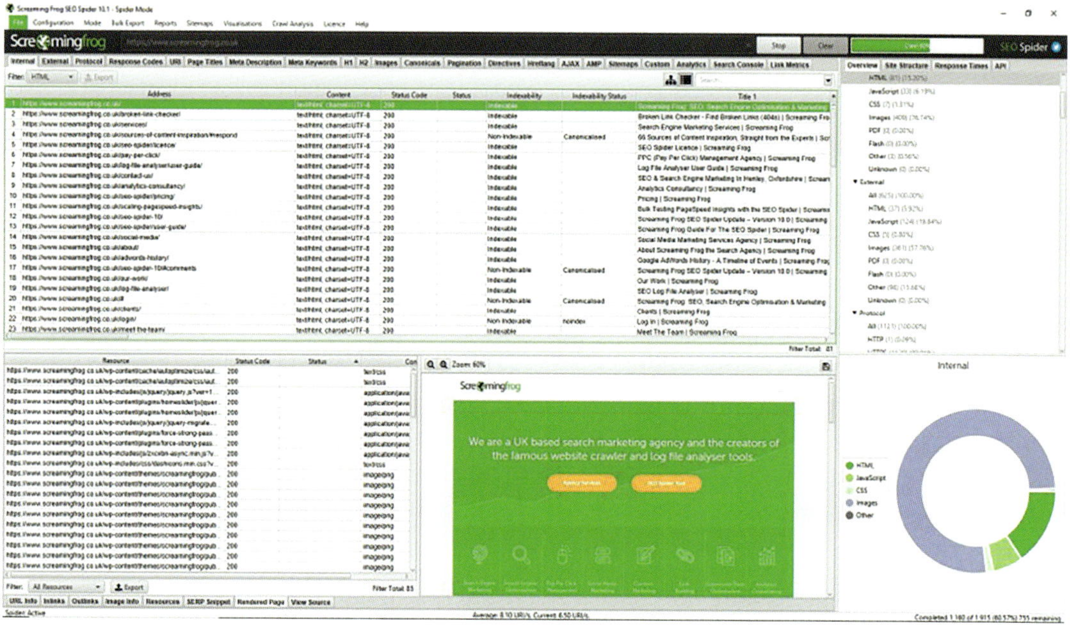

Figure A-4

Screamingfrog, l'un des outils de crawl les plus répandus.

La météo des SERP

Ces sites vous donnent la météo des pages de résultats de Google : beau temps lorsqu'il y a peu de changements, avis de tempête en cas de mise à jour de l'algorithme induisant de nombreuses fluctuations de positions.

- Algoroo : *https://algoroo.com/*
- Mozcast : *https://moz.com/mozcast/*
- Rank Risk Index : *https://www.rankranger.com/rank-risk-index*
- Serpmetrics : *https://serpmetrics.com/flux/*
- Serpomètre : *https://www.ranks.fr/fr/serpometre*
- Semrush Sensor : *https://fr.semrush.com/sensor/*

Ils sont pour la plupart d'entre eux listés en une page unique ici : *https://www.visibilite-referencement.fr/meteo.php*.

Les musts de la recherche d'informations et du référencement

Il n'y a pas qu'Abondance (le site web de l'auteur de cet ouvrage) dans la vie. Voici une liste d'autres sites et de blogs parmi ceux qui sont le plus souvent mis à jour, proposant l'actualité généralement quotidienne des moteurs de recherche et du référencement de sites web.

En français

- Abondance : *https://www.abondance.com*
- Affordance.info : *https://affordance.typepad.com/mon_weblog/*
- Arobasenet : *https://www.arobasenet.com/*
- Internet Formation : *https://blog.internet-formation.fr/*
- Journal du Net : *https://www.journaldunet.com/solutions/seo-referencement/*
- OnCrawl : *https://fr.oncrawl.com/blog-oncrawl/*
- Outils Froids : *http://www.outilsfroids.net/*
- Search Foresight : *https://www.search-foresight.com/blog seo sea/*
- Secrets2Moteurs : *http://www.secrets2moteurs.com/*
- Seomix : *https://www.seomix.fr/*
- Seo Quantum : *https://www.seoquantum.com/billet*
- WebRankInfo : *https://www.webrankinfo.com*

En anglais

- Ahrefs blog : *https://ahrefs.com/blog/*
- Moz : *https://moz.com/*
- Search Engine Journal : *https://www.searchenginejournal.com/*
- Search Engine Land : *https://searchengineland.com/*
- Search Engine Roundtable : *https://www.seroundtable.com/*
- Search Engine Watch : *https://searchenginewatch.com/*
- SEO by the Sea : *http://www.seobythesea.com*
- TheSemPost : *http://www.thesempost.com/*

Blogs officiels des moteurs de recherche

Les sites officiels des moteurs de recherche sont légion dans ce domaine.

- Google (blog général) : *https://www.blog.google/*
- Google pour les webmasters (indispensable) : *https://webmasters.googleblog.com/*

- Google pour les webmasters (version française) : *https://webmaster-fr.googleblog.com/*
- Google Inside Search : *https://www.blog.google/products/search/*
- Bing : *https://blogs.bing.com/webmaster*

Figure A-5

Le blog officiel pour les webmasters de Google, en version française.
Le canal officiel de communication du moteur envers les SEO.

Les forums de la recherche d'informations et du référencement

Vous pouvez partager votre passion des moteurs de recherche sur de nombreux forums, en français et en anglais.

Forums en français sur les outils de recherche et le référencement

- Forums Abondance : *https://www.forums-abondance.com*
- Forum Google d'aide aux webmasters : *https://support.google.com/webmasters/community/?hl=fr*
- WebMaster Hub : *https://www.webmaster-hub.com/*
- WebRankInfo : *https://www.webrankinfo.com*

Forum en anglais sur les outils de recherche et le référencement

- WebMasterWorld : *https://www.webmasterworld.com/*

Les associations de référenceurs

Ces associations regroupent les référenceurs professionnels en France, en Europe et dans le monde.

- SEO Camp : *https://www.seo-camp.org/*
- Sempo : *https://www.sempo.org/*

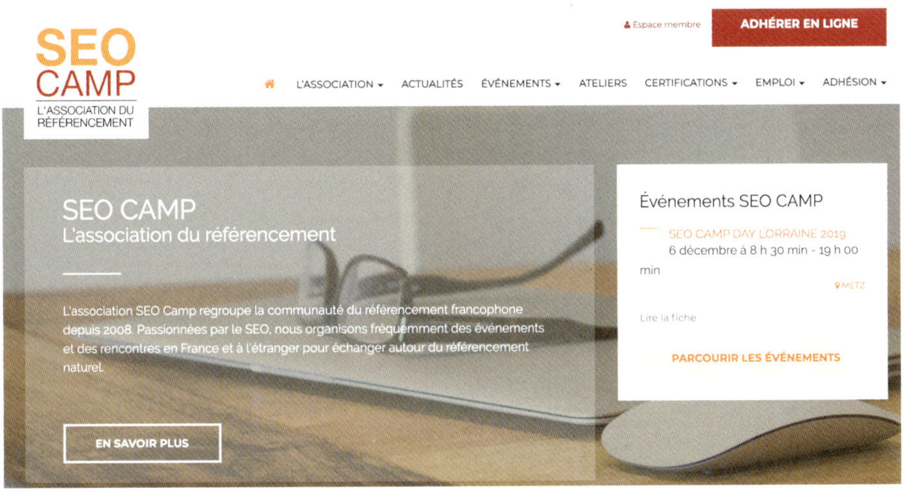

Figure A-6

Le SEO Camp, l'association des référenceurs français, qui fait un excellent travail dans l'Hexagone, avec notamment le SEO Camp'us, rassemblement annuel de tous les SEO. The place to be…

Chaînes YouTube

Plusieurs chaînes YouTube parlent de SEO. En voici deux :

- Abondance : *https://www.youtube.com/c/Abondanceseo*
- Vidéos Google pour les Webmasters : *https://www.youtube.com/channel/UCWf2ZlNsCGDS89VBF_awNvA*

Les baromètres du référencement

Ces sites tentent de fournir des informations sur les parts de marché des différents outils de recherche sur le Web.

Baromètres français

Aucun baromètre fraîchement mis à jour n'est disponible en France. Voir plutôt le site StatCounter (pour tous les pays dont la France) : *https://gs.statcounter.com/*

Baromètres anglophones

Les sites ci-dessous publient parfois (de plus en plus rarement) des chiffres sur les parts de marché des outils de recherche dans le monde anglophone.

- ComScore : *https://www.comscore.com*
- Hitwise : *https://www.hitwise.com/fr/*

Mais voir également le site StatCounter (pour tous les pays) : *https://gs.statcounter.com/*.

Lexiques sur les moteurs de recherche et le référencement

Ces lexiques en ligne vous permettront d'obtenir des définitions plus précises sur certains termes ayant trait au monde des moteurs de recherche et du référencement.

- Définitions SEO : *https://www.definitions-seo.com/*
- Définitions Marketing : *https://www.definitions-marketing.com/*
- Dicodunet : *http://www.dicodunet.com/definitions/moteurs-de-recherche*
- Journal du Net : *https://www.journaldunet.com/solutions/seo-referencement/1136825-le-vocabulaire-pour-comprendre-le-seo/*
- SEOland : *http://www.seoland.fr/lexique-seo/*

Figure A-7

Définitions-seo.com, le site du réseau Abondance pour avoir toutes les définitions du jargon SEO.

Index

A

accentuation 147
achat de liens 611
Ahrefs 608
Ajax 478, 485
alt 125, 234
AMP (Accelerated Mobile Pages) 292
App Indexing 299
apprentissage automatique 593
Apps 297
ASCII 170
attribut
  alt 125
  title 125
audit 356
aufeminin.com 364
Aurélie Moulin 364
Author Rank 382
authorship 382

B

backlink 44, 180
Backrub 57
balise meta 31, 118
  description 119, 172
  keywords 122
  news_keywords 124
  robots 632
BigDaddy 57
BingBot 41
black hat 31, 569
blacklist 578
blacklistage 579
Blinkx 240
bot 40

C

cache 106, 640
Caffeine 60
cahier des charges 358
casse des lettres 148
causalité 324
charte 376
  des liens 209
cloaking 508, 574
cluster 57
clustering 55, 134
cocon sémantique 186
compression 548
content spinning 575
contenu SEO 142
cookies 526
corrélation 324
crawl 38
Crosslinking 155
CSS (Cascading Style Sheet) 116, 550

D

Dailymotion 239
datacenter 57
déréférencer 626
désaveu de liens 613
désindexation 627
Digg 320
DirectHit 54
DNS (Domain Name Systems ou Servers) 130
dofollow 218
doorway page 31
Dublin Core 119
duplicate content 51
DUST 468

E

EMD 614
extension 128

F

Facebook 320
fautes
  de frappe 75, 78
  d'orthographe 75, 78
feuille de styles 112, 116
FFA 210
format de l'image 234
formation 357
formulaire 504
frame 561
Freshness Update 446

G

garanties 98, 99, 371
générateur de mots-clés 82
GET 507
Google 57
Google+ 320

Google Actualités
Sitemap 258
Google Audio Indexing 240
Google Bombing 181
Googlebot 41
Google Dance 43
Google Suggest 73
Google Trends 92, 447
Google Webmaster Tools (Search Console) 337, 429, 631
grey hat 569
guest blogging 207
Guillaume Giraudet 372

H

hébergement 129
HITS 197
<hn> 111
hreflang 512
HTML5 249

I

identifiant de session 524
iframes 565
index 12, 13, 36, 38, 418
inversé 49
indexation 48
indice
de popularité 193
IP delivery 508

J

JavaScript 183, 478, 554
Jean-Benoît Moingt 369
jus de liens 182, 196

K

Keyword Discovery 70
Knowledge Graph 396

L

Le Parisien/Aujourd'hui en France 372
lien 180
échange de 200
hypertexte 221
naturel 38
organique 8
sortant 217
linkbaiting 211
link juice 196
liste noire 579
longdesc 235
longue traîne 65

M

Machine Learning 593
Majestic SEO 608
Matt Cutts 44, 207, 227, 540, 579
menu déroulant 504
microdata 384
microformat 384
Minty Fresh Indexing 44
mot-clé 64
mot de passe 526
moteur de recherche 38, 40

N

negative SEO 612
netlinking 200, 607
nom de domaine 126, 130
nom de l'image 233

O

obfuscation 218, 574
onebox 17
Open Site Explorer 608

P

page
alias 31
fantôme 31
satellite 31
Page Layout 614
PageRank 54, 193, 195
PageRank Sculpting 218
paid inclusion 434
paid linking 207
Panda 13, 61, 591
Paul Sanches 570
pénalités 568, 573
Penguin 61, 604
plan du site 176
positionnement 14, 330
POST 507

Q

QDF (Query Desserves Freshness) 91, 331, 446

R

ranking 40, 53
RDFa 384, 385
recherche universelle 23
redirection 527
référencement 6, 418
actualités 256
gratuit 375
images 232
local 267
naturel 9
payant 434
PDF 250
prédictif 92
réseaux sociaux 320
vidéos 238
widget 539
Word 250
referer 336
règle des 4C 650
réputation 117, 181
requête
principale 147
responsive design 280
retour sur investissement (ROI) 333
revisit-after 119, 438
rich snippets 384
robot 38, 40
robots.txt 42, 628

S

sandbox 577
Schema.org 390
scraper 575
SEA 8
Search Console 633
SEM 8
Sempo 376
SEO 8, 33
SEO Camp 376
SERP (Search Engine Result Pages) 14, 38
site
  dynamique 505
  statique 505
SiteLink 414
Sitemap 420
Sitemap autodiscovery 431
site web multilingue 135
SMO (Social Media Optimization) 320
snippet 119, 252, 637
Solocal/PagesJaunes 369
sous-domaine 134
spamdexing 568
Spam Report 569
spider 40
spider trap 508
sprite CSS 552
stop word 48, 164
store 297
syntagmes 52

T

taux de rebond 230
temps de chargement 544
texte visible 144
<title> 110, 163
title (attribut) 125
titre 110
  multilingue 169
trafic généré 332
triangle d'or 19
trusted feed 434
TrustRank 217, 226, 260
Twitter 320, 321

U

Unicode 170
URL 126, 139
  exotique 478
  Rewriting 510

W

W3C
  compatibilité 541
  validateur 541
white hat 568
Wordtracker 70

X

XML Feed 434
X-Robots-Tag 633

Y

YouTube 239

Z

zone chaude 106

Dépôt légal : janvier 2022
Imprimé en Croatie par Denona

Cet ouvrage est imprimé sur du papier couché demi-mat 115 g, issu de forêts gérées durablement.